Wilhelm Thierry Preyer

Die Seele des Kindes

Beobachtungen über die geitige Entwicklung des Menschen in den ersten

Lebensjahren

Wilhelm Thierry Preyer

Die Seele des Kindes
Beobachtungen über die geitige Entwicklung des Menschen in den ersten Lebensjahren

ISBN/EAN: 9783742812179

Hergestellt in Europa, USA, Kanada, Australien, Japan

Cover: Foto ©berggeist007 / pixelio.de

Manufactured and distributed by brebook publishing software (www.brebook.com)

Wilhelm Thierry Preyer

Die Seele des Kindes

DIE SEELE DES KINDES.

BEOBACHTUNGEN

ÜBER DIE

GEISTIGE ENTWICKLUNG DES MENSCHEN

IN DEN ERSTEN LEBENSJAHREN

VON

W. PREYER

IN BERLIN.

DRITTE VERMEHRTE AUFLAGE.

LEIPZIG.

TH. GRIEBEN'S VERLAG (L. FERNAU).

1890.

Vorwort zur ersten Auflage.

Als ich vor einer Reihe von Jahren mir die Aufgabe stellte, das Kind vor der Geburt und in der ersten Zeit nach derselben physiologisch zu untersuchen, um über den Ursprung der einzelnen Lebensvorgänge Aufschluss zu erhalten, erkannte ich bald, dass eine Theilung des Werkes seiner Förderung zuträglich sei. Denn im Ei ist das Leben ein so wesentlich anderes, als ausserhalb desselben, dass eine Trennung in der Arbeit dem Forscher, in der Darstellung ihrer Ergebnisse dem Leser eine Erleichterung sein musste. Ich habe daher das Leben vor der Geburt für sich behandelt. [1]

Die Lebenserscheinungen des Menschen in der ersten Zeit seines selbständigen Daseins in der Welt sind wiederum so verwickelt und verschiedenartig, dass auch hier eine Theilung sich bald als zweckmässig erwies. Ich schied die physische Entwicklung des neugeborenen und ganz jungen Kindes von seiner geistigen Entwicklung und versuchte diese letztere in dem vorliegenden Buche zu beschreiben; wenigstens hoffe ich thatsächliches Material zu einer künftigen Beschreibung durch eigene mehrjährige Beobachtungen geliefert zu haben.

Ein Vorläufer des Werkes ist ein im wissenschaftlichen Verein zu Berlin am 3. Januar 1880 gehaltener Vortrag „Psychogenesis", welcher bald darauf in meinem Buche „Naturwissenschaftliche Thatsachen und Probleme" (Berlin 1880) veröffentlicht wurde.

Dieser Entwurf hat zu neuen Beobachtungen mehrfach angeregt. Regelmässig geführte Tagebücher über die geistige Entwicklung einzelner Kinder sind mir aber bisher nicht bekannt geworden, so gross auch die Zahl der gelegentlichen Beobachtungen an vielen Kindern ist.

---

[1] Specielle Physiologie des Embryo. Untersuchungen über die Lebenserscheinungen vor der Geburt. Von W. Preyer. Mit 9 lithographirten Tafeln und Holzschnitten im Text. Leipzig 1885. (XIV u. 662 S.)

Gerade die chronologische Untersuchung der geistigen Fortschritte im ersten und zweiten Lebensjahre bietet grosse Schwierigkeiten dar wegen der täglichen Registrirung von Erfahrungen,
welche nur in der Kinderstube gewonnen werden können. Ich
habe jedoch ein Tagebuch durchgeführt von der Geburt meines
Sohnes an bis zum Ende seines dritten Lebensjahres. Da ich
mit zwei unerheblichen Unterbrechungen fast täglich mindestens
dreimal, Morgens, Mittags und Abends, mich mit dem Kinde be-
schäftigte und es vor den üblichen Dressuren möglichst schützte,
so fand ich auch fast täglich irgend eine psychogenetische Thatsache zu verzeichnen. Der wesentliche Inhalt dieses Diariums
ist in das vorliegende Buch übergegangen.

Zwar entwickelt sich ein Kind schnell, ein anderes langsam,
die grössten individuellen Verschiedenheiten kommen sogar bei
den Kindern derselben Eltern vor, aber die Verschiedenheiten
beziehen sich viel mehr auf die Zeiten und Grade, als auf die
Reihenfolge des Auftretens der einzelnen Entwicklungsmomente.
Und diese selbst sind bei allen die gleichen.

Darauf kommt es zunächst an.

So wünschenswerth es ist, über die geistige Entwicklung
vieler Säuglinge, über ihre Sinnesthätigkeit und ihre Bewegungen,
zumal das Sprechenlernen, Thatsachen statistisch zu sammeln,
die genauere täglich wiederholte Beobachtung eines gesunden
weder auffallend schnell, noch auffallend langsam ohne Geschwister sich entwickelnden Kindes erschien zum Mindesten
ebenso wünschenswerth. Ich habe aber nach Möglichkeit die
Erfahrungen Anderer an anderen gesunden Kindern in den ersten
Lebensjahren mitberücksichtigt und viele selbst, wo sich die Gelegenheit bot, miteinander verglichen.

Mit einer Beschreibung des allmählichen Hervortretens der
Gehirnthätigkeit beim Kinde, mit der sorgfältigsten Beobachtung
seiner geistigen Vervollkommnung wäre aber nur ein Anfang gemacht. Die Seelen-Entwicklung muss, ebenso wie die Formen-
Entwicklung weit über den Ursprung des individuellen Wesens
hinaus zurückdatirt werden. Wenn das Neugeborene eine Reihe
von Organen mit auf die Welt bringt, welche nach langer Zeit
erst ihre Thätigkeiten beginnen und bis dahin völlig unnütz sind,

wie zum Beispiel die Lunge vor der Geburt es war, so kann man auf die Frage, welchen Ursachen solche Organe und Functionen ihr Dasein verdanken, nur antworten: der Erblich - keit. Hiermit ist freilich nichts erklärt, aber so dunkel auch der Begriff sein mag, für das Verständniss ist schon durch die Thatsache viel gewonnen, dass einige Functionen sich vererben, andere nicht. Nur ein Theil wird durch Erfahrung erworben. Die Frage nach dem Ererben und dem Erwerben einer Gehirn- function, auf welche für die Entwicklungsgeschichte der Seele des Kindes alles ankommt, muss in jedem Einzelfall beantwortet werden, wenn man im Labyrinthe der Erscheinungen und Meinungen sich nicht verirren will.

Vor allem muss darüber Klarheit herrschen, dass die geistigen Grundfunctionen, welche erst nach der Geburt hervortreten, nicht erst nach der Geburt neu entstehen.

Wären sie nämlich vor derselben schlechterdings gar nicht vorhanden, dann wäre unerfindlich, woher und wann sie kommen. Der Inhalt des zu einer steinharten Eismasse fest- gefrorenen, befruchteten Hühnereies empfindet gewiss nicht, aber nach dem Aufthauen und dreiwöchentlichen Erwärmen hat eben jener Inhalt, in ein lebendes Hühnchen verwandelt, Empfindung. Wäre ihm das Vermögen zu empfinden, so wie gewisse äussere Bedingungen verwirklicht sind, nicht eigen, dann müsste jenes Vermögen erst während des Brütens entstehen aus empfindungs- unfähigem Stoff, das heisst: es müssten die materiellen Theilchen nicht allein sich anders ordnen, durch ihre Verbindung und Trennung andere chemische Eigenschaften erhalten, wie es der Fall ist, nicht nur ihre davon theils abhängigen, theils unab- hängigen physischen Eigenthümlichkeiten, ihre Elasticität, ihren Aggregatzustand usw. ändern, wie es gleichfalls geschieht, sondern auch ganz neue Eigenschaften erhalten, welche weder chemisch noch physisch vorher auch nur angedeutet, nicht annehmbar und angebbar waren. Denn weder die Chemie noch die Physik kann den Stoffen, welche das Ei zusammensetzen, andere als chemische und physische Eigenschaften beilegen. Ist aber die Erwärmung und Luftaufnahme, die Verdunstung und Kohlensäure - Abgabe in der Brütezeit normal abgelaufen, dann sind jene neuen

geistigen Eigenschaften, und zwar ohne die Möglichkeit der Nachahmung im Brütofen — vorhanden. Und dieselben sind
ähnlich denen, welche die das Ei erzeugenden Wesen hatten.
Man muss deshalb zugeben, dass von den letzteren Stoffe in
das Ei übergingen, welche, ausser den bekannten oder chemisch
und physisch erforschbaren Eigenschaften, noch latente, nicht
chemisch und physisch erkennbare, psychische, also physiologische
Eigenschaften in sich trugen: potentiell, so dass Erwärmung,
Lüftung usw. zu ihrer Entfaltung nothwendig sind. Dieselben
Bedingungen erfordert die Entfaltung der Gewebe und Organe
des Embryo, welche gleichfalls in dem Eiweiss, Zucker und Fett,
in dem Wasser und in den Salzen des Eies nicht enthalten sind,
deren Anlagen zu den von der Chemie und Physik betrachteten
Eigenschaften nicht gehören, und welche denen der Ei-Erzeuger
gleichen.

Also einigen Theilen des Ei-Inhalts kommen unzweifelhaft
geistige Eigenschaften potentiell zu, wenigstens Empfindungsver-
mögen. Und diese Theile müssen zugleich diejenigen sein, aus
welchen die Keimblätter, die Grundlage des Embryo, entstehen.
Es sind bekanntlich zellige Gebilde mit einer selbständigen Beweglichkeit, denen ebensowenig, wie den niedersten Pflanzen-
thieren, ein Unterscheidungsvermögen abgesprochen werden darf.
Sie wachsen und bewegen sich durch Aussenden und Einziehen
von Scheinfüssen, nehmen wie diese unzweifelhaft Nahrung in
sich auf, bedürfen des Sauerstoffs, vermehren sich durch Theilung,
verhalten sich überhaupt wie Amöben oder andere einfache
lebende Wesen. Die Meinung aber, dass diesen eine gewisse,
freilich unbestimmte psychische Anlage, ein dunkles Empfinden
zukommt, kann nicht widerlegt werden.

Alles spricht zu Gunsten einer Continuität des Vermögens
zu empfinden. Es entsteht nicht jedesmal auf's Neue im Menschen aus empfindungsunfähigem Material, sondern wird als erbliche
Eigenschaft der Eitheile in diesen differenzirt und durch Reize
von aussen zur Bethätigung gebracht, in dem gegen letztere ge-
schützten Embryo kaum merklich, im Neugeborenen deutlich.

Die Seele des neugeborenen Kindes gleicht also nicht der
Tabula rasa, auf welche die Sinne erst ihre Eindrücke auf-
schreiben, so dass aus diesen die Gesammtheit des geistigen

Inhaltes unseres Lebens durch mannigfaltige Wechselwirkungen entstände, sondern die Tafel ist schon vor der Geburt beschrieben mit vielen unleserlichen, auch unkenntlichen und unsichtbaren Zeichen, den Spuren der Inschriften unzähliger sinnlicher Eindrücke längst vergangener Generationen. So verwischt und undeutlich sind diese Reste, dass man die Seelentafel freilich für unbeschrieben ansehen konnte, so lange man ihre Veränderungen in der allerersten Jugend nicht untersuchte. Je aufmerksamer aber das Kind beobachtet wird, um so leichter lesbar wird die anfangs unverständliche Schrift, welche es mit auf die Welt bringt. Man erkennt dann, welch ein Capital von den Ahnen jeder Einzelne ererbt hat, wieviel durch die Sinneseindrücke nicht erzeugt wird, und wie falsch es ist, zu meinen, der Mensch lerne fühlen, wollen, 'denken nur durch seine Sinne. Die Erblichkeit ist ebenso wichtig wie die eigene Thätigkeit in der Psychogenesis. Hier ist kein Mensch ein blosser Emporkömmling, der durch eigene Erfahrung allein seine Seele zur Entwicklung brächte; vielmehr muss jeder durch sie die ererbten Anlagen, die Reste der Erfahrungen und Thätigkeiten seiner Ahnen, ausbilden und wiederbeleben.

Es ist schwer, die Geheimschrift der Seele des Kindes zu erkennen und zu entziffern. Gerade darin besteht eine Hauptaufgabe dieses Werkes.

Jena, am 6. October 1881.

PREYER.

Vorwort zur zweiten Auflage.

Im October 1881 erschien die erste Auflage dieses Buches. Gerade nach zwei Jahren wurde eine zweite erforderlich. Dieselbe unterscheidet sich von jener hauptsächlich durch Kürzung der von Anderen stammenden, für das Verständniss nicht unerlässlichen Angaben, durch formale Verbesserungen, durch schärfere Fassung allgemeiner Folgerungen und durch erhebliche Vermehrung des thatsächlichen Materials zur Stütze derselben. In letzterer Hinsicht sind die von den verschiedensten Seiten mir zugegangenen brieflichen Mittheilungen von grossem Werthe gewesen.

Allen, die mich durch Zusendung ihrer Beobachtungen über die geistige Entwicklung des Kindes in den ersten Lebensjahren erfreuten, spreche ich hier meinen Dank aus für das Interesse, welches sie meiner Darstellung desselben widmeten und die Hülfe, die sie mir bei der mühevollen Arbeit zu Theil werden liessen.

Das geistige Leben des Menschen ist in seiner Entwicklung in der That so schwer zu untersuchen, dass sehr Viele zusammen arbeiten müssen; der Einzelne kann nur wenig davon übersehen. Das seelische Werden gleicht einem Strome, in den niemand zweimal hineinsteigt. Wie dieser entspringt es aus dunkler Tiefe als klarer Quell unerforschlich; spärlich nur rieselt das Wasser anfangs zu Tage und sammelt sich langsam im Stillen zum murmelnden Bache. Bald schlagen jedoch mit zunehmender Bewegung kleine Wellen an die Ufer. Der Grund ist nicht mehr deutlich zu sehen. Weiterhin ergiessen sich schäumende Tobel in das noch helle aber unruhige Gewässer, welches nur harte Felsen bändigen. Der Eigensinn bricht sich gleichsam am Widerstande der Welt. Hat sich endlich der Sturzbach seine Bahn im Gebirge siegreich erkämpft, sich an seine Umgebung angepasst, dann eilt er bald glänzend und glatt, bald mächtig brausend dahin, als wenn er, dem stürmischen Knaben gleich, weite Ziele erreichen und doch sich an das Herz der Mutter schmiegen wollte, die Hochfluth des sprudelnden Lebens zu mildern.

Spiegelnd, ruhig, kraftvoll Segen spendend und belebend wird er zuletzt selbst Herrscher und geht auf in dem Ocean, dem er einst entstieg.

Auf dem ganzen Wege von der Quelle bis zur Mündung sieht der Beschauer das Fliessen, sieht er das Vorher und Nachher; er weiss auch, dass es dieselben Elemente sind, welche vorwärts eilen, oft jedoch mit neuen vereinigt und verwandelt, dass zwar viele sich verflüchtigen, der Fluss aber immer derselbe ist. So auch die Seele. Von der Geburt bis zum Tode hört ihr Wellenspiel nicht auf: neue Eindrücke vermischen sich mit alten, viele werden vergessen und verwandelt, doch die Individualität bleibt bis zuletzt, und ehe das Ich zur Erkenntniss gekommen, wohin eigentlich das rastlose Vorwärtseilen führt, ist dieses zu Ende.

So drängen sich dem Beobachter des Kindes, dem Physiologen und Philosophen, dem Lehrer und Erzieher, dem Arzt und Psychologen, dem Menschenfreunde und Seelsorger die höchsten Fragen von selbst auf in der heiteren Form des lächelnden rosigen Kindergesichtes, aber zugleich undurchdringlich wie das grosse Geheimniss des Werdens und Vergehens überhaupt.

Jena, am 28. April 1884.

Der Verfasser.

Vorwort zur dritten Auflage.

Das Erscheinen einer neuen Auflage dieses Buches ist ein erfreuliches Zeichen zunehmenden Interesses an der Erforschung der geistigen Entwicklung in der ersten Kindheit. Die ontogenetische Psychologie kann jetzt als begründet angesehen werden, wenn auch ihr Ziel, eine empirische Geschichte der Vernunft, noch in weiter Ferne liegt.

Die freundliche Aufnahme eines so umfangreichen und schon wegen der sehr grossen Anzahl der zu bewältigenden Beobachtungen und Schlussfolgerungen nicht leicht zu lesenden Werkes bei Gelehrten und Ungelehrten in Deutschland, und die weite Verbreitung, welche seine Übersetzungen gefunden haben, sind zugleich eine Gewähr für das Durchdringen der Erkenntniss, dass die Psychogenesis die nothwendige Grundlage der Pädagogik bildet. Ohne das Studium der Seelenentwicklung des kleinen Kindes kann die Erziehung und Unterrichtskunst nicht auf festem Boden begründet werden.

Aber an sich ist dieses Buch nicht pädagogisch, so viele dem Erzieher und Lehrer wichtige Thatsachen es auch berührt, sondern es ist physiologisch und psychologisch. Nur dadurch, dass ich es von den Lehrmeinungen der Pädagogen frei hielt, kann es zum Aufbau einer von mir seit zwei Jahrzehnten erstrebten physiologischen Pädagogik, welcher die Zukunft gehört, mithelfen.

Ausserdem steht, unabhängig von jeder praktischen Anwendung der in dieser Kinderseelenkunde dargelegten Thatsachen und Lehrsätze, die Verwerthung derselben für die Theorie, für die Sprachforschung und die empirische Psychologie vielleicht zunächst, zu erwarten.

Da nach beiden Richtungen nicht allein das Lesen, sondern auch das Nachschlagen erforderlich ist, so habe ich ein Sach-

register, welches noch ausführlicher als das der ersten Auflage
ist, und eine chronologische Übersicht vieler einzelner Entwicklungs-
merkmale, welche damals entworfen, aber nicht ausgearbeitet
wurde, beigefügt. Das letztere, dem die der englischen Übersetzung von H. Brown beigegebene Übersicht meiner Beobachtungen vorausging, wird den Lesern die Orientirung beim Studium
ihrer eigenen Kinder in den ersten drei Lebensjahren wesentlich erleichtern.

Um für diese und zahlreiche kleinere Zugaben Raum zu ge-
winnen, ohne den Umfang des Buches im Ganzen erheblich zu
vermehren, habe ich in dieser Auflage die Berichte über das
Sehenlernen operirter Blindgeborener und eine Anzahl von
Einzelbeobachtungen fortgelassen, welche zur Begründung der
Resultate mir nicht mehr erforderlich erschienen. Freilich sind
statt dessen nicht wenige neue psychogenetisch bemerkenswerthe
Befunde neu aufgenommen worden. Die Beilagen der zweiten
Auflage über das Sprechenlernen und die mangelhafte Verstandes-
entwicklung sind gekürzt in den Text übergegangen.

Die wenigen Abkürzungen in eckigen Klammern beziehen
sich auf die Verfasser gedruckter oder geschriebener Mittheilungen,
von denen ich im Anschluss an eigene Beobachtungen Gebrauch
machte. So bedeutet [S] Sigismund. [K] Kussmaul, [G] Genzmer.
[F] Frau Dr. Friedemann in Berlin, [L] Gustav Lindner in
Zschopau, [Sch] Eduard Schulte in Freienwalde. [St] Frau Professor Strümpell in Leipzig, [v. T.] Frau von Taube, [R. S.]
Professor Rudolf Seydel. [F. W.] Frau Franziska Wertheimer,
[A. Th.] Frau Thiele.

Den Verfassern der mir zugesendeten Manuscripte spreche
ich auch an dieser Stelle meinen Dank aus und füge den Wunsch
hinzu, dass namentlich Ärzte, welche gründlich physiologisch
geschult und zugleich junge Väter sind, ihre eigenen Kinder bezüglich der Sinnesthätigkeit und der Zweckmässigkeit vieler Bewegungen im ersten Halbjahre genau beobachten möchten, um
die vielen noch unerledigten psychogenetischen Fragen auf besserer
thatsächlicher Grundlage ihrer Beantwortung entgegenzuführen.
Auch wären mehr Verzeichnisse der von dem anderthalbjährigen
und dem zweijährigen Kinde selbständig gebrauchten Wörter
sehr wünschenswerth.

Forschungsreisenden sei die Vergleichung des Verhaltens der kleinen Kinder uncivilisirter Völker mit dem der deutschen, wie ich sie in diesem Buche beschrieben habe, besonders empfohlen. Die Cultur breitet sich immer mehr und immer schneller aus, so dass es in einer nicht fernen Zukunft schon recht schwer sein wird, ein europäischen Einflüssen völlig entzogenes Kind zu finden. Gerade die Menschwerdung eines solchen aber ist nicht allein an sich von grossem Interesse, sondern auch deshalb, weil sie lehren kann, inwiefern die Kinder der Culturvölker schon in den ersten Lebensjahren verweichlicht und durch Dressur in der natürlichen Entfaltung ihrer körperlichen und geistigen Anlagen benachtheiligt werden.

Berlin W.
Nollendorfplatz 1.
Am 27. Februar 1890.

Professor **W. Preyer.**

INHALT.

—•—

ERSTER THEIL.

VON DER ENTWICKLUNG DER SINNE.

VON DER ENTWICKLUNG DER SINNE.

Die Grundlage aller geistigen Entwicklung ist die Sinnesthätigkeit. Ohne sie kann kein psychogenetischer Vorgang gedacht werden.

Jede Sinnesthätigkeit ist vierfach. Zuerst findet eine Nervenerregung statt, dann tritt die Empfindung auf, und erst wenn diese zeitlich und räumlich bestimmt worden, hat man eine Wahrnehmung. Kommt zu der Wahrnehmung die Ursache hinzu, dann wird aus ihr die Vorstellung.

Es ist von grosser Wichtigkeit für das Verständniss des seelischen Geschehens beim erwachsenen, verantwortlichen, willkürlich handelnden und selbständig denkenden Menschen, zu wissen, wie es sich mit jenen Stufen der Sinnesthätigkeit beim Neugeborenen und beim nicht verantwortlichen, nicht willkürlich handelnden und nicht denkenden Säugling verhält.

Ich habe daher, mit besonderer Rücksicht auf die hervorragende Betheiligung des Gesichtssinnes an der geistigen Ausbildung des Kindes in der ersten Zeit, viele Beobachtungen angestellt über die allmähliche Vervollkommnung der Sinne zu Anfang des Lebens und beginne mit ihrer Beschreibung.

ERSTES CAPITEL.

Das Sehen.

Die Beobachtungen über die Ausbildung des Sehvermögens in den ersten Jahren beziehen sich auf die Licht-Empfindlichkeit, die Unterscheidung der Farben, die Augenlid-Bewegungen, die Augen-Bewegungen, die Blick-Richtung, das Sehen in die Nähe und in die Ferne, die Deutung des Gesehenen. Daran schliessen sich Angaben über das Sehen blind geborener, erst durch eine Operation sehend gewordener Kinder und über das Sehen neugeborener Thiere.

Die Licht-Empfindlichkeit.

Die Licht-Empfindlichkeit meines fünf Minuten nach der Geburt in der Dämmerung gegen das Fenster gehaltenen Kindes schien nicht ungewöhnlich gross zu sein. Denn es machte die Augen auf und zu, abwechselnd das eine und das andere, so dass die Lidspalte sich bis auf etwa fünf Millimeter erweiterte. Bald darauf sah ich im Zwielicht beide Augen weit offen. Es wurde dabei die Stirn gerunzelt.

Lange vor Ablauf des ersten Tages wurde der Gesichtsausdruck des mit dem Antlitz gegen das Fenster gewendeten Kindes plötzlich ein anderer, als ich mit der Hand seine Augen beschattete. Also machte das Dämmerlicht unzweifelhaft schon einen Eindruck und zwar, der Physiognomie nach, einen angenehmen. Denn das beschattete Gesicht sah weniger befriedigt aus.

Am zweiten Tage schliessen sich die Augen bei Annäherung der Kerzenflamme schnell, am neunten wird ausserdem der Kopf von der Flamme energisch abgewendet, wenn sie gleich nach dem Erwachen nahe gebracht worden. Die Augen werden fest zugekniffen. Als aber am darauffolgenden Tage dem im Bade befindlichen Kinde eine Kerzenflamme in einer Entfernung von einem Meter vorgehalten wurde, blieben die Augen weit offen. Die Empfindlichkeit für Licht ist also beim Erwachen so viel grösser, als kurze Zeit nachher, dass derselbe Gegenstand das eine Mal starke Unlust, das andere Mal Lust erregt.

Auch am elften Tage schien dem Kinde die in einer Entfernung von nur einem halben Meter vor ihm brennende Kerze zu gefallen, da es unausgesetzt mit weit offenen Augen hinstarrte, wie auch nachher ein glänzender Gardinenhalter, wenn er nur in seine Gesichtslinie, in die Richtung, in welcher es zu starren schien, gebracht wurde. Wendete ich das Kind ab, so wurde es verdriesslich und schrie, wendete ich es wieder dem Lichte zu, dann nahm das Antlitz den zufriedenen Ausdruck an. Zur Controle hielt ich an ebendemselben Tage das Kind einmal gleich nach dem Erwachen, ein anderes Mal, nachdem es wach im Dunkeln verweilt hatte, ebenso nahe vor die brennende Kerze. In beiden Fällen kniff es die Augen zu.

Dass mässig helles Tageslicht gesucht wird, beweist das häufige Wenden des Kopfes nach dem Fenster, wenn ich das Kind von demselben abwendete. Dieses Drehen des Kopfes trat am sechsten Tage regelmässig ein; am siebenten wiederholte es sich oftmals, und jedesmal, wenn das Antlitz dem Fenster zugewendet war, erhielt es unverkennbar den Ausdruck der Befriedigung. Der Lichthunger wird gestillt.

Die Beobachtung, dass Säuglinge, wenn Licht auf das Gesicht fällt, während sie schlafen, plötzlich die Augen fester zukneifen, ohne zu erwachen, habe ich wiederholt gemacht und zwar vom zehnten Tage an. Manche werden dadurch geweckt und unruhig.

Bei meinem Kinde fand ich ferner die Pupillen im gewöhnlichen Tageslicht meist enger als bei Erwachsenen, jedenfalls unter zwei Millimeter im Durchmesser, und das Verkleinern der Lidspalte beim Anblick einer beleuchteten Schneefläche oder einer hellen Sommerwolke während der ganzen Beobachtungszeit gleichfalls häufiger und anhaltender, als bei Erwachsenen.

Hellglänzende Gegenstände bewirken, wenn sie im Gesichtsfelde erscheinen, vom zweiten Monat an oft lautes Jubeln. Aber andere stark gefärbte Objecte erregen gleichfalls leicht die Aufmerksamkeit des Säuglings. Im zehnten Monat freut er sich, wenn Abends die Lampe angezündet wird, lacht über das Licht und greift nach der hellen Glocke.

Von Beobachtungen Anderer über die Licht-Empfindlichkeit menschlicher Neugeborener sind folgende hervorzuheben:

1) Reife eben geborene Kinder schliessen die Augen rasch und krampfhaft, wenn helles Licht einfällt.

2) Auch einzelne um zwei Monate zu früh geborene Kinder unterscheiden an ihrem zweiten Lebenstage Hell und Dunkel.

3) In den ersten Stunden schon verengt sich die Pupille, wenn helles, erweitert sie sich, wenn weniger helles Licht einfällt.

4) Wird das eine Auge des Neugeborenen geschlossen, während das andere offen bleibt, so erweitert sich die Pupille des letzteren.

5) Im Dunkeln schlafende zwei- bis viertägige Säuglinge schliessen die Lider fest, erwachen sogar und fahren zusammen, wenn ein helles Kerzenlicht den Augen sehr nahe kommt.

Diesen Angaben von Kussmaul, von denen ich besonders die erste und dritte bestätigen kann, fügt Genzmer hinzu, dass die plötzlich von hellem Licht getroffenen Augen der Neugeborenen eine Convergenzbewegung machen und empfindliche Säuglinge sogar durch plötzliche grelle Beleuchtung oder durch schnell wechselndes blendendes Licht zu allgemeiner Unruhe und zum Schreien gebracht werden, was ich bestätigen kann. Ausserdem sah letzterer das abwechselnde Schliessen und Öffnen der Augen, welches hell beleuchtete Säuglinge öfters zeigen, auch bei einem zwei Tage alten schlafenden Kinde, eine merkwürdige Beobachtung, die auf Bestätigung wartet. Dagegen sah ich niemals ein reifes normales neugeborenes Kind blendend helles Licht mit offenen Augen ruhig ertragen. Vielleicht handelt es sich bei der vereinzelten Behauptung des Gegentheils um angeborene Blindheit oder abnorme Unterempfindlichkeit der Netzhaut. Ein reifes männliches neugeborenes Kind, welches ohne Gehirn zur Welt kam und mehrere Tage lebte, veränderte seine Pupillen nicht im Geringsten, als ich directes Sonnenlicht auf seine beiden Augen fallen liess.

Aus der Gesammtheit der vorliegenden Angaben folgt, dass normal beim reifen menschlichen Neugeborenen entweder unmittelbar oder wenige Minuten, höchstens Stunden, nach der Geburt die Licht-Empfindlichkeit vorhanden ist; Hell und Dunkel wird in der Empfindung unterschieden; ferner dass der Reflexbogen vom Sehnerven auf den Oculomotorius, besonders seine pupillen-verengernden Fasern, bereits da ist; hier liegt also ein angeborener Reflex vor, und zwar ein doppelseitiger, da beide Pupillen sich verengern, wenn nur in eine Licht einfällt; sodann dass die Empfindlichkeit für Licht im Anfang nach dem Erwachen und einem Aufenthalt im Dunkeln bis zur Lichtscheu steigt, jedoch Dämmerlicht schon gesucht wird, also keinenfalls Unlust bewirkt; endlich dass nach einigen Tagen gewöhnliches Tageslicht, glänzende und stark leuchtende Gegenstände Lust erregen, die Lichtscheu schwindet und der Kopf dem Fenster öfter zugewendet wird.

Die Unterscheidung der Farben.

Wann ein Kind im Stande ist, die Farben, wenigstens die Grundfarben Roth, Gelb, Grün, Blau zu unterscheiden, lässt sich schwer bestimmen. In den ersten Tagen wird sicherlich nur der Unterschied von Hell und Dunkel empfunden, und auch dieser nur unvollkommen, zumal (nach Flechsig) der Sehstreifen *(Tractus opticus)* beim reifen Kinde, anfangs noch grau, erst drei bis vier Tage nach der Geburt sein Nervenmark und damit seine bleibende Färbung erhält. Aber auch dann geht die Sonderung der gleichzeitigen hellen und dunkeln Eindrücke jedenfalls noch langsam vor sich.

Der erste Gegenstand, welcher wegen seiner Farbe auf meinen Knaben einen Eindruck machte, war wahrscheinlich ein rosafarbener Vorhang; hell von der Sonne beleuchtet, doch nicht blendend hell, hing er unbewegt einen Fuss vor dem Gesichte des Kindes am 23. Tage. Es gab lachend Laute des Wohlgefallens von sich. Da die glatte, ruhende, helle, farbige Fläche allein das ganze Gesichtsfeld einnahm, musste sie entweder wegen ihrer Helligkeit oder ihrer Farbe die Quelle der Lust sein. Am Abend desselben Tages erregte die Kerzenflamme in einer Entfernung von ungefähr einem Meter ganz ähnliche Lustäusserungen, als sie vor die in's Leere starrenden Augen gebracht worden war, und am 42. Tage der Anblick bewegter farbiger Quasten; aber dabei war die Bewegung auch lusterregend.

Als ich in der 85. Woche die ersten systematischen Prüfungen mit gleichgestalteten ungleichfarbigen Spielmarken vornahm, liess sich noch keine Spur einer Farbenunterscheidung erkennen, wenn sie auch ohne Zweifel schon da war. So verschieden die Schalleindrücke „roth“, „gelb“, „grün“, „blau“ sind — diese wurden sicher unterschieden — und so genau das Kind die Bedeutung von „gieb“ kannte, es war nicht im Stande, die richtigen farbigen Spielmarken zu geben, nicht einmal, wenn nur „rothe“ und „grüne“ verlangt wurden. Man darf jedoch daraus nicht auf ein Unvermögen des Auges, die eine Farbe von der anderen zu unterscheiden, schliessen, denn hierbei kommt wesentlich in Betracht die Schwierigkeit, den gehörten Schall „roth", „grün" mit der zugehörigen Farben-empfindung, auch wenn sie schon da ist, zu verbinden.

Es muss schon lange vor dem siebenten Vierteljahr ausser der verschiedenen Helligkeit (Weiss, Grau, Schwarz) auch die Qualität einiger Farben erkannt worden sein; denn die Freude über grelle Farben war deutlich. Doch kann man bei kleinen Kindern, auch wenn sie schon zu sprechen angefangen haben, nicht ohne eingehende Prüfungen feststellen, welche Farben sie unterscheiden und richtig benennen.

Um nun zu ermitteln, wie in dieser Beziehung die einzelnen Farben sich verhalten, habe ich vom Ende des zweiten Lebens-jahres an viele hundert Farbenprüfungen mit meinem Kinde vorgenommen, wochenlang täglich in der Frühe, dann wieder nach wochenlangen Pausen in anderer Weise fast täglich, wie sogleich angegeben werden wird. Zu allen Prüfungen dienten die Farbenovale der Magnus'schen „Tafel zur Erziehung des Farbensinnes" (1879).

Nachdem wiederholt die beiden Namen „roth" und „grün" mit Vorlegung der entsprechenden Farben vorgesagt worden waren, und nun beim Vorlegen nur der zwei Farben gefragt worden: „Wo ist Roth?" „Wo ist Grün?" immer abwechselnd, erfolgte nach gänzlich resultatlosen Versuchen in der 86. und 87. Woche und nach einer Pause von 22 Wochen, am 758. Lebenstage, 11 Mal eine richtige, 6 Mal eine falsche Antwort; am folgenden Tage waren die Antworten 7 Mal richtig, 5 Mal falsch, am darauffolgenden 9 Mal richtig, 5 Mal falsch. Schon hieraus ergiebt sich mit Wahrscheinlichkeit, dass die beiden Farben, sei es der Qualität nach, sei es nur der Helligkeit nach, unterschieden und oft mit den richtigen Namen verbunden wurden. Zu meiner Überraschung aber waren bereits am 763. Tage die Antworten 15 Mal richtig und nur 1 Mal falsch und am folgenden Tage 10 Mal richtig und kein Mal falsch. Das Kind hatte also die Zusammengehörigkeit der Schalleindrücke „roth" und „grün" mit zwei verschiedenen Lichteindrücken fest erfasst. Denn bei solchem Zahlenverhältniss ist der Zufall ausgeschlossen.

Ich prüfte weiter. Es wurde zum Roth und Grün Gelb hinzugefügt und jede der drei Farben auf die Frage, wo sie sei, wenn alle drei nebeneinander lagen, einmal richtig gezeigt.

Dann trat Unlust ein, welche bei einem so jungen Kinde sehr oft die Farbenprüfungen unmöglich macht. Bei der Wiederholung war es unaufmerksam und verwechselte die drei Farben miteinander. Am folgenden Tage, dem 765., wurde namentlich Grün mit Gelb verwechselt. Die Antworten waren an fünf Tagen der 110. Woche:

	Roth	Grün	Gelb
Richtig	26	24	23
Falsch	10	7	5.

Zusammen 73 richtige, 22 falsche Fälle.

Nun wurde als vierte Farbe Blau hinzugefügt. Die Antworten waren bei acht Prüfungen in der Zeit vom Ende der 110. bis zum Anfang der 112. Woche:

	Roth	Grün	Gelb	Blau
Richtig	32	31	34	27
Falsch	14	8	2	12.

Zusammen 124 richtige, 36 falsche Fälle.

Häufig, besonders auf die Frage: „Wo ist Blau?" besann sich das Kind lange, betrachtete vor dem Entschluss die vier Farben aufmerksam und gab mir dann die Farbe rasch. Deutlich ergiebt sich, dass die Sicherheit im Erkennen für Gelb grösser ist, als für die anderen Farben. Gelb erscheint als die am leichtesten zu unterscheidende und daher auch am leichtesten zu behaltende Farbe. Ich stellte noch mehr solche Prüfungen an, aus denen die Bevorzugung des Gelb hervorging. Dann wurde als fünfte Farbe Violett, der leichteren Aussprache wegen „lila" genannt, hinzugefügt und das Verfahren geändert. Ich legte nämlich dem Kinde die Farben einzeln vor und fragte: „Was ist das?" Es antwortete dann *rroot* = roth, *delp, depp, gelp* = gelb, *rhin, ihn* = grün, *balau* = blau und *lilla*. Die Antworten waren in der 112. Woche bei vier Prüfungen:

	Roth	Gelb	Grün	Blau	Violett
Richtig	10	9	9	5	11
Falsch	2	0	1	7	1.

Zusammen 44 richtige, 11 falsche Fälle.

Auch hier steht Gelb obenan. Blau nimmt die letzte Stelle ein. Es wurde besonders mit Grün und Violett verwechselt. War die Aufmerksamkeit mangelhaft, dann brach ich ab.

Hierauf wurden die Prüfungen nach beiden Methoden zugleich fortgesetzt. Dieselben erwiesen sich aber als sehr zeitraubend. Das Kind interessirt sich manchmal nicht für die

Farben. Bisweilen will es die Farbe, die es kennt, schalkhaft nicht nennen und die verlangte nicht zeigen oder geben. Andere Male holt es von selbst das Kästchen, welches die farbigen Ovale enthält, und sagt *wawa* = Farbe, eine Lection erwartend. Die Versuche mit ungetheilter Aufmerksamkeit sind aber nicht zahlreich. Grau kommt hinzu.

Fünf Prüfungen in der 112. und 113. Woche ergaben folgende Antworten:

	Roth	Gelb	Grün	Blau	Violett	Grau
Richtig	16	22	14	10	18	10
Falsch	3	1	5	15	1	2.

Zusammen 90 richtige, 27 falsche Fälle.

Gelb behauptet den Vorrang. Blau wird am schlechtesten beurtheilt. Bemerkenswerth ist, dass in dieser Reihe, wie in der vorigen, Violett öfter als Grün richtig benannt wird.

Ich liess nun wiederholt die gleichfarbigen Farbenovale zusammenlegen. Nach vielem Hin- und Herfahren gelang es für Gelb, Roth, Rosa, Grün, Violett, jedoch nur höchst unvollkommen. Die Ausdrücke „hell" und „dunkel" vor den Farbennamen konnte sich das Kind nicht aneignen. Es wurden deshalb, wie bisher, die satten und weniger gesättigten, die hellen und dunkeln Farben mit dem gemeinsamen Prädicat der Qualität allein bezeichnet. Vier Prüfungen nach dem gemischten Verfahren in der Zeit von der 114. bis 116. Lebenswoche ergaben:

	Roth	Gelb	Grün	Blau	Violett	Grau	Braun	Rosa	Schwarz
Richtig	15	13	4	3	11	6	4	1	2
Falsch	1	0	7	10	2	0	0	2	0.

Zusammen 59 richtige, 22 falsche Fälle.

Blau wurde namentlich mit Violett verwechselt, auch mit Grün. Alle sehr blassen Farben wurden mit Grau, alle dunkeln mit Schwarz verwechselt. Die Reihenfolge, in welcher die Farben richtig benannt wurden, ist nunmehr diese: am besten Gelb, dann Roth, hierauf Violett, dann erst Grün und zuletzt Blau.

Ich legte an anderen Tagen dem Kinde, wie früher, eine einzelne Farbe vor mit der Frage, was sie sei, und notirte, wenn nicht gleich die erste Antwort richtig war, dieselbe unter „falsch". Die Farben heissen jetzt *rott, delp, drün, blau, lila, grau, swarz, rosa, braun.*

Bei vier Prüfungen in der 114. und 115. Woche waren die Antworten:

	Roth	Gelb	Grün	Blau	Violett	Grau	Braun	Rosa	Schwarz
Richtig	13	11	7	5	10	1	4	3	4
Falsch	0	0	9	13	3	3	1	3	0.

Zusammen 58 richtige, 32 falsche Fälle.

Für die fünf ersten Farben ergiebt sich hieraus dieselbe Reihenfolge, wie oben. Blau und Grün sind ganz unsicher, Blau wird mit *drün* und *lila* bezeichnet, Grün mit *grau*, und öfter werden beide gar nicht benannt, während Gelb und Roth und Schwarz schnell richtig angegeben werden.

Nun liess ich das Kind aus dem Kasten mit den Farbenovalen beliebig eines nach dem anderen herausnehmen und mir es benennen und geben. Beim ersten Versuche griff es auf's Gerathewohl, beim zweiten suchte es seine Lieblingsfarbe Gelb.

Zwei Prüfungen in der 115. Woche:

	Roth	Gelb	Grün	Blau	Violett	Grau	Braun	Rosa	Schwarz
Richtig	6	8	1	0	4	1	0	3	2
Falsch	0	0	2	5	1	5	1	2	0.

Zusammen 25 richtige, 16 falsche Fälle.

Das Resultat ist dasselbe wie oben. Roth, Gelb und Schwarz werden allein sicher erkannt.

Ich prüfte nun zwei Monate lang nicht. Das Kind befand sich den grössten Theil des Tages über im Freien mit den Eltern auf Reisen, meist in der Umgebung des Garda-Sees.

In der 121. Woche war die Unsicherheit im Gebrauche der Farbennamen wieder grösser als vorher; Blau wurde trotz eindringlichster Ermahnungen kaum einmal richtig bezeichnet. Die Wiederaufnahme der Prüfungen nach der Heimkehr gab ein schlechtes Resultat. Ich nahm die Farbentäfelchen in die Hand und fragte. Sogleich beim ersten Fragen wurde zwar Gelb 3 Mal richtig, kein Mal falsch, Roth aber 2 Mal falsch und kein Mal richtig benannt. Ich erhielt bei den vier ersten Prüfungen mit allen Farben seit der Pause, in der 124. Woche, folgende Antworten:

	Roth	Gelb	Grün	Blau	Violett	Grau	Braun	Rosa	Schwarz	Orange
Richtig	17	22	0	0	9	0	4	3	3	0
Falsch	0	0	18	13	4	5	3	4	0	2.

Zusammen 58 richtige, 49 falsche Fälle.

Hierbei zeigt sich noch deutlicher als bisher, dass Roth und Gelb schon sicherer erkannt und auch benannt werden, als Grün und Blau. Es war aber Manches vergessen worden. Am 866. Tage waren die Verwechslungen: Rosa, Grau und Blassgrün, ferner Braun und Grau, dann Grün und Schwarz, endlich Blau und Violett. Bei den folgenden Versuchen nahm das Kind die Farbenovale aus dem Kasten und gab sie mir, ohne die geringste Anleitung die Namen dazu sagend. Fünf Prüfungen aus der 124. und 125. Woche:

	Roth	Gelb	Grün	Blau	Violett	Grau	Rosa	Braun	Schwarz	Orange
Richtig	29	16	0	0	14	0	14	7	0	0
Falsch	1	0	4	6	0	8	5	2	2	6.

Zusammen 80 richtige, 34 falsche Fälle.

Roth und Gelb werden eifrig hervorgesucht und fast jedesmal richtig benannt, Blau und Grün gemieden und jedesmal falsch (namentlich als *lila, swarz*) bezeichnet. Ich entfernte nun alle rothen und gelben Farben aus der Sammlung und liess das Kind von den übrigen mir, soviele es ohne Abspannung vermochte, geben und benennen. Seit Roth und Gelb fehlen, zeigt es aber von vornherein ein geringeres Interesse, sagt auch bei „Grün" *papa sagn*. Immer hatte es sonst einen Namen für die Farbe, die es nahm. War er falsch, so wurde er jedesmal von mir, oft vom Kinde selbst, corrigirt, jedoch unter „falsch" eingetragen, wenn die erste Antwort falsch war. In dieser immer streng eingehaltenen Weise kamen bei sechs Prüfungen in der 125. und 126. Woche folgende Urtheile zu Papier:

	Grün	Blau	Violett	Grau	Rosa	Braun	Schwarz	Orange
Richtig	2	6	20	0	19	15	7	11
Falsch	19	20	3	6	6	0	2	7.

Zusammen 80 richtige, 63 falsche Fälle.

Die helleren Farben wurden zuerst herausgesucht. Das Kind verwechselt: Orange *(oroos)* mit Gelb, Blau mit Violett, Grün mit Grau, Schwarz mit Braun.

Ich versuchte wiederholt, das Kind zum Zusammenlegen der ihm gleich erscheinenden Farben zu bewegen. Es misslang vollständig. Dann verlangte ich die einzelnen Farben, sie nennend. Auch dieses Verfahren gab schlechte Resultate (am 879. Tag). Endlich nahm ich die einzelnen Farben und fragte: „Was ist das?" Die Antworten waren bei vier Prüfungen in der 126., 127. und 128. Woche:

	Roth	Gelb	Grün	Blau	Violett	Grau	Rosa	Braun	Schwarz	Orange
Richtig	11	11	1	1	12	6	11	10	6	6
Falsch	(1)	0	14	11	1	1	2	0	1	2 u.(1).

Zusammen 75 richtige, 34 falsche Fälle.

Für Grün und Blau, die, wenn hell mit Grau, wenn dunkel mit Schwarz verwechselt werden, ist wahrscheinlich eine geringere Empfindlichkeit, sicher ein geringeres Interesse vorhanden. Blau wird noch *lila* genannt. Es ist übrigens sehr schwer, die Aufmerksamkeit anhaltend den Farben zuzuwenden. Das Kind, obwohl es nur früh morgens geprüft wurde, sucht jetzt nach anderen Mitteln, sich zu vergnügen. Es verspricht sich dann und wann (diese Fehler sind eingeklammert). Doch wurde am 898. Tage jede Farbe richtig benannt, allerdings Grün und Blau erst nach einigem Hin- und Herrathen. Das Kind nahm die Farben und gab sie mir, sie benennend, bei sechs Prüfungen in der 129., 135., 136., 137., 138. Woche. Die Antworten waren:

	Roth	Gelb	Grün	Blau	Violett	Grau	Rosa	Braun	Schwarz	Orange
Richtig	27	27	2	2	15	5	10	14	5	12
Falsch	1	0	14	13	2	1	3	0	1	3.

Zusammen 119 richtige, 38 falsche Fälle.

Verwechslungen wie bisher. Neu ist nur die Bezeichnung *garnix* für Grün und Blau. Auch werden jetzt öfter unbekannte Farben *grin* genannt, so das Blau. In einem Strauss von gelben Rosen wurden diese als *gelb*, die Blätter hartnäckig als *garnix* bezeichnet; ebenso sehr weissliche Farben, deren Qualität aber dem farbentüchtigen Erwachsenen bei mässiger Beleuchtung sofort kenntlich ist. Merkwürdig war am 934. Tage die Äusserung, als Grün und Blau vorgelegt wurden: *grin blau kann e nicht, grosse mann kann grin blau*, was bedeuten sollte (wie aus ähnlichen Äusserungen hervorging): „Ich kann Grün und Blau nicht richtig angeben, ein Erwachsener kann es." Grün wurde meist für Grau, sehr selten (fragend) für Roth erklärt, Blau *lila* genannt. In der 131. und 134. Woche fragte ich in drei Prüfungen nach den Farben, die ich selbst vorlegte; in der 138. und 139. Woche, gleichfalls bei drei Prüfungen, nahm das Kind sie zum Theil von selbst, zum Theil legte ich sie vor. Die Antworten waren:

	Roth	Gelb	Grün	Blau	Violett	Grau	Rosa	Braun	Schwarz	Orange
Richtig	14	24	4	0	9	5	9	11	7	10
Falsch	1	0	13	15	5	0	2	1	1	1.

Zusammen 93 richtige, 39 falsche Fälle.

Hierauf beginnt endlich die richtige Benennung des Grün, während Blau noch nicht so oft correct bezeichnet wird. Das Kind nahm von selbst die Farben und benannte sie bei drei Prüfungen in der 139., 141. und 146. Woche folgendermaassen:

	Roth	Gelb	Grün	Blau	Violett	Grau	Rosa	Braun	Schwarz	Orange
Richtig	19	12	2	2	6	1	3	10	3	8
Falsch	2	0	2	11	1	2	0	0	0	1.

Zusammen 66 richtige, 19 falsche Fälle.

Das zweimal falsch benannte Roth war dunkel. Grün wurde nun stets von Blättern und Wiesen richtig ausgesagt und schon vor Vollendung des dritten Lebensjahres auch Blau fast jedesmal richtig bezeichnet, wenn die Aufmerksamkeit nicht abgelenkt war.

Bezüglich der Reihenfolge, in der die Farben bis zum 34. Monat richtig benannt wurden, ergiebt sich im Ganzen folgendes:

	Urtheile		Procentisch	
	richtig	falsch	richtig	falsch
I. Gelb	232	8	96,7	3,3
II. Braun	79	8	90,8	9,2
III. Roth	235	36	86,7	13,3
IV. Violett	139	24	85,3	14,7
V. Schwarz	39	7	84,8	15,2
VI. Rosa	76	29	72,4	27,6
VII. Orange	47	23	67,1	32,9
VIII. Grau	35	33	51,5	48,5
IX. Grün	101	123	45,0	55,0
X. Blau	61	151	28,8	71,2
	1044	442	70,3	29,7

Von den vier Hauptfarben werden also Gelb und Roth viel früher richtig benannt, als Grün und Blau, und zwar zuerst Gelb — Braun ist lichtschwaches Gelb — dann Roth. Dass die Farbenempfindungen Grün, Blau und Violett sich sehr verschieden verhalten, ist wahrscheinlich nicht individuell. Violett, welches viel öfter richtig benannt wurde, als Grün und Blau, enthält das früh wohlbekannte Roth und kann dem Kinde als ein schmutziges Roth oder als Dunkelroth erschienen sein. Denn es ist in der That wahrscheinlich, dass Blau und Grünblau die erste Zeit nicht blau und grünblau, sondern grau und in ihren dunkeln Schattirungen schwarz empfunden wurden. Dass Grün jeder Art erst sehr spät richtig benannt wird, kann zum Theil auf einer Anfangs stärkeren Absorption des Lichtes durch das Blut der Netzhautgefässe beruhen. Wenn auch die Stelle des deutlichsten Sehens im Augenhintergrunde frei von Blutgefässen ist, so haben doch die anderen Farben, welche, wie Gelb, Orange, Roth und Braun, ungeschwächt die Netzhaut in grosser Ausdehnung erreichen, schon darum einen Vorzug vor Grün und Blau, die mit Grau am häufigsten verwechselt wurden.

Noch im vierten Jahre wurde in der Morgendämmerung Blau öfter als Grau bezeichnet, wenn es mir bereits deutlich blau erschien. Das Kind wunderte sich wiederholt darüber, dass seine hellblauen Strümpfe über Nacht grau geworden seien. Grau wird ohne Zweifel neben Weiss und Schwarz lange vor der ersten Farben-Unterscheidung richtig erkannt, aber deshalb oft falsch benannt, weil eben wahrscheinlich Grün und Blau wie Grau empfunden werden. Die richtige Benennung wurde vor dem Ende des dritten Jahres Regel, während Gelb schon fast ein Jahr früher beinahe jedesmal richtig benannt wurde. Ihm kommt das Pigment des gelben Flecks am meisten zu Gut. Das Roth kann auch dadurch bevorzugt sein, dass es bei geschlossenen Augen im hellen Tageslicht, besonders wenn Schnee liegt, die einzige Farbe im Gesichtsfeld ist, wie Schwarz vor dem Einschlafen im Dunkeln. Der Säugling hält im wachen Zustande die Augen viel mehr geschlossen als der Erwachsene.

Im Ganzen wird man hiernach das Kind im zweiten Jahre und in der ersten Hälfte des dritten Jahres noch als unterempfindlich gegen die kalten Farben bezeichnen müssen, womit auch gelegentliche Beobachtungen an anderen Kindern übereinstimmen. Wenigstens wird von Vielen Gelb zuerst und Blau zuletzt richtig benannt. Ein Knabe fing, nachdem er vier Monate alt geworden war, an, leuchtendes Roth anderen Farben vorzuziehen [G.]. Alle Kinder bevorzugen, wie er, in diesem Alter und noch lange nachher die weisslichen Farben ohne Rücksicht auf die Qualität.

Man kann die Unfähigkeit des zweijährigen Kindes, Blau und Grün richtig zu benennen, darum nicht einzig auf sein etwaiges Unvermögen beziehen, die gehörten, ihm ganz geläufigen Namen „Blau" und „Grün" mit den etwa schon deutlichen Empfindungen in feste Verbindung zu bringen, weil „Gelb" und „Roth" schon viele Monate früher richtig gebraucht werden. Wären Grün und Blau ebenso deutlich wie Gelb und Roth in der Empfindung, dann läge nicht der mindeste Grund vor, sie unrichtig zu benennen und ihnen unter allen Verhältnissen Roth und Gelb vorzuziehen. Das Kind weiss eben noch nicht, was Grün und Blau bedeutet, wenn es schon Gelb und Roth kennt. Es weiss auch noch nicht, was „Grün" bedeutet, wenn es in der 109. und 112. Woche seines Lebens „Roth" und „Grün" scheinbar richtig unterscheidet. Grün ist ihm dann nur etwas, was nicht roth ist. Dasselbe gilt wahrscheinlich auch für andere

Kinder, welche sich im Alter von anderthalb Jahren der Wörter „roth" und „grün" bedienen.

Noch muss hervorgehoben werden, dass mein Kind zu Anfang seines dritten Lebensjahres sich im Halbdunkel der Dämmerung mit auffallender Sicherheit und Schnelligkeit bewegte und zurechtfand, also Hell und Dunkel gut unterschied und zu Anfang seines vierten Jahres alle Farben, ausser den sehr dunkeln oder blassen, namentlich auch die verschiedensten grünen und blauen Töne, richtig bezeichnete zum Erstaunen derer, welche den hier beschriebenen „Farbenstunden" dann und wann beigewohnt und die vielen Fehler miterlebt hatten.

Andere Kinder mit gesunden Augen sind gleichfalls im Alter von drei Jahren vollkommen sicher im Benennen der Farben, in dem von zwei Jahren noch sehr unklar. Einem 32 Monate alten Knaben prägten sich die Farben in der Reihenfolge: 1) Dunkelviolett, 2) Gelb, 3) Roth. 4) Blau. 5) Grün ein, wobei die erstgenannte schon wegen ihrer Dunkelheit vor den anderen ausgezeichnet war [F.] und als „Schwarz" gelten konnte.

Ein von seiner Mutter sehr aufmerksam beobachtetes Mädchen brauchte in seinem 32. Monat „schwarz" in demselben Sinne wie „schmutzig" und nannte immer richtig „weiss" einzelne weisse Blumen. Für die Unterscheidung der Farben hatte es aber im 25. Monat noch kein Verständniss. [F. W.]

Ein vierjähriger Knabe, der nicht methodisch im Farbensehen unterrichtet worden war, wurde von seinem Vater (K. Bardeleben) gefragt, welche Farben er in dem sich scharf von dem grauen Himmel abhebenden lichtstarken Regenbogen erblickte. Das Kind antwortete langsam, aber entschieden: „Roth, Gelb, Grün, Blau," und fand diese Grundfarben auch nachher, wie mich sein Vater versichert, unter Pigmenten jedesmal leicht heraus, während die Benennung des Violett, Rothgelb und anderer Mischfarben ihm schwierig wurde.

Die Augenlid-Bewegungen.

Das Offenhalten des Auges ist in den ersten Lebenstagen selten von längerer Dauer. Neugeborene halten die Augen mehr geschlossen als offen. Und wenn das Lid gehoben wird, tritt meistens eine sonderbare Asymmetrie ein. Ein Auge bleibt offen, während das andere geschlossen ist. Das abwechselnde Schliessen und Öffnen sah ich häufig vom ersten bis elften Tage,

dann seltener. Jedoch hatte mein Kind schon vor Ablauf der
ersten 24 Stunden im Zwielicht einmal beide Augen zugleich
weit offen. Die Regel war für den ersten Monat, wenn beide
Augen zugleich offen waren, dass sie nicht gleich weit offen
waren, was noch am 31. Tage auffiel. Auch hatte um diese
Zeit das zeitweise Offenhalten nur eines Auges nicht aufgehört.
Dazu kommt, dass selbst beim Schliessen beider Augen die Bewegungen des linken und rechten oberen Lides oft nicht gleichzeitig geschahen.

Andere merkwürdige atypische Lidbewegungen sah ich bei
der Hebung und Senkung des Blicks einseitig und beidseitig.
Es wurden manchmal, und zwar in der fünften Woche, bei abwärts gerichtetem Blicke die Lider gehoben, so dass über der
Hornhaut die weisse Sclera sichtbar war: eine Bewegung, welche
schwerlich ein Erwachsener nachmacht und welche dem Gesicht
einen fast besorgnisserregenden Ausdruck verleiht. Doch folgte
lange vor dem dritten Monat beim Senken des Blickes constant
das Lid der Pupille nach. Wenn umgekehrt das auf dem Rücken
liegende Kind den Blick stirnwärts richtete, wobei sich übrigens
die Stirn nicht im Geringsten runzelte, so wurde nicht jedesmal
das Lid gehoben, sondern es bedeckte oft die Iris bis dicht an
die Pupille, bisweilen auch die letztere ein wenig, und dieses sah
ich noch in der achten Woche wiederholt.

Das „Verdrehen der Augen“ kranker Kinder, wobei die
Pupillen nach oben, die oberen Augenlider nach unten gehen,
so dass nur die weisse Sclera in der Lidspalte sichtbar bleibt,
ist eine Steigerung dieser physiologischen Atypie, welche auch
bei Hysterischen vorkommt. Sogar gegen Ende des ersten
Vierteljahrs sah ich, dass beim Heben des Blickes des auf dem
Arm aufrecht getragenen Kindes nach einer hochstehenden Lampe
das Augenlid nicht völlig gehoben, vielmehr auch hierbei die
Pupille vom Lidrand tangential erreicht wurde. In dieser Zeit
runzelte sich die Stirn, welche doch in den ersten Tagen wie
bei Affen oftmals in horizontalen Falten erschien, entweder noch
gar nicht, oder sehr wenig und ausnahmsweise beim Heben des
Blicks. Erst vom 98. Tage an wurde von meinem Knaben beim
Aufwärtsblicken die Stirn gerunzelt, wenn auch schwächer, als
von Erwachsenen, und sogar noch im achten Monat nicht jedesmal, vom Ende des neunten an aber regelmässig. Diese Mitbewegung ist also erworben, offenbar weil sie beim Sehen
nach oben das Sehfeld erweitert, ohne ein Rückwärtsneigen des

Kopfes zu benöthigen. Man kann sich durch blosse Willenskraft das horizontale Stirnrunzeln vollständig abgewöhnen, wofür
ich selbst ein Beispiel bin.

Die Hebung des unteren Augenlides für sich, welche nicht
oft vorkommt und jedem Gesichte einen unkindlichen Ausdruck
verleiht, sah ich im ersten Lebensjahre überhaupt nicht bei weit
offenem Auge eintreten.

Das Heben des oberen Lides bei Senkung des Blicks sahen
in den ersten Lebenstagen bis zum zehnten auch Raehlmann
und Witkowski, welche zugleich mit Recht hervorheben, dass
die zwangsmässige Abhängigkeit von Lidhebung und Erhebung
der Hornhaut beim Kinde zu Anfang noch nicht existirt. Der
Lidheber-Muskel kann sich zugleich mit dem unteren geraden
Augenmuskel, der obere gerade Augenmuskel sich ohne den
Lidheber zusammenziehen, später nicht mehr. Es muss also
innerhalb des Oculomotoriusgebietes anfangs eine Unabhängigkeit
der einzelnen Nervenzweige voneinander bestehen, welche später
verloren geht. Die Miterregung des zum Lidheber (*Levator
palpebrae*) gehenden Zweiges bei Erregung des zum Blickheber
(*Rectus superior*) gehenden Zweiges des oberen Astes vom Oculomotorius ist demnach eine erworbene, welche von jedem einzelnen Menschen auf's Neue durch ihren Nutzen für das Sehen
erlernt wird. Ebenso wird unseren Beobachtungen zufolge die
anfangs häufige völlig unnütze Erregung des Levatorzweiges bei
Erregung des zum Blicksenker (*Rectus inferior*) gehenden Zweiges
des unteren Astes des Oculomotorius später so consequent
unterlassen, dass Erwachsene kaum noch im Stande sind, gleichzeitig den Lidheber und Blicksenker zusammenzuziehen, also
bei weit offenem Auge den Blick zu senken. Somit sind die
betrachteten Bewegungen des oberen Augenlides nach oben beim
Aufwärtsblicken, nach unten beim Abwärtsblicken dem Menschen
nicht angeboren.

Dagegen ist der Lidschluss bei starkem Lichteindruck, ebenso
wie die im Lichte eintretende Pupillenverengerung, angeboren.
Hierbei handelt es sich aber um Reflexe vom Sehnerven einerseits auf den Orbiculariszweig des Facialis, andererseits auf den
Iriszweig des Oculomotorius. Nicht Mitbewegungen, sondern
reine sensumotorische Reflexe liegen hier vor.

Das schnelle Schliessen des Auges durch einen Lidschlag
mit unmittelbar folgendem Öffnen desselben, welches als Augenzwinkern bezeichnet wird, kommt bekanntlich bei Neugeborenen

und ganz jungen Säuglingen nicht vor. Die Thatsache steht
fest, dass sie die schnelle Annäherung der Hand oder des Kopfes
oder der brennenden Kerze oder des Fingers gegen das Auge
ertragen, ohne das Lid zu bewegen, während im späteren Leben
jeder dann, wie nach wirklich stattgefundener Berührung, selbst
wenn eine Glasscheibe sich vor dem Gesichte befindet, beim
ersten Anprall das Auge einen Moment schliesst oder gar zurück-
fährt, es sei denn, dass eine besondere Übung in der Beherrschung dieser Reflexbewegung beim Manne zu ihrer willkürlichen
Hemmung führt.

Ich habe den Zeitpunkt, wann das erste Zwinkern als
Symptom des Erschreckens über einen beliebigen plötzlichen
Eindruck und als Ausdruck der Überraschung über einen neuen
Gesichts-Eindruck eintritt, für mein Kind bestimmt, und Folgendes
gefunden:

Ich fuhr mit der flachen Hand schnell gegen das Gesicht
des mit offenen Augen ruhig daliegenden Säuglings, ohne dass
er im Geringsten darauf reagirte, am 6., am 8., am 11., am
12., am 22., am 25., am 50., am 55. Tage. In dieser Zeit
hatte die leiseste Berührung der Wimpern, der Lidränder, der
Bindehaut oder der Hornhaut sofortigen Lidschluss zur Folge.
Nur geschah das Senken des Lides nach solchen Berührungen
bis zum zwölften Tage entschieden langsamer, als bei Erwachsenen. Am 57. und 58. Tage bemerkte ich, dass zum ersten
Male das Zwinkern eintrat, als ich meinen Kopf schnell dem
Gesichte des Kindes näherte; bei öfterer Wiederholung des Versuchs aber blieben beide Augen offen. Am 60. Tage ist das
schnelle gleichzeitige Zu- und Aufmachen beider Augen beim
Erschrecken durch schnelle Annäherung an das Gesicht, gerade
wie beim plötzlichen lauten Schall, schon regelmässig. Oft fährt
das Kind dann schnell mit beiden Armen in die Luft empor,
gleichviel ob es liegt oder gehalten wird. Dieses ist namentlich
noch in der 14. Woche der Fall. Zu der Zeit war aber noch
nichts von einem Zurückfahren mit dem Kopf oder dem Oberkörper bei schneller Annäherung meines Gesichts an das seinige
zu bemerken, während das Zwinkern nun jedesmal prompt eintrat, auch bei mehrmaliger Wiederholung der Annäherung schnell
nacheinander. Dasselbe in der 15. und 16. Woche. Andere
Kinder schliessen, anderen Beobachtern zufolge, in der 14., selbst
16. Woche die Augen noch nicht, wenn man mit dem Finger
auf sie losfährt, als wollte man hineinstossen. Der Unterschied

beruht ohne Zweifel darauf, dass der Finger eine zu kleine und nicht genügend helle Fläche im Sehfelde einnimmt im Vergleiche zur flachen Hand und zum Gesicht. Für die „angreifende Hand" fand O. Soltmann die siebente und achte Woche als ersten Termin des Lidschlages, womit meine Beobachtungen eher übereinstimmen. Diese müssten an mehreren Kindern mit einer Kerzenflamme wiederholt werden, um zu ermitteln, ob nicht bei grosser Helligkeit eines kleinen Objects das erste Zwinkern früher eintritt.

Erst nach dem ersten Vierteljahre machte ich die Beobachtung, dass die Augen geschlossen wurden, wenn im Bade Wasser an die Hornhaut oder nur an die Wimpern kam, während in der ersten Zeit die Benetzung der Augen, auch wenn sie wiederholt wurde, durchaus keinen Lidschluss bewirkte. Wahrscheinlich sind es derartige Erfahrungen — unangenehme Empfindungen nach Berührung der exponirten Augentheile — welche zuerst in der neunten Woche den Lidschluss schon bei rascher Annäherung eines grossen Gegenstandes an das Auge ohne Berührung desselben zur Folge hatten. Denn die blosse schnelle Annäherung ist unangenehm. Übrigens blieb das Zwinkern über einen starken unerwarteten Eindruck, nachdem es einmal eingetreten war, als erworbene Reflexbewegung, die bei jedem derartigen Anlass wiederkehrte, bestehen. Es trat namentlich nach Anblasen ungemein schnell (in der 25. Woche) ein. Das Kind starrte dann mit fragendem Blick nach der Richtung, von welcher der Luftzug herkam, nachdem es ihn mit den Augenlidern beantwortet hatte.

Zur Erklärung dieses Reflexes ist es nicht zulässig anzunehmen, dass die Vorstellung einer Gefahr erst gebildet sein müsse, um das Schliessen der Augen zu bewirken, wie Manche meinen. Dann läge hier kein reiner Reflex vor, sondern eine Gewohnheit. Es ist aber die Zeit für das Zustandekommen der Vorstellung mit dem Willensimpuls, das Lid zu senken, zu kurz, und ein Kind von neun Wochen hat noch nicht die Vorstellung einer Gefahr. Es weiss nicht, dass mit der plötzlichen Veränderung der Vertheilung von Hell und Dunkel im Gesichtsfeld, beim Annähern der Hand, eine Gefahr für es selbst verbunden sein kann, und zwinkert ganz ebenso bei einem plötzlichen Schall, sogar am 25. Lebenstage. Hätte es die Vorstellung der Gefahr, dann müsste es mit dem Kopf oder Oberkörper bei schneller Annäherung meiner Hand oder meines Kopfes zurückfahren, wie es später geschieht. Man müsste also noch die Hülfshypothese

hinzunehmen, dass eine von den Ahnen im späteren Leben gemachte Erfahrung zu einer Gewohnheit führte, die dann bei den
Nachkommen schon frühzeitig als erbliche Gewohnheit unvollständig aufträte.

Diese Darwin'sche Auffassung ist entbehrlich, weil allein
schon das unangenehme Gefühl, welches mit jedem unerwarteten plötzlichen starken Sinneseindruck verbunden
ist, ausreicht, den Lidschluss herbeizuführen. Denn so lange
überhaupt das Kind seine Sinnes-, zumal Gesichts-Eindrücke
nicht gehörig sondern kann, so lange es namentlich die schnellen
Veränderungen im mässig hellen Sehfeld nicht deutlich erkennt,
kann ihm aus denselben auch kein unangenehmes Gefühl er-
wachsen. Ist es aber so weit entwickelt, dass es rasche erhebliche Änderungen merkt, dann wird es auch das unangenehme
Gefühl haben, dann wird es erschrecken, und die nächste Folge
davon ist Abwehr des Widrigen, das heisst zunächst Lidschluss.
Hierdurch wird das Schliessen der Augen bei plötzlichen Lichteindrücken dem Zukneifen derselben bei grosser Helligkeit in
den ersten Tagen nahe gebracht, und der Unterschied ist nur
noch zu erklären, dass anfangs das Auge länger geschlossen
bleibt, denn Neugeborene zwinkern nicht. Dieser nur quantita-
tive Unterschied ist wahrscheinlich bedingt durch eine geringere
Fortpflanzungs-Geschwindigkeit der Nervenerregung, die grössere
Reflexzeit und besonders die grössere Intensität und längere
Dauer des Reizes. Blendendes Licht bewirkt auch bei Erwachsenen ein nachhaltigeres und unangenehmeres Gefühl, als
schnelle Annäherung der fremden Hand. Der Blitz hat einen
momentanen Lidschluss, eine von der Sonne stark beleuchtete
Schneefläche Schliessen der Augen und Blinzeln, sogar Zukneifen
derselben, zur Folge.

Die Verkleinerung und Verschliessung der Lidspalte beim
Zukneifen ist durch Contraction des Augenschliessmuskels *(Musculus orbicularis)* im Ganzen bedingt, wogegen die Senkung des
oberen Augenlides beim Zwinkern durch die Contraction der
Lidmuskeln *(Musculi palpebrales)* allein herbeigeführt wird und
das Blinzeln im eigentlichen Sinne beim Anblick eines blendend
hellen Gegenstandes durch die Zusammenziehung der äusseren
Theile des Orbicularmuskels (nämlich des Orbital- und Malar-
Muskels) zu Stande kommt. Alle diese Orbicularfasern werden
vom Antlitznerven *(Nervus facialis)* als ihrem einzigen Bewegungsnerven versorgt. Da der Reflex vom Sehnerven aus schon am

ersten Lebenstage vollkommen ist, sofern helles Licht Zukneifen
der Augen bewirkt, so muss der Reflexbogen vom Sehnerven
auf diesen Ast des Facialis, wie der auf den Iriszweig des
Oculomotorius, beim Menschen angeboren sein.

Auch das schnelle Schliessen und Öffnen des Auges beim
Überraschtsein wird verständlich, wenn man nicht die Vorstellung
der Gefahr, welche dem Kinde noch fremd ist, voraussetzt,
sondern bedenkt, dass jede Überraschung, selbst die freudige,
durch das ihr anhaftende Unerwartete, den plötzlichen Sinneseindruck, im ersten Augenblicke dem Erschrecken verwandt ist.
Die plötzliche Gefahr ist nur ein besonderer Fall. Auch bei Erwachsenen bewirkt ein unerwarteter Knall jedesmal den Lidschlag.

Am 25. Tage fixirte mein Kind zum ersten Male das Gesicht
seiner Wärterin, dann das meinige und das seiner Mutter. Als
ich nun nickte, machte es die Augen weiter auf, und es erfolgte
ein mehrmaliger Lidschlag. Dasselbe trat ein, als ich zum ersten
Male mit tiefer Stimme zu ihm sprach, was an dem genannten
Tage geschah: Überraschungs-Reflex.

Zu Ende des siebenten Monats machte das Kind beim
schnellen Ausbreiten und Zusammenklappen eines grünen Fächers
mit dem Ausdruck des grössten Erstaunens jedesmal die Augen
schnell zu und auf, bis ich das Experiment sehr oft hintereinander ihm vorgemacht hatte. Aber auch dann blieb das
maasslose Erstaunen über das Verschwinden und Wiederkehren
der grossen runden Fläche bestehen. Es war kenntlich an der
Bewegungslosigkeit — nach vorhergegangener Unruhe — und
Spannung des Blicks. Auch bei anderen neuen, besonders rhyth-
mischen Bewegungen wird (wie beim Hören neuer Geräusche)
ein Lidschlag bemerkt, worauf der Mund offen bleibt und die
Augen weit offen sind, ohne dass jedoch (im achten Monat) die
Brauen sich heben.

Aber nicht nur Erstaunen, auch starkes Begehren ist mit
maximalem Offenhalten der Augen verbunden. Als ich in der
34. Woche dem Säugling die Milch wegnahm, sah er sie starr
an und riss die Augen weit auf, die dann einen unbeschreiblich
verlangenden Ausdruck annahmen. Dazu wurden Laute des
Begehrens oft mit geschlossenen Lippen unvollkommen geäussert,
eine Gewohnheit, welche im zweiten Jahre gerade so bestehen
blieb. Auch waren die Augen, wenn starkes Begehren, Überraschtsein oder Freude das Kind beherrschte, merklich glänzender als sonst, was wohl durch eine Erregung des Absonderungs-

nerven der Thränendrüse *(Ramus lacrymalis trigemini)* bei der psychischen Erregung eher, als durch Compression der Drüse durch gesteigerte Blutzufuhr zu erklären sein wird.

Von mehr Belang für die Psychogenesis ist die von mir an allen Säuglingen constatirte Thatsache, dass von der Geburt an hochgradiges Lustgefühl durch weit offene Augen sich kund giebt, Unlustgefühl durch Schliessen und Zukneifen der Augen. In Bezug auf ersteres fiel mir auf, dass beim Anlegen an die Mutterbrust, ja schon unmittelbar vor dem Anlegen, die Augen förmlich aufgerissen wurden, und dass sie fast regelmässig zu Beginn des Saugens weit offen blieben. Es wurde am 3., am 16., am 21. Tage in steigendem Maasse bemerkt. Aber auch im warmen Bade von 35⁰ C. wurden in den ersten drei Wochen die Augen weit geöffnet, und, ohne dass das Kind lachte, erhielt eben durch das Erweitern der Lidspalte das Gesicht einen anmuthigen Ausdruck. Das erst am 23. Tage eintretende hörbare und sichtbare Lachen ist nur eine Steigerung dieses Ausdrucks der Lust, bei dem „die Augen lachen". Dass auch gewisse milde Lichteindrücke ein weites Öffnen der Augen zur Folge haben können, wurde vom ersten Tage an oft bemerkt, wie schon berichtet ist. Bei einem anderen Kinde, welches unmittelbar nach dem Austritt des Kopfes schrie, führte ich drei Minuten später einen Finger in die Mundhöhle ein und drückte auf die Zunge. Sofort hörte alles Schreien auf, lebhaftes Saugen begann und der bis dahin unzufriedene Gesichtsausdruck wurde plötzlich umgewandelt! Das noch nicht vollständig geborene Kind schien etwas Angenehmes zu empfinden und dabei — während des Saugens am Finger — wurden die Augen weit geöffnet. Sogar ein Anencephalus, der einige Tage lebte und den ich zum Saugen brachte, öffnete dabei die sonst geschlossenen Augen etwa zwei Millimeter weit.

Alle diese Wahrnehmungen sprechen entschieden dafür, dass Lust durch weit offene Augen ausgedrückt wird, sowie dieselben das Tageslicht ertragen, in der Dämmerung und bei mässiger Beleuchtung vom Augenblick der Geburt an.

Ebenso sicher ist es, dass Unlust durch Schliessen der Augen kundgegeben wird.

Schon beim ersten Schreien sind meistens die Augen zugekniffen, und später ist es Regel, dass alles Schreien wegen schmerzhafter oder unangenehmer Gefühle, wie Hunger, ein Zukneifen der Augen oder wenigstens erhebliche Verengerung der Lidspalte mit sich führt. Auch ohne Schrei und ohne jede Lautäusserung ist Zukneifen der Augen, oft mit Abwendung des Kopfes, zum Beispiel im dritten und vierten Vierteljahr beim Anziehen und Befühlen der Zähne, unzweifelhaftes Zeichen des Unbehagens.

Hiernach erfolgt der Lidschluss bei allen plötzlichen starken Sinneseindrücken, weil sie Unlustgefühle nach sich ziehen, und bei Lustgefühlen werden die Augen geöffnet. Wiederholt sich jene angeborene Ausdrucksbewegung oft, so geschieht sie mit immer grösserer Geschwindigkeit und wird schliesslich zur Reflexbewegung bei allen plötzlichen genügend starken neuen Eindrücken, welche sofort eintritt, ehe noch Lust- und Unlust-Gefühle sich ausbilden können.

Auch der schon erwähnte erbliche Reflex vom Trigeminus auf den Orbicularast des Facialis, dessen Vorhandensein durch den Lidschluss nach Berührung der Augenwimperhaare, der Bindehaut des Auges oder der Hornhaut am ersten Tage sich kundgiebt, kann sehr wohl eine Abwehr von Unangenehmem, eine Ausdrucksbewegung der Unlust sein, da jede, selbst die leiseste Berührung der nervenreichen exponirten Augentheile unerwartet und unangenehm ist. Die entsprechende Reflexbahn wird mit anfangs geringerer Geschwindigkeit durchlaufen, weil dann noch das Unlustgefühl wahrscheinlich sich zwischen den centripetalen und centrifugalen Process einschiebt, abgesehen von geringerer Fortpflanzungsgeschwindigkeit der Nervenerregung. Später wird dann maschinenmässig ohne vorheriges Unlustgefühl der reflectorische Lidschluss nach der Berührung eintreten, und zwar mit dem Scheine höchst zweckmässiger Abwehrüberlegung „Ich schliesse das Auge, weil es geschädigt werden könnte", in Wahrheit aber ohne Überlegung.

Der Unterschied dieses erblichen Trigeminus-Facialis-Reflexes von dem erblichen Opticus-Iris-Reflex zeigt deutlich den Unterschied zwischen alterererbten (paläophyletischen) Reflexen und erblichen Reflexen jüngeren Datums (neophyletischen Reflexen). Denn die Adaptation der Pupille an die Helligkeit, welche sofort und ausnahmslos bei Neugeborenen und bei lidlosen Thieren eintritt, muss in einer früheren Zeit erworben sein, als der Lidschluss nach Berührung des Auges, schon weil dieser bei Neugeborenen nicht so prompt eintritt. Aber das Neugeborene kneift die Augen zu, wenn blendend helles Licht einfällt und überhaupt wenn es Unlust empfindet, wie der misshandelte Frosch.

Aus diesem Zukneifen hat sich wahrscheinlich der rasche kurz dauernde Lidschluss (Opticus-Facialis-Reflex) differenzirt, welcher allen plötzlichen Sinneseindrücken folgt und in der gegenwärtigen Generation noch als ein erworbener, sogar durch den Willen hemmbarer Reflex den beiden anderen erblichen reflectorischen Abwehrbewegungen gegenübersteht.

Die Augen-Bewegungen.

Von grossem Interesse für die Entstehungsgeschichte der Raumwahrnehmungen sind die Augenbewegungen der Neugeborenen und Säuglinge. Die streitenden Parteien, Nativisten und Empiristen, berufen sich zur Stütze ihrer Theoreme ausdrücklich auf das unerfahrene Kind. Jene behaupten, ein präformirter Mechanismus lasse vom Anfang an coordinirte, associrte Augenbewegungen beim Neugeborenen zu Stande kommen, — diese, es sei nicht der Fall, vielmehr seien die Augenbewegungen Neugeborener asymmetrisch und uncoordinirt, es werde die zweckmässige Verwendung der Augenmuskeln erst durch die Erfahrung erlernt und dann erst ein Sehen mit zwei Augen, wie beim Erwachsenen, möglich durch Association der Bewegungen beider Augen beim Fixiren.

Meine Beobachtungen zeigen, dass bezüglich des rein Thatsächlichen beide Parteien Recht haben. Einige Neugeborene bewegen wirklich schon am ersten Tage öfters die Augen associativ coordinirt, andere nicht. Ich sah in einigen Fällen bei demselben Kinde beides, fand aber bei keinem ausschliesslich coordinirte Bewegungen. Bei einem hirnlosen Neugeborenen, das mehrere Tage lebte, bewegte sich das linke Auge gar nicht, das rechte machte zuckende Seitenwendungen.

Mein Kind wendete vor Ablauf des ersten Lebenstages beide Augen gleichzeitig nach rechts, dann nach links, oftmals hin und her mit ruhendem Kopf, dann wieder indem es den Kopf gleichsinnig bewegte. Während der ganzen Zeit war das Gesicht im Zwielicht dem Fenster zugewendet. Ja sogar fünf Minuten nach der Geburt, als ich im Dämmerlicht das Kind gegen das Fenster hielt, fand eine associrte Augenbewegung statt. Und als ich anfing neugeborene Kinder zu beobachten, traf es sich, dass ich ein Kind 35 Minuten nach der Geburt (am 4. Januar 1869) die Augen nur in demselben Sinne sich bewegen sah, wie ein Erwachsener es zu thun pflegt.

Auch Donders und Hering haben bei Neugeborenen solche Augenbewegungen wahrgenommen. Die Beobachtung erfordert nur Geduld, weil Neugeborene die ersten 24 Stunden meist schlafend zuzubringen pflegen, und wenn sie wach sind, viel schreien, wobei gleichfalls die Augen nicht offen bleiben. Wollte man es bei solchen Wahrnehmungen bewenden lassen, so würde man zu ganz falschen Resultaten kommen. Genauere und gehäufte Beobachtung der Augenbewegungen des Kindes, besonders während der ersten sechs Tage, lehrte mich, dass die gleichzeitige Wendung beider Augen nach rechts oder links nicht genau symmetrisch coordinirt, wie beim Erwachsenen, ist. Wiederholt sah ich bei einem zehn Stunden alten und bei einem sechs Tage alten Kinde, deren Augen weit offen waren, lauter associirte Augenbewegungen, welche bei genauerer Betrachtung sich als nicht vollkommen gleichsinnig zu erkennen gaben. Im Ganzen habe ich gefunden, dass bei Neugeborenen sehr oft das eine Auge sich unabhängig vom anderen bewegt und die Kopfdrehungen im entgegengesetzten Sinne wie die Augenbewegungen stattfinden. Man erkennt deutlich das Unbeabsichtigte beider Bewegungen, und das Zusammentreffen beider ist zu Anfang des Lebens zufällig. Auch das am ersten Tage constatirte nach-links- und -rechts-Wenden beider Augen erhält hierdurch den Anschein, zufällig zu sein, indem unter allen möglichen Augenbewegungen auch diese eintreten.

Wie die übrigen Muskeln des Körpers und des Gesichts vom ganz jungen Säugling zwecklos contrahirt werden, so auch die Augenmuskeln. Daher sieht man, ohne dass von Sehen, ja sogar von Lichtempfindungen bei gesenkten Lidern die Rede sein kann, allerlei ungeordnete Augenbewegungen die Grimassen, das Stirnrunzeln, die Lippenbewegungen begleiten, während das Kind nicht schreit und ruhig daliegt. Mitunter schläft es mit halb offenen Augen ein, was an der regelmässigen Athmung und Gliederruhe erkannt wird; dann sieht man gleichfalls mannigfaltige zwecklose Augenbewegungen. Unter denen, welche im wachen Zustande auffallen, sind starke Convergenzbewegungen hervorzuheben. Das Kind sieht aus wie ein schielendes Kind. Aber zu Beginn der dritten Lebenswoche ist die maximale Convergenz und das Schielen bei weitem nicht mehr so häufig, wie in der ersten, die Atypie der Augenbewegungen, welche übrigens auch Andere bei vielen Neugeborenen sahen, noch recht ausgesprochen. Schœler sah in den ersten Tagen, bis zum vierten, nur uncoor-

dinirte Augenbewegungen und bis zum zehnten noch keine völlig
regelrechte Fixation. Da brechen seine Beobachtungen ab. Am
31. Tage wurde Schielen von mir bei meinem Kinde als selten,
am 46. als sehr selten notirt, am 48. und 50. desgleichen, wie
überhaupt atypische Augenbewegungen vom 55. Tage an als
sehr selten; bis in die zehnte Woche kamen sie aber vor, wenn
das Kind wach war. Während des Schlafes freilich bewegte es
sehr lange', noch am 60. Tage, die Augen oft lebhaft asymmetrisch, auch die Lider beiderseits, die Augen halb öffnend,
ohne Unterbrechung des Schnarchens. Als das Alter von drei
Monaten erreicht war, kamen ungeordnete Augenbewegungen
nicht mehr zur Beobachtung. Das schlafende Kind habe ich
jedoch dann daraufhin nur ab und zu betrachtet und im neunten
Monat eine sporadische geringe Atypie bemerkt.

Diese Consolidirung des Augenmuskelmechanismus bedingt
aber keineswegs das Aufhören unnützer coordinirter Augenbewegungen, wie mehrere Erfahrungen darthun. So wurde fast
regelmässig der Blick in der 23. Woche stirnwärts gerichtet von
einem Kinde, das von einem juckenden Eczem am Kopfe geplagt
den Kopf hin und her pendeln liess, was damals beim Festhalten
seiner Hände geschah, falls irgend etwas, und sei es nur ein
Kissen, den Kopf berührte.

Leicht convergirten bei meinem Knaben die Augen im
neunten Monat ohne angebbare Ursache wie auf drei bis fünf
Centimeter vor die Nase gehaltene Gegenstände.

Im zehnten Monat schien die Convergenz der Blicklinien
gestört; ein sehr unbedeutendes Schielen nach Innen war eingetreten, aber es schwand nach wenigen Wochen, nachdem ich
längeren Aufenthalt im Freien angeordnet hatte. Das Sehen in
die Ferne wurde dadurch begünstigt. Die Augenbewegungen
blieben von da an normal. Die Leichtigkeit, mit der (noch im
20. Monat) Convergenz auf meinen an die Nasenspitze des
Kindes gehaltenen Finger eintrat, ist bemerkenswerth, ebenso
dass anfangs solche hochgradige Convergenzstellungen mit relativ
sehr weiter Pupille zusammen vorkommen, was beim Erwachsenen nicht der Fall ist.

Alle diese Beobachtungen sprechen durchweg zu Gunsten
der Annahme, dass der bewusste Sehact von entscheidendem
Einflusse auf die Regulirung der Augenbewegungen ist, dass erst
nach der Sonderung der Lichteindrücke vom Sehnerven-Centrum
aus den Augenmuskel-Nerven (dem Oculomotorius, Abducens,

Trochlearis beider Augen) harmonische, centromotorische Impulse
zugehen, und dass anfangs, so lange nur das Lichtempfindungs-
vermögen, aber noch nicht das Sehvermögen sich bethätigt, die
Augenbewegungen nicht associirt und nicht geordnet sind. Selbst
wenn sie symmetrisch gefunden werden, kann daraus angesichts
der Mehrzahl oder sehr grossen Zahl atypischer Augenbewegungen
nicht auf einen präformirten fertigen, sogleich bei der Geburt
functionsfähigen bilateral-symmetrischen Nervenmechanismus geschlossen werden, wie er etwa beim Saugen existirt. Denn
brächte der Mensch einen solchen Mechanismus (wie das Hühnchen und andere Thiere) fertig mit auf die Welt, wie sollte er
dann dazu kommen, so viele atypische zwecklose Augenbewegungen auszuführen, ehe er sich permanent jenes Mechanismus
bedient? Selbstverständlich hat dieser durch erbliche Anlage
eine gewisse Bevorzugung, sofern die Nerven und Muskeln in
diejenigen combinirten Erregungszustände am leichtesten gerathen
werden, in welche sie im Laufe unzähliger Generationen bei den
Sehübungen früher gerathen sind.

Die allgemeine Regel ist, dass aus concurrirenden ungeordneten Muskelbewegungen allmählich coordinirte werden; so
auch hier für die Augenmuskeln. Und nachdem die coordinirten
Augenbewegungen sich beim Sehen bewährt haben, findet nach
und nach eine Ausscheidung der überflüssigen, eine Bevorzugung
der zum deutlichen Sehen mit beiden Augen brauchbaren statt.
Gerade so werden die ungeordneten Bewegungen der Beine zur
Zeit des Gehenlernens immer seltener und von den geordneten
die brauchbarsten schliesslich beibehalten, welche mit dem
Minimum von Anstrengung am meisten leisten.

Es ist auffallend, dass dennoch Vertreter der nativistischen
Auffassung die Befunde an Neugeborenen für sich geltend machen,
zum Beispiel die folgenden von Raehlmann und Witkowski:

„Was die Art der Augenbewegungen bei Neugeborenen
angeht, so sind dieselben in einiger Beziehung denen im Schlafe
ähnlich, in vieler Beziehung aber unähnlich. Ähnlich sind sie
insofern, als sie oft vollkommen incoordinirt, bisweilen,
wenn auch seltener, einseitig sind, unähnlich insofern, als sie
meist viel rascher erfolgen und in der grössten Mehrzahl beiderseitig und oft coordinirt zu sein scheinen. Schon bei der
ersten spontan erfolgenden Öffnung der Lidspalte, unmittelbar
nach der Geburt, sahen wir anscheinend coordinirte Seiten-
bewegungen, die aber nach Excursion und Intensität den Charakter

des Atypischen trugen. Die Augen bewegten sich minutenlang unaufhörlich hin und her in colossalen Excursionen, wie
sie bei geregeltem Sehacte später nicht mehr vorkommen.
Dazwischen sahen wir dann freilich plötzlich gänzlich vom
Principe der Association abweichende, incoordinirte Bewegungen
eintreten."
Hiermit stimmen meine Beobachtungen vollkommen überein.
Aber auch was jene Beobachter von den Augenbewegungen
schlafender Kinder (denen die Lider emporgehoben wurden, ohne
dass sie erwachten) berichten, stimmt in vielen Einzelheiten damit
und mit Schœler's Angaben überein:
„Was nun die Form solcher Bewegungen angeht, so finden
wir zunächst associirte, das heisst beiderseitig und scheinbar
coordinirt erfolgende Seitenwendungen. Dieselben sind im Schlafe
selten; aber sie scheinen doch vorzukommen, jedenfalls kann
man mit Bestimmtheit sagen, dass incoordinirte Augenbewegungen
die häufigsten sind. Wir sehen z. B. beide Augen sich langsam
nach rechts bewegen, die scheinbar associirte Seitenbewegung ist
aber auf beiden Seiten nicht gleich ausgiebig, sondern bald auf
dem einen, bald auf dem anderen Auge abweichend stark, so
dass abwechselnd Convergenzen und Divergenzen eingeleitet werden.
Häufig sind ferner gänzlich abnorme total entgegengesetzte
Bewegungen beider Augen; das eine Auge bewegt sich langsam
nach rechts, das andere nach links, oder das rechte Auge nach
oben rechts, während das linke nach oben links sich bewegt.
Endlich kommen Höhenabweichungen beider Augen in der Weise
vor, dass, während sich zum Beispiel das rechte Auge nach links
und etwas nach unten, das linke Auge sich nach links und zugleich etwas nach oben wendet. Die merkwürdigste Beobachtung
aber ist die, dass vollkommen einseitige Bewegungen vorkommen.
Während zum Beispiel das rechte Auge den Beobachter zu
fixiren scheint, sieht man das linke sich zur Seite bewegen."
Obgleich alle diese Beobachtungen sich auf die Augen
Schlafender beziehen, sind sie nach meinen Wahrnehmungen
sämmtlich vollkommen zutreffend für wache Säuglinge der
ersten Tage.

Die Blick-Richtung.

Die Fähigkeit, einen hellen Gegenstand zu fixiren, fehlt dem
Neugeborenen gänzlich, weil es noch nicht im Stande ist, willkürlich die Augenmuskeln zu bewegen, jede Fixation aber ein

Willensact ist. Dagegen ist die Fähigkeit, den Kopf nach einem hellen Object zu wenden, so dass dieses auf der Netzhaut zur Abbildung gelangen kann, oft schon am ersten Lebenstage vorhanden. Auch sieht man bei dem mit offenen Augen ruhig daliegenden Neugeborenen den „Blick" scheinbar auf die Kerze gerichtet, welche man ihm passend vorhält. In Wahrheit starrt der ganz junge Säugling bewegungslos mit stupidem Gesichtsausdruck in's Leere und scheint nur den Gegenstand, welchen man ihm in die Gesichtslinie bringt, zu fixiren. Denn das Starren mit unveränderter Augenstellung hört nicht auf, wenn das Object entfernt wird. Der Blick folgt dem bewegten Object noch nicht und auch der Kopf noch nicht. Doch bewegen sich am siebenten Tage die Augen unabhängig von den Kopfdrehungen und convergiren stark.

Es ist zwar beobachtet worden, dass einzelne zu früh geborene Kinder am zweiten Lebenstage Abends in der Dämmerung den vom Fenster abgewendeten Kopf bei veränderter Lage wiederholt dem Fenster und Lichte zuwandten [K], und ich bemerkte dasselbe beim reifen Kinde regelmässig am sechsten Tage, aber hierbei handelt es sich nur um ein Begehren primitiver Art, nicht um ein Folgen des Blickes. Das scheinbar gesuchte Object ruht und ist nicht erkannte Empfindungsursache. Vielmehr liegt hier nur die Erfahrung vor: die und die Körperlage oder Kopfstellung ist mit einer angenehmen Empfindung, und zwar in diesem Falle mit einer angenehmen Lichtempfindung, verbunden, sie wird also bevorzugt und eine andere, eine unangenehme, bei der Schatten auf das Gesicht fällt, vermieden. Gerade so wird der Kopf nach der warmen glatten Mutterbrust gewendet und Abwendung von ihr unangenehm empfunden, auch im Dunkeln.

Demnach darf die bei einigen Kindern schon in den ersten Tagen wahrgenommene Wendung des Kopfes gegen ruhendes mässig helles Licht durchaus nicht als eine willkürliche Richtung des Blicks aufgefasst werden. Anfangs ist bei offenen Augen nur ein Starren vorhanden und auch am neunten Tage die Abwendung vom blendenden Licht kein Zeichen von Erkenntniss der Richtung.

Ich stimme auch hier vollkommen mit Raehlmann und Witkowski überein, wenn sie berichten, dass sie bis zum zehnten Tage niemals eigentliche Fixationsbewegungen gesehen haben. „Es mag gelegentlich vorkommen, dass bei einer bestimmten

Ortsveränderung der Kerzenflamme, oder bei den Augenbewegungen des Kindes das Auge zufällig für die Kerzenflamme eingestellt wird, das heisst ein Bild auf dem gelben Fleck entsteht, aber dieses anscheinend zweckmässige Stellungsverhältniss zwischen Auge und Gegenstand ist ein rein zufälliges und beruht ganz sicher auf keiner bewussten Fixation."

Wenn Darwin sagt, am neunten Tage seien die Augen auf die Kerze gerichtet gewesen, so bedeutet das nur, dass die letztere in die Starrlinie gestellt wurde, fügt er aber hinzu, bis zum 45. Tage habe nichts so die Augen zu fesseln geschienen, so muss gerade die kritische Periode des Beginnes der Fixation unbeachtet geblieben sein.

Die zweite Stufe kennzeichnet sich durch Wendung des Kopfes von einer ruhenden ausgedehnten hellen Fläche im Gesichtsfeld auf eine andere. Am elften Tage hielt mein Kind den Blick länger als eine Minute starr auf mein Gesicht gerichtet und wendete den Kopf nach dem Licht hin, welches daneben im Sehfeld erschien. Ähnlich verhielt sich ein weibliches Kind, welches am 14. Tage den auf des Vaters Antlitz gehefteten Blick auf jemanden, der dazu trat, hinlenkte und beim Anblick der Kopfbedeckung desselben wie verwundert zu sein schien [St].

In dieser Zeit und später bemerkt man auch, dass der Säugling vorzugsweise nach oben, nach der weissen Zimmerdecke starrt. Aber das daraus sich entwickelnde Blicken nach oben, durch welches der menschliche Säugling sich wesentlich vom Thiere unterscheiden soll, hängt ohne Zweifel von seiner horizontalen Lage auf den Armen der Mutter oder Amme ab. Wenn der Säugling niemals so getragen würde, dann würde er gewiss nicht oft nach oben sehen.

Die dritte Stufe ist mit dem Verfolgen des bewegten hellen Objects erreicht und durch das associative Bewegen der Augen bei ruhendem Kopfe charakterisirt.

Es war an seinem 23. Lebenstage, als mein Kind, welches nach der ruhig ein Meter weit vor ihm brennenden Kerze starrte, sowie ich sie nach links bewegte, beide Augen auch nach links wendete, und nach rechts, als das Licht darauf nach rechts bewegt wurde. Sobald ich die brennende Kerze emporhob, richteten sich ohne Kopfbewegung beide Augen nach oben dem Lichte nach. Hierbei erhielt das Gesicht plötzlich einen auffallend intelligenten, bisher nicht beobachteten Ausdruck.

Beim seitlichen Bewegen des Lichtes wurde öfters der Kopf bewegt, meistens aber die Augen allein. Auch wurden wohl die Augenbewegungen von einer leisen gleichsinnigen Kopfwendung begleitet. Immer musste die Bewegung der Kerze eine sehr langsame sein, sonst wurde sie nicht mehr verfolgt.

Gewiss zwanzig Mal wiederholte ich an dem Tage das Experiment, dessen Erfolg mich sehr überraschte, da andere Kinder erst nach vielen Monaten dem bewegten Lichte mit den Augen folgen sollen. Ich hatte freilich von der Geburt an fast täglich den Versuch angestellt und dadurch mag eine frühere Auslösung des Convergenzmechanismus bedingt worden sein. Wahrscheinlich achteten frühere Beobachter nicht frühzeitig genug auf dieses „Erwachen des Verstandes". Doch sah einer seinen Sohn am 19. Tage mit den Augen vorgehaltene und fortbewegte klimpernde Schlüsselchen verfolgen. [R. S.]

Zwei und sieben Tage nach dem 23. gab mir mein Kind mit der langsam bewegten Kerze oder mit meiner Hand allein dasselbe Resultat. Sowie die Bewegung langsam genug ist, folgt es mit dem Blick und bewegt bald die Augen allein, bald den Kopf und die Augen zusammen in demselben Sinne. Jedesmal wenn die Augen sich beide mit dem Lichte bewegen, erhält die Physiognomie wieder den befriedigten intelligenten Ausdruck, den sie vor dem 23. Tage nicht hatte. Mit diesem Tage begann auch das active Blicken (im Gegensatz zum Starren). Die vorgehaltene Hand, die Kerzenflamme und Gesichter wurden angeblickt, wenn sie nur in das Sehfeld gelangten, man kann noch nicht sagen „fixirt", da mit diesem Wort zugleich der Begriff des willkürlichen Deutlichsehens sich verbindet. Aber von jetzt an wurde der Blick vom Kinde activ täglich auf die genannten hellen Flächen im Gesichtsfeld gerichtet ohne künstlichen Anlass.

Übrigens ist mit diesem Fortschritt noch keine Betheiligung der Grosshirnrinde gegeben. Denn Longet exstirpirte einer Taube sorgfältig mit Schonung der Vierhügel und des übrigen Gehirns die Grosshirnhemisphären, erhielt sie 18 Tage am Leben und sah, dass im Dunkeln nicht nur rasches Annähern eines Lichtes Iriscontraction und Blinzeln bewirkte, sondern auch, sobald er die brennende Kerze im Kreise bewegte, das Thier eine entsprechende Kopfbewegung machte. Also ist hierzu das Grosshirn nicht erforderlich. Aber nach der Zerstörung der Vierhügel bleibt der Erfolg aus.

Während durch solche Beobachtungen der Übergang vom Starren zum Blicken sich ziemlich genau feststellen liess, war der vom Blicken zum Betrachten und Fixiren nicht so scharf abgegrenzt. In der fünften Woche wurde der Christbaum mit seinen vielen Lichtern freudig angeblickt, in der siebenten Woche verfolgte das Kind eine getragene Lampe, eine glänzende goldene Kette, die Kopfbewegungen seiner Mutter mit viel grösserer Geschwindigkeit und Präcision mit beiden Augen als früher. Beim anhaltenden Anblicken eines ganz nahen Gesichtes wird in bemerkenswerther Weise der Mund gespitzt, wie es bei grosser Anspannung der Aufmerksamkeit auch bei Erwachsenen öfters gesehen wird.

Schon eine Woche früher, am 39. Tage, konnte durch die schwingende Bewegung von Quasten dicht vor dem Gesichte des Kindes in diesem der Ausdruck des Vergnügens und lautes Jubeln hervorgerufen werden. Es traf sich auch, dass das Kind, wenn es sich in seinem Bette lebhaft bewegt und dadurch unabsichtlich Erschütterungen desselben bewirkt hatte, plötzlich still hielt und lachte, als die blauen Quasten über seinem Gesichte in Folge der Erschütterungen in Schwingungen geriethen.

In den folgenden Wochen wurden manchmal vergoldete Bilderrahmen, die durch den Lampenreflex stark glänzten, minutenlang angeblickt und der Blick entsprechend gehoben. Solche starke Lichteindrücke bewirkten, ebenso wie die schwingenden Gegenstände, Heiterkeit. Am 62. Tage blickte das Kind während fast einer halben Stunde nach einer schwingenden Ampel mit ununterbrochenen Lustäusserungen. Die Augen folgten jedoch in diesem Falle den einzelnen Pendelschwingungen nicht genau. Sie bewegten sich zwar öfters gleichzeitig beide nach links, beide nach rechts, aber nicht in demselben Tempo wie die Ampel. Das Vergnügen gab sich durch Bewegungen der Arme, durch Laute, wie sie nur das angenehm erregte Kind hören lässt, und das Interesse durch unverwandtes Hinblicken kund.

Tags zuvor hatte das Kind minutenlang das freundliche Antlitz seiner Mutter angeblickt und dann gejubelt. Es war wie wenn es zum ersten Male die eigene Mutter entdeckt hätte. Auch das Gesicht des Vaters, welches jederzeit auf das klagende Kind eine beruhigende Wirkung ausübte, wurde ihm vor der zehnten Woche ein Anlass zur Heiterkeit; bei einem kleinen Mädchen war schon in der sechsten Woche dasselbe der Fall [St].

Alle diese Thatsachen sprechen dafür, dass die ruhenden und bewegten Netzhautbilder unterschieden werden, wenn auch ein deutliches Sehen noch nicht vorhanden ist, die Accommodation sogar noch fehlt.

Hierauf wird die vierte Stufe erreicht, welche durch das von nun an bleibend bethätigte Vermögen, die Augen nach dem Objecte zu richten, sich auszeichnet. Links-rechts, oben-unten wird unterschieden und von diesem Vermögen sehr bald der ausgedehnteste Gebrauch gemacht. Denn nun sucht das Kind mit den Augen, wenn es wach und wohl ist, unermüdlich nach neuen Objecten.

Dieses Suchen, zunächst der Versuch, den Blick in eine bestimmte Richtung zu bringen und ihn in dieser festzuhalten, geht bis in das erste Vierteljahr zurück. In der zehnten Woche suchte ein Mädchen das Gesicht, von dem die es rufende Stimme kam, mit dem Blick, obwohl es den Kopf nur mit Mühe aufrecht hielt [St]. Ein gleichalteriger Knabe, der auf dem Rücken lag, konnte dagegen dem von mir vor ihm hin und her bewegten Stocke mit den Augen nicht folgen, sondern starrte ihn nur an.

Ein drittes Kind fing nach Ablauf der 16. Woche an, seine Hände zu beschen, und führte in der 23. einen fremden, ihm in die Hand gelegten Finger zum Munde [Sch].

Als ich am 81. Tage, etwa einen Meter vom Kinde entfernt, durch Reiben mit dem nassen Finger einem Trinkglase hohe, dem Säugling neue Töne entlockte, wendete derselbe sogleich den Kopf, traf aber mit dem Blick nicht die Richtung, suchte sie, und als sie gefunden war, wurde sie festgehalten.

Von der Zeit an folgte der lebhaftere Blick viel genauer, auch ohne Kopfbewegungen, der nicht schnell bewegten ausgestreckten Hand. Wenn sie aber sehr schnell bewegt wurde, folgte das Auge gar nicht (13. Woche). Am liebsten schien das Kind mit den Augen zu folgen, wenn jemand im Zimmer hin und her ging, indem es dabei den Kopf um mehr als 90° drehte und aufmerksam nachblickte (14. Woche).

Am 101. Tage wurde ein Pendel, welches gerade 40 ganze Schwingungen in der Minute machte, zum ersten Male mit Sicherheit, und zwar maschinenartig gleichmässig, mit dem Blicke verfolgt. Hierdurch ist bewiesen, dass für die Seitenwendung des Auges nun weniger als $^3/_8$ Secunde erforderlich ist. Doch werden einstweilen so schnelle Bewegungen nicht bevorzugt.

Als in der 16. Woche der Säugling eine Eisenbahnfahrt mit-
machte, richtete er den Blick nicht auf die vor dem Fenster
rasch vorübergehenden Bilder, sondern anhaltend und aufmerksam auf die Wand und Decke des Wagens und nach der Ankunft auf die neuen festen Gegenstände in dem Zimmer, in das
er gebracht wurde. Das lange Anblicken der Decke mit zurück-
gelehntem Kopf, vielen Säuglingen eigen, trat besonders in
dieser Zeit und in der 19. Woche hervor. Doch wird auch die
Verfolgung rasch bewegter Objecte immer leichter. Bin ich mit
dem Kinde beschäftigt gewesen und stehe ich dann rasch auf,
um das Zimmer zu verlassen, so wendet es jedesmal sehr schnell
den Kopf um, genau nach mir hin, und sieht mir mit grossen,
man könnte fast sagen, mit nachdenklich fragenden Augen nach
(im fünften Monat). Aber erst in der 29. Woche sah ich das
Kind unzweifelhaft deutlich dem vorbeifliegenden Sperling nachblicken, den es natürlich nicht kannte.

Sehr viel länger dauerte es, bevor den zu Boden geworfenen
Objecten, Spielsachen, welche eine Zeit lang zur Unterhaltung
gedient hatten, nachgeblickt wurde. Da es sich hierbei um eine
von jedem einzelnen Menschen auf's Neue gemachte Entdeckung
handelt, dass nämlich die Körper schwer sind und fallen, wenn
sie nicht unterstützt werden, so richtete ich hierauf besonders
meine Aufmerksamkeit und stelle einige Beobachtungen darüber
an meinem Kinde zusammen.

30. Woche: Sehr häufig lässt das Kind kurze Zeit in der
Hand gehaltene Gegenstände zu Boden fallen, hat ihnen aber
bis jetzt nicht ein einziges Mal nachgeblickt.

31. Woche: Sieht oder hört der Säugling etwas fallen, so
wendet er mitunter den Blick in die Richtung, wo es geschehen.

33. Woche: Das Herabfallen und Herabfallen-Lassen eines
Gegenstandes macht keinen Eindruck, obwohl langsam herab-
bewegte Gegenstände vorzüglich genau mit dem Blick beider
Augen verfolgt werden.

34. Woche: Das Kind sieht nur selten dem Gegenstande
nach, der ihm aus der Hand fällt.

36. Woche: Die zu Boden geworfenen Objecte verfolgt es
mit dem Blick immer noch nicht regelmässig oder mit irgend
einem Ausdruck von Aufmerksamkeit, während es, was es nur
von langsam bewegten Dingen mit dem Blick festhalten kann,
mit höchstem Interesse lange fixirt, sogar Tabakrauch.

3*

43. Woche: Auf den Boden geworfenen Gegenständen sieht das Kind manchmal wie verwundert nach.

47. Woche: Das Kind wirft allerlei Gegenstände, welche man ihm in die Hände giebt, nachdem es sich einige Augenblicke mit ihnen beschäftigt hat, auf den Boden und sieht ihnen häufig nach. Einmal warf es achtmal hintereinander ein Buch zu Boden mit gespannter Aufmerksamkeit, die besonders an dem Vorschieben der Lippen erkannt wurde.

63. 65. Woche: Sehr oft wirft das Kind Gegenstände, die ihm missfallen oder mit denen es eine Zeit lang gespielt hat, zu Boden und sieht ihnen meistens nach.

78. Woche: Das Wegwerfen der Spielsachen selten; es ist dem Kinde abgewöhnt worden.

124. Woche: Das Ballwerfen bereitet von allen Spielen weitaus das grösste Vergnügen und der Blick folgt dem Ball vorzüglich präcise.

Die Erkenntniss, dass die Körper schwer sind, würde hiernach bei meinem Kinde mit der 43. Woche beginnen, in der zum ersten Male das Fallen des vorher von der eigenen Hand gehaltenen Objectes Staunen erregt.

Wie andere Kinder in dieser Beziehung sich verhalten, wäre interessant zu erfahren. Darwin bemerkte, dass ein Kind selbst im achten Monat einen nur mässig schnell schwingenden Gegenstand nicht ordentlich mit dem Blicke verfolgen konnte, dagegen mit 32 Tagen seiner Mutter Brust in drei bis vier Zoll Entfernung wahrnahm, da es, ohne sie zu berühren, den Mund spitzte und die Augen „fixirt" wurden, ebenso wie am 49. Tage bei einem hellen farbigen Quasten, welcher Aufhören der Armbewegungen bewirkte, als er im Gesichtsfeld erschien.

Das Sehen in die Nähe und in die Ferne.

Die Annäherung einer Kerzenflamme oder eines glänzenden Metalls an das Gesicht des Säuglings, welcher seine Augen nicht bewegt, hat in den ersten zwei bis sechs Wochen Convergenz der Blicklinien, auch Schielen zur Folge. Diese Convergenzstellung scheint mit einer Anspannung des Accommodationsmuskels verbunden zu sein, wie Genzmer durch Beobachtung der Linsenbildchen ermittelte. Er betrachtete ein Auge, während das andere abwechselnd grell beleuchtet und beschattet wurde, und schliesst, dass ein vorgebildeter Zusammenhang zwischen Convergenzstellung und Accommodationsspannung besteht. In der That ist diese Vermuthung sehr wahrscheinlich. Denn dass der Reflexbogen vom Sehnerven auf den Oculomotorius schon vor der Geburt fertig präexistirt, ist, wie ich oben zeigte, durch die Verengerung der Pupille bei Beleuchtung des Auges unmittelbar nach der Geburt bewiesen. Nun ist aber der zuletztgenannte Nerv, durch dessen Erregung die Pupille sich verengt, auch der Accommodationsnerv, welcher den Ciliarmuskel beim Sehen naher Gegenstände anspannt, und zugleich der Nerv, welcher den inneren geraden Augenmuskel, also den Convergenzmuskel versorgt. Beim Annähern eines hellen Gegenstandes an das Auge wird demnach allein durch Erregung des Oculomotorius von der Netzhaut aus zugleich die ganze Adaptations-, Accommodations- und Convergenz - Maschinerie in Thätigkeit gesetzt. Pupillenverengerung, Linsenverdickung und Blicken - nach - innen treten zusammen ein, wenn dem Säugling ein Licht genähert wird, ohne dass die geringste Willkür oder Absicht darin erblickt werden darf, lediglich durch reflectorische Erregung des Oculomotorius vom Sehnerven aus.

Durch das Zusammentreffen dieser drei Veränderungen mit dem Auftreten der Empfindung des Hellen wird jedenfalls das Sehen eingeleitet. Mag auch das Muskelgefühl vom Ciliar- und Convergenz - Muskel noch so undeutlich sein, es wird sich, je öfter ein lichtstarkes Object dem Auge nahe rückt, um so merklicher der Lichtempfindung zugesellen. Die Pupillen-Verengerung tritt übrigens bei Neugeborenen noch nicht ausnahmslos bei der Convergenz ein (S. 27 e).

Aber weder sind mit dem Obigen die Bedingungen für das Zustandekommen eines scharfen Netzhautbildes gegeben, noch würde, wenn dasselbe entstände, das Object als eine begrenzte Fläche deutlich gesehen werden können.

Denn bezüglich des ersteren Punktes leuchtet ein, dass nur selten die Flamme der Kerze (oder ein beliebiges helles Object) gerade in die deutliche Sehweite des kindlichen Auges gelangen wird. Am frühesten scheint der Säugling das Gesicht seiner Mutter oder Amme deutlich zu erkennen, indem dieses hell ist, sich bewegt, sich am öftesten auf seiner Netzhaut abbildet und ihr zugleich so nahe sich befindet, dass es am häufigsten in deutliche Sehweite gelangt. Hierdurch wird also der Unterschied des verwaschenen Netzhautbildes (ferner und zu naher Objecte) von scharfen Netzhautbildern dem Kinde aufgedrängt. Es müssen die Zerstreuungskreise sich weniger geltend machen, wenn das Mässig-helle in einem gewissen geringen Abstande vom Auge sich befindet; in allen anderen Abständen treten sie hervor. Bezüglich des zweiten Punktes ist gewiss, dass in den ersten Tagen oder Wochen, auch wenn einmal die Zerstreuungsbilder gänzlich fehlen sollten, doch die Gestalt des Objects nicht deutlich gesehen werden kann, sondern nur das Helle deutlich empfunden wird. Alle Erfahrungen an blindgeborenen Menschen, welche nach Jahren mit Erfolg operirt wurden, sprechen dafür. Und wenn auch das Sehenlernen solcher ein anderes als das Sehenlernen normaler Säuglinge ist, weil durch die lange Ruhe der centralen Sehsinnorgane eine theils schnellere, theils langsamere functionelle Ausbildung derselben bedingt wird, so lässt sich doch kein durchgreifender wesentlicher Unterschied beider Entwicklungen des Sehacts statuiren, wenn die Operation noch im Kindesalter ausgeführt wird. Selbst die durch Greifen und Tasten erworbenen räumlichen Erfahrungen können beim ersten Accommodationsversuch des spät sehend gewordenen Blindgeborenen nicht unmittelbar verwerthet werden. Von ihm, wie vom Säugling, werden unter den unzähligen Netzhautbildern diejenigen mittlerer Helligkeit und diejenigen, deren Zerstreuungskreise ein Minimum ausmachen, vor allen anderen bevorzugt werden müssen. Denn die grossen Helligkeiten bewirken Unlust, wie jede zu starke Nervenerregung, und die Dunkelheit bedingt eine schwächere Nervenerregung, als das Mässig-helle, erscheint also weniger geeignet, die optische Aufmerksamkeit zu wecken. Von den Bildern mittlerer Lichtstärke wird dasjenige, welches scharf begrenzt ist, darum vor allen anderen beachtet, weil es, abgesehen von dem Lustgefühl, sich von allen anderen, eben durch seine scharfen Conturen, unterscheidet, die Orientirung besser zu Stande kommen und sich besser wiedererkennen lässt. Also müssen in der Concurrenz aller Netzhautbilder untereinander die helleren und schärferen bevorzugt werden, sich den Kindern zuerst und am nachhaltigsten einprägen, und es müssen daher die anderen vernachlässigt werden. Hierdurch ist die Accommodationsthätigkeit in Gang gebracht. Ungleich weit vom Auge abstehende Gegenstände können dann nacheinander fixirt werden.

Jedoch bleibt der Schritt von dem reflectorischen Accommodiren, bei Annäherung des Objectes an das ruhende Auge, zu dem gewollten, beim Anblicken zweier ungleich weit entfernter

Objecte, räthselhaft. Wahrscheinlich wird er erst auf Grund eines logischen Processes gethan, nachdem das Kind sich selbst oder wenigstens seinen Kopf und seine Arme zu dem Gegenstande hinbewegt hat. Dann erst wird die Erkenntniss aufdämmern: ich brauche mich dem Gegenstande nicht zu nähern, um ihn deutlich zu sehen.

Vor der Ausbildung der Willkür kann aber diese Erfahrung nicht verwerthet werden. Denn Fixiren heisst willkürlich einen leuchtenden Punkt auf der Stelle des deutlichsten Sehens, dem gelben Fleck, deutlich zur Abbildung bringen. Das Kind, welches zum ersten Male die Kerzenflamme anstarrt, hat keine Willkür, bei ihm ist daher ein Fixiren nicht möglich. Es starrt nur durch die neue Empfindung gebannt. Die binoculare Fixation muss aber noch lange nach den ersten willkürlichen Accommodationsacten ungenau sein, weil dann noch atypische Augenbewegungen häufig vorkommen. Ein Fixiren im eigentlichen Sinne findet keinenfalls vor dem Tage statt, an welchem zum ersten Male das bewegte Object willkürlich mit dem Blick verfolgt wird, also nicht vor dem Ablauf des dritten Monats (nach den Beobachtungen von mir und von Cuignet).

Aber noch lange nach diesem Wendepunkt bleibt die Wahrnehmung ungleich weit vom Auge entfernter Gegenstände, sowie die Schätzung der Distanzen, mangelhaft. Wie langsam die dritte Dimension des Raumes in der Wahrnehmung trotz täglicher Übung sich festsetzt, geht aus folgenden durch grosse Zeitintervalle getrennten Beobachtungen an meinem später sehr scharf sehenden Knaben hervor.

In der neunten Woche wurde bereits der Accommodationsapparat in Thätigkeit gesetzt; wenigstens schloss ich es daraus, dass bei unbewegtem Kopf und Auge und gleichbleibender Beleuchtung im guten Tageslicht die Pupillen sich mehrmals abwechselnd erweiterten und verengerten, jedoch auch dann, wenn mein Gesicht in demselben Abstand von dem des Kindes blieb. Offenbar experimentirte hier das letztere, indem es die Augen stärker und schwächer convergiren, das Gesicht vor ihnen deutlich und weniger deutlich werden liess.

17. Woche: Zufällig ergriffene Gegenstände werden gegen die Augen bewegt. Oft greift das Kind nach Objecten, welche um seine doppelte Armlänge von ihm abstehen und zwar nach einem und demselben mehrmals nacheinander.

18. Woche: Das Zu-kurz-greifen sehr häufig.

27. bis 30. Woche: Betrachtet das Kind einen Fremden in der Nähe, so nimmt das Gesicht den Ausdruck des grössten Erstaunens an; Mund und Augen sind weit offen, alle Muskeln plötzlich in Ruhe in gerade der zuletzt innegehabten Stellung. Es muss also das neue Netzhautbild schon ganz deutlich sein, dass es so leicht von anderen Netzhautbildern menschlicher Gesichter unterschieden wird, das heisst die Accommodation ist längst perfect.

44. Woche: Neue Gegenstände werden nicht mehr, wie früher, an die Augen und in den Mund geführt, wenigstens nur selten, dagegen aufmerksam mit zugespitztem Munde betrachtet und betastet.

47. Woche: Spielen mit einem lange fixirten einzelnen, selbst auf dem Teppich gefundenen Frauenhaar.

51. Woche: Sägende Männer in mehr als 30 Meter Entfernung erregen dem aufmerksam hinsehenden Kinde Vergnügen. Es kann also in die Ferne wie in die Nähe scharf sehen. Aber dass das deutlich Gesehene ungleich weit ist, hat es noch nicht begriffen, denn

58. Woche: Nach einer Lampe in der Decke eines Eisenbahnwagens, in welchem das Kind einige Stunden verweilte, griff es mit grosser Ausdauer immer wieder und wieder, sich damit ausserordentlich belustigend.

68. Woche: Immer noch wird sehr oft zu kurz gegriffen, auch zuviel nach links oder rechts und zu hoch und zu tief.

96. Woche: Ich warf, am Fenster im zweiten Stock stehend, dem unten im Garten befindlichen Kinde ein Stück Papier zu. Es hob dasselbe auf, betrachtete es und hielt es mir lange mit emporgehaltenen Armen entgegen, sein Verlangen äussernd, dass ich es nehmen sollte, ein schlagender Beweis dafür, wie wenig die Entfernung erkannt wird.

108. Woche: Beim Betrachten kleiner photographischer Bildnisse einiger dem Kinde bekannter Persönlichkeiten erkennt es ohne Weiteres, wen sie vorstellen, muss also sehr gut das Gesehene im Gedächtniss behalten und leicht accommodiren können, da nur bei scharfen Netzhautbildern die oft geringfügigen Verschiedenheiten menschlicher Physiognomien, an welchen man sie erkennt, wahrgenommen werden.

113. Woche: Die im Bilderbuch dargestellten dem Kinde bekannten Hausgeräthe werden in drei Zoll und in drei Fuss Entfernung (des Buches vom Auge) gleich gut erkannt.

Aus derartigen Beobachtungen geht hervor, dass die Accommodation vollkommen ist, lange bevor die Distanzen-Wahrnehmung beginnt. Das Kind ist im Stande, sehr ungleich weit vom Auge entfernte Gegenstände nacheinander vollkommen deutlich zu sehen, ohne dass es weiss, wie ungleich ihr Abstand ist, ja ohne dass es überhaupt von ihrem ungleichen Abstande weiss. Es lernt ihn erst später, wahrscheinlich durch Fortbewegung des Körpers zum gesehenen Object hin, kennen und durch das vergebliche Bemühen Fernliegendes zu ergreifen.

Doch ist für alle Kinder ohne Zweifel die richtige Distanzenschätzung zuerst gerade beim Greifen hergestellt, weil dabei die Erfahrung häufig, nämlich die Anzahl der Versuche gross und die Abwechslung der Muskelgefühle beim Tasten mannigfaltig ist. Beim Darreichen dagegen wird die Entfernung viel später richtig taxirt, weil es an Erfahrungen anfangs fehlt. Geben tritt sehr viel später auf als Nehmen.

Jedenfalls dauert die Orientirung des Kindes im Raum, auch nachdem es accommodiren kann, viel länger, als die vieler Thiere. Das Hühnchen schätzt die Entfernung des zu pickenden Körnchens nach wenigen Stunden richtig. Der Mensch muss erst auf Umwegen, durch viele Einzelerfahrungen, die dritte Raumdimension erschliessen, jene Thiere dagegen erben einen Nervenmechanismus, der dieselbe gar nicht als etwas zu Erlernendes erscheinen lässt. Beim Menschen ist rechts und links, oben und unten durch die Arme und Beine, sowie diese voneinander unterschieden werden, gegeben, nicht aber vorn-hinten, weil das Kind sich hinten nicht sieht und nicht befühlt. Zur Erkenntniss des vorn-hinten, und damit der Tiefendimension, sind mehr Bewegungen des Körpers und der Glieder erforderlich, daher sie erst später erworben wird.

Die alte viel erörterte Frage, ob das Kind diejenigen Gegenstände, welche es zuerst deutlich, aber noch nicht als in ungleichem Abstande vom Auge befindlich, sieht, in seinem Auge oder ausserhalb desselben zu haben meint, beantwortet John Stuart Mill (1859) im Sinne der Berkeley'schen Theorie der Raumwahrnehmung, indem er sagt, dass ein Blindgeborener, der plötzlich das Sehvermögen erhält, anfangs keine Vorstellung von drinnen und draussen habe und nur der Farben, nicht der Gegenstände, sich bewusst sein werde. Erst nachdem er durch seinen Tastsinn mit den letzteren bekannt geworden sei, und Zeit gehabt habe, die Objecte mit den Farben zu verknüpfen, würde er beginnen, Körper zu sehen.

Wie richtig diese Auffassung ist, zeigen alle älteren und neueren Berichte der Augenärzte über das Sehenlernen operirter blindgeborener Kinder. Für sogleich lichtempfindliche neugeborene Menschen gilt dasselbe; denn wenn immerzu zwei verschiedenen Sinnesgebieten zugehörige Eindrücke in der Erfahrung zusammen vorkommen, dann erschliesst man aus dem Vorhandensein des einen den anderen. Die Erkenntniss des „Draussen" (*outness*) wird dadurch viel früher geweckt und befestigt, als die ungleicher Entfernung der Objecte vom Auge. „In dem Alter, in welchem ein Kind zuerst lernt, dass eine Verminderung der Helligkeit und scheinbaren Grösse Zunahme des Abstandes vom Auge mit sich führt, sind seine Vorstellungen über greifbare Ausdehnung und Grösse nicht schwach und undeutlich, sondern frisch und lebhaft." Anfangs ist aber sowohl die Distanzenwahrnehmung, wie die Tastperception, gar nicht vorhanden und erstere fehlt sogar noch gänzlich, wenn letztere schon eine relativ hohe Stufe erreicht hat. Denn die Erfahrungen an Blindgeborenen, welche später sehen lernten, zeigen, dass einige derartige Patienten meinten, die gesehenen Gegenstände berührten das Auge, wie die gefühlten die Haut. Hierzu bemerkt Mill richtig, dass die Objecte die Augen berührten, sei nur eine Voraussetzung gewesen, welche die Patienten machten, weil sie dieselben mit den Augen wahrnahmen. Den Tast-Erfahrungen zufolge war Perception eines Gegenstandes und Berührung desselben unlösbar in der Vorstellung verknüpft. Der Operirte wird aber gewiss nicht sagen, dass alle Gegenstände seine Augen zu berühren scheinen, wenn ihm einige weiter entfernt als andere erscheinen. Solche Fälle beweisen also vollständig, dass Kinder anfangs unfähig sind, die Dinge in ungleichen Entfernungen von sich zu sehen. Dadurch aber, dass sie eifrig mittelst des Tastsinns die Gesichtseindrücke beurtheilen lernen, müssen sie auch über Entfernungen urtheilen lernen. —

Noch eine Frage gehört hierher:

Sind neugeborene Kinder häufiger kurzsichtig oder weitsichtig?

Über das Auge des Neugeborenen und Säuglings haben von Jäger und Ely Beobachtungen mitgetheilt, welche sich zum

Theil widersprechen. Der erstere meint (1861), dass die Einstellung des Auges innerhalb der ersten Tage eine myopische sei, indem eine angeborene Verlängerung der Augenaxe, die aber nur wenige Wochen bleibe, auch aus seinen Messungen an der Leiche hervorgehe. Er behauptet auf Grund seiner ophthalmoskopischen und anatomischen Untersuchungen, dass in der ersten Zeit die Einstellung für kleinere Entfernungen überwiege, beim entwickelteren Kinde die für grössere (in den ersten Lebensjahren). Ely dagegen, welcher (1880) ausschliesslich lebende Neugeborene und Säuglinge der ersten Wochen mit dem Augenspiegel prüfte und atropinisirte (wodurch ein höherer Procentsatz für angeborene Weitsichtigkeit bedingt worden sein kann, wie er selbst bemerkt), hält die Emmetropie, Kurzsichtigkeit und Weitsichtigkeit sämmtlich für angeboren mit Überwiegen des letzteren Zustandes. Königstein, welcher fast 300 Kinder untersuchte, erklärt, das kindliche Auge sei wahrscheinlich ausschliesslich weitsichtig (1881). Jedenfalls ist aber angeboreneKurzsichtigkeit, die bestehen bleibt, nach Horner und H. Cohn ausserordentlich selten. Erneute Beobachtungen ohne Atropinisirung sind wünschenswerth, freilich mit grossen Schwierigkeiten verbunden.

Ich sah die Augen meines Kindes an seinem zwölften Lebenstage sehr stark leuchten; beide Pupillen wurden dunkelroth, als ich eine Kerzenflamme seitlich hinter meinen Kopf stellte. Dieses Augenleuchten spricht für eine Hypermetropie zu der Zeit. Keinenfalls kann das Auge für die Nähe eingestellt gewesen sein. Später wurde und blieb der Knabe emmetropisch.

Ob ein Kind in den ersten Jahren seines Lebens nur nahe Gegenstände deutlich sieht oder auch entferntere, kann nicht ohne Einfluss auf seine ganze geistige Entwicklung sein, doch fehlt es noch an Anhaltspunkten zur Beurtheilung dieses Einflusses. Dass schon in der ersten Zeit alles vermieden werden muss, was Kurzsichtigkeit herbeiführen kann, ist selbstverständlich. Namentlich finde ich, dass eine anhaltende Beschäftigung kleiner Kinder mit feiner Arbeit, wie Papierstechen, Fädenlegen und -durchziehen, trotzdem sie in den Kindergärten in Deutschland warm empfohlen und täglich lange Zeit geübt wird, auf die Augen nachtheilig wirkt. Das anhaltende, angestrengte Nahesehen ist für drei- bis sechsjährige Kinder selbst bei der besten Beleuchtung unbedingt schädlich. Vor allem muss alles angespannte Nahesehen Abends bei Lampenlicht verboten

werden, sonst wird der Accommodationsapparat zu früh einseitig geübt, Kurzsichtigkeit begünstigt, der Kopf zu warm und
die Blutbewegung in demselben, damit auch die Ernährung des
Gehirns, benachtheiligt.

Die Deutung des Gesehenen.

Manche meinen, der Säugling sehe, wenn er überhaupt
schon einzelnes Sichtbare unterscheide, „alle Körper wie auf
einer Fläche aufgemalt", er habe noch keine Vorstellung von
etwas draussen, ausser seinem Auge befindlichem, jedenfalls noch
keine Ahnung, dass sich etwas zu ihm heranbewegt, sein Sehen
scheine zu dieser Zeit nur ein dumpfes Empfinden des Hellen
und Dunkeln zu sein, der Finger erscheine ihm nur als dunkler
Fleck im hellen Sehfelde und rage nicht relief-artig aus der
Tafel des Bildes hervor [S].

Hiergegen muss ich geltend machen, so sehr ich der Auffassung für das Neugeborene und die ersten Tage des Lebens
beistimme, dass im zweiten Vierteljahr, für welches sie auch
gelten soll, schon mehr als ein bloss dumpfes Empfinden des
Hellen und Dunkeln vorhanden sein muss, denn erstlich tritt
die Convergenz der Blicklinien viel früher auf, sodass die Aufmerksamkeit auf einzelne Stellen des Gesichtsfeldes gerichtet
wird; zweitens folgt der Blick beider Augen bewegten Objecten
viel früher, wenn auch noch nicht willkürlich; drittens wird
durch laute Äusserungen des Vergnügens und des Missvergnügens
über einzelne vor das Gesicht gehaltene Gegenstände früh bekundet, dass die räumliche Abgrenzung der farbigen oder dunkeln
und hellen wechselnden Felder der Sehtafel entdeckt ist.

Indessen es dauert geraume Zeit, bevor das Kind im Stande
ist, die farbigen, hellen und dunkeln, grossen und kleinen, ver-
schwindenden und wiedererscheinenden Mosaikfelder zu deuten,
zu verstehen und zu verwerthen, ehe es namentlich die Durch-
sichtigkeit und den Glanz, Spiegelung und Schatten nicht mehr
wunderbar findet. Hierin weicht das Sehenlernen des gesunden
Säuglings ab von dem des operirten Blindgeborenen, welcher
viel schneller, wegen seiner reicheren Tasterfahrungen, das Gesichtsfeld interpretiren lernt.

Einige von meinen Beobachtungen über die Deutung der
häufigeren Netzhauteindrücke des Kindes zu verschiedenen Zeiten
seien zur Erläuterung hier zusammengestellt.

6. Monat: Wenn ich dem Kinde freundlich zunicke (nicht wenn Fremde es ansprechen) lacht es mit unverkennbaren Zeichen des Vergnügens, die Arme auf und ab bewegend. Es betrachtete dann einmal mein Spiegelbild, wurde sehr aufmerksam und drehte sich plötzlich wieder nach mir um, als wenn es das Spiegelbild mit dem Original zu vergleichen im Begriff stände, oder von der Verdoppelung des Gesichts sich überzeugen wollte.

7. Monat: Ein fremdes ihm nahes Gesicht starrt der Säugling mit unbewegten Augen eine volle Minute lang und länger mit dem Ausdruck des höchsten Erstaunens an, deutet es also sogleich als fremd.

8. Monat: Das grösste Interesse erregen Saug-, Wein- und Wasser-Flaschen. Sie werden anhaltend fixirt, es wird nach ihnen verlangt, und sie werden in zwei bis drei Meter Abstand schon erkannt. Das Interesse erklärt sich aus dem Umstande, dass nun das Kind seine Nahrung aus der Saugflasche erhält, die es täglich mehrmals anfasst und in der Nähe sieht. Daher erkennt es ihm ähnliche Objecte im Gesichtsfeld leichter, als andere (ausser menschlichen Gesichtern).

9. Monat: In demselben Grade wie Flaschen, die der Saugflasche ähneln, werden nun auch Dosen, welche den Kindermehlbüchsen gleichen, fixirt und mit ausgestreckten Armen und weit aufgerissenen Augen verlangt. Immer mehr giebt aber das Kind sein Interesse an anderen Dingen und Vorgängen in seiner Nähe zu erkennen, wendet namentlich rasch den Kopf zur Thür, wenn sie eben geöffnet oder geschlossen wird, und betrachtet aufmerksam neue, erfasste und bewegte Gegenstände länger als früher.

10. Monat: Gesichtseindrücke, welche mit der Nahrung zusammenhängen, werden durchweg am schnellsten und sichersten richtig gedeutet. Mit zugespitztem Munde, mit weit offenen, glänzenden, gierigen Augen verfolgt das Kind die Bereitung seiner Nahrung.

11. Monat: Wenn es wach ist, bleibt es kaum einige Augenblicke ruhig, namentlich bewegt es die Augen unaufhörlich hin und her, desgleichen den Kopf, indem es jeden Ankömmling und Vorübergehenden zu fixiren sucht.

Wird durch diese Thatsachen bezüglich einzelner Gesichtseindrücke ein frühes optisches Erkenntnissvermögen dargethan, indem Gesichter, helle und grosse bewegte Körper bald von

anderen Theilen des Sehfeldes unterschieden und leicht wieder
erkannt werden, so zeigen die folgenden, obwohl aus späterer
Zeit stammend, wie wenig neue Eindrücke richtig interpretirt
werden können.

15. Monat: Das Kind griff wiederholt zu kurz nach der
Kerzenflamme, und als es ihr nahe genug war, in die Flamme;
später nie wieder.

16. Monat: Im Bade griff das Kind nach den vom Kopfe
aus dem ausgepressten Schwamm herabfliessenden Wasserstrahlen, als wenn es Bindfäden wären. Es suchte sie mit
den Fingern zierlich zu fassen und schien verwundert, dass es
nicht glückte.

17. Monat: Das Kind griff zu verschiedenen Malen meist
lachend nach einer ein paar Fuss entfernten Tabakrauch-
wolke, beugte die Finger und strengte sich an, den Rauch, der
nachher zwischen ihm und einer Lampe schwebte, zu erfassen.
Also von Entfernung und Körperlichkeit der Objecte sind selbst
jetzt nur unvollkommene Vorstellungen gebildet.

18. Monat: Beim unerwarteten Anblick eines grossen,
schwarz gekleideten Mannes wird das Kind plötzlich still, starrt
ihn etwa eine Minute lang an, flüchtet sich zum Vater und
fixirt die hohe Gestalt regungslos. Sogleich nachdem er sich
entfernt hatte, sagte es *atta* und war ausgelassen lustig und
laut wie vorher. Hier hatte ein unvermutheter Gesichtseindruck
offenbar Angst erweckt, ohne nachweisbaren Grund, denn der
Mann, dessen Erscheinen das Kind nicht zu deuten wusste, war
freundlich gegen dasselbe. Erst nach Vollendung des zweiten
Lebensjahres machten schwarzgekleidete Fremde nicht mehr so
leicht einen Eindruck auf das Kind.

22. Monat: Neue Eindrücke scheinen in erhöhtem Maasse
die Aufmerksamkeit zu fesseln, das Räthselhafte wird immer
anziehender.

24. Monat: Mit grosser Aufmerksamkeit betrachtet das Kind
Thiere, die sich bewegen, auch die langsam fortkriechende
Schnecke und den trägen Käfer. Diese leicht mit dem Blick zu
verfolgenden Objecte erscheinen, dem fragenden Gesichtsausdruck
nach zu urtheilen, völlig unverständlich. Das Kind geht auffallend zart, fast scheu mit ihnen um.

In dieser Zeit ist das Verständniss für Handlungen und für
den Gebrauch von allerlei Geräthen weiter ausgebildet, als das
Vermögen, Abbildungen zu interpretiren, obwohl die unerschöpf-

liche Phantasie beim Spielen sich schon längst in mannigfaltiger
Weise bethätigt. Sigismund's Kind deutete zu Ende des zweiten
Jahres eine Kreislinie als Teller, ein Viereck als *bonbon* und
hatte im 21. Monat den Schatten seines Vaters, vor dem es
sich anfangs fürchtete, als „Bild" erkannt, indem es freudig
darauf deutend ausrief *Papa!* Viel später noch nannte mein
Knabe das mit Bleistift auf Papier gezeichnete Viereck *Fenster*,
das Dreieck *Dach*, den Kreis *Ring*, vier Punkte *Vögelchen*.

Erst nach dem dritten Jahre tritt die Fähigkeit hervor, selbst
durch Linien auf Papier oder durch Ausschneiden bekannte
Gegenstände darzustellen. Vorher will das Kind „schreiben"
(raiwe), das heisst zeichnen, meint auch durch allerlei Striche
eine Locomotive, ein Pferd, einen Löffel, einen Teller, eine
Flasche abzubilden, es gelingt ihm aber nicht ohne Unterstützung.
Ein kleines Mädchen (H. v. B.), dem die Mutter in seinem 22.
Monate Papier und Bleistift gegeben hatte, antwortete auf die
Frage: „Was thust Du nun?" „Häuser schreiben!" Der Wille
zu zeichnen war also so früh schon ausgesprochen. Ähnlich
bei einem Knaben, der im zweiten Jahre mit Papierschneiden
anfing und später Thiere ausschnitt [Kr]. Ich habe aber nur
von einem Kinde Kenntniss erhalten, das im vierten Jahre,
ohne Unterricht, Thiere aus Papier mit der Schere so ausschnitt
und mit dem Griffel auf die Tafel so zeichnete, dass jeder sofort erkannte, was die Grenzlinien umschlossen. Ein solches Talent
ist sehr selten und spricht für einen erblichen Formensinn.
Ein gewöhnliches Kind kann vor dem Ende des dritten Jahres
nicht einmal eine annähernd kreisförmige, in sich zurücklaufende
Linie zeichnen. Jener 3$^1/_2$ Jahre alte Knabe beisst aber Thiere
aus dem Brode heraus, zeichnet sie mit einem Stock in den
Sand, modellirt sie mit Thon, sieht Thiergestalten in den Wolken
und widmet sich ohne Anleitung, ohne dazu angeregt zu werden,
seiner Kunst mit der grössten Ausdauer Monate lang [F]. Später
verlor sich freilich diese Liebhaberei.

Der von meinem Knaben mit auffallender Consequenz (im
30. Monat) täglich (oft mehrmals) wiederholte Wunsch *Locopotiwe
raiben* („Locomotive schreiben") ist durch das häufige Sehen
von Locomotiven entstanden. Diese nahmen in ungewöhnlichem
Maasse im dritten und vierten Jahre das Interesse des Kindes
in Anspruch, offenbar weil grössere Veränderungen im Gesichtsfelde sehr früh die besondere Aufmerksamkeit des Säuglings
wachrufen wegen der grossen Zahl erregter Sehnervenfasern mit

Wechsel von Hell und Dunkel. Auf dem Lande ist die Locomotive eines der grössten beweglichen Objecte. Sie bewegt sich
auch schneller als Pferde. Es erscheint daher natürlich, dass
diese häufig wahrgenommene Massenbewegung vor allen anderen
interessant wurde, wie an der See das Dampfschiff.

Übrigens habe ich nicht ermitteln können, wie die kleinen
Kinder sich derartige Bewegungen vorstellen. Mehrere hielten
die Locomotive für müde, wenn sie stille stand, für durstig,
wenn ihr Kessel mit Wasser gefüllt wurde, für einen Ofen,
wenn sie geheizt wurde. Manche fürchteten sich vor jeder nahen
Dampfmaschine, so lange sie geräuschvoll arbeitete, ohne sie zu
kennen.

Das Sehen operirter Blindgeborener.

Wenn man das Sehenlernen der normalen Neugeborenen
und Säuglinge mit dem der Blindgeborenen, die erst später nach
einer Operation sehen lernten, vergleicht, so ist vor Allem zu
bedenken, dass diese meistens nur ein Auge benutzen konnten,
dann dass durch die lange Ruhe der Netzhaut und durch die
Entfernung der Krystalllinse, sowie durch die zahlreichen Tast-
Erfahrungen wesentliche Unterschiede gesetzt sind. Trotzdem
erscheint die Art, wie in beiden Fällen sehen gelernt, das Auge
geübt und die Verknüpfung von Sehen und Tasten erworben
wird, übereinstimmend. Namentlich der Franz'sche Fall (*Philosophical Transactions*, London 1841, I, S. 59 bis 69) zeigt deutlich, wie gross die Analogien sind.

Die älteren Fälle von Home, Ware, Wardrop genügen schon
zur Widerlegung einiger abenteuerlicher Behauptungen, zum Beispiel der, dass alle Neugeborenen die Gegenstände umgekehrt
sehen sollen, wie sogar ein Buffon (*Oeuvres complètes* IV. 136.
Paris 1844) meinte. Dass mein Knabe, als ich ihn im fünften
Jahre gewöhnliche Ziffern schreiben liess, die ich vorzeichnete,
zu meiner Überraschung die meisten — am längsten die 1 und
die 4 — stets in Spiegelschrift, letztere oft auch umgekehrt,
nachbildete, die 5 dagegen stets richtig, beruht selbstverständlich
nicht auf einem Mangel des Sehens, sondern auf unvollkommener
Umsetzung der Gesichtsvorstellung in die zum Schreiben erforderliche Bewegungsvorstellung. Andere Knaben verhalten
sich, wie ich in Erfahrung brachte, ebenso. Die Unterscheidung
des „Rechts" und „Links" hat mir selbst in der Kindheit noch
jetzt deutlich erinnerliche Schwierigkeiten bereitet.

Merkwürdiger Weise nahm, trotz Chesselden's gegentheiliger Angabe über den von ihm an beiden Augen operirten Blindgeborenen vom Jahre 1728 Buffon 1749 ferner an, dass das Einfachsehen mit zwei Augen, also die Vernachlässigung der Doppelbilder, zu Anfang des Lebens noch nicht stattfinde. Johannes Müller spricht sich (1826) in demselben Sinne aus. Da aber in den ersten zwei bis drei Wochen nach der Geburt vom Menschen, im Gegensatz zu vielen Thieren, noch gar nichts deutlich gesehen werden kann, so ist es nicht statthaft, zu behaupten, dass alles doppelt gesehen werden müsse. Alles wird vielmehr weder einfach noch doppelt gesehen, da der ganz junge Säugling noch keine Formen (Grenzen) und Entfernungen wahrnimmt, sondern nur Lichteindrücke erhält, gerade wie der operirte total Blindgeborene in der ersten Zeit nach der Operation.

Schopenhauer hat bereits im Jahre 1816 (in seiner Abhandlung über das Sehen und die Farben, 1. Aufl., Leipzig, S. 14) diese Wahrheit divinatorisch erkannt. Seine Worte lauten:

„Könnte Jemand, der vor einer schönen weiten Aussicht steht, auf einen Augenblick alles Verstandes beraubt werden, so würde ihm von der ganzen Aussicht nichts übrig bleiben, als die Empfindung einer sehr mannigfaltigen Reaction seiner Retina, welche gleichsam der rohe Stoff ist, aus welchem vorhin sein Verstand jene Anschauung schuf."

Das neugeborene Kind hat noch keinen Verstand und kann darum anfangs noch nicht sehen, sondern nur Licht empfinden.

Ich erblicke eine thatsächliche Bestätigung dieser von mir durch die Beobachtung des Verhaltens Neugeborener und ganz junger Säuglinge gewonnenen Ansicht in einem Bericht, welchen Anselm von Feuerbach in seiner Schrift über Kaspar Hauser (Anspach 1832, S. 77) mittheilt.

„Im Jahre 1828 sollte Kaspar Hauser bald nach seiner Ankunft in Nürnberg im Vestner Thurm nach dem Fenster sehen, von dem aus eine weite farbenreiche Sommerlandschaft zu übersehen war. Kaspar Hauser wandte sich ab. Ihm war der Anblick widerlich. Später aber, als er längst sprechen gelernt hatte, gab er befragt die Erklärung: „Wenn ich nach dem Fenster blickte, sah es mir immer so aus, als wenn ein Laden ganz nahe vor meinen Augen aufgerichtet sei und auf diesem Laden habe ein Tüncher seine verschiedenen Pinsel mit

Weiss, Blau, Grün, Gelb, Roth, alle bunt durcheinander, aus-
gespritzt. Einzelne Dinge darauf, wie ich jetzt die Dinge sehe,
konnte ich nicht erkennen und unterscheiden. Das war dann
gar abscheulich anzusehen."

Hierdurch ist ebenso wie durch die Erfahrungen an den
operirten Blindgeborenen klar bewiesen, dass die Farben und
Helligkeiten verschieden empfunden werden, ehe die Formen
und Entfernungen wahrgenommen werden können. Beim normalen Menschenkinde muss es sich in den ersten Wochen nach
der Geburt geradeso verhalten.

Nach der Unterscheidung der Lichtempfindungen sind es
zunächst Begrenzungen der hellen Flächen, dann Gestalten und
zuletzt deren Abstände, welche deutlich erkannt werden.

Wie? Das lehren ebenfalls die Berichte über die Blindgeborenen, welche sehend gemacht wurden, wenn man sie nur
richtig versteht.

Ware schliesst aus seinen Beobachtungen (*Philosophical
Transactions*, London 1801):

„Wenn Kinder in Folge von Linsentrübungen blind geboren
werden, so sind sie niemals so vollständig des Gesichts beraubt,
dass sie nicht Farben erkennen könnten; und obwohl sie die
Gestalt eines Gegenstandes nicht sehen und seine Farbe nur,
wenn er in geringem Abstande von dem Auge sich befindet,
erkennen, so vermögen sie doch anzugeben, ob innerhalb jener
Strecke er ihnen genähert oder von ihnen entfernt wird.

In Folge dieser Fähigkeit während des Blindseins können
solche Kinder, sowie sie zu sehen vermögen, die Entfernung und
sogar die Umrisse solcher scharf begrenzten Gegenstände einiger-
maassen beurtheilen, mit deren Farbe sie vorher bekannt waren."

Diese beiden Schlussfolgerungen sind gewiss richtig. Dass
aber in Folge der im ersten Satze bezeichneten Fähigkeit die
Entfernung und die Umrisse der Gegenstände nach der Operation
erkannt werden können, bedarf der Erläuterung. Dass die Entfernung wirklich in Folge jenes Vermögens sogleich, wenn auch
unvollkommen, geschätzt wird, ist klar, nicht so bei den Um-
rissen. Wie kann rund und eckig unterschieden werden, wenn
nur Farben und grobe Differenzen ihrer Intensität und Sättigung
erkannt werden? Ware giebt keine Auskunft, sondern meint,
es könnten dadurch, dass die Farben stärker erscheinen, die
vorher mangelhaften Vorstellungen über Entfernungen gekräftigt
und erweitert werden, so dass sie sogar eine Kenntniss gäben

von der Begrenzung und Gestalt solcher Dinge, mit deren Farbe
die Patienten vorher bekannt waren. Dieses Kräftigen der Vorstellungen über Entfernung kann jedoch nicht unmittelbar zur
Unterscheidung der Begrenzung der Gegenstände führen und ist
selbst hypothetisch, da zunächst nach der Operation durch
den enormen Unterschied der Lichtstärke eine Unsicherheit im
Urtheilen erwartet werden könnte. Eine solche gab sich in
beiden Fällen nur in geringem Grade zu erkennen, was nur
möglich ist, weil schon vorher hinreichende Erfahrungen mit
dem Auge vorlagen. Diese fehlten aber, wie mehrmals angegeben ist, gänzlich mit Rücksicht auf Begrenzung und Gestalt
der Gegenstände. Hier kommt etwas anderes zu Hülfe. Offenbar sieht ein Auge, welches nur Farben unterscheidet, diese
Farben stets nur begrenzt, und sähe es auch nur eine Farbe,
welche das ganze Gesichtsfeld einnimmt, es ist doch immer nur
ein begrenztes Feld. Aber es kann das farbige Feld klein und
gross sein und diese Verschiedenheit schon vor der Operation
gemerkt werden. Ist der lebhaft gefärbte Gegenstand schmal
und lang, so wird der Patient auch vor der Operation ihn
anders sehen, als wenn er bei gleicher Farbe breit und kurz
ist. Und sei es auch nur, dass er merkt, nicht das ganze Gesichtsfeld sei farbig. Ist letzteres der Fall, so fehlt es natürlich
gänzlich an Ecken; ist dagegen nicht das ganze Gesichtsfeld von
dem farbigen Gegenstande angefüllt, so ist es — wenn auch
noch so verwaschen — getheilt und die Theilungslinien, die
undeutlichen Begrenzungen der Gegenstände, deren Farbe erkannt
wird, können entweder der natürlichen Begrenzung des ganzen
Gesichtsfeldes ähnlich, somit „rund“, oder ihnen unähnlich, das
heisst „eckig“ sein. Wird nun plötzlich das Hinderniss beseitigt,
so wird der Patient (selbst wenn er vorher eckig und rund
mit dem Auge nicht unterschied) doch erkennen müssen, was
von den vorgehaltenen Gegenständen in seinen Begrenzungen dem
bisherigen Gesichtsfeld gleicht, das heisst rund ist und was nicht,
denn die runde Begrenzung seines Gesichtsfeldes ist ihm bekannt.
Durch das Gefühl aber hatte der Knabe gelernt, dass was nicht
rund war, eckig war. So würde er, selbst wenn er nur bei
Erfüllung des ganzen Gesichtsfeldes Farben erkennen konnte,
was nicht berichtet ist, doch nur auf Grund seiner Erfahrungen
vor der Operation bald nach derselben die Umrisse einiger
Gegenstände errathen können. Ein Errathen war es, wie man
an der Verwechslung von Messer und Löffel, von Krug und

4*

Becken sieht, jedesmal. Der Knabe muss gedacht haben: „Wie wäre es, wenn ich es fühlte?" Und da er schon vor der Operation oft bemerkt hatte, dass was dieselbe oder eine ähnliche Begrenzung wie sein Gesichtsfeld hatte, rund war, so konnte er nach derselben rund und nicht-rund wohl unterscheiden, was dagegen ein total Blindgeborener, der von seinem Gesichtsfeld gar nichts weiss, weil er nie eins gehabt hat, nicht kann, aber genau in der eben beschriebenen Weise durch seine Erfahrungen mit dem Auge allein nach der Operation erlernt, erlernen muss.

In Bezug auf diesen wichtigen Punkt sind die beiden Ware'schen Fälle nicht so werthvoll, wie der Franz'sche und der Chesselden'sche (1728), weil der eine Knabe bis zu seinem siebenten Jahre hinreichend Gelegenheit hatte, verschiedene Farben nach Qualität und Lichtstärke unterscheiden zu lernen, weil er die Begrenzung seines Gesichtsfeldes kennen musste und jedenfalls sehr häufige Versuche, Gestalten und Entfernungen mit dem Auge zu errathen, durch das Gefühl corrigiren, beziehlich bestätigen konnte, auch unbekannt ist, ob er vor oder gleich nach der Geburt oder, was am wahrscheinlichsten ist, erst einige Monate nach derselben erblindete. (Dasselbe gilt von dem anderen Ware'schen Knaben.) Aber bezüglich der von mir hier aufgestellten Theorie sind gerade die Ware'schen Fälle besonders lehrreich.

Für das Verständniss der übrigen Fortschritte im Sehenlernen des normalen Säuglings sind alle Berichte über operirte Blindgeborene werthvoll.

Nachdem die berühmte von Molyneux an Locke gerichtete Frage, ob ein intelligenter Blindgeborener unmittelbar nach der Operation im Stande sei, eine Kugel von einem Würfel allein mittelst des Auges zu unterscheiden, verneint worden war, beruhigte man sich dabei, dass er die Unterscheidung nur mittelst des Tastsinnes erlerne, später also, beim Sehen verschiedener Formen nur durch die Tast-Erinnerung die Wahrnehmung der Verschiedenheit zu Stande komme.

In Wahrheit aber werden sehr viele Formen einzig und allein durch das Auge als verschieden erkannt, ohne die Möglichkeit, einen anderen Sinn zu Hülfe zu nehmen. Einsinnige optische Erscheinungen, die wie der Regenbogen nicht getastet, nicht gehört werden können, sind schon sehr früh dem Kinde deutlich. Ohne zu tasten, durch Augen- und Kopf-Bewegungen, Änderungen der Körperlage, der Stellung und Haltung, durch

Übung im Accommodiren und Beobachtung der Helligkeitsunter-
schiede würde selbst ein Kind, das gar nicht tasten könnte, die
verschiedenen Formen der Dinge durch Sehen allein geradeso
gut wie die Gestalt des Regenbogens erkennen lernen.

Die von Molyneux richtig vorhergesagte Thatsache, dass
operirte Blindgeborene mittelst des Auges allein die Gestalt einer
Kugel von der eines Würfels nicht unterscheiden können, muss
also dahin ergänzt werden, dass operirte Blindgeborene wie
normal sehende Kinder mittelst des Auges allein ohne directe
Vermittlung des Tastsinns jene Gestaltverschiedenheit erlernen
können, indem die Einordnung der Netzhauterregungen in Raum
und Zeit durch den Verstand vollkommen unabhängig von allen
Eindrücken anderer Sinnesgebiete möglich und in unzähligen
Fällen wirklich ist, geradeso wie die Erlernung der Gestaltunter-
schiede durch den Tastsinn allein bei blindgeborenen Kindern,
welche niemals sehen lernen.

Das Sehen neugeborener Thiere.

Erstaunlich ist die Vollkommenheit des Sehens bei den
ganz jungen unerfahrenen Hühnchen im Vergleich zu der un-
vollständigen Ausbildung beim menschlichen Neugeborenen.
Werden ihnen einige Tage lang die Augen ohne Verletzung
geschlossen gehalten, so verfolgen sie oft zwei Minuten nach Abnahme des Verbandes die Bewegungen kriechender Insecten mit
der ganzen Präcision alter Hühner. Binnen 2 bis 15 Minuten
picken sie nach irgend einem Gegenstand, mit einer fast un-
fehlbaren Genauigkeit die Entfernung beurtheilend. War das
Object jenseit der Pickweite, dann laufen sie auf es zu und
treffen es sozusagen jedesmal, indem sie es niemals um mehr
als Haaresbreite fehlen, auch dann, wenn die Körnchen, nach
denen gepickt wurde, nicht grösser als der kleinste Punkt über
dem i sind. Das Ergreifen im Augenblick des Pickens ist eine
schwierigere Operation. Obgleich zuweilen beim ersten Versuch
ein Insect mit dem Schnabel erfasst und verschluckt wird,
picken sie meistens fünf- oder sechsmal und heben die Bröck-
chen einmal oder zweimal, ehe es gelingt, sie als erste Nahrung zu verschlucken. So berichtet Spalding-Douglas.

Seine Angaben gelten nach meinen Beobachtungen auch
für nicht verhüllte, im Dunkeln gehaltene eintägige Hühnchen,

welche ohne Mutter und Gefährten von selbst in ihrer Umgebung im Brütofen oder auf dem Tisch im Laboratorium sogleich sich zurechtfinden. Nur kann ich die vermeintliche Un-
fehlbarkeit bis auf Haaresbreite nicht zugeben. Die Fehldistanz
bei den Pickversuchen erreicht sogar zwei Millimeter, freilich
nur selten. Die Schluckversuche dagegen misslingen oft. Dabei
kommt in Betracht, dass auch erwachsene Hühner nicht unfehlbar sicher picken, erfassen oder schlucken, wie jeder, der genau
beobachtet, leicht wahrnimmt. Die Sicherheit ist aber bewunderungswürdig gleich zu Anfang. Auch eine eintägige Ente
schnappte nach einer Fliege, welche gerade vorbeiflog, und er-
haschte sie; ein Truthahn von nur $1^1/_2$ Tagen richtete nach
der Manier der Alten seines Geschlechts den Schnabel aufmerksam bedächtig auf Fliegen und andere kleine Insecten, wie der
treffliche englische Beobachter wahrnahm.

Viele neugeborene Säugethiere haben gleichfalls schon in
den ersten Lebensstunden die Fähigkeit, nicht nur den Kopf,
sondern auch den Körper nach einem Gesichtseindruck in Bewegung zu setzen, zum Beispiel die jungen Schweine. Spalding
verband zwei eben geborenen Ferkeln die Augen. Das eine
wurde sogleich zur Mutter gebracht: es fand bald die Zitzen
und begann zu saugen; sechs Stunden später wurde das andere
in einer kleinen Entfernung von dem Mutterthier hingesetzt.
Es erreichte dasselbe in einer halben Minute nach einem etwas
unsteten Umhergehen. Nach einer weiteren halben Minute fand
es die Zitze. In beiden Fällen war also der Geruch und das
Getast, in letzterem wahrscheinlich auch das Gehör, für die
Richtung der Bewegung maassgebend. Es ist aber nicht ausdrücklich angegeben, ob das Mutterthier seine Stimme hören
liess. Am folgenden Tage zeigte es sich, dass das eine der
beiden Jungen, die bei der Mutter gelassen worden waren, die
Bandage nicht mehr hatte. Das andere war vollkommen un-
vermögend zu sehen, ging umher und stiess gegen Gegenstände
an. Am Nachmittage wurde die Binde entfernt. Es lief nun
herum, als wenn es vorher hätte sehen können und plötzlich
sein Sehvermögen verloren hätte. Nach zehn Minuten war es
aber kaum von einem anderen Jungen zu unterscheiden, das
ohne Unterbrechung sich des Augengebrauchs erfreute. Auf
einen Stuhl gesetzt, sah es, dass die Höhe Überlegung (con-
sidering) erforderte, kniete nieder und sprang hinab. Nach
weiteren zehn Minuten wurde dieses Thier mit einem anderen

zusammen 20 Fuss weit vom Stall hingesetzt. Beide erreichten ihre Mutter nach fünf Minuten in demselben Augenblick.

Wenn im letzterwähnten Versuche Geruch und Gehör nicht ausgeschlossen, Nachahmung und Nachfolge des ununterbrochen sehfähigen Thieres seitens des erst seit 20 Minuten sehfähigen möglich sind, so kann doch die merkwürdige Thatsache des Hinabspringens vom Stuhle, nach vorherigem Niederknieen, nur auf einem Schact beruhen. Der Process der Distanzenschätzung in dem Gehirn des noch nicht zweitägigen, bis vor zehn Minuten nicht sehenden Thieres vor dem Hinabspringen mag noch so unvollkommen sein, er beweist, dass schon so früh die dritte Raumdimension durch das Auge, als das Resultat von Netzhauteindrücken, zum Bewusstsein kommt, anderenfalls hätte das Thier nicht vor dem Sprunge niederknieen können. Da es nun bis dahin keine Gesichtswahrnehmungen gehabt hatte und in den zehn Minuten keine, die es zum Springen veranlassten, hatte, so muss die Verbindung von Netzhauterregung, Distanzenschätzung, Muskelbewegung zum Knieen und darauffolgendem Springen ererbt sein. Denn eine solche Erfindungsgabe, die Initiative zu so vernünftigem und zweckmässigem Verfahren aus selbständiger Überlegung wird Niemand einem so jungen, bis vor zehn Minuten blind gewesenen Schweinchen zuschreiben. Es springt, weil seine Vorfahren es unzählige Male auch gethan haben, ohne lange zu warten oder genau zu taxiren. Ein menschlicher Säugling erfreut sich dieser Association von Netzhauterregung und coordinirter Muskelbewegung nicht. Er fällt, sich unzweckmässig bewegend, vom Stuhl. Das junge wie das alte Meerschweinchen dagegen springt nicht und fällt nicht, sondern es lässt sich fallen, wie ich öfters constatirte.

Das Knieen und Sehen am ersten Lebenstage, ohne Vorbild, ohne Anleitung und doch schnell und höchst zweckmässig ausgeführt, zeigen auch die Zicklein. Ich habe sie in dieser Weise saugen gesehen, ehe die 22. Lebensstunde erreicht war. Sie schreiten etwas unbeholfen auf das Mutterthier zu, schnüffeln am Euter derselben, knieen nieder und saugen unter fortwährendem Schwanzwedeln und mit stossenden Kopfbewegungen.

Beim Menschen sind so viel mehr Associationen des Sehens mit coordinirten Muskelbewegungen der Möglichkeit nach, als beim Thiere im Augenblick der Geburt vorhanden, dass alle nur erst durch längeres Wachsthum nach der Geburt sich ausbilden können.

Erst in der vierten Woche finden sich markhaltige Nervenfasern und ausgebildete Ganglienzellen im Grosshirn des Menschen
(nach S. Fuchs 1883), und um dieselbe Zeit sind erst die Gross-
hirnwindungen, den Untersuchungen von Sernoff zufolge, entwickelt. Also wächst nicht allein das menschliche Gehirn nach
der Geburt weiter, sondern es differenzirt sich erst nach der
Geburt, indem es erst im zweiten Lebensmonat seine charakteristischen morphologischen Merkmale erhält.

Gerade wie das motorische Rindenfeld der vorderen Extremitäten früh durch weiter fortgeschrittene Entwicklung von
dem der erst später vom Willen gehörig beherrschten Beine
sich unterscheidet, werden auch die mit dem Sehnerven in Verbindung tretenden Rindengebiete viel früher zur Ausbildung
kommen, als etwa die zur articulirten Sprache benöthigten, und
in dem einen Fall langsam, in dem anderen schnell wachsen.

Vor der Geburt schon so complicirte Associationsmecha-
nismen auszubilden geht darum nicht an, weil zu viele andere
erbliche, angelegte Mechanismen mit ihnen concurriren. Potentiell
sind alle da, aber es hängt von der Erfahrung, also der Reizung
von aussen, dem mehr oder weniger oft wiederholten Betreten
der einzelnen Associationsbahnen im Cerebrospinalsystem ab,
welche schliesslich am leichtesten in Thätigkeit gerathen. Mit
anderen Worten, das Kind lernt viel mehr als das Thier.

Treffend bemerkt Eduard von Hartmann über diesen Unterschied: „Beim Menschen scheint das Kind gar nichts mitzubringen,
sondern alles erst zu lernen; in der That aber bringt es alles
oder doch unendlich viel mehr als das fix und fertig aus dem
Ei kriechende Thier mit, aber es bringt alles in unreifem Zustande mit, weil des zu Entwickelnden bei ihm so viel ist, dass
es in den neun Monaten des Embryolebens nur erst im Keime
vorgebildet sein kann. So geht nun das Reifen der Dispositionen
bei fortschreitender Ausbildung des Säuglinggehirns mit dem
Lernen, das heisst mit dem Nachmeisseln dieser Dispositionen
durch Übung, Hand in Hand und erzielt dadurch ein weit
reicheres und saubereres Endresultat, als die blosse Vererbung
bei den Thieren vermag."

Der Vorzug des Thieres, welches seine Netzhauterregungen
sogleich zu seinem eigenen Vortheil durch Springen oder Picken
verwendet, ist also nur ein scheinbarer, denn es fehlt ihm die
Anlage, andere Verwerthungen zu erlernen. Die eine Verwerthung muss man als einen erblichen logischen Process auf-

fassen, das heisst als instinctiv; indem das Thier einseitig, aber reifer geboren wird, als der Mensch, ist es unbewusst zu der Leistung früher im Stande, welche dieser erst spät durch eigene Erfahrung erlernt und nur bewusst vollbringt.

Dasselbe gilt für die Association von Sehen und Tasten, Sehen und Greifen und andere Associationen.

Doch ist nicht zu leugnen, dass auch beim Menschen die Erwerbung derartiger verwickelter Combinationen von Bewegungen der Augen- und Arm-Muskeln nach gewissen Sinneseindrücken durch erbliche Anlage wesentlich unterstützt wird. Die Muskelbewegungen gerathen in die erforderlichen Geleise ohne Nachahmung um so schneller, je mehr sie den gewohnten Combinationen im Leben des Stammes entsprechen.

ZWEITES CAPITEL.

Das Hören.

Die Beobachtungen über die allmähliche Ausbildung des Hörvermögens in der ersten Kindheit beziehen sich auf die normalerweise nur kurz dauernde Taubheit neugeborener Kinder und die ersten Schall-Empfindungen und -Wahrnehmungen des Säuglings. Daran schliessen sich einige Angaben über das Hören neugeborener Thiere.

Die Taubheit Neugeborener.

Alle Kinder sind unmittelbar nach der Geburt taub. Früher vermuthete man nur, dass wegen der Anfüllung der Paukenhöhle mit Schleim das neugeborene Kind nicht hören könne. Jetzt steht fest, dass die temporäre Taubheit durch das Fehlen der Luft in der Paukenhöhle vor dem Luftathmen zunächst mitverursacht ist.

Mehrere Forscher haben eine gelbliche Flüssigkeit, andere eine eigenthümliche gelatinöse Masse im fötalen Mittelohr gefunden. Gellé meint, letztere rühre her von einer starken ödematösen Infiltration der Schleimhaut jenes Raumes und werde gleich nach der Geburt mittelst der Athembewegungen durch Luft ersetzt, nachdem sie bereits kurz vor der Geburt, wie er constatirte, verflüssigt worden. Er fand bei einem Kätzchen eine halbe Stunde nach der Geburt beide Trommelhöhlen mit Luft gefüllt und keine Spur mehr von dem gelatinösen Magma. Das Thier hatte geschrieen und seine Lungen enthielten viel Luft.

Die Frage, inwiefern Gallertgewebe, Hyperämie und Schwellung der Trommelhöhlenschleimhaut, eine subepitheliale Schicht derselben vor dem ersten Athemzuge die Paukenhöhle ausfüllen, ist noch nicht endgültig beantwortet. Auch hat für den Menschen der Zeitpunkt, nach wieviel Athemzügen die Ohrtrompete durchgängig ist, sich bisher nicht ermitteln lassen.

Wahrscheinlich ist die Einleitung der Athmung allein nicht ausreichend, die Entleerung der Paukenhöhlen und ihre Füllung mit Luft zu bewerkstelligen, vielmehr wird dafür wesentlich sein wiederholtes Schlucken und Athmen, und wenige Athemzüge genügen, wie Lesser constatirte, nicht, den flüssigen Inhalt der fötalen Paukenhöhle durch Luft zu ersetzen oder die Beschaffenheit desselben zu ändern. Erst nach mehrstündigem Luftathmen ist Luft neben der Flüssigkeit im Mittelohr nachweisbar, jedoch fand er die Schnelligkeit, mit der jene der Luft Platz macht, nicht in einem constanten Verhältniss zur Dauer des extrauterinen Lebens. Da Lesser 42 menschliche Neugeborene untersuchte, von denen 13 todtgeboren waren, 16 wenige Augenblicke nach der Geburt und 13 mehrere Stunden bis Tage in der Luft gelebt hatten, so ist seinen, auch praktisch wichtigen Befunden ein grösserer Werth beizulegen, als vereinzelten Erfahrungen Anderer. Namentlich ist hier sein Resultat bemerkenswerth, dass bei zu früh geborenen Kindern der fötale Zustand des Mittelohres mehr als 20 Stunden nach der Geburt bestehen bleiben kann. Solche Kinder werden demnach etwas länger als ausgetragene taub sein müssen.

Übrigens ist die alte Ansicht von Scheel (1798), derzufolge das Fruchtwasser durch die Eustachische Röhre vor der Geburt gerade so in das Mittelohr gelangt, wie nach der Geburt die Luft, nämlich durch Schlucken, nicht unwahrscheinlich. Und wenn von ihm bereits bemerkt wurde, dass durch das Verbleiben von etwas Fruchtwasser in der Paukenhöhle während der ersten Tage nach der Geburt starker Schall weniger schädlich auf das Gehörorgan wirken werde, als bei sofortiger Luftfüllung, so kann man ihm nur zustimmen. Ansammlung von Flüssigkeit im Mittelohr macht auch Erwachsene schwerhörig. Schon 1797 fand Herholdt, dass beim Fötus die Paukenhöhle ganz mit Schleim und Fruchtwasser angefüllt ist, welches durch den Eustachischen Canal eintritt und erneuert wird. „So befindet sich die übrige Fruchtwassermenge und die in der Paukenhöhle im Gleichgewicht, und das Trommelfell wird von allen Seiten gleichmässig gedrückt oder nicht gedrückt. Dadurch wird die Paukenhöhle während des fötalen Wachsthums von den Hindernissen, welche die gehörige Ausbildung hemmen könnten, befreit und das zarte Trommelfell vor Insulten geschützt. Nach der Geburt fliesst das Wasser durch denselben Canal langsam aus und die atmosphärische Luft nimmt seine Stelle

ein. Dann erst können die Gehörorgane fungiren, obzwar
weniger vollkommen, bis ihre Ausbildung vollständig geworden
und die Kopfknochen fest und in gegenseitiger Verbindung sind.
Die älteren Mediciner, welche dieses nicht wussten, träumten
von einer ererbten oder angeborenen Luft."

Hiermit stehen die Untersuchungen von W. Moldenhauer
und von Tröltsch (1880) im Einklang. Letzterem zufolge
schrumpft die polsterartig das Lumen der Paukenhöhle fast ganz
beim Fötus ausfüllende hyperplastische Schleimhaut oft schon
vor der Geburt zusammen und kann sogar der Schleimpolster
intrauterin verschwinden, es muss also dann etwas anderes an
die Stelle treten, und das kann nur Fruchtwasser sein.

Ausser dem Luftmangel in der Paukenhöhle kommt für die
Taubheit des eben geborenen Menschen als Ursache der vorübergehende Verschluss des äusseren Gehörganges in Betracht,
welcher nicht durch epitheliale Verklebung, sondern vollständige
Aneinanderlagerung der Wandungen des Gehörganges (nach
Urbantschitsch) bewirkt ist. Auch viele Säugethiere sind unmittelbar nach der Geburt aus diesem Grunde taub oder
schwerhörig.

Ist also beim neugeborenen Menschen die Trommelhöhle
bereits mit Luft gefüllt, so wird noch durch den nicht so schnell
schwindenden Verschluss oder die Enge des äusseren Gehörganges eine halbstündige oder mehrstündige oder mehrtägige
Taubheit bedingt sein können. Die Verschiedenheit der Beob-
achtungsergebnisse, denen zufolge ein- bis dreitägige Säuglinge
zum Theil auf Schallreize deutlich reagiren, zum Theil sie gänzlich ignoriren, erscheint aber verständlich, wenn lediglich die
ungleiche Geschwindigkeit, mit der Tuba und Gehörgang für
Luft durchgängig werden, in Betracht genommen und von allen
anderen, auch etwaigen cerebralen Hindernissen abgesehen wird.
Dagegen muss ich mit Bestimmtheit die Angaben für falsch
erklären, denen zufolge normalerweise sogar drei bis vier Monate
alte Kinder ein sehr geringes Hörvermögen besitzen sollen, und
es schwer falle, eine entschiedene Meinung abzugeben, ob überhaupt solche Kinder hören oder nicht (J. Böke). Meine Beobachtungen an vielen Säuglingen und Erkundigungen bei zuverlässigen Müttern lassen darüber keinen Zweifel, dass lange vor
dem dritten Monat normalerweise die menschliche Stimme gehört
wird, und zwar reagiren reife normale Kinder vor dem Ablaufe

der ersten Lebenswoche in unverkennbarer Weise auf starke
Schallreize.

Die länger anhaltende Schwerhörigkeit ist jedenfalls von
grossem Nutzen für den Säugling, da sie der Häufung von
Reflexbewegungen, und damit der Neigung zu Krämpfen, ent-
gegensteht.

Findet aber keinerlei Bewegung rechtzeitig geborener Kinder
nach der vierten Woche statt, wenn hinter ihnen ein starker Schall
ertönt, dann ist der Verdacht, das Kind werde taubstumm
bleiben, nahegelegt.

Die ersten Schall-Empfindungen und -Wahrnehmungen.

Wieviel Stunden, Tage oder Wochen frühestens nach der
Geburt die ersten Schallempfindungen auftreten, ist darum nicht
leicht zu bestimmen, weil ein untrügliches Zeichen für eine statt-
gehabte Schallempfindung fehlt. Die Augenlidbewegungen, das
Stirnrunzeln, Zusammenfahren, Emporheben der Arme und
Schreien, welches der Säugling bei plötzlichen starken Schall-
reizen zeigt, tritt leicht beim Erschrecken über jeden beliebigen
starken Eindruck ein, während schwache Geräusche und leise
Töne unbeachtet bleiben. Das Umdrehen des Kopfes nach der
unsichtbaren Schallquelle kommt erst später zu Stande.

Auch ist bei häufig wiederholten Versuchen die Hörfähig-
keit der Neugeborenen zu prüfen, eine Steigerung derselben durch
Übung, wenn sie aber sehr schnell aufeinanderfolgen, eine vorübergehende Abstumpfung nicht zu verkennen.

Kussmaul konnte vor den Ohren wacher Neugeborener in
den ersten Tagen die stärksten disharmonischen Geräusche
machen, ohne dass sie darauf reagirten. Ein anderer Beobachter,
Feldbausch, sah aber schlafende Kinder im Alter von mehr als
drei Tagen zusammenfahren, wenn er bei sonstiger Stille stark
in die Hände klatschte. Champney's Kind reagirte dagegen vor
der vierten Woche auf kein noch so starkes Geräusch, wenn
Erschütterungen des Zimmers oder Bettes fehlten, auch nicht
auf Händeklatschen. Wurde eine Thür zugeschlagen, so fuhr
es zusammen geradeso wie gleich nach der Geburt, als die Wag-
schale, in der es lag, plötzlich aufschlug. Mit 14 Tagen wendete
dieses Kind angeblich die Augen nach der Mutter, wenn diese
ihm zusprach; da es aber dann noch nicht bei noch so lauten

Geräuschen zuckte, wenn Erschütterungen fehlten, so kann jenes
Wenden dem Gefühl der Wärme beim Anhauchen des Gesichtes
zugeschrieben werden.   Denn nur wenn der Mutter Antlitz ihm
zugewendet war, trat die Bewegung ein — vermuthlich mehr
eine Kopfwendung als eine Augenbewegung.

Genzmer stellte zuerst messende Versuche an.   Er ermittelte die grössten Entfernungen, in welchen Säuglinge beim
Anschlagen einer kleinen Glocke, das immer gleichmässig mit
einem eisernen Stäbchen geschah, mit den Augenlidern deutlich
zuckten.   Es ergab sich, dass fast alle Kinder vom ersten oder
höchstens zweiten Lebenstage an auf Schalleindrücke reagiren,
ihr Gehörsinn aber, ziemlich unabhängig von dem Grade der
Reife, anfangs ungleich ist und innerhalb der ersten Wochen
sich verfeinert.   Als durchschnittliche Entfernung, in welcher
das Anschlagen der Glocke gehört wurde, ergaben sich 8 bis
10 Zoll, doch schwanken die Zahlen zwischen 1 und 20.   In
einem Falle, bei einem sehr lebhaften Kinde, war die Distanz
am ersten Tage 8, am sechsten 18, am 24. Tage 24 Zoll; bei
einem phlegmatischen Kinde waren die Gehörreflexe am 1. Tage
inconstant, am 8. traten sie bei 5, am 24. bei 11 Zoll Abstand
der Glocke ein.   Man sieht aus diesen Zahlen, wie ungleich der
Fortschritt ist.   Da aber schwerlich der Schall in jedem Versuch genau dieselbe Stärke hatte, das Zucken mit den Augenlidern nicht ausschliesslich durch Schallreize bewirkt und nicht
jeder Schallreiz mit Zucken der Augenlider beantwortet wird,
so ist diese ganze, auf nur etwa 30 Beobachtungen an 15
Kindern beschränkte Versuchsreihe unsicher.

Auch die Beobachtungen von Moldenhauer lassen manches
zweifelhaft, obwohl sein Verfahren viel besser ist.   Er bediente
sich zur Hörprüfung des Spielzeugs *Cri-cri*, welches einen starken
kurzdauernden unangenehmen Schall mit unharmonischen hohen
Obertönen giebt.   Dieser Schall bleibt sich nach vielen Versuchen
fast gleich und kann ganz dicht am Ohr ohne andere Reizung
hervorgerufen werden.   Als Hauptergebniss stellte sich heraus,
dass mit ganz wenigen Ausnahmen die Kinder sofort beim ersten
Versuch auf den Schallreiz deutlich antworteten.   Es war aber
die Stärke der Reaction bei verschiedenen Individuen und bei
denselben Individuen an verschiedenen Tagen ausserordentlich
ungleich.   Geprüft wurden 50 Kinder.   Davon waren 6 bis 12
Stunden alt nur 10 (diese reagirten sämmtlich), und 12 bis 24
Stunden alt nur 7, alle anderen älter.   Als schwächste Reaction

diente deutliches Zucken der Augenlider, auch ohne Unterbrechung des Schlafes, als stärkere Stirnrunzeln.   Dann folgten Kopfbewegungen, meist einmalige kurze Drehungen des Kopfes, endlich Zusammenfahren, wobei Kopf, Arme, Oberkörper heftig zuckten, Schlafende erwachten und schrieen.

Die Reflexe traten nach Ablauf des zweiten Tages deutlicher und schneller ein, als an den beiden ersten Tagen.

Bei schnell aufeinander folgenden Versuchen wurde eine Abstumpfung bis zur völligen Reactionslosigkeit sehr häufig constatirt.

Tief schlafende und saugende Kinder reagirten weniger deutlich als wache oder solche im Halbschlaf.

Die meisten Kinder, auch drei bis vier Wochen zu früh geborene, antworteten also in den ersten Tagen auf starke Schalleindrücke mit Reflexen im Facialisgebiet.   Es wurde aber das Verhalten der Ebengeborenen in den ersten fünf Lebensstunden nicht untersucht.   Die vier jüngsten, welche reagirten, waren sechs Stunden alt, wie mir der Verfasser brieflich mittheilte. Die Taubheit wurde in einigen wenigen (4 von 50) Fällen auch nach mehr als 24 Stunden festgestellt, also wird meine Beobachtung, dass unmittelbar nach der Geburt keine Reaction auf Schalleindrücke erfolgt, nicht durch diese Befunde modificirt. Ich sah sogar ein zehnstündiges starkes Kind nicht im Geringsten, ein sechstägiges sehr schwach auf das *Cri-cri* reagiren.

Moldenhauer fand ferner, dass von den vier Kindern, welche nach mehr als 24 Stunden zum ersten Male geprüft wurden und nicht reagirten, drei bei späteren, in derselben Stunde oder am anderen Tage wiederholten Versuchen nachträglich deutlich reagirten.   Ein Kind von drei Tagen reagirte auch beim zweiten Versuche nicht.

Wurde die oben erwähnte Glocke bei gut hörenden (wahrscheinlich mehr als zwei Tage alten) Kindern von Genzmer sehr nahe am Ohre leise angeschlagen, so wendeten sie bisweilen den Kopf nach derselben Seite; waren sie mit Saugen beschäftigt, so unterbrachen sie ihre Thätigkeit.   Sehr heftiges Anschlagen der Glocke machte sie unruhig.   Ich habe gleichfalls bemerkt, dass Säuglinge durch starke Schallreize, gerade wie neugeborene Thiere, in grosse Unruhe versetzt werden können; so bewirkt der schrille Pfiff einer nahen Locomotive leicht anhaltende lebhafte Bewegungen und heftiges Schreien des vorher ganz ruhigen Kindes.   Nicht jeder Säugling reagirt freilich so stark und keiner in der ersten Lebensstunde. Aber bei einem neun Tage alten Kinde glaubt Moldenhauer bestimmt das Wenden des Kopfes nach der Schallquelle hin beobachtet zu haben.

Den individuellen Verschiedenheiten wird indess gewöhnlich ein zu grosser Spielraum gelassen. Wenn einige Kinder schon am ersten Tage, andere nach drei, wieder andere erst nach acht Wochen bei lauten Geräuschen zusammenfahren sollen, so liegt es nahe, die letzteren Angaben auf ungenaue Beobachtung zu schieben, falls sie nicht für Schwerhörige oder Frühgeborene allein gelten oder zu tiefe Klänge und ungeeignete Geräusche angewendet wurden.

Wenn eine vorsichtig auf den Kopf gesetzte erwärmte kleine schwingende Stimmgabel keine andere Reaction hervorruft, als die ebenso aufgesetzte ruhende Gabel, so würde man wohl auf eine Betheiligung des inneren Ohres bei der Taubheit des Ebengeborenen schliessen dürfen. Solche Versuche müssen aber an vielen Individuen angestellt werden. Moldenhauer erhielt mit Stimmgabeln wegen der Empfindlichkeit der Kopfhaut kein bestimmtes Resultat.

Ein überreifer, sehr kräftiger neugeborener Knabe schloss sechs Stunden nach der Geburt jedesmal die Augen fester, wenn dicht am Ohre zwei metallene Deckel gegeneinander geschlagen wurden (Dencke). Hierbei kann aber der durch die rasche Bewegung entstehende Luftstrom den Reflex aufgelöst haben. Ein sehr starkes neugeborenes Kind, fast $4^{1}/_{4}$ Kilo schwer, reagirte auf keinerlei Schall, als ich es eine halbe Stunde nach der Geburt prüfte. So verhalten sich auch alle gewöhnlichen Ebengeborenen. Durch noch so starken Schall, Händeklatschen dicht am Ohr, Pfeifen, sehr lautes Anschreien werden sie innerhalb der ersten halben Stunde nach meinen Versuchen nicht zum Schreien gebracht, wenn sie still sind, und nicht beruhigt, wenn sie schreien. Sie schreien aber, wenn man sie anbläst, an die Schläfe sanft drückt oder auf die Schenkel schlägt, nachdem sie zu athmen angefangen haben. Dabei ist die Zeit von der Berührung bis zum Schrei merklich länger als später.

Ich sah mein Kind in der 21. Lebensstunde nach lautem Anrufen mit beiden Armen symmetrisch zucken, was aber vielleicht auf Anhauchen zu beziehen ist, denn Händeklatschen, Pfeifen, Sprechen hatte keinen Erfolg und am zweiten und dritten Tage liess sich keine Reaction auf Schallreize herbeiführen. Nicht vor der ersten Hälfte des vierten Tages gewann ich die Überzeugung, dass mein Kind nicht mehr taub sei. Denn Händeklatschen oder Pfeifen dicht neben ihm hatte dann plötzliches Aufschlagen der halbgeschlossenen Augen zur Folge, wenn es satt und warm, allem Anschein nach behaglich, dalag. Da dieser Erfolg bei öfterer Wiederholung am vierten Tage jedesmal eintrat, am dritten Tage jedoch keinmal, so ist nicht zu bezweifeln, dass in diesem Falle am vierten Tage der Schall vermittelst des Trommelfells empfunden wurde, vorher aber nicht. Auch traf es sich erst am vierten Tage, und zwar mehrmals, dass das schreiende Kind, sowie ich dicht neben ihm zu pfeifen begann, mit Schreien inne hielt. Diese Beobachtung wurde auch an zwei- und dreitägigen Säuglingen gemacht. Am elften und zwölften Tage bemerkte ich, dass mein Kind schon durch den Klang meiner Stimme sich jedesmal beruhigte. Dieselbe rief eine Art Spannung im Gesichtsausdruck hervor, welche aber nicht zu beschreiben ist.

Am 25. Tage erfolgte mehrmaliger Lidschlag, als ich mit leiser Stimme dicht vor dem Kinde ihm zusprach. Am folgenden Tage fuhr es plötzlich zusammen, als eine Schüssel, die es nicht sehen konnte, in seiner Nähe geräuschvoll zugedeckt wurde. Es erschrickt also schon auf unerwartete starke Schallreize. Am 30. Tage war dieses Erschrecken noch stärker ausgeprägt. Ich stand vor dem ruhig daliegenden Kinde, wurde gerufen und sagte, ohne meine Stellung zu ändern, laut: „Ja!" Unmittelbar darauf warf es beide Arme schnell hoch empor und zuckte mit dem Oberkörper zusammen, während zugleich die bis dahin Befriedigung ausdrückende Physiognomie sehr ernst wurde. Dasselbe Schauspiel trat bald darauf nach dem Zuschlagen einer Thür ein.

In der fünften Woche hat die Schallempfindlichkeit so zugenommen, dass sogar der Schlaf selten bei Tage eintritt, wenn man im Zimmer umhergeht oder spricht, während noch am siebenten Tage starkes Anrufen das schlafende Kind nicht weckte. Auch bezeugen die schnellen Drehungen des Kopfes. wenn jemand sich ungesehen an das Bett des Kindes setzt, sowie das Zusammenfahren bei mässigen Geräuschen, die gesteigerte Empfänglichkeit.

In der sechsten Woche bemerkte ich dieses Zusammenfahren nach ganz geringfügigen Geräuschen auch beim schlafenden Kinde, ohne dass es erwachte. Um diese Zeit wurde es bereits, wenn es schrie, durch das Singen seiner Mutter sofort beruhigt. Das erste Mal machte das Kind dabei die Augen weit auf, offenbar ein Symptom des Erstaunens über die neuen Klangempfindungen. Am darauffolgenden Tage blickte es seine Mutter, welche es abermals durch Singen beruhigte, mit weit offenen Augen an, so dass ich bereits die Vermuthung hatte, es habe die empfundenen Töne mit dem gesehenen Oval des Antlitzes in Verbindung gebracht. Bei älteren Kindern (von vier Monaten) ist es zweifellos der Fall, wenn sie lachen und aufjauchzen, sobald die Mutter ihnen etwas vorsingt.

In der siebenten Woche war das Erschrecken durch lauten Schall noch stärker als vorher. Während des Schlafes fielen einmal Schlüssel zu Boden. Sogleich fuhren beide Arme rasch empor und blieben über zwei Minuten lang mit gespreizten Fingern parallel aufrecht in der sonderbaren Stellung, ohne dass das Kind erwachte. Die Stellung erinnerte an das Ausbreiten der Flügel eines erschreckten Vogels.

Für Töne, vielleicht auch Melodien, scheint bereits eine grössere Empfänglichkeit vorhanden zu sein, denn den Ausdruck höchster Befriedigung gewahrt man im Gesichte des Kindes, wenn seine Mutter es durch leise gesungene Wiegenlieder beruhigt. Auch ist bemerkenswerth, dass, selbst wenn es vor Hunger schreit, ein leiser Sing-Sang eine Pause im Schreien und Aufmerken zur Folge hat. Sprechen bewirkt dieses keineswegs jedesmal.

In der achten Woche hörte der Säugling zum ersten Male Musik und zwar Clavierspielen. Er bekundete durch eine ungewöhnliche Spannung im Auge und lebhafte Bewegungen der Arme und Beine bei jedem Forte, sowie durch Lachen und Lächeln seine Befriedigung über die neue Empfindung. Die höheren und leiseren Töne machten keinen solchen Eindruck. Diese Freude über Musik gab sich jedesmal in den folgenden Monaten in ähnlicher Weise zu erkennen, woraus folgt, dass mehr als ein Jahr vor dem ersten unvollkommenen Sprechversuch die Unterscheidung der Klänge und Geräusche vorhanden ist.

In der neunten Woche erregte der Klang einer Repetiruhr, welcher früher auf das Kind nicht den geringsten Eindruck gemacht hatte, dessen Aufmerksamkeit. Aber der Kopf wurde noch nicht sicher nach der Schallquelle gewendet, während er der bewegten Hand genau folgte. Bei jedem plötzlichen Geräusch, Schrei, Ruf, Ton, Händeklatschen erfolgt schnelles Schliessen und Öffnen der Augen, und sehr oft werden dabei die Arme gleichzeitig rasch emporgehoben, gleichviel in welcher Lage der Körper gehalten wird. Dasselbe im vierten Monat. Im siebenten und achten überwiegt der Lidschluss. Das Aufheben der Arme ist schon selten geworden.

In der elften Woche bemerkte ich zum ersten Male, was Andere erst im zweiten Vierteljahr, Einige aber auch früher wahrnahmen, dass das Kind den Kopf in der Richtung des gehörten Schalles bewegte. Ich klopfte hinter ihm gegen einen Spiegel. Sofort wendete es den Kopf um nach der Schallquelle hin. Überhaupt ist in dieser Zeit die Leichtigkeit auffallend, mit der einzelne Töne, Tonleitern, Accorde die Aufmerksamkeit des Säuglings auf sich ziehen, so dass auch die grösste Unruhe jedesmal aufhört und mit Spannung im Auge gelauscht wird, wenn sie erklingen.

In der zwölften Woche war die Wendung des Kopfes nach dem tönenden Körper rasch, auch wenn der Blick nicht gleich in die richtige Richtung fiel. Als dieselbe gefunden war, lauschte das Kind offenbar mit grosser Aufmerksamkeit.

In der 16. Woche geschieht das Umdrehen des Kopfes nach einem Schall hin mit der Sicherheit einer Reflexbewegung. Früher wurden entferntere Schallquellen, eine Drehorgel unten im Garten, die Stimme eines am anderen Zimmerende laut Redenden gar nicht beachtet, jetzt haben beide lebhafte Kopfbewegungen und einen veränderten, nicht unbefriedigten, Gesichtsausdruck zur Folge.

Das erste vom Kinde selbst künstlich hervorgebrachte Geräusch, welches ihm augenscheinliches Vergnügen verursachte und darum oft wiederholt wurde, war das Zerknittern von Papier (besonders in der 19. Woche). In der 21. Woche ward es behufs photographischer Aufnahme durch Schlagen auf ein Tam-tam bewegungslos, so fesselte das neue Geräusch die Aufmerksamkeit, indem zugleich der Blick starr auf die Metallplatte gerichtet blieb. Überhaupt war im fünften Monat das Gehör derartig verfeinert, dass das Kind beim Milchsaugen seine Thätigkeit fast jedesmal unterbrach und sich umwendete, wenn in seiner Nähe ein nicht gar zu leises Geräusch entstand.

Nach einem halben Jahre hielt der Säugling den Blick oft Minuten lang unverwandt und mit dem Ausdruck der Verwunderung, mit offenen Augen und offenem Munde, auf mein

Gesicht gerichtet, wenn ich ihm einzelne Töne vorsang. Er jubelt über Militärmusik.

Im achten Monat findet der schnelle Lidschluss, das meist einmalige Augenzwinkern, nicht allein bei jedem lauten plötzlichen, sondern auch bei jedem neuen Schalleindruck statt, so wenn jemand Thierstimmen nachahmt. Er ist nicht mehr nur Ausdruck des Erschreckens, sondern nun auch des Erstaunens. Beim Erschrecken ist an die Stelle des Armaufhebens ein Zusammenfahren des ganzen Körpers und ein Zucken mit Armen und Beinen zugleich getreten, welches übrigens schon im zweiten Monat beobachtet wurde. Das schnelle Schliessen und Öffnen der Augen bleibt unverändert bestehen.

Im neunten Monat trat, als das Kind mehr als zwölfmal nacheinander den Deckel einer grossen Caraffe zuschlug, so dass jedesmal ein lauter Schlag gehört wurde, jedesmal dieses Augenzwinkern und Zusammenfahren des ganzen Körpers ein, während der Gesichtsausdruck von grosser Aufmerksamkeit zeugte. Hier waren also die Reflexbewegungen nicht Ausdruck von Schreck. Denn das Kind selbst wiederholte begierig das Zuschlagen des Deckels jedesmal, nachdem ich ihn gehoben hatte. Der combinirte Tast- und Gesichts-Eindruck überwog an Interesse die Begleiterscheinung des Schalles, dessen Intensität aber so gross war, dass nebenbei die Reflexbewegungen eintraten wie beim Erschrecken. Während des Schlafes sah ich in dieser Zeit nach Schalleindrücken, welche kein Erwachen zur Folge hatten, oft lebhafte Bewegungen der Hände: ein Rest des früheren reflectorischen Armaufhebens. Nicht nur, wenn es meine Stimme hört, ohne mich zu sehen, wendet das Kind seinen Kopf um. sondern (auch im zehnten Monat) bei jedem neuen lauten Geräusch, namentlich beim Donnern. So ist auch das Wenden des Kopfes in der ersten und zweiten Woche, wenn ein lauter Schall ertönt, nicht ein Richten desselben gegen die Schallquelle hin (S. 64), sondern reflectorisch.

Während des Zahnens ist übrigens die Erregbarkeit für akustische Reize merklich erhöht. Ein lautes Wort hat dann schon Augenzwinkern, Erschrecken, schnelleres Athmen, Schreien, Weinen zur Folge.

Im elften und zwölften Monat lässt sich das schreiende Kind noch geradeso wie im ersten durch ein entschiedenes „Sch“ meistens nach wenigen Augenblicken beruhigen. Kein anderer

Laut, auch das scharfe „ss" und „pst" nicht, hat eine solche Wirkung, wohl aber jedes, auch falsches Singen.

In diese Zeit — auf den 319. Tag — fällt ein merkwürdiges akustisches Experiment, welches für den grossen intellectuellen Fortschritt Zeugniss ablegt. Das Kind schlug mehrmals mit einem Löffel auf einen Teller. Dabei geschah es zufällig, dass es mit der freien Hand den Teller berührte; der Schall wurde gedämpft und dieser Unterschied frappirte das Kind. Es nahm nun den Löffel in die andere Hand, schlug damit auf den Teller, dämpfte wieder usw. Abends Wiederholung des Versuches mit gleichem Erfolge. Offenbar war die Causalitäts-Function stark hervorgetreten, da sie das Experiment wachrief. Die Ursache der Dämpfung mit der Hand, lag sie an der Hand oder am Teller? Die andere Hand wirkte geradeso dämpfend, also an der einen Hand haftete die Ursache nicht. So ungefähr muss das Kind seinen Schalleindruck sich interpretirt haben und zwar zu einer Zeit, in der es noch nicht ein einziges Wort der späteren Sprache kannte.

Im zwölften Monat pflegte das Kind fast jeden Morgen das geräuschvolle Auflegen von Kohlen in den Ofen A zu beobachten. Am 363. Tage geschah es im Nebenzimmer am Ofen B. Sofort sah das Kind nach der Richtung des Schalles, da es jedoch nichts entdeckte, drehte es den Kopf fast um 180⁰ und betrachtete fragend den Ofen A (der schon früher versorgt worden war). Hierdurch ist gleichfalls die logische Thätigkeit in ihrer Anwendung auf Schallwahrnehmungen bewiesen, und zwar vor dem Sprechen-können. Solche Experimente wurden von Zeit zu Zeit auch nach demselben ganz aus freien Stücken ausgeführt. Im 30. Monat hält das Kind beim Essen zufällig eine Hand an sein Ohr, während ein Kessel mit siedendem Wasser vor ihm steht. Sofort wird es aufmerksam, merkt die Abnahme der Schallstärke, nimmt die Hand fort, hört mit offenem Munde und dem Ausdrucke des Erstaunens lautlos die Veränderung des Schalles, hält fünf- bis sechsmal die Hand an das Ohr und constatirt jedesmal die Thatsache auf's Neue, wie ein Experimentator, bis ihm der Zusammenhang der Schalländerung mit der Handbewegung nicht mehr wunderbar vorkommt, weil es ihn eben oft wahrnahm.

Übrigens ist eine der frühesten Schallwahrnehmungen, bei welchen die Causalität sich geltend machte, die oben (S. 34) erwähnte vom 81. Lebenstage.

Nach Ablauf des ersten Lebensjahres schlägt das Kind
mit den Händen auf die Claviertasten und sieht sich dabei von
Zeit zu Zeit um, als wenn es sich überzeugen wollte, dass man
ihm zuhört. Über einen Canarienvogel freut es sich, indem es
denselben anlacht, wenn er sich bewegt, und lautlos zuhört,
wenn er singt, dann wieder lacht. Überhaupt ist in den
folgenden Monaten Lachen über neue Geräusche, wie Gurgeln,
Räuspern häufig (15. Monat). Sogar der Donner machte das
Kind lachen.

Eine Lieblingsbeschäftigung bestand darin, eine Taschenuhr an das Ohr zu halten und auf das Tiktak zu achten (16.
bis 24. Monat). Bisweilen wurde aber die Uhr auch hinter die
Ohrmuschel und an die Wange gehalten. Hielt ich sie oben auf
den Kopf, so wurde das Ticken doch gehört (19. Monat), wie
aus der aufmerksamen Miene zu entnehmen. Die Schallleitung
durch die Knochen muss schon längst hergestellt sein.

Die schon im ersten Vierteljahr hervortretende Freude an
der Musik steigerte sich deutlich im zweiten und dritten Vierteljahr. Es dauerte aber bis in das siebente Vierteljahr, ehe das
Kind, welches durch Anhören der verschiedenartigsten Musik zu
lebhaften Bewegungen veranlasst wurde, diese Bewegungen takt-
mässig ausführte. Es tanzte zwar, aber in seiner Weise arhyth-
misch (21. Monat). Etwas später schlug es selbst leidlich correct
den Takt mit den Armen oder einem Arme und versuchte
dabei, ein gesungenes Lied nachzusingen (24. Monat), was aber
nur unvollkommen gelang. Spielen mit Pfeifen und Trommeln
machte zu der Zeit kaum grösseres Vergnügen, als das Anschlagen einzelner Tasten des Claviers und zwar mit beiden
Händchen gleichzeitig. Aber es war trotz vieler Bemühungen
schlechterdings unmöglich, dem Kinde die richtige Benennung
auch nur der drei Töne $\bar{c}$, $\bar{d}$, $\bar{e}$ beizubringen (Ende des dritten
Jahres), so scharf im Übrigen das Gehör für Geräusche und
Vocale war.

Ein anderes Kind hingegen, ein Mädchen, konnte bereits im
neunten Monat jeden Ton, der ihm auf dem Clavier angegeben
wurde, richtig nachsingen und schien Dissonanzen unangenehm
zu empfinden, weinte wenigstens jedesmal in demselben Alter
heftig, sobald man auf einer kleinen Blechtrompete blies. Eben
dieses Kind und zwei von seinen Geschwistern konnten eher
singen als sprechen und zwar richtig vorgesungene Melodien.
Nicht nur die Tonhöhe, auch die Tonstärke und Klangfarbe

wird von solchen musikalischen Kindern (im achten Monat),
welche jeder Musik mit gespannter Aufmerksamkeit zuhören,
wiedergegeben. Auch sang ein solches Kind (im neunten Monat)
sich selbst in den Schlaf und begleitete später (im 19.
Monat) vorgesungene Lieder und Musikstücke, rhythmisch correct die
Hände zusammenklappend [F].

Ein anderes kleines Mädchen freut sich im elften Monat,
wenn es Musik hört, schlägt gern mit auf die Claviertasten,
und wenn man die öfter vorgesungenen Melodien zu singen
anfängt, so springt es und begleitet gleich mit dem Körper den
Gesang, dreht auch die Hände hin und her [St]. Stumpf berichtet in seiner „Tonpsychologie" von seinem Sohne, dass er
im 14. Monat der Scala in der vorgesungenen Richtung nach-
sang, und zwar die gleiche Anzahl Töne, nicht selten sogar die
gleichnamigen, nur in die zweigestrichene Octave transponirten
Töne. Demselben Beobachter zufolge begann das Kind des
Componisten Dvorák in Prag, „als es erst ein Jahr alt war, der
Wärterin den Fatinitza-Marsch nachzusingen. Nach $1^1/_2$ Jahren
sang es nach Aussage seines Vaters Lied-Melodien mit Clavier-
begleitung. Dabei war es zur Aussprache des Textes noch
völlig unfähig und substituirte demselben etliche Sylben aus
seinem kleinen Sprachschatz." Jedenfalls kommt richtiges Singen
bei Kindern, die noch nicht sprechen können, häufig vor. Wahrscheinlich ist ihr musikalisches Gehör ererbt. Kussmaul und
Kast haben bereits hervorgehoben, dass auch Erwachsene nach
völligem Verlust des Sprechvermögens Töne richtig unterscheiden
und „Lieder ohne Worte" richtig singen können. Sie gleichen
darin dem noch alalischen Kinde mit musikalischem Gehör und
liefern den Beweis dafür, dass im Gehirn das Singcentrum und
Tonwahrnehmungscentrum unabhängig vom Sprechcentrum und
Wortklangcentrum sich ausbildet, was schon durch das Singen
der Thiere wahrscheinlich war.

Im ganzen Verlauf des dritten Jahres war es nicht leicht,
mein Kind durch Schalleindrücke allein zu wecken. Es schlief
oft ein, wenn in seiner Nähe gelärmt wurde, und doch liess seine
Hörschärfe im wachen Zustande, wie aus den mitgetheilten
Beobachtungen hervorgeht, nichts zu wünschen übrig. Selbst
die Erkennung der Schallrichtung war, obwohl mangelhaft, doch
früher vorhanden als in anderen Fällen. Darwin berichtet,
dass eines von seinen scharfhörigen Kindern im Alter von mehr
als 17 Wochen nicht leicht die Richtung, aus der ein Schall

kam, erkannte, so dass es den Blick dahin wendete, womit die obigen Angaben (S. 67) zu vergleichen sind, Vierordt, dass etwa im vierten Monat das Kind beginne, den Kopf nach der Schall-quelle hinzudrehen; so auch R. Demme, welcher fand, dass unter etwa 100 Kindern nur zwei im Alter von 3 und $3^1/_2$ Monaten die Stimmen ihrer Eltern von denen Anderer beim Anrufen mit lebhafteren Bewegungen und Freudenlauten beant-worteten, alle anderen erst in viel späterer Zeit.

Individuelle Verschiedenheiten, theils erbliche, theils erwor-bene, sind auf diesem Gebiete sehr gross.

Das Hören neugeborener Thiere.

Noch nicht zwölf Stunden alte Meerschweinchen geben, wie ich fand, durch Bewegungen der Ohrmuscheln unzweideutig zu erkennen, dass sie alle hohen Töne hören von 1000 bis 41000 Doppelschwingungen in der Secunde. Denn es wurden jedesmal, wenn ich, den Thierchen selbst unsichtbar, in geräusch-loser Umgebung eine meiner vierzig kleinen Stimmgabeln jenes Intervalls anstrich (vom dreigestrichenen c bis zum achtgestrichenen e), unmittelbar darauf die Ohrmuscheln synchronisch bewegt, entweder niedergedrückt oder nur gefaltet, und bei starken Tönen fuhren die Thiere jedesmal zusammen. Mit einer solchen maschinenmässigen Sicherheit tritt diese von mir auch an jungen Fledermäusen beobachtete Reflexbewegung, die Contraction der Ohrmuscheln, ein, dass ich keine andere, die Pupillenverengerung durch Licht etwa ausgenommen, bezüglich der Präcision ihr an die Seite zu stellen wüsste. Bei erwachsenen Meerschweinchen und Fledermäusen ist der Gehörreflex gleichfalls für alle jene Gabeltöne leicht zu constatiren, aber bisweilen, zumal nach häufiger Wiederholung des Versuchs, sehr schwach. In der ersten halben Stunde nach der Geburt fehlt er gänzlich. Also sind die neugeborenen Meerschweinchen anfangs taub.

Dagegen liess sich sofort feststellen, dass alle gesunden Meerschweinchen eine Stunde nach der Geburt, auch mehrere Tage zu früh geborene, auf die mannigfaltigsten lauten und leisen Geräusche, auch Händeklatschen, durch eine Zuckung des ganzen Körpers, manchmal sogar anfangs durch einen Sprung und Bewegungen, die wie Fluchtversuche aussahen, antworteten. Dieses Verhalten kann nur auf Erblichkeit beruhen.

Der Reflexbogen vom Hörnerven auf die Bewegungsnerven ist von den Vorfahren so oft benutzt worden, wenn in Augenblicken der Gefahr ein Geräusch die Flucht rathsam machte, dass die Vertreter der gegenwärtigen Generation, ohne noch von Gefahr zu wissen, schon beim ersten besten Geräusch zucken. Selbst beim menschlichen, erst wenige Tage alten Säugling kann das Zusammenfahren nach plötzlichem Schall noch ein Rest dieser Schreckhaftigkeit sein und für erwachsene Menschen und Pferde dasselbe gelten. Der erste Lidschlag nach plötzlichen geräuschlosen Gesichtseindrücken dagegen ist anders zu erklären, wie ich oben zeigte (S. 20), weil dabei die Fluchtbewegungen, das Zusammenfahren und die Zurückziehung des Kopfes anfangs noch fehlen.

Für geringe Schallintensitäten sind die neugeborenen Meerschweinchen besonders empfindlich. Sie erkennen durch das Gehör ihre Mutter am ersten Lebenstage, auch wenn diese nur ganz leise und abgebrochen schnurrt, dagegen nach vier bis fünf Tagen noch nicht durch das Gesicht, wie ich (1878) durch eine Reihe von langwierigen Versuchen ermittelte. Da ferner die Stimme des Mutterthieres und die der Geschwister die geradlinige Fortbewegung zur Schallquelle, zu der Mutter oder den Geschwistern, zur Folge hat, wenn man eine Trennung der Familienmitglieder bewerkstelligt, so wird auch am ersten Tage die Richtung, aus welcher der Schall kommt, wahrgenommen.

Dasselbe gilt für neugeborene Schweine. Denn Spalding beobachtete, dass sie in einem Alter von nur wenigen Minuten, wenn sie in eine Entfernung von mehreren Fuss von dem Mutterthier gebracht werden, durch das Grunzen derselben geleitet, den Rückweg bald finden, indem ihr Quieken durch jenes beantwortet wird. Das Mutterthier erhob sich in dem einen beobachteten Falle in weniger als 1$^1/_2$ Stunden nach dem Wurf und ging fort, um zu fressen; die Jungen gingen umher und versuchten allerlei zu sich zu nehmen, folgten ihrer Mutter und sogen, während diese stehend Nahrung zu sich nahm. Eins der Jungen ward unmittelbar nach seiner Geburt in einen Sack gebracht und im Dunkeln gehalten, bis es sieben Stunden alt war. Hierauf wurde es ausserhalb des Stalles, zehn Fuss von der Stelle hingesetzt, wo im Inneren desselben die Sau verborgen lag. Das Junge „erkannte" bald das leise Grunzen seiner Mutter und bemühte sich, längs der Aussenwand, über oder unter den

untersten Balken zu gelangen. Nach fünf Minuten glückte es
ihm, unter demselben sich durchzuzwängen, obwohl dieses nur
an wenigen Stellen möglich war. Eben durchgeschlüpft begab
es sich ohne Pause in den Stall zur Mutter und benahm sich
sogleich wie die übrigen Jungen. Dass bei dem eifrigen
Suchen die durch das Grunzen bedingte Schallempfindung dem
erst seit fünf Minuten dem Lichte ausgesetzten Thiere für die
einzuschlagende Richtung bestimmend war, ist nicht zu bezweifeln. Doch scheint der Geruch nicht ausgeschlossen gewesen zu sein.

Zu den gleich anfangs gut hörenden Thieren ist auch das
eben aus dem Ei geschlüpfte Hühnchen zu rechnen. Denn es
folgt bald nach dem Verlassen der Eischale, sowie es laufen
kann, dem Glucken der Henne und antwortet schon vorher im
Ei nach dem Beginne der Schalensprengung mit Piepen auf
ähnliche Schalleindrücke. Wenn es einen Tag oder zwei Tage
im Finstern bleibt, nachdem es im Brütofen sich entwickelt hat,
dann dem Tageslicht ausgesetzt wird, neun bis zehn Fuss von
einem Kasten entfernt, in welchem eine Bruthenne verborgen
ist, so wird es, nach minutenlangem Piepen, geradeswegs sich
zum Kasten hinbegeben, dem Ruf der Henne folgend, die es
nie gesehen und nie zuvor gehört hat. Dieses geschieht sogar
mit Überwindung von Hemmnissen im Grase und auf unebenem
Boden, wenn die Thierchen noch nicht einmal im Stande sind,
auf den Füssen zu stehen. Auch des Sehvermögens von Anfang
an beraubte Hühnchen folgen blindlings dem Rufe der glucken-
den Henne, wenn sie ihr bis auf fünf oder sechs Fuss genähert
werden. Spalding, welcher auch diese beiden Versuche anstellte,
machte ferner die Hühnchen, ehe sie die Eischale verlassen
hatten, mittelst mehrfach aufgeklebten Gummipapiers schwerhörig, öffnete ihnen nach zwei bis drei Tagen wieder die Ohren,
setzte sie innerhalb Lockweite der Henne, die durch eine Holz-
platte von ihnen getrennt war, in Freiheit und sah nun, wie sie
sich einige Male umdrehten und dann geradeswegs dahin liefen,
von wo der erste jemals von ihnen deutlich gehörte Schall kam.
Ihnen konnte diese erste Schallempfindung also nicht inhaltleer
oder bedeutungslos sein. Sie ward sofort zur Wahrnehmung
und die ererbte Erinnerung machte sich psychomotorisch geltend.
So meint Spalding. Ich habe aber bei 30 unversehrten Hühnchen vom ersten bis dritten Tage (seit dem Ausschlüpfen)
constatiren können, dass sie, wenn einige Male das Futter mit

Klopfen gegen Holz ihnen hingesetzt worden war, jedesmal, wenn ich in der Nähe klopfte, zum grossen Theil dahin liefen, wo das Geräusch entstand, ohne dass Futter da war. Also hatten sie bereits die Schallrichtung erkannt und etwas gelernt oder wenigstens den bestimmten Schall mit dem Futter associirt. Denn bei anderen Geräuschen verliessen sie ihren Platz nicht, namentlich nicht beim Pfeifen und beim Glucken der Henne, die sie nie gehört hatten; sie horchten aber gespannt auf das Glucken, als ich der Reihe nach mehrere Gluckhennen ihnen unsichtbar in ihre Nähe brachte, und fuhren zusammen bei einem Knall, ohne sich von der Stelle zu bewegen. Ausserdem ist es fraglich, ob die Hühnchen mit verklebten Ohren wirklich recht schwerhörig oder gar taub waren und ob sie nicht vor der Verklebung der Ohren die Stimme der Henne gehört hatten. Das Hühnchen piept schon, ehe die Schale einen Sprung hat, wie ich oftmals wahrnahm, wird also vor dem Ausschlüpfen jedenfalls seine eigene Stimme und ohne Zweifel manche fremde Stimmen gehört haben. Bei meinen Versuchen waren alle diese Fehlerquellen ausgeschlossen, da ich die Hühnchen im Dunkeln in einem stillen Raum auskriechen liess, nämlich in dem Brütofen, in dem die Eier ausgebrütet wurden.

Jedenfalls ist das Gehör eben ausgeschlüpfter Hühnchen und vieler neugeborener Säugethiere dem des eben geborenen Menschenkindes und Säuglings enorm überlegen, sowohl hinsichtlich der Unterscheidung von Tonhöhen und Schallstärken, als auch hinsichtlich der Erkennung von Schallarten und Schallrichtungen und vielleicht Schallzeiten.

Es kann nicht anders sein, als dass anfangs der normalgeborene Mensch gar nichts hört, dann nur einzelnes undeutlich, dann vieles undeutlich und ganz allmählich erst in der Masse des undeutlich Gehörten einzelnes deutlich, schliesslich vieles deutlich, und zwar unterscheidet er starke hohe Töne eher, als tiefe. Jede Mutter verliert viele tausend Worte, die sie ihrem Kinde zuspricht, zuflüstert, zusingt, ohne dass dieses nur ein einziges davon hört, und viele tausend Worte sagt sie ihm, ehe es eines versteht. Aber wenn sie es nicht thäte, würde das Kind sehr viel später und schwieriger sprechen lernen, abgesehen davon, dass ihr selbst das reinste Glück, die Mutterfreude, getrübt, ja fast zerstört werden würde.

DRITTES CAPITEL.

Das Fühlen.

Die Beobachtungen über den Gefühlsinn des Neugeborenen und des Säuglings beziehen sich hauptsächlich auf die Berührungs-Empfindlichkeit, die ersten Tast-Wahrnehmungen und die Temperatur-Empfindlichkeit.

Die Berührungs-Empfindlichkeit Neugeborener.

Dass Neugeborene gegen schmerzerregende Eingriffe weniger empfindlich sind, als Erwachsene, ist bekannt. Es wäre aber irrig, daraus auf eine Anästhesie oder Analgesie zu schliessen. Denn, abgesehen von anomalen Fällen, namentlich von scheintodten Neugeborenen, kann man eben geborenen Kindern und Thieren, sowie sie zum ersten Male still und ruhig geworden sind, sofort wieder Schreilaute und Bewegungen entlocken, wenn man die Haut kneipt oder etwa den Oberschenkel schlägt. Ich habe mich bei ausgetragenen Kindern einige Minuten nach der Geburt auf das Bestimmteste davon überzeugt, zugleich aber davon, dass die Schmerzäusserungen bei Weitem die Intensität und Dauer nicht haben wie bei älteren Kindern. In dieser Beziehung steht das Neugeborene wieder dem Fötus nahe. Es unterscheidet sich jedoch von ihm insofern, als gleich nach dem Beginn der Lungenathmung jede Art von Hautreizung stärkere Reflexe bewirkt. Mit einem Schlage kommt die Reflexmaschinerie in Gang, wenn zum ersten Male Luft geathmet wird. Es war gleichsam die Uhr schon vorher aufgezogen, aber das Pendel geräth in regelmässiges Schwingen erst durch die Luftathmung. Vorher kam es nur in Pausen und immer nur nach schwachen Impulsen in temporäre Oscillationen. Durch die Geburt wird das centrale Nervensystem buchstäblich erst geweckt. Und es ist kein Grund vorhanden gegen die Annahme, dass die ersten Berührungen, der Druck beim Geborenwerden, Schmerz verursachen. Ich habe zweimal ein Kind, dessen Kopf allein erst geboren war, schreien gehört, und der Gesichtsausdruck in diesem halbgeborenen Zustande war der der höchsten Unlust. Die Compression des Rumpfes und die unmittelbar vorhergegangene Compression des Schädels hatten wahrscheinlich den intrauterinen Schlaf unterbrochen.

Dass die unsanfte Berührung beim Geborenwerden in der That der reifen Frucht Schmerz im eigentlichen Sinne des Wortes verursachen kann, ist wahrscheinlich, weil sie in derselben Lage Lust empfinden kann. Denn als ich einem schreienden Kinde, dessen Kopf allein erst geboren war, ein Elfenbeinstiftchen oder einen Finger in den Mund steckte, fing es an zu saugen, riss die Augen auf und schien der Physiognomie nach „auf das Angenehmste berührt zu sein" (vgl. S. 23).

Da beim Erwachsenen die Empfindlichkeit der Haut und der Schleimhäute sehr verschieden ist, je nach der Anzahl der Nervenendigungen der geprüften Hautstelle, so hat es ein besonderes Interesse zu wissen, ob solche Unterschiede in der Berührungsempfindlichkeit bereits beim Neugeborenen deutlich sind. Kussmaul, dessen Versuche vom Jahre 1859 Genzmer 1873 wiederholte und ergänzte, hat zuerst diese Frage experimentell untersucht. Er fand mehrere Thatsachen, aus welchen sich die Erblichkeit gewisser Unterschiede ableiten lässt. Ich stelle die Ergebnisse der beiden Beobachter mit den meinigen zusammen:

Zunge. Kitzeln des Rückens der Zungenspitze mit einem glatten Glasstab bewirkt Saugbewegungen, indem die Zungenränder sich aufwärts zu beiden Seiten des Stabes um diesen legen und die Lippen sich rüsselförmig vorstrecken. Zugleich tritt die Mimik ein, welche die Empfindung „süss" kennzeichnet. Bei Berührung des mittleren Zungenrückens erfolgt Zukneifen der Augen, Hebung der Nasenflügel und Mundwinkel, kein Saugen. Beim Kitzeln der Zungenwurzel und des Gaumens: Würgen, Mundaufsperren, Hervorstrecken der Zunge, Hebung des Kehlkopfs, stärkere Speichelabsonderung, Mimik des Bitteren, dem Ausdruck des Ekelgefühls bei Erwachsenen entsprechend.

Diese Verschiedenheiten der Reflexbewegungen, je nachdem das Stäbchen die Zungen-Spitze, -Mitte oder -Wurzel kitzelt, mögen im Allgemeinen sich bewahrheiten, lassen sich aber nicht in jedem einzelnen Falle constatiren. So treten auf Berührung der Zungenmitte nicht jedesmal Bewegungen ein. Ich habe öfters

neugeborenen Kindern beim Einführen eines Stäbchens überhaupt keinerlei Bewegungen entlocken können. Meistens verhalten sie sich jedoch gerade wie eben geborene Kaninchen und
Meerschweinchen in dieser Beziehung, indem sie an dem Stäbchen saugen, wenn es vorn, es ausstossen, wenn es hinten in
die Mundhöhle dringt. Wenn ein Säugling satt ist, saugt er
überhaupt nicht, und wenn er ermüdet ist, unregelmässig und
ohne Energie. Aber die an nüchternen Neugeborenen gewonnenen
Resultate lassen darüber keinen Zweifel bestehen, dass schon
vor der Geburt die beiden Bahnen von den Gefühls-Nerven der
Zunge zum Ursprung des Bewegungsnerven der Zunge, des
Nervus hypoglossus, und von da in dessen Enden in der Zunge
ausgebildet und gangbar sind, und die Empfindlichkeit des Zungenrückens von der Spitze bis zur Wurzel, sowie des Gaumens, für
Berührungen ist, abgesehen von der Geschmacksempfindlichkeit,
angeboren und schon anfangs gross. Dass beim Saugen an dem
Stäbchen auch Schluckbewegungen eintreten, ist eine weitere
Folge dieser schon beim Verschlucken des Fruchtwassers vor
der Geburt etablirten Gangbarkeit der Reflexbahn. Niemand
wird aber das Auftreten der Empfindungen „bitter“ und „süss“
annehmen bei der blossen Berührung der Zunge, weil dieselben
bei Erwachsenen dann nicht auftreten. Vielmehr ist die Mimik
des Süssen die mit dem angenehmen durch Saugen gegebenen
Gefühl verbundene Mimik der Befriedigung und die des Bitteren
die mit dem unangenehmen durch Würgen kundgegebenen Gefühl verbundene Mimik der Unlust.

Lippen. Die Empfindlichkeit der Lippen für Berührungen
ist sogleich nach der Geburt gross, denn auch geringfügige Berührungen derselben mit einem Federbart haben (am sechsten
Tage) ein Zusammenfahren oder Saugbewegungen zur Folge,
vorausgesetzt, dass die Neugeborenen wach und hungrig sind.
Besonders Streicheln der Lippen mit dem Finger bewirkt leicht
Saugen.

Ich habe jedoch diese Saugbewegungen nicht jedesmal bei
eben geborenen reifen Kindern und Thieren eintreten gesehen.
Es fehlt hier die maschinenmässige Sicherheit der Reflexbewegung,
wahrscheinlich weil die Ebengeborenen nicht in jedem Falle
Hunger haben. Die Lage des menschlichen Fötus bringt es mit
sich, dass lange vor der Geburt leicht durch die Hände Berührungen der Lippen zu Stande kommen, und das Verschlucken
des Fruchtwassers setzt eine Strömung desselben über die Lippen-

ränder, also eine häufige Erregung der Nervenenden in den Lippen
vor der Geburt voraus.

Die Reflex-Empfindlichkeit der Oberlippe auch ausserhalb
des rothen Saumes, welche am ersten Tage auffällt, fand ich
auch in der siebenten Woche, da ihre Berührung lebhaftes
Mienenspiel bewirkte, merklich grösser als bei Erwachsenen.

Nasenschleimhaut. Reizung der Nasenschleimhaut bewirkt bei reifen Neugeborenen starke Reflexe. Die Dämpfe der
Essigsäure und des Ammoniaks veranlassen heftiges Niesen oder
Stirnrunzeln oder Blinzeln; auch wird wohl mit den Händen im
Gesicht gewischt. Kitzeln der inneren Fläche des Nasenflügels
hat Bewegungen der Augenlider zur Folge, stärker und früher
auf der gekitzelten Seite, als auf der anderen. Ist die Reizung
intensiver, so bewegt das Kind den Kopf und fährt mit den
Händen nach dem Gesicht. Einige Tage alte Kinder wischen
am Gesicht. Auch tritt bisweilen Thränenabsonderung ein, was
um so bemerkenswerther ist, als die Kinder sonst in den ersten
Lebenstagen keine Thränen vergiessen.

Die reflectorische Erregung des Thränen-Nerven *(Ramus
lacrymalis nervi trigemini)* und die Reflex-Secretion von den
Nervenenden in der Nasenschleimhaut aus ist demnach auffallend
früh möglich. Hier liegt überdies ein Fall vor von angeborener
reflectorischer Drüsenthätigkeit innerhalb des Gebietes eines und
desselben Nerven. Denn die centripetalen und die centrifugalen
(secretorischen) Fasern, welche zur Thränendrüse gehen, gehören
dem fünften Hirnnerven an.

Die grosse Empfindlichkeit der Nasenschleimhaut für Berührungen ist übrigens erst in den letzten Wochen vor der Geburt
vorhanden, da im siebenten Monat geborene Kinder nur zweifelhafte Antwortbewegungen machen. Doch ist diese Empfindlichkeit bei einem im achten Monat geborenen Kinde gerade so
gross wie bei dem ausgetragenen gefunden worden. Sie ist
eine rein erbliche Eigenthümlichkeit. Da intrauterin kaum ein
Anlass zu einer Erregung der Innenfläche der Nasenöffnung
gegeben ist, muss dieser Reflexbogen von den Nasalzweigen des
Trigeminus auf den Antlitznerven ein sehr fester sein.

Dasselbe gilt von den Reflexbahnen, welche von den Tri-
geminusendigungen in der Nasenschleimhaut zu den spinalen
Motoren gehen, indem nach leiser Berührung der Nasenschleimhaut schon früh ein förmliches Schütteln von mir beobachtet
wurde. Im fünften Vierteljahr berührte eines Tages mein Knabe

mit einem faserigen Bändchen zufällig seine Nasenscheidewand.
Gleich darauf verzog er das Gesicht (Facialis-Erregung), schrie
nicht, aber schüttelte sich, den Rumpf seitlich heftig hin- und
herwerfend, als wenn das allerdings sehr unangenehme Gefühl
des Kitzels an jener Stelle abgeschüttelt werden sollte.

Bindehaut und Hornhaut des Auges und Augenlid.
Berührung der Conjunctiva, des Cornearandes oder eines Wimper-
haares hat bei Neugeborenen Lidschluss zur Folge. Welche von
diesen Theilen die empfindlichsten sind, ist streitig. Kussmaul
hält die Cilien dafür, Genzmer aber konnte dieselben bei einigen
Kindern mehrmals berühren, ohne dass Lidschluss erfolgte,
während derselbe bei Hornhautberührung in keinem Falle aus-
blieb und meistens auch nach Berührung der Conjunctiva beidseitig eintrat. Bedenkt man, dass bei Erwachsenen die Wimpern
berührt werden können, ohne dass auch nur die Neigung zum
Lidschluss eintritt, die Bindehaut und der Hornhautrand dagegen
nicht, so wird man in diesem Falle Kussmaul nicht beipflichten
können. Ich finde auch bei neugeborenen Meerschweinchen und
eben ausgeschlüpften Hühnchen die Hornhautperipherie empfindlicher für Berührung, als die Cilien oder die Lider und deren
Ränder. In allen drei Fällen tritt aber gleich nach der Geburt
Lidschluss ein, am schnellsten nach Berührung der Hornhaut selbst.

Auch das Anblasen des Gesichtes neugeborener Kinder durch
ein Röhrchen bewirkt Lidschluss, aber nur dann, wenn die Hornhaut oder Bindehaut oder die Wimpern getroffen wurden, und
zwar schliesst sich das Auge der angehauchten Seite fester und
schneller, als das andere.

Aus meinen Versuchen an reifen Hühnchen und Meerschweinchen geht hervor, dass der Lidschluss unmittelbar nach dem
Eintritt in die Welt nicht ganz so prompt erfolgt, wie später.
Jedoch ist der Zeitraum, innerhalb dessen die Reflexträgheit
ohne zeitmessende Vorrichtungen erkannt werden kann, sehr
kurz, indem beim Hühnchen schon wenige Stunden nach dem
Ausschlüpfen die Nickhaut schnell vorgeschoben wurde, wenn
ich den Augenwinkel berührte.

Beim Säugling von acht Tagen schliesst sich das Auge,
wenn ich das obere Augenlid ohne Berührung der Cilien be-
rühre; noch bei dem von elf Tagen ist der Lidschluss nach
Berührung der Bindehaut merklich langsamer, als beim Erwachsenen (s. Seite 19 m). Am 50. und 55. Tage bewirkt schon
die leiseste Berührung einer Augenwimper sogleich Lidschluss.

Im Gegensatz zu dieser Empfindlichkeit steht aber die bereits (S. 20) erwähnte Thatsache, dass das Kind in den ersten Lebenswochen im Bade selbst dann die Augen offen hält, wenn lauwarmes Wasser die Hornhaut benetzt. In der 17. Woche wurden die Augen geschlossen, wenn nur ein Tropfen Wasser die Wimpern berührte. Das Offenbleiben der Augen trotz der Benetzung längere Zeit früher, welches mir jedesmal auf's Neue auffiel, wegen der grossen Empfindlichkeit der Hornhaut gegen den berührenden Finger, lässt vermuthen, dass schon vor der Geburt die Augen durch Bespülung mit Fruchtwasser an die Berührung mit Flüssigkeit gewöhnt, also bisweilen aufgemacht wurden. Der Hühnerembryo öffnet mehrere Tage vor dem Ausschlüpfen, wie ich wahrnahm, die Augen.

Im Ganzen ergiebt sich, dass zwar dieser Reflexbogen vom Trigeminus auf den Facialis schon vor der Geburt functionsfähig ist, indem die reflectorische Schliessung des Auges nach Berührung sofort beim Geborenwerden, auch bei vorzeitig geborenen Thieren, eintritt, also altererbt ist, aber Benetzung mit Wasser nicht, wie beim Erwachsenen, der trockenen Berührung als Reflexreiz gleichkommt, Anblasen dagegen auch den ganz jungen wie den halbjährigen Säugling zu energischem Lidschluss, sogar zum Niesen veranlasst. Beim Anblasen werden mehr Hautnervenendigungen erregt und dadurch wird der Reiz stärker.

Nase. Bei der Berührung der Nasenspitze kneift das neugeborene Kind beide Augen zu, bei der eines Nasenflügels meist nur das Auge der gereizten Seite, nach stärkerer Reizung beide Augen, während der Kopf dann etwas zurückgebogen wird: Angeborene Reflexe mit dem Charakter der Abwehr.

Handsohle. Legt man einem Neugeborenen einen Finger in die Hohlhand, so umklammert es ihn. Ein Schnellen des Fingers gegen die Hand hat ein Zurückziehen derselben, auch wohl eine Bewegung des anderen Armes zur Folge. Die Empfindlichkeit der Handsohle finde ich aber geringer, als die der Gesichtshaut, da unsanfte Berührungen der Hand oft ohne Reflexbewegungen stattfinden können.

Fusssohle. Berührung der Fusssohle eines Neugeborenen bewirkt Spreizen der Zehen, Klopfen gegen die Fusssohle eine Dorsalflexion des Fusses, eine Flexion des Knies und Flexion des Hüftgelenkes. Wenn der Reiz ein stärkerer war, schliessen sich hieran meist die gleichen Bewegungen in derselben Reihenfolge am anderen Bein. Nadelstiche bewirken bei Neugeborenen

am leichtesten von der Fusssohle aus Schmerzreflexe, nämlich
Unruhe und Schreien, aber die Zeit, welche von der ersten
Berührung bis zum Beginn der Bewegung vergeht, die Reflex-
zeit, ist länger als bei Erwachsenen und beträgt bis zu zwei
Secunden.

Die Haut am Unterarm und Unterschenkel hat beim
Neugeborenen eine unternormale Empfindlichkeit für Berührungen,
die der Schulter, der Brust, des Bauches, Rückens, Ober-
schenkels eine noch geringere. Wird das neugeborene Kind
nicht nur berührt, sondern mit der Hand geschlagen, so treten
allgemeine Bewegungen, oft Schreien und anhaltende Unruhe
ein, was dafür spricht, dass die stärkere Berührungsempfindung
schmerzhaft geworden ist. Doch reagiren (nach Genzmer) Frühgeborene während der ersten Tage auf mässige Nadelstiche gar
nicht, reife Neugeborene zwar unmittelbar nach der Geburt sehr
schwach oder gar nicht, aber nach dem ersten oder zweiten
Tage deutlich. Hieraus ergiebt sich wieder die Abhängigkeit der
Reizstärke von der Zahl der getroffenen Nervenenden. Der
Schlag trifft viele, der Stich wenige Hautnerven-Enden. Ein
ohne Gehirn geborenes Kind reagirte gerade wie ein normales
auf Stiche mit einer stumpfen Nadel nicht, aber regelmässig auf
stärkere ausgedehnte Hautreize. Als ich es auf den Rücken
schlug, bewegte es die Arme. Übrigens nimmt die Empfindlichkeit für Nadelstiche, welche bei überreifen Neugeborenen
vom Anfang an grösser ist, schon während der ersten Woche
normalerweise merklich zu.

Ich fand bei meinem Knaben die Empfindlichkeit der verschiedenen Hautregionen innerhalb der ersten 22 Stunden nicht
so ungleich wie später, aber auffallend gross. Denn das Kind
reagirte durch Bewegungen auf die unbedeutendsten Berührungen
seines Gesichts. Namentlich stellte sich am zweiten und dritten
Tage ein Zusammenfahren mit den Armen schon bei nicht un-
sanften Berührungen ein. Am siebenten Tage wird das Kind
durch starke Schallreize nicht, wohl aber durch Berührung des
Gesichtes geweckt; am 41. Tage, als ich das Kind auf meinen
Armen hatte einschlafen lassen, legte ich es auf ein Tuch und
zog dann letzteres langsam fort. Schon beim ersten Ziehen
wurden beide Arme gleichzeitig schnell nach dem Kopf hinbewegt und wieder zurück, ohne dass das Kind erwachte. Hierbei handelt es sich nicht um eine localisirte Berührung, sondern
eine allgemeine schwache Erschütterung, welche dieselbe Reflex-

bewegung hervorrief, wie eine Berührung und ein Schall. Auch in der 14. Woche hatte eine plötzliche Berührung des schlafenden Kindes schnelles Emporfahren beider Arme zur Folge. Hiernach ist die Reflexerregbarkeit für locale tactile Reize in den ersten Wochen unzweifelhaft grösser als später. Im zweiten Lebensjahre fand ich dieselbe bedeutend abgestumpft. Noch sei hier zweier sonderbar empfindlicher Hautregionen des Säuglings gedacht. Im zweiten Vierteljahr zeigte es sich, dass die grösste Unruhe, das lauteste Schreien, der verdriesslichste Gesichtsausdruck des sich hin- und herwälzenden Kindes fast augenblicklich schwanden, wenn man den kleinen Finger in den Gehörgang einführte. Das Auge nahm dann einen eigenthümlichen Ausdruck von Spannung an. Wenn diese plötzliche Änderung nicht auch beim schreienden Kinde jedesmal eingetreten wäre, könnte man eher an eine akustische, als an eine tactile Erregung denken. Oder sollte die durch das Verschliessen des Ohres bedingte Abnahme der Stärke seiner Schreilaute die Aufmerksamkeit erregen? Dann erscheint das Ruhigwerden des nicht schreienden im Bade zappelnden Kindes unverständlich. Übrigens versagte das Experiment nach Ablauf des ersten Halbjahres fast jedesmal, dann stets, und Andere fanden, dass nicht alle Neugeborenen sich beim Kitzeln des äusseren Gehörganges ruhig verhielten, vielmehr einige mit den Händen in das Gesicht und nicht an das Ohr fuhren (Kroner).

Wie empfindlich die trockene Stirnhaut gegen Nässe ist, zeigen häufig die Reflexbewegungen der Säuglinge bei dem kirchlichen Taufact. Einmal sah ich, wie der 38 Tage alte Täufling, welcher sich während der ganzen Handlung ziemlich ruhig verhielt, als zum ersten Male das lauwarme Wasser ihm auf die Stirn getröpfelt wurde, mit beiden Armen gleichzeitig eine schnelle Bewegung nach dem Kopfe zu machte, ohne zu schreien. Bei der zweiten Benetzung unmittelbar darauf fand eine ähnliche, fast wie eine Abwehr aussehende Zuckung statt, und bei dem dritten Beträpfeln nieste das Kind. Hiernach ist in der sechsten Woche die Reflexerregbarkeit der Gesichtsoberfläche für das Nasse grösser, als beim Erwachsenen, dem zwar Bespritzen, nicht aber das hier vorgenommene Benetzen mit einigen Tropfen lauwarmen Wassers so starke Reflexe abnöthigen kann.

Schwierig erscheint aber die genaue Bestimmung des Zeitpunktes, wann die durch die obigen Thatsachen dargethane grosse Reflexerregbarkeit für Berührungen soweit ab-

6*

genommen hat, dass ein dem Normalzustand Erwachsener ent-
sprechender Erregbarkeitsgrad erreicht wird. Abgesehen von
erblichen individuellen Ungleichheiten und den im frühen Säug-
lingsalter häufigen krankhaften Steigerungen der Reflexe zu
Krämpfen, ist die Zeit der beginnenden Reflexhemmung nicht
weniger, als die Abnutzung der Nervenbahnen durch häufige
Wiederholung der Erregungen für die schliessliche Abnahme der
Berührungsempfindlichkeit von grösstem Belang. In der allerersten Zeit und vor der Geburt sind die nervösen Bahnen noch
nicht so leicht passirbar, wie nach mehrmaliger Reflexreizung,
daher die grösseren Reflexzeiten. Es geht aus zahlreichen von
mir an ungeborenen, von Soltmann an neugeborenen und ganz
jungen Thieren angestellten Versuchen hervor, dass die Empfindlichkeit der Hautnerven, wenn man sie nach der Leichtigkeit
des Eintritts der Reflexe nach schwacher Erregung abschätzt.
in stetigem Zunehmen begriffen ist bis zu einem Zeitpunkt, den
man als den beginnender Reflexhemmung bezeichnen kann. Es
ist aber dabei zu beachten, dass, während die centralen Bahnen
durch häufige Benutzung immer leichter (und bis zu einer gewissen Grenze schneller) passirt werden, die peripheren Enden
der Hautnerven durch die unvermeidlichen Reize des Berührens,
der Nässe, Kälte, abgestumpft werden müssen, bald nachdem
die Reflexthätigkeit ihren Höhepunkt erreicht hat. Denn die
permanenten Erregungen der Haut des Säuglings müssen die
Erregbarkeit der Hautnerven herabsetzen. Was also an centraler
Erregbarkeit (Gehirn- und Rückenmarks-Thätigkeit und -Erregbar-
keit) gewonnen wird, geht an peripherer verloren, und es ist
wahrscheinlich die Ursache der geringeren Schmerzempfindlichkeit
Neugeborener centraler Natur, weil in der langen Ruhe vor der
Geburt die Hautnervenenden sehr erregbar geworden sein können.
während das Gehirn noch nicht thätig war und sich erst nach
der Geburt feiner differenzirt.

Die ersten Tast-Wahrnehmungen.

Von der Berührungs-Empfindung zur Tast-Wahr-
nehmung ist ein grosser Schritt. Zu dem ursprünglichen Em-
pfindungsbewusstsein kommt das Nacheinander und damit das
Zeitbewusstsein. dann das Nebeneinander der Berührungsempfindungen und damit das Ortsbewusstsein. schliesslich das Bewusst-

sein des ursächlichen Zusammenhangs zweier oder mehrerer zeitlich und räumlich bewusst gewordener Berührungen und damit die Vorstellung des berührten Körpers.

Wenn das neugeborene Kind geschlagen wird, so hat es eine Empfindung, denn es schreit, aber es weiss nichts von dem Orte, wo es geschlagen wurde, und nichts von der Ursache des Schlages. Wird es nach einer Pause wieder geschlagen, dann ist schon die Möglichkeit einer Erinnerung, somit eines zeitlichen Unterschiedes gegeben. Wenn der Schlag in gleicher Weise öfters verschiedene Hautstellen trifft, dann werden dem Kinde auch räumliche Unterschiede, ausser den blossen Schmerzempfindungen, allmählich zum Bewusstsein kommen, indem es jedesmal andere Nervenendigungen, andere Nervenfasern sind, welche durch den Schlag erregt werden. Wiederholt sich der Schlag mit Pausen der Schmerzlosigkeit, so wird nach und nach, freilich erst spät, die schlagende Hand als Ursache des Schmerzes abgestossen oder ihr ausgewichen. Ist dagegen die Berührungsempfindung lusterregend, dann wird sie begehrt. In beiden Fällen müssen Bewegungen ausgeführt werden und diese führen wieder zu neuen Berührungsempfindungen und Bewegungsempfindungen, welche psychogenetisch noch wichtiger sein können.

So ist jedenfalls die bei den ersten geglückten Greifversuchen eintretende Tastempfindung an den Fingerspitzen dem Kinde sehr interessant, sonst würde es nicht nach dem Greifen und Anfassen die eigenen Finger anhaltend und aufmerksam betrachten, sogar (in der 23. Woche) dann, wenn bei dem Umherfahren mit den Händen zufällig die eine Hand die andere erfasst. Hier ist die Unterscheidung der wechselseitigen Berührung zweier Hautstellen des eigenen Körpers von der einer Hautstelle und eines fremden Gegenstandes ohne Zweifel ein grosser Schritt auf dem Wege zur Erkenntniss des I c h.

Die früheste zeitliche Verknüpfung einer Berührungsempfindung mit einer anderen ist wahrscheinlich die durch das Saugen gegebene. Kommt die Brustwarze zwischen die Lippen, so folgt auf diese Tastempfindung die Empfindung des Nassen (der Milch) im Munde (zu welcher sich noch die neue Empfindung des Süssen gesellt). Hiermit ist die erste Tastwahrnehmung gegeben. Das Neugeborene macht eine seiner ersten Erfahrungen, die nämlich, dass auf eine gewisse Berührung der Lippen eine andere angenehme Empfindung im Munde folgt. Daher wird die Berührung der Lippen begehrt. Jede ähnliche sanfte Berührung der Lippen

ist angenehm. Wie wenig fest aber das örtliche Moment mit
dem zeitlichen verbunden ist, geht daraus hervor, dass Neugeborene bisweilen, wie ich wahrnahm, nach dem „Suchen" an
der Brust, neben der Brustwarze die Brusthaut in den Mund
nehmen und lange daran saugen. Und wie spät die causale
Verknüpfung der Lippenberührung seitens der Brustwarze mit
der Empfindung des süssen Flüssigen im Munde beim Milchsaugen befestigt ist, folgt aus der Thatsache, dass der Säugling
die Gewohnheit, an den eigenen Fingern und fremden Objecten
zu saugen, viele Monate beibehält.

Hieraus ergiebt sich zugleich, wieviel leichter und stärker die
zeitliche Aufeinanderfolge zweier Empfindungen sich einprägt, als
die räumliche und als die causale Verknüpfung. Denn der erste
Saugact nach der ersten Lippenberührung hat unzählige andere
Saugbewegungen zur Folge. Weil er eine angenehme Empfindung (des Süssen) nach sich zog, bleibt er im Gedächtniss. Die
erste ursächliche Verbindung der räumlich bestimmten Lippen-
Warzen-Berührung mit dem süssen Milchgeschmack, die erste
Fühl-Schmeck-Association, tritt nicht allein später, also schwerer,
auf, sondern wird auch leichter vergessen, sonst würde nach der
Einsicht, dass nur auf Saugen an der wohl unterschiedenen Brust
und an der Saugflasche die begehrte angenehme Empfindung
des Süssen und das Einströmen der Milch eintritt, nicht die
Fortsetzung des unnützen Saugens an jedem saugbaren in den
Mund eingeführten Gegenstande, auch an den Fingern, so sehr
lange regelmässig stattfinden, wenn das Hungergefühl beginnt.
So angenehm dem Kinde das Saugen an den Fingern sein mag,
der Hunger wird durch dasselbe nicht vermindert, der süsse
Geschmack nicht herbeigeführt. Doch saugt es hartnäckig weiter,
als wenn auch den Fingern sich werde Milch entlocken lassen.
Die Unsichtbarkeit der Milch in der Brust mag dazu beitragen,
den physiologischen Irrthum zu erhalten, doch werden Brust-
kinder schwerlich das unnütze Saugen an allerlei Objecten noch
länger fortsetzen, als solche, die ausschliesslich durchsichtigen
Flaschen die Milch entnehmen. Denn diesen wird durch den
Kautschuk (Zulp) das Saugen gewöhnlich erleichtert.

Um so befremdlicher erscheint die Gewohnheit des unnützen
Saugens, als der Säugling bereits sehr früh auf diesem Gebiete
durch unzweideutige Bewegungen eine Art Verstandesthätigkeit
beweist, nämlich durch Aufreissen der Augen beim Anblick der
Mutterbrust. Oft wird sogar das Saugen an der leeren Ammen-

brust so lange fortgesetzt, dass die Eltern jene Leerheit erst an
der Abmagerung des Säuglings merken.

Man erkennt aus solchen Thatsachen, wie stark der phylo-
genetisch jedenfalls sehr alte Saug-Instinct mit den zugehörigen
Tastempfindungen und Lippenmuskelgefühlen sein muss, und
kann sagen, das Saugen geschehe mit Leidenschaft sinnlos bis
zur Erschöpfung. Allerdings ist es der Lebenserhalter des kleinen
Kindes.

Die Temperatur-Empfindlichkeit.

Ob die plötzliche Abkühlung des Kindes unmittelbar nach
der Geburt, welche mehrere Grade erreichen kann, schon eine
Kälteempfindung veranlasst, ist für die reifen neugeborenen
wie für die frühgeborenen Kinder, auch wenn sie zittern, fraglich.
Denn wenn auch sicherlich Unlust mit der Wärmeentziehung
verbunden ist, so fehlt doch in diesem besonderen Falle die
Möglichkeit, die Temperaturen zu vergleichen. Intrauterin
beträgt die constante nicht empfundene Temperatur der Frucht
etwas mehr, als die der Mutter. Vom ersten Augenblick der
vollendeten Geburt an beginnt eine allgemeine und wahrscheinlich ziemlich gleichmässige Abkühlung, weil die das Ebengeborene
umgebende Luft nur eine Temperatur hat und das Kind an
allen Punkten seiner Oberfläche nass ist, somit die Verdunstung
die ganze Haut abkühlen muss. Nun wird zwar der grosse
Unterschied der Hauttemperatur vor und nach dem Geborensein
theils indirect durch Gefässverengerung, theils direct durch periphere Nervenerregung merkbar werden können, aber zunächst
nur als Unlustgefühl. Sowie das warme Bad, in welches das
Ebengeborene getaucht zu werden pflegt, die Haut nahezu auf
die monatelang constant gehaltene Temperatur vor der Geburt
zurückbringt, verschwindet die vorher nie dagewesene Erregung
der temperaturempfindenden Nerven und die Verengerung der
Hautcapillaren, damit auch das Unlustgefühl, und die erste angenehme Empfindung behaglicher Wärme ist gegeben, überhaupt
die erste angenehme Empfindung für die meisten seit der Geburt.
Sie ist durch den Gegensatz zur Abkühlung angenehm, wie
schon die veränderte Physiognomie des Neugeborenen im Bade
von 36⁰ C. zeigt im Vergleiche zu der des erst eben geborenen
Kindes. Ausserdem sah ich, beim zweiten Bad, dass die trockenen
Finger gespreizt wurden, was also nicht durch die Nässe bedingt

worden sein kann. Schon am siebenten Tage war der Ausdruck
der Lust bei weit offenen Augen unmittelbar nach dem Bade
ein anderer. Kein sinnlicher Eindruck irgend welcher Art ist
im Stande, zu dieser Zeit einen solchen Ausdruck der Befriedigung hervorzurufen. Aber zu der Empfindung der Wärme
kommt dabei die Befreiung von den oft mit einem unangenehmen
Hautreiz verbundenen Tüchern hinzu.

Jedenfalls sind nach dem ersten Bade das Wärmegefühl und
das Kältegefühl, welche beide vor der Geburt, und ohne Zweifel
unmittelbar nach derselben, als solche nicht unterschieden werden
konnten. deutlich.

Es ist auch die starke Wirkung der plötzlichen allgemeinen
Abkühlung auf die Hautnerven durch Eintauchen des Ebengeborenen in eiskaltes Wasser, welche zur Wiederbelebung der
scheintodt geborenen Kinder mit dem grössten Erfolge verwerthet
worden ist, mit Unlust verbunden, wenn die Erstickungsgefahr
beseitigt worden. Hat die Athmung begonnen. so wirkt dieser
sehr starke Reiz auffallend schon dadurch, dass das leise Wimmern
sich in lautes Geschrei verwandelt. Dieses Schreien ist dasselbe
wie das nach einem kräftigen Schlage. Nach meinen Erfahrungen
an neugeborenen Thieren, welche nach elektrischer Hautreizung
und anderen starken Hautreizen heftig schreien, muss ich jenes
Schreien für eine Schmerzäusserung halten, aber nicht folgt
daraus. dass bereits die Abkühlung des Ebengeborenen eine
Kälteempfindung bewirkt. Diese wird, wie gesagt, erst durch
den Contrast, erst wenn die Möglichkeit eines Vergleiches vorliegt, also nach dem ersten warmen Bade, auftreten können.
Die erste Abkühlung bewirkt nur ein Unlustgefühl.

Über die locale Erwärmung und Abkühlung liegen
Erfahrungen von Genzmer vor.

Er prüfte etwa 20 Kinder, indem er mit einem eiskalten
Eisenstäbchen verschiedene Punkte der Hautoberfläche berührte
und jedesmal lebhafte Reflexbewegungen eintreten sah. Da aber
hierbei die Ausschliessung eines Berührungsreizes nicht erzielt
wurde. so sind seine weiteren Versuche, Anfeuchten und dann
Anblasen einzelner Hautbezirke, etwas werthvoller. Derartige
Reizung der Fusssohle hatte Zurückziehen des Fusses, der Hohl-
hand Schliessen, dann Zurückziehen der Hand zur Folge. Der
Kopf wurde bei Abkühlung der Wange zur Seite gewendet.
Leider ist aber nichts über das Alter der Kinder angegeben.
In solchen Fällen ist das Alter nach Stunden zu zählen und bei

Anstellung neuer Versuche das an sich schon als Reflexreiz wirkende Anblasen zu vermeiden und vor Allem die Temperatur der Haut vorher zu bestimmen. Kleine Kinder haben sehr häufig kalte Hände und Füsse, ohne dass sie darüber klagen. Es ist möglicherweise hierdurch allein schon eine für Kältereize geringere, für Wärme grössere Reflexempfindlichkeit bedingt.

Dass auch ganz junge Säuglinge unruhig werden und leicht schreien, wenn sie an irgend einem Theil mit kaltem Wasser benetzt werden, ist bekannt. Diese Abneigung gegen locale Wärmeentziehung bleibt die ersten Lebensjahre hindurch bestehen, bis endlich (im dritten Jahr) die Erkenntniss, dass eine Waschung mit kaltem Wasser erquickt, die Furcht vor der Kälte überwindet.

Wie empfindlich übrigens einzelne Kinder bezüglich der Unterscheidung von Kälte und Wärme im völlig gesunden Zustande sind, zeigte sich mir bei dem Versuche, das tägliche Bad nach und nach kälter zu verordnen. Bis zu $32^1/_2{}^0$ C. oder 26^0 R. konnte das Wasser abgekühlt werden, ohne die Lust zu mindern, weiter nicht. Jedesmal wenn Wasser von nahe $31^1/_4{}^0$ C. oder weniger als 25^0 R. verwendet wurde, schrie mein Kind ununterbrochen, bis wärmeres Wasser hinzugefügt worden war. Vermuthlich war also die Hauttemperatur sehr nahe 32^0 C. Als aber das Kind $2^1/_2$ Jahr alt war, lachte und jubelte es im Wasser von der Temperatur des Zimmers, also in dem kalten Bad, das es früher weinen machte, und weigerte sich im vierten Jahre, ein warmes Bad von 36^0 C. zu nehmen. Im siebenten Monat wurde es beim Einlegen in Wasser von 34 bis 35^0 C. jedesmal blass, erhielt aber innerhalb zwei Minuten seine gewöhnliche Farbe wieder. Es handelt sich hierbei nicht um directe Verengerung der Hautcapillaren durch rasche Wärmeentziehung, sondern um eine vasomotorische Reflex - Wirkung, weil gerade die Haut des nicht eingetauchten Gesichtes zumeist erblasste; und dieses geschah noch in einem Alter von mehr als zwei Jahren.

Auch die Empfindlichkeit der Mundschleimhaut, der Zunge, der Lippen, ist für Kälte und Wärme bei vielen Säuglingen schon in den ersten Tagen erstaunlich gross. Wenn die Saugflasche nur sehr wenig über Blutwärme hat, wird sie, oft unter heftigem Schreien, verweigert, und wenn sie um einige Grad kälter als die der Mutterbrust durch Saugen entnommene Milch ist, gleichfalls, daher bei Versuchen zur Prüfung der Geschmacks-

Empfindlichkeit Neugeborener die zu verwendenden Flüssigkeiten genau 37⁰ C. haben müssen. Jedoch lernen die Säuglinge leicht Wasser und Milch von der Temperatur ihres Wohnzimmers trinken, wenn man ihnen das Getränk nicht anders zur Hunger-zeit reicht.

Die Empfindlichkeit der Lippen für Temperaturunterschiede der Flüssigkeiten ist jedenfalls durch die constante Temperatur des Fruchtwassers vor der Geburt und der Muttermilch nach derselben mitbedingt.

Die Verschiedenheit des Temperatur - Neutralpunktes der Mundschleimhaut oder Zunge und der äusseren Haut (etwa der Hand) beim Erwachsenen, welche 5 bis 6⁰ C. beträgt, während sie vor der Geburt Null ist, kann überhaupt in den ersten Lebenstagen sich schwerlich herstellen. Mundschleimhaut und Zunge behalten zeitlebens fast denselben Neutralpunkt, welchen sie vor der Geburt hatten, während die äussere Haut erst nach und nach ihre verschiedenen Neutralpunkte vermuthlich durch ungleiche Abkühlung erhält.

Dass das ungeborene Säugethier und der Vogel im Ei einen Wärme-regulirenden Nervenmechanismus nicht besitzen, ein solcher auch nicht plötzlich im Augenblick der Geburt entstehen und in Action treten kann, vielmehr längere Zeit zu seiner Ausbildung nach der Geburt bedarf, geht aus meinen Untersuchungen über die Eigenwärme des Fötus mit Sicherheit hervor („Specielle Physiologie des Embryo" von W. Preyer, Leipzig 1885). Daraus folgt aber, dass der Mensch zu Anfang seines Lebens einen ganz anderen Temperatur - Sinn haben muss, als später. Das neugeborene Kind tritt aus warmem Wasser in kühle Luft, wird künstlich erwärmt und vor Abkühlung geschützt und lernt erst nach und nach Wärme und Kälte unterscheiden.

VIERTES CAPITEL.

Das Schmecken.

Die Beobachtungen über den Geschmacksinn beziehen sich hauptsächlich auf die Frage, ob Neugeborene eine Geschmacksempfindlichkeit haben, welche sogleich die Unterscheidung verschiedener Geschmacksarten ermöglicht, sodann auf die Vergleichung der bereits als verschieden erkannten Geschmackseindrücke. Daran schliessen sich einige Angaben über das Schmecken neugeborener Thiere.

Die Geschmacks-Empfindlichkeit Neugeborener.

An mimischen Reflexbewegungen von derselben Art wie bei Erwachsenen erkennt man, dass Neugeborene, auch ein bis zwei Monate zu früh geborene, auf schmeckende, mittelst eines Pinsels in den Mund gebrachte Stoffe reagiren. Kussmaul prüfte in dieser Weise bei mehr als zwanzig Neugeborenen den Geschmacksinn, und zwar verwendete er Rohrzucker, Chinin, Kochsalz und Weinsäure dazu. Genzmer wiederholte diese Versuche an 25 Kindern, von denen er die meisten sogleich nach der Geburt und nach drei bis sechs Tagen, einige bis zur sechsten Woche beobachtete. Der erstgenannte fand, dass das Salz, das Chinin und die Säure von ihm als Ausdruck des Missbehagens gedeutete Grimassen hervorriefen, aber mit individuell sehr ungleicher Ausprägung. Der Zucker dagegen bewirkt Saugbewegungen. Die zu schmeckenden Flüssigkeiten waren sämmtlich erwärmt, so dass Reactionen auf dieselben nicht einem Kältegefühl im Munde zugeschrieben werden dürfen.

Da die Säure die Schleimhaut angriff, so konnte sie ausser dem sauren Geschmack Schmerz erregen; jedoch schrieen die Kinder nicht, und nach Betupfung der Zungenränder mit einem Weinsäurekrystall traten die Grimassen bei zwei Neugeborenen

augenblicklich ein, während der Krystall, auf die Mitte des
Zungenrückens gebracht, geraume Zeit keine Änderung der
Physiognomie bewirkte, bis die Lösung zu den für das Saure
empfindlichen Zungenrändern gedrungen war. Es ist also der
saure Geschmack und nicht eine schmerzerregende Nebenwirkung
der Säure, welche das saure Gesicht hervorruft, somit ein ge-
wisses Unterscheidungsvermögen für Geschmacksempfindungen sogleich nach der Geburt schon thätig, ehe noch
irgend etwas ausser dem Fruchtwasser vor der Geburt verschluckt wurde.

Die psychogenetische Wichtigkeit dieser Thatsache erfordert
eine nähere Beleuchtung der ihr zu Grunde liegenden Beobachtungen.

Es steht fest, dass zuweilen die Neugeborenen auf Zucker
mit dem mimischen Ausdruck des Bitteren antworten. Man
könnte also meinen, die Empfindungen würden nicht unterschieden und bald mit dieser, bald mit jener Reflexbewegung
regellos beantwortet. Aber die Umstände, unter denen der
Reflex eintritt, sind nicht regellos. „Einige verzogen beim erstmaligen Einbringen der Zuckerlösung das Gesicht, während sie
die folgenden Portionen mit Wohlbehagen zu sich nahmen. Es
schien nicht die Geschmacksempfindung an sich, sondern ein
anderes psychisches Moment, die Überraschung durch die plötzliche Einwirkung auf den empfindenden Nerven, Schuld daran
zu sein. Eines der Kinder fuhr sogar geradezu erschreckt zusammen, als es die ungewohnte Flüssigkeit (die erwärmt war)
so plötzlich zu kosten bekam. Hatten Kinder auf Chinin stark
reagirt, so verzogen sie gewöhnlich noch ein oder mehrere Male
hintereinander das Gesicht, wenn man nun Zuckerlösung ein-
brachte, jedoch mit. abnehmender Lebhaftigkeit. bis endlich
wieder ein behagliches Saugen und Schlucken an die Stelle trat.
Dieses stimmt mit den Erfahrungen überein, die jeder Erwachsene
an sich selbst macht, dass nämlich ein sehr bitterer oder ekel-
hafter Geschmack sich nicht sofort durch einen süssen verdrängen
lässt, sondern bei jeder neuen Erregung des Geschmacksinnes
durch differente Schmeckstoffe mit abnehmender Lebhaftigkeit
wiederkehrt." [K.]

Ich habe mein Kind am ersten Tage seines Lebens den auf
die Brustwarze gebrachten gepulverten Rohrzucker ablecken gesehen. während es sonst nichts leckte, also erschien nur das
Süsse begehrenswerth. Am zweiten Tage aber leckte es nach

der Muttermilch gerade wie nach dem Zucker mit einem ruhigen, behaglichen Gesichtsausdruck. Als dieses Kind später salzige Stoffe und gemischte Nahrung erhielt, war bei jeder neuen Geschmacksempfindung das erste, was auffiel, der Ausdruck der Überraschung; und noch im sechsten Vierteljahr, ja bisweilen im vierten Jahr, schüttelte sich dasselbe förmlich, schloss die Augen und verzog das Gesicht in der wunderlichsten Weise, wenn es eine neue Speise kostete, die ihm aber trotz der Grimassen angenehm war, denn es verlangte oft genug unmittelbar darauf nach derselben und nahm sie dann bald mit dem Ausdruck der Befriedigung. Andererseits war es oft leicht, dem Kinde, nachdem es sprechen gelernt hatte, wie einem hypnotisirten Erwachsenen, einzureden, eine säuerliche oder überhaupt wenig schmackhafte Speise, die es anfangs ablehnte, sei wohlschmeckend, so dass es dann mehr davon verlangte. Man muss von Anfang an streng unterscheiden einerseits den Ausdruck der Unlust über die plötzliche neue Empfindung und den erst nach diesem auftretenden Ausdruck der Befriedigung über den Wohlgeschmack, andererseits den Ausdruck der Unlust über den bitteren, den salzigen, den sauren Geschmack, und den der Befriedigung über den süssen. Sogar ein ohne Gehirn geborenes Kind gab nach Betupfen der Zunge mit Glycerin eine Art Befriedigung zu erkennen, da es den Mund spitzte und die Zunge ein wenig vorschob und dann zurückzog, um sie wieder ein wenig vorzuschieben und so fort. Als aber Essig auf die Zunge gepinselt wurde, riss es den Mund auf und die Zunge wurde wiederholt weit hervorgestreckt (O. Küstner), eine Abwehrbewegung.

Es geht aus allen diesen Beobachtungen hervor, dass Neugeborene die stark voneinander abweichenden Geschmacksreize süss, salzig, sauer und bitter unterscheiden und die Geschmacksreflexe ohne Betheiligung des Grosshirns zu Stande kommen. Denn jenem auch von mir untersuchten und in diesem Buche wiederholt erwähnten Anencephalus fehlten (der Section von O. Binswanger zufolge) die Brücke, die Hirnschenkel, die Vierhügel und der Rückentheil des Mittelhirns völlig, alle Theile des Grosshirnmantels (ausser kleinen Resten der vorderen Pole beider Stirnlappen) und der ganze Stammtheil der Hemisphären.

Nun antworten aber einzelne normale Neugeborene auf verdünnte ($^1/_4$- bis 1-procentige) Chininlösung und verdünnte Essigsäure geradeso mit Saugbewegungen wie auf Zuckerlösung

(Genzmer und Kroner). In einem Falle sogar sog ein Kind am
ersten Tage, wie in der sechsten Woche, an einer fünfprocentigen
Chininlösung, ohne Zeichen von Missfallen zu geben (Kussmaul's
Lösung war vierprocentig). Wurde die Lösung concentrirter
gemacht, so verzog es, wie die anderen schon bei geringerer
Stärke (jenseit $1\,^0/_0$) zu thun pflegten, kläglich das Gesicht, be-
gann zu schreien und machte den Eindruck, als wenn nun das
Widerliche des Geschmacks ihm merklich geworden wäre.

Da auch sonst grosse individuelle Verschiedenheiten der
Geschmacksempfindlichkeit bei Neugeborenen, eine erhebliche
Abstumpfung derselben beim Experimentiren und nur bei einzelnen in der ersten Woche eine Verfeinerung des Geschmacks
für Intensitätsunterschiede constatirt wurden, so drängt sich die
Annahme auf, dass bei den verdünnten Lösungen die Geschmacks-
eindrücke vielen Kindern zu schwach waren, um angenehm oder
unangenehm gefunden zu werden, zumal Neugeborene noch
nicht im Stande sind, das zu Schmeckende mit dem Zungenrücken gegen den harten Gaumen zu drücken, wodurch die
Vertheilung auf die Papillen mit den Nervenendorganen begünstigt
wird. Bei diesen verdünnten Lösungen bleibt also nur die
Wirkung auf den Saugmechanismus übrig, wie nach Berührung
der Zunge mit dem Finger. Man braucht nicht einmal die
Hypothese hinzunehmen, dass ein schwach bitterer oder saurer
Geschmack für einzelne Neugeborene angenehm sei, um es begreiflich zu finden, dass auf schwach Bitteres und Saures nicht
mit denselben lebhaften Reflexbewegungen geantwortet wird,
wie auf starke Reize, sondern mit Saugen. Im Allgemeinen
verziehen Neugeborene nach Einführung einer drei- bis fünfprocentigen Chininlösung das Gesicht; sie kneifen die Augen zu,
der Schlund wird krampfhaft zusammengezogen, der Mund weit
geöffnet und die Flüssigkeit mit dem sonst nur sehr spärlich, in
diesem Falle reichlich abgesonderten Mundschleim ausgestossen.
Der „bittere" Gesichtsausdruck ist also ein ganz anderer schon
am ersten Lebenstage, als der „süsse". Er ist aber auch wie
bei Erwachsenen von dem „sauren" verschieden, indem bei den
Würgbewegungen die Mundwinkel stark nach oben und zur
Seite gezogen werden, so nach Genzmer beim Einflössen stärkerer
Essigsäure (die übrigens wegen des Geruchs zu solchen Versuchen ungeeignet ist). Die stärksten Lösungen bewirkten ausserdem bei seinen Versuchen meistens Unruhe und Schreien;
Zucker dagegen wird, wenn er in nicht zu geringer Menge

wirkt, mit Befriedigung von allen Neugeborenen geschmeckt, nachdem die erste Überraschung vorüber ist. Darüber herrscht kein Zweifel.

Da also sehr saure und sehr bittere Stoffe bei Neugeborenen verschiedene Reflexbewegungen unter sonst gleichen Umständen hervorrufen und sehr süsse ganz andere, so werden diese diversen Geschmacksqualitäten unterschieden.

Die Thatsache, dass schwach bittere und schwach saure Lösungen in ähnlicher Weise wie schwach süsse mit Saugbewegungen ohne Zeichen von Unbehagen von einigen genommen werden, erklärt sich durch die geringe Empfindlichkeit der Zunge für Intensitäten. Die durch die schmeckenden Stoffe bedingten Berührungs-Empfindungen, welche für sich schon Saugbewegungen auslösen, übertäuben dann die schwachen Geschmacksempfindungen. Für die einen ist aber schwach schmeckend, was den anderen stark schmeckt. Manchen Kindern war schon einprocentige Essigsäure zu stark, während sie an zweiprocentiger Chininlösung noch sogen, bei anderen umgekehrt. Auch diese Thatsache steht im Einklang mit dem obigen Satze.

Die Verbindung bestimmter mimischer Muskelcontractionen mit bestimmten Geschmacksempfindungen ist eine auffallend feste, sie ist angeboren und erblich. Auch sind die um zwei Monate zu früh geborenen Kinder kaum weniger empfindlich gegen die genannten Geschmacksreize gefunden worden, als reife.

Hiermit ist die oft ausgesprochene Meinung widerlegt, dass das Neugeborene nur im Allgemeinen eine Geschmacksempfindung habe und die qualitativen Verschiedenheiten des Schmeckens ihm erst durch die Gewöhnung an dieselben merklich würden. Wenn jede beliebige mässige Reizung der Geschmacksnerven als einfachen Reflex Saugbewegungen bewirkte, beliebige starke Reizung derselben dagegen ebenfalls als einfachen Reflex Würgen, so müsste auch der intensivste süsse Geschmack nur als mässiger Reiz angesehen werden, und es wäre die vorhin als richtig erkannte Thatsache unverständlich, dass unter sonst gleichen Umständen die Mimik bei Bitter eine andere, als bei Sauer und als bei Süss ist, wenn die entsprechenden Geschmacksreize stark genug sind.

Vergleichung der Geschmacks-Eindrücke.

Der Geschmackssinn scheint unter allen Sinnen zuerst deutliche Wahrnehmungen zu liefern, an welche sich die Erinnerung unmittelbar anknüpft, wie auch Sigismund hervorhob. Der Geschmackseindruck der gewohnten Milch haftet fest, so dass eine Vergleichung mit fremder stattfinden kann. Von diesem Vergleichungsvermögen macht das Kind bald Gebrauch, denn während der ganzen Säuglingszeit, und noch länger, wird der Geschmack des Süssen allen anderen Geschmacksqualitäten bei weitem vorgezogen, und diese letzteren werden mit Zeichen des Abscheus empfunden, wenn sie stark sind, und zwar vom ersten Tage an.

Es ist nicht richtig, dass erst zu Ende des ersten Monats, wie behauptet worden ist, der Säugling anfange, den Arzneien zu widerstreben, indem er vom Herben, Bitteren, Salzigen, Sauren dann erst unangenehm berührt werde, während er anfangs jede Flüssigkeit, etwa Camillenthee und Rhabarbertinctur, ebenso willig wie Milch nehme und noch nicht wähle. Wenn der Camillenthee und die Rhabarbertinctur gezuckert und nicht kalt oder heiss sind, nimmt er sie, wie ich mich selbst überzeugte, zu sich, aber nicht-süsse, stark schmeckende. kalte oder heisse Flüssigkeiten so anhaltend wie Milch nicht. Die Mundhöhle ist schon dem Neugeborenen mehr als ausschliessliches Saugorgan. Wenn auch die Nahrung durch Muskelbewegung noch nicht so mit Speichel vermischt und mit der Mundschleimhaut in Berührung gebracht wird, wie später, so wird sie doch geschmeckt und namentlich ihre Temperatur gemerkt.

Ich fand sogar die Geschmacksempfindlichkeit für Intensitäten sehr bald erheblich gesteigert. So nahm mein Kind am zweiten Tage ohne Zögern mit Wasser verdünnte Kuhmilch, die es am vierten hartnäckig verweigerte. Es musste die geringere Süssigkeit mit der der Muttermilch verglichen haben. Eine sehr kleine Menge Rohrzucker genügte aber, die Saugflasche annehmbar zu machen. Es brauchten nur einige Körnchen auf die Mündung derselben applicirt zu werden.

Da nun schlecht schmeckenden Arzneimitteln gewöhnlich irgend ein Corrigens, namentlich Zucker, zugesetzt wird, so ist es nicht zu verwundern, dass Säuglinge sie häufig sogleich unterschiedslos nehmen. Ich habe mich wiederholt davon überzeugt, dass es der Fall ist und zugleich, dass jene Arzneien süss schmeckten. Sind sie sehr süss (etwa auf 100 Zucker 1 Calomel), so nimmt sie auch das halbjährige und das ältere Kind gern, das jüngere bedarf so grosser Zusätze nicht, weil es eben noch nicht so fein unterscheidet, lehnt aber ab, was von stark schmeckenden Stoffen ohne Corrigens geboten wird.

Jeder neue Geschmack hat bei dem mehr als ein halbes Jahr alten Säugling ein Mienenspiel zur Folge, welches zunächst auf Erstaunen schliessen lässt, sodann entweder auf ein Begehren nach mehr oder auf Abscheu. Sehr häufig aber wird, was von Nahrungsmitteln anfangs begehrenswerth war, nach der zweiten Probe unter Abwendung des Kopfes ausgestossen, und (S. 93) was anfangs zu Ausdrücken der Unlust führte, unmittelbar nachher verlangt. Hier kommen jedenfalls fünf verschiedene Punkte in Betracht: 1) der Reiz des Neuen, 2) die Geschmacks-Empfindung, 3) die Berührungs-Empfindung, 4) die Temperatur-Empfindung im Munde, 5) die Geruchs-Empfindung. Alle fünf können gleichsinnig wirken, sie können sich aber auch gegenseitig beeinträchtigen, so dass das Kind nicht weiss, ob ihm das Neue schmeckt oder nicht. Wo nur der Geschmack zweier gleichartiger Eindrücke verschieden ist, wie beim Süssen und Salzigen, weiss das halbjährige Kind sofort sicher zu unterscheiden.

Wie weit die Vergleichung der nach der Entwöhnung unterschiedenen Geschmacks-Empfindungen geht, zeigen für mein Kind folgende Beobachtungen:

In der 22. Woche sollte die Brust nur noch nachts gestattet werden. Aber nach fünf Nächten weigerte sich bereits das Kind, die Brust zu nehmen, wie bisher, ohne Zweifel, weil in den letzten Tagen der gekochten verdünnten Kuhmilch soviel Rohrzucker zugesetzt wurde, dass sie etwas süsser schmeckte als die Frauenmilch.

Ende der 23. Woche erhielt das Kind eine neue Amme, deren Milch es begierig nahm. Letztere und verdünnte gezuckerte Kuhmilch, sowie Fleischbrühe mit Eidotter wurden dann ziemlich gleich gern genommen, auch in Kuhmilch zertheiltes Eigelb.

Von der 27. Woche an keine Ammenmilch mehr. Gekochte vierfach verdünnte Kuhmilch mit wenig Ei erscheint schmackhaft. Haferschleim mit Eidotter wurde einmal genommen, dann nicht mehr, Leguminose nach einer einzigen Probe verweigert.

Vom achten Monat an erhielt das Kind monatelang fast ausschliesslich Nestle's Kindermehl, das ihm am meisten zusagte. Es jubelte über den Wohlgeschmack und zwar viel lauter und anhaltender, als über den irgend eines der bisher versuchten Nahrungsmittel. Einem Erwachsenen würde es wegen der Gleichförmigkeit des Geschmackes schwerlich möglich sein, so lange Zeit ohne Unterbrechung täglich mehrmals weiter nichts als dieses Kindermehl zu sich zu nehmen.

Mit grossem Erstaunen — über den neuen Geschmack — nahm das Kind im neunten Monat mit Rohrzucker vermischten Eidotter. Es trinkt gern Wasser und saugt mit Lust an einem Stück Weissbrod. Dabei ist aber das Saugen ohne Zweifel mehr lusterregend, als der Geschmack.

Im elften Monat nimmt das Kind schwach salzig schmeckende Fleischbrühe mit Ei ohne Lust. Es verschmäht gekochte abgerahmte Kuhmilch ohne Zucker hartnäckig, nimmt aber trockenen Zwieback gern.

Im zwölften Monat ist das Kind bezüglich des Geschmacks seiner Nahrungsmittel sehr wählerisch und weigert sich, Mehlspeisen, ausser dem Kindermehl und Zwieback, zu nehmen. Alles Bittere wurde auch in den nun folgenden zwei Jahren verabscheut, schwach Salziges nicht mehr.

Die Idiosynkrasie, viele Speisen (auch im vierten bis zwölften Jahre) nicht nehmen zu können, ging soweit, dass schon der Anblick einiger derselben (der gelben Rüben und Erbsen) lebhafte Äusserungen des Abscheues, sogar Würgbewegungen hervorrief, eine Erscheinung, welche viele Kinder darbieten und welche auf ein weit entwickeltes Geschmacks- und Geruchs-Unterscheidungsvermögen schliessen lässt.

In praktischer Beziehung halte ich als Regel fest, so sehr es den Vorurtheilen einer traditionellen Erziehungsmethode widerspricht, dass in keinem Falle ein kleines Kind gezwungen werden soll, Nahrung zu geniessen, deren Geschmack ihm zuwider ist. Irgend welchen Nutzen solcher Strenge für das Kind wüsste ich nicht anzugeben, wohl aber kann sie, auch wenn nicht bald nach der Mahlzeit Erbrechen erfolgt, nachtheilige Wirkungen auf die Ernährung und auf die Charakterbildung haben.

Die Weigerung des kleinen Kindes, einzelne Speisen zu sich zu nehmen, ist durchaus nicht, wie Heyfelder meint, eine Unart. Weigert sich doch der Säugling gleich anfangs mit Recht, saure

Milch zu trinken, und zur kritischen Zeit der Entwöhnung ist es nicht das Kind, welches Strafe verdient, weil es die gesalzenen oder ihm schwer verdaulichen Nahrungsmittel verweigert, sondern die Wärterin, die sie ihm aufnöthigt. Erst durch solchen Zwang bildet sich oft genug ein Widerwille gegen einige Speisen, ein Eigensinn überhaupt aus. Er wird dann als Unart später vergeblich bekämpft. Lässt man aber anfangs den Geschmack des Kindes frei gewähren — es stets vor dem Zuviel, noch mehr aber vor dem Zuwenig schützend —, dann gewöhnt es sich von selbst an die Ernährung der Angehörigen. Dabei ist nicht zu übersehen, dass diese letztere schon eine gewisse Abstumpfung des Geruchs und des Geschmacks voraussetzt, die das Kind erst im Laufe von Jahren erwirbt.

Das Schmecken neugeborener Thiere.

Bei neugeborenen Thieren ist neben der Gleichgültigkeit gegen qualitativ ungleich und schwach schmeckende Lösungen eine entschiedene Bevorzugung einzelner Schmeckstoffe sicher und das Geschmacksgedächtniss am ersten Tage entwickelt.

Versuche mit kleinen Meerschweinchen, die nur acht bis sechzehn Stunden alt und seit zwei Stunden von der Mutter getrennt waren, ergaben mir durchweg, dass concentrirte wässerige Lösungen von Weinsäure, von Soda, von Glycerin, in Glasröhrchen in den Mund eingeführt, ebenso begierig oder eifrig wie Kuhmilch und Wasser mittelst energischer Saugbewegungen verschluckt werden. Aber auch das leere Röhrchen bewirkte, mit dem Ende auf die Zunge gelegt, eben solches Saugen. Also können die Versuche, in dieser Weise angestellt, nicht viel Sicheres ergeben. Die Berührung, als Reflexreiz zum Saugen bei hungrigen Neugeborenen, überwiegt etwaige gleichzeitige Geschmacksreize. Gesättigte Neugeborene saugen aber überhaupt nicht regelmässig.

Daher ist ein anderes Kriterium, wenigstens für die Erkennung einer angenehmen Geschmacksempfindung, von besonderem Werthe, nämlich das Lecken, welches auch beim neugeborenen Menschen, der den Zucker, aber nicht den Weinsäurekrystall anhaltend leckt, als sicheres Zeichen des Wohlgefallens am Süssen gelten muss.

7*

Ein noch nicht siebzehn Stunden altes sehr kräftiges Meer-schweinchen setzte ich nebst je einem Stücke Thymol, Kampher und Kandiszucker in einen Glaskasten. Es lief umher und hielt sich am längsten beim Zucker auf, nagte eine Kante an und begann hierauf sehr eifrig den Zucker zu lecken. Man sah deut-lich, wie es die Zunge vorstreckte und gegen die glatte Fläche des Krystalls strich. Nachdem es minutenlang anscheinend mit grossem Behagen diese Operation fortgesetzt hatte, nahm ich es fort, verschloss ihm beide Augen und wiederholte den Versuch nach 24 Stunden. Zu meinem Erstaunen unterschied auch jetzt das Thier den Zucker, obwohl es das Thymol und den Kampher nicht berührt hatte und nicht sehen konnte, ohne Zweifel ver-mittelst des Geruchs. Das Glas und das Holz wurden nicht beleckt, aber der Zucker geradeso wie vorher und wie nach dem wieder gestatteten Gebrauch der Augen. Andere Meer-schweinchen sah ich am ersten Tage eine solche Entschieden-heit des Geschmacks nicht bekunden. Aber der eine Fall be-weist, dass das Süsse am ersten Tage unterschieden, begehrt und angenehm gefunden wird.

Auch das eben ausgeschlüpfte Hühnchen unterscheidet ver-schiedene Nahrungsmittel am Geschmack. Denn wenn ich ihm gekochtes Eierweiss, gekochten Eidotter und Hirse vorsetzte, pickte es nacheinander an allen dreien, wie nach den Eier-schalenstückchen, den Sandkörnchen, den Flecken und Ritzen des Holzbodens, jedoch nur am Eigelb oft und eifrig. Als ich das letztere fortgenommen und eine Stunde nach der ersten Probe wieder hingesetzt hatte, sprang es gerades Wegs darauf zu und nahm davon, während es bei jener Probe nur einmal das Eierweiss gekostet und nur ein Hirsekorn verschluckt hatte, das Übrige nach wie vor hartnäckig verschmähend. Diese Be-vorzugung des Eigelbs beruht demnach auf Geschmacksunter-scheidung und Geschmacksgedächtniss.

Also unterscheiden neugeborene Thiere Geschmacksqualitäten, ohne andere Geschmackseindrücke, als die des im Ei verschluckten Fruchtwassers gehabt zu haben.

Diese merkwürdige Fähigkeit kann nur auf ererbter Er-innerung beruhen: auf einem Geschmacks-Instinct.

Weitere Experimente darüber, namentlich am neugeborenen Menschen, sind dringend wünschenswerth, um die allmähliche Zunahme der Empfindlichkeit für Concentrationsunterschiede und die für angenehme und unangenehme Geschmacksempfindungen charakteristischen Reflexe im Einzelnen besser als bisher zu ermitteln. Ausschliesslich chemisch reine, geruchlose, stark schmeckende Stoffe sind in genau abgestuften Mengen zu solchen Experimenten zu verwenden, und zwar am besten, in lauwarmem destillirtem Wasser aufgelöst, für Süss: Glycerin, Rohrzucker und Milchzucker, für Bitter: Chininsulphat, für Salzig: Kochsalz, für Sauer: Weinsäure und Milchsäure, für Laugenhaft: Soda.

FÜNFTES CAPITEL.

Das Riechen.

Die Beobachtungen über das Riechvermögen beziehen sich zunächst auf den Nachweis seiner Existenz beim neugeborenen Menschen, dann die Unterscheidung der Geruchseindrücke beim Säugling. Hieran schliessen sich einige Angaben über das Riechen neugeborener Thiere.

Das Riechvermögen Neugeborener.

Das Kind kann schon in den ersten Tagen durch stark riechende Stoffe zu mimischen Bewegungen veranlasst werden. Kussmaul hat ermittelt, dass schlafende Neugeborene, wenn die Düfte der *Asa foetida* oder des sehr übelriechenden Dippel'schen Öles ihnen in die Nase steigen, häufig die Augenlider fester zusammenkneifen, das Gesicht verziehen, unruhig werden, den Kopf und die Arme bewegen, erwachen und nach Entfernung des Riechmittels wieder einschlafen. Genzmer bemerkte, dass gut entwickelte lebhafte Neugeborene durch starke Geruchseindrücke zum Schreien gebracht werden. Er verwendete die übelriechende *Aqua foetida antihysterica*, welche mit einem Pinsel auf den oberen Rand der Oberlippe wachenden wie schlafenden Kindern gestrichen wurde. Die Säuglinge machten, wenn wenig Flüssigkeit aufgetragen war, Saugbewegungen, wenn mehr, Würgbewegungen; auch wurden die Augen zugekniffen und das Gesicht verzogen, wie nach starken Geschmacks-Eindrücken. Seit wieviel Stunden die Kinder geboren waren, ist nicht angegeben.

Bei diesen Beobachtungen ist die Empfindung des Nassen übersehen worden, und beide Forscher haben nicht bedacht, dass durch ihre Versuche keineswegs eine ausschliessliche Erregung der Riechnerven herbeigeführt wurde. Vielmehr spricht der Mangel an entscheidenden Ergebnissen des ersteren, wenn er wache Säuglinge vornahm, und der Umstand, dass nur starke Reizmittel wirksam gefunden wurden, sowie das Auftreten von starken Reflexbewegungen, mehr für eine Erregung der Gefühlsnerven (des Trigeminus), als eine solche des Riechnerven (des Olfactorius). Freilich sind die Prüfungen mit *Asa foetida* wohl nur auf letzteren zu beziehen. Auch einen Monat zu früh Geborene reagiren auf Riechstoffe in der obigen Weise.

Doch tritt bei allen Neugeborenen, deren Geruchssinn man prüft, sehr schnell eine Abstumpfung für alle Gerüche ein, eine vorübergehende Anosmie.

Der Beweis für das Riechvermögen des Neugeborenen ist erbracht, wenn seine Mutter oder Amme auf eine Brust eine kleine Menge einer stark riechenden Substanz bringt, die nicht schmeckt, oder wenn man solche flüchtige Stoffe, wie Petroleum, Weingeist, Kölnisches Wasser, *Asa foetida*, in kleinen Mengen aussen an eine Saugflasche oder auf ein Warzenhütchen bringt und das Kind sich dann weigert, an der riechenden Brust oder Flasche zu saugen, während es die unveränderten Milchquellen nicht verweigert. Denn bei schwachen Gerüchen dieser Art ist eine merkliche Miterregung der Nasalfasern des Trigeminus nicht annehmbar. Solche Versuche sind leicht auszuführen. Ein 18 Stunden altes Mädchen verschmähte hartnäckig die Brust, an deren Warze ein wenig Petroleum oder Bernsteinöl angebracht war, nahm aber gern die andere; wirkte der Riechstoff ein, während es mit Saugen beschäftigt war, so liess es allmählich die Brustwarze los und schrie (Kroner). Solche Experimente wären an mehreren jüngeren Kindern zu wiederholen. Denn die Beobachtung, dass Säuglinge in den ersten Tagen die Mutterbrust verschmähen, welche zufällig einen fremden Geruch erhalten hat, wurde nicht an Ebengeborenen angestellt. Auch die Thatsache, dass manche Neugeborene, nachdem sie einmal die Milch ihrer Mutter gekostet, sich lange trotz Hunger und Durst weigern, etwas anderes zu sich zu nehmen, ist nicht beweisend, denn es handelt sich dabei nicht ausschliesslich um Geruchsempfindungen, sondern auch um Berührungsempfindungen, und wiederum nicht um Ebengeborene.

Dagegen sprechen einige Beobachtungen wie die obigen von mir und von Kroner entschieden dafür, dass eine Viertelstunde nach der Geburt und wenige Stunden oder Tage nach derselben das normale Kind riechen kann. Denn es rümpft die

Nase und verzieht das Gesicht beim Darbieten des Dippel'schen
Öls und des Bernsteinöls und „mehrere Stunden alte Kinder
werden allgemein unruhig, kneifen die Augenlider fest zusammen,
sperren den Mund auf, strecken die Zunge heraus."

Bei allen derartigen Experimenten über den Geruchsinn
Neugeborener muss dafür gesorgt werden, dass die Nasenhöhle
vollkommen durchgängig für die Luft sei. Das Kind muss bei
geschlossenem Munde ohne Anstrengung athmen. Die Anfüllung
der Nasenhöhle mit Fruchtwasser schliesst das Zustandekommen
einer Geruchsempfindung vor der Geburt aus. Sogleich nach
Beginn der Luftathmung aber wird diese Flüssigkeit durch Luft
verdrängt, und es ist, wenigstens für einige Neugeborene, gewiss,
dass dann die Riechschleimhaut keiner längeren Erholung an
der Luft bedarf, ehe die Riechzellen eine Geruchsempfindung
vermitteln können, da sogleich nach Einathmung riechbarer Gase
eine Reaction erfolgt. In diesen Fällen ist die Reflexbahn vom
Riechnerven aus schon vor der Geburt fertig ausgebildet, also
angeboren und erblich.

Die Unterscheidung der Geruchs-Eindrücke.

Nachdem einmal der Geruchsinn des Neugeborenen erweckt
ist, bleibt er dem Säugling von entscheidender Bedeutung bei
der Wahl seiner Nahrung und zwar vom Anfang an.

Nicht erst, wie manche meinen, nach vier Wochen oder
vom zweiten Monat an, sondern schon in den ersten Tagen sind
Geruchsempfindungen da, und die durch sie bedingten Lust- und
Unlust - Gefühle nehmen von Tag zu Tag an Intensität zu.
Kinder von wenigen Wochen lehnen mitunter die Brust einer
Amme ab, deren Haut unangenehm riecht, und schreien schon,
wenn sie ihnen die Brust nähert. Dass Kinder im Dunkeln den
mit Milch oder Brei gefüllten Löffel schon sehr früh riechen,
ist gewiss, und die Abneigung vieler Säuglinge in der ersten
Woche, nachdem sie Frauenmilch erhalten haben, Kuhmilch zu
nehmen, muss mehr auf den Geruch, als den Geschmack bezogen werden, da sie mitunter, ohne zu kosten, die nahe gebrachte Milch ablehnen. Es käme auf den Versuch an, in einem
solchen Falle dem Kinde die Nase zuzuhalten und die Augen
zu verbinden, ob es dann nicht willig die neue Nahrung nehmen
würde. Jedenfalls betheiligt sich wesentlich bei der Nahrungs-

aufnahme der Geruchsinn des älteren Säuglings: er bildet sein Gedächtniss so früh wie der Geschmacksinn das seinige aus.

Ob aber der Säugling seine schlafende Mutter Nachts am Geruch erkennt, was bei Thieren der Fall ist, muss dahingestellt bleiben. Mir ist es wahrscheinlich, dass er sie nicht erkennt, wenn er sie nicht sieht, nicht hört und nicht fühlt.

Auch dass beim Aufsuchen der Brustwarze seitens des nur angelegten, sonst nicht unterstützten Säuglings der Geruchsinn betheiligt sei, wie bei Thieren, ist mir nach eigenen Beobachtungen im Entbindungshause unwahrscheinlich. Denn die Kinder fahren zwar (oft auffallend hastig und gewaltsam) mit dem ganzen Kopfe an der Brust hin und her (wie junge Lämmer, Zicklein, Kälber, Fohlen) mit offenem Munde und intermittirenden Unterkieferbewegungen, aber erst am achten Lebenstage sah ich dieses Tatonniren bei meinem Kinde, und dass der Geruchsinn dabei mitwirkt, ist sehr unwahrscheinlich, denn es sog oft an falscher Stelle, wie andere Neugeborene.

Später, lange nach der Entwöhnung, ist der Geruchsinn unstreitig das am wenigsten verwerthete Mittel zur Erkenntniss der Dinge. Geruchseindrücke werden regelmässig mit Geschmackseindrücken verwechselt. Folgende Notizen über das Verhalten meines Knaben zeigen, wie spät bei ihm deutliche Geruchswahrnehmungen hervortraten.

Im 15. Monat machten frisch gemahlener Kaffee und Kölnisches Wasser, welche er im dritten Jahre beide sehr gern zu riechen pflegte, gar keinen Eindruck, oder nur einen schwachen. Sie wurden nicht begehrt, es wurden auch keine abwehrenden Bewegungen gemacht, wenn man sie dem Kinde bei geschlossenem Munde unter die Nase hielt.

Ende desselben Monats machte aber Kölnisches Wasser unter die Nase gehalten das Kind lachen. Es freute sich über den Geruch wie über irgend einen anderen neuen angenehmen Sinneseindruck.

Im 16. Monat verhielt es sich dem Rosenölgeruch gegenüber geradeso.

Im 17. Monat zeigte sich aber immer noch in unzweideutiger Weise das Unvermögen, Geruch und Geschmack zu trennen. Denn jedesmal, wenn ich das Kind etwas riechen lassen wollte, indem ich zum Beispiel eine Hyacinthe oder eine Essenz ihm vor die Nase hielt, ohne die Lippen zu berühren, machte es den Mund auf, nahm sogar die wohlriechende

Blume in den Mund, meinte also, da es früher nur beim
Schmecken (der Milch) angenehme Geruchsempfindungen hatte,
es müsse jetzt, da es roch, auch schmecken: ein in psychogenetischer Beziehung wichtiger Beweis für die Unabhängigkeit
der Empfindung von der Kenntniss des Empfindungsorganes und
für die Abhängigkeit der logischen Processe von den vorhergegangenen Empfindungs-Associationen.

Im 18. Monat führte das Kind die Gegenstände, welche es
riechen sollte und wollte, nicht mehr regelmässig an den Mund,
hatte also die Trennung des Geruchs vom Geschmack erkannt.
Gab ich ihm eine Rose mit den Worten: „Riech einmal!" dann
führte es die Blume an die Nase mit geschlossenem Munde und
athmete den Duft durch die Nase ein, freilich erst nach häufigem
Ausathmen gegen dieselbe. Lange Zeit wurde unter „Riechen"
Ausathmen verstanden, wahrscheinlich weil die Wärterin, um
den Geruch zu kennzeichnen, jedesmal in der üblichen thörichten
Weise ein Niesen fingirt hatte. Es kam jedoch später noch bisweilen das Öffnen des Mundes vor, wenn das Kind etwas riechen
sollte. Eigentliches Schnopern, Einziehen der Luft in der Absicht zu riechen, kam nicht zu Stande.

Da bei den Kindern Übungen im Riechen überhaupt nicht
angestellt zu werden pflegen, der Säugling fast immer säuerlich
nach halbverdauter Milch riecht und wenig Gelegenheit hat,
anderes als Milch und seine sowie seiner Ernährerin Ausdünstung
zu riechen, so ist die späte Entwicklung des Riechens, als eines
bewussten Actes, nicht auffallend. Die Wichtigkeit dieser Function
für die Prüfung der Luft und Nahrung und für die Reinlichkeit,
also für die Erhaltung der Gesundheit überhaupt, wird bedauer-
licherweise meistens unterschätzt. Übrigens findet man bekanntlich bei vielen Erwachsenen, wahrscheinlich den meisten, eine
grosse Unklarheit darüber, ob sie eine Geruchsempfindung oder
eine Geschmacksempfindung oder beides haben. Das Cultur-
kind wächst in dieser Beziehung gemeiniglich ohne Unterweisung
heran, obwohl es sehr nützlich wäre, ihm frühzeitig die verschiedenen Geruchsarten mit bestimmten Ausdrücken verbunden
einzuprägen, wie es bei den Farben und Tönen zu geschehen pflegt.

Das Riechen neugeborener Thiere.

Schon einige Stunden nach der Geburt sind viele Säugethiere im Stande, verschiedene Geruchseindrücke zu unterscheiden. Namentlich an neugeborenen Meerschweinchen, von denen keines älter als 17 Stunden war, konnte ich diese Thatsache feststellen. Denn wenn ich übelriechende Stoffe, wie *Asa foetida*, in nicht zu kleinen Mengen auf den Boden einer horizontalen Glasflasche mit weiter Mündung brachte, in welche das Beobachtungsthier hineinkroch, so wischte und rieb sich dasselbe wiederholt mit den Vorderfüssen die Nase. Ferner wendeten sich die Thierchen, nachdem ihnen einige Secunden lang concentrirte Propionsäure oder Carbolsäure oder Ammoniakwasser vorgehalten worden war, mit einer schnellen seitlichen Kopfbewegung ab. Häufig niesten sie dabei mit einem eigenen Geräusch. Der Geruch des Kamphers scheint hingegen den jungen Meerschweinchen nicht unangenehm zu sein. Denn sie verweilen lange in einem mit Kampherstücken halb angefüllten Glase, das sie leicht verlassen könnten, ohne jene abwehrenden Bewegungen auszuführen. Dasselbe gilt für Benzoë-Harz. Freilich kommt hierbei die schnelle Abstumpfung gegen Gerüche in Betracht.

Ich prüfte noch viele riechende Substanzen in dieser Weise, besonders Thymol, Alkohol, Äthyläther, Chloroform, Blausäure, Nicotin. Gegen letztere verhielten sich die Meerschweinchen am ersten Tage nicht so decidirt wie gegen die ersterwähnten, wahrscheinlich weil die Verdünnung, um Vergiftungen zu vermeiden, zu gross war. Soviel steht jedoch fest:

Neugeborene Thiere unterscheiden wenige Stunden nach der Geburt angenehme und unangenehme Gerüche. Die Eindrücke müssen nur stark genug sein. Wer gesehen hat, wie sie, nur einen halben Tag alt, sich gegen *Asa foetida* und gegen Kampher verhalten, wird nicht zweifeln, dass jene ihnen Unlust verursacht, dieses nicht. Auch Tabakrauch ist ihnen widerwärtig und bewirkt, gegen das Gesicht geblasen, schon vor Ablauf des ersten Lebenstages Schliessen der Augen und Zurückziehen des Kopfes, also zweckmässige Abwehr-Reflexe.

Man ist zwar nicht berechtigt, anzunehmen, dass eben geborene Säugethiere die erwähnten Riechstoffe allein mittelst ihrer Riechnerven percipiren, denn das Niesen, das Wischen der Nase mit den Vorderfüssen, der Lidschluss, das Abwenden und

Zurückziehen des Kopfes von stark riechenden Substanzen, die auffallende Gleichgültigkeit gegen weniger intensiv, jedoch immer noch deutlich riechende Stoffe, sprechen bei den Experimenten an eintägigen Thieren für eine Reizung der Nasalzweige des Trigeminus. Durch andere Thatsachen ist aber bewiesen, dass Säugethiere (Hunde, Kaninchen, Katzen) schon nach den ersten Athemzügen wirklich riechen können.

Ganz jungen noch blinden Hündchen durchschnitt Biffi die Riechlappen. Die Verwundung wurde gut ertragen und das Lecken der Mutter beförderte die Heilung. So operirte Thiere konnten nun, so lange sie blind waren, die Zitzen der Mutter nicht mehr finden. Sie krochen am Bauche derselben hin und her, indem sie überall zu saugen versuchten. Meistens musste man ihnen den Mund öffnen und die Zitze hineinstecken. Gesunde blinde Hündchen dagegen finden die Zitzen sogleich, als wenn sie dieselben sähen. Hiernach ist nicht zu bezweifeln, dass beim Aufsuchen der Milchquelle der Geruch die blinden Jungen leitet, denn tasten konnten sie nach wie vor. Man wird also schliessen dürfen, dass der Riechnerv auch bei anderen eben geborenen Säugethieren erregbar ist.

Diese Folgerung wird durch von Gudden's Versuche bestätigt, welche zeigen, dass bei ein- bis zweitägigen Kaninchen Verschliessung einer Nasenöffnung oder Entfernen einer Gehirn-Hemisphäre eine geringere Entwicklung des Riechnerven, des Riechbulbus und des *Tractus olfactorius* derselben Seite nach sich zieht. Bei Fortnahme des einen *Bulbus* verschwindet der *Tractus* fast ganz. Nach Entfernung beider Riechkolben, wobei die Verwundung relativ unbedeutend war, gingen die Thierchen, des Geruchsinns gänzlich beraubt, in Folge mangelhafter Ernährung bald zu Grunde, indem sie sich „an der Alten und ihren Zitzen, trotz der Erhaltung der Nachhilfe von Seiten der *Nervi trigemini*, nicht mehr gut zurechtfanden." Also wie bei einfacher Durchschneidung beider Riechnerven. Wurden dagegen die Riechorgane unversehrt gelassen und den Neugeborenen beide Augen fortgenommen, sowie beide Ohren verschlossen, so entwickelte sich der Geruchsinn in sehr hohem Grade, indem sich die Riechkolben über das gewöhnliche Maass nachweisbar vergrösserten; ähnlich wie die Ohrmuscheln eines Kaninchens, dem beide Augen bald nach der Geburt fortgenommen worden waren, eine starke Entwicklung erhielten und das Gehör sich über die Norm verfeinerte.

Aus diesen Versuchen ergiebt sich die Abhängigkeit der Organentwicklung von äusserer Reizung und die Macht der physiologischen Concurrenz, insbesondere aber, dass Kaninchen schon sehr bald nach der Geburt riechen können und von diesem Vermögen ausgiebigen Gebrauch beim Aufsuchen der Zitze machen. Sonst wäre unverständlich, wie sie nach Zerstörung allein der Riechnerven die Zitze nicht mehr finden und verhungern.

Ferner hat Spalding beobachtet, dass vier noch blinde dreitägige Kätzchen, als er seine Hand, die soeben einen Hund gestreichelt hatte, ihnen nahe brachte, in ergötzlicher Weise zu fauchen begannen. Er schliesst daraus, dass die Katze, noch ehe sie ihn sehen kann, den Erbfeind verabscheut. Hier ist die Thatsache hervorzuheben, dass am dritten Tage die Katze einen fein entwickelten Geruchsinn besitzt.

Es ist aber zugleich durch diese Beobachtung und viele andere, namentlich das Stehen junger Hühnerhunde, bewiesen, dass die Erinnerung an gewisse Geruchseindrücke sich vererbt. Beim Menschen kommen solche Geruchs-Instincte wahrscheinlich nicht mehr vor (es sei denn bei der Geschlechtsunterscheidung). Für ihn spielt überhaupt der Geruchsinn eine viel weniger ausgesprochene psychogenetische Rolle, als bei Thieren, welche ihn im Erkennen und Unterscheiden von Gerüchen früh weit übertreffen und ihr Lebenlang mit Geruchswahrnehmungen sich viel mehr befassen.

SECHSTES CAPITEL.

Die ersten Organgefühle und Emotionen.

Über die physiologischen Bedingungen der Organgefühle und Emotionen erwachsener Menschen ist so wenig allgemein Gültiges festgestellt, dass eine Untersuchung derselben beim Kinde, welches noch nicht sprechen kann, verfrüht erscheint. Ich habe daher nur auf eine kleine Anzahl von Gefühlen und Emotionen beim Kinde meine Aufmerksamkeit gerichtet. Meine Beobachtungen sind leider in dieser Beziehung noch sehr fragmentarisch. Aber es ist besser, sie mitzutheilen, als sie zu verschweigen, sei es auch nur, um zu zeigen, dass hier viele neue Probleme gleichsam auf Schritt und Tritt aus dem Boden wachsen.

Das ganze Verhalten des Kindes wird wesentlich durch seine Lustgefühle und seine Unlustgefühle bestimmt. Diese knüpfen sich zumeist an den Hunger, jene an die Sättigung. Das Ermüdungsgefühl tritt bei kleinen Kindern dagegen sehr zurück.

Von Emotionen sind für die geistige Entwicklung des ganz jungen Kindes die Furcht und das Erstaunen die wichtigsten.

Lustgefühle.

In dem ersten Vierteljahr sind die Lustgefühle nicht mannigfaltig. Ausser durch die Stillung des Hungers mit dem dabei immer wiederkehrenden Genuss des Saugens und des süssen Geschmackes, kommt im ersten Monat und zwar vom ersten Tage an, durch das warme Bad ein Lustgefühl zu Stande. Weniger intensiv aber constant ist die Befriedigung über mässig helle Lichteindrücke und etwas später über langsam vor den Augen bewegte Objecte. Das Vergnügen über beides nimmt stetig zu, ist aber nicht so gross wie das gleichfalls schon in

den ersten Wochen hervortretende Lustgefühl beim Entkleidetwerden. In Deutschland werden gewöhnlich die ganz jungen
Säuglinge viel zu fest eingewickelt. Die natürliche Ruhehaltung
ist die Beugung der Glieder (wie vor der Geburt), nicht die
Streckung. Die Befreiung von den Tüchern hat lebhafte Bewegungen, besonders alternirende Streckungen der Beine und
sichtliches Wohlbehagen regelmässig zur Folge. Auch wird
durch das Trocknen und Reinigen dem Säugling grosse Befriedigung verursacht.

Akustische Eindrücke bewirken im zweiten Monat regelmässig Lustgefühle: Singen, Clavierspielen und allerlei Klänge
haben theils Beruhigung des unzufriedenen, theils lebhafte
Freudenäusserungen des behaglich daliegenden oder gehaltenen
Kindes zur Folge. Dasselbe gilt von dem Zusprechen seitens
der Angehörigen. Das grosse helle Oval des Gesichtes, welches
sich dicht vor den Augen des Kindes bewegt, spricht, singt
und lacht, erregt durch seine Eigenthümlichkeit, da es von allen
anderen optischen Eindrücken verschieden ist, die Aufmerksamkeit und Heiterkeit früh, doch erkennt schwerlich vor dem
dritten Monat das Menschenkind seine Mutter sicher.

Im vierten Monat kommt die Lust am Greifen nach allen
möglichen Gegenständen allmählich zum Vorschein, wird im
fünften deutlich und nimmt noch zu im sechsten Monat. Das
Jubeln beim Hinausgetragenwerden in dieser Zeit wird wahrscheinlich mehr durch die Veränderung, die grössere Helligkeit
und die frischere Luft, als durch den Anblick der Bäume und
Häuser verursacht. Das eigene Spiegelbild wurde in einem Falle
mit unzweideutigen Zeichen der Lust im siebenten Monat betrachtet; Thiere und Uhren erregen meistens erst später die
Heiterkeit des Kindes.

Eine neue Art von Lustgefühlen, in welche sich schon etwas
Intellectuelles einmischt, tritt hervor, wenn das Kind anfängt,
selbst irgend eine Veränderung, besonders der Form, durch
eigene Thätigkeit zu bewirken, so dass es nach und nach
Kenntniss von der eigenen Kraft erhält. Nicht allein die Wirkungen der Stimme, namentlich des Schreiens und der ersten
selbst hervorgebrachten Laute, sondern auch die ersten Spiele
gehören hierher. Zuerst war es, und zwar schon im fünften
Monat, das Zerknittern eines Papierbogens, welches von meinem
Knaben mit augenscheinlichem Behagen vorgenommen und
wiederholt wurde. Zerreissen und Zusammenballen von Zei-

tungen bereitete ihm von da an bis in das dritte Jahr grosses Vergnügen. Ähnlich erheiternd wirkte das lange fortgesetzte Hin- und Herzerren eines Handschuhs (vom fünften Monate an bis in das vierte Jahr von Zeit zu Zeit geübt), desgleichen von derselben Zeit an Zupfen an Barthaaren, dann sehr lange fortgesetztes Klingeln mittelst einer kleinen Glocke. Später waren es die Fortbewegungen des eigenen Körpers (beim Marschirenlassen) und rein intellectuelle Unterhaltungen, die erheiterten: Aus- und Einpacken, Schneiden mit der Scheere, in-Büchernblättern, Bilder-betrachten. Zuletzt kam die erfinderische, ausschmückende und doch genügsame Phantasie, welche unförmliche Holzstücke belebt, Baumblätter in schmackhafte Speisen verwandelt.

Im Ganzen aber zeigt sich für alle Kinder in der ersten Zeit ihres Lebens, dass viel mehr Heiterkeit durch Beseitigung von Zuständen der Unlust, als durch Schaffung von positiven Lustzuständen entsteht. Hunger, Durst, Nässe, Kälte, Einwicklungen werden beseitigt, dadurch entstehen Lustgefühle, welche theils stärker, theils nicht schwächer sind, als die durch mildes Licht, bewegte Quasten, lauwarmes Baden, Gesang und die Freundlichkeit der Eltern bedingten. Erst im zweiten Vierteljahr kommen ganz neue heitere Bilder hinzu bei den ersten geglückten Greifversuchen. Aber auch dann noch führt die Hülflosigkeit und damit wahrscheinlich ein Gefühl von Unfreiheit oder von Abhängigkeit zu häufiger Enttäuschung, sofern das Begehrte nur zum Theil erreichbar erscheint.

Die erste Periode des menschlichen Lebens gehört zu den am wenigsten angenehmen, da sowohl die Anzahl der Genüsse als auch die Genussfähigkeit eine geringe ist und die Unlustgefühle überwiegen, bis der Schlaf sie unterbricht.

Die Äusserungen des Lustgefühls sind anfangs nicht verschiedenartig, vom ersten Tage an aber das Offensein der Augen und bald darauf der lebhafte Glanz derselben, also eine geringe Erregung des Absonderungs-Nerven der Thränendrüse, Zeichen von Vergnügtsein.

Die Stimme ist in den ersten Tagen eine ganz andere, wenn Lustgefühle geäussert werden, als wenn das Kind hungert, und zwar sind die hohen Krählaute, als sicheres Zeichen der Freude, im vierten Monat von mir beobachtet worden. Sie wurden immer in demselben Sinne, auch im vierten Jahre, verwendet. Gegen Ende des ersten Jahres kam als akustische Lustäusserung bei meinem Kinde ein eigenthümliches Grunzen zum Vorschein, wahrscheinlich durch Schwingungen der Uvula bei geschlossenem Munde verursacht. Es trat namentlich dann auf, wenn das Kind eine Vorfreude empfand, etwas Angenehmes erwartete, und wurde oft mit einer Action der Bauchpresse verbunden. Ein wahres Drängen oder Pressen mit starkem Ausathmen oder jenem Grunzen mit geschlossenem Munde war monatelang unzweifelhafte Lustäusserung. Eine Erklärung für diese Eigenthümlichkeit zu finden, ist nicht geglückt.

Allgemeiner findet man bei Säuglingen Extremitäten-Bewegungen als Zeichen von Lustgefühlen: Streckungen und Beugungen, Adductionen und Abductionen der Arme und Beine (besonders im Bade und wenn Clavier gespielt wurde schon im zweiten Monat ausgeprägt) vervielfältigen sich später und verbinden sich mit sehr lautem Jauchzen im dritten Viertel-jahr. Das sogenannte Strampeln beobachtet man nach Ent-fernung der Kleider häufig, wenn der satte Säugling im warmen trockenen Bette bei mässiger Beleuchtung sich, ohne durch neue Eindrücke erregt zu sein, wohl fühlt. Auch sah ich schon im sechsten Monat das rasche bilateral-symmetrische Auf- und Ab-Bewegen der Arme (nicht der Beine) als Lustäusserung mit Lachen verbunden, wenn man dem Säugling nur freundlich zu-nickte. Das Zusammenschlagen der Hände und Lachen vor Freude, etwa über das Anzünden einer Lampe, tritt erst später ein (im neunten Monat). Das laute Lachen ist aber dann nicht mehr jedesmal eine Freuden-Äusserung. Denn vom Ende des ersten Halbjahres an lachte mein Kind sehr oft, wenn man es anlachte, und vom Ende des ersten Jahres an fast jedesmal, wenn in seiner Nähe gelacht wurde, rein imitativ und ganz mechanisch, leer, ohne zu wissen, warum. Krähte es zwischen-durch mit starker Anwendung der Bauchpresse, dann allerdings hatte es irgend einen besonderen Grund, erfreut zu sein. Wenn es aber (im zweiten Monat) nach Kitzeln der Fusssohle lacht, dann ist das Lachen reflectorisch. Das absichtliche Lachen vor Vergnügen über die Wiederholung eines angenehmen Spieles, eines Accordes (im fünften Vierteljahr) ist selbst für das geübte Ohr schwer von dem reflectorischen Lachen zu unterscheiden, aber die Physiognomie des das Antlitz seiner Mutter betrach-tenden lächelnden Kindes unterscheidet sich (durch die Blick-Richtung) schon im dritten Monat von der des gedankenlos lächelnden satten Kindes leicht. In beiden Fällen ist das Lächeln ein Zeichen von Lust, im ersteren aber eines speciellen Gefühls, im letzteren nur eines Gemeingefühls.

Über den Zusammenhang all dieser Muskelactionen mit den der freudigen Emotion zugrundeliegenden nervösen Processen ist noch nichts bekannt. Das Schreien vor Schmerz und das Lachen vor Lust sind modificirte Ausathmungen und nicht der geringste Anhalt ist dem Verhältniss des Athmungsapparates zum Sensorium zur Erklärung jener Äusserungen entgegengesetzter Emotionen zu entnehmen. Auch schon die ausserordentliche Bewegungslust kleiner Kinder und junger Thiere, als Freudensymptom, erscheint räthselhaft, und das hysterische Umspringen vom Schreiweinen zum Lachen im Augenblick bei drei- und vierjährigen Kindern, welches durchaus nicht krankhaft ist, kann die Schwierigkeit eines physiologischen Erklärungsversuches nicht mindern. Es gilt wahrscheinlich für kleine Kinder allgemein, dass jedes starke Gefühl eine motorische Entladung nach sich zieht. Ist es doch auch für ältere Kinder ungemein schwer, eine eben erlebte grosse Freude nicht durch irgend eine Miene oder den Glanz der Augen oder eine gesteigerte Lebhaftigkeit zu verrathen und beim Hören von Tanzmusik, beim Anblick lustig im Freien sich ergehender Kinder gar keine Bewegung zu machen.

Darum ist nichts für die geistige Entwicklung des Kindes förderlicher, als Heiterkeit seiner Umgebung. Es findet diese leichter und natürlicher im Freien, in der Luft, im Sonnenschein und in der Gesellschaft gleichalteriger Genossen, als allein im geschlossenen geheizten Zimmer, mögen ihm da noch so viele Spiele zur Verfügung stehen. Die Angst vieler Mütter, ihre Kinder schon von der allerersten Jugend an im Freien zu lassen, ist noch ein Rest überlieferter Ammenbequemlichkeit. Die Folgen treten nur allzu oft in der Schwäche des älteren Kindes zu Tage.

Unlustgefühle.

Im ersten Lebenshalbjahr sind die Unlustgefühle häufiger, als später. Selbst bei der sorgfältigsten Pflege, Ventilation. Regulirung der Luft- und Bad-Temperatur, Controle der Mutter-, Ammen-, Kuh-Milch oder der Surrogate, und in der freundlichsten Umgebung wird es nicht oft einem Menschenkinde beschieden sein, ganz gesund zu bleiben ohne einen Tag des Leidens. Schon die Geburt kann für das Kind schmerzhaft sein oder nothwendige schmerzerregende Eingriffe mit sich bringen. Die Zahl der Kinderkrankheiten ist gross und in keinem Lebensalter die Sterblichkeit annähernd so gross wie im ersten Jahr. Durch diese Neigung zu erkranken, welche der hülflose, wehrlose, unerfahrene Säugling zeigt, müssen ihm viele Unlustgefühle entstehen, denn nur der gesunde Organismus kann ungetrübte Lust empfinden.

Hier ist aber nicht von den zahlreichen durch Krankheit und durch Heilungsversuche verursachten, oft sehr schwer zu deutenden Unlustgefühlen die Rede, sondern nur von denen, welche dem völlig gesunden Kinde nicht erspart werden können, selbst unter den günstigsten Umständen nicht. Dahin gehören Hunger- und Durstgefühl, Unbehagen in Folge von unbequemer Lage, Haltung, Stellung, von Kälte, Nässe, von übelriechender Luft, dann die Unlust, welche durch das leider in Deutschland immer noch allzu verbreitete feste Einwickeln und Umwickeln entsteht, der Schmerz beim Zahnen, die unangenehmen Folgen des „Geiferns" und des Saugens an Gegenständen, welche sich dazu nicht eignen, später des Versagens lebhaft begehrter Dinge, und bei vielen Kindern schon vor Ablauf des ersten Vierteljahrs das Alleinsein.

Die Behauptung, das ganz junge Kind sei noch nicht fähig, wahres Schmerzgefühl oder auch nur hochgradiges Unlustgefühl zu haben, ist unrichtig. Denn wer sich freuen kann, muss auch leiden können, sonst könnte er sich nicht freuen. Und dass schon das Neugeborene Lust empfindet beim Saugen an einer vollen gesunden Brust, bezweifelt wohl niemand. Es sind auch die äusseren Merkmale des Unlustgefühls beim Säugling für jeden fleissigen Beobachter unzweideutig.

Vor allem ist das Schreien charakteristisch: durchdringend und anhaltend beim Schmerz, ein Wimmern in unbequemer Lage, ununterbrochen und sehr laut im kalten Bade, durch häufige Pausen unterbrochen beim Hungern, plötzlich zu unerwarteter Intensität anwachsend und gleich wieder abnehmend, wenn etwas begehrt und nicht gewährt wird. Unarticulirte und articulirte Laute kommen als Unlustäusserungen bald hinzu. Ächzen und Stöhnen kann der Säugling noch nicht, er schreit nur, und fühlt in den ersten Tagen nicht einmal Schmerz nach manchen für ältere Kinder schmerzhaften, auf kleine Hautstellen beschränkten Eingriffen, zum Beispiel Nadelstichen, Abkühlen mit Eis, Zunähen von Wunden nach Operationen [G], da er sich dabei oft ganz ruhig verhält und sogar einschläft. Alle Neugeborene reagiren überhaupt auch auf die stärksten Eindrücke merklich langsamer mit Schreien als ältere Säuglinge.

Ein zweites Zeichen ist das Zumachen und Zukneifen der Augen, welches auch bei Erwachsenen oft noch in derselben Weise vorkommt. Im ersten Jahre schliesst das Kind die Augen regelmässig, wenn es durch Schreien ein starkes Unlustgefühl kundgiebt. Oft schliesst es (namentlich im neunten Monat) ohne zu schreien die Augen, mit gerunzelter Stirn, wenn es etwas Unangenehmes erleiden muss, wenn es angekleidet wird, oder wenn man zur Zeit des Zahnens den Finger in den Mund einführt, um das Hervortreten eines Zahnes zu fühlen.

Ein ferneres Unlustsymptom ist Abwendung des Kopfes, das ich gleichfalls unter den eben genannten Umständen ohne Schreien im ersten wie im neunten Monat wahrnahm.

Der empfindlichste Indicator für die Stimmung ist die Gestalt des Mundes, indem schon das geringste Unlustgefühl mit Sicherheit sogleich durch Herabziehen der Mundwinkel geäussert wird. Aber diese Änderung der kindlichen Physiognomie, welche bis in das vierte Jahr hinein in jedem einzelnen Falle immer deutlicher hervortritt, bildet sich nicht so früh aus wie die drei vorgenannten Unlustäusserungen. Bei meinem Kinde, das ich genau beobachtete, wurde vor der 18. Woche keinmal diese Action des Mundwinkeldepressors wahrgenommen. In und vor der 23. Woche aber wurde nach barschem Anfahren das strenge Gesicht des Sprechers einen Augenblick angestarrt, dann beiderseits der Mundwinkel nach unten gezogen. Hierauf fing erst das klägliche Schreien — mit Hervortreten der Nasolabialfalte — an, welches aber nachliess, sowie die bis dahin ernste Miene vor dem Kinde sich in eine freundliche verwandelte. Gleich darauf war die frühere Heiterkeit wieder da. Darwin sah schon früher, von etwa der sechsten Woche an bis zum dritten Monat, diese Mundform.

Hiernach fällt das erste Auftreten dieses eigenthümlichen Unlustzeichens bei einigen in das erste Vierteljahr, bei anderen in die erste Hälfte des zweiten Vierteljahrs. Von da an wird jede Verdriesslichkeit, und nur diese, durch dasselbe angekündigt, namentlich ausgesprochen vom sechsten Monat an. Vom achten Monat an bis gegen Ende des dritten Jahres kommt beim heftigen

Schreien noch eine sonderbare **Form der Mundöffnung** hinzu. Dieselbe wird nämlich, wie ich oft beobachtete, **viereckig**, ein Parallelogramm, mitunter fast ein Quadrat, das sich sogleich als ein sicheres Symptom höchsten Unlustgefühls darstellt, wie auch Darwin hervorhebt.

Trotz aller dieser Zeichen vorhandener Unlustgefühle ist es im ersten Jahre oft ungemein schwierig herauszufinden, welche **Ursachen** denselben zu Grunde liegen.

Weshalb weint das vier Monate alte Mädchen, wenn seine Mutter mit einem grossen Hut auf dem Kopf sich ihm nähert? während es sie anlacht, wenn sie ohne Hut erscheint oder ihn ablegt [F]. Wahrscheinlich mischt sich dabei die Furcht mit dem Erstaunen über das Fremdartige, wie bei Thieren. Ich hatte einst ein tüchtiges Pferd, welches mich wohl kannte, aber scheute und etwas zu zittern begann, als ich abstieg und mich (um einen Vogel ungesehen zu schiessen) auf den Boden niederkauerte. Es hatte offenbar Furcht vor der neuen Erscheinung. In der noch nie gesehenen Stellung war ihm sein Herr ein fremdes Wesen geworden. So wird auch das sehr junge Kind an Persönlichkeiten, deren Bild es sich eingeprägt hat, eine Veränderung als solche oft nicht verstehen und sich fürchten. Kinder können sich von Händen, die sie gern küssen, mit Abscheu abwenden, wenn dieselben mit schwarzen Handschuhen bekleidet sind, und allein durch den Anblick einer schwarzgekleideten Gestalt, die ihnen wohlbekannt ist, zum Weinen gebracht werden. Erst im 19. Monat war mein Kind Fremden gegenüber nicht mehr zurückhaltend und liess sich bisweilen herbei, ihnen auf Verlangen die Hand zu geben, wenn sie nur nicht ganz schwarz gekleidet waren.

Bei manchen Kindern kann hochgradiges Unlustgefühl auch in einer für Erwachsene geradezu komischen Weise zu Stande kommen, namentlich durch **Mitleid**. Als man aus Papier allerlei thierische und menschliche Gestalten zur Belustigung meines Kindes mit der Schere ausschnitt, konnte es öfters weinen, wenn eine solche Papierfigur durch rasches Schneiden in Gefahr kam, einen Arm oder Fuss zu verlieren (27. Monat). Von einem kleinen Mädchen wurde mir dasselbe berichtet.

Wenn der satte, warme, trockene Säugling, den man für völlig gesund zu erklären berechtigt ist, dennoch schreit, die Augen zukneift, die Mundwinkel herabzieht und sich nicht beruhigen lässt, so kann man nicht leicht eine äussere Ursache seiner Unlust angeben. Es muss also eine innere, unbekannte sein. Einmal liess ich mein Kind von drei Monaten in solcher Verfassung immerzu schreien. Es dauerte nicht ganz zwanzig Minuten, bis es einschlief. Nach mehreren Stunden erwachte es munter. Oft spricht sich in solchen Fällen nicht blosse Laune, sondern ein unüberwindlicher Trieb zu schreien aus, welcher nicht krankhaft genannt werden kann. Bei einigen Kindern giebt sich Schläfrigkeit, Übermüdung, auch nach dem Saugen, durch Schreiweinen zu erkennen, besonders wenn irgend etwas das Einschlafen verhindert. Das Schreien, welches die Bewegung des Blutes im ganzen Körper erheblich begünstigt, ersetzt auch bei eingewickelten Kindern die mangelnde Bewegung der Glieder. Wenn es aber durch falsche Erziehung in der ersten Lebenszeit zur übeln Gewohnheit geworden, kann es schlimme Folgen haben: durch zu langes Schreienlassen wird das Kind geschädigt. Es kann dadurch zum Beispiel ein Bruch entstehen. Daher muss das Schreien, falls man sich von der Abwesenheit eines es sonst veranlassenden äusseren Umstandes überzeugt hat, ohne Nachsicht energisch durch Herbeiführung starker Unlustgefühle unterbrochen werden.

Die Benetzung des Gesichtes mit kaltem Wasser oder ähnliche Überraschungen bringen oft Schreikinder plötzlich zum Schweigen.

Ausser durch Schrei-Weinen, kann ein Zustand von Missvergnügen durch geringen Glanz der Augen, träge Bewegungen, Erlöschen des Mienenspiels, etwas blassere Gesichtsfarbe sich kundgeben. Doch pflegt in diesem Falle irgend eine, wenn auch noch so unbedeutende Störung der Gesundheit die Ursache zu sein, gerade wie bei den Orangs und Schimpanses. Ich muss für den Säugling wie für das entwöhnte und das ältere Kind, ja sogar für Erwachsene, welche das natürliche Mienenspiel nicht verkünstelt oder durch Selbstbeherrschung verdeckt haben, auch in diesem Falle die Herabziehung der Mundwinkel als das empfindlichste Reagens bezeichnen, welches sogar im Schlafe nicht versagt, indem es nach dem Einschlafen bei Unwohlsein fortbesteht und dem Gesichte einen höchst jammervollen mitleiderregenden Ausdruck verleiht. Man kann, ohne sonst irgend einen Theil des Gesichtes zu sehen, allein am Mundwinkel erkennen, ob heitere oder trübe Stimmung vorherrscht.

Das Hungergefühl.

Bald nach der Geburt machen sich Hunger und Durst
geltend. Sie werden mit Sicherheit daran erkannt, dass, nach
Einführung saugbarer Gegenstände in den Mund, Saugbewegungen eintreten, während der gesättigte Säugling nicht
anhaltend saugt. Dauert das Hunger- und Durstgefühl länger, dann schreit
das Kind und wird unruhig. Jedesmal aber schwindet die
Unruhe in den ersten Lebenstagen zeitweilig, wenn Saugbares
in den Mund gelangt, und sei es nur der Zipfel eines Kissens
oder ein Finger, so dass die Annahme gerechtfertigt ist, die
mit dem Hunger verbundene Unlust werde durch die mit dem
Saugen verbundene Lust verdrängt. Doch lässt sich bei manchen
Säuglingen schon eine Woche nach der Geburt das Hungergefühl nicht mit derselben Sicherheit durch Saugenlassen an
fremden Gegenständen wegtäuschen wie anfangs [G]. Schon
so früh ist also eine nützliche Erfahrung gemacht worden. In
den ersten Tagen saugt fast jedes hungrige Kind an den eigenen
Fingern. Dann beginnt wieder das Schreien. Dasselbe ist
vom Anfang an ein anderes, als das Schreien vor Schmerz, und
zwar unterscheidet es sich namentlich dadurch von demselben,
dass es nicht so lange wie dieses ununterbrochen fortgesetzt
wird, vielmehr habe ich immer gefunden und werde darin
von erfahrenen Pflegerinnen bestätigt, dass hungernde sehr kleine
Kinder in kurzen und langen Pausen schreien. Auch hat die
Stimme einen anderen Klang; der Schmerzschrei ist höher, als
der Schrei vor Hunger. Vom Schreien beim Befriedigt-sein ist
der letztere gleichfalls leicht schon in den ersten Tagen zu
unterscheiden. Wenn das Kind vor Hunger schreit, sind die
Augen meistens zugekniffen, schreit es vor Freude, dann sind
sie offen. Ferner pflegte mein Kind beim Schreien vor Hunger
die Zunge zurückzuziehen und zu verbreitern, was von anderen
Schrei-Arten in dem Maasse nicht gilt (deutlich noch in der
29. Woche).
     Die Reflex-Erregbarkeit des Säuglings ist während des
Hungerzustandes namentlich für Berührungen gesteigert, am
meisten an den Lippen und Wangen.
     Ein sicheres Zeichen des Hungerzustandes oder des durch
ihn entstandenen lebhaften Begehrens ist ferner das Aufreissen

der Augen bei Annäherung an die Brust schon vor dem
Anlegen, welches in den ersten Lebenswochen regelmässig ein-
tritt, aber nicht vor dem allerersten Anlegen. Also ist dazu
Erfahrung nöthig.

Auch habe ich nur das hungrige Kind unmittelbar vor
dem Beginn des Saugens an der Brust die eigenthümlichen
wackelnden Kopfbewegungen machen gesehen, welche ebenso
eintreten, wenn dem ein- bis zweimonatlichen Säugling ein Saughütchen an die Lippen gebracht wird, aber schwächer werden
und aufhören, wenn man öfter den Kautschuk aus dem Munde
entfernt, und wieder einführt, als wenn ihre Nutzlosigkeit gemerkt würde. Während diese Bewegungen bald ganz schwinden,
steigert sich deutlich die thierische Gier nach Nahrung im ersten
Jahr. Beim Leeren der Saugflasche werden die Augen weit
aufgemacht und kein Blick von ihr gewendet (namentlich im
sechsten und siebenten Monat). Ist das halbjährige Kind sehr
hungrig, so wendet es Kopf und Blick energisch und anhaltend
der ihm in kleiner wie in grosser Entfernung vorgehaltenen
Milchflasche zu und schreit sogleich heftig, wenn man mit derselben
das Zimmer verlässt. Dagegen öffnet es gierig den Mund, wenn
man sich mit der Saugflasche nähert. Diese und überhaupt
alles, was mit ihr zusammenhängt, hat im dritten Vierteljahr
weitaus das grösste Interesse für den Säugling, der mit
glänzenden Augen die Arme danach ausstreckt, wenn er nicht
satt ist.

Vom fünften Monat an gelang es jedoch die Aufmerksamkeit
während des Saugens durch neue Geräusche und Bewegungen
vorübergehend von der Nahrungsaufnahme abzulenken und
im vierten Vierteljahr war diese letztere nicht mehr so hastig
wie vorher, der Hunger herrschte nicht mehr so sehr über alle
anderen Gefühle. Dieser Fortschritt ist, abgesehen von der
unter normalen Verhältnissen immer ohne Zögern bewilligten
Stillung des Hungers, auch durch die Zunahme des in der einzelnen Mahlzeit aufgenommenen Nährmaterials bedingt. Je kleiner
der Magen, um so öfter wird er leer. Je mehr er fassen kann,
um so länger wird, da es an Nahrung nicht fehlt, die Stillung
des Hungers vorhalten. Bei gesunden Neugeborenen fasst der
Magen (nach Beneke) nur 35 bis 43 Cubikcentimeter, nach zwei
Wochen 153 bis 160, nach zwei Jahren 740 Cubikcentimeter
(abgesehen von grossen individuellen Abweichungen). So werden
die Pausen zwischen den Mahlzeiten nach und nach länger und

diese seltener, und es bleibt in den Pausen mehr Zeit für den Säugling, seine Aufmerksamkeit anderen Dingen als der Nahrung zuzuwenden, da er, je älter er wird, auch um so weniger schläft und um so weniger rasch seine Nahrung verbraucht. In der zehnten Woche dreimal wach und hungrig sein in einer Nacht (von 8 bis 6 Uhr) ist wenig; in der 15. Woche dauern die Nahrungspausen bei Tage drei bis vier Stunden gegen zwei Stunden zu Anfang des Lebens; und in der 18. Woche kommen zehn- bis elfstündige Nächte ohne alle Nahrungsaufnahme vor. Freilich verhalten sich die Säuglinge sehr ungleich in dieser Beziehung. Doch gilt für alle, dass sie anfangs öfter hungrig sind, als im zweiten und vollends im dritten Vierteljahr. Wenn man sich zuviel mit dem Kinde beschäftigt, zu viele neue Sinneseindrücke einwirken lässt, seine Aufmerksamkeit zu sehr anspannt, dann tritt zur Unzeit Hunger mit Schreien ein, mag auch während des Spielens, während des Beobachtens und Experimentirens an und mit dem Kinde dessen Heiterkeit ungetrübt gewesen sein. Dieses plötzliche Verdriesslich- und Hungrig-Werden habe ich oft und zwar schon von der sechsten Woche an beobachtet. Es wurde aber später, namentlich im achten und neunten Monat, das Verlangen nach Nahrung immer weniger durch Schreien kundgegeben und oft durch ein eigenthümliches Girren bei fest geschlossenem Munde geäussert. Dieses mit Kehlkopfbewegungen verbundene Girren hatte auch für den, welcher seine Bedeutung nicht kannte, jedesmal den Charakter des Verlangens. Es scheint nicht bei vielen Kindern vorzukommen. Sein Ursprung ist ganz dunkel. Nur das hungrige Kind liess den sonderbaren Laut hören, wenn es unmittelbar vor sich die Nahrung sah, die es, etwa weil sie zu warm oder nicht warm genug war, nicht sogleich zu sich nehmen durfte.

Trotzdem das Hungergefühl von allen Gefühlen des Neugeborenen und Säuglings weitaus das stärkste ist, wie sich aus dem ganzen Verhalten desselben ergiebt, wäre es irrig, zu meinen, dass es schon in den ersten Wochen ausreichte, eine willkürliche Bewegung zu Stande zu bringen. Ich beobachtete ein Kind, welches am vierten und sechsten Tage hartnäckig trotz siebenstündiger Nahrungsentziehung sich weigerte, die linke Brust zu nehmen, während es die rechte jederzeit gern nahm und auch die linke genug Milch lieferte; nur war deren Mamille nicht so bequem zum Saugen. Aber selbst mit dem sehr bequemen Saughütchen wurde sie oft, auch am 19. Tage noch consequent,

selbst nach langem Fasten verweigert. Dagegen sog das Kind
an der Haut neben der Warze, schrie dann und schlief schliesslich,
von der unnützen Anstrengung ermüdet, ein. Offenbar ist in
diesem keineswegs vereinzelten Falle der Hunger zwar gross,
aber die Einsicht, dass er leicht zu stillen wäre, nicht vorhanden,
und zwar darum nicht, weil beim ersten Versuch, links zu saugen,
die Erfahrung gemacht wurde, dass da sich nicht so leicht saugen
liess, als rechts. Dass diese Unterscheidung bereits am vierten
Lebenstage gemacht werden konnte, ist ebenso merkwürdig, wie
die Consequenz, mit welcher sie, nachdem die grösste Bequemlichkeit erzielt ward, bei allen folgenden Versuchen als
noch bestehend von dem Säugling festgehalten wurde.

Das Sättigungsgefühl.

In jeder Beziehung den Äusserungen des Hunger- und Durst-
Gefühls entgegengesetzt sind die des Sättigungsgefühls beim
Säugling. Dieselbe Nahrung und Nahrungsquelle, welche vorher
mit der grössten Begierde verlangt wurde, wird jetzt verabscheut.
Wenn das Kind an der reichlich Milch liefernden Brust genug
gesogen hat, so dass sein Magen voll ist, dann stösst es förm-
lich die Warze mit den Lippen fort (stark in der dritten bis
fünften Woche). Ebenso stösst das Kind das Mundstück der
Saugflasche aus, wenn es daran gesogen hat (in der vierten
Woche). Noch im siebenten Monat sah ich deutlich, dass mit
der Zunge das Mundstück energisch ausgestossen ward. Der
Kopf wurde schon viel früher seitab gewendet, nachdem das
Kind reichlich gesogen hatte. Diese Bewegungen sind als sichere
Zeichen des eingetretenen Sättigungsgefühls anzusehen. Es
kommen früh noch andere hinzu.

Schon am zehnten Tage, als das satte Kind eingeschlafen
war, sah ich seinen Mund unzweideutig die Gestalt eines lächelnden Mundes annehmen, wodurch das Antlitz den Ausdruck
grosser Befriedigung erhielt. Später wurde dasselbe oftmals
wahrgenommen. In der vierten Woche kamen zwischen das
Ende der Milchaufnahme und den Beginn des Schlafes noch
andere Zeichen der höchsten Befriedigung hinzu: Lachen, Augen-
aufmachen, dann -halb-schliessen, unarticulirte Laute, denen
jeder, auch der das Kind nicht sah, die Befriedigung anmerkte.
In den ersten Monaten, ja noch im achten, sind die Lust- und

Unlust-Äusserungen am ausgesprochensten, wenn das Sättigungsgefühl eingetreten oder noch nicht eingetreten ist. Die Beseitigung des Hungers ist das grösste Vergnügen, die Verstärkung des Hungergefühls und des von ihm noch nicht getrennten Durstgefühls die grösste Unlust für den gesunden Säugling.

Doch habe ich in keinem Falle die Überzeugung gewinnen können, dass der Säugling schon fähig sei, Ekel zu fühlen. Weder Übersättigung noch Erbrechen, weder die grösste Unreinlichkeit noch der widerlichste Fäulnissgeruch rufen beim Kinde in der ersten Zeit die mit dem Ekelgefühl verbundene Physiognomie hervor. Der Widerwille gegen bittere Stoffe kann ohne jenes Gefühl sich äussern [G], wenn auch die betreffenden Abwehrreflexe beim Erwachsenen sich mit ihm zu verbinden pflegen.

Das Ermüdungsgefühl.

Trotz der Schlafsucht des Neugeborenen und Säuglings könnte es zweifelhaft erscheinen, ob derselbe leicht ermüdet, weil er sich scheinbar nur wenig geistig und körperlich anstrengt. Eine nähere Überlegung zeigt aber, dass mehrere Ermüdungsursachen sogleich nach der Geburt sich geltend machen müssen, ein Ermüdungsgefühl schon bald nach derselben eintreten kann und die physiologische Schlafsucht des Säuglings damit zusammenhängt.

Zum Wachsein sind Reize, Erregungen von sensorischen Nerven, erforderlich. Sind nun letztere, wie es vor der Geburt der Fall ist, wenig erregbar und wenige Reize vorhanden, dann wird das Gegentheil des Wachseins, der Schlaf, anhaltend und fest sein. Steigt aber nach der Geburt die Nervenerregbarkeit und die Anzahl der Reize, schon durch die Öffnung der Augen und Ohren und die Hautnerventhätigkeit, dann wird der Schlaf unterbrochen. Je länger diese Unterbrechung dauert, um so mehr müssen sich die Producte der Thätigkeit einerseits der centralen und peripheren Theile der Sinnesorgane, andererseits der Muskeln, welche sich im wachen Zustande stärker und öfter zusammenziehen, als im Schlafe, anhäufen. Diese Ermüdungsstoffe verhindern nun, wie ich in meiner Schrift „Über die Ursachen des Schlafes" (1877) darzuthun versuchte, anhaltendes Wachsein, weil sie den zur Thätigkeit erforderlichen Sauerstoff

dem Blute entziehen, um sich selbst damit zu verbinden, so
dass sie oxydirt und schliesslich ausgeschieden werden.

Beim Neugeborenen und Säugling, deren Muskeln an und
für sich schon wenig leistungsfähig sind und den Muskeln er-
müdeter Erwachsener sich ähnlich verhalten, wie Soltmann durch
vergleichende Experimente an Thieren nachwies, sind es namentlich zwei Actionen, welche starke Muskelanstrengung bedingen:
Schreien und Saugen. Das Schreien des hungrigen Säuglings
ist ein schnell Ermüdung herbeiführendes Zeichen von Wachsein.
Denn lässt man ihn ausschreien, so schläft er meistens bald
ein, auch ohne Nahrung erhalten zu haben. Das Saugen an
einer wenig Milch enthaltenden Brust ist gleichfalls ermüdend.
Wiederholt sah ich innerhalb des ersten Vierteljahrs während
solchen Saugens an der unzureichenden Ammenbrust den
Schlaf eintreten, und häufig das Saugen durch längere Pausen
unterbrochen werden, auch wenn das Kind hungrig sein musste.

Dazu kommt die Ermüdung der Sinnesorgane. Nachdem
die ersten Wochen vorüber sind, so dass schon die Richtung
der Aufmerksamkeit auf etwas Anderes als die Milch beginnen
kann, wirken mannigfaltige wechselnde Licht- und Schall-Ein-
drücke, neben den vom Anfang an starken tactilen und ther-
mischen Hautreizen, schnell ermüdend auf den Säugling, zumal wenn
die Angehörigen sich zuviel mit ihm beschäftigen. So hatte bei
meinem Knaben das Anhören des Clavierspiels in der achten Woche
einen ununterbrochenen sechsstündigen Schlaf zur Folge, während
bis dahin der Schlaf nicht ein einziges Mal so lange gedauert hatte.

Aber die durch Schreien, Saugen und vielerlei Sinneseindrücke
herbeigeführte Ermüdung reicht allein schwerlich aus, die kurze
Dauer der wachen Perioden im ersten Halbjahr zu erklären,
auch dann nicht, wenn man den Extremitäten-Bewegungen
und der von den Athmungsmuskeln geleisteten Arbeit einen
noch so grossen Spielraum gewährt. Es muss noch eine schlaf-
machende Ursache hinzukommen, da thatsächlich unter normalen
Verhältnissen von den beiden ersten Lebensjahren des Menschen
der grössere Theil verschlafen wird. Wahrscheinlich ist es die
wegen geringerer Blutmenge und geringerer Energie des Athmungs-
processes relativ kleinere Sauerstoffzufuhr, welche hier in Betracht
kommt, sowie die Benöthigung des Sauerstoffs zum Wachsthum,
so dass einerseits weniger Arbeit geleistet und weniger Wärme
producirt, andererseits weniger Sauerstoff zur Erhaltung des

Stoffwechsels im Gehirn beim Wachsein erübrigt werden kann. Es kommt aber auch die Beschaffenheit der Nahrung, welche normalerweise in der Zeit des Viel-Schlafens einförmig nur aus Milch besteht, hinzu. Die Milch und die Molken üben in grossen Mengen auch auf Erwachsene eine ermüdende Wirkung aus. Sie enthalten Milchzucker, welcher im Magen Milchsäure liefert. Diese verbindet sich im Darm mit Alkali, und so müssen nach jeder Nahrungsaufnahme beim Säugling relativ grössere Mengen von Lactaten, als beim Erwachsenen, in das Blut gelangen. Dieselben werden oxydirt und können dadurch dem Gehirn den zum Wachsein erforderlichen Sauerstoff zum grossen Theil entziehen, und darum vielleicht schläft der Säugling regelmässig nicht lange nach jeder reichlichen Milchaufnahme ein. Auch kann die Milch Ermüdungsstoffe aus dem Blute der Mutter enthalten. Endlich kann der fast ununterbrochene, kaum länger als zwei Stunden ganz ruhende Act der Milchverdauung durch Ansammlung von Blut in den Gefässen der Verdauungsorgane dem Gehirn zeitweilig grössere Blutmengen (die zum Wachsein erfordert werden) entziehen.

Hiermit steht die allgemeine Erfahrung im Einklang, dass im ersten Vierteljahr die Dauer der Schlafzeit zwischen zwei Mahlzeiten viel kürzer ist, als im zweiten, und sich immer mehr verlängert. Anfangs ist die Verdauungszeit wegen der Kleinheit des Magens kürzer als später. Ich fand den Schlaf des Säuglings um so fester und anhaltender, je concentrirter die Milch unter sonst gleichen Umständen war. Reichliche gute Muttermilch hat festeren und längeren Schlaf zur Folge, als gewässerte Kuhmilch und spärliche Ammenmilch. Aber auch bei ausschliesslicher Darreichung jener ist in den ersten Wochen die Schlafdauer kürzer, das Aufwachen häufiger, als später, die gesammte Schlafzeit jedoch länger. Das häufige Aufwachen wird nämlich, ausser durch Hunger, durch die in der ersten Zeit grössere Unreinlichkeit, durch Nässe, also Hautreizung, begünstigt.

Die Notizen, welche ich über die Schlafdauer meines Knaben niederschrieb, zeigen deutlich die Abnahme der Schlafdauer im Ganzen und die Zunahme der Dauer des zusammenhängenden Schlafes vom ersten Tage an bis an das Ende des dritten Jahres. Ich hebe folgende Einzelheiten heraus:

Im ersten Monat dauerte der Schlaf ohne Unterbrechung nicht oft länger als zwei Stunden; von 24 Stunden wurden aber wenigstens 16, meistens aber viel mehr verschlafen.

Im zweiten Monat kam schon oft ein drei-stündiger, hin und wieder ein fünf- bis sechsstündiger Schlaf vor.

Im dritten Monat schläft das Kind oft vier, manchmal auch fünf Stunden hintereinander, ohne wach zu werden.

Im vierten Monat dauert der Schlaf oft fünf bis sechs Stunden, die Nahrungspause drei und vier Stunden (gegen zwei Stunden früher). Einmal währte der Schlaf neun Stunden.

Im sechsten Monat sechs- bis achtstündiger Schlaf nicht selten.

Im achten Monat unruhige Nächte (wegen des Zahnens).

Im 13. Monat zusammen in der Regel 14 Stunden Schlaf täglich in mehreren Abtheilungen.

Im 17. Monat begann erst das Durchschlafen: zehn Stunden ohne Unterbrechung.

Im 20. Monat wurde es zur Gewohnheit und das Schlafen bei Tage auf zwei Stunden reducirt.

Vom 37. Monat an dauerte der nächtliche Schlaf regelmässig elf bis zwölf Stunden monatelang, und der Schlaf bei Tage war nicht mehr erforderlich.

Vom vierten Jahre an überwog erst die Zeit des Wachseins, die Schläfrigkeit tritt nicht mehr so schnell ein. Die Bemerkung *swer* (= schwer) beim Gehen, statt „müde“, welche im dritten Jahre oft gemacht wurde, kommt nicht mehr vor, und wenn auch das Ermüdungsgefühl bisweilen sich geltend macht, so tritt nicht mehr unmittelbar darauf Schläfrigkeit und Schlaf ein. Das „unermüdliche“ Springen und Laufen älterer Kinder ist bekannt. Jedenfalls ist die nun mannigfaltige Nahrung im Gegensatz zur früheren Milchkost hierfür mitbestimmend, hauptsächlich aber die gesteigerte Leistungsfähigkeit des Athmungsapparates, des Blutes, der Muskeln und Nerven. Der Schlaf selbst ist nun im Allgemeinen ruhiger, indem Träume nicht mehr so oft mit Bewegungen und Rufen verbunden vorkommen.

Ich halte es für ausserordentlich wichtig, bei kleinen Kindern den Schlaf nicht — etwa um ihnen Milch zu geben — künstlich zu unterbrechen und auch grössere nicht zu wecken. Durch Wecken wird leicht ein wahrer Angstzustand mit Zittern und Krämpfen bei völlig gesunden Kindern herbeigeführt und anhaltende Verstimmung erzeugt. Ein Nutzen des Weckens für das Kind ist mir nicht bekannt. Es muss um so mehr vermieden werden, als damit fast jedesmal ein Erschrecken desselben verbunden ist, alles Erschrecken aber unbedingt schädlich wirkt, sei es nun barsches Anfahren, sei es die Drohung mit dem

sogenannten schwarzen Mann oder hinterlistiges, scherzhaft sein
sollendes Fangen, Begiessen und dergleichen. Ältere Kinder pflegen
jüngeren durch solche Streiche gern ihre Überlegenheit zu
zeigen, aber auch ungebildete Wärterinnen greifen nicht selten
zu ähnlichen Mitteln. Sie erwecken dadurch die Furchtsamkeit,
welche durch Grauen erregende thörichte Märchen leicht gesteigert werden kann und dann früh zu einer krankhaften Reiz-
barkeit führt.

Die Furcht.

Wann ein Säugling zum ersten Male Furcht verräth, hängt
wesentlich von seiner Behandlung ab, sofern die Vermeidung
schmerzerregender Eingriffe die durch Unkenntniss der Furcht
ausgezeichnete Periode der ersten Zeit verlängert, dagegen die
Häufung derselben sie abkürzt.

Es giebt aber eine erbliche Furchtsamkeit, welche sich
äussert, sowie sich die Gelegenheit bietet. Wie kommt es, dass
viele Kinder sich vor Hunden, Schweinen und Katzen, ehe sie
deren gefährliche Eigenschaften kennen, fürchten? Ein Mädchen
scheute die Katzen schon in der 14. Lebenswoche [S]. Der
Donner macht manche Kinder schreien; aus welchem Grunde?

Wenn hier undeutliche Vorstellungen einer Gefahr, Erinnerungen an Schmerzen nach einem geräuschvollen Fall oder
an unangenehme Empfindungen bei lautem Poltern mitwirken
können — ich bemerkte, dass mein Kind im zweiten Lebensjahre fast jedesmal angstvoll schrie, wenn schwere Möbel verrückt wurden — so sind doch bei den Äusserungen der Furcht
unerfahrener Thiere derartige Factoren ausgeschlossen.

Eine Henne mit ihrer ersten Brut von etwa einer Woche
wurde (von Spalding) erschreckt durch das Auffliegenlassen eines
jungen Falken. In einem Augenblick waren sämmtliche Hühnchen im Grase und Gebüsch versteckt, und als der Raubvogel
zwölf Ellen von ihrer Sitzstelle entfernt den Boden berührte,
stürzte die Henne sich auf ihn und würde ihn ohne Zweifel
getödtet haben. Ich habe diesen Versuch wiederholt. Ein
junger sehr lebhafter Thurmfalke, so gross wie ein Haushahn,
wurde, von mir an den Flügeln gehalten, 33 im Brütofen ausgebrüteten und im geschlossenen Raum ohne Umgang mit anderen Hühnern aufgezogenen 24 bis 25 Tage alten Hühnchen
genähert. Sie schienen ihn anfangs nicht zu bemerken.

Sowie sie aber seine Stimme hörten, wurden sie alle aufmerksam und still und bewegten sich wenig. Jetzt liess ich den Falken los: sofort stoben die Hühnchen nach allen Richtungen auseinander und versteckten sich. Wodurch anders, als durch Vererbung, kamen die Küchlein dazu, sich beim Anblick und Hören des Falken zu verstecken? Sie hatten ihn oder seinesgleichen zuvor nie gesehen und eine Mutter konnte ihn nicht ihren Sprösslingen geschildert haben. Als ich aber nach einer langen Pause statt des Falken eine Haustaube über die 33 Hühnchen hinwegfliegen liess, erschraken sie geradeso, stoben auseinander und versteckten sich. Beim erstmaligen Anblick eines Huhnes, das seine Stimme laut hören liess, erschraken sie dagegen nicht im Mindesten. Es kann also der Erbfeind durch angeborene Erinnerung gekannt sein. Doch will ich nicht verschweigen, dass mir die Versuche, schon wegen des Controlversuchs mit der Taube, obgleich keine Nachahmung des Verhaltens einer Henne möglich war, nur für das Vorhandensein der Angst, nicht aber für die Angst vor dem „Erbfeind“, beweiskräftig sind. Als ich eine junge Katze in einen Kasten setzte, in welchem sich 18 noch nicht vier Stunden alte und 2 etwa zwanzig Stunden alte Hühnchen befanden, machte keines auch nur die geringste Fluchtbewegung; ja selbst nachdem die Katze ein Hühnchen gebissen hatte, fortgenommen und nachher wieder zu den 20 Hühnchen in den Kasten gesetzt worden war, entstand durchaus keine Bewegung unter diesen; das gebissene Thierchen wendete sich nicht einmal ab. Dasselbe trug sich am dritten Tage zu.

Ähnlich wie die Hühnchen in obigen Versuchen verhielt sich ein zehn Tage alter Truthahn, als er zum ersten Male die Stimme des Falken, und zwar in nächster Nähe hörte; er schoss wie ein Pfeil in einen Winkel, wo er zusammengekauert regungslos und stumm zehn Minuten lang furchtgebannt blieb (Spalding). Die Hühnchen sollen auch den Bienen gegenüber unzweideutige Zeichen von Furcht zu erkennen geben, obgleich sie nicht gestochen werden. Sie bringen also die Furchtsamkeit mit aus dem Ei, als erbliche Eigenschaft. Gegen diese Folgerung könnte man aber geltend machen, dass jeder plötzliche starke Sinneseindruck dieselben Symptome hervorruft wie die Furcht erregenden. Das Verhalten der unerfahrenen Hühnchen war dasselbe, als die Taube plötzlich erschien, wie vorher beim Schrei und der Annäherung des Falken. Als ich jedoch

letzteren in eine grosse Schaar emsig pickender Hühner hinein-
fahren liess, ertönte sogleich der Warnungsruf des Hahnes, und
als der Falke gegen ein Huhn sich richtete, entflohen sie alle
bis auf eines, welches sich gegen den Raubvogel zum Angriff
rüstete. Dasselbe that unmittelbar darauf eine Pfauhenne.
Hieraus erkennt man, dass Furcht und Muth bei denselben
Thierarten sehr ungleich vertheilt sind. Erbliche Furchtsamkeit
und Tapferkeit werden demnach anzunehmen sein.

Ähnlich muss es sich mit dem Menschenkinde verhalten,
welches sich vor allerlei ungefährlichen und vor wirklich ge-
fährlichen Dingen fürchtet, ehe es die Gefahr selbst kennt und
ehe es von der Furchtsamkeit der Mutter oder der Wärterin
angesteckt sein kann. Die Behauptung, das Kind, dem dieselbe
nicht anerzogen sei, kenne keine Furcht, ist falsch. Der Muth
und die Furchtsamkeit der Mutter sind zwar von ausserordent-
lichem Einfluss auf das Kind, sofern gewiss muthige Mütter
muthige Kinder, furchtsame furchtsame haben, durch Nachahmung, aber es giebt so viele Fälle von Furchtsamkeit und
von Muth des Kindes, ohne derartigen Anlass, dass man, wie
bei den Thieren, ein weiter zurückgehendes erbliches Moment
mit in Anschlag bringen muss. So bemerkte Champneys, dass
sein Knabe, als er etwa neun Monate alt war, zum ersten
Male Zeichen von Furcht erkennen liess, indem er bei einem
ungewöhnlichen Geräusch an einer entfernten Stelle im Zimmer
aufmerksam wurde, die Augen sehr weit öffnete und dann anfing
zu schreiweinen. Etwa einen Monat später gab man diesem
Kinde ein Spielzeug, das beim Drücken quiekte. Es schrie sogleich und jedesmal wieder, wenn man es ihm anbot. Aber
nach einiger Zeit gewöhnte es sich an das Quieken, freute sich
dann darüber und rief es selbst hervor.

Unter den Beobachtungen, welche ich an meinem, im vierten
Jahre nicht besonders furchtsamen, vielmehr gegen zwei und
drei ältere Kinder zugleich sich wehrenden Knaben machte, sind
einige unzweifelhaft nicht auf Nachahmung zurückführbar, so
die Furcht vor Maschinen und vor kleinen Thieren,
wenn sie nahe sind.

Im neunten Monat bemerkte ich zum ersten Male das Schreiweinen, Sich-Abwenden und -Zurückziehen vor Furcht, als ein
kleiner Hund die Wärterin, welche mein Kind auf dem Arm
trug, anbellte. Nach gerade einhundert Tagen dasselbe. Ebenso

Die Furcht.

Furcht vor jedem Hunde auffallend, obwohl das Kind nie von
einem solchen gebissen worden ist, auch, soviel sich feststellen
liess, niemals gesehen hat, dass ein Hund ein Kind gebissen
hätte. Noch im 33. Monat tritt Schreiweinen bei Annäherung
selbst des kleinsten wenige Wochen alten Hundes ein. Doch
wurde bald nach dieser Zeit die Scheu allmählich überwunden
und einmal sogar von dem Kinde von selbst ein Apfel dem
Hunde, welcher ihn ihm weggenommen hatte, in meiner Gegenwart sehr tapfer aus den Zähnen geholt.

Wie wenig diese so spät überwundene Furcht vor Hunden
anerzogen war, geht aus dem Verhalten des Kindes anderen
kleinen Thieren gegenüber hervor. Um ihm ein Vergnügen zu
bereiten, wurde ihm (im 27. Monat) eine Anzahl junger Schweine
gezeigt. Schon der Anblick machte ernst. Als die possirlichen
Thiere aber anfingen, an den Zitzen des ganz ruhig daliegenden
Mutterthieres zu saugen, da begann das Schreiweinen, Sich-
festhalten und Abwenden vor Furcht. Das Kind meinte, wie sich
bald herausstellte, die saugenden Ferkel bissen die Mutter. Dass
es selbst darüber in einen wahren Angstzustand gerieth, jedesmal wenn es denselben nahegebracht wurde, ist um so befremdlicher, als sie alle in einem Stall mit hoher fester Umfriedigung
eingeschlossen waren. So stark wurde diese Furcht im Laufe
des vierten und fünften Jahres bei meinem Kinde, dass es einige
Male Nachts aufschrie und sich einbildete, ein Schwein wolle es
beissen. Es schien das Thier zu sehen, als wenn es wirklich
da gewesen wäre, und liess sich selbst nach heller Beleuchtung
seines Bettes von der Abwesenheit desselben nicht überzeugen.
Die Erklärung, welche Heyfelder für ähnliche Fälle versucht,
mag für einige zutreffen; er meint, wenn die Kinder im Einschlafen aufschreien und sich von einem Hunde gebissen glauben,
so veranlasse ein plötzlicher Ruck am Bein oder Arm ein Gefühl,
aus dem die Phantasie das Thier construire. Wenn aber das
ganz ruhig schlafende Kind plötzlich aufschreit „Geh weg!
Schwein!" auch ohne zu erwachen, muss man wohl ein Auftauchen des Traumbildes ohne äusseren Ruck annehmen. Ein
kleines Mädchen fürchtete sich im vierten Monat wie im elften
vor Tauben so sehr, dass es dieselben nicht zu streicheln sich
entschliessen konnte; im 13. Monat wagte es eine Taube zu
streicheln, zog aber gleich darauf die Hand zurück, im 14. war
die Scheu überwunden [St].

Ebenso merkwürdig wie diese Thierfurcht ist die Furcht zu fallen bei den ersten Gehversuchen. Obgleich mein Kind niemals, soweit sich feststellen liess, bis dahin gefallen war, wagte es im 14. Monat, als es allein noch nicht gehen konnte, nicht, ohne Halt einen Schritt zu thun, und wurde ängstlich, wenn es nicht gehalten ward. Gestossen hatte sich das Kind vorher wiederholt, aber hier schrie es vor Furcht zu fallen, ohne die Erfahrung des Stossens beim Fallen gemacht zu haben.

Noch zwei Beispiele. Im 16. Monat fürchtete sich mein Kind (zu meiner Überraschung, da ich es zu erfreuen gedachte), als ich mit dem Finger an einem Trinkglase hohe Reibetöne hervorrief, wie früher einmal (S. 34). Seine Angst, damals (im dritten Monat) nicht vorhanden, liess sich nun bis zum Weinen steigern, während das Klingen der Gläser beim Anschlagen mit Jubel begrüsst ward. Ob im ersteren Falle wegen Unkenntniss der Ursache der ungewöhnliche Ton unheimlich erschien? Aber dasselbe Kind lachte über den Donner und Blitz (im 18. und 19. Monat), ein anderes sogar im 35. Monat, dabei die Zickzackbewegung des Blitzes geschickt mit der Hand nachahmend [L].

Im 21. Monat zeigte mein Kind alle Zeichen der Furcht, wenn seine Wärterin es dicht am Meere auf dem Arm trug. Es fing dann an zu wimmern und ich sah, wie es sich mit beiden Händen fester anklammerte, selbst dann, wenn bei Windstille und Ebbe nur ganz geringer Wellenschlag vorhanden war. Woher die Furcht vor dem Meere, welches das Kind nicht kennt? Die Wasser des Eiderkanals, der Saale, des Rheines fürchtete es nicht im Geringsten in demselben Jahre. Die Grösse des Meeres konnte aber allein nicht Furcht erregen, da die Angstsymptome nur ganz dicht am Wasser sich zeigten; also vorher gehörtes Brausen? Ich möchte trotz der Heiterkeit, welche der Donner erregte, hier das überwältigend grosse brausende Unbekannte als den Erreger der Furcht bezeichnen, weil die drei Factoren in der Nähe und zusammen wohl stärker wirken als einzeln und in der Ferne.

Auch die Furcht vor schwarzen Gestalten (im 17. Monat), selbst wenn sie freundlich sind, sowie die Furcht vor einer tiefen Stimme, vor maskirten Gesichtern, vor fremden Gesichtern (im sechsten und siebenten Monat) ist nicht anerzogen und vermuthlich eine Angst vor dem Unbekannten. Sie spricht sich dadurch aus, dass der Säugling beim Anblick Fremder oder

beim Hören der fremdartigen Stimme schreit, was in den ersten
drei Monaten nicht vorkommt. Dagegen lässt sich leicht die im
zweiten Jahre hervortretende erworbene Furcht vor Strafe
von der natürlichen Angst unterscheiden. Das Kind, welches
einem ihm wohlbekannten Verbot zum ersten Male zuwider-
handelt, schreit nicht, zittert nicht, klammert sich nicht fester
an, kauert sich nicht zusammen, sondern sucht zu entfliehen.
Die Furcht, gezüchtigt zu werden, ist, so oft sie auch, viele
Generationen hindurch, in derselben Weise, in demselben Alter
hervortritt, immer auf's Neue erworben. Einen Beweis dafür
finde ich darin, dass mein Kind sich nicht im Geringsten im
Dunkeln fürchtet, ohne Zweifel weil es niemals durch Einsperren
in einen dunkeln Raum gestraft worden ist.

Wie sich beim Kinde die einzelnen Angstsymptome ausbilden, namentlich das charakteristische Zittern, ist unbekannt.
Von kleinen Kindern behauptet man, dass sie nicht zittern
können (sogar Darwin). Ebengeborene und vierjährige Kinder
können aber, wie ich selbst wahrnahm, zittern. Ein ganz ge-
sundes, schweres, noch nicht eine Viertelstunde altes Kind zitterte
fast ununterbrochen, bald stärker, bald schwächer, während ich
es beobachtete, obwohl es im Zimmer (im Entbindungshaus)
behaglich warm war. Es hatte bereits ein warmes Bad erhalten.
Manche Ebengeborene zittern freilich nicht.

Viele Thiere, neugeborene Hunde, Mäuse, Kaninchen, Meerschweinchen und Hühner, welche ich in dieser Beziehung oft
beobachtet habe, zittern im warmen Lager. Aber sie fürchten
sich anfangs vor dem Ergreifen mit der Hand nicht im Geringsten. Das Verhalten des im Brütofen ausschlüpfenden
Hühnchens in den ersten Lebenstagen ist ein ganz anderes, als
in den folgenden; man hat dann oft die grösste Mühe, es zu
fangen. Anfangs läuft es nicht fort, so gut es auch zu laufen
versteht, später jedesmal. Hühnerhunde sind desgleichen zu
Anfang ihres Lebens, auch nachdem sie sehen können, völlig
furchtlos dem Menschen gegenüber. Nachdem sie aber einmal
die Peitsche kennen gelernt haben, zeigen sie, Dachshunde in
einzelnen Fällen sogar auffallenderweise, wie Romanes berichtet,
ohne nachweislich jemals gezüchtigt worden zu sein, Furcht vor
dem Menschen in der ausgeprägtesten Weise. Wie sich dabei
erbliche Anlage mit der eigenen Erfahrung combinirt, lässt sich
wegen Mangels an Thatsachen nicht angeben. Dass aber die
Furcht vor dem Menschen nicht ursprünglich ist, sondern durch

ihn selbst erst vielen Thieren gemeinsam eingeimpft wurde, folgt schon aus dem Verhalten solcher Thiere, welche in der von Menschen nicht besuchten Wildniss nicht im Geringsten scheu sind, während ihre Artgenossen, wo gejagt wird, mit der grössten Vorsicht, wenn sie Menschen wittern, sich verstecken oder entfliehen, auch ohne selbst verfolgt worden zu sein. Besonders von den zierlichen Odinshühnern *(Phalaropus)* kenne ich die Thatsache aus eigener Anschauung. Sie fürchten sich im unbewohnten Innern Islands gar nicht vor dem Menschen, an den bewohnten Küsten sind sie nichts weniger als zahm.

So ist es auch beim Menschen einerseits die Unkenntniss der Gefahr, andererseits die Gewöhnung an dieselbe, welche furchtlos macht.

Das Erstaunen.

Es ist schwierig, den Zeitpunkt zu bestimmen, wann ein Mensch zum ersten Male in seinem Leben erstaunt. Die Überraschung, welche sich durch eine Reflexbewegung mit den Armen kundgiebt, und zwar in der ersten Woche, nach einem starken plötzlichen Geräusch, ist wesentlich verschieden vom Erstaunen. Auch die grosse Concentration der Aufmerksamkeit, welche der Säugling den eigenen Fingern zuwendet, nachdem er seine Tast- und Greif-Versuche im vierten Monat begonnen hat, ist verschieden von der Überwältigung durch einen neuen Eindruck im Zustande hochgradigen Erstaunens. Aber gerade in dieser Zeit konnte ich mehrmals sicher das Erstaunen des Säuglings von jener Anspannung unterscheiden. Als das Kind im Eisenbahnwagen sich befand und ich plötzlich, nach einer kurzen Trennung, in denselben einstieg, so dass es sogleich mein Gesicht sah und meine Stimme hörte, fixirte es mich über eine Minute lang mit offenem Munde (herabgesunkenem Unterkiefer), mit weit offenen, unbewegten Augen und auch sonst völlig regungslos das typische Bild des Erstaunens zeigend (in der 22. Woche).

Geradeso starrte es im sechsten Monat länger als eine Minute einen Fremden, der plötzlich in das Zimmer trat, unbewegt, mit offenem Munde und Augen an. Im achten und neunten Monat schienen diese Symptome noch mehr ausgeprägt zu sein und traten bei neuen optischen und akustischen Eindrücken, nicht bei neuen Gerüchen und Geschmacks-Eindrücken, in auffallender Übereinstimmung nicht selten hervor; so erstaunte das Kind in der 31. Woche über das Zusammenklappen eines Fächers, in der 34. über nachgeahmte Thierstimmen, in der 44. über ein fremdes Gesicht in der Nähe, in der 52. über einen neuen Klang, in der 58. über eine Laterne (nach dem Erwachen). Dabei entsinne ich mich nicht, ein Heben der Augenbrauen wahrgenommen zu haben. Es kann aber vielleicht, weil es in dieser frühen Zeit nur unbedeutend war, übersehen worden sein. Manchmal wurde beim Öffnen des Mundes ein *a* gehört. Die Stellung des erstaunten Kindes war in jedem Falle diejenige, welche es gerade im Augenblick vor dem neuen Eindruck inne hatte. Dieselbe wurde mit weit aufgerissenen Augen und weit offenem Munde beibehalten. Wenn aber kein so hochgradiges Erstaunen, wie in den erwähnten Fällen, eintrat, dann bezeichnete jedesmal ein Lidschlag, oder eine Reihe von Lidschlägen die Verwunderung; die Augen waren zwar weit offen, nicht aber der Mund.

Überhaupt traten gegen Ende des zweiten Jahres die Symptome des grössten Erstaunens viel seltener als vorher auf, namentlich das Herabsinken des Unterkiefers. Es gehörte also dann mehr dazu, um die ganze Aufmerksamkeit einem einzigen Gesichts- oder Gehörs-Eindruck so gewaltsam zuzuwenden, dass nicht einmal der Unterkiefer gehoben bleiben konnte. Das Kind war zu oft erstaunt gewesen und hatte sich an die einst neuen Eindrücke gewöhnt.

Das Verhalten des erstaunten Kindes ist völlig ursprünglich, nicht durch Nachahmung oder Dressur erworben, da es in der beschriebenen Weise spätestens im fünften Monat erstaunt. Seine Bewegungslosigkeit ist die Folge des starken plötzlichen neuen Eindrucks und gleicht der durch Aufhebung des Willens beim Erschrecken verursachten Kataplexie der Thiere, worüber das Nähere in meiner Schrift „Die Kataplexie und der thierische Hypnotismus" (1878).

Doch können einzelne Thiere, ohne so zu erschrecken, dass sie ihren Willen gänzlich verlieren, über neue Eindrücke erstaunen. Ich habe es wiederholt gesehen, wie ein Hühnerhund bewegungslos vor der gefensterten Ofenthür stehen blieb, nachdem Feuer angezündet worden war, die Flammen starr betrachtend und auf das blasende Geräusch und das Knistern lauschend. Der Hund war erstaunt wie ein Kind am Ofenfeuer, das es noch nicht kennt. Eine dem Menschen allein eigene Emotion ist das Erstaunen jedenfalls nicht.

Auch die Mischung von Furcht und Erstaunen kommt bei Thieren mitunter geradeso vor wie bei Kindern, dann nämlich, wenn etwas ganz neues Unbegreifliches geschieht. Romanes theilt folgende von ihm selbst gemachten Beobachtungen mit, welche er zum Beweise, dass Thiere Begriffe bilden, anführt, welche ich aber als Beweise dafür benutze, dass Furcht und Erstaunen sich mischen, wenn die Einsicht in den Zusammenhang von neuen Wahrnehmungen mit alten fehlt.

Ein Hund fürchtete den Donner und gerieth in Angst, als eines Tages ein donnerartiges Getöse im Hause durch Ausschütten von Äpfeln auf den Dachboden entstand. Sowie er aber hinaufgeführt worden war und gesehen hatte, was den Lärm verursachte, war er wieder munter wie gewöhnlich. Ähnlich verhalten sich leicht scheuende Pferde, sofern sie Angst zeigen nur so lange die Ursache eines Geräusches ihnen unbekannt bleibt.

Ein anderer Hund pflegte trockene Knochen umherzuschleudern. Als nun eines Tages Romanes einen langen dünnen Faden an einen Knochen befestigt und diesen, während der Hund damit spielte, abseits stehend langsam wegzuziehen begonnen hatte, verwandelte sich das ganze Benehmen des Hundes. Er stürzte hinweg und beobachtete erschrocken, wie der Knochen sich von selbst zu bewegen schien. Derselbe Hund wurde durch Seifenblasen am Fussboden erschreckt, berührte aber eine mit der Pfote, und als sie verschwand, lief er fort, offenbar entsetzt über das unbegreifliche Verschwinden der grossen Kugel.

In diesen Fällen erzeugt gerade wie in den oben (auch S. 117) vom Kinde berichteten Beispielen die Unkenntniss Furcht, aber die Neuheit der Eindrücke zugleich Erstaunen. Im ersten war die Furcht zuerst und schwand mit dem Erstaunen über die erkannte Ursache, im zweiten waren beide zugleich, im dritten zuerst Erstaunen, dann Furcht wegen mangelnder Einsicht vorhanden.

Wollte man die drei Experimente mit kleinen Kindern anstellen, dann würde man gewiss viele finden, welche sich ähnlich

wie die Hunde verhalten. Nur würde das richtige Alter nicht
leicht zu ermitteln sein. Ein Kind erstaunte im höchsten Grade,
als es in seiner 29. Lebenswoche zum ersten Male sah, wie
eine Seifenblase bei der Berührung zerplatzte. Es fuhr sogar
zusammen, wunderte sich aber bei der Wiederholung des Experimentes nicht mehr [v. T].

SIEBENTES CAPITEL.

Die Entwicklung der Sinne im Allgemeinen.

Es ist sehr schwer für den entwickelten Menschen, sich in den Zustand eines Kindes zurückversetzt zu denken, welches noch keine oder nur undeutliche Erfahrungen gemacht hat, weil jede einzelne Erfahrung im Gehirn nach Überwindung der ersten Wachsthumsepochen ohne Zweifel eine organische Veränderung, gleichsam eine Narbe, zurücklässt, so dass der vorherige von individuellen Eindrücken noch unberührte, nur mit den Malen der Erfahrungen vergangener Generationen behaftete Zustand des Sensorium beim Neugeborenen sich nicht ohne Zuhülfenahme der Phantasie reconstruiren lässt. Denn der geistige Zustand jedes Menschen ist so sehr das Product seiner Erlebnisse, dass er sich selbst ohne diese sich nicht vorzustellen vermag.

Doch lässt sich auf Grund der in den vorigen Capiteln zusammengestellten Thatsachen Einiges als sicher, Anderes als wahrscheinlich hinstellen.

Bezüglich der anfänglichen Sinnesthätigkeit kann man es als sicher bezeichnen, dass vor der Geburt keine Lichtempfindung. kein Phosphen durch Druck oder Zerrung des Sehnerven oder der Netzhaut stattfindet, und doch wird unmittelbar nach der Geburt Hell und Dunkel unterschieden. Sicherlich findet vor der Geburt keine Geruchsempfindung statt, und doch können Neugeborene in der ersten Lebensstunde auf stark riechende Stoffe reagiren. Hören kann kein Mensch vor seiner Geburt. aber mehrere Stunden — bei Thieren eine halbe Stunde — nach derselben sind in einzelnen Fällen Reflexbewegungen nach starken Schalleindrücken von mir regelmässig constatirt worden. Eine Geschmacksempfindung im eigentlichen Sinne des Wortes hat schwerlich das Kind vor der Geburt, aber sogleich nach derselben verhält es sich gegen stark bittere Stoffe ganz anders, als gegen süsse. So bleibt nur der Gefühlssinn als ein schon im Fötalzustande wahrscheinlich thätiger übrig. Aber der ungeborene Mensch ist nicht in der Lage, Wärme von Kälte zu unterscheiden. Es sind also schliesslich, wenn nicht Gemeingefühle zu Stande kommen können, nur Berührungsempfindungen, die der ebengeborene Mensch an sich erlebt hat, ehe er in die Welt eintritt.

In Betreff der Entwicklung der einzelnen Sinne sind besonders die folgenden Ergebnisse hervorzuheben.

Sehen im eigentlichen Sinne kann das Menschenkind in den ersten Wochen nicht. Anfangs unterscheidet es nur Hell und Dunkel und erkennt den Wechsel beider sogleich nur, wenn ein grosser Theil des Gesichtsfeldes erleuchtet oder beschattet wird. Ist aber das Helle sehr viel lichtstärker als die Umgebung, wie die Kerzenflamme im dunkeln Zimmer, dann wird es schon in der ersten Woche als hell empfunden, auch wenn es klein ist.

Die Unterscheidung der Farben ist in den ersten Monaten höchst unvollkommen und vielleicht auf die Erkennung der ungleichen Lichtstärke beschränkt. Benannt werden zuerst richtig Gelb und Roth und die Helligkeitsempfindungen Weiss, Grau, Schwarz, dagegen Grün und Blau erst viel später richtig bezeichnet. Wahrscheinlich empfindet noch das einjährige Kind Grün und Blau fast wie Grau, jedenfalls nicht so verschieden voneinander wie später. Schwerlich wird ein Kind vor Ablauf des zweiten Jahres die genannten vier Grundfarben jedesmal richtig benennen, dagegen im vierten Jahre jedes normale Kind auch ohne besondere Erziehung des Farbensinnes sie besser als die Mischfarben erkennen und benennen.

Der schnelle Lidschlag nach rascher Annäherung gegen das Gesicht fehlt in den ersten Wochen und ist eine Reflexbewegung mit dem Charakter der Abwehr, welche erst entsteht, nachdem ein unangenehmes Gefühl in Folge der raschen, früher nicht bemerkten Veränderung im Gesichtsfeld sich hat ausbilden können. Daher ist das schnelle Auf- und Zumachen des Auges vom zweiten Monat an ein Zeichen vervollkommneten Sehens, nämlich ein Zeichen der Wahrnehmung rascher Bewegungen. Allgemein gilt ausserdem, dass bei angenehmen Eindrücken und Zuständen von der Stunde der Geburt an die Augen weiter geöffnet sind, als bei unangenehmen.

Die Augenbewegungen neugeborener Menschen sind nicht coordinirt, nicht, wie später beim deutlichen Sehen, associirt, sondern in den ersten Tagen überwiegend atypisch, wobei es aber oft geschieht, dass unter den mannigfaltigen ungeordneten Augenbewegungen auch gleichzeitige Wendungen beider Augen nach links, nach rechts, nach oben oder nach unten vorkommen. Diese ursprünglich seltenen und nicht ganz symmetrischen Augenbewegungen werden bald häufiger und ganz symmetrisch und verdrängen, weil sie deutlicheres Sehen befördern, die atypischen Bewegungen nach und nach vollständig.

Das Fixiren und deutliche Sehen eines Gegenstandes bildet sich langsam aus. Im ersten Stadium starrt das Kind ins Leere. Im zweiten wendet es das Auge öfters von einem in der Starrlinie befindlichen Object, gewöhnlich einem Gesicht, auf ein daneben auftauchendes auffallend helles Object, zum Beispiel eine Kerzenflamme, die es dann anstarrt. Im dritten verfolgt es ein langsam bewegtes Object mit dem Auge und Kopf oder dem Auge allein. Der Übergang vom Starren zum Blicken hat sich vollzogen; der vom Blicken zum Betrachten wird in dem vierten Stadium erreicht. Nun ist die Accommodation hergestellt: ungleich weit vom Auge befindliche Gegenstände werden nacheinander deutlich gesehen, während anfangs alles verschwommen war und in keinem Abstande zu sein schien. Die Verengerung der Pupille tritt beim Nahesehen mit Convergenz der Blicklinien ein, während anfangs die Verengerung der Pupille durch Licht auch ohne Nahesehen, ohne Convergenz bewirkt wird und oft, im Gegensatz zum Erwachsenen, bei Convergenzstellungen weite Pupillen vorhanden sind. Der Ausdruck wird jedesmal beim Convergiren und binocularen Ansehen eines langsam bewegten Objectes intelligent.

Am längsten dauert beim Kinde die allmähliche Ausbildung des Vermögens, das Gesehene zu deuten. Durchsichtigkeit, Glanz, Schatten sind jahrelang unbegreiflich und verlieren das ihnen anhaftende Räthselhafte erst durch sehr oft wiederholte Wahrnehmung. Die Dicke der gesehenen Gegenstände bleibt lange unerkannt, und die dritte Dimension des Raumes wird im Gegensatz zu den beiden ersten (die sagittale im Gegensatz zu der transversalen und verticalen) spät und unvollkommen Bestandtheil der Wahrnehmungen. Das Fehlgreifen beweist, wie mangelhaft (noch im zweiten und dritten Jahre) die Distanzenschätzung ist; die verkehrten Interpretationen gewöhnlicher Gesichtseindrücke, wie des Dampfes und der Flamme, zeigen, dass die Verknüpfung der Tast- und Gesichts-Eindrücke in den ersten Jahren nur sehr langsam von Statten geht und im Besonderen die Wahrnehmung des Unterschiedes einer flächenhaften und einer dreidimensionalen Ausdehnung spät beginnt und sich langsam herstellt. Doch ist die Fähigkeit, Bilder von bekannten Gegenständen und Personen als solche zu erkennen, früh ausgebildet.

Für die Theorie der räumlichen Wahrnehmung folgt aus den Thatsachen unmittelbar, dass beim Menschen ein fertiger angeborener Mechanismus, welcher nur durch die Lichteindrücke in regelmässige Thätigkeit gesetzt würde, sogleich nach der Geburt nicht vorhanden ist, sondern die Eindrücke selbst bilden den nur unvollständig bei der Geburt vorhandenen erblichen Mechanismus wesentlich aus. Darin behält die empiristische Theorie Recht. Nur die Anlagen sind angeboren, nicht der ganze Apparat. Doch kann man die Ausschliesslichkeit dieses Satzes schlechterdings nicht gelten lassen. Er gilt für den Menschen; viele sehend geborene Thiere dagegen bringen einen völlig functionsfähigen Raumwahrnehmungsmechanismus mit auf die Welt, der nur einiger Lichteindrücke bedarf, um sofort mit nahezu derselben oder ganz derselben Vollkommenheit zu arbeiten, wie beim ausgewachsenen Thier. In diesem Falle, welcher den extremen Nativismus stützt, ist die Möglichkeit erheblicher individueller Vervollkommnung des Sehens für's Erste ausgeschlossen; das sogleich ein Hirsekorn richtig pickende, eben ausgeschlüpfte Hühnchen lernt nicht viel besser sehen durch häufiges Sehen. Der Mensch dagegen lernt von der Geburt an von Tag zu Tag besser sehen und kann noch im späteren Leben durch Vielsehen seinen Sehapparat nach mehr als einer Richtung enorm vervollkommnen. Der erbliche Mechanismus ist also bei ihm noch plastisch, höchst differenzirbar, weil im Augenblick der Geburt nicht so weit entwickelt und einseitig ausgebildet, wie bei dem sogleich nach dem Ausschlüpfen scharfsehenden mit fertigem, nicht mehr so bildsamem, auch relativ viel grösserem Sehorgan versehenen Vogel, dessen Embryo sich schon durch die Anlage des Auges von dem des Menschen unterscheidet.

Das **Hören** des neugeborenen Kindes ist so unvollkommen, dass man jedes Neugeborene taub nennen muss. Auch alle

Säugethiere sind unmittelbar nach der Geburt ausser Stande, auf Schalleindrücke zu reagiren. Die Ursache dieser Eigenthümlichkeit ist im äusseren Gehörgang und Mittelohr viel mehr als im nervösen Centralorgan oder im Labyrinth zu suchen, weil manche Neugeborene nach der sechsten Stunde schon auf Schall reagiren können. Vor dem Luftathmen fehlt es an Luft im mittleren Ohre, und der äussere Gehörgang ist noch nicht durchgängig, das Trommelfell zu schräg, fast horizontal gestellt und verdickt.

Auch nach dem Wegbarwerden der schallzuleitenden Theile des Ohres, einen Viertel-Tag bis mehrere Tage nach der Geburt, ist die Schallunterscheidung meistens noch nicht vorhanden. Aber vor dem Ablauf der ersten Woche bemerkt man den charakteristischen Lidschlag nach plötzlichem lauten Geräusch bei normalen Kindern stets. Das Zusammenfahren nach starken Schalleindrücken, welches viele Monate anhält, beweist die Ausbildung des Hörvermögens. Indessen, wenn auch einzelne vorher noch nicht wahrgenommene Schallarten schon in den ersten Lebensmonaten als verschieden percipirt werden, tiefe Stimmen und hohe Stimmen, Zischlaute und S-Laute, Singen und Sprechen, so dauert es doch mindestens drei Vierteljahre, ehe ein Kind die Töne des Claviers erkennt, und es ist fraglich, ob es nur c, d, e vor dem Ablauf des zweiten Jahres richtig benennen lernen kann. Jedoch lernen viele Kinder singen, ehe sie sprechen, und alle unterscheiden die Geräusche und Klänge der Sprache lange ehe sie dieselben selbst hervorbringen können. Dabei wird die Stärke des Schalleindrucks, bei grossen Differenzen, an der ungleichen Lebhaftigkeit der Reflexe, sogar im Schlafe, vom aufmerksamen Beobachter erkannt. Die Schallrichtung percipirt das Kind schon im zweiten und dritten Monat.

Die grosse Überlegenheit des Ohres über das Auge in psychogenetischer Beziehung tritt zwar bei oberflächlicher Betrachtung des Kindes, welches noch nicht spricht, wenig hervor: man braucht aber nur ein blindgeborenes und ein taubgeborenes Kind miteinander zu vergleichen, nachdem beide die sorgfältigste Erziehung und den besten Unterricht genossen haben, um sich zu überzeugen, dass nach dem ersten Jahre die Erregungen des Hörnerven viel mehr zur geistigen Entwicklung beitragen, als die des Sehnerven.

Übrigens sind viele Säugethiere und Vögel bei ihrem Eintritt in die Welt mit weiter ausgebildeten, viel eher correct

arbeitenden Hörapparaten versehen, als der Mensch, und im
Wahrnehmen der Tonhöhe, Schallstärke, Schallrichtung dem
Menschenkinde weit überlegen; aber kein Thier besitzt einen
so feiner Differenzirung nach der Geburt fähigen Grosshirntheil
des Hörorgans. Denn keines reagirt auch nur annähend so
präcise, wie das Kind auf die feinen Verschiedenheiten der
Schallstärke und Schallart der menschlichen Lautsprache.

Die **Berührungs**-Empfindlichkeit ist in der ersten Lebensstunde viel geringer, als später, der Temperatursinn noch
nicht vorhanden. Erst durch wiederholtes Abwechseln von
warmen Bädern und Abkühlungen der ganzen Hautoberfläche
und einzelner Stellen wird die Unterscheidung der Empfindungen
„heiss, warm, kühl, kalt" ermöglicht, indem der Neutralpunkt
der vor der Geburt stets gleichen Hauttemperatur nicht sogleich
hergestellt werden kann.

Gegen schmerzhafte Eingriffe, welche nur wenige Hautnerven treffen, zeigen sich Neugeborene unterempfindlich; doch
ist gewiss, dass sie hochgradiger Unlustgefühle fähig sind, nachdem sie unzweideutige Äusserungen des Behagens (beim Saugen
und im warmen Bade) gezeigt haben.

Sowohl die geringere Berührungsempfindlichkeit, als auch
die Unterempfindlichkeit gegen Temperaturen und Schmerz beim
Neugeborenen sind (wie beim Ungeborenen) auf die noch unvollkommene Ausbildung des Gehirns, nicht der Haut zurückzuführen. Vielmehr sind die Hautnerven sehr erregbar und von
allen Sinnesnerven allein schon vor der Geburt häufig erregt
worden, und zwar durch die Berührungen verschiedener Hautstellen bei den Kindesbewegungen.

Von allen Sinneswerkzeugen ist beim neugeborenen Kinde
das des **Geschmacks** bei der Geburt am besten ausgebildet.
Das Süsse wird sogleich von dem Bitteren, Sauren, Salzigen
unterschieden und das Saure anders als das Bittere empfunden.
Hier liegt ein Fall von angeborenem Unterscheidungsvermögen
für Qualitäten desselben Sinnesgebietes vor. Viele Thiere können
gleichfalls sofort nach der Geburt das Süsse von anderen Geschmacksarten unterscheiden. Für ungleiche Stärke des Geschmacks
ist dagegen beim Kinde das Unterscheidungsvermögen sehr wenig
zu Anfang des Lebens ausgebildet und auch die Empfindung
der Qualitätsunterschiede führt nicht zu deutlichen Wahr-

nehmungen, da auch das hirnlose Kind die charakteristischen mimischen Reflexe, die saure und süsse Miene zeigt.

Das Neugeborene kann sogleich nach seinem Eintritt in die Welt wahrscheinlich nichts **riechen**, weil vor demselben seine Nasenhöhle mit Fruchtwasser ganz angefüllt war, und bei Erwachsenen einige Zeit nach Anfüllung der Nasenhöhle mit Flüssigkeit ein Unvermögen zu riechen oder eine Abstumpfung des Geruchsinnes eintritt. Aber nach einigen Stunden, manchmal schon in der ersten Stunde, können normale Kinder angenehme und unangenehme Gerüche unterscheiden. Viele Säugethiere machen, nachdem einmal die Nasenhöhle durch Athmen sich mit Luft gefüllt hat, von ihrem Geruchsinn Gebrauch, der oft allein das Wiederfinden der Zitzen ermöglicht. Das normale Kind unterscheidet verschiedene Milcharten bereits früh bestimmt und kann zu Ende des ersten Lebenstages einige Gerüche unterscheiden.

Bezüglich der **Gefühle** des Kindes in der ersten Lebenszeit ist gewiss, dass sie zwar nicht mannigfaltig sind, aber sehr stark werden können. Jede Empfindung erzeugt, sowie sie mit einer anderen Empfindung verglichen worden ist, ein Gefühl. Alle Gefühle sind entweder angenehm oder nicht angenehm. Im ersteren Falle erwecken sie das Begehren nach Wiederholung der betreffenden Empfindung beim Kinde, indem das Fehlen des Angenehmen selbst eine Unlust erzeugt, im letzteren nicht. Es ist aber eine Eigenthümlichkeit aller angenehmen Gefühle, dass sie nach einer gewissen Dauer nicht mehr angenehm sind, ohne Zweifel, weil sie auf Erregungen von centralem Nervenprotoplasma beruhen, welches bei grosser Intensität der Erregung, und damit bei grosser Lebhaftigkeit des Gefühls, rasch ermüdet. Bei kleinen Kindern zeigt sich dieses an dem schnellen Wechsel dessen, was ihnen begehrenswerth erscheint.

Die nicht-angenehmen Gefühle sind entweder unangenehm oder gleichgültig. Erstere pflegen durch starke laute Ausathmungen, Schreien und schon in der ersten Zeit durch ein nicht zu verkennendes Mienenspiel ausgedrückt zu werden, besonders durch die Gestalt des Mundes.

Die Emotionen und Gefühle des kleinen Kindes sind von allen psychischen Vorgängen diejenigen, welche zuerst bestimmt auftreten und sein Verhalten reguliren. Ehe noch von Wollen, von Gedächtniss, von Urtheilen ein sicheres Merkmal gefunden

wird, haben die Gefühle sich ausgeprägt, im unmittelbaren Anschluss an die ersten Erregungen der Sinnesnerven, und ehe
die den einzelnen Sinnesgebieten zugehörigen Empfindungen als
specifisch verschieden deutlich unterschieden werden. Aber durch
die Wiederholung der Gefühle, welche entgegengesetzten Charakter
haben, kommt das Gedächtniss und Abstractionsvermögen, das
Urtheilen und Schliessen, nach und nach zur Bethätigung.

Der mächtigste Factor für die beginnende Verstandes-Entwicklung ist das Erstaunen mit der ihm verwandten Furcht.

Aus dem Begehren alles dessen, was einmal Lustgefühle
herbeigeführt hat, entwickelt sich · allmählich der Wille des
Kindes.

ZWEITER THEIL.

VON DER ENTWICKLUNG DES WILLENS.

VON DER ENTWICKLUNG DES WILLENS.

Eine Willensthätigkeit ist möglich nur nachdem Wahrnehmungen gemacht worden sind. Es muss auch nothwendig durch wiederholte Vergleichung der Empfindungen (mittelst der Gefühle) das Begehrenswerthe von dem Abzuwehrenden geschieden sein, ehe ein Wollen sich bethätigen kann. Denn wer überhaupt will, weiss was er will und was er nicht will, hat vorher erkannt, was ihm begehrenswerth und was ihm nicht begehrenswerth ist. Das neugeborene Kind weiss davon nichts, hat also keinen Willen. Es hat noch keine Erfahrungen über seine eigenen Zustände gemacht, keine Empfindungen miteinander verglichen, nichts von der Aussenwelt wahrgenommen, keine Kenntniss von dem erlangt, was ihm angenehm und unangenehm sein wird. Der Wollende hat diese Kenntniss durch eigene Erfahrung erworben und richtet danach sein Verhalten, seine Bewegungen, ein.

Um den sehr langsam und nicht ruckweise, sondern continuirlich sich vollziehenden Übergang von dem einen Zustande in den anderen zu verfolgen, müssen nach Möglichkeit alle Bewegungen des Menschen, so lange er noch ein machtloses Wesen ist, betrachtet werden mit der Frage, inwiefern sie Äusserungen eines Willens sein können.

Ich stelle daher in diesem zweiten Theile meine, die Bewegungen des Kindes betreffenden Beobachtungen und die unmittelbar aus denselben fliessenden Folgerungen zusammen, welche auf die Willensbildung Bezug haben.

——— ———

10*

ACHTES CAPITEL.

Die Bewegungen des Kindes als Willensäusserungen.

Nur durch Bewegungen äussert sich der Wille unmittelbar. Die Möglichkeit, den kindlichen Willen an den Muskel-Bewegungen zu erkennen, muss daher vor den Beobachtungen über die allmähliche Willensentwicklung begründet und die Mannigfaltigkeit der kindlichen Bewegungen erörtert werden.

Erkennung des kindlichen Willens.

So überaus verschieden innerhalb der Machtsphäre des Willens die Erscheinungen sind, welche ihm unmittelbar ihre Entstehung verdanken, alle Willensäusserung wird erkannt zunächst an Bewegungen, und zwar an Worten, Mienen, Geberden, Thaten. Nicht ist jeder gesprochene Laut oder jede vollbrachte That oder jede Miene und Geberde der Ausdruck eines Willensactes; denn Schlafende können sprechen, Nachtwandler vielerlei verrichten, ohne es zu wollen, ohne zu wissen, was sie thun, und Mienen lassen sich künstlich durch elektrische Reize entgegen dem Willenseinfluss herstellen; auch machen willenlose Säuglinge öfters Geberden, deren Bedeutung als Willensausdrücke (für den Erwachsenen) ihnen völlig unbekannt ist. Aber umgekehrt gilt streng und allgemein, dass allein durch die Sprache der Wörter, Thaten, Mienen und Geberden der persönliche Wille während seiner Entwicklung sich unmittelbar kundgiebt.

Nach seinen ersten Entwicklungsstufen kann er auch durch das Gegentheil, die Unterdrückung eben jener Bewegungen, sich indirect offenbaren. Niemand bezweifelt, dass ein Mensch durch Schweigen und Unthätigsein, ohne eine Miene zu verziehen und ohne Geberden, geradezu durch die Hemmung von Bewegungen seinen Willen indirect zu äussern im Stande ist. Hier liegt aber nicht eine jenen positiven Willensäusserungen an die Seite zu stellende besondere Art des Wollens vor, sondern das gerade Gegentheil. Es ist klar, dass in allen diesen Fällen, in denen der Wille schon vorher weit entwickelt war, der die Bewegung Hemmende sich in dem Zustande des Nichtwollens, der *Noluntas* oder *Nolentia* im Gegensatze zur *Voluntas*, befindet. In diesen Zustand des Nicht-gewillt-seins fällt die willkürliche Hemmung einer Bewegung, welche nichts anderes ist, als das Nichtwollen derselben. Das Nichtwollen ist aber nicht nur durch die Abwesenheit der Symptome des Wollens, als die Negation desselben, bestimmt, sondern ein eigenthümlicher positiver Erregungszustand, sowie es eine Bewegung hemmt oder darauf gerichtet ist, sie zu hemmen.

Der Willens-Apparat oder der Complex centromotorischer Gebilde höchster Ordnung, welcher in der Grosshirnrinde seinen Sitz hat, ist von einer solchen Beschaffenheit, dass, wenn er thätig ist, irgend eine Muskelcontraction erfolgt, wenn er nicht thätig ist, entweder nichts geschieht, weil es an Vorstellungen fehlt (ohne Beeinträchtigung der Möglichkeit sofortiger Willensthätigkeit im Falle eine Bewegungsvorstellung auftritt) oder nichts geschehen kann, weil der Apparat durch andere Vorstellungen zum Stillstand gebracht worden. Dieses letztere ist das Wesen der Hemmung, die als sogenannte willkürliche Hemmung = Nichtwollen, auch einen Theil der motorischen Centren niederer Ordnung vom Gehirn aus beherrscht.

Dem Zustande des Wollens ist ganz allgemein der Zustand des Nichtwollens, im Besonderen der Zustand des Hemmens einer Bewegung entgegengesetzt. Nicht-wollen ist der ausschliessende oder contradictorische Gegensatz des Wollens, Hemmen im physiologischen Sinne der conträre Gegensatz des Wollens. Ein Beispiel verdeutlicht. Man nehme einen Stab von weichem Eisen und mache ihn durch einen elektrischen Strom, der ihn umkreist, magnetisch, so zieht er ein zweites Stück Eisen an; lässt man aber einen zweiten elektrischen Strom von passender Stärke in einer zweiten Drahtspirale den Stab in entgegengesetzter Richtung wie der erste umkreisen, dann zieht er das Eisen nicht an. Sowie dieser zweite hemmende Strom unterbrochen wird, ist die Anziehung wieder da. Hierbei repräsentirt das Anziehen des Eisens eine Muskelbewegung im Zustande des Wollens, das Nicht-Anziehen die Muskelruhe im Zustande des Nichtwollens, indem allgemein ein Eisenstab den

anderen nicht anzieht, im Besonderen aber ein von zwei
passend abgestuften entgegengesetzt gerichteten elektrischen
Strömen umkreister Eisenstab ebenfalls einen anderen nicht anzieht, seinen Magnetismus aber sofort wiedererhält, wenn der
zweite Strom aufhört. Also wenn ein Kind keinen Willen
äussert, keine willkürliche Bewegung macht, sind zwei Fälle
auseinanderzuhalten: Entweder hat es noch keinen Willen oder
es hemmt die Bewegungen bei bereits weit ausgebildetem Willen.
es will nicht, nämlich, dass eine Bewegung stattfindet. Sowie
die Hemmung oder Nolenz fortfällt, tritt die Bewegung wieder
ein, falls der ihr zu Grunde liegende Vorgang im Gehirn nicht
inzwischen erlosch. Denn nur auf solche Muskeln hat die willkürliche Hemmung überhaupt Einfluss, deren Nerven mit der Grosshirnrinde, dem Sitze des Willens, in organischer Verbindung stehen.

Diese Unterscheidung des Wollens und willkürlichen Hemmens
mag doctrinär scheinen, sie ist nothwendig, weil sie die Meinung
widerlegt, als ob man ein Nicht-handeln bei vorhandenem Willen
durch ein Fehlen oder Ausserkraftsetzen von Impulsen, also
passiv herbeiführen könnte. Man kann nur ein Handeln activ
nicht-wollen, hemmen, hindern. Statt zu sagen: „Ich will, dass
dies und das nicht geschieht," muss man sagen: „Ich will nicht
(*nolo*), dass dies und das geschieht, ich verhindere es mit eigener
Kraftanstrengung." Denn es liegt im Wesen des Wollens und
Hemmens, dass es stets positiv ist. Es kann daher nur durch
positive Äusserungen erkannt werden; man ist befugt, da wo
diese fehlen, sein actuelles Vorhandensein zu leugnen und hat
dann das Nichtwollen zu untersuchen, ob ein actives Hemmen
oder das Fehlen des Willens, eine Abulie oder Willenlosigkeit,
ihm zu Grunde liegt.

Jene Willensäusserungen sind nun erfahrungsmässig allein
die vier: Wort, That, Miene, Geberde. Soll also ermittelt werden.
ob ein Kind sich im Zustande des Wollens befindet, dann wird
zum Mindesten eine der vier Ausdrucksweisen durch Beobachtung
als vorhanden festzustellen sein. Gelingt dieses nicht, dann muss
geschlossen werden, dass jedesmal zur Zeit der Untersuchung
das beobachtete Wesen im Zustande des Wollens nachweislich
sich nicht befand.

Aber angenommen es gelingt, so ist immer noch der Schluss
auf das Vorhandensein des Willens unsicher, da ja unter Umständen jene Erscheinungen auch ohne Willen auftreten. Darum
sind nähere Bestimmungen erforderlich.

Zunächst steht fest, dass alles Wollen ausschliesslich erkannt wird an den Bewegungen contractiler Theile der wollenden Wesen, bei Menschen und höheren Thieren an Muskelcontractionen, die durch Nervenerregung herbeigeführt werden. Es giebt aber verschiedene Classen von Nervmuskelbewegungen und bei niederen Wesen ohne Nerven und ohne Muskeln Bewegungen contractiler Gebilde, welchen die Willkür von vornherein nicht abgesprochen werden kann. In allen Fällen endlich, wo ein contractiles Gebilde vorliegt, vermag unmittelbare künstliche Reizung desselben eine Zusammenziehung herbeizuführen, welche genau so verlaufen kann, als wenn statt des künstlichen Reizes der Wille selbst sie verursacht hätte.

Um in dieser Mannigfaltigkeit der Bewegungen contractiler Gebilde diejenigen herauszufinden, welchen das Prädicat „gewollt" zukommt, müsste man ein objectives jenen Bewegungen selbst ein für allemal anhaftendes und allen anderen fehlendes Merkmal haben. Ein solches Kriterium ist aber nicht angebbar.

Nur subjective Unterscheidungsmittel lassen sich angeben, und zwar finde ich die folgenden vier charakteristisch:

1) Jeder gewollten Bewegung gehen Vorstellungen unmittelbar vorher, von denen schliesslich eine als Ursache der Bewegung motorische Kraft erhält;

2) jede gewollte Bewegung ist dem, der sie ausführt, vorher, wenn nicht im Einzelnen, so doch im Allgemeinen oder der Art nach bereits bekannt und hat!

3) ein von ihm mehr oder weniger klar vorgestelltes Ziel; endlich kann sie

4) noch im Augenblick der Entstehung des Willens-Impulses durch neue Vorstellungen gehemmt werden.

Die drei erstgenannten Merkmale kommen jeder gewollten Bewegung zu, das letzte tritt erst nach vollendeter Willensbildung in Kraft und stempelt die gewollten! Bewegungen zu willkürlichen im engeren Sinne.

Jede Bewegung, von welcher alle vier Merkmale nicht gelten, ist unwillkürlich. Hiernach können in der That alle Muskelbewegungen des Menschen als gewollt und ungewollt, willkürlich und unwillkürlich, unterschieden werden. Viele gewollte werden vom Erwachsenen auch ungewollt ausgeführt, wie das Sprechen im Schlafe, viele unwillkürliche willkürlich, besonders vom Schauspieler; aber darum bleibt doch die wesentliche Verschiedenheit beider bestehen. Denn zu dem Impulse zur unwillkürlichen Be-

wegung kommt etwas hinzu, wenn sie sich in eine willkürliche
verwandelt, und dem Impulse zu dieser wird etwas genommen,
wenn sie unwillkürlich wird. Dieses Etwas sind eben die rein
psychischen Momente der vorherigen motorischen Vorstellung,
die Kenntniss der Bewegung und ihres Ziels und ihre Hemmbar-
keit durch neue Vorstellungen.

Wann erscheinen diese Attribute beim Kinde?

Die Beantwortung der Frage, wie ich sie zu geben versuche, setzt voraus, dass schon kurz vor der Geburt, und in
höherem Grade unmittelbar nach derselben, die motorischen
Centren eine veränderliche Erregbarkeit besitzen, so zwar, dass
sie in gewissen Zuständen, nämlich den ersten angenehmen,
we niger, in gewissen anderen, den ersten unangenehmen,
mehr Bewegungs-Impulse liefern. Hierdurch werden nothwendig die unregelmässigen, mannigfaltigen angeborenen Bewegungen des ganz jungen Säuglings beeinflusst, namentlich im
Hungerzustande gesteigert, und diese Beeinflussung erscheint als
Bethätigung eines angeborenen sogenannten Begehrungs-
vermögens. Die Bewegungen dauern fort, bis die (durch
Nahrungsmangel, Wassermangel, Sauerstoffmangel) gesteigerte
Erregbarkeit abnimmt. Dann erscheint das vorausgesetzte Begehren befriedigt. Bei Wiederholung des Wechsels der centralen
Erregbarkeit (aus solchen rein organischen Ursachen) wird das
nun hervortretende Gefühl befriedigten und unbefriedigten Begehrens in entgegengesetztem Sinne auf die motorischen Centralorgane einwirken und den angeborenen Bewegungen schon den
Charakter des Verlangens und Abwehrens ertheilen. Aber erst
wenn Vorstellungen sich bilden, können sie in gewollte Bewegungen umgewandelt werden.

Beim Kinde sind es nun neben den angeborenen impulsiven
und reflectorischen Bewegungen jedenfalls auch die in grosser
Zahl vorkommenden passiven Bewegungen, das Heben, Zusammenlegen, Anlegen usw. der Glieder und das Schaukeln,
Aufrichten, Setzen usw. des ganzen Säuglings seitens der Angehörigen, welche neue Bewegungs-Empfindungen veranlassend
zu neuen Bewegungs-Wahrnehmungen und dann -Vorstellungen
führen.

Der Wille entsteht also nicht aus nichts und präexistirt
nicht als solcher, sondern er entwickelt sich vermittelst der Gefühle und dann der Vorstellungen aus jenem sogenannten Begehren, welches seinerseits nicht eine fundamentale oder unzer-

legbare Function des centralen Protoplasma, sondern die Folge seiner Erregbarkeitsänderungen ist. Er ist als solcher nicht angeboren, aber erblich. Die variable Erregbarkeit der motorischen Centralorgane, und damit verbunden eine Reihe von ursprünglichen (impulsiven) Bewegungen, welche die Angehörigen als „verlangend" bezeichnen und einem Begehrungsvermögen zuschreiben, ist als erste Anlage zum Wollen jedem angeboren. Die Frage heisst: wann bethätigt sich diese Anlage so, dass kein Zweifel an dem Vorhandensein des Willens sein kann?

Offenbar muss man, um die Antwort zu finden, den gesunden Säugling, chronologisch vorgehend, prüfen, ob eine neue Bewegung, wie etwa das erste Greifen nach einem gesehenen Gegenstande, zufällig oder absichtlich ist, das heisst ob dem begehrenden, wie dem greifenden Kinde die Greif-Bewegung bekannt ist und ihr Ziel ihm wirklich vorschwebt. Dann selbst ist die Bewegung noch nicht nothwendig willkürlich. Sie ist es aber, wenn sie unterlassen werden kann, etwa durch die Vorstellung unangenehmer Folgen.

Wenn schon die Ermittlung des Auftretens solcher Willensthätigkeit beim Kinde, weil es in die Zeit fällt, da noch die Wortsprache fehlt, etwas Unsicheres hat, so ist der Nachweis des ersten Erregungszustandes beim Nichtwollen noch viel misslicher. Hier bietet die erstmalige selbständige Hemmung gewohnter Bewegungen Anhaltspunkte.

Beides zusammen, die Ausbildung des Willens in den wirklich ausgeführten Bewegungen des Kindes und die Ausbildung des Nicht-gewillt-seins bei Hemmung von häufig wiederholten Bewegungen, giebt die Grundlage zur Charakterbildung ab. Beides erfordert, um erforscht werden zu können, vor allem eine sorgfältige Beobachtung der Bewegungen des Kindes vom Anfang seines Lebens an. Niemand hat diese bis jetzt auch nur versucht.

Eintheilung der Bewegungen des Kindes.

Es hat sich bisher ein Eintheilungsprincip für die Bewegungen des Menschen nicht finden lassen, welches allen wirklichen Fällen genügte. Ich muss daher ein neues versuchen, um nur die Bewegungen, welche das Kind in den ersten Lebensjahren zeigt, behufs übersichtlicher Darstellung, in Gruppen zu bringen.

Wenn man ausschliesslich bei dieser Vertheilung den der Bewegung unmittelbar vorhergehenden Process als Unter-

scheidungsmerkmal zu Grunde legt, so werden nach der Com-
plicirtheit dieses Processes vier verschiedene Arten. Bewegungen
erster, zweiter, dritter, vierter Ordnung, voneinander zu trennen
sein; weitere Bewegungen lassen sich aus diesen ableiten, wie
das Folgende zeigen wird.

Die beistehende schematische Zeichnung dient zur Erläuterung.

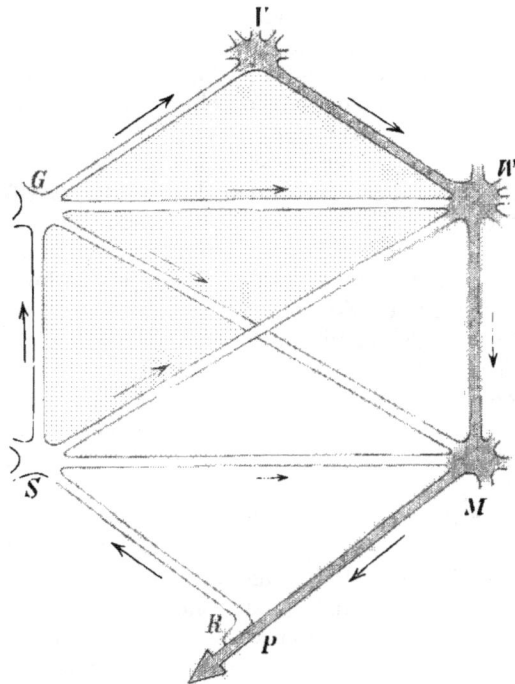

Es bezeichnet:
  R die Enden der sämmtlichen Sinnesnerven (im Auge. im
      Ohr, im Munde, in der Nase, in der Haut).
  RS die Sinnesnerven im Verlauf (Sehnerv, Hörnerv, Haut-
      nerven-Bahnen in der Grosshirnschenkelhaube usw.).
  S die niederen sensorischen Centren (Sehhügel. Vierhügel.
      Stabkranz usw.),
  G die höheren sensorischen oder Gefühls-Centren in der Gross-
      hirnrinde (Parietalgebiet),
  V die Vorstellungscentren in der Grosshirnrinde,

W die höheren motorischen oder Willens-Centren (centro-
motorisch und hemmend) ebenda,
M die niederen motorischen Centren,
P die Enden der Bewegungsnerven (Muskeln).

I. Impulsive Bewegungen. Dieselben sind von allen anderen Bewegungen dadurch zu unterscheiden, dass sie ohne vorherige periphere Erregung ausschliesslich durch die in den motorischen Centren niederster Ordnung stattfindenden nutritiven
und sonstigen organischen Processe verursacht werden: *M P*.
Es sind Bewegungen, welche bereits der Embryo ausführt und
zwar so früh wie keine anderen, zu einer Zeit, da er noch gar
nicht durch periphere Reize zu einer Bewegung veranlasst werden
kann, seine centripetalen Bahnen noch nicht gangbar oder noch
nicht einmal gebildet, die Ganglienzellen noch nicht ausgebildet
sind. Beim Geborenen können solche rein centromotorische
Impulse lange nach völliger Ausbildung der Centren, neben den
von diesen ausgehenden Erregungen, fortbestehen, besonders im
Schlafe. Alle diese Bewegungen sind unbewusst.

II. Reflex-Bewegungen. Sie erfordern periphere Erregungen, Sinneseindrücke, und centripetale, intercentrale und centrifugale Bahnen: *R S M P*, treten daher beim Embryo der
höheren Thiere erst auf, nachdem mindestens zweierlei miteinander verbundene Centren niederer Ordnung gebildet sind,
sensorische und motorische. Alle Reflexbewegungen folgen unter
normalen Verhältnissen mit sehr grosser Geschwindigkeit auf den
Sinneseindruck und werden erst, nachdem sie stattgefunden
haben, bewusst, können aber auch ganz unbewusst bleiben.

III. Instinct-Bewegungen. Diese benöthigen gleichfalls das
Vorhandensein von gewissen Sinneseindrücken und wenigstens
dreierlei Centren, die miteinander in morphologischer Verbindung stehen. Niedere sensorische, höhere sensorische und
niedere motorische Centren müssen zusammenwirken, um die
einfachste Instinct-Bewegung zu Stande kommen zu lassen:
R S G M P. Denn diese Bewegungen entstehen nur, nachdem
zuerst eine Empfindung und dann ein Gefühl, das den motorischen
Impuls lieferte, vorausgegangen sind. Es muss der Instinct-
bewegung ein Zustand vorausgehen, für welchen ich keine passen-
dere Bezeichnung als das Wort „Stimmung" finde. Doch ist
die Ausbildung des Grosshirns nicht für alle Instinctbewegungen
erforderlich, beispielsweise nicht für das Saugen, welches darum

schon den echten Reflexen nahesteht. Alle Instinctbewegungen
haben ein Ziel, sind aber als solche, ehe und während sie stattfinden, unbewusst, und alle sind erblich. Wenn also ein Mensch
oder ein Thier eine Bewegung ausführt, welche von den Vorfahren niemals ausgeführt worden ist, dann kann dieselbe nicht
instinctiv sein. Dieses dient zur Unterscheidung von anderen
Bewegungen, wobei aber zu bedenken, dass viele Bewegungen
des Kindes von den Vorfahren ausgeführt worden sein können,
welche nicht im Geringsten instinctiv sind. Die ideomotorischen
Bewegungen Hypnotisirter sind instinctive Bewegungen, welchen
das Merkmal der Erblichkeit fehlt.

IV. Vorgestellte Bewegungen. Als niedrigste Form und
Ausgangspunkt dieser bereits charakterisirten Gruppe sind anzusehen imitative Bewegungen oder Nachahmungen. Sie sind
an sinnliche Wahrnehmungen nothwendig gebunden und erheischen
zum Mindesten viererlei Centren, niedere und höhere sensorische,
und höhere und niedere motorische ($R\,S\,G\,V\,W\,M\,P$ und
$V\,W\,M\,P$, also fünf, wenn G und V getrennt sind). Die
centrifugalen Bahnen gehen nach Meynert wahrscheinlich sämmtlich von der Rinde durch den Streifenhügel und den Hirnschenkel-
fuss, nach Anderen aber auch direct in die Vorderstränge des
Rückenmarks. Für das Zustandekommen der einfachsten Nachahmung, also der einfachsten vorgestellten Bewegung, muss der
Sinneseindruck vorher zeitlich-räumlich-causal verarbeitet sein,
das heisst zur Bildung einer Vorstellung geführt haben, und
diese Vorstellung wirkt dann motorisch; sie ist bestimmend für
die Erregung der motorischen Centren und der Muskeln, welche
den Sinneseindruck reproduciren. Nachahmungen sind daher im
normalen wachen Zustande immer bewusst, sie können unbewusst
sein nur in diversen Zuständen partiellen Schlafes. Dann sind
aber jedesmal viele bewusste Nachahmungen vorhergegangen.
Eine Betheiligung der Grosshirnrinde ist gewiss, während alle
Bewegungen erster und zweiter, viele dritter Ordnung ohne
dieselbe zu Stande kommen.

Ausser diesen vier Bewegungsarten des Kindes sind noch
die zahlreichen von den Angehörigen herbeigeführten passiven
Bewegungen des Säuglings für dessen Willensbildung wichtig.
Durch die dabei erfolgenden elastischen und contractilen Muskel-
verkürzungen, sowie die Muskelverlängerungen bei den Dehnungen
und Erschlaffungen entstehen Bewegungs-Empfindungen und

daraus Bewegungs-Wahrnehmungen, sowie die Fragen wo? (im Körper)? und wann? Muskeln gedehnt, elastisch verkürzt, physiologisch contrahirt, physiologisch erschlafft sind, zur Beantwortung kommen. Dabei wird die Bewegungsvorstellung erzeugt. Die Ursache der Spannungsänderung tritt in das Bewusstsein, zum Beispiel: ich falle, steige, fahre vorwärts, rückwärts, nach rechts usw. Aber bei gleicher Muskelspannung sind entgegengesetzte Ursachen möglich, daher hat die Phantasie einen grossen Spielraum.

Durch künstliche Reizung der Bewegungsnerven in ihrem Verlauf erzeugte Muskelcontractionen kommen nicht in Betracht. Aus den genannten Bewegungsarten lassen sich alle anderen centromotorischen ableiten, indem man sowohl die Ausdrucks-Bewegungen, als auch die Gesammtheit der specifisch willkürlichen, nämlich überlegten Bewegungen, theils durch die häufige Wiederholung, Concurrenz und Vereinigung der genannten vier Arten, theils durch Modificationen derselben nach Variirung der Sinneseindrücke, Gefühle und Vorstellungen entstanden denken kann. Den beiden ersten Bewegungsarten liegen nur physische, den beiden letzten ausserdem psychische Ursachen zu Grunde.

Hemmungen der Entladungen motorischer Impulse beim Kinde mit fertig ausgebildetem Willen kommen, wie beim Erwachsenen, zu Stande in folgender Weise:

$$\text{1) } RSM, \text{ 2) } RSWM, \text{ 3) } RSGM,$$
$$\text{4) } RSGWM, \text{ 5) } RSGVWM$$

und nach sehr häufiger Wiederholung auch ohne unmittelbar vorhergegangene Sinnesnervenerregung RS.

Es lassen sich keine weiteren unmittelbaren Ursachen für die Bewegungen des Kindes nennen, als diese vier: 1) centrale rein physische Reize, 2) periphere rein physische Reize, 3) Gefühle, 4) Vorstellungen. Sie entsprechen den obigen Gruppen. Wenn trotzdem die expressiven oder Ausdrucks-Bewegungen und die überlegten Bewegungen im Folgenden für sich abgehandelt werden, so geschieht es nur aus äusserlichen Gründen, um die ohnehin schwierige Darstellung der Thatsachen nicht zu sehr zu compliciren. An sich können die absichtlichen, willkürlichen, überlegten Bewegungen von anderen nicht physiologisch getrennt werden, weil sich kein durchgreifendes objectives Merkmal der Unterscheidung angeben lässt, eine nicht-willkürliche Bewegung vielmehr dadurch zur willkürlichen wird, dass nur etwas Psychisches, eine besondere Thätigkeit der Centralorgane höchster Ordnung hinzukommt, welche an der Bewegung selbst nichts ändert, es sei denn, dass sie dieselbe mitunter etwas verzögert und weniger harmonisch macht. In Wahrheit besteht zwischen der willkürlichen und künstlichen elektrischen Nervmuskelerregung ebensowenig ein physischer Unterschied, wie zwischen den Schwingungen der Luft eines gesungenen und eines künstlich erzeugten Vocals. Ist einmal der Hahn des Gewehres in Bewegung gesetzt, dann erfolgt der Schuss jedesmal in derselben Weise, gleichviel ob er gewollt war oder nicht, ob er ein Ziel hatte oder nicht.

Nur die Muskelbewegungen vor der Geburt und in der ersten Zeit nach derselben haben einen etwas anderen Verlauf, als die späteren. Denn wie Soltmann zuerst feststellte, ist die Erregbarkeit der Bewegungsnerven Neugeborener geringer als die Erwachsener und übertrifft (bei Haussäugethieren) erst mehrere Wochen nach der Geburt die letzterer. Die Muskeln des Ungeborenen und Neugeborenen verhalten sich ähnlich wie ermüdete Muskeln Erwachsener. Damit hängt die eigenthümliche Trägheit der Bewegungen in der allerersten Zeit ohne Zweifel zusammen, eine Trägheit, die mit der späteren Lebendigkeit den grössten Contrast bildet und im Übergangsstadium, gerade wie bei dem aus dem Winterschlaf erwachenden Hamster, durch auffallend schnelle, fast stossweise erfolgende Streckungen der Arme und Beine unterbrochen wird.

NEUNTES CAPITEL.

Impulsive Bewegungen.

Obgleich es den Extremitäten-Bewegungen des ungeborenen und des eben geborenen Kindes an einem charakteristischen Merkmal fehlt, durch welches dieselben sich sofort als impulsiv zu erkennen geben könnten, müssen sie, ebenso wie alle späteren impulsiven Bewegungen, von den Reflexen, den Instinct-, Nachahmungs- und sonstigen Bewegungen scharf unterschieden werden, weil ihnen die Kennzeichen der letzteren fehlen.

Reflectorisch sind die Bewegungen der Arme und Beine des Fötus und Neugeborenen dann, wenn ein peripherer Reiz, und sei es nur die Berührung der Uteruswand, ihnen unmittelbar vorhergeht. Wie aber kommt die erste embryonale Bewegung zu Stande? Dass sie nicht durch passive Berührung verursacht sein kann, hat mir eine eingehende Beobachtung des Hühnchens im Ei gezeigt. Hier finden zuerst nur Rumpf-, dann auch Extremitäten- und Kopf-Bewegungen statt, genau wie bei dem unversehrten Forellen-Embryo und ähnlich wie beim Frosch-Embryo im Ei, ohne die geringste Änderung in der Umgebung und lange bevor die Reflexerregbarkeit überhaupt da ist, worüber das Nähere in meinem Buche über die „Specielle Physiologie des Embryo" (1885) mitgetheilt ist. Die Ursache dieser merkwürdigen primitiven Bewegungen des Rumpfes ungeborener Thiere muss also in ihnen selbst gelegen sein und kann nicht von einer Rückwirkung der oberflächlichen Theile auf die centralen hergeleitet werden. Dasselbe muss vom menschlichen Embryo gelten.

Instinctiv sind die impulsiven Bewegungen nicht, weil sie kein Ziel haben. Man kann sie weder als direct nützlich oder vortheilhaft bezeichnen, wie sie denn auch höchst unregelmässig auftreten, noch überhaupt zweckmässig nennen. Es kommt sogar vor, dass durch heftiges Hin- und Herfahren mit den

Armen und Beinen das sehr kleine Kind sich geradezu selbst
schädigt. Im Schlafe stösst es sich mit der Hand gegen das
Auge, wälzt sich, fest schlafend, unzweckmässig hin und her,
so dass es mit dem Kopfe gegen das harte Holz schlägt und
sich weckt oder im Traume aufschreit. Einmal sah ich, wie
mein fest schlafendes Kind (von 16 Monaten) rasch die linke
Hand hob und zufällig mit ihr gegen das linke Auge so stiess,
dass das Lid gehoben wurde. Das Kind schlief mit einem offenen
Auge — mit stark verengter Pupille — noch lange Zeit und
entfernte dann die Hand ohne zu erwachen ebenso zufällig,
worauf das Lid sich wieder senkte. Das Auge bewegte sich nicht,
trotz des Lichtreizes. In diesem Falle ist die zuckende Hebung
des Armes erst in die Luft, dann an das Auge, impulsiv und
fast gefährlich zu nennen, aber nicht instinctiv. Ausserdem
sind alle reinen Instinctbewegungen coordinirt, die impulsiven
Bewegungen überwiegend uncoordinirt.

Expressiv können die impulsiven Bewegungen darum nicht
sein, weil vor der Geburt Gemüthszustände, welche dadurch
zum Ausdruck kommen könnten, nicht angebbar sind, und der
vermeintliche Sitz solcher Erregungen im Gehirn, sogar das
ganze Gehirn, fehlen kann, ohne dass die impulsiven Bewegungen
der Extremitäten die geringste Veränderung zeigen, wie ich an
Thierembryonen constatirte und wie es durch die Bewegungen
kopfloser und hirnloser menschlicher Missgeburten bewiesen ist.
Auch passt auf sie das Attribut willkürlich nicht, weil es
noch an Vorstellungen ihres etwaigen Erfolges fehlt, imitativ
nicht, schon weil das Vorbild fehlt. Von Soltmann ist ausserdem
durch viele Experimente bewiesen worden, dass beim neugeborenen Hunde nach mannigfaltiger Reizung der Grosshirnrinde
gar keine Bewegungen der Extremitäten-, Gesichts-, Nacken-,
Rücken-, Bauch- und Schwanz-Muskeln hervorgerufen werden,
diese vielmehr erst vom zehnten Tage an, nachdem die Thiere
sehend geworden, eintreten. Dem entsprechend hatte auch die
Zerstörung der den motorischen Rindengebieten älterer Thiere
entsprechenden Stellen vom ersten bis neunten Tage keine
Wirkung. Es trat keine Ataxie, Lähmung, Störung des Muskel-
sinnes ein, bis auch die elektrische Erregbarkeit des Gehirns da
war. Die Muskelbewegungen der blinden neugeborenen Hunde
sind also schon aus diesem Grunde ganz unabhängig von der
Grosshirnrinde, wie von peripheren Reizen, sie sind impulsiv.

Es bleibt nichts übrig, als eine innere durch die organische

Beschaffenheit des Rückenmarks gegebene, in frühen Embryonal-
stadien mit der Differenzirung und dem Wachsthum desselben
und des Muskelsystems verbundene Ursache der impulsiven Bewegungen anzunehmen. Es muss mit der Bildung der Be-
wegungsganglienzelle im Rückenmark und Halsmark eine gewisse
Quantität potentieller Energie sich anhäufen, welche schon
durch den Blutstrom oder Lymphstrom oder die rasch fortschreitende Gewebsbildung, mit der zunehmenden Gewebs-
spannung ungemein leicht in actuelle Energie umgesetzt wird.

So schwer sich im späteren Leben Bewegungen des Menschen
angeben lassen, welche in keiner Weise durch periphere Erregungen mittelbar oder unmittelbar zu Stande kämen — hier
liegen sie vor. Und es ist bemerkenswerth, dass impulsive
Bewegungen, welche vor der Geburt überwiegen und bei allen
Neugeborenen constant vorkommen, schon während der Säuglingszeit abnehmen und in dem Maasse, als der Wille sich entwickelt, zurücktreten, bis schliesslich mit immer zunehmender
willkürlicher Hemmung des ursprünglichen jugendlichen Be-
wegungstriebes fast nur noch im traumlosen Schlafe und beim
Erwachen solche Muskelthätigkeit vorkommt.

Man findet in den Lehrbüchern kaum eine Notiz über diese
eigenthümlichen centromotorischen Erregungen, welche doch
gerade für die Willensbildung von der grössten Bedeutung sind.
Erst Alexander Bain hat sie (1859) von anderen unterschieden.
Er nennt sie automatisch und spontan. Da er aber dazu auch
die aus Muskelgefühlen bei jungen Kindern und Thieren re-
sultirenden Bewegungen rechnet, welche auf den Zustand der
Muskeln, also periphere Erregungen, zurückzuführen sind, so
kann ich nicht ganz mit ihm übereinstimmen. Denn rein impulsiv nannte ich (in meiner Abhandlung „Psychogenesis"
1880) und nenne ich ausschliesslich die aus der fötalen Beschaffenheit der motorischen Centren hervorgehenden Muskelcontractionen, welche bereits vorhanden sind, ehe centripetale
Reize wirken, also auch ehe Muskelgefühle da sein und excito-
motorisch sich geltend machen können.

Die Zahl solcher Bewegungsarten ist nicht gross. Ausser
denen der Ungeborenen sind folgende anzuführen.

Das bald rasche, bald langsame, meist uncoordinirte, manchmal coordinirte Ausstrecken und Beugen der Arme und
Beine des Ebengeborenen ist nichts anderes, als eine Fortsetzung der intrauterinen Bewegungen und hat nach meinen

Beobachtungen eine auffallende Ähnlichkeit mit den Extensionen und Flexionen der Gliedmaassen aus tiefem Winterschlaf plötzlich erwachender Thiere. Diese, wie die schlafenden Kinder (und zwar noch ausgeprägt im sechsten Vierteljahr), machen echte fötale Bewegungen, welche aussehen, als wenn sie gegen einen unsichtbaren Widerstand gerichtet wären. Das Zucken ist übrigens im Schlafe nicht so häufig wie die trägen Contractionen mit Spreizen und Beugen der Finger, welche gegen Ende des zweiten Jahres (wahrscheinlich bei allen gesunden Kindern) gleichfalls seltener werden und vom Anfang an meistens asymmetrisch sind.

Das Recken der Glieder sogleich nach dem Erwachen, welches ich in der zweiten Woche wiederholt sah, unterscheidet sich oft nicht von diesen Bewegungen. Es bleibt sich jahrelang fast gleich. Im 20. Monat sah ich es ausgeprägt eintreten, ohne dass Erwachen folgte.

Die Augenbewegungen vor dem Aufschlagen des Auges beim Erwachen, namentlich Seitenwendungen des Augapfels, sind impulsiv. Ich sah diese Bewegungen, welche nicht durch Licht bedingt sein können, noch bei Erwachsenen. Unter den Lidern bewegten sich die Augäpfel lebhaft hin und her, und zwar auch asymmetrisch. Die Lider wurden auch mitunter halb geöffnet, ohne Unterbrechung des Schnarchens (im zweiten Monat).

Die Bewegungen des Neugeborenen und Säuglings im Bade, welches sehr nahe dieselbe Wärme wie das ihn immerwährend vor der Geburt umgebende Fruchtwasser hat, können nicht als einfach reflectorisch bezeichnet werden. Man kann zwar in ihnen bereits den Anfang von Ausdrucksbewegungen, nämlich Lustäusserungen, sehen, um so mehr als dazu regelmässig ein höchst befriedigter Gesichtsausdruck (auch Mundspitzen) kommt, aber diese Bewegungen im Bade sind lange (im vierten Monat noch) zum grössten Theil geradeso unzweckmässig, sinnlos und asymmetrisch wie am ersten Tage. Bisweilen nimmt der Rumpf mit halben Drehungen und Hebungen daran Theil, und zwar schon im zweiten Monat.

Darin liegt nichts Expressives. Auch pflegt der Säugling noch im zweiten Vierteljahr, wie am ersten Tage, wenn man ihn sich selbst überlässt, im warmen Bade und beim Einschlafen vorzugsweise den Armen und Beinen fast dieselbe Stellung zu geben, die sie vor der Geburt einnahmen. Die Beinstellung bleibt noch viel länger die fötale.

Eine fernere impulsive Muskelthätigkeit lehrt die Beobachtung des noch leeren Mienenspiels schlafender Säuglinge kennen. Sie bewegen, ohne zu erwachen, sehr häufig die Gesichtsmuskeln, besonders die Lippen und Augenlider, und zwar meistens, wenn auch fratzenhaft, bilateral-symmetrisch, sogar ohne dass das Schnarchen eine Unterbrechung erfährt.

Mit den Armen schlagen die wachen Säuglinge sehr kraftvoll (im dritten Vierteljahr) um sich, ganz zwecklos, während für die Beine häufiger, im Bett und im Bade zumal, leidlich gleichmässiges alternirendes Strecken und Beugen die Regel ist.

Doch muss bemerkt werden, dass die bilateral-symmetrische Bewegung der Gesichtsmuskeln und der Arme bei Reflexen sehr viel früher und entschiedener auftritt, als die der Beine. Auch die Abductionen, Adductionen, Supinationen und Rotationen der Arme erscheinen früher, als die der Beine, in mannigfaltiger Abwechslung deutlich. Bei einem sehr starken Kinde sah ich in der ersten halben Stunde seines Lebens, dass der Mund gespitzt und coordinirt-symmetrisch auf- und zugemacht wurde. Das Stirnrunzeln und Augenzukneifen in der ersten Lebensstunde ist aber nicht jedesmal impulsiv, sondern namentlich letzteres oft reflectorisch. Nur die wunderlichen asymmetrischen Grimassen wacher Neugeborener sind wahrscheinlich rein impulsiv. Es ist mir dabei die Unbeweglichkeit der Nase aufgefallen, die ich erst im siebenten Monate bewegt werden sah, abgesehen natürlich von der schon sehr frühen Erweiterung der Nasenöffnungen mittelst des Nasenflügelhebers (S. 71) als Reflex und als Mitbewegung beim Schnaufen, Saugen und erschwerten Athmen.

Das Krähen und andere ähnliche Stimmübungen sind im ersten Jahre oft als Entladungen aufgehäufter motorischer Impulse anzusehen, welche ebenso wie das Quicken neugeborener Thiere und das Piepen des Hühnchens im Ei nicht durch periphere Erregungen allein hervorgerufen sein können. Sehr kleine Kinder bleiben selten länger als eine Stunde stumm, ausser wenn sie schlafen oder krank sind. Gerade wie die Muskeln der Arme und Beine, des Gesichts und der Augen werden die Athmungs-, Zungen- und Kehlkopf-Muskeln ohne Zweck centromotorisch in Thätigkeit gesetzt. Der Säugling ergötzt sich an den Lall-Monologen und zwar nicht allein an dem von ihm erzeugten Schall, sondern auch an den Lippen- und Zungen-Bewegungen. Denn das Kind flüstert oft für sich und die blindtaube Laura Bridgman wieder-

holte für sich viele Laute, die sie nicht hören konnte. Im ersten
Jahre ist bei allen gesunden Kindern die Übung der Muskeln
das nützliche Resultat solcher Lebhaftigkeit, welche für sich
betrachtet zwecklos erscheint. Ein Erwachsener würde auf dem
Rücken liegend dieselben anhaltenden Bewegungen wie das
sieben- bis zwölfmonatliche Kind nicht ohne starkes Ermüdungsgefühl ausführen können, und wenn man bedenkt, dass jenes
ausserdem bei jedem Geräusch, jeder Änderung in seiner Nähe,
aufmerksam den Kopf wendet und schreit, dann erscheint die
Summe der Nervenerregungen beim Einjährigen relativ viel
grösser, als beim Erwachsenen, der weniger überflüssige Bewegungen macht und gegen gewöhnliche Sinneseindrücke abgestumpft ist.

Dazu kommen noch Mitbewegungen kleiner Kinder.

Es lässt sich in einzelnen Fällen kaum entscheiden, ob
gänzlich unnütze Bewegungen (wie die S. 17 und 18 beschriebenen), namentlich der Gesichtsmuskeln, nur impulsiv oder
der Rest eines erloschenen Instincts oder Mitbewegungen sind.
Ein gutes Beispiel bietet das isolirte Emporhalten des kleinen
Fingers bei den ersten Versuchen des Kindes, den Suppenlöffel
allein an den Mund zu führen. Im 18. Monat wurde diese
zierliche Bewegung von meinem Knaben ohne den geringsten
Anlass und ohne dass irgend jemand in der Nähe vorher die
Bewegung gemacht hätte, ausgeführt. So überraschend sie
anfangs erschien — von der Zeit an kam sie oft vor — ich
kann nicht annehmen, dass hier eine Nachahmung unbekannter
Vorbilder vorliegt, weil das Kind dabei nicht im Geringsten auf
den Finger achtete, vielmehr war seine ganze Aufmerksamkeit
einzig auf den Transport des Löffelinhalts in den Mund gerichtet.
Wahrscheinlich trat das Gerade-in-die-Luft-Strecken des kleinen
Fingers als eine Mitbewegung (ungleichsinnig zu der Bewegung
der anderen Finger) ohne die Kenntniss des Kindes ein. Im
dritten Jahr war sie nur noch sehr selten zu sehen und auch dann
offenbar unbewusst. Sie für vererbt zu halten, liegt kein Grund vor.

Eine andere, noch auffallendere, völlig zwecklose und dazu
genau bilateral-symmetrische Bewegung beobachtete ich im
ersten Jahre öfters, und zwar noch im letzten Monat desselben.
Wenn nämlich mein Kind in der Rückenlage auf weichem Lager
die Saugflasche erhielt, welche die Wärterin, in geneigter Stellung
sie haltend, nicht aus der Hand gab, dann pflegte es fast jedesmal die geschlossenen Hände empor zu strecken, unter recht-

winkeliger Beugung des Unterarmes gegen den Oberarm, welcher auf dem Kissen oder der Decke ruhte. Und in dieser sonderbaren Stellung verharrte das Kind bis es die Flasche ausgetrunken hatte. Musste es (gegen Ende des ersten Jahres) selbst mit einer Hand der Saugflasche eine andere Richtung geben oder sie halten, dann verblieb der dabei nicht betheiligte Arm in der eigenthümlichen Position. Mit der Greifstellung hat dieselbe gar keine Ähnlichkeit, scheint vielmehr eine mit höchster Anspannung der Aufmerksamkeit einhergehende Mitbewegung zu sein. Liess man (im 16. Monat) das Kind aus einem Glase trinken, das ihm an den Mund gehalten wurde, dann pflegte es die Hände vorzustrecken und alle Finger zu spreizen und während des Trinkens die dazu erforderlichen Muskelcontractionen nicht zu unterbrechen, was sich sehr eigenartig ausnahm und schon eher an Greifen erinnern konnte.

Ausserdem machen alle kleinen Kinder unbeständige Mitbewegungen verschiedener Art, namentlich wenn sie neue Klänge, Musik, Gesang hören. Sie bewegen dabei gern die Arme auf und ab. Auch bei Spielen, wenn man vor ihren Augen einen Krug mit Deckel auf- und zumacht, wird oft eine entsprechende Bewegung mit der Hand vor, während und nach dem Zuklappen ausgeführt, nachdem einmal die ersten Beobachtungen gemacht sind (im achten und neunten Monat). Es handelt sich hierbei nicht um Nachahmungsversuche, sondern um reine Mitbewegungen. Das Kind sieht und hört oder schmeckt etwas Neues, spannt seine Aufmerksamkeit an und hat ein (angenehmes) Gefühl befriedigter Neugier. Dieses Gefühl führt zu der motorischen Entladung. Besonders bei neuen Geschmackseindrücken im vierten Jahre zeigte sich bei meinem Knaben eine derartige Bewegung oft: ein seitliches Hin- und Hergehen des rechten Unterarmes zwei- bis viermal in der Secunde während des Schmeckens einer begehrten neuen Speise.

Alle derartigen Mitbewegungen, die schon den Reflexen nahe stehen, sind nicht mehr rein impulsiv, weil ihr Zustandekommen einer peripheren Erregung bedarf und Gefühle mitwirken. Hingegen sind die unbeholfenen als „drollig und possirlich" bezeichneten Kopf- und Bein-Bewegungen der neugeborenen Hündchen, überhaupt der meisten neugeborenen Säugethiere, rein impulsiv. Auch das Zittern derselben im warmen Lager (S. 132 m) gehört hierher.

ZEHNTES CAPITEL.

Reflexbewegungen.

Die von mir an zahlreichen Thierembryonen festgestellte Thatsache, dass durch noch so starke und noch so sehr variirte Reize in frühen Entwicklungsstadien keine Reflexbewegungen hervorgerufen werden können, während schon Bewegungen, namentlich Beugungen und Streckungen des Rumpfes, regelmässig aus inneren Ursachen stattfinden, beweist die Unhaltbarkeit einer verbreiteten Ansicht, welcher zufolge alle Bewegungen des Neugeborenen nur reflectorisch sein sollen. Der eben geborene Mensch hat sogar in mehrfacher Hinsicht eine geringere Reflexerregbarkeit, als der Säugling später zeigt, und bewegt sich doch lebhaft.

Nichtsdestoweniger sind viele Reflexbewegungen des Neugeborenen bereits stark ausgeprägt, entsprechend der schon vor der Geburt, im letzten Stadium der fötalen Entwicklung, rasch zunehmenden Reflexerregbarkeit, und sie haben eine sehr grosse psychogenetische Bedeutung, weil durch ihre häufige Wiederholung das harmonische Zusammenwirken vieler Muskeln als Mittel, Schädlichkeiten und Unlust-erregendes abzuwehren, bald vervollkommnet und die Willensausbildung durch diese Coordinationen ermöglicht wird. Unzweideutig zeigt sich dann später die Kraft des werdenden Gehirnwillen-Apparates in der Hemmung von Reflexen. Letztere müssen schon aus diesem Grunde vorher in grosser Zahl stattgefunden haben, so dass hin und wieder auch nachtheilige Wirkungen entstanden und zum Beispiel die Erfahrung gemacht wurde: „Schreien nützt nichts, Schreien bringt Nachtheile, also besser das heftige laute Ausathmen unterdrücken!" Durch derartige logische Operationen lange vor der Spracherwerbung wird der Grund zur Selbstbeherrschung gelegt, welche wesentlich auf Reflexhemmung beruht.

Der Beginn reflectorischer Muskelzusammenziehungen fällt in eine sehr frühe Entwicklungsphase vor der Geburt. Es ist möglich, durch äussere Eindrücke, schon durch längeres Palpiren, Fruchtbewegungen in der späteren Fötalzeit hervorzurufen und zu steigern. Ich halte es auch nach meinen Beobachtungen für sicher, dass unsanftes Betasten während der Geburt, besonders bei spärlichem Fruchtwasser, vorzeitige Athembewegungen des Kindes hervorrufen und dadurch dessen Leben gefährden kann, was Hebammen und Ärzte zu beachten haben.

Schon früh fängt das Ungeborene an zu schlucken. Das Hühnchen im Ei macht am elften Brüttage Schluckbewegungen und kann, ehe von ihm irgend etwas sichtbar ist, am 21. Tage der Bebrütung durch einen Nadelstich, durch Abkühlung und andere Eingriffe zu lautem Piepen gebracht werden, wie das frühgeborene Kaninchen und Meerschweinchen zum Quieken durch elektrische Reizung, falls nur die Lungenathmung begonnen hat. Ich habe sogar den Embryo des letzteren im unversehrten Ei (in warmer sehr verdünnter Kochsalzlösung), ehe (bei erhaltener Placentarcirculation) ein Athemzug gemacht worden war, nicht nur auf leise Berührungen bilateral-symmetrische Reflexe mit den Extremitäten ausführen gesehen, sondern auch wiederholt constatirt, dass in diesem Falle eine Berührung der Lippe, zumal der Spürhaare, eine zweckmässige Wischbewegung mit der Vorderpfote derselben Seite (im Fruchtwasser) zur Folge hat, also eine später sehr häufige Bewegung. Sie erweist sich durch diese Beobachtung als völlig erblich. Wird aber die Berührung der Lippe oder einer beliebigen Hautstelle zum Stich und Druck gesteigert, dann tritt leicht eine Einathmung ein und damit ändert sich die Reflexthätigkeit.

Eine Reihe von neuen Reflexen beginnt auch mit der Geburt des Menschen durch die Athmung.

Der erste Schrei und andere Athmungsreflexe.

Der erste Schrei des Neugeborenen wurde früher zwar für nichts weniger als reflectorisch angesehen; es ist jedoch jetzt sicher, dass diese erst laute Ausathmung eine reine Reflexwirkung ist. Kant schrieb (gewiss ohne selbst eben geborene Kinder und Thiere beobachtet zu haben): „Das Geschrei, welches ein kaum geborenes Kind hören lässt, hat nicht den Ton des

Jammerns, sondern der Entrüstung und aufgebrachten Zorns
an sich; nicht weil ihm Etwas schmerzt, sondern weil es Etwas
verdriesst: vermuthlich darum, weil es sich bewegen will und
sein Unvermögen dazu gleich als eine Fesselung fühlt, wodurch
ihm die Freiheit genommen wird. — Was mag doch die Natur
hiermit für eine Absicht haben, dass sie das Kind mit lautem
Geschrei auf die Welt kommen lässt, welches doch für dasselbe
und die Mutter im rohen Naturzustande von äusserster
Gefahr ist? Kein Thier aber, ausser dem Menschen (wie er
jetzt ist), wird beim Geborenwerden seine Existenz laut an-
kündigen."

Diese merkwürdig irrige Auffassung ist vielfach commentirt
worden und noch gegenwärtig meinen Viele, es habe das Wimmern
und Schreien des Ebengeborenen eine höhere psychische Bedeutung. Alle derartigen Auslegungen scheitern aber an der
Thatsache, dass auch Neugeborene, denen das Gehirn fehlt,
schreien und manche gesunde Neugeborene beim Eintritt in die
Welt nicht schreien, sondern niesen. In beiden Fällen muss
eine starke periphere Erregung, etwa die plötzliche Abkühlung
und die Reibung des Rückens, den exspiratorischen Reflex verursachen. Ein ohne Gehirn geborenes Menschenkind liess rauhe
Töne hören, als ich ihm den Rücken rieb, und ich habe bei
neugeborenen Säugethieren bemerkt, dass sie mit derselben
maschinenmässigen Regelmässigkeit, wie der enthirnte Frosch,
ihre Stimme hören lassen, wenn man nur den Rücken streichelt.
Auch ist bekannt, dass viele Thiere in der Geburt und sogleich
nach derselben schreien. Namentlich blöken die Kälber nicht
nur unmittelbar nachdem sie den mütterlichen Körper verlassen
haben, normaler Weise, sondern, wie erfahrene Landwirthe
versichern, oft schon während der Geburt. Ziegen schreien oft
sofort nach derselben.

Die rein reflectorische Bewegung des Niesens (S. 73) ist
bei Neugeborenen und Säuglingen häufig und ebenfalls beim
hirnlos geborenen Menschen beobachtet. Sie beweist einen sehr
festen altererbten Zusammenhang der Nasalzweige des Trigeminus
mit den motorischen Exspirationsnerven und ist darum, wie das
Schlucken, merkwürdig, weil sie eine angeborene complicirte
Coordination vieler Muskeln benöthigt. Bei Beobachtungen über
die Reflexerregbarkeit ist das Niesen der Säuglinge ein besseres
Zeichen des Reizerfolges, als andere Bewegungen. Am 38. Tage
sah ich, wie einige Tropfen lauwarmes Wasser, die auf die

Stirn getröpfelt wurden, am 43., dass Spuren von Bärlappsamen, am 170., dass blosses Anblasen Niesen bewirkte. Erwachsene zeigen nicht leicht eine solche Empfindlichkeit. Die Augen werden beim Niesen kleiner Kinder jedesmal geschlossen (ebenso bei Affen nach Darwin), weshalb, ist nicht genügend aufgeklärt. Donders fand, dass die Füllung der Blutgefässe des Auges durch den Lidschluss gemindert wird. Das Schliessen der Augen bei heftiger Ausathmung erscheint hiernach zweckmässig. Es ist aber rein reflectorisch. Champneys, der seinen Sohn die ersten neun Monate hindurch beobachtete, fand, dass das Niesen stets von heftigen Bewegungen aller Glieder begleitet war, indem die Schenkel gebeugt und die Vorderarme mit vorgeschobenen Ellenbogen gebogen waren: beachtenswerthe symmetrische Mitbewegungen, die jedoch nicht bei allen Säuglingen vorkommen.

Andere laute angeborene Ausathmungsarten sind bei ganz kleinen Kindern häufig, aber sie haben wie das Niesen keine psychogenetische Bedeutung, so das Schnaufen, eine Begleiterscheinung des Saugens, das Schnarchen (von mir am 24. Tage zuerst beobachtet), das bei allen Säuglingen in der ersten Zeit auffallende (auch beim hirnlosen Kinde von mir beobachtete) Gähnen mit weit aufgerissenem Munde, welches nur als eine verstärkte und vertiefte Einathmung den Athmungsapparat nach und nach in regelmässige Thätigkeit bringen hilft, indem es wahrscheinlich jedesmal nach einer Reihe von flachen Einathmungen compensatorisch auf einen stärkeren Athmungsreiz hin, oder wegen inzwischen gesteigerter Erregbarkeit des Respirationscentrums, eintrat. Einmal sah ich ein Kind an seinem siebenten Lebenstage gähnen, indem es den Mund sehr weit aufriss und zugleich die Augen fest zukniff, einige Secunden lang so verharrend. Es verzog überhaupt in wunderlicher Weise das Gesicht, wenn es beim Einschlafen gestört worden war. Ein unmittelbarer physiologischer Zusammenhang des Gähnens mit Lidschluss und Schläfrigkeit ist aber nicht nachgewiesen, es sei denn, dass man die durch Ermüdung auch der Athmungsmuskeln bedingte Zunahme des Sauerstoffbedürfnisses hierher rechnet, welche eine vertiefte Einathmung hervorrufen kann. Auch das von mir in einem Falle in der ersten Lebensstunde vollkommen deutlich wahrgenommene Husten gehört hierher, das Räuspern dagegen ist erworben, wie Darwin mit Recht bemerkt. Doch ist bei sehr jungen Säuglingen, welche etwa am vierten Tage husten, das unwillkürliche Husten thatsächlich von demselben

Erfolge wie das willkürliche Räuspern später. Das frühe unwillkürliche Ausstossen der Brustwarze nach dem Saugen mittelst
der Zunge ist sogar sehr viel geschickter, als das später willkürliche Ausstossen der Hülse einer im Munde zerdrückten und
ausgesogenen Weinbeere oder Stachelbeere. Doch wurde die
letztere complicirte Bewegung im 19. Monat recht geschickt
ausgeführt [S].

Schluchzen und Seufzen, zwei im späteren Leben psychisch
charakteristische Athmungsarten, haben beim Säugling nicht die
geringste expressive Bedeutung. Beide kommen normalerweise
erst spät vor. Seufzen bemerkte ich im siebenten Monat, und
zwar wiederholt, nachdem das Kind von der liegenden Stellung
in die aufrechte halb sitzende gebracht worden war. Seufzen
trat bei meinem Kinde oft (auch im zweiten Jahre) bei vergnügter Stimmung ein, ohne nachgeahmt zu sein.

Die Athembewegungen gehen zu Anfang des Lebens überhaupt ohne Bezug auf Emotionen vor sich. Das Wogen der
Brust im Affect, das Innehalten des Athems vor Spannung
kommt in der allerersten Jugend nicht vor. Die Respiration
des Säuglings verläuft aber in den ersten Wochen sehr unregelmässig, so dass derartiges vorgetäuscht wird. Beim Neugeborenen
bald stürmisch, bald ganz schwach, auch durch apnoische Pausen
unterbrochen, dann rhythmisch, kurze Zeit darauf wieder abwechselnd tief und flach, nähert sich die Athmung nur langsam
dem späteren Typus.

Zu Ende der siebenten Woche betrug die Zahl der Athemzüge während des Schlafes bei meinem Knaben 28 in der
Minute, in der dreizehnten 27. Sie blieben aber noch monatelang unregelmässig. Auf vier bis fünf schnelle Einathmungen
folgte oft eine Pause, die durch einzelne tiefe Athemzüge unterbrochen wurde. Je älter das Kind, um so regelmässiger die
Athembewegungen und um so geringer die Frequenz derselben.
Während des Zahnfiebers stieg sie (im neunten Monat) vorübergehend auf 40 und 42 in der Minute und betrug im 16. und
17. Monat während des Schlafes 22 bis 25 in der Minute. Von
nun an war der Typus überwiegend regelmässig: im 20. Monat
22 bis 23. Wenn aber irgend ein Geräusch entsteht, welches
nicht hinreicht, den ruhig schlafenden Säugling zu wecken, dann
steigt sofort die Athemfrequenz auf 25 bis 26, um bald wieder
auf 22 bis 23 zu sinken. Diese ausserordentliche Reflexempfindlichkeit des Respirations-Apparats habe ich oftmals wahr-

genommen (S. 65e). Sie ist merkwürdig, weil sie die Existenz eines Reflexbogens vom Hörnerven zu den Einathmungsnerven (der Zwischenrippenmuskeln und des Zwerchfells) beweist.

Die sehr langsame Consolidirung der ganzen Athmungs-mechanik bei allen Säuglingen hängt jedenfalls mit dieser hohen Reflexerregbarkeit zusammen. Im späteren Leben können stärkere und häufigere Reize einwirken ohne die geringste Änderung der Respiration. Da ferner die Athmung, wie die Herzthätigkeit, ohne Betheiligung des Willens nach und nach in regelmässigen Gang kommt, so liefert sie ein vortreffliches Beispiel für die Ausbildung einer höchst complicirten coordinirten unwillkürlichen Muskelthätigkeit, von der vor der Geburt normaler Weise keine Spur existirt. Diese Coordination ist aber, weil sie unmittelbar nach der Geburt durch genügend starke Erregung der Haut-nerven als unvollkommen periodischer Reflex beginnt, nicht nur erblich, sondern auch angeboren, jedoch nicht entfernt so perfect wie nach längerer Bethätigung.

Das Würgen und verwandte Reflexe.

Von aperiodischen Reflexen auf anderen Gebieten ist bei Säuglingen besonders häufig das Würgen, das Erbrechen und der Singultus, alle drei angeborene Bewegungen, welche sogleich in derselben Weise wie später ausgeführt werden.

Beim Würgen strecken ein- bis fünftägige Kinder die Zunge hervor, mit reflectorischer Hebung des Kehlkopfs, und machen Grimassen mit Aufsperren des Mundes und Hervorstrecken der Zunge, wie Erwachsene, wenn sie durch Würgen einen Fremd-körper aus der Speiseröhre entfernen wollen. Die gewöhnliche Ursache des Würgens bei Säuglingen scheint Ansammlung von Schleim zu sein, doch kann es auch durch Kitzeln des Gaumens und der Zungenwurzel und Benetzen derselben mit bitteren Stoffen (als Geschmacksreflex) am ersten Tage hervorgerufen werden (S. 77. 94e), ja sogar durch Benetzung der Oberlippe mit übelriechenden Stoffen (als Geruchsreflex? S. 102e) und später durch den Anblick verabscheuter Speisen (S. 98m).

Erbrechen tritt nach Überfüllung des Magens mit unge-eigneter Flüssigkeit (auch Ammenmilch) ein, sowie nach Ein-führung des Fingers in den Schlund. In der fünften Woche sah ich beides und bemerkte, wie ohne jeden äusseren Reiz die

kurz vorher genossene Milch als Springbrunnen von drei bis
vier Zoll Höhe aus dem Munde des auf dem Rücken liegenden
Kindes hervorquoll. Ructus sind schon in der ersten Woche
nicht selten. Sie können von verschluckter Luft herrühren.
Singultus beobachtet man bei Kindern im ersten Vierteljahre sehr häufig, viel öfter als bei Erwachsenen. Ich bemerkte
ihn bereits innerhalb der ersten 20 Stunden nach der Geburt.
Er kann beseitigt werden, indem ein halber Theelöffel lauwarmen
Zuckerwassers auf die Zunge gebracht wird. Nach dem Verschlucken dieser kleinen Menge sah ich sofort den hart-
näckigsten Singultus (in der zehnten Woche) aufhören, finde aber
keine Erklärung für die Wirkung dieses Hausmittels. Die Abwendung der Aufmerksamkeit reicht hier nicht aus, da andere
sinnliche Eindrücke nicht denselben Erfolg haben. — Der complicirte Reflexmechanismus für die Schluckbewegungen ist erblich und angeboren und schon sehr lange vor der Geburt beim
Menschen und Thier in Thätigkeit.

Die Reflexgesetze.

In psychogenetischer Beziehung wichtiger, als alle diese
typischen Reflexe, sind die bereits besprochenen reflectorischen
Augenbewegungen und die nach Hautreizungen, besonders Anblasen und Kitzeln, und nach Schalleindrücken eintretenden Bewegungen der Glieder und des Kopfes. Von ersteren war
bereits im ersten Abschnitt dieses Buches mehrfach die Rede;
bezüglich der letzteren hoffte ich durch häufiges Beobachten
schlafender Kinder bekannte Gesetzmässigkeiten, namentlich die
Pflüger'schen Reflexgesetze, wie bei enthirnten Thieren bestätigt zu finden. Ich wurde nach dem ersten Versuche (am
14. Lebenstage meines Kindes) in dieser Meinung bestärkt; denn
nach Berührung der linken Schläfe des schlafenden Kindes fuhr
es zusammen und mit der linken Hand gegen die berührte
Stelle (Gesetz der gleichseitigen Leitung für einseitige Reflexe).
In Pausen wiederholt gab dieser Versuch dreimal dasselbe
Resultat. Ebenso fuhr in der 14. Woche, als ich das rechte
Auge am Innenwinkel mit dem Fingernagel berührte, die rechte
Hand des Kindes gerade an diese Stelle und rieb das Auge;
aber als ich links berührte, blieb die linke Hand in Ruhe. Es
ist überhaupt ein Zufall gewesen, dass die kleine Hand gerade

die richtige Stelle traf, denn in anderen Fällen fuhr sie vorbei.
Im wachen Zustande trat keine Zuckung, keine Reflexbewegung
bei derselben Berührung ein, und die Wiederholung der Berührung am schlafenden Kinde an anderen Tagen hatte gleichfalls oft diesen negativen Erfolg oder unregelmässige wischende
Antwortbewegungen zur Folge (S. 79 e). Als ich in der siebenten
Woche die linke Schläfe des ruhig daliegenden Kindes berührte,
blieb der linke Arm unbewegt, aber der rechte machte eine
energische Bewegung nach vorn-oben-links, obwohl der linke
Arm ganz frei dalag. Woher die contralaterale Antwort? Vielleicht war das Sensorium thätig und localisirte noch ungenau,
oder die gleichseitige Reflexbahn war weniger leicht passirbar.
Ich habe solche unerwartete Antwortbewegungen in den beiden
esten Jahren mehrmals, sogar noch im 35. Monat am schlafenden
Kinde wahrgenommen, selbst dann, wenn links gekitzelt wurde,
der rechte Arm unter dem Körper des schlafenden Kindes lag
und der linke frei war.

Diese Beobachtung ist also gerade entgegengesetzt der von
Pflüger (1853), welcher einen schlafenden dreijährigen Knaben
am rechten Nasenloche kitzelte und sah, wie derselbe die rechte
Hand abwehrend erhob und das rechte Nasenloch rieb. Wurde
links gekitzelt, so nahm er die linke Hand. Nun legte er beide
Arme des auf dem Rücken liegenden schlafenden Kindes leise
neben den Körper, hielt den linken Arm durch sanften Druck
auf ein darauf gelegtes Kissen fest und kitzelte, mit seiner freien
Hand eine Feder haltend, das linke Nasenloch des Kleinen.
Sofort wurde der linke Arm bewegt, konnte aber nicht an das
Gesicht geführt werden. Nun verzog der Kleine das Gesicht und
suchte nach wiederholtem Kitzeln links mit der rechten Hand
das linke Nasenloch zu drücken, „während er sonst immer
die gleichseitige Hand gewählt hatte, wenn man ihn noch so
sehr und so lange kitzelte, bis er erwachte." Das „immer"
kann allgemein nicht gelten.

Oft sah ich aber auch im zweiten Jahre gleichseitigen Reflex.
So im 17. Monat: Ich berührte, während das Kind schlief,
den rechten Nasenflügel inwendig, sogleich fuhr die rechte Hand
dagegen und wischte, und als ich die linke Nasenöffnung berührt
hatte, ward sie sofort mit der linken Hand gewischt. Dann
trat bei Wiederholung des Versuchs keine Antwortbewegung des
schlafenden Kindes mehr ein.

Später hat O. Rosenbach das Verhalten der Reflexe bei

schlafenden Kindern beobachtet und namentlich ermittelt, dass
einige (Bauch-, Cremaster- und Patellar-Reflex) während des
festen Schlafes fehlen; er giebt aber das Alter der Kinder
nicht an.

Jedenfalls genügen die Versuche, die ich anstellte, um zu
zeigen, dass, unbeschadet der allgemeinen Gültigkeit der Pflüger-
schen Reflexgesetze, von kleinen Kindern Reflex-Umwege oft
versucht werden und erst viele Erfahrungen gemacht sein müssen,
ehe jene Gesetze rein hervortreten. Manchmal freilich über-
raschten mich sogleich die Versuche an fest schlafenden Säuglingen durch ihre Gesetzmässigkeit. Doch haben derartige einfache Versuche, die ich an mehreren Kindern wiederholte, und
die Beobachtung der selbständigen Bewegungen der Arme und
Hände Neugeborener mir nur wenige Beweise für das Vorhandensein vollständig ausgebildeter angeborener gleichseitiger
Reflexe nach einseitigem Reize gegeben. Der Trigeminus-Facialis-
Reflex ist ein solcher, da bei Berührung eines Auges sehr oft
in der ersten Lebensstunde nur dieses sich schliesst, das Spreizen
der Zehen nach Berührung der Sohle ein anderer (S. 81 e und
176 a). Die Reflex-Symmetrie wird durch die Erweiterung beider
Pupillen, wenn nur ein Auge beschattet wird, durch das
Schliessen beider Augen bei unsanfter Berührung eines Auges
oder eines Nasenflügels, durch Bewegungen beider Füsse, wenn
eine Fusssohle berührt worden ist (S. 81 e), als für Ebengeborene
gültig, also als erblich und angeboren erkannt (S. 6 ae), ebenso
das ungleich intensive Auftreten des Reflexes auf beiden Seiten
bei doppelseitigen Reflexen nach einseitigem Reiz durch die
stärkeren Bewegungen des Augenlides (nach Kitzeln eines Nasenflügels), sowie des Beines auf der gereizten Seite (S. 81 r. 82)
bestätigt. Aber das Gesetz der intersensitiv-motorischen Bewegung bedarf noch der Prüfung. Denn ihm zufolge dürfte
kein Reflex vom Trigeminus auf den Oculomotorius stattfinden.
Weckt man aber ein Kind durch Berührung des Augenlides,
so scheint die Hebung desselben reflectorisch zu geschehen.
Es fragt sich dabei, ob nicht vor dem Aufschlagen der Augen
jedesmal Bewegungen stattfinden. Ich habe, da ich Kinder
nicht ohne zwingende Gründe wecke, hierüber nicht experimentiren mögen.

Ferner waren bei zwei Kindern, die im ersten Halbjahr
an localisirten juckenden Hautausschlägen litten (an „Milchschorf‟
oder „Nachtbrand‟), die reflectorischen Bewegungen der Glieder

ganz unregelmässig und anfangs durchaus ungeeignet, dann nicht in allen Fällen geeignet, die Schmerzen oder das Kitzelgefühl zu lindern, abgesehen allenfalls von den Drehungen des am meisten behafteten Kopfes, der pendelartig hin und her bewegt wurde, wenn man die Arme festband (im vierten Monat). Manchmal wurde das Gesicht, wenn einmal die Arme Nachts die Fesseln abgestreift hatten, an mehreren, offenbar auch nicht schmerzenden Stellen blutig gekratzt (noch im sechsten Monat). In jedem unbewachten Augenblick fuhren die Hände gegen den Kopf und wurde die Haut, auch die gesunde, gerieben und gekratzt. Diese kratzenden Bewegungen können nicht angeboren, sie müssen erworben sein. Der in der Abnahme des Kitzelgefühls sich zeigende Erfolg einer zufälligen Berührung von Kopf und Hand musste eine Bevorzugung der Bewegung der Hand nach dem Kopf hin unter allen anderen Bewegungen nach sich ziehen, denn in der Concurrenz aller Muskelbewegungen untereinander werden die Lustgefühle mit sich bringenden und die Unlust - erregendes beseitigenden, abwehrenden oder abschwächenden am häufigsten wiederholt, während die Lustgefühle verhindernden und die Unlust schaffenden Bewegungen immer seltener werden.

Jenes reflectorische Hinfahren nach dem Kopfe hatte nun in dem einen der beiden vorliegenden Fälle eine eigenthümliche Association zur weiteren Folge (über den anderen fehlt die Beobachtung). Als nämlich das Ekzem schwächer wurde und sich schliesslich ganz verloren hatte, blieb doch die Erhebung der Arme mit dem Hinfahren der Hände gegen den Kopf bestehen und zeigte sich jedesmal, wenn dem Kinde irgend etwas unangenehm entgegentrat, wenn es sich ablehnend verhielt, etwa nicht mehr spielen mochte. Offenbar handelt es sich hierbei um einen primitiven Inductions- oder Verallgemeinerungs-Process. Früher ward jene Bewegung regelmässig bei dem unangenehmen Hautgefühl am Kopf ausgeführt, jetzt fehlt zwar letzteres, aber die Bewegung ist mit dem Merkmal „unangenehm" jenes Gefühls so fest verknüpft, dass sie, auch wenn irgend etwas anderes mit demselben Merkmal auftritt, ausgeführt wird (im neunten Monat). So entstehen individuelle Ausdrucks-Bewegungen aus erworbenen Reflexen, welche später wieder erlöschen, weil sie individuell bleiben.

Im geraden Gegensatz zu den erworbenen Reflexbewegungen steht das Beugen der Finger beim Kitzeln der Hohlhand und

Umklammern eines fremden, die Hohlhand berührenden Gegenstandes, von dem bereits die Rede war (S. 81e), und welches eine reine, altererbte Reflexbewegung ist, da auch das ohne Gehirn geborene Neugeborene mit seinen Fingern den in die Hohlhand gelegten Finger öfters fest umklammert, wie ich fand. Angeboren ist auch das Anziehen der Beine und Spreizen der Zehen nach Berühren (Kitzeln, Streicheln), der Fusssohle, welches ich bei Neugeborenen fünf Minuten nach der Geburt und in den ersten Tagen geradeso ausgeprägt sah, wie in der vierten Woche. Darwin erwähnt, dass nach Berührung der Fusssohle mit einem Stückchen Papier am siebenten Tage der Fuss plötzlich fortbewegt und die Zehen gekrümmt worden seien. Ich habe nicht ermitteln können, unter welchen Umständen dieser Reflex und unter welchen das Spreizen der Zehen nach Berührung der Fusssohle eintritt (vgl. S. 18e), bemerkte aber, dass bereits in der achten Woche Kitzeln der Sohle Lachen zur Folge hatte. Eine regelmässige ganz reine Reflexaction ist dieses sogenannte „reflectorische" Lachen (S. 113e) nicht, weil es von der vorher vorhandenen Stimmung mit abhängt.

Schreckreflexe.

Des reflectorische Zusammenfahren, das Zucken und Ausstrecken der Arme nach einem plötzlichen, unerwarteten starken Eindruck, namentlich Schalleindruck, das Zurückfahren mit dem Kopf und Oberkörper bei rascher Annäherung, also das Erschrecken, der Schreckreflex, fehlt in den ersten Stunden gänzlich; wie ebengeborene Thiere kann das ebengeborene Menschenkind nicht im eigentlichen Sinne erschrecken, wenn ihm auch manche Empfindungen, zum Beispiel blendend helles Licht, überraschend und unangenehm sind. Doch überdauert dieses Stadium der Unterempfindlichkeit bei kräftigen Kindern schwerlich die ersten Tage, bei einigen (überreifen) kann es nach plötzlichen Eindrücken (S. 63a. 64e) vor dem zweiten Tage schon der für den Säugling mehr oder weniger charakteristischen Schreckhaftigkeit Platz gemacht haben.

Von dieser war bereits wiederholt die Rede, sofern die durch allerlei akustische, optische, tactile Eindrücke (Anfassen und Anblasen) veranlassten bilateral-symmetrischen Reflexe, namentlich das Ausstrecken und Emporheben der Arme, das Zu-

sammenfahren und der rasche Lidschlag Symptome des Erschreckt-
werdens sind (S 65 m). Abgesehen von dem nicht immer regelmässigen Zusammenfahren sind diese Reflexe vor anderen durch
ihre vollkommene Symmetrie ausgezeichnet. Ganz gleichzeitig
erheben sich beide Arme, schliessen sich einen Augenblick beide
Augen nach einem plötzlichen Eindruck, auch wenn dieser (wie
beim Zerren an der Decke, auf welcher das Kind liegt) nur einseitig ist. Es muss vom Anfang an dieser Reflexmechanismus,
welcher die Motoren der Extremitäten mit den Sinnesorganen
verknüpft, leicht ansprechen, obgleich kein unmittelbarer Vortheil
desselben für das Kind angebbar ist.

Ein anderes constantes Symptom des Erschreckens der
Kinder ist ihre Lautlosigkeit. Das Schreien beginnt, wenn ein
Kind hingefallen ist, erst nach einer Pause. Wahrscheinlich
beruht dieser Zustand des Nicht-schreien-könnens, wie der der
Aphthongie oder Reflexaphasie, auf tetanischer Erregung der
motorischen Nerven, besonders der Zungennerven, wobei jeder
Anlauf, einen Laut zu bilden, den Zungenkrampf zur Folge haben
kann. Bei Kindern ist dieses Vorkommniss lange nicht so selten
wie bei Erwachsenen. Kinder, und zwar vor wie nach dem Beginn
des Sprechenlernens, fangen deshalb erst einige Zeit nach Einwirkung des plötzlichen Eindrucks an zu schreien, weil durch
denselben der Wille vollständig aufgehoben wird, so dass es
anfangs nicht einmal zu einem Anlauf, einen Laut zu bilden,
kommt. Alle sonst willkürlich beweglichen Muskeln werden
nicht mehr bewegt, weil die Willensimpulse fehlen, so auch die
Zunge und die Kehlkopfmuskeln. Selbst die Reflexerregbarkeit
ist herabgesetzt. Daher die Lautlosigkeit Erschreckter im ersten
Augenblick. Die sehr starke Erregung einzelner Centren bringt
eine Hemmung der übrigen centralen Functionen mit sich. Endlich kommt der motorische Impuls zu Stande, bewirkt aber
jenen Zungenkrampf und erst nach dessen Lösung Schreien.

Reflexhemmung.

Es bedarf einer langen Reihe von Erfahrungen, welche jedes
einzelne Individuum immer wieder auf's Neue an sich selbst
erleben muss, ehe die Schreck-Reflexe beherrscht werden können.
Viele lernen sie niemals beherrschen. Doch ist es für die Ausbildung des kindlichen Charakters von der grössten Wichtigkeit,

möglichst früh die Kinder in der bewussten Hemmung von Reflexbewegungen zu üben.

Zu Anfang wird wahrscheinlich kein Reflex gehemmt, aber
es besteht eine Eigenthümlichkeit, welche den aus diesem Mangel
hervorgehenden Nachtheilen entgegenwirkt. Von der Geburt an
nimmt nämlich die Erregbarkeit des Nervmuskels bei Katzen,
Hunden, Kaninchen allmählich zu, wie Soltmann fand (beim
Menschen wahrscheinlich bis gegen die sechste Lebenswoche,
indem sie dann der der Erwachsenen ungefähr gleichkommt oder
etwas überlegen ist). Die geringere Erregbarkeit motorischer
Nerven in der ersten Zeit wirkt der Disposition zu Convulsionen
schon nach physiologischen Reizungen wohlthuend entgegen.
Hierin muss ich Soltmann beistimmen und diesem Moment, wie
er selbst, besonders wegen Abwesenheit des Willens und der
Reflexhemmungen grosses Gewicht beilegen; aber die Compen-
sation findet sich nicht allgemein, denn meine Versuche an neugeborenen Meerschweinchen, und an solchen, welche vor der
Reife zur Welt kamen, lassen es nicht im Geringsten zweifelhaft, dass bei diesen Thieren schon vor der Geburt oder
mit dem ersten Athemzuge Reflexhemmungen durch starke periphere Reize zu Stande kommen. Wenn ich bei einem solchen
Fötus oder Neugeborenen nach Beginn der Athmung eine beliebige Hautstelle stark comprimire, so reagirt seine Ohrmuschel
auf die stärksten Schalleindrücke gar nicht oder nur ganz schwach;
hört der periphere Reiz auf, dann bewegen sich sogleich auf
denselben akustischen Reiz beide Ohrmuscheln deutlich. Also
existirt hier schon bald nach dem Beginn der Lungenathmung
(bei zu früh und bei rechtzeitig Geborenen) eine Reflexhemmung
durch starke localisirte Hautreize. Eine Reflexlähmung oder
Paraplegie nach Quetschungen (etwa einer Niere) konnte übrigens
bis jetzt bei Neugeborenen (Hunden und Katzen) nicht hervorgerufen werden. Die hemmende Wirkung der Vaguserregung
auf die Herzthätigkeit hingegen ist (beim reifen neugeborenen
Säugethier) vorhanden.

In hohem Grade wünschenswerth wäre es nun, durch Beobachtungen und einfache Experimente den Beginn der Reflexhemmungen
beim Menschen festzustellen. Ich sah ein 16 Tage altes heftig
schreiendes Kind augenblicklich ruhig werden, als man es mit
dem Gesicht nach unten auf ein Kissen legte, und bemerkte
schon bei sehr jungen Säuglingen die beruhigende Wirkung des
Singens, des Zischens und des Clavierspiels. Aber in diesen

Fällen handelt es sich nicht um Reflexhemmungen im strengen Sinne des Wortes, sondern um Verdrängung eines Unlustgefühls, mitsammt seinen motorischen Folgen, oder einer Reflexthätigkeit durch einen neuen Eindruck. Auch ein hirnloses neugeborenes heftig schreiendes Kind konnte, wenn man es am Finger saugen liess, leicht beruhigt werden, wie Pflüger mittheilt. Die Gehirnthätigkeit Neugeborener kann die reflectorische und impulsive Thätigkeit des Rückenmarks noch nicht beeinflussen, weil das Gehirn noch nicht genügend entwickelt ist. Soltmann hat an neugeborenen Hunden nachgewiesen, dass zu Anfang des Lebens vom Gehirn keine Erregungen dem Rückenmark zugehen, welche die von diesem vermittelten Reflexvorgänge zu hemmen im Stande wären. Ich bin auch nicht zweifelhaft, dass eben dasselbe für viele andere neugeborene Thiere gilt. Aber es gilt nicht für alle. Dass beim Menschenkinde unmittelbar nach der Geburt jede Spur von Reflexhemmung fehlt, ist gewiss. Das viel reifer geborene Meerschweinchen kommt dagegen nach den obigen Beobachtungen (S. 178*m*) mit fertigen Reflexhemmungsapparaten zur Welt.

Wahre Reflexhemmungen lassen sich sicher bei kleinen Kindern erst beobachten zu der Zeit, da sie nicht mehr (wie in den ersten zwei bis drei Vierteljahren) ohne alle Selbstbeherrschung jedesmal die Producte ihres Stoffwechsels sofort ausscheiden, wenn die Ansammlung derselben reflectorisch dazu reizt. Bei allen gesunden Säuglingen ist diese Reflexerregbarkeit eine grosse. Es fehlt mir aber an Beobachtungen darüber, wann zuerst der normaler Weise schon am ersten Lebenstage sich zeigende Reflexreiz überwunden oder die sofortige Beantwortung desselben wenigstens verzögert wird. In dem ersten Jahre pflegen die Kinder erst nach der Entleerung zu schreien, später vor derselben, sie förmlich ankündigend. Sie haben im letzteren Falle die Erfahrung gemacht, dass die Drohungen, die Züchtigungen und die natürlichen unangenehmen Folgen der sofortigen Reflexthätigkeit mehr Unlust erregen, als das Warten. Hier liegt eine der stärksten Wirkungen der primitiven Erziehung vor, wie das Verhalten der Thiere und vieler Irrsinniger beweist.

Den Zeitpunkt beginnender Beherrschung des Blasenschliessmuskels konnte ich in einem Falle annähernd bestimmen. Seit Beginn des zehnten Monats nämlich wurde bei Tage im gesunden und wachen Zustande fast jedesmal durch grosse Unruhe das Verlangen nach einer Entleerung angekündigt. Nahm man sich

12*

dann des Kindes an, so trat dieselbe allemal erst mehrere Secunden nach Ertheilung der geeigneten Stellung ein. Soviel Zeit brauchte also das Kind, um durch seinen nun unzweifelhaft documentirten Willen die Hemmung zu lösen.

Hier liegen zwei Beweise für die Existenz der Willkür vor: erstens die Hemmung eines im ersten Halbjahr niemals gehemmten Reflexes, das Nichtwollen desselben, zweitens die Aufhebung der Hemmung, das Wollen des Reflexes. Der erstere Hemmungsact, welcher übrigens nicht lange vorhält, scheint vor dem vierten Vierteljahr (auch noch viel später) nicht leicht zu Stande zu kommen. Er fehlt regelmässig, wenn das Kind sich nicht ungetrübten Wohlseins erfreut, wenn seine Aufmerksamkeit stark in Anspruch genommen ist und wenn es ermüdet. Die Überwindung des Reflexreizes im Schlafe, welche unabhängig vom Willen durch Gewohnheit zu Stande kommt, bedarf eben darum viel längerer Zeiträume. Doch ist hierbei zu bedenken, dass ein stärkerer Druck, wie andere periphere Reize, zuerst den Schlaf unterbricht und dem Willen dadurch Einfluss einräumt.

Diejenigen Reflexe, welche während des ganzen Lebens durch den Willen nicht gehemmt werden, scheinen doch beim Neugeborenen und Säugling zum Theil deutlicher zu sein, als in den folgenden Lebensjahren. Wenigstens fand Eulenburg (1878) bei 241 Kindern unter zwölf Monaten den Patellarsehnenreflex anfangs zwar nicht ganz so häufig wie bei Erwachsenen, wo er aber auftrat, war er deutlicher als später, namentlich bei 41 im ersten Monat untersuchten und bei 16 (von 17) eintägigen Kindern. Spätere Beobachtungen desselben Forschers und seines Assistenten Dr. Haase (1882) bestätigten das relativ häufigere Fehlen des Kniephänomens bei 116 Kindern von 1 bis 24 Monaten. Es fehlte in sieben Fällen beidseitig, in drei Fällen einseitig. Das Fussphänomen fehlte sogar in der grossen Mehrzahl der Fälle. Es wurde nur an 22 von den 116 Kindern deutlich gesehen. Die Knochenreflexe waren noch seltener (Tibialreflex bei 15, Radiusreflex bei 14 von den 116 Kindern beobachtet). Dagegen wurden der Bauchreflex, Nasenreflex, Hornhautreflex und Pupillarreflex in keinem Falle vermisst. Der Ohrenreflex war nur in fünf Fällen nicht deutlich. Bei 78 Knaben von 1 bis 60 Monaten fehlte der Cremasterreflex in 20 Fällen. Es ergiebt sich hieraus, dass die Sehnenreflexe nicht so leicht vererbt werden wie die Haut- und Schleimhautreflexe. Diese sind dem Organismus nützlicher.

Die Abnahme der Neigung zu Reflexen oder Reflexdisposition in den ersten Jahren ist mit der Zunahme einer Reflexhemmung in der Endwirkung gleichbedeutend. Freilich lassen die einzelnen in beiden Fällen wirksamen Factoren sich nicht isoliren. Die auf dem Fehlen aller Reflexhemmung in der ersten Zeit beruhende Neigung zu Krämpfen und die physiologisch bei jedem zahnenden Kinde leicht zu constatirende erhöhte Reflex-Empfindlichkeit, welche zu den wunderlichsten Grimassen Anlass giebt, finden ihr Gegengewicht erst nach Ausbildung des Willens mit weit fortgeschrittener Entwicklung der grauen Substanz des Grosshirns, nach dessen Entfernung bei Thieren ähnliche Reflexerscheinungen eintreten, wie bei Neugeborenen und ganz jungen Individuen. Aber auch bei älteren Kindern (im vierten Jahre) findet man viele Reflexe, besonders mimische und abwehrende (wie das S. 80a erwähnte Sichschütteln) stärker ausgeprägt, als nach weiter geführter Erziehung.

Schmerzreflexe.

Die im späteren Leben am stärksten hervortretenden Schmerzreflexe sind gerade in der ersten Zeit am wenigsten ausgebildet. Durch die Beobachtung von etwa 60 Neugeborenen wurde von Genzmer festgestellt, dass sie für Nadelstiche am ersten Tage fast unempfindlich, in der ganzen ersten Woche noch unterempfindlich sind. Frühgeborene wurden während der ersten Tage mit feinen Nadeln in die Nase, Oberlippe, Hand so derb gestochen, dass aus der Stichöffnung ein kleiner Blutstropfen quoll, und doch gaben sie kein Zeichen des Unbehagens von sich, ja oft war nicht einmal ein leichtes Zucken zu bemerken. Auf Stiche, welche dem Erwachsenen empfindlich sind, antworteten reife Kinder nach einem Tage oder zwei Tagen, selten früher, nur mit Reflexbewegungen wie auf Berührungen. „Von jenen Tastreflexen unterscheiden sich die Schmerzreflexe dadurch, dass die Bewegung dem Reiz hier erst nach einer grösseren Pause (bis zwei Secunden) zu folgen pflegt, während bei jenen die physiologische Zeit erheblich kürzer ist." Die Empfindlichkeit für Nadelstiche wurde für überreife Kinder etwas grösser gefunden und nimmt in den ersten Wochen allgemein

zu. Dabei ist zu bemerken, dass bei Kindern von einigen Wochen
bisweilen nach einem Stich in die Fusssohle ein Verziehen des
Gesichts nachfolgte ohne locale Reflexe. „Sie schienen sich des
Schmerzgefühls schon bewusst zu werden. In der ersten Woche
war dieses niemals der Fall." Eine reflectorische Thränenabsonderung liess sich zu der Zeit durch keinen Stich, sondern
nur durch Reizung der Nasenschleimhaut hervorrufen; „bei
Stichen in die Gesichtshaut schien nur bisweilen die Augen-
feuchtigkeit zuzunehmen."

Aus allen diesen Thatsachen folgt nicht, dass Neugeborene
überhaupt keinen Schmerz empfinden, sondern dass die Schmerzreflexe noch ausbleiben, wenn der schmerzhafte Eindruck ein
circumscripter ist, nur wenige Hautnerven trifft, wie beim Stechen
mit einer feinen Nadel. Fünfzig gleichzeitige Nadelstiche würden
ohne Zweifel sogleich nach der Geburt Schmerzreflexe nach sich
ziehen. Soviel geht mit Sicherheit aus meinen Versuchen an
frühgeborenen Kaninchen und Meerschweinchen hervor, welche
auf sehr starke locale und ausgedehnte schwächere schmerzhafte Eingriffe, elektrische, thermische, mechanische, chemische
Hautreize mit unzweideutigen Schmerzreflexen antworten. Ver-
zerren des Gesichtes und Schreien tritt auch bei reifen oder
nahezu reifen menschlichen Neugeborenen nach starker elektrischer Reizung der Haut ein (Kroner 1882).

Die Mannigfaltigkeit der Reflexe.

Es wäre in Anbetracht der grossen Anzahl und Mannigfaltigkeit der beim Kinde schon jetzt nachgewiesenen und von
anderen Bewegungen bestimmt abgetrennten Reflexe wohl an
der Zeit, ein möglichst vollständiges Verzeichniss der Reflexbewegungen beim Neugeborenen, Säugling und noch nicht
sprechenden Kinde zu entwerfen, die angeborenen von den erworbenen, die hemmbaren von den rein physischen Reflexen
und den Schmerzreflexen zu sondern und zu prüfen, ob es einen
einzigen Reflex giebt, welcher dem Menschenkinde allein zukommt.
Eine eingehende Vergleichung neugeborener Schimpanses und
Orangs mit neugeborenen Negerkindern mit Rücksicht auf die
Reflexe würde vielleicht keine Unterschiede erkennen lassen.

Beim menschlichen Säugling sind, um nur einen sensorischen und einen motorischen Nerven als Beispiel anzuführen,

allein sechs verschiedene typische Reflexbewegungen vom Sehnerven auf den Oculomotorius nachgewiesen, welche bei Lichteindrücken auftreten, nämlich:

1) Contraction des Schliessmuskels der Iris *(M. sphincter
iridis)* bei Einwirkung hellen Lichtes unmittelbar nach der Geburt:
Pupillenverengerung;

2) Contraction des Augenlidhebers *(M. levator palpebrae
superioris)* bei mässigem Licht unmittelbar nach der Geburt:
Öffnen des Auges;

3) Contraction des oberen geraden Augenmuskels *(Musculus
rectus superior)*, wenn helles Licht oben erscheint, in der vierten
Woche oder früher: Hebung des Blickes;

4) Contraction des unteren geraden Augenmuskels *(Musculus rectus inferior)*, wenn helles Licht unten erscheint, in der
vierten Woche: Senken des Blickes;

5) Contraction des inneren geraden Augenmuskels *(Musculus rectus internus)* bei mässig hellem Lichteindruck dicht
vor der Nasenspitze, in der zweiten Woche: Convergenz-Bewegung;

6) Contraction des Accommodationsmuskels *(M. ciliaris)*
bei Annäherung hellen Lichtes an das Auge, nach der dritten
Woche: Einstellung auf die Nähe.

Die Anatomie hat bis jetzt für keinen dieser (im ersten
Capitel erörterten) sechs Reflexe von der Netzhaut auf die vom
Oculomotorius versorgten Muskeln der Augenhöhle die Verbin-
dungswege vollständig aufgefunden. Für die mimischen Reflex-
bewegungen des Säuglings vom Hör-, Riech- und Schmeck-
Nerven auf den Antlitznerven und vom Gefühlsnerven des
Gesichtes auf eben diesen gilt dasselbe.

ELFTES CAPITEL.

Instinct - Bewegungen.

Menschliche Instinct - Bewegungen sind nicht zahlreich und (ausser den sexuellen) schwer zu erkennen, nachdem einmal die erste Jugend vorüber ist. Um so aufmerksamer müssen die instinctiven Bewegungen des Neugeborenen und kleinen Kindes betrachtet werden. Um sie zu verstehen, ist die genaue Beobachtung instinctiver Bewegungen neugeborener Thiere nothwendig. Dieses Gebiet ist aber bis jetzt noch sehr wenig untersucht worden.

Instinct-Bewegungen neugeborener Thiere.

Unzweifelhaft instinctive Bewegungen zeigen schon in den ersten Stunden nach dem Verlassen des Eies, ja schon während sie noch mit dem Sprengen der Schale beschäftigt sind, die Hühnchen. Denn was anderes als eine solche ist es, wenn ein vom Augenblick der Eisprengung an einige Tage lang mit einer lichtdichten Kappe versehenes Hühnchen sechs Minuten nach der Entschleierung den Kopf so bewegte, wie es erforderlich war, eine zwölf Zoll entfernte Fliege mit dem Blick zu verfolgen? Nach zehn Minuten kam das Insect innerhalb der Reichweite des Halses, wurde erfasst und beim ersten Griff verschluckt. Nach 20 Minuten wurde dieses Hühnchen in einige Entfernung von einer Henne mit Küchlein seines Alters auf unebenen Boden gesetzt, so dass es sie sehen und hören konnte. Nachdem es etwa eine Minute lang gepiept hatte, lief es geradeswegs auf die Henne zu (Spalding). Nicht jedesmal gelingt es dem ganz jungen Hühnchen, das Insect oder das Körnchen, nach dem es gepickt hat, so zwischen Ober- und Unterkiefer zu fassen, dass ein Verschlucken des Objects möglich wird, aber

fast alle picken danach. Oft picken die eintägigen und mehr-
tägigen Hühnchen nach meinen Beobachtungen sechs-, auch
neun- und zehnmal ungenau und bemühen sich sehr oft vergeblich, selbst nach gelungenem Erfassen des Körnchens, es zu
verschlucken, mit allerlei Kopfbewegungen (S. 54a).

Hier sind also fertig ausgebildet: 1) Kopfbewegungen beim
Anblick bewegter Objecte, 2) Picken, wenn dieselben erreichbar
sind, 3) Laufen oder Rutschen, wenn das Glucken der Henne
zum ersten Male gehört oder diese zum ersten Male gesehen
wird, 4) Schnabel- und Kopf - Bewegungen, wenn ein kleines
Object zum Verschlucken präparirt wird. Alle diese Bewegungen
können zwar ausbleiben, wenn die äusseren Bedingungen für
ihr Eintreten auch vollständig gegeben sind, wie ich mehrmals
bei ein- bis drei-tägigen im Brütofen ausgebrüteten Hühnchen
sah, dürfen jedoch als erworbene oder gar willkürliche nicht
aufgefasst werden, weil sie dem Hühnchen selbst noch neu sind
und ohne die vorherige Vorstellung des Erfolges ausgeführt
werden; sonst würden die Thierchen nicht wiederholt, wie ich
sah, nach den eigenen Zehen picken. Das ganz junge Hühnchen,
welches die erwähnten Bewegungen noch nie gesehen hat, kann
keine selbsterworbene Vorstellung von ihnen vorher haben, weil
ihnen keine Erfahrung vorherging; aber seine Vorfahren hatten
die Vorstellung und es selbst erbte ein Erinnerungsbild derselben, ohne davon zu wissen. Das Hühnchen handelt also geschickt und scheinbar intelligent durch die ererbte Verbindung
der sinnlichen Erinnerung mit der Bewegungserinnerung, nicht
aus eigener Überlegung, nicht durch die Vorstellung der von ihm
ausgeführten Bewegung selbst, welche vielmehr unwillkürlich
bleibt. Wird sie unterlassen, unter sonst gleichen äusseren Bedingungen, so ist in der Concurrenz der erblichen sensumotorischen
Verbindungen untereinander und mit den durch eigene Sinnes-
Eindrücke entstehenden neuen Verknüpfungen von Empfindung
und Bewegung eine andere stärker hervorgetreten, als gerade
die besprochenen, oder ein neues Gefühl prädominirt. Auch
das fleissige Putzen des Flaumes der noch nicht einen Tag alten
Hühnchen mit dem Schnabel, das von mir am dritten Tage
(ohne Vorbild) gesehene Kratzen des Kopfes mit dem Fusse, und
das am zweiten Tage (ohne Vorbild) auftretende Scharren können
nur erbliche, instinctive Bewegungen sein. Treffend bemerkt
Spalding: Der Instinct gegenwärtiger Generationen ist das Er-
gebniss accumulirter Erfahrungen vergangener Generationen. Die

Permanenz solcher Associationen im individuellen Leben hängt ab von dem entsprechenden Eindruck auf das Nervensystem. Wir können streng genommen nicht zweimal irgend ein individuelles Bewusstseinsfactum erfahren; aber wie wir durch Ziehen an der Klingel heute denselben Klang, den wir gestern hörten, hervorbringen können, so sind wir im Stande, sofern die hergestellten Verbindungen von Nerven und Nervencentren halten, unsere Erfahrungen noch einmal zu erleben. Warum sollen nun diese Modificationen der Gehirnsubstanz (welche von Stunde zu Stunde, von Tag zu Tag beharrend Erwerbung ermöglichen) nicht gerade wie irgend eine andere physische Eigenthümlichkeit von den Eltern auf die Nachkommen übergehen? Ich nenne den Instinct das vererbte Gedächtniss.

Es ist kein Grund gegen diese Auffassung des Instincts als einer erblichen Association, dass nicht alle sensumotorischen Verknüpfungen des elterlichen Nervensystems auf das der Nachkommen übergehen. Denn sehr viele werden nicht fest genug sein. Beim Hühnchen sind die festesten die Pick-, Schluck-, Piep-, Lauf-, Kratz- und Scharr-Bewegungen und das Schlagen mit den künftigen Flügeln beim Vorwärtsrutschen, welches ich in der vierten Stunde nach dem Ausschlüpfen, ohne die Möglichkeit einer Nachahmung, sehr lebhaft werden sah. Doch können auch einige von diesen altererbten Bewegungen erlöschen oder wenigstens nicht hervortreten, wenn die äusseren Anlässe fehlen. Hühnchen, die Allen Thomson auf einem Teppich ausschlüpfen und einige Tage darauf verweilen liess, zeigten keine Neigung zu scharren, weil der auf ihre Fusssohlen vom Teppich ausgeübte Reiz neu und nicht geeignet war, den erblichen Scharr-Mechanismus in Thätigkeit zu setzen. Sowie aber ein wenig Kies auf den Teppich gestreut wurde, begann gleich das Scharren (wie Romanes mittheilt). Man sieht hieraus deutlich, dass die Hühnchen nicht vom Anfang ihres Lebens an scharren in der Absicht, Samenkörner zu suchen. Denn der ganz dünn gestreute Kies konnte die Aussicht, dergleichen im Teppich zu finden, nicht begründen. Ich habe sogar die im Brütofen ausgeschlüpften und dann in einem geschlossenen Raume für sich von allen anderen Hühnern getrennt aufgezogenen Hühnchen auf glattem weissem Papier, ohne Flecken, starke Scharrbewegungen machen gesehen, besonders in der vierten Lebenswoche, als wenn sich das Helle der grossen Fläche wegscharren liesse. Das Scharren der Hühnchen geschieht also ohne Überlegung nach gewissen

Gesichtseindrücken und Tasteindrücken rein instinctiv wie das Piepen, Picken, Laufen und Fliegen.

Die Schwalben lernen nicht fliegen, sie erhalten keinen Unterricht, wie sie ihre Muskeln zu contrahiren haben, um von dem mütterlichen Nest zum ersten Male durch die Luft zu eilen, sondern sie fliegen von selbst. Auch die jungen Rothschwänzchen, welche ich täglich vor dem Flüggewerden beobachtete, erhalten keine Anweisungen zum Fliegen. Sie üben aber die Flügel vor dem ersten Flugversuch im Nest, indem sie dieselben ausbreiten und oft schwirren lassen. Der erste Ausflug ist langsamer, als der Flug der Eltern, das junge Thier fliegt abwärts, aber es stösst nirgends an, und nach wenigen Tagen ist seine Sicherheit bewunderungswürdig. Mit der Übung wächst das Selbstvertrauen.

Diese Flugbewegungen der ganz jungen Vögel können nicht Willkürbewegungen sein, sie sind instinctiv geradeso wie das Picken des vor wenigen Stunden ausgeschlüpften Hühnchens, welches im Brütofen zur Welt gekommen allein, ohne Mutter oder Gefährten, in grösster Stille (ohne anleitende Geräusche) nach allem und jedem sichtbaren pickbaren Object oder Fleck oder Loch im Holzboden, auf dem es sich befindet, wie nach den eigenen Nägeln mit erstaunlicher Geschicklichkeit pickt. Das Picken wird also nach diesen meinen Beobachtungen nicht, wie man vermuthet hat, durch das Gehör in Gang gebracht, indem man das Geräusch beim Picken der Mutter etwa mit dem Fingernagel nachahmt (Darwin). Ich habe sogar bemerkt, dass die zwischen 3 und 20 Stunden alten, im Brütofen ausgeschlüpften Hühnchen, welche fast alle schon nach dem vorgesetzten feinvertheilten hartgekochten Eigelb und Eierweiss gepickt hatten und nun pausirten, als ich dicht daneben zwei grosse Hühner auf hartem Holz geräuschvoll und anhaltend dasselbe Futter zu sich nehmen liess, durch deren Hämmern mit dem Schnabel nicht im Geringsten afficirt wurden, obwohl sie hörten, da sie nach plötzlichen starken Geräuschen alle gleichzeitig wie ein Huhn zusammenfuhren — ein seltsamer Anblick.

Wenn man dem Hühnchen am 21. Tage, noch ehe es die Schale verlassen hat, einen Tropfen Wasser auf das Auge bringt, so schüttelt es ihn lebhaft ab wie ein altes Huhn; bringt man den Tropfen auf die Schnabelspitze, so macht es viele Schluckbewegungen, wie ich mehrmals wahrnahm.

Alle diese Bewegungen sind, wie das Picken, ererbt. Sie

treten zwar nicht ausnahmslos, aber sehr oft ein, wenn nahezu dieselben äusseren und inneren Bedingungen erfüllt sind, welche erfüllt waren, als die Vorfahren sie ausführten, unzählige Male ausführten. Wie leicht dabei die instinctive Thätigkeit das Gepräge grosser eigener Intelligenz annimmt, zeigt namentlich folgende Beobachtung von A. Agassiz (1876): Die ganz jungen nicht lange vorher aus dem Ei geschlüpften Einsiedlerkrebse stürzen sich mit ausserordentlicher Lebhaftigkeit auf passende Muscheln, die man ihnen in das Wasser giebt. Sie untersuchen die Öffnung mit dem Munde und quartieren sich mit auffallender Geschwindigkeit ein. Trifft es sich aber, dass die Gehäuse noch von Mollusken bewohnt sind, dann bleiben sie dicht an der Öffnung und warten bis die Schnecke stirbt, was in der Regel bald nach Beginn der Gefangenschaft und strengen Bewachung geschieht. Hierauf zieht der kleine Krebs die Leiche heraus, verspeist sie und bezieht selbst das Quartier. Welche Voraussicht! Wegen der Bevorzugung der leeren Gehäuse kann nicht die ganse Procedur erblich sein. Aber die jungen Thiere werden nicht unterrichtet. Sie waren vom Anfang an von ihren Eltern getrennt gewesen und hatten keine Zeit und Gelegenheit, eigene Erfahrungen zu machen. Sie müssen also das Warten von den Vorfahren ererbt haben, als eine „angeborene Idee“, als Verhaltungsmaassregel für den Fall, dass ein Gehäuse besetzt ist, und ausserdem ein solches von einem leeren sofort unterscheiden können.

Ebenso wie es nun für diese einseitig klugen Thiere und für die Hühnchen, überhaupt für alle Thiere gilt, dass sie mit einem guten Theil ererbten Gedächtnisses für Bewegungen, mit instinctiver Motilität zur Welt kommen, wird es für das Menschenkind gelten. Welche Bewegungen desselben sind instinctiv? Zunächst das Greifen.

Die Entwicklung des Greifens.

Von allen Bewegungen des Säuglings im ersten Halbjahr sind keine von grösserer Bedeutung für seine geistige Entwicklung, als die Greifbewegungen. Ich habe deshalb dieselben besonders aufmerksam beobachtet.

Manche meinen, schon das Hin- und Herfahren mit den Händen in den ersten Lebenstagen sei eine Art Greifen, da die

Finger dabei nicht allein an das Gesicht, sondern auch in den Mund geführt werden. Eine solche Ansicht ist unvereinbar mit dem herkömmlichen Sinne des Wortes Greifen und den Thatsachen. Denn Greifen setzt die Wahrnehmung eines begehrten Gegenstandes und ausserdem eine Beherrschung der Muskeln voraus, welche in den ersten Tagen beide fehlen. Das erste Einführen der Hand in den Mund hat nichts mit dem späteren Greifen gemeinsam, als dass es eine Bewegung des Armes erfordert. Es wird nicht einmal die Hand an das Gesicht geführt, sondern sie geräth bei dem ziellosen Umherfahren unter anderem auch an und in den Mund, was durch die Haltung der Arme beim Fötus lange vor der Geburt durchaus natürlich erscheint. Neugeborene Kinder behalten, sich selbst überlassen, diese Haltung bei und fahren sich mit den Händen in das Gesicht, auch an die Lippen, wie sie es vor der Geburt schon gethan haben müssen. Werden die Lippen berührt, so treten beim hungrigen Säugling leicht Saugbewegungen ein, daher kann in dem frühzeitigen Saugen an den eigenen Fingern, dem das Beissen der Finger später folgt, nichts Intendirtes gefunden werden. Die Lage der Arme und Hände im Uterus ist durch den beschränkten Raum bedingt. Jede andere Lage würde eine Oberflächenvergrösserung der Frucht mit sich bringen.

Es erscheint daher nicht gerechtfertigt, in dem ersten Annähern der Hand an den Mund schon beginnende Greifbewegungen zu sehen. In den ersten Tagen seines Lebens fährt der Säugling ganz anders mit den Händen im Gesicht umher, auch in die Augen, als bei dem Greifen, welches später als Geberde ein Begehren ausdrückt. Die jungen Säuglinge, denen die Finger bei den ziellosen Armbewegungen zufällig an den Mund gerathen, sind, wenn man sie ihnen vom Munde fortnimmt, ausser Stande, sie wieder zum Munde zu führen. Ja selbst wenn man sie ihnen an die Lippen hält, können sie die eigenen Finger nicht daselbst halten, falls die Schwere den Arm sinken macht [G]. Später sieht man jedoch oft Säuglinge im Schlaf an den eigenen Fingern saugen.

Auch dass der Säugling, wie ich am neunten Tage bemerkte, wenn er schläft, meinen in seine Hand gelegten Finger nicht umklammert, wie im wachen Zustande, spricht nicht für ein Greifen als intendirte Bewegung, sondern das Umklammern wird als Reflex aufzufassen sein, geradeso wie das Spreizen der Zehen beim Berühren der Fusssohle und andere Reflexe. Den Beweis dafür sehe ich darin, dass das ältere Kind, zum Beispiel von 17 Monaten, wenn ich ihm während des Schlafes den Finger in die Hohlhand lege, ihn ebenfalls nicht umfasst, wenn ich ihn aber auf der Handfläche sanft reibend hin und her bewege, ihn öfters schnell, fast zuckend mit seinen Fingern umklammert, ohne zu erwachen. Der Fuss verhält sich in der frühesten Zeit in dieser Hinsicht ähnlich wie die Hand, indem er im Schlaf schwerer anspricht. Also ist das Ausbleiben des Umfassens im Schlaf nur der nicht genügenden Erregung der Hautnerven und der Verminderung der Reflexerregbarkeit im Schlaf zuzuschreiben, keinenfalls das Umfassen des Fingers beim Wachsein innerhalb der ersten zwei Wochen absichtlich.

Das erste Greifen nach Gegenständen, mit deutlichem Verlangen, sie zu haben, sah Sigismund bei einem 19 Wochen alten Knaben, ich in der 18. Woche bei einem Mädchen und bei meinem Knaben in der 17. Woche.

Die Gegenstellung des Daumens, eine zur Vollendung des Greifactes unerlässliche Bedingung, welche jungen Affen schon innerhalb der ersten Lebenswoche geläufig sein soll, wird vom Menschenkinde, wie ich bemerkte, sehr langsam, die Opposition der grossen Zehe gar nicht erlernt. Es fragt sich sogar, ob ohne Arme geborene Menschen die grosse Zehe wie die Vierhänder als Daumen zu verwenden lernen können. Ich habe einmal einen jungen Mann ohne Arme mit dem Fusse eine Zeichnung anfertigen sehen. Dabei wurde aber der Bleistift zwischen der grossen und zweiten Zehe ohne Gegenstellung so gehalten, wie man ihn zwischen Zeigefinger und Mittelfinger halten würde, falls man ohne Hülfe des Daumens zeichnen oder schreiben wollte. Sogar ohne Übung gelingt letzteres Erwachsenen leicht.

In der Meinung, es könnte vielleicht zu Anfang des Lebens mit der grossen Zehe, wie mit dem Daumen, gegriffen werden, prüfte ich bei meinem Knaben in der ersten Zeit die Hände und die Füsse, erhielt aber für letztere ein negatives Resultat.

Ich stelle hier meine Beobachtungen über die Entwicklung des Greifens bei meinem Kinde chronologisch zusammen.

Vom ersten bis dritten Tage sind Bewegungen mit den Händen am Gesicht vorherrschend.

Am vierten Tage wurde ein Bleistift von dem Fusse entschieden nicht festgehalten.

Am fünften Tage umfassen die Finger meinen Finger sehr

fest, die Zehen nicht. Übrigens fahren die Hände oft in das Gesicht, ziellos, ohne es zu erfassen.

Am sechsten Tage fahren die Hände sogar in das Auge.

Am siebenten Tage zeigt sich, dass ein dünner Bleistift mit der grossen Zehe und den übrigen Zehen geradeso gehalten wird, wie mit dem Daumen und den Fingern. Es findet aber dabei kein Greifen statt; von einer Opposition des Daumens ist ebensowenig, wie von einer solchen der grossen Zehe etwas zu bemerken, sondern nur bei passendem Anlegen des Bleistiftes zwischen Daumen und Zeigefinger und zwischen grosser Zehe und der Nachbarin werden Finger wie Zehen stark gebeugt und das Object gehalten.

Am neunten Tage wird der Finger vom schlafenden Kinde nicht umfasst.

In der dritten bis siebenten Woche umspannte das Kind mit seinem Daumen meinen Finger noch nicht, sondern nur mit seinen Fingern.

In der achten Woche überzeuge ich mich, dass der Daumen noch wie die Finger um den Bleistift gelegt wird, sich aber leichter, als bisher, passiv zum Greifen beugen lässt, so dass mein Finger festgehalten wird. Die vier Finger der Hand des Kindes umspannen ohne Weiteres, ohne Betheiligung des Daumens, meinen Finger, wenn ich ihn in die kindliche Hohlhand lege.

Bis in die elfte Woche fand kein merklicher Fortschritt statt. Lege ich dem Kinde einen Stift in die Hand, so hält es ihn zwar fest, aber ohne darauf zu achten (ohne davon zu wissen, würde man bei einem Erwachsenen sagen, mechanisch, wie in der Zerstreuheit), und es kann beim Umfassen nicht vollständig den Daumen mit verwenden. Ein anderes Kind, von genau demselben Alter, konnte nicht einmal den ihm in die Hand gelegten Stock umspannt halten.

Ende der zwölften Woche geschah es oft beim Umherfahren mit den Händen in die Luft, dass mein nahe gehaltener Finger in eine der kleinen Hände gerieth. Am 84. Tage sah ich dabei zum ersten Male eine Entgegenstellung des Daumens, so dass es geradeso aussah, als wenn das Kind absichtlich den ihm nicht dargereichten, sondern nur in erreichbarer Entfernung still gehaltenen Finger ergriffen hätte, zumal ich passiv den umspannten Finger den Bewegungen des Armes, die hin und her gingen, folgen liess. Dieses Experiment wurde mehrmals an demselben Tage mit gleichem Erfolge wiederholt. Dann erst

gewann ich die feste Überzeugung, dass die Opposition des
Daumens und das Greifen des Fingers ohne Intention reflectorisch
erfolgten, als Folge des durch die Berührung entstandenen
Hautreizes.

In der 13. Woche folgt schon der Daumen den sich
beugenden Fingern leichter, wenn man dem Kinde einen Bleistift
in die Hand giebt.

In der 14. Woche ist zweifellos absichtliches Greifen noch
nicht vorhanden, aber die kleine Hand hält zufällig in sie ge-
rathene oder in sie hineingelegte Gegenstände länger und fester,
als früher und zwar mit entschiedener Entgegenstellung des
Daumens. Hierdurch werden Manche verleitet, zu meinen, das
eigentliche Greifen nach Gegenständen fange schon in dieser
Woche an, was jedenfalls nicht allgemein gilt. Ich entdeckte
in der 15. und 16. Woche und am 114. Tage von absichtlichem
Greifen nach gesehenen Gegenständen keine Spur. Während
des Saugens an der Brust wird jedoch öfter, als früher. ein
Finger mit Daumen und Fingern reflectorisch umspannt. Auch
Andere, die ich darauf aufmerksam machte, bestätigen mir. dass
im dritten Monat das Greifen nur scheinbar ist. Es beginnt,
wie auch Vierordt fand, nicht vor dem vierten Monat.

In der 17. Woche (am 117. Tage) sah ich zum ersten Male
ernsthafte Bemühungen, einen Gegenstand mit der Hand zu
fassen. Es war ein kleiner Kautschukball, der sich in Greifweite
befand, aber das Kind griff daneben. Als ihm derselbe nun in
die Hand gegeben wurde, hielt es ihn lange sehr fest und
bewegte ihn zum Munde und an die Augen, und zwar mit
einem eigenen neuen intelligenteren Gesichtsausdruck. Am folgenden Tage waren die ungeschickten, aber energischen Versuche,
nach allerlei vorgehaltenen Gegenständen zu greifen, häufiger.
Das Kind fixirte dabei theils das Object (meinen Finger) und
griff dreimal nacheinander nach einem um seine doppelte
Armlänge abstehenden Gegenstand (S. 39*e*), theils die eigene
Hand (vgl. S. 85*m*), besonders wenn diese einmal richtig gegriffen
hatte. Dabei bekundete der Gesichtsausdruck grosse Aufmerksamkeit. Wieder nach einem Tage scheint das wiederholte
Greifen nach Allem, was in den Bereich der Arme kommt, dem
Kinde Vergnügen zu verursachen. Es mischt sich aber die
Verwunderung ein, denn:

In der 18. Woche werden bei den Greifversuchen, gerade
wenn sie misslingen, die eigenen Finger aufmerksam be-

trachtet. Wahrscheinlich hat das Kind die Empfindung der Berührung erwartet, oder, wenn sie stattfand, sich über die Neuheit des Tastgefühls gewundert. Das Festhalten, Betrachten und an-den-Mund-führen der einmal ergriffenen Gegenstände dauert fort. Zu dieser Zeit wird aber auch das Ausstrecken der Arme wie zum Greifen der Ausdruck des stärksten Begehrens. Am 121. Tage streckte das Kind beim Morgengruss mir zum ersten Male beide Arme entgegen und zwar mit einem unbeschreiblichen Ausdrucke des Verlangens. Am Tage vorher war noch nichts derartiges wahrzunehmen. Der Fortschritt vom Greifen nach unbelebten Dingen zum Greifen nach den Angehörigen kam plötzlich.

In der 19. Woche nahm das Kind ein Stückchen Fleisch, das ihm auf einer Gabelspitze angeboten wurde, und führte es mit der Hand zum Munde.

In der 22. Woche war das Greifen mit beiden Händen bei gleichzeitiger Richtung der Blicklinien auf das Object sicherer und häufiger als früher, die Aufmerksamkeit dabei reger. Das auf dem Rücken liegende Kind richtet sich von selbst zum Sitzen auf und biegt sich mit beiden Händen vornüber auslangend, etwas vor ihm Befindliches zu erfassen. Die Anspannung der Aufmerksamkeit spricht sich besonders durch das Vorschieben der Lippen, das Mundspitzen aus, welches ich übrigens am 123. Tage zum ersten Male in Verbindung mit dem Greifacte sah.

In der ganzen Zeit ist das Greifen noch unvollkommen, insofern die vier Finger nicht sämmtlich gleichsinnig mit dem Daumen operiren. Wenn das Kind einen Gegenstand sieht, nach dem es verlangt, so spreizt es meist alle Finger beider Hände während des Ausstreckens der Arme. Wenn es aber den Bleistift oder meinen Finger umspannt hat, so trifft es sich manchmal, dass dabei der Daumen mit einem Finger allein zur Verwendung kommt, öfters mit zwei oder mit drei oder mit allen. Auch fehlt sehr oft die Betheiligung des Daumens gänzlich. Aber die Fähigkeit, mit ihm und den Fingern correct zu greifen, ist soweit entwickelt, dass nur noch der coordinirende Wille, es in jedem geeigneten Falle zu thun, fehlt. Es hängt bis jetzt viel mehr von der Lage und Gestalt des Gegenstandes ab und von der Zufälligkeit der Handstellung, wieviele und welche Finger gerade bei der Beugung im Greifact sich an diesem factisch betheiligen, als von einer Absicht.

In der 30. Woche war das Greifen merklich schneller und

vollkommener geworden, aber die Unsicherheit beim Fassen des gegriffenen Gegenstandes noch gross. Die Hände gehen oft mit gespreizten Fingern an dem angeblickten Object vorbei. Das Greifen nach meterweit entfernten Dingen wird häufiger. Sehr oft, wahrscheinlich immer dann, wenn Form, Farbe, Glanz das Wohlgefallen des Kindes erregen, wird das Ergriffene sogleich an den Mund geführt, die Zunge weit herausgestreckt und das Object beleckt. Ohne Zweifel handelt es sich hier um eine primitive Schlussfolgerung: Bisher waren mit Saugen und Schmecken hauptsächlich die starken angenehmen Gefühle verbunden, die das junge Wesen kennt; hat es daher ein neues angenehmes Gefühl (einer hellen Farbe, eines runden glatten Körpers, einer weichen Fläche), so wird es mit der Lippe und der Zunge in Verbindung gebracht, durch welche das Lustgefühl beim Einführen der süssen Milch vermittelt wurde.

Das schnelle Hinfahren mit den Händen an einen neuen zum ersten Male vorgehaltenen Gegenstand, etwa eine Bürste, muss als Zeichen des Begehrens gedeutet werden. Dabei erscheinen die eigenen Körpertheile als fremde Objecte. Denn in der 32. Woche streckt das Kind, auf dem Rücken liegend, gern seine Beine vertical empor und betrachtet die Füsse aufmerksam, wie andere vorgehaltene Gegenstände. Es greift dann mit den Händen nach seinen eigenen Füssen und führt oft die Zehen mit der Hand in den Mund.

Auch drückt das Kind, den Blick auf das erfasste Object fest gerichtet, durch Mundspitzen Interesse aus, vermuthlich für die nun entdeckte Thatsache, dass das vorher gesehene und begehrte Ding zugleich das getastete ist und neue Empfindungen giebt. Das Helle, Farbige, Lange, Kurze erscheint ihm nun auch glatt, rauh, warm, kalt, hart, weich, schwer, leicht, nass, trocken, klebrig, schlüpfrig. Die Verknüpfung zweier Sinnesgebiete in einem Gegenstande befriedigt. Ein solches Object ist aber auch der gesehene und getastete eigene Fuss. Im Falle der gesehene und getastete Gegenstand unbeweglich feststeht, also nicht, wie der Spielball und die Zehen, an den Mund gebracht werden kann, sucht dennoch das Kind ihn in unzweideutiger Weise zu fassen, an sich zu ziehen und an den Mund, die Quelle seines grössten Lustgefühls, zu bringen, gleichviel ob er gross oder klein ist. Dabei geschieht es oft, wie ich zu meiner Verwunderung wahrnahm, zum Beispiel beim Erfassen eines feststehenden geschnitzten Pfostens, dass das Kind, sich stark vorbeugend, sich selbst mit den Armen an den begehrten Gegenstand zieht und seinen Mund ihm dicht anlegt, während es auf dem Arme der nachgiebigen Wärterin getragen wird. Das durch Betasten des gesehenen Gegenstandes auch in dieser Weise erzielte Vergnügen, welches Ursache erneuter Greifbewegungen wird, ist wahrscheinlich zugleich Ursache des Verlangens, denselben zu schmecken. Denn nun wird nach Darreichung der Saugflasche mit der Hand nach derselben gegriffen und das früher mit unthätigen Armen saugende Kind sucht sie, bisweilen mit dem Ausdruck der Gier, festzuhalten. Hier weckt die Erinnerung an den Geschmack oder, was damit in diesem Betracht auf dasselbe herauskommt, an das befriedigende Gefühl des Hungerstillens die Greifbewegung. Die Reihenfolge ist ursprünglich: Schmecken, dann Schmecken und Sehen, dann Sehen und Begehren, Schmecken und Mehr-begehren, hierauf Sehen, Greifen, Schmecken. Durch Repetition dieser Zusammenhänge hat sich wahrscheinlich dem Sehen und Greifen überhaupt die Erinnerung an das Schmecken gleichsam amalgamirt, bis die Erfahrung lehrte, dass die betasteten ergriffenen Dinge nicht schmecken oder schlecht schmecken.

Dabei ist bemerkenswerth, dass gerade während der ersten Greifversuche die grösste Anspannung der Aufmerksamkeit mit Mundspitzen beobachtet wurde und später (in der 34. Woche, als das Greifen schneller vor sich ging) der Mund schon vor oder unmittelbar nach dem Ergreifen geöffnet und dann das Object hineingebracht wurde. Bei den ersten Versuchen folgte die Einführung in den Mund ohne vorher intendirt zu sein, jetzt aber wird in der Absicht, das Gesehene in den Mund zu bringen, danach die Hand ausgestreckt bei offenem Munde, wobei zu bedenken, dass eben das Lusterregende, die Saugflasche, besonders oft in den Mund eingeführt wurde. Lässt man das Kind in dieser und der folgenden Zeit ohne Hülfe eine Brotkruste an den Mund führen, so sieht man häufig, trotz der Correctheit im Erfassen derselben, dass sie in den vorher geöffneten Mund nicht, sondern gegen Wange, Kinn oder Nase geführt wird, eine Unsicherheit des Tastens, die noch bei den ersten Versuchen, mit einem kleinen Löffel zu essen, im 17. Monat vorkam.

Das Vorbeigreifen, Zu-kurz-greifen und das Greifen nach sehr weit entfernten Gegenständen verliert sich so allmählich, dass ich eine Grenze nicht angeben kann, zumal es sich mit dem Zeigen verbindet.

Ferner liess sich nicht ermitteln, wann das Einführen der Finger in den Mund und das Greifen nach dem Gesicht, ohne einen Theil desselben zu erfassen, aufhörte. Jedesmal kurz vor und nach dem Durchbruch eines Zahnes fährt das Kind viel mit den Fingern im Munde herum, indem es drei bis vier Finger im Munde behält. Wenn mehrmals eine Erleichterung durch Kauen der Finger empfunden wurde, fahren diese nicht mehr zufällig, beim ziellosen Umherfahren der Hände in der Luft, sondern regelmässig, beim Zahnen, in den Mund, und es muss durch die häufige Wiederholung der Bewegung schliesslich zu einem Reflexvorgang kommen, indem die Hand jeder erreichbaren Stelle, welche schmerzt, genähert wird. Die erste Erfahrung, dass Beissen der Finger, ehe noch Zähne da sind, den Schmerz oder das Kitzeln mässigt, erscheint als eine Folge des Einführens der Hand in den Mund, andere Schmerzen werden daher später gleichfalls Anlass zu Bewegungen der Hand, welche Greifbewegungen vortäuschen können.

In der 43. Woche greift das Kind ohne Hülfe nicht nur richtig mit beiden Händen nach einer Saugflasche, sondern führt sie richtig an den Mund; ebenso den vor ihm liegenden Zwieback. Es zupft mit Kraft an den Barthaaren eines ihm erreichbaren Gesichtes.

Dagegen griff es in der 45. Woche nach der Lampen-flamme, in der 47. und später nach den durch eine Glasscheibe von ihm getrennten Gegenständen, wie nach den erreichbaren, und zwar anhaltend mit Aufmerksamkeit und Eifer, als wenn die Scheibe nicht dagewesen wäre. Die Entdeckung der Durch-sichtigkeit des Glases, welche gewiss jedem Kinde wunderbar er-scheint, erfordert viele derartige fruchtlose Greifversuche.

Der grösste Fortschritt in der Bewegung der Armmuskeln gab sich zu eben dieser Zeit darin zu erkennen, dass oft nach sehr kleinen Papierschnitzeln auf dem Fussboden gegriffen wurde, wobei Daumen und Zeigefinger sie zierlich fassten. Ge-rade das häufige Spielen mit Papierschnitzeln gab aber Anlass zur Beobachtung der oben erwähnten Unsicherheit des vom Gesicht nicht unterstützten Tastsinns. Denn während man früher, da das Kind gern aus einer Zeitung Stückchen heraus-zubeissen pflegte, diese ihm aus dem Munde nehmen musste, konnte man es im 14. Monat ruhig das Papier zerbeissen lassen, weil es nun selbst jedes abgebissene Stückchen mit der rechten Hand wieder aus dem Munde nahm und mir reichte. Hierbei

machte ich die Beobachtung, dass nicht jedesmal der Papier-
schnitzel im Munde, an oder neben den Lippen, vom Kinde
beim Tasten mit den Fingerspitzen gefunden wurde. Ohne die
Directive des Gesichtsinnes blieb also das Tasten recht unvollkommen. Beide Sinne vereinigt leisteten hingegen schon viel
früher Erstaunliches, trotz des Fehlgreifens namentlich des Zu-
kurz-greifens noch im zweiten Jahre (S. 40) und der zahlreichen Versuche, Unfassbares zu erfassen (S. 46). So sah
ich, wie das Kind sich im Alter von zehn Monaten damit ergötzte,
ganz aus freien Stücken ein von ihm selbst auf einem Teppich
gefundenes langes Haar bedächtig von einer Hand in die andere
zu nehmen und zu betrachten.

Von den vielen Tausend Nerven- und Muskel-Fasern,
welche, um eine solche Bewegung zu Stande kommen zu lassen,
harmonisch in Thätigkeit gerathen müssen, weiss das Kind
nichts, aber es dirigirt bereits mit seinem Willen, den das Begehren erzeugte, den ganzen Nerv-Muskel-Mechanismus. Ehe
es dazu im Stande ist, muss erstens der die Greifbewegungen
auslösende sinnliche Reiz sich viele hundertmal wiederholt haben,
so dass eine und dieselbe Empfindung oft wiederkehrte, ein
angenehmes Gefühl entstand, eine zuerst undeutliche, dann allmählich immer deutlichere Wahrnehmung und schliesslich eine
Vorstellung der Gegenständlichkeit des Greifbaren sich bilden
konnte. Zweitens muss auch die Bewegung des Armes, welche
vor der Geburt wie nach der Geburt zum Munde oder zum
Antlitz gerichtet ist, sich sehr oft wiederholt haben, ehe sie zum
Bewusstsein kam, das heisst ehe eine Vorstellung derselben sich
bilden konnte, weil sie anfangs von dem Kinde gar nicht wahrgenommen wurde. Wenn aber das begehrte Object vorgestellt
wird und die Bewegung des Armes vorgestellt wird, ist durch
die schnelle Folge beider Vorstellungen schon deren Vereinigung
begünstigt, welche den Willen wachruft. Es ist sogar die deutliche Vorstellung der Bewegung später nicht einmal mehr dazu
erforderlich, falls nur das Ziel klar erkannt wird. Man hat
öfters zu grosses Gewicht auf die nur für eine neue absichtliche Bewegung nothwendig präexistirende Vorstellung der Bewegung gelegt, so namentlich W. Gude und Lotze; die Hauptsache bleibt die Vorstellung des Zieles derselben. Denn viele
willkürliche Bewegungen, wie die der Augen, werden überhaupt
zu keiner Zeit deutlich vorher vorgestellt, während das Ziel
derselben das Bewusstsein erfüllt. Nur im Allgemeinen ist

dann die Art der zur Erreichung des Zieles nothwendigen Bewegung bekannt. Um aber eine einfache willkürliche Bewegung ausführen zu können, wie das Langen nach Gegenständen, müssen vorher ähnliche Bewegungen darum öfter unwillkürlich ausgeführt worden sein, weil nur dadurch die Muskelempfindungen oder Innervationsgefühle sich ausbilden können. Diese sind nothwendige Directiven für die willkürlichen motorischen Impulse und spielen auch bei anderen als willkürlichen Bewegungen des Kindes, wie des Erwachsenen, namentlich den instinctiven, eine wichtige Rolle. Denn die Erinnerungsbilder der Innervations- oder Muskel-Gefühle, welche die Zusammenziehung des Muskels im Gegensatz zu seiner Ruhe mit sich führt, bestimmen, welche Muskeln, und wie stark jeder, zu contrahiren sind, nachdem die Art der auszuführenden Bewegung bereits feststeht.

Geschieht nun die Wiederholung einer willkürlichen Bewegung, etwa der Greifbewegung, sehr häufig, dann beschleunigt und vereinfacht sich die Verwerthung jener Erinnerungsbilder bis zu dem Grade, dass mit Umgehung des Cerebrosensorium allein das Cerebromotorium die Muskeln in Thätigkeit setzt, nachdem ein sensorischer Eindruck auf es eingewirkt hat. Darin besteht das Hauptmerkmal der cerebromotorischen erworbenen Reflexe, zu welchen auch das Greifen nach dem von einem Windstoss erfassten Hute im späteren Leben gehört.

Bezüglich der ausserordentlich festen Verknüpfung von Greif- und Augen-Bewegungen, also Arm-Muskel- und Augen-Muskel-Erregungen, muss eine erbliche Anlage zu ihrer Bevorzugung angenommen werden. Eine solche Beziehung besteht zwischen den Augenmuskeln und anderen Muskelgruppen, etwa denen der Beine, ganz und gar nicht, wohl aber zwischen den Muskeln der Augen und denen der Vorderextremitäten bei den meisten Säugethieren (S. 54).

Es kann auch im Traume, beim Kinde wie beim Hypnotisirten, nach Ausschluss des Willens der sensorische Eindruck nur das Cerebrosensorium so treffen, dass Greifen und andere complicirte Bewegungen geradeso ablaufen, als wenn sie willkürlich wären. Solche Bewegungen nannte Carpenter ideomotorisch. Die cerebralen motorischen Impulse sind dann nicht rein reflectorisch, wie die der Spinalreflexe; denn bei letzteren ist ursprünglich kein Centrum höherer Ordnung, kein Cerebrosensorium, kein Cerebromotorium betheiligt. Solche Bewegungen haben eine sehr grosse Ähnlichkeit mit rein instinctiven, im wachen Zustande ausgeführten.

Ausserdem kommt für letztere beide noch ein cerebraler Hemmungsapparat in Betracht, welcher, dem Säugling fehlend, mit zunehmender Entwicklung immer leichter die auf den sensorischen Eindruck folgende willkürliche oder ideomotorische oder rein reflectorische (spinalmotorische) Bewegung hemmt. Er tritt jedoch erst in der Zeit der beginnenden Selbstbeherrschung hervor. —

Diejenige Bewegung des ganz jungen Kindes, welche vom Anfang an als Greifen bezeichnet zu werden pflegt, entsteht also folgendermaassen:

Das Hin- und Herfahren mit den Händen, besonders gegen das Gesicht, ist angeboren, impulsiv, durch die intrauterine Haltung bedingt.

Das Umfassen des in die Hand gelegten Fingers in den ersten Tagen ist rein reflectorisch.

Dann folgt das zerstreute (beim Erwachsenen) oder sogenannte mechanische Festhalten in die Hand gelegter Objecte als unbewusste (beim Erwachsenen unbewusst gewordene oder nicht mehr bewusste, beim Kinde noch nicht bewusste) instinctive Bewegung.

Hierauf beobachtet man das Festhalten des Objects mit Entgegenstellung des Daumens, wenn dasselbe so steht, dass die hin- und herbewegte Hand es zufällig erfasst. Da der Daumen jetzt mitwirkt, ist der reine Reflex complicirt geworden und die centrale Separation der vorher vereinigten Impulse erreicht. Da das Festhalten viel länger dauert, als beim Reflex, und die Aufmerksamkeit, wenn auch unvollkommen und vorübergehend, der neuen Erfahrung des Festhaltens sich zuwendet, so ist die Bewegung nun nicht mehr ohne das Bewusstsein des Cerebrosensorium zu Stande gekommen, sie ist aber noch nicht willkürlich; diese Art des ersten Festhaltens (nicht Greifens) steht den instinctiven (ideomotorischen) Bewegungen noch nahe.

In der 17. bis 19. Woche beginnt die Betheiligung des Willens des Cerebromotorium an diesem Act zur vollen Geltung zu kommen; das Kind streckt den Arm noch nicht aus, will aber den Gegenstand, der zufällig in die Hand kam, festhalten. Es sieht ihn an, und bildet sich eine Vorstellung von ihm. Von diesem Fixiren des erfassten Objectes zum Erfassen des Fixirten ist nur ein Schritt. Damit ist dann das gewollte Greifen da, indem die Verbindungsbahn vom Cerebrosensorium zum Cerebromotorium endlich (nicht vor der 19. Woche) vollständig wegsam wird.

Nun dauert es wieder Jahre, bis dieses für die Ausbildung des Verstandes, nämlich das Erfahrungen-machen, unersetzliche Greifen sich vervollkommnet und bis die willkürliche Hemmung desselben durch neue, hauptsächlich anerzogene Vorstellungen möglich wird.

Das Saugen, Beissen, Kauen, Knirschen, Lecken.

Zu den frühesten coordinirten Bewegungen des Menschen gehört das Saugen, welches sogleich mit Schlucken verbunden ist und wiederholt bereits vor vollendeter Geburt wahrgenommen wurde, falls ein saugbarer Gegenstand in den Mund, und zwar auf den Zungenrücken mit Berührung der Lippen gelangte. Als ich (1870) drei Minuten nach dem Austritt des Kopfes eines reifen Kindes — das Kind schrie schon schwach so wie der Mund frei war — mit dem Finger die Zunge berührte, ihn auf dem Zungenrücken hin- und herbewegte oder drehte, hörte das Kind sogleich auf zu schreien und sog lebhaft, nicht aber wenn ich nur die Lippen berührte oder den Finger zwischen dieselben steckte. Ohne Zweifel hat jedes normale Kind vor der Geburt das Schlucken des Fruchtwassers kennen gelernt, und möglicherweise dabei an den eigenen Fingern gesogen. Jedoch ist es für den Ablauf des Saugactes völlig gleichgültig, ob dabei Flüssigkeit in die Mundhöhle gelangt oder nicht, und das stundenlange Saugen an leeren Kautschukschläuchen, welches eine verwerfliche Unsitte zur Beruhigung der Säuglinge verwendet, zeigt, ebenso wie das Saugen an Tüchern und das an den Fingern wenige Minuten nach der Geburt, dass für anhaltendes Saugen Schlucken nicht erfordert wird. Es schliesst sich aber unter normalen Verhältnissen an das Saugen unmittelbar an.

Welcher Art ist nun diese höchst zweckmässige Bewegung? Da hirnlose menschliche Missgeburten und Hündchen ohne Grosshirn saugen und schlucken können, so ist von vornherein die Betheiligung des Intellects, eine Willkür oder Absicht ausgeschlossen. Da aber im Normalzustande nur der hungrige oder wenigstens

nur der nicht völlig gesättigte Säugling anhaltend saugt, der
satte die Brustwarze gewaltsam ausstösst, so liegt hier etwas
anderes, als eine reine Reflexbewegung vor. Denn man kann
nicht das Ausbleiben der Saugbewegung beim gesättigten Kinde
auf Ermüdung durch vorhergegangenes Saugen beziehen, weil es
oft auch lange nach beendigtem Sauggeschäft noch nicht wieder
erneuert wird. Eine impulsive Bewegung ist es gleichfalls nicht,
da es beim Wachsein anfangs nur nach Berührung der Lippen
oder der Zunge oder des Gaumens mit einem saugbaren Gegenstande eintritt. Die Saugbewegungen schlafender (träumender)
Säuglinge mit leerem unberührtem Munde zeigen aber, dass es
aus rein centralen Ursachen entstehen kann, nachdem es einmal
durch periphere Reize in Gang gebracht worden.

Hiernach muss man das Saugen zu den Instinct-Bewegungen
rechnen. Ein Bedenken dagegen ist leicht zu beseitigen.

Man hat behauptet, junge Thiere vergässen leicht, wie sie
saugen müssen, wenn sie einige Tage nicht saugen. Eine solche
Behauptung kann sich jedoch nur entweder auf solche Thiere
(wie die Meerschweinchen) beziehen, welche schon zu Anfang
ihres Lebens beissen und kauen, andere Nahrung als Milch ver-
dauen und bald des Saugens nicht mehr bedürfen, oder auf das
Verlernen des Saugens an der Brust, welches etwas weniger
leicht von Statten geht, als das Saugen aus der Flasche. In
beiden Fällen handelt es sich also nicht um ein Vergessen des
Saugens, welches bekanntlich auch älteren Kindern, ja sogar
Erwachsenen (beim Rauchen)· grosses Vergnügen gewährt.

Von allen Bewegungen des Säuglings ist schwerlich eine so vollkommen vom Anfang an wie diejenige, welche ihm den Namen
gab. Sie ist zwar am ersten Tage nicht so ausgiebig wie am
zweiten, ich fand sogar die Saugversuche manchmal in der ersten
Lebensstunde bei gesunden Neugeborenen, gerade als ich anfing,
dieselben zu beobachten (1869), ganz effectlos beim Einführen
eines Elfenbeinstiftes in den Mund, auch uncoordinirt, sie können
aber bereits in der Geburt regelmässig sein, beruhen also auf
erblichen Bewegungen, welche nach zwei Wochen mit maschinen-
mässiger Regelmässigkeit ohne Nachahmung, Dressur und andere
Bewegungen, ausser Schlucken, stattfinden. Die Unterbrechungen
des Saugens, in den ersten Lebenstagen nach kürzeren Inter-
vallen, als später eintretend, beruhen zum Theil auf Ermüdung,
zum Theil auf rascherer Anfüllung des kleinen Magens, wenn
nicht die Milch selbst eine ungeeignete Beschaffenheit hat. An-

dererseits sah ich einmal den (ohne Zweifel nicht völlig gesättigten) siebentägigen Säugling nach Beendigung des Saugens
die Bewegungen des Mundes fortsetzen, wie beim Saugen.

Es ist längst bekannt, dass Menschenkinder nicht sogleich
beim Anlegen ohne Nachhülfe die Brustwarze finden, sondern
erst nach mehreren Tagen (in einem Falle am achten Tage
zuerst), also später als Thiere. Wie diese macht das ganz junge
Kind vor dem Einführen der Warze in den Mund seitliche Kopfbewegungen, welche bisweilen wie ein Tatonniren aussehen; das
Aufreissen der Augen vor dem Anlegen und das Offenhalten
derselben während des Saugens (in der ersten Woche bei nicht
greller Beleuchtung höchst auffallend) hat aber keine Beziehung
zum Auffinden der Warze, da, wie es scheint, auch Blindgeborene sie nicht später finden. Dieses Verhalten der Augen
ist vielmehr in der ersten Woche nur Ausdruck des Lustgefühls
(S. 23 und 112).

Oft kommt es vor, dass die Brustwarze beim Anlegen nicht
in den Mund gelangt, sondern das Kind sich an der Haut neben
ihr festsaugt, noch in der dritten Woche, ein Beweis für das
Fehlen der Einsicht in dieser Zeit. Doch ist der Zusammenhang der Brust im Ganzen und des Saugens erkannt, denn
am 22. Tage sah ich, wie der Säugling in anderthalb Zoll
Entfernung von der Brustwarze den Mund weit aufriss. Dass
der Geruchsinn weniger als der Gesichtsinn dafür bestimmend
ist, werden ohne Zweifel Beobachtungen an Säuglingen mit verbundenen Augen beweisen. Bei blindgeborenen Thieren (Hunden)
ist dagegen der Geruchsinn als unentbehrlicher Leiter erkannt.
Das Ausstrecken der Arme und Aufreissen der Augen des
älteren Säuglings beim Anblick der Brust in der Ferne spricht
gegen die Betheiligung des Geruchs. In der ersten Zeit wird
wahrscheinlich mittelst des Tastsinns der Lippen die Warze
gefunden.

Ausserdem spielt der Tastsinn beim Saugen selbst eine
wichtige Rolle vom Anfang an. Denn nicht an jedem beliebigen
in den Mund eingeführten Gegenstande, sondern nur an gewissen,
nicht zu grossen, nicht zu kleinen, nicht zu rauhen, nicht zu
heissen oder zu kalten Gegenständen, welche nicht stark bitter,
sauer oder salzig schmecken, wird gesogen. Am meisten saugen
hungrige Kinder an den eigenen Fingern von den ersten Tagen
an; wenn sie nicht hungrig sind, halten sie dieselben auch
gern im Munde, besonders beim Zahnen, ohne daran zu saugen.

und saugen im Bade (noch im achten Monat) an einem Schwamme,
den sie sich an die Lippen halten wie ein Stück Brot. Führt
man dem noch ganz jungen Säugling, während er an der Mutter
Brust saugt, einen Finger in den Mund, so saugt er oft an ihm
weiter, oft aber nicht, und hierbei ist einer merkwürdigen Beobachtung zu gedenken, die mir im Jahre 1882 mitgetheilt wurde,
zu der ich aber kein Seitenstück gefunden habe. Eine grosse
Empfindlichkeit der Brustwarzen veranlasste eine junge Frau,
sie aus dem Munde ihres erst zwei Wochen alten Kindes dadurch zu befreien, dass sie einen ihrer Finger ihm in den Mund
schob und so die Kiefer trennend Raum gewann zum schmerz-
losen Zurückziehen der Brust. Das Kind begann bald, nachdem
es eine gewisse Menge Milch in sich aufgenommen hatte, sehr
langsam zu saugen. Wenn dann die Mutter oder der Vater
einen Finger in seinen Mund einführte, schob es sofort energisch
seine Lippen weiter vor, dichter an die Brust, und sog schnell,
als wenn der erst zwei Wochen alte Säugling gewusst hätte,
dass die Einführung des Fingers in seinen Mund, ja selbst die
Berührung der Lippen mit demselben, ihn an der weiteren
Nahrungsaufnahme hinderte, was doch in dem Alter nicht annehmbar ist. Dass ältere Säuglinge kräftiger saugen, wenn die
Brust ein wenig von ihnen zurückweicht oder ein wenig an der
Saugflasche gezogen wird, ist bekannt, desgleichen, dass man
den Mund berühren kann, ohne das Sauggeschäft zu beschleunigen,
dass letzteres aber so früh wie im vorliegenden Fall [M. Ph.] durch
eine Erfahrung beeinflusst wird, schon so früh etwas gelernt
werden kann, ist befremdlich. Deshalb eine Überlegung anzunehmen, wäre unzulässig, aber ein unbewusster logischer Vorgang hat sich der Instinct-Bewegung doch schon beigesellt.

Nicht weniger instinctiv als das Saugen ist das Beissen.
Im zehnten Monat sog mein Kind nicht mehr an dem in
den Mund eingeführten Finger, sondern biss ihn fast jedesmal.
Der genaue Zeitpunkt, wann das Beissen anfängt und das Saugen
am Finger zuerst aufhört, lässt sich jedoch nicht angeben. In
der 17. Woche wurde der Finger bereits deutlich gebissen und
zwischen den zahnlosen Kiefern festgeklemmt; das Beissen ist
also eine altererbte, nicht im Geringsten erlernte Bewegung, sonst
würde es nicht schon im vierten Monat ohne Zähne stattfinden.
Im elften und zwölften ergriff das Kind meine Hand, führte sie
zum Munde und biss die Haut bis zum Schmerz, wie überhaupt

fremde Finger, die es selbst in den Mund führte. Ebenso versuchte es in der Zeit einen Würfel von massivem Glas zu zerbeissen. Im zehnten Monat hatte es ohne Unterricht mit seinen vier Zähnen Brot zerbeissen gelernt, welches dann verschluckt wurde. Fast alles Begehrenswerthe wurde nach dem Erscheinen der Zähne mit diesen nach Möglichkeit in Contact gebracht und daran gebissen, auch gern geschmatzt (im elften Monat).

Ehe der Säugling den ersten Zahn hat, macht er schon häufige Kaubewegungen, welche namentlich nach dem Einführen einer harten Brotkruste vervielfältigt werden. Der schon vor dem Zahndurchbruch vermehrte Blutzufluss ist gegen Ende des ersten Vierteljahres, wenn das Geifern begonnen hat, ohne Zweifel mit unangenehmen Gefühlen, welche in das Zahnfleisch verlegt werden, verbunden. Da aber dann der zahnlose Säugling vollkommene Kaubewegungen macht, er der niemals einen kaubaren Gegenstand im Munde gehabt hat, ausser den eigenen öfters dahin gelangten Fingern, so ist bewiesen, dass die Kaufunction, sowie die erforderlichen Nerven und Muskeln und das Kau-Centrum ausgebildet sind, in Thätigkeit kommt ohne Übung. Das Kauen ist eine erbliche Function, es ist instinctiv.

Eine andere Bewegung, welche völlig ursprünglich dasteht und wahrscheinlich von allen zahnenden Säuglingen eine Zeitlang geübt wird, ist das Knirschen mit den Zähnen. Im neunten Monat gewährt es grosses Vergnügen, einen oberen und unteren Schneidezahn gegeneinander zu reiben, so dass man es einen Meter weit hört. Dabei scheint der Säugling über die in rascher Folge auftretenden Zähne befremdet zu sein. Denn er macht ungewöhnliche Mundbewegungen, schiebt beide Lippen weit vor, macht bei leerem Munde Kaubewegungen und turnt mit der Zunge ohne Lautäusserungen. Hauptsächlich wird aber das Knirschen mit vier Zähnen geübt.

Durchaus ursprünglich ist noch eine hierher gehörige Bewegung: das Lecken. Wenn dieses nicht angeboren wäre, wie könnte dann das neugeborene Menschenkind innerhalb der ersten 24 Stunden seines Lebens den Zucker lecken? Ich habe es selbst beobachtet, auch gesehen, dass am zweiten und dritten Tage nach der Milch geleckt wird und zwar kaum weniger geschickt, als im siebenten Monat. In dieser Zeit werden nicht allein mit der Zunge begehrte feste und ergriffene Objecte bestrichen, sondern auch die Lippen der Mutter beim Küssen; es wird auch umgekehrt die Zunge mit den Gegenständen bestrichen.

Alle die hier aufgezählten Bewegungen des Säuglings, Saugen, Beissen, Schmatzen, Kauen, Knirschen, Lecken müssen als typische Instinct-Bewegungen bezeichnet werden. Alle sind ihm nützlich; denn auch das Knirschen mit den ersten Zähnen nützt, indem es das Kind mit denselben vertraut macht. Alle sind erblich und unwillkürlich.

Die Kopfhaltung.

Alle neugeborenen Kinder und eben ausgeschlüpften Hühnchen, wahrscheinlich alle neugeborenen Säugethiere und alle eben ausgeschlüpften Vögel, sind ausser Stande, den Kopf erhoben zu halten und zu balanciren. Er fällt nach vorn, nach links oder rechts, sogar nach hinten, wenn man ihn gerade emporhebt. In dieser Beziehung ist die Hülflosigkeit des Menschenkindes nicht grösser, als die des von der Eischale kaum befreiten Hühnchens, aber letzteres lernt in wenigen Stunden die zur Kopfhaltung erforderlichen Muskeln besser beherrschen, als ersteres in vielen Wochen.

Diese Muskelthätigkeit ist vorzüglich geeignet, das Wachsen des kindlichen Willens darzuthun. Denn Muskelschwäche kann nicht Ursache des Unvermögens, den Kopf zu balanciren, sein, weil andere Kopfbewegungen rasch ausgeführt werden. Zu Ende der ersten und zu Anfang der zweiten Woche sah ich stets den Säugling beim Anlegen an die Brust heftige seitliche Kopfbewegungen machen, welche in ähnlicher Weise ganz junge Meerschweinchen, Kälber, Füllen und andere Thiere beim Saugen ausführen. Sogar ein ohne Gehirn geborenes Menschenkind, welches einige Tage lebte, sah ich den Kopf nach vorn neigen und nach rechts und links drehen. Eine äussere Veranlassung für diese Bewegungen des hirn- und stirnlosen Kopfes war nicht aufzufinden. Sie müssen impulsiv sein.

Innerhalb der ersten zehn Wochen liess sich bei meinem Knaben keine Spur eines Versuches entdecken, den Kopf im Gleichgewicht zu halten. In der elften Woche baumelt er nicht mehr völlig haltlos, wenn man das Kind aufrecht sitzen lässt, wird vielmehr zeitweise, wenn auch noch sehr unvollkommen, balancirt. In der zwölften Woche fällt der Kopf oft nach vorn, auch nach hinten und nach den Seiten und wird nur auf Augenblicke äquilibrirt; es ist aber in dieser Hinsicht von Tag zu Tag ein Fortschritt zu bemerken, indem die kurze Zeitdauer des Geradehaltens im Durchschnitt täglich etwas länger wird. In der 13. Woche fällt der Kopf, auch wenn er ganz frei ist, nur noch selten zur Seite, wird vielmehr meistens leidlich balancirt. In der 14. Woche (bei einem anderen Kinde erst in der 21.) fällt er nach vorn nur selten (beim Aufrechthalten des Kindes), und in der 16. Woche hat das „Umkippen" überhaupt aufgehört, die Kopfhaltung ist nunmehr definitiv für das ganze Leben. Ähnlich ein Knabe, der in der 14. Woche auf dem Unterleib liegend sich vorn auf seine liegenden Arme stützte und in dieser (in Leipzig „Seehundchen" genannten) Stellung den Kopf hoch und gerade erhob und, als er zurücksank, ihn auf's Neue hob; in der 16. Woche hielt er ihn lange fest aufrecht, wenn man den Körper stützte, und in der 18. auch beim Sitzen frei [R. S.].

Darin spricht sich ein unzweifelhafter Willensact aus. Denn die Contractionen der den Kopf balancirenden Muskeln sind zuerst ungewollt, nicht reflectorisch, nicht imitativ, sondern impulsiv und dann, da schon bald der Zweck erkennbar wird, instinctiv. Der Nutzen dieser Zusammenziehungen wird von dem Säugling nicht erkannt, aber die Muskelgefühle dabei unterscheiden sich von anderen Muskelgefühlen durch ihre angenehmen Folgen, indem bei gerader Kopfhaltung besser gesehen, die Nahrung bequemer eingenommen werden kann; daher werden sie bevorzugt. Unter allen möglichen Kopfstellungen tritt die äquilibrirte nach und nach am öftesten in aufrechter Haltung der Kinder ein, weil sie die vortheilhafteste ist, und das Herbeiführen derselben nennt man, sie wollen. Erwachsene lassen den Kopf fallen, wenn sie sitzend einschlafen, geradeso wie wache Säuglinge. Ihr Wille erlischt, wenn das Wachsein aufhört. Also ist während dieses letzteren permanent ein gewisser Aufwand an Willen nothwendig zur Balancirung des Kopfes, und das wache neugeborene und ganz junge Kind hat dieses geringe Willensquantum noch nicht. Darum kann man geradezu den Zeitpunkt der ersten deutlichen Willensbethätigung beim Säugling auf diesem Gebiet in diejenige Woche verlegen, in welcher der Kopf nicht mehr während des Wachseins hin- und herbaumelt, d. h. in die 16. Woche bei meinem Kinde, dem einzigen bisher genauer beobachteten, im Allgemeinen in den vierten und fünften Monat. R. Demme beobachtete (allerdings nicht so genau) 150 Kinder daraufhin und fand, dass sehr kräftig entwickelte Säuglinge den Kopf schon gegen das Ende des dritten oder innerhalb der ersten Hälfte des vierten Lebensmonats richtig äquilibrirt tragen, mittelstarke Kinder erst in der zweiten Hälfte des vierten Monats, und zartere, in ihrer Ernährung etwas unter die Norm fallende Individuen erst im fünften oder mit dem Beginn des sechsten Lebensmonats. Die Angabe von Heyfelder, dass schon nach sechs bis acht Wochen Versuche, den Kopf gerade zu halten, gemacht wurden, kann sich auf das mit freiem Kopf aufrecht gehaltene Kind nicht beziehen.

Auch über die ersten Versuche des Säuglings, welcher anfangs gerade liegt oder die fötale Stellung beibehält, sich auf die Seite zu legen, fehlen Beobachtungen. Ein Kind brachte es erst im vierten Monat zu Stande, und zwar mit grosser Anstrengung. Als ich meinen Knaben im neunten und zehnten Monat mit dem Gesicht nach unten auf ein Kissen legte, schien ihm die ungewohnte Lage äusserst unbehaglich zu sein. Er benahm sich sehr unbeholfen, drehte sich aber ohne irgend welche Hülfe um, so dass er nach etwa einer Minute wieder auf dem Rücken lag oder sich auf die Hände stemmte.

Ähnliches kam aber bereits in der sechsten Lebenswoche vor. Der Säugling stützte sich schon damals beim Hinlegen auf ein Kissen, mit dem Gesicht nach unten, auf die Vorderarme, indem er den Kopf nach der Seite drehte, ohne zu schreien, so die unbequeme Lage mit einer weniger unbequemen vertauschend. Doch liegt darin noch keine Willkür, da auch im Schlafe eine unbequeme Lage mit einer besseren vertauscht wird.

Im ersten Vierteljahr kommt überhaupt keine willkürliche Bewegung vor. Neugeborene können nicht einmal, wenn man ihr Gesicht mit der unbewegten Hand bedeckt, oder wenn man sie mit dem Gesicht nach unten auf ein Kissen legt, das Gesicht freimachen durch eine Kopfdrehung. Sie schreien und bewegen die Extremitäten zwecklos, so dass man nicht mit Sicherheit erkennen kann, ob die neue Lage ihnen angenehm ist oder nicht. Einige behalten sogar bewegungslos jede ihnen ertheilte Lage einige Zeit bei, was ich auch bei neugeborenen Thieren beobachtet habe. (Vgl. meine Schrift „Untersuchungen über die Kataplexie und den thierischen Hypnotismus" 1878.)

Das Sitzenlernen.

Die ersten erfolgreichen Versuche, allein ohne Lehne zu sitzen, werden von Einigen in den vierten Monat, also in die

13. bis 18. Woche, von Anderen [S] in die 17. bis 26. Woche
verlegt. Auch Heyfelder giebt an, dass kräftige Kinder mit
fünf bis sechs Monaten mit dem ganzen Oberkörper aufrecht
sitzen. R. Demme dagegen fand, dass sehr kräftig entwickelte
Kinder ohne besonders auffallende Anstrengung gegen Ende des
siebenten oder zu Beginn des achten Monats während mehrerer
Minuten ganz frei sitzen können. Mittelstarke leisten dasselbe
erst im neunten und zehnten, schwächliche im elften und zwölften
Monat.

Bei meinem kräftigen Kinde gelang in der 14. Woche der
erste Versuch, dasselbe mit wohlgestütztem Rücken eine sitzende,
ihm künstlich ertheilte Stellung einnehmen zu lassen, überraschend
leicht; in der 22. Woche richtete sich das Kind sogar von selbst
zum Sitzen auf, als es nach meinem Gesichte greifen wollte,
aber erst in der 39. Woche konnte es anhaltend allein sitzen
und sass dann gern, aber nicht ohne Lehne. Auch in dem
Kinderwagen bedurfte es einer solchen (in der 40. und 41. Woche
noch), um sich sitzend zu halten. Aber wenn es auch höchstens
Augenblicke ohne alle Unterstützung sitzen konnte, so suchte es
doch immer wieder, offenbar zu seiner eigenen Erheiterung, das
Gleichgewicht zu behalten.

Endlich in der 42. Woche sitzt das Kind ohne Unterstützung nackt im Bade aufrecht mit gerade gestrecktem Rücken,
desgleichen im Wagen, wo die Kleider, Decken und Kissen die
Balancirung wesentlich erleichtern. Das schwierigere Aufrecht-
sitzen in dem glattwandigen Bade erfordert in der folgenden Zeit
die volle Aufmerksamkeit. So lange diese nicht durch neue
Eindrücke in Anspruch genommen wird, fällt das Kind nicht auf
die Seite. Es gewinnt täglich an Sicherheit in der Erhaltung
seines Gleichgewichts, so dass es nach einigen Tagen eine volle
Minute lang unbekleidet ohne jede Unterstützung im Bade oder
im Wagen sitzt. Vom elften Monat an wird das Sitzen zur
Gewohnheit für das ganze Leben.

Anfangs zeigt sich dabei eine Eigenthümlichkeit, welche
man auch bei Affen findet, wie Lauder Brunton (1881) hervorhob. Lässt man nämlich kleine Kinder auf dem Boden frei sitzen,
so wenden sie die Fusssohlen gegeneinander, eine vielleicht auf
der Haltung der Beine vor der Geburt beruhende Gewohnheit.
Denn jedes Kind nimmt, wenn es unbekleidet und ungefesselt
sich selbst überlassen bleibt, im warmen Lager noch lange nach

der Geburt eine der intrauterinen ähnliche Haltung mit angezogenen Beinen und gebeugten angezogenen Armen an.

Die bei verschiedenen Völkern in früheren Zeiten und noch gegenwärtig verwendeten Sitzinstrumente, Kinderstühle mit und ohne Fahrvorrichtungen, hat H. Ploss in seinem Buch „Das kleine Kind vom Tragbett bis zum ersten Schritt" (1881) beschrieben und durch Abbildungen erläutert. Sie dienen sämmtlich mehr der Bequemlichkeit der Angehörigen, als der des Kindes. Sie sind sogar nachtheilig bei zu früher Anwendung, weil dadurch seitliche Verkrümmungen der Wirbelsäule herbeigeführt werden können. Deshalb müssen die Säuglinge auch nicht von der Wärterin stets auf demselben Arm getragen werden. Das Sitzen soll man ihnen nicht aufnöthigen, wie es allzuoft geschieht. Es ist eine orthopädisch und pädagogisch wichtige Regel, kein Kind an die sitzende Stellung zu gewöhnen, ehe es von selbst aus der liegenden Stellung (bei Greifversuchen) ohne Hülfe sich mit dem Oberkörper erhoben hat, ehe es also, mit anderen Worten, sitzen will.

Dass dieser Zeitpunkt, wie schon aus den obigen Angaben verschiedener Beobachter hervorgeht, bei verschiedenen Kindern sehr ungleich gefunden wird, im Allgemeinen frühestens in den vierten und spätestens in den zwölften Monat fällt, erklärt sich durch die frühzeitigen Versuche der Angehörigen, künstlich das Sitzen herbeizuführen, durch die Nachahmung bei zusammen aufwachsenden Geschwistern (doch gilt dieses nur für die späteren Termine), endlich durch Muskelschwäche, ungleiche Ernährung, Verwahrlosung oder Vernachlässigung. Abgesehen von allen diesen Einflüssen ist aber die Verschiedenheit der Angaben über das erste Sitzen noch durch verschiedene Auffassungen der Beobachter bedingt. Der Versuch zu sitzen ist noch sehr weit von dem Sitzen selbst entfernt. Dieser Unterschied wurde meistens übersehen und das Sitzen mit angelehntem Rücken, das „Lehnsitzen", dem Alleinsitzen öfters gleichgesetzt.

Das Stehen-Lernen.

Die ersten erfolgreichen Stehversuche, bei denen mein Kind, aber nur einen Augenblick, ohne alle Unterstützung auf seinen Füssen stand, fallen in die 39. Woche. In der folgenden bedarf es nur geringer Hülfe und scheint sich lieber mit Stehen-Lernen, als mit Sitzen-Lernen abzugeben, obwohl es ihm anstrengender sein muss.

Im elften Monat kann es ohne alle Unterstützung stehen und stampft sogar mit dem Fusse, aber es fehlt alle Sicherheit. Nur wenn schutzbietende Stühle oder wachsame Arme in nächster Nähe sind, wird die aufrechte Stellung länger als einen Augenblick beibehalten. Sogar nach Vollendung des ersten Lebensjahres steht das Kind länger nur, wenn es mit dem Rücken sich in eine Ecke lehnt. Ich habe nicht erfahren, dass es bei den zahlreichen täglich wiederholten Versuchen, es stehen zu lassen, auch nur einmal im ersten Jahre wirklich hingefallen wäre, und doch machte es ganz den Eindruck, als wenn es sich fürchtete zu fallen, sowie es ohne Lehne oder Halt stehen sollte. Schliesslich aber, zu Anfang des zweiten Jahres, konnte das Kind ohne die haltende Hand einige Augenblicke stehen. Es erhielt dann durch die gleichzeitig vorgenommenen Gehversuche nach und nach mehr Selbstvertrauen.

Ein kleines Mädchen, welches sich in der 19. Woche zum ersten Male allein in die sitzende Stellung aufgerichtet hatte, konnte sich vom elften Monat an einige Augenblicke ohne alle Hülfe aufrecht halten und allein aufstehen, die Schwester derselben vom zehnten Monat an [St].

R. Demme fand, dass nur sehr kräftige Kinder im Stande waren, schon um die 35. bis 38. Lebenswoche bei geringer Unterstützung (durch das Fassen der Hände oder Arme) einige Minuten lang zu stehen und erst von der 40. bis 42. Woche an zwei bis drei Minuten lang vollkommen frei stehen konnten. Mittelstarke Kinder kamen dahin erst um die 45. bis 48. Woche, die schwächlicheren erst im zwölften Monat oder später. Diese Beobachtungen beziehen sich auf 150 Schweizer Kinder.

Sigismund verlegt den Zeitpunkt der ersten Stehversuche in die 18. bis 20. Woche. Die Kinder stehen dann ihm zufolge sehr gern, wenn man ihnen „unter die Arme greift", ohne Unterstützung, aber nicht vor dem siebenten Monat und meistens nach dem achten (muss heissen „nach dem neunten").

Dabei wirkt schon die Nachahmung mit, denn in Familien, wo mehrere Kinder zusammen aufwachsen, pflegen die jüngeren oft etwas früher stehen zu lernen als das erstgeborene. Doch kann auch dieses unter günstigen Ernährungsbedingungen sehr früh mit seinen Versuchen, sich zu erheben, beginnen und schon

im dritten Monat mit angelehntem Rücken auf dem Schoosse
der Mutter aufgerichtet einen Augenblick verharren [A. Th.],
was besser unterbleibt.

Das Gehen-Lernen.

Das Gehen-Lernen ist in seinen Anfängen darum räthselhaft,
weil kein Grund für das abwechselnde Beugen und Strecken der
Beine gleich beim ersten Aufrechtstellen des Säuglings vorzuliegen
scheint. Nur auf dem jedesmal wiederholten Emporheben und
Hinsetzen der Füsse des aufrecht stehenden oder gehaltenen
Kindes beruht aber die Möglichkeit, gehen zu lernen. Die
Beugungen und Streckungen geschehen zwar auch im Liegen,
im Bett, im Bad, aber das regelmässige Beugen und Strecken,
welches schon Monate vor dem ersten geglückten Gehversuch,
beim Vorwärtsschieben des aufrecht auf dem Boden gehaltenen
Kindes eintritt, ist ein anderes: es ist instinctiv. Wenn Säuglinge, ohne mit Menschen in Berührung zu kommen, am Leben
bleiben könnten, würden sie ohne Zweifel von selbst den auf-
rechten Gang, aber erheblich später, sich aneignen, weil er für
die Beherrschung der Umgebung mittelst des Auges und Ohres
vortheilhaft ist. In der Kinderstube wird fast immer das Gehen
den Kindern früher, und mit unsäglicher Mühe, beigebracht, als
ihnen wegen des Knochenwachsthums zuträglich sein kann. Die
Kinderlaufstühle und Gehkörbe, solche verfrühte Übungen be-
günstigend, sind verwerfliche Vorrichtungen, weil sie die Krumm-
beinigkeit verursachen helfen. Das Kriechen, die natürliche
Vorschule des Gehens, wird nur zu häufig dem Kinde nicht gestattet, obwohl es zu seiner geistigen Ausbildung mächtig bei-
trägt. Denn die Freiheit, sich zu einem begehrten Gegenstande
hinzubegeben, ihn zu besehen und zu betasten, hat das kriechende
Kind weit früher, als das immer nur mit Unterstützung den Ort
ändernde. Nur Vorurtheile, sogar Aberglaube, lassen in vielen
Familien die Mütter und Wärterinnen den Kindern, ehe sie
stehen können, das Kriechen verbieten, wenn nicht die eigene
Bequemlichkeit, die Abneigung, das sich frei bewegende Kind
wachsam zu beobachten, das ungerechtfertigte Verbot bedingt.
Für die normale geistige Entwicklung des noch nicht einjährigen
Kindes kann es nicht gleichgültig sein, ob es auf Stunden in
einen Korb gepackt, in Tücher eingewickelt, an einen Stuhl gebunden wird, oder ob man ihm gestattet, frei auf einer grossen

Decke umherzukriechen, im Sommer im Freien, im Winter in
der mässig geheizten Stube.

Wann zum ersten Male ein Kind zu kriechen oder zu rutschen versucht, lässt sich nicht genau angeben, weil es eben
meistens an solchen Versuchen verhindert wird. Der Zeitpunkt
ist auch für Kinder einer Familie sehr verschieden je nach der
Ernährung und der davon abhängigen Knochenfestigkeit, Muskelkraft und Bewegungslust. Einige kriechen gar nicht, einige schon
im sechsten Monat. Auch die Art des Kriechens ist keineswegs
bei allen Kindern dieselbe, das Rutschen auf beiden Knieen nicht
einmal allen europäischen Kindern eigen. Das meinige rutschte
regelmässig nur auf einem Knie und benutzte das andere zur
Fortbewegung. Es setzte dabei den zugehörigen Fuss vor, so
wie es Livingstone von den Manyuema-Kindern in Afrika berichtet. Das Niederknieen lernte es aber, wie alle Kinder, erst
lange nachdem es gehen konnte, während eintägige Thiere
(S. 54e) von selbst knieen. Ebenso lernte es erst lange nachdem es gehen konnte, sich auf Händen und Füssen vorwärts
zu bewegen.

Auch der Zeitpunkt des ersten erfolgreichen Gehversuchs
fällt sogar bei Kindern derselben Familie bei annähernd gleicher
Ernährung sehr verschieden aus. Ein schwächliches Kind konnte
(nach Sigismund), als es acht Monate alt war, fertig laufen, ein
anderes mit 16 Monaten; manche lernen es erst nach anderthalb,
sogar nach zwei Jahren. Viel kommt dabei auf die Umgebung
an. Wächst ein Kind unter anderen kleinen Kindern auf, welche
theils gehen, theils gehen lernen, dann wird es in der Regel
früher ohne Unterstützung laufen können, als wenn es allein
aufwächst. Aber in diesem Falle kann die häufige Wiederholung
des Geh-Unterrichts den naturgemässen Zeitraum erheblich ab-
kürzen. So sah Demme (1882) von 50 Kindern zwei zu Ende
des neunten Lebensmonats, allerdings nur schwankend, während
einiger Minuten allein gehen, dagegen sieben erst innerhalb des
18. bis 24. Monats, die übrigen 41 im dritten Halbjahr. Ein
kräftiges Mädchen, mit dem gar keine Steh- und Geh-Versuche
vorgenommen wurden, fing mit dem fünften Monat an zu kriechen.
Noch bis zum Ende des zehnten Monats bewegte es sich auf
allen Vieren, einem Affen ähnlich, lebhaft vorwärts und hatte
bis zu dieser Zeit keinen Versuch zur Aufrichtung des Körpers
gemacht. Erst mit dem 14. Monat begann es sich an festen
Objecten aufzurichten und lernte vom 16. bis 18. ohne alle

Beihülfe correct gehen, die Laufübungen auf allen Vieren dazwischen noch häufig fortsetzend.

Wenn Kinder erst einige Monate nachdem sie sprechen gelernt haben, also etwa im vierten Halbjahr ihres Lebens, noch
keine erfolgreichen Geh-Versuche machen, ist der Verdacht eines
organischen Fehlers vorhanden. Es muss dann eine sehr genaue
ärztliche Untersuchung vorgenommen werden. Und vom Anfang
an muss man beachten, ob ein Säugling beim Liegen und im
Bade beide Beine gleichmässig kräftig bewegt. Beim Rutschen
und Kriechen wird von den meisten Kindern ein Bein bevorzugt
und dadurch eine Ungleichheit der ferneren Entwicklung links
und rechts bedingt, welche später nicht mehr ausgeglichen
werden kann.

Unter 33 Kindern sprachen nach Heinr. Feldmann's Erkundigungen *(De statu normali functionum corporis humani.* Inauguraldissertation, Bonn 1833) zum ersten Male im

14.	15.	16.	17.	18.	19.	Monat
1	8	19	3	1	1	Kinder.

Von denselben konnten allein gehen im

8.	9.	10.	11.	12.	Monat
3		24	6		Kinder.

Hiernach geschieht meistens (vermuthlich handelt es sich
um Rheinische Kinder) der erste selbständige Schritt mehrere
Monate früher, als das Sprechen des ersten Wortes. Es ist
nicht richtig, was Heyfelder angiebt, dass die mittlere Zeit, in
der gesunde Kinder „laufen lernen", ziemlich genau auf den
vollendeten zwölften Monat falle, dass die Mehrzahl wenige
Tage vor oder nach dem 365. Tage zu gehen anfange. Demme
fand, dass die Mehrzahl im dritten Halbjahr anfing zu gehen,
womit meine Erkundigungen übereinstimmen. Sigismund's Knabe
konnte laufen, ehe er Wörter und Geberden nachahmte. Von
zwei Schwestern konnte die ältere im 13. Monat nicht kriechen,
im 15. Monat zum ersten Male frei gehen, im 18. eine Schwelle
allein überschreiten, im 19. von einer Schwelle allein herabspringen, im 20. behende laufen, die jüngere dagegen zu Anfang
des 10. Monats geschickt allein kriechen, sogar über Schwellen,
im 13. allein die ersten unsicheren Schritte thun, im 15. allein
sicher die Schwelle überschreiten. Trotz dieses bedeutenden
Vorsprungs des jüngeren Kindes war es im Articuliren, Nach-

sprechen, Wörtergebrauchen im 15. Monat noch lange nicht so
weit fortgeschritten, wie das ältere im 13. Monat. Dieses
sprach, ehe es ging, jenes lief, ehe es sprach [St]. Mein Kind
konnte Geberden (Winken, Faustballen, Kopfnicken) und einzelne
Silben *(heiss)* nachahmen, ehe es lief, lernte aber dann erst
sprechen, während das von Wyma beobachtete Kind mit neun
Monaten fest stehen und bald darauf gehen konnte und zugleich
sprach. Da es bei solchen statistischen Erhebungen vor Allem
darauf ankommt, zu wissen, was „zum ersten Male sprechen"
(prima verba fecerunt) bedeutet, ob *mama*-sagen oder -nachahmen
oder ein Wort der späteren Sprache richtig gebrauchen oder
einen Satz von mehr als einem Worte bilden, hierüber aber
Angaben fehlen, so kann man den mühsamen Ermittelungen
nicht viel Werth beilegen. Gesunde Kinder gehen meistens, ehe
sie sprechen, und verstehen Gesprochenes lange, ehe sie gehen.
Ein gesunder Knabe lief zum ersten Male allein im 16. Monat
und bildete den ersten Satz *hia muta ji* („Marie! die Mutter ist
ausgegangen", wobei *ji* = Adieu) im 29. Monat, also ein volles
Jahr später [Sch].

Im Allgemeinen fällt der erste Versuch des sich aufrecht
an festen Gegenständen haltenden Kindes, frei zu stehen, zu
traben, zu gehen, in das 4. bis 7. Vierteljahr seines Lebens,
obwohl richtige Gehbewegungen des oben unterstützten Säuglings bereits im zweiten Vierteljahr vorkommen. Champney's
Kind wurde zum ersten Male Ende der 19. Woche aufrecht
gehalten, so dass die Füsse den Boden eben berührten, und
vorwärts bewegt. Die Beine bewegten sich dabei stets abwechselnd zweckmässig. Jeder Schritt wurde vollständig ausgeführt,
und zwar ohne Zögern und Unregelmässigkeit, wenn auch die
Füsse zu hoch gehoben wurden. Nur wenn man den Knaben
zu hoch hielt, wurde die alternirende Bewegung unterbrochen,
indem der in der Luft bleibende Fuss einen neuen Schritt
machte. Die Berührung des Bodens seitens des einen Fusses
schien den Reiz für die Bewegung des andern abzugeben. Diese
Beobachtungen bestätigen meine Auffassung des Geh-Actes als
einer Instinct-Bewegung durchaus.

Es war nach Ablauf des fünften Vierteljahres, als mein
Kind frei auf den Füssen stehend plötzlich zum ersten Male um
einen Tisch herumtrabte, zwar schwankend oder taumelnd wie
ein Berauschter, welcher laufen will, aber ohne zu fallen. Und
von diesem Tage an konnte es aufrecht gehen, zuerst nur

schnell, fast nur trabend, als wenn es nur bedacht wäre, das Vornüberfallen zu hindern, und mit vorgestreckten Armen, dann langsamer und sicherer. Innerhalb der folgenden zehn Wochen ging das Kind aber über eine kaum zollhohe Schwelle zwischen zwei Stuben nur, indem es sich anklammerte, und oft sah man es in dieser Zeit noch den vorgesetzten Fuss wie ein Tabetiker schleudern oder zu hoch heben und zu fest niedersetzen. Der Muskelsinn war noch nicht ausgebildet.

Ich stelle hier, um die allmählich fortschreitende Ausbildung und ihre Langsamkeit zu verdeutlichen, noch einige Beobachtungen über das erste Sitzen, Kriechen, Rutschen, Stehen, Gehen und Laufen meines Kindes zusammen:

22. 23. Woche. Liegt der Säugling auf dem Rücken, so richtet er sich oft von selbst zum Sitzen auf und freut sich, wenn er auf die Kniee seiner Amme aufrecht gestellt wird.

28. Woche. Das Kind stellt sich von selbst aufrecht, aber nur auf dem Schoosse der Mutter, sich an ihr haltend.

35. Woche. Das getragene Kind stellt sich auf den Arm und die Hand der Amme von selbst und sieht ihr über die Schulter.

41. Woche. Erster Gehversuch. Das Kind wurde unter den Armen so gehalten, dass die Füsse den Boden berührten. Es hob dann die Beine abwechselnd und streckte sie unvollkommen, abwechselnd. Wodurch es zu diesen Bewegungen veranlasst wurde, ist unerfindlich. Sitzen und Stehen ohne Unterstützung unmöglich.

42. Woche. Woher es kommt, dass das unter den Armen gehaltene Kind, dessen Füsse den Boden berühren, diese nach vorn in Bewegung setzt, anfangs auch seitlich, jetzt regelmässiger, ist um so schwerer zu verstehen, als kein Schieben von hinten stattfindet und nichts Begehrenswerthes vor dem Kinde zu sein braucht. Die „Geh-Lust“ ist sehr gross. Von nun an sitzt das Kind ohne Unterstützung.

43. Woche. Während es anfangs die Füsse unregelmässig über-, neben-, vor-einandersetzte, hebt es den Fuss jetzt hoch auf und setzt ihn meistens fest auf den Boden, ohne die Beine zu kreuzen. Diese merkwürdigen Bewegungen machen ihm das grösste Vergnügen. Ist es sehr unruhig, so wird es schnell beruhigt, falls man es mit den Füssen auf den Boden stellt und hält. Es fängt dann sogleich an, ohne den geringsten Anstoss, sich vorwärts zu bewegen.

45. bis 47. Woche. Die fast täglich angestellten Geh-Übungen wurden in dieser Zeit ganz ausgesetzt, um zu erfahren, ob das bisher Erreichte vergessen werde.

Ende der 47. Woche setzt aber das oben gehaltene Kind die Füsse auffallend richtig, nur selten übereinander; doch fehlt die erforderliche Schätzung der Muskelkraft, denn es hebt oft den Fuss zu hoch und setzt ihn zu fest auf.

48. Woche. Öfters steht nun das Kind einen Augenblick ohne Unterstützung und stampft mit dem Fuss. Es fasst einen Stuhl an und schiebt ihn, mit minimaler Unterstützung, etwas vorwärts.

49. Woche. Überlässt man das Kind auf einer weichen Decke, mit Kissen umgeben, sich selbst, so kann es sich nicht ohne Hülfe erheben und nicht länger als einen Augenblick ohne Hülfe stehen.

50. Woche. Es kann sich nicht von selbst auf die Füsse stellen, wenn es sitzt oder liegt, ist nicht im Stande ohne Hülfe zu gehen.

53. Woche. Kriechen oder vielmehr rutschen kann das Kind etwas, nicht aber sich allein erheben.

54. Woche. An einer Hand gehalten kann es gehen. Kriechend kommt es auf dem Teppich nur wenig und langsam wirklich von der Stelle und zwar durch asymmetrische Bewegungen und Streckungen der Arme und Beine.

57. Woche. Auf Knieen und Händen wird ganz behende hin- und hergerutscht. Gehen ohne Führung (an einer Hand) unmöglich.

60. Woche. An einem Stuhl kann das Kind sich allein vom Boden erheben, zuerst auf die Kniee, dann auf die Füsse. Es steht aber allein nur einige Augenblicke frei, hält sich immer fest, wenn es hingestellt wird.

62. Woche. Stehen kann das Kind noch immer nicht länger als einen Augenblick, ohne dass es unterstützt oder wenigstens berührt wird. Dieses Unvermögen beruht nicht mehr auf der Schwierigkeit, das Gleichgewicht zu behalten, sondern auf einem Mangel an Selbstvertrauen, denn es kann jetzt nur dann noch nicht allein stehen, wenn es weiss, dass es nicht gehalten wird. Wenn es aber nicht weiss, dass ich die stützende, immer weniger drückende Hand vom Rücken entfernt habe,

dann steht es mehrere Secunden lang gerade und ohne Unterstützung. Ebenso in der

63. Woche. Immer noch geht das Kind nur, wenn es sich mit beiden Händen halten kann (an den 55 Centimeter hohen Wänden eines eigens für mein Kind von mir 1878 construirten gepolsterten Holzvierecks von $1^1/_4$ Meter Seitenlänge im Innern).

64. Woche. Führt man das Kind an einem Arme so lose, dass der Arm wie in einem lockeren Ring steckt, so geht es correct und sicher, kann also, ohne gehalten zu werden, gehen; lässt man es aber ganz unberührt, so geht es nicht, sondern fällt oder stolpert in die Arme des vor ihm Sitzenden oder Stehenden. Also fehlt es nicht an Coordinationsvermögen, sondern an Selbstvertrauen, während das Unvermögen zu sprechen auf einem Mangel des ersteren beruht. Durch allzuhäufiges Unterstützen, Vorsagen und Vormachen, durch Dressur, wird die selbständige Entwicklung behindert und das Selbstvertrauen im Entstehen erstickt.

65. Woche. Allein kann zwar das Kind noch nicht gehen, aber wenn es nur meinen leitenden Finger mit seinem Daumen und Finger umspannt, schreitet es rasch und sicher vorwärts. Es erhebt sich, wenn man es hinlegt, zuerst auf die Kniee, und indem es sich an etwas festhält, steht es auf, kann aber nicht ohne sich zu halten aufstehen.

66. Woche. Plötzlich — am 457. Tage seines Lebens — kann das Kind allein laufen. Tags zuvor war es völlig ausser Stande, allein drei Schritte zu machen, es musste, wenn auch nur mittelst eines Stabes, etwa eines Bleistifts, geführt werden. Nun lief es allein um einen grossen Tisch herum, zwar unsicher und mit veränderlicher Kopfhaltung, aber ohne zu fallen. Am folgenden Tage freut sich der Gehling sichtlich über die neue Leistung und trabt directionslos etwas taumelnd, bald mit herabhängenden, bald mit erhobenen Armen, als wenn er sich halten wollte, bald stumm, bald *hä! häe!* rufend (dieses monatelang) und lachend. Er hält sich gern an Möbeln fest. Am darauffolgenden Tage bleibt das Kind während des hastigen Gehens manchmal stehen und trampelt, sich von einem Fuss auf den anderen stellend, ohne alle Hülfe. Am 461. Tage kann es geführt auch rückwärts gehen und ohne Führung sich schnell und geschickt umdrehen. Es schlägt beim Gehen mit den Armen ziellos um sich. Zu Ende dieser Woche kann es während des Gehens bereits seine Aufmerksamkeit auf andere Dinge

richten, mit den Händen vor Vergnügen hin- und herfahren.
Gegenstände halten und diese bei dem eben erlernten langsamen Gehen betrachten.

67. Woche. So häufig beim Alleingehen ein Hinfallen un-
vermeidlich zu sein scheint, so selten geschieht es: in den fünf
ersten Geh-Tagen schwerlich mehr als dreimal. Beim Fallen
nach vorn werden jetzt beide Arme geradeaus gestreckt, was
instinctiv sein muss, da von dem Kinde ein fallender Mensch
nicht gesehen worden ist. Beim Fallen nach rückwärts keine
schützende Bewegung. Ob beim ersten Hinfallen die Arme
ausgestreckt wurden, habe ich nicht feststellen können.

68. Woche. Der Geh-Act erfordert nicht mehr so grosse
Aufmerksamkeit, wie anfangs. Während des Schreitens wird
der Blick schon seitwärts gewendet. auch wohl gekaut, geschluckt.
gelacht, gerufen. Das Gehen wird bereits maschinenmässig.

70. Woche. Das Kind erhebt sich allein vom Boden, steht
von selbst auf.

71. Woche. Erst jetzt kann ohne Hülfe eine in der Thür
zwischen zwei Zimmern befindliche, nur einen Zoll hohe Schwelle
überschritten werden (in der 70. Woche noch nicht jedesmal),
indem sich das Kind an der Wand und am Thürpfosten hält.
Sitzt es, so kann es nun allein aufstehen.

77. Woche. Eines Tages lief das Kind, ohne Pausen von
mehr als fünf Secunden. 19 mal um einen grossen Tisch, dabei
mämmä und *bwa*, *bwa*, *bwa* rufend. Grosse Lauflust.

78. Woche. Hält es etwas in den Händen, so geht das
Kind über die einen Zoll hohe Schwelle ohne sich festzuhalten.

85. Woche. Die Schwellen werden ohne Zaudern schnell
überschritten. Beim Laufen ist die Haltung vornübergeneigt.
als wenn bei jedem Schritt das Hinfallen durch Vorschieben des
Schwerpunkts bewusst verhindert würde.

89. Woche. Immer noch ist das Laufen — mit asymmetrischen Armbewegungen — etwas unbeholfen, so dass es
aussieht, als wenn das Kind fallen müsste. Es fällt aber
sehr selten.

Im 21. Monat begannen die Versuche zu tanzen, aber ohne
Takt zu halten.

Im 24. Monat dreht sich das Kind von selbst tanzend
im Takt nach der Musik, schlägt auch den Takt leidlich richtig.
wenn es eine Drehorgel oder Dudelsackpfeife hört.

Im 28. Monat lernte es erst „auf allen Vieren gehen“. das

heisst auf Händen und Füssen („Bär" spielen). Früher war
(beim Kriechen) auf Händen und Knieen gerutscht worden,
niemals auf Händen und Füssen. In diese Zeit fallen die ersten
Spring-Übungen, welche bis zur Erschöpfung fortgesetzt werden.
Auch beginnt in diesem und dem vorigen Monat das Vergnügen
am Klettern (auf Tische, Stühle, Bänke).

Im 30. Monat Ersteigung einer Treppe von 25 Stufen
ohne Hülfe. Die rechte Hand am Geländer mehr dirigirend,
als haltend. Nach zehn Tagen dasselbe mit beiden Händen frei
in der Luft.

Im 34. Monat die ersten Turnübungen, welche, wie das
Klettern und Springen, ausserordentliches Vergnügen gewähren.
Auch das Werfen beliebiger Gegenstände (zum Fenster hinaus),
das Schleudern von Steinen in die Luft oder in einen Teich,
das Verschieben oder In-Bewegung-setzen der (auf dem Tische
befindlichen) erreichbaren Gegenstände ist völlig ursprünglich.
Das Werfen muss daher auf eine erbliche Anlage zurückgeführt
werden. Veränderungen beweglicher Objecte herbeizuführen
gewährt von nun an dauernd grosse Befriedigung.

Im Ganzen zeigen die Beobachtungen über das Sitzen,
Stehen, Kriechen, Rutschen, Laufen, Gehen, Springen, Klettern,
Werfen, welche bei allen gesunden Kindern in ähnlicher Weise,
aber ungleich schnell sich entfalten, dass diese Bewegungen
überwiegend oder ausschliesslich instinctiv sind. Sie werden
nicht anerzogen. Will man sie erlernt nennen, so muss man
doch zugeben, dass sie nur zum kleinsten Theil durch Nachahmung erlernt werden, denn ein Kind, welches Niemanden
rutschen, springen, klettern, werfen sieht, wird unfehlbar diese
Bewegungen ausführen, auch dann, wenn es nicht dressirt wird.
Die Vorfahren des Menschen müssen dieselben vorzugsweise
nützlich gefunden haben, so dass sie zu festen Gewohnheiten
wurden und sich vererbten. Dabei blieben, wie es scheint, diejenigen harmonischen Bewegungen am häufigsten im Gebrauch,
welche, wie die beim Sehen üblichen der Augenmuskeln (S. 27c),
mit der geringsten Anstrengung am meisten leisten.

ZWÖLFTES CAPITEL.

Imitative Bewegungen.

Eine möglichst genaue Feststellung des Zeitpunktes der ersten Nachahmungen hat ein besonderes psychogenetisches Interesse deshalb, weil auch die unscheinbarste imitative Bewegung den sicheren Beweis für eine Thätigkeit des Grosshirns abgiebt. Denn um nachzuahmen, muss man sinnlich wahrnehmen, eine Vorstellung von dem Wahrgenommenen haben, und eine dieser Vorstellung entsprechende Bewegung ausführen. Nun kann aber dieser dreifache centrale Process ohne Grosshirn oder ohne gewisse Theile des Grosshirns, welche der Rinde angehören, nicht zu Stande kommen. Ohne Grosshirnrinde sind zwar gewisse Wahrnehmungen möglich, viele Bewegungen möglich, nicht aber Vorstellungen und willkürliche, aus solchen entstehende Bewegungen. So oft die Nachahmung das Ansehen einer unwillkürlichen Bewegung hat, als sie zum ersten Male ausgeführt wurde, muss sie mit Absicht, also willkürlich, ausgeführt worden sein. Wenn ein Kind nachahmt, hat es bereits einen Willen. Je öfter aber eine willkürliche Bewegung stets in derselben Weise wiederholt wird, um so mehr nähert sie sich der Reflexbewegung. Daher erscheinen viele Nachahmungen schon früh unwillkürlich. Aber die ersten sind gewollt. Wann treten sie auf?

Wenn man eine von dem Säugling aus freien Stücken oft ausgeübte Bewegung ihm vormacht, so kann er schon viel früher erfolgreich nachahmen, als gewöhnlich angenommen wird. Eine solche Bewegung, die ich als geeignet zur frühen Imitation verwendete, ist das Zuspitzen des Mundes, das Vorschieben der geschlossenen Lippen, welches bei grosser Anspannung der Aufmerksamkeit sehr oft (auch bei Erwachsenen) vorkommt.

Dieses Vorschieben der Lippen trat bei meinem Kinde schon am zehnten Lebenstage ein (im Bade beim Vorhalten einer brennenden Kerze): in der siebenten Woche war es ausgesprochen beim Anblick eines neuen ihm ganz nahen Gesichtes, in der zehnten Woche beim Beugen und Strecken der Beine im Bade (als wenn *u* gesagt werden sollte), und doch war das Kind völlig ausser Stande, eben diese ihm so geläufige Bewegung (noch in der 14. Woche) nachzuahmen, wenn ich sie ihm unter den günstigsten Umständen vormachte. Erst Ende der 15. Woche waren Anfänge einer Nachahmung vorhanden, indem der Säugling Versuche machte, den Mund zu spitzen, wenn ich es dicht vor ihm that. Dass es sich hierbei um eine imitative Bewegung handelt, wird durch ihre Unvollkommenheit bewiesen im Vergleiche zum vollkommenen Mundspitzen aus eigenem Antrieb bei anderweiter Anspannung der Aufmerksamkeit. Auffallender Weise wurde diese Nachahmung zwar am 105. Tage, nicht aber an den folgenden Tagen versucht. Ähnliches ist an noch jüngeren Kindern inzwischen beobachtet worden. Sully konnte von seinem Knaben in der achten Woche Laute als Antwort auf seinen Zuspruch hören, in der neunten mit ziemlicher Sicherheit sie hervorrufen. Ihrem erst 58 Tage alten Kinde sagte eine junge Frau [A. Th.] wiederholt „Guten Morgen" vor. Es hörte lange aufmerksam zu. Dann spitzte es den Mund, öffnete ihn, erweiterte die Nasenflügel, machte die Augen weit auf und wurde roth im Gesicht. Man sah, dass es sich anstrengte, als wenn es etwas herauspressen wollte, und schliesslich kam ein *guuu* lang und laut hervor. Gleich darauf verfiel das Kind in festen Schlaf. In den folgenden Wochen blieb der Versuch erfolglos.

Selten und unvollkommen traten weitere Nachahmungsversuche, trotz mancher Bemühung meinerseits sie hervorzurufen, in den auf die 15. folgenden Wochen auch bei meinem Knaben ein. Erst im siebenten Monate waren die Versuche, vorgemachte Kopfbewegungen und jenes Mundspitzen nachzuahmen, so auffallend, dass ich sie nicht mehr auf zufälliges Zusammentreffen zurückführen konnte, zumal das Kind oft lachte, wenn man es anlachte (S. 113*e*). Immer deutlicher spannt sich die Aufmerksamkeit in der nächsten Zeit an, wenn neue Bewegungen dem Säugling vorgemacht werden; es verfolgt dieselben mit offenbarem Interesse, ohne aber in einem einzigen Falle über den Versuch der Nachahmung hinauszukommen. Um so mehr fiel diese Indolenz auf, als bereits in der 17. Woche einmal das von mir vor dem Gesichte des Kindes vorgenommene Vorschieben der Zungenspitze zwischen die Lippen (wie es manche Erwachsene bei der Arbeit zu thun pflegen) vollkommen nachgeahmt wurde, und zwar lächelte das Kind unmittelbar vor dieser sonderbaren Bewegung, die es zu ergötzen schien. Also kommen imitative Bewegungen im vierten Monat vor, welche im siebenten, sogar neunten, nicht oder nur ganz unvollkommen gelingen. Doch waren im zehnten Monat correcte Nachahmungen von allerlei Bewegungen häufig, und dass dieselben mit klarem Bewusstsein ausgeführt wurden, ist sicher. Denn beim Nachahmen von sehr oft vor ihm wiederholten Hand- und Arm-Bewegungen, wie etwa Winken mit „Tatta"-sagen, sieht das Kind die betreffende Persönlichkeit starr an und macht dann oft plötzlich die Bewegung ganz richtig.

Das Winken ist allgemein eine von den früh durch Nachahmung erworbenen Bewegungen des Säuglings. Es trat bei meinem Kinde zu Anfang des zehnten Monats zuerst ein. Beim Hinausgetragen-werden pflegte die Mutter ihm zuzuwinken, und nun winkte es in der Thür mit einem Arm, manchmal mit beiden Armen, fast jedesmal gleichfalls, jedoch mit einem Gesichtsausdruck, der zeigte, dass es ohne Verständniss, wenn die Thür aufging, die Arme oder den Arm bewegte. Der Beweis dafür liegt in der Thatsache, dass wenn ich in das Zimmer eintrete, das Kind, so lange die Thür in Bewegung ist, jene Bewegung macht, die es zuerst nur nachahmte, und zwar regelmässig; also von Abschied-nehmen keine Spur. Auch findet die winkende Bewegung ebenso beim Auf- und Zu-machen eines grossen Schrankes statt, hat also ihren rein imitativen Charakter vollständig verloren. Die Bewegung besteht wesentlich in einem schnellen Heben und Senken des gestreckten Armes, ist also nicht einmal eigentliches Winken; erst nach einigen Wochen kamen Handbewegungen hinzu, und durch diese geschicktere Nachahmung entstand der Schein, als wenn die maschinenmässig beim Thür-aufmachen eintretenden Bewegungen immer weniger ungewollt und immer mehr absichtlich als wahre Abschiedssignale ausgeführt würden. Aber in dieser Zeit (im zehnten Monat) ist ein solches Handeln noch nicht annehmbar. Denn wenn ich dieselbe winkende Bewegung ohne die Thür aufzumachen dem Kinde vormache, dann wiederholt es sie öfters rein imitativ ohne Überlegung, obzwar mit dem Ausdruck

grosser Spannung im Auge, wegen der Schwierigkeit eine so
rasche Bewegung aufzufassen.

Nicht jede imitative Bewegung ist so deutlich als gewollt
zu erkennen. Wenn man in ein Zimmer tritt, in welchem sich
viele Säuglinge befinden, welche alle still sind, so kann man
leicht die ansteckende Wirkung des Schreiens beobachten. Denn
wenn nur einer anfängt zu schreien, dann schreien sehr bald
mehrere, dann viele, oft alle. Auch wenn ein einzelner Säugling andere Kinder schreien hört, fängt er gleichfalls sehr oft
an zu schreien. Je älter das Kind wird, um so seltener tritt
diese Art unerwünschter Nachahmung ein, aber man kann noch
bei vierjährigen Kindern ganz zwecklose imitative Bewegungen
(wie bei Hypnotischen) eintreten sehen, wenn man sie beobachtet,
ohne dass sie davon wissen. Sie halten zum Beispiel die Arme
plötzlich so verschränkt, wie ein anwesender Fremder, und ver-
beugen sich, wie dieser, zum Abschied.

Ein kleines Mädchen ahmte im vierten Vierteljahr in der
drolligsten Weise nach, was es bei der Behandlung seitens der
Wärterin selbst erlebte, indem es seine Puppe badete, züchtigte,
küsste, in den Schlaf sang. Auch ahmte es vor dem Ende des
ersten Lebensjahres das Bellen des Hundes und das Blöken des
Schafes nach [F].

Ein anderes Mädchen ahmte folgende Bewegungen kenntlich
nach: Im elften Monat drohte es mit dem Zeigefinger, wenn
man ihm drohte, bürstete sich, nachdem es Bürsten und
Kämmen angesehen hatte, führte den Löffel richtig schöpfend
zum Munde und trank aus einer Tasse, machte unter *eia-eia*-
singen mit der Puppe eine Art wiegender Bewegungen. Im
13. Monat machte das Kind die Bewegung des Nähens, des
Schreibens (mit Lecken der Bleistiftspitze) und des Arme-ver-
schränkens nach. Im 15. Monat fütterte es die Puppe, wie es
selbst gefüttert wurde, ahmte das Rasiren am eigenen Kinn nach
und das Vorlesen, mit dem Finger über die Zeilen hinfahrend
und die Stimme modulirend. Im 18. Monat imitirte es das
Singen und drehte wie ein Leiermann, wenn es Musik hörte, im
19. ging es, *au au* rufend, auf Händen und Füssen, einen Hund
imitirend, im 20. ahmte es das Tabakrauchen nach, indem es
einen Stock genau so mit den Fingern festhielt, wie es beim
Pfeifen-rauchen zu geschehen pflegt. Die jüngere Schwester
imitirte erst in ihrem 15. Monat die Bewegung des Nähens und

des Schreibens, während die ältere nach wiederholten Nach-
ahmungsversuchen ohne Unterricht im 19. Monat bereits zwei
Zeugstücke zusammennähte, die Nadel richtig durchziehend [St].
Oft mischt sich in die Nachahmungen eine heitere Phantasie.
So wurden (im 22. Monat) Menschen und Thiere im Bilderbuch
gefüttert und Puppen ganz wie das Schwesterchen behandelt [F.W.].

Gegen Ende des ersten Lebensjahres werden die zahlreicheren
freiwilligen imitativen Bewegungen viel geschickter und rascher
ausgeführt, als vorher. Wenn sie aber complicirte Coordinationen
erfordern, misslingen sie leicht. Als in dieser Zeit Jemand mehrmals mit einem Salzlöffelchen an ein Trinkglas schlug, so dass
es tönte, nahm mein Kind das Löffelchen, betrachtete es anhaltend und versuchte dann gleichfalls mit demselben an das
Glas zu schlagen. Aber es brachte dasselbe nicht zum Tönen.
Bei solchen Nachahmungen, welche ganz neu sind und darum
einen tieferen Eindruck machen, wie etwa Pusten, geschah es
wohl, dass sie im Traum von dem Kinde, ohne Unterbrechung
des Schlafes, wiederholt wurden (im zwölften Monat). ein Zeichen,
dass die Erlebnisse des Tages, so unbedeutend sie dem Erwachsenen scheinen, in das impressionable kindliche Gehirn sich fest
eingeprägt haben. Es dauert aber immer einige Secunden, bevor
eine neue oder eine theilweise neue noch so einfache Bewegung
imitirt wird, wenn man sie dem Kinde, damit es sie nachahme,
vormacht. So war es (im 14. Monat) eine Gewohnheit meines
Kindes, unter ä-ä ä-ä-Sagen beide Arme symmetrisch hin und
her zu bewegen (ganz anders, viel anhaltender und rascher, als
beim Winken). Machte man dem aufmerkenden Kinde eben
dieses Schwingen der Arme vor, mit demselben Laut, dann
konnte es doch immer erst nach einer Pause von mehreren
Secunden es gleichfalls ausführen. Die allereinfachsten geistigen
Processe brauchen also viel mehr Zeit als später. Derartige
Nachahmungen treten aber fast immer schneller ein, wenn man
sie nicht verlangt, wenn nicht erst das kindliche Gehirn sich zu
orientiren hat, sondern von selbst in Thätigkeit tritt. Wenn
ich mich räuspere oder absichtlich einmal huste, ohne das Kind
anzusehen, so hüstelt es oft in komischer Weise gleichfalls.
Frage ich: „Hat das Kind gehustet?“ oder frage ich es selbst
„Kannst du husten?“ so hustet es, meistens aber weniger genau
copirend (im 14. und 15. Monat). Der zu stark angespannte
Bogen schiesst über das Ziel hinaus.

Hier ist ausser der reinen Nachahmung schon das Verständniss der Bezeichnung für die imitirte Bewegung mit dem eigenthümlichen Geräusch vorhanden.

Ist einmal dieser wichtige Schritt in der Erkenntniss gethan, dann werden die nachgeahmten Bewegungen immer verwickelter und immer mehr mit Gegenständen der täglichen Erfahrung verknüpft. Im 15. Monat lernt das Kind eine Kerzenflamme ausblasen. Es pustet sechs- bis zehnmal vergebens und greift zwischendurch nach der Flamme, lacht, wenn sie erlischt, und strengt sich nach dem Anzünden beim Blasen oder Hauchen mit aufgeblasenen Wangen und vorgeschobenen Lippen unnöthig an, weil es nicht genau nachahmt. Denn es wird schwerlich ein Kind, das noch niemals gesehen hat, wie man eine Kerzenflamme ausblasen kann, auf den Einfall kommen, sie auszublasen. Der Verstand und die Erfahrung reichen noch nicht aus, diese Erfindung zu machen.

Im Allgemeinen finde ich, dass die vorgemachten Bewegungen um so leichter richtig nachgeahmt werden, je weniger complicirt sie sind. Als ich, nur in der Absicht, das Kind zu ergötzen, vor ihm abwechselnd meine Hand auf- und zumachte, fing es plötzlich an, seine rechte Hand ebenfalls in ganz ähnlicher Weise auf- und zu-zumachen. Die Ähnlichkeit der Bewegung mit der meinigen war höchst auffallend im Vergleich zu dem ungeschickten Ausblasen im vorigen Fall. Sie ist durch die grössere Einfachheit bedingt. Aber so einfach das Beugen der Finger erscheint, es sind doch immer so viele harmonische Impulse, Nervenerregungen und Muskelcontractionen dazu erforderlich, dass man schwerlich ohne Zuhülfenahme erblicher Momente die Nachahmung auch der einfachen Bewegungen verstehen wird, indem nämlich ungewöhnliche, von den Vorfahren vielleicht niemals ausgeführte Bewegungen, wie etwa Sich - auf - den - Kopf-stellen, unter keinen Umständen beim ersten Versuch richtig nachgeahmt werden. Das Auf- und Zu-machen der Hand ist eben keine ungewöhnliche Bewegung und von den Vorfahren oft ausgeführt worden. Jedoch ist zu bemerken, dass anfangs die Imitation sehr langsam, wenn auch richtig, vor sich ging. Schon am folgenden Tage war sie viel rascher bei Wiederholung des Versuchs, und dabei betrachtete das über die Neuheit der Erfahrung verwunderte Kind bald meine, bald seine Hand aufmerksam (15. Monat).

Von den zahlreichen complicirteren imitativen Bewegungen der nächsten Zeit seien noch folgende erwähnt, um den rapiden

Fortschritt der Verwerthung eines neuen Netzhautbildes zur Ausführung einer ihm entsprechenden Handlung zu zeigen.

Einen grossen Ring, welchen ich mir langsam auf den Kopf
legte und wieder abnahm, ergriff das Kind und setzte ihn sich,
ohne zu tatonniren, ebenso auf den eigenen Kopf (16. Monat).
Wenn es sich aber um die Combination einer bestimmten
Wirkung der Mundmuskeln und des Ausathmens handelt, werden
unzählige fruchtlose Nachahmungsversuche gemacht, ehe einer
gelingt, weil da nur ein Theil der Wirkung der verwickelten
Muskelaction wahrgenommen werden kann, der Rest durch Pro-
biren gefunden werden muss. So konnte das Kind trotz vieler
Versuche einem kleinen Jagdhorn einen Ton nicht entlocken.
Es nahm dasselbe in den Mund und suchte mit der eigenen
Stimme den Ton nachzuahmen. Plötzlich glückte einmal zufällig das richtige Blasen und wurde von da an nicht wieder
vergessen (18. Monat).

Nachdem das Kind gesehen hatte, wie seine Mutter vor
einem Spiegel ihr langes dunkles Haar kämmte, nahm es einen
Handspiegel und einen Kamm und fuhr sich mit letzterem am
Kopfe herum, kämmend wo Haare nicht vorhanden waren.
Ebenso ergriff es dann und wann eine Bürste und versuchte
seinen Kopf und sein Kleid zu bürsten, bürstete aber mit Vorliebe auch allerlei Möbel. Mehr als einmal nahm es sogar ein
Tuch, hielt dasselbe mit einem Zipfel an die Schulter und zog
es wie eine Schleppe hinter sich her, sich dabei öfters umwendend. Auch legte es sich einen Kragen um den Hals und
suchte sich mit einem Handtuch zu trocknen, was aber nicht
gelang, während das Waschen der Hände mit Seife ohne Anleitung, wenn auch wenig geschickt, doch leidlich nachgeahmt
wurde: lauter sehr verwickelte imitative Handlungen, welche bei
meinem Knaben sämmtlich, ebenso wie das Ergreifen, das Vor-
sich-halten einer Zeitung und das (von Lindner im sechsten
Monat beobachtete) nachgeäffte Vorlesen einer Broschüre, das
Füttern von Rehen, denen es einen einzelnen Grashalm reicht,
das Scharren beim Eintritt in die Hausthür (als wenn die Schuhe
gesäubert werden sollten) in das psychogenetisch besonders wichtige siebente Vierteljahr fallen.

Wie wenig aber selbst in dieser Zeit vollendeter äusser-
licher Nachahmungen die Handlung selbst wirklich nachgeahmt
und verstanden wird, zeigt der Umstand, dass eine Landkarte
als „vorzulesende" Zeitung, und zwar verkehrt, vor das Gesicht

gehalten wird. Auch nimmt jetzt das Kind gern einen Bleistift, führt die Spitze in den Mund (S. 223e) und macht dann damit allerlei Striche auf ein Blatt Papier, als wenn es zeichnen könnte, was doch erst nach Jahren begann.

(Über die ersten Anfänge wirklichen Zeichnens bei kleinen Kindern, etwa vom vierten Jahre an, hat B. Perez interessante Beobachtungen angestellt und unter dem Titel *L'art chez l'enfant* (in der *Revue philosophique* im 25. B. 1888) veröffentlicht.)

Nun wächst immer mehr die Betheiligung des Kindes an allem, was in seiner Nähe vorgeht. Beim Einpacken und Auspacken, beim Tisch-decken, Feuer-anzünden, Heben, Schieben von Mobilien versucht es zu helfen. Sein Nachahmungstrieb erscheint hier fast wie Ehrgeiz (23. Monat).

Gegen Ende des zweiten Jahres werden auch verschiedene ceremonielle Bewegungen, namentlich grüssende, nachgeahmt. Das Kind sieht, wie ein älterer Knabe grüssend den Hut abnimmt; sofort nimmt es die eigene Kopfbedeckung ab und setzt sie wie jener wieder auf.

Alle diese zuletzt aufgezählten imitativen Bewegungen sind dadurch vor den früheren ausgezeichnet, dass sie von dem Knaben unaufgefordert, ohne die geringste Anleitung oder Pression ganz von selbst ausgeführt oder versucht werden.

Sie zeigen einerseits, wie mächtig der Nachahmungstrieb geworden ist (im zweiten Jahre), andererseits, wie wichtig derselbe für die fernere geistige Entwicklung sein muss. Denn wenn das Kind in diesem Alter in unaufmerksamer oder ungebildeter Gesellschaft den grössten Theil seiner Zeit zubringt, dann wird es allerlei ihm Schädliches nachahmen und leicht Gewohnheiten annehmen, welche seine fernere Entwicklung hemmen. Es ist darum von der grössten Bedeutung schon in dieser frühen Zeit, den Verkehr der Kinder mit Unbekannten und mit unzuverlässigen Dienstboten zu verhindern und alles zu vermeiden, was dem Nachahmungstrieb verkehrte Bahnen eröffnen könnte.

Von den imitativen Bewegungen der Sprechmuskeln, den Laut-, Sylben-, Wort-Nachahmungen des Kindes ist ausführlich im dritten Theile dieses Buches die Rede. Das erste Antworten des Säuglings auf Zureden der Angehörigen, welches in einzelnen Fällen schon in der achten und neunten Woche stattfindet, ist jedoch nicht jedesmal (wie in dem Fall S. 221m) ein Nachahmungsversuch, sondern eine reflectorische Bewegung, wie das Schreien nach einem Schlage. Das Singen wurde bereits (S. 71) als

eine der am frühesten imitirten Leistungen erwähnt. Für diese
wie für alle späteren Nachahmungen gilt, dass vom Kinde jede
neue Bewegung das erste Mal nur mit Willen nachgeahmt wird
und falls eine unwillkürliche Nachahmung stattzufinden scheint,
dann entweder dieselbe schon öfter als solche wiederholt worden
oder eine ohne Nachahmung oft ausgeübte Bewegung ist. Für
die Genauigkeit der Imitation kommt aber wenig auf die Betheiligung einer überlegenden Gehirnthätigkeit an. Vielmehr besitzen geistig geringer begabte Taubgeborene (nach Gude) mitunter eine reinere und deutlichere Aussprache, als besser begabte.
Unselbständige Menschen ahmen leichter und correcter nach als
selbständige, und es ist bemerkenswerth, wie gern und leicht
taubgeborene Kinder die vorgemachten Lippenbewegungen nachahmen, nachdem einmal diese Verwendung ihrer Sprachwerkzeuge ihnen beigebracht worden ist.

Die fundamentale Wichtigkeit des Nachahmens für die Erziehung jedes Kindes wird meistens nicht rechtzeitig erkannt.
Denn es wird viel zu viel der Nachahmung Unwerthes und zu
wenig der Nachahmung Würdiges geboten. Hier eröffnet sich
der physiologischen Pädagogik ein weites Feld.

DREIZEHNTES CAPITEL.

Ausdrucks-Bewegungen.

Die Mienen und Geberden entstehen bekanntlich zum grossen Theil durch Nachahmung. Nicht allein Blindgeborene, sondern auch in vorgerücktem Alter Erblindete unterscheiden sich von Sehenden schon durch das Fehlen des Mienenspiels. Ihr Gesichtsausdruck zeigt nur geringe Veränderungen, ihre Physiognomie erscheint starr, gleichmässig, ihre Antlitzmuskeln bewegen sich, wenn sie nicht essen oder sprechen, nur wenig; auch kleinen Kindern fehlt ein charakteristisches Mienenspiel, daher die Schwierigkeit, sie zu porträtiren oder gar zu beschreiben. So verschieden die zufriedene Physiognomie von der unzufriedenen schon am ersten Tage ist, so sehr die intelligente von der stupiden, die aufmerksame von der unaufmerksamen abweicht, der Unterschied ist vollständig nicht zu schildern.

Mit Recht legt aber Soltmann grossen Werth auf das durch Krankheit veränderte Mienen- und Geberdenspiel der Kinder in diagnostischer Hinsicht, weil es oft allein das Kranksein erkennen lässt und zur rechtzeitigen ärztlichen Untersuchung auffordert. Doch lässt sich eine constante Änderung des Mienenspiels für jede einzelne Functionsstörung nicht angeben. Die stärker glänzenden Augen, die grössere Pupille, die Röthung der Wangen, das Herabziehen der Mundwinkel, das Stirnrunzeln, das Erblassen und dergleichen sind nur wichtige Zeichen, die nicht übersehen werden dürfen. So lange ein Kind nicht sprechen kann und nicht heuchelt, beweisen sie das Vorhandensein einer Störung des Wohlseins.

Im zweiten Halbjahr richten sich die gesunden Kinder nach ihren Angehörigen. Wenn man einem heiteren einjährigen Kinde ernst zuspricht, so wird es ernst; wenn es ernst ist und man ihm ein freundliches Gesicht zeigt, so erheitert sich oft augen-

blicklich seine Physiognomie. Doch wäre es übereilt, hieraus
zu folgern, dass alle Mittel der Mienensprache einzig durch
Nachahmung erworben würden. Einige mimische Bewegungen,
von denen bereits die Rede war, sind reflectorischen Ursprungs.
Für Geberden gilt dasselbe. Andere können instinctiv sein.

Da jede Geberde mit einem ihr zugehörigen Gesichtsausdruck
verbunden vorzukommen pflegt, wenn sie einen sprachlichen
Werth hat, so empfiehlt es sich, Mienen und Geberden, welche
zusammen die Mimik ausmachen, zusammen zu betrachten und
die rein expressiven Muskelbewegungen des Säuglings von anderen Bewegungen desselben zu trennen beim Versuche, ihrem
Ursprung nachzugehen.

So lange das Kind noch nicht Worte und Sätze sprechen
kann, verständigt es sich mit anderen Kindern und Erwachsenen
durch dieselben Mittel, deren sich die höheren Thiere zur gegen-
seitigen Verständigung bedienen: demonstrative Bewegungen und
Haltungen, klagende, jubelnde, lockende, abwehrende, verlangende
Affect- oder Gefühls-Laute und stumme Mienen. Ebendieselben
expressiven Mittel wendet das Kind an, wenn es bei seinen
Spielen mit leblosen Gegenständen sich unterhält.

Ich habe von den Ausdrucksbewegungen des Kindes namentlich das Lächeln und Lachen, das Mundspitzen und Küssen, das
Schreiweinen und Stirnrunzeln, das Kopfschütteln und Nicken,
das Achselzucken und das Bitten mit den Händen, sowie das
Zeigen genetisch berücksichtigt.

Das Lächeln und Lachen.

Am häufigsten wird missverstanden das erste Lächeln. Jede
nur irgend als Lächeln deutbare Öffnung der Mundspalte pflegt
man beim jüngsten Kinde gern als ein wahres Lächeln zu bezeichnen. Ebensowenig aber wie beim Erwachsenen das blosse
Verziehen des Mundes dem Begriff des Lächelns genügt, ist dieses
beim Kinde der Fall. Es gehört dazu entweder ein Gefühl der
Befriedigung oder eine Vorstellung angenehmer Art. Beide
müssen stark genug sein, eine Erregung der Antlitznerven zu
veranlassen. Eine blosse Empfindung kann kein Lächeln erwecken, sondern erst das aus ihr entstandene Gefühl, oder die
aus ihr gebildete Vorstellung, sei sie auch noch so unklar.

Nun ist, wie bereits dargethan wurde, die Zahl der mit
einem Lustgefühl verbundenen Empfindungen in den ersten

Lebenstagen eine sehr geringe, und eine klare Vorstellung
im eigentlichen Wortsinne kann das Neugeborene noch nicht
haben, weil es noch nicht wahrnimmt. Das durch Saugen der
Muttermilch oder die Badwärme befriedigte Kind lächelt in den
ersten Tagen nicht, sondern zeigt nur einen Ausdruck der Befriedigung, weil in dem Augenblick alle Unlustgefühle fehlen.
Wie leicht aber ein solcher Zustand der Behaglichkeit durch
eine minimale Hebung der Mundwinkel sich kundgiebt, ist bekannt. Will man diese schon ein Lächeln nennen, dann lächeln
auch schlafende Säuglinge schon früh. Am zehnten Tage seines
Lebens sah ich mein Kind, während es schlief, nachdem es sich
unmittelbar vorher satt gesogen hatte, den Mund ganz wie zum
Lächeln gestalten. Die Grübchen in den Wangen wurden
deutlich und der Gesichtsausdruck war trotz der geschlossenen
Augen ein überraschend lieblicher. Die Erscheinung trat mehrmals ein. Am zwölften Tage kam mitunter bei den lebhaften
Bewegungen der Gesichtsmuskeln ein Mienenspiel auch im wachen
Zustande vor, das man für ein Lächeln ansehen konnte. Aber
es fehlte diesem Mundmuskelspiel das zur Vervollständigung des
Lächelns erforderliche Bewusstsein, wie dem Lächeln des Schlafenden. Erst am 26. Tage, als das Kind seine Empfindungen und
Gefühle besser unterscheiden konnte, wurde das Lächeln ein
mimischer Ausdruck. Der Säugling hatte reichlich Milch zu sich
genommen und lag mit offenen, dann sich halb schliessenden
Augen und einem unbeschreiblichen Ausdruck der Befriedigung
da. Er lächelte dann, die Augen öffnend, und richtete den
Blick auf das freundliche Gesicht der Mutter und dann liess
er einige bis dahin nicht vernommene Laute hören, welche zu
der glücklichen Stimmung passten. Hier war aber noch nicht
die Vorstellung entstanden von dem Zusammenhang des Mutter-
angesichts mit der Mutterbrust, der Quelle des Genusses. Auch
eine Nachahmung des Lächelns zu dieser Zeit ist nicht annehmbar, weil zuerst leblose Objecte (Quasten) angelächelt
und vor dem vierten Monat keine imitativen Bewegungen versucht wurden.

Sowohl das ersterwähnte sehr frühe unvollständige, als auch
dieses vollkommene Lächeln ist an einen Zustand der Befriedigung gebunden, und es liegt kein Grund vor, es für weniger
erblich zu halten, als das Schreien vor Schmerz, welches Niemand
auf Nachahmung wird zurückführen wollen.

Später lächelt das Kind, wenn es angelächelt wird, doch

keineswegs immer. Fremde mögen noch so freundlich ihm zusprechen, oft bleibt das verwunderte, sonst lustige, jetzt ernste
Gesichtchen immobil. Die ersten Nachahmungen des Lächelns
bei Kindern sind nicht so unüberlegt, wie die durch Erziehung
und conventionelle Begrüssungsordnung zu leerer Formalität
herabgesunkenen bei vielen Erwachsenen.

Das ursprüngliche Lächeln der Befriedigung über neue angenehme Gefühle, welches auch im Schlafe fortdauern kann,
und nur bei heiterer Stimmung eintritt, bleibt jedoch auch
später in Kraft. Durch einen ungewöhnlichen Ausdruck von
Spannung im stärker glänzenden Auge, sowie lebhafte Bewegungen der Arme und Beine, am deutlichsten durch Lachen
und Lächeln, bekundet der Säugling seine Befriedigung, auch
über Musik (in der achten Woche), ohne dass ihm jemand dazu
den geringsten Anlass gab.

Hiernach fällt der Zeitpunkt des ersten Lächelns, je nachdem man eine autonome Lustäusserung oder die Mittheilung des
angenehmen Zustandes oder die Befriedigung über eine heitere
Vorstellung (dazu gehört das erste nachgeahmte Lächeln) wählt,
sehr verschieden aus. Die Angaben, um die vierte Woche erscheine bei entwickelten Kindern das erste Lächeln als Ausdruck
des Wohlgefallens (Heyfelder), in der sechsten bis achten Woche
(Champneys), in der siebenten und neunten Woche (Darwin)
oder in der siebenten bis zehnten Woche (Sigismund) lächele der
Säugling zum ersten Male, sind ebenso unbestimmt wie die, dass
er schon zu Ende der zweiten Woche den Mund lieblich wie
zum Lächeln verziehe. Es kommt, wenn der Zeitpunkt des
ersten Lächelns bestimmt werden soll, wesentlich auf die Natur
der Veranlassung dazu an.

Ein Kind lächelte sein Spiegelbild erst in der 27. Woche an,
ein anderes in der zehnten, das von mir daraufhin genau beobachtete in der 17. Woche, bis zu der Zeit durchaus nicht. Es
war mehr ein Lachen als ein Lächeln, das am 116. Tage mich
überraschte, während noch am 113. zwar das Spiegelbild fixirt
und aufmerksam, aber ohne Zeichen der Befriedigung, betrachtet
wurde. In diesen Fällen ist es wohl nur die Freude über die
deutliche neue Wahrnehmung, also schon eine Vorstellung,
welche das Lächeln veranlasst, in anderen das Wohlgefallen an
schmackhaften, weichen, warmen Eindrücken oder Freude über
den Wohlklang oder nur das Gefühl der Sättigung (14. Woche),
und dann ist es in der Regel von einem besonderen Laut be-

gleitet, welcher in den ersten Monaten immer viel leiser ist, als die Äusserungen der Unlust. Sowie aber das ganz junge Kind sich nicht wohl fühlt oder hungrig ist, kann es gar nicht mehr lächeln. Das sicherste Zeichen der Genesung ist das Wiederauftreten dieser vielsagenden Mundbewegung.

Vom Lächeln zum Lachen ist nur ein Schritt und letzteres oft nur ein verstärktes und lautes Lächeln. Das erste Lachen über einen erfreulichen Sinneseindruck ist aber wesentlich anders, als das dem gesteigerten Selbstgefühl beim Wahrnehmen des Komischen entspringende, und die für dasselbe von Einigen angegebenen Termine von sechs bis 17 Wochen auffallend spät. Plinius meint, vor dem 40. Tage lache kein Kind. Ich bemerkte ein hörbares und sichtbares Lachen mit gesteigertem Glanz der Augen bei meinem Kinde zum ersten Male am 23. Tage (S. 7m). Es freute sich über einen vor ihm hängenden hellrosafarbigen Vorhang, indem es eigenthümliche Laute der Befriedigung hören liess, so dass ich erst dadurch veranlasst wurde, nachzusehen. Die Mundwinkel waren etwas nach oben gezogen. Im Bade trat zu dieser Zeit noch kein Lachen ein, aber der Ausdruck des kleinen Gesichts mit den weit offenen Augen war auch da der grosser Befriedigung. Das Lachen erscheint zunächst nur als eine Steigerung dieses Ausdrucks der Lust. Es wiederholte sich öfters in derselben Weise in der fünften und sechsten Woche, in der achten namentlich beim Anblick langsam schwingender, gut beleuchteter farbiger Gegenstände und beim Anhören des Clavierspiels.

Erst in der sechsten bis neunten Woche erschien das Lachen des Kindes, welches seiner Mutter Antlitz fixirte, wie ein Zeichen des Jubels über einen bekannten angenehmen Eindruck. Aber das Lachen beim freundlichen Zunicken (S. 44e) und Singen (S. 60m) der Angehörigen war dann schon viel ausgeprägter und wurde zu Ende des ersten Halbjahres von raschen Hebungen und Senkungen der Arme, als Zeichen höchsten Vergnügens begleitet. Diese letztere kindliche Bewegung blieb noch Jahre lang als Begleiterscheinung des Lachens vor Freude bestehen. Zu bemerken ist aber, dass dieses Lachen erst im achten Monat (beim Spielen mit der Mutter) anfing anhaltend laut zu werden; jeder konnte es dann sofort, ohne hinzusehen, als ein Lachen erkennen. Das Kind machte dabei einen eigenen heiteren Eindruck auf jeden, der es sah.

Das laute Lachen über neue Gegenstände, die gefallen und lange angesehen werden, ist im neunten Monat noch häufig, ebenso das über neue Klänge im 15. Monat (S. 70a), dann folgt das Lachen bei den Versuchen mit Unterstützung zu stehen. Im vierten Vierteljahr scheint der Charakter der Lachbewegung ein anderer zu werden, indem sie mehr bewusst wird. Das Kind lacht mit mehr Verständniss als früher. Doch greift es noch lachend nach seinem Spiegelbild und jubelt (im elften Monat), wenn man es marschiren lässt, obwohl es dabei festgehalten werden muss. Zu Ende des ersten Jahres war schon zu diesen selbständigen Lustäusserungen das rein imitative Lachen, wenn andere lachten, hinzugekommen. Doch bekundete sich das Selbstgefühl auch dabei durch starkes Krähen mit Anwendung der Bauchpresse. Schelmisches Lachen bemerkte ich erst gegen Ende des zweiten Jahres. Höhnisches Lachen und Thränenabsonderung während des anhaltenden Lachens habe ich bei Kindern unter vier Jahren niemals bemerkt.

Aus der Gesammtheit meiner Beobachtungen über das Lächeln und Lachen der Säuglinge geht unzweifelhaft hervor, dass beide ursprüngliche Ausdrucksbewegungen sind, welche bereits im ersten Monat deutlich sich wahrnehmen lassen, keinesfalls durch Nachahmung zum ersten Male zu Stande kommen und ausnahmslos vom Anfang an Lustgefühle ausdrücken; sogar im Schlafe lachte mein Kind zu Ende seines ersten Lebensjahres, wahrscheinlich Heiteres träumend, und erwachte nicht darüber.

Die Ursachen, weshalb gerade in dieser Weise, durch Entblössen der Zähne und, ehe diese da sind, durch Verlängern der Mundspalte mit Hebung der Mundwinkel, durch eigene Laute und Zunahme des Augenglanzes (Thränenflüssigkeitabsonderung, ohne dass es noch zur Bildung von Thränen kommt) und lebhafte begleitende Armbewegungen Lustgefühle ausgedrückt werden, sind noch unbekannt (S. 114m). Sie müssen erblich sein. Darwin hebt mit Recht hervor, dass sie nicht so früh wirken wie die Ursachen des Schreiweinens, weil dieses dem Säugling nützlicher ist, als Lachen. Wenn] er übrigens zwei Kinder in der siebenten Woche zum ersten Male deutlich lächeln sah, so möchte daraus weniger auf ein Übersehen früherer Versuche zu lächeln, als auf individuelle Verschiedenheiten zu schliessen sein. Dass er das erste entschiedene Lachen in der 17. Woche wahrnahm, zeigt, wie ungleich die einzelnen Säuglinge sich in dieser Hinsicht verhalten. Viel kommt auf die Umgebung und das Verhalten der Angehörigen an. Bei allen aber beginnt die Äusserung der Lust mit einem kaum merklichen Lächeln, welches ganz allmählich im Laufe des ersten Vierteljahrs in bewusstes Lachen übergeht, nachdem die Grosshirnrinde sich soweit entwickelt hat, dass deutlichere Vorstellungen entstehen können. Im zweiten Monat wird auch das nach Kitzeln reflectorisch eintretende Lachen wahrgenommen (S. 113e), welches ich übrigens im dritten Jahre, ohne zu wissen was vorging, allein am Schall von dem expressiven Lachen fast jedesmal unterscheiden konnte, wenn ich es auch im Nebenzimmer hörte. Dieses gedankenlose Lachen klingt geradeso, wie das zu derselben Zeit oft anhaltend gehörte Lachen des Kindes, welches eintrat, wenn es Erwachsene über ihm unverständliche Scherze lachen sah und hörte, und sinnlos lange fortgesetzt wurde. Das Lachen reizt noch mehr zum Nachahmen, ist noch mehr „ansteckend", als das Schreiweinen. Es scheint sogar das Lachen des Menschen erheiternd auf intelligente Thiere (Hunde) zu wirken, welche ihre Mundwinkel weit zurückziehen und mit lebhaftem Augenglanz in die Luft springen. Ich besass einen grossen sibirischen Hund, welcher in dieser Weise lachte. Dass auch Affen lachen, ist bekannt. Diese Thatsachen sprechen für den erblichen Charakter der Lachbewegung um so mehr, als auch das Kitzeln der Haut in der Achselhöhle bei Kindern und bei Affen, nach Darwin, in gleicher Weise Lachen erregt, wenn sie heiter sind. Kitzelt man aber ebenso ein schreiendes Kind, so lacht es nicht.

Das Mundspitzen.

Eine sonderbare Miene aller Kinder und vieler Erwachsener ist das Vorschieben der Lippen bei ¦Anspannung der Aufmerksamkeit. Ich habe gesehen, dass alte Männer beim Clavierspielen und Schreiben den Mund noch auffallender spitzen, sogar die Zunge hervortreten lassend, als Säuglinge, welche anfangen zu greifen, und Kinder, die ein neues Spielzeug erforschen. Die äusseren Anlässe zu dieser merkwürdigen Veränderung des Mundes mögen noch so verschiedenartig sein, darin stimmen alle ·überein, dass sie nach der ersten Woche eine starke Anspannung der Aufmerksamkeit herbeiführen. Doch tritt das Mundspitzen lange vor der Ausbildung des Vermögens

zu prüfen ein. Einmal sah ich ein Neugeborenes in der ersten
Lebensstunde die unberührten Lippen vorschieben (S. 163m),
möchte aber dieses Mundspitzen ohne Saugbewegung, welches
unter vielen anderen Bewegungen der Gesichtsmuskeln auftrat,
für rein impulsiv erklären. Mein Kind zeigte es am zehnten
Tage seines Lebens deutlich im Bade, als eine Kerzenflamme
sich vor ihm befand, und von da an bis in das vierte Jahr
ungemein häufig. Fast rüsselförmig wurden, wie beim Saugen
(S. 77e), die Lippen vorgeschoben, dann wieder zurückgezogen
und wieder vorgeschoben (16. Monat). Die Bewegungen der
Zunge, welche viele Kinder beim Schreibenlernen vortreten
lassen, wurden von mir erst viel später, als das Mundspitzen
beim Versuche, mit Anstrengung etwas Neues zu leisten, beobachtet. Hierbei ist beachtenswerth, dass schon bei der blossen
Betrachtung, ohne selbstthätiges Eingreifen der Mund gespitzt
wird (in der fünften Woche, S. 36e), später mehr bei einer mit
Tasten verbundenen prüfenden (44. Woche, S. 40a) oder forschen-
den Beobachtung (47. Woche, S. 36a), bei der es gilt, einen bewegten Gegenstand nach verschiedenen Richtungen hin zu verfolgen oder in Bewegung zu setzen, oder umzuwenden, einen
Kasten zu leeren und zu füllen, oder zu schliessen und zu öffnen,
oder eine Anzahl kleiner gleichartiger Objecte, etwa Knöpfe, in
Reihen und Rollen oder in Hüllen zu bringen, was im dritten
Halbjahr oft geschah.

Hier ist das Mundspitzen ganz anders als bei Schmollenden.
Die aufgeworfenen Lippen des verdriesslichen Kindes, den noch
weiter vorgestreckten verdriesslicher Schimpanses gleichend, die
ich in Hamburg und Berlin öfters wahrnahm, so wie es Darwin
beschreibt und abbildet, treten viel später auf, als jenes mit
anhaltender Fixation verbundene und bei (noch nicht zweijährigen) Kindern 'mehrere Minuten dauernde Verengern der
Mundspalte. Es sieht aus, als wenn der Vocal u ertönen würde,
während doch die mit den Händen beschäftigten Kinder vollkommen schweigen.

Woher diese Miene? Ich will versuchen von ihr eine Erklärung zu geben. Dass diese Facialis-Erregung erblich ist, steht
fest. Denn durch Nachahmung kann sie in dem von mir genauer beobachteten ausgeprägten Falle nicht erworben worden
sein. Weder kam mein Kind mit anderen Kindern nahe genug
zusammen, noch sah es an den Erwachsenen seiner Umgebung
das Mundspitzen und konnte es vor der 15. Woche nicht nach-

ahmen (s. S. 221a). Ist es aber erblich, so wird man auf die Vorfahren des Menschen zurückgehen müssen. Alle Thiere richten ihre Aufmerksamkeit zuerst auf die Nahrung. Ihre erste Prüfung gilt den mit Lippe, Fühler, Rüssel, Zunge erreichbaren Dingen. Alles Prüfen der Nahrung ist mit einer überwiegenden Thätigkeit des Mundes und seiner Adnexen verbunden. Besonders beim Saugen, welches zuerst die Aufmerksamkeit des Neugeborenen wachruft, wird der Mund vorgeschoben. Später, wenn neue, die Aufmerksamkeit erregende Gegenstände in Greifweite kommen, werden sie in den Mund geführt, weil was vorher allein interessirte, die Nahrung, in den Mund kam. Der Schluss: was interessant ist, gehört zum Munde, wird erst erschüttert durch die Erfahrung, dass viele schöne und interessante Gegenstände nicht in den Mund gehen oder in der Mundhöhle unangenehm werden. Aber die Verbindung der ersten durch Saugen entstandenen Mundbewegung, das Vorschieben der Lippen, mit Anspannung der Aufmerksamkeit, ist durch zu häufige Wiederholung der Nahrungsaufnahme, dem interessantesten Vorgang für den Säugling, befestigt, als dass sie sich ebenso schnell verlieren könnte, wie das Einführen neuer Spielzeuge in den Mund. Daher vererbt sie sich nicht nur auf das Kind, sondern bleibt oft noch Jahre lang, sogar bis in das Greisenalter, bestehen, und tritt bei angestrengtem Aufmerken, wenn etwas ungewöhnlich interessirt, namentlich falls eigene Thätigkeit, wie Schreiben, Zeichnen es ist, welches anspannt, in auffallender Weise hervor.

Das Küssen.

Das Küssen gehört zu den sehr spät erworbenen Ausdrucksbewegungen, welche sich überhaupt nicht vererben. Da es mehreren Völkern unbekannt ist, wird es conventionell zu nennen sein. Ob es frühzeitig oder spät erworben wird, hängt von der Behandlung ab. Man findet daher grosse individuelle Verschiedenheiten. Mädchen lernen es meistens früher als Knaben, wie sie ja auch das Küssen untereinander länger beibehalten als diese.

Wie wenig das Kind die Bedeutung des Kusses versteht, obgleich es von seiner Mutter im ersten Jahre mehr als tausendmal geküsst wird, geht aus vielen Beobachtungen deutlich hervor.

Ein kleines Mädchen küsste im 14. Monat — „schon ganz hörbar, oft aus reiner Zärtlichkeitsanwandlung (wobei es auch streichelte) die Backe, die Hand" — manchmal um etwas zu erlangen oder auch um zu begütigen. Im 15. Monat küsste dieses Kind seine Mutter eines Tages zwölfmal nacheinander ganz von selbst; seine Schwester küsste die Hand seiner Mutter zu Anfang des 15. Monats unaufgefordert wohl achtmal hintereinander; die Geschwister küssten sich auch gegenseitig im Alter von 3½ und 1¼ Jahren zur Unterhaltung [St]. Ein anderes weibliches Kind beantwortete vom zehnten Monat an den Kuss ohne abwehrende Bewegung [L]; aber das alles ist erlernt.

Ich stelle einige Notizen über meinen Knaben, der die Liebkosungen seiner Eltern erst viel später erwiderte, hier kurz zusammen.

11. Tag: Als der Säugling von seiner Mutter auf den Mund geküsst wurde, ergriff er förmlich eine Lippe mit seinen Lippen und sog daran, wie wenn er die Brust erhalten hätte, die Zunge vorschiebend.

32. Woche: Das Kind saugt nicht mehr an den Lippen, wenn es geküsst wird, sondern leckt dieselben wie es überhaupt Objecte leckt, die ihm gefallen.

33. Woche: Wenn es geküsst wird, leckt das Kind nicht mehr die Lippen, sondern lässt sich ohne Antwort und Widerstand auf den Mund küssen. Es ist aber in den folgenden Monaten keine Spur eines Versuches den Kuss zu erwidern, vorhanden, obwohl es an Zeichen der Zuneigung nicht fehlt. Denn in der 51. Woche reicht das Kind den Zwieback, den es selbst zu verzehren im Begriffe steht, seiner Mutter.

12. Monat: Das Öffnen des geschlossenen Mundes, wie beim Küssen, wird schliesslich geschickt nachgeahmt.

13. Monat: Das Kind hat durchaus keine Vorstellung von dem, was ein Kuss bedeutet. Küsse sind ihm nicht angenehm, denn es wendet jedesmal den Kopf ab, wenn es geküsst wird, gleichviel von wem.

15. Monat: Die Worte: „Gieb einen Kuss!" haben Annäherung des Kopfes und manchmal Vorschieben der Lippen zur Folge. Hierdurch ist nur das Verstehen des Wortes, nicht der Sache bethätigt.

19. Monat: Wenn Fremde vom Kinde geküsst sein wollen, verhält es sich ablehnend, ist also in der Annäherung wählerisch.

20. Monat: Das Kind giebt durch Berühren des Gesichtes, besonders der Wange, mit seinem Gesichte zu erkennen, dass

ihm die Annäherung beim Küssen als wesentlich erschienen ist. Hierin liegt schon eine unvollkommene Erwiderung des Kusses. Auch neigt das Kind den Kopf, wenn man „Kuss" sagt, gegen das Gesicht des Sprechenden, ohne wie früher den Mund zu öffnen, schiebt aber nicht die Lippen jedesmal vor.

23. Monat: Die Bedeutung des Kusses als einer Gunstbezeugung kennt nun das Kind und ist wählerisch im Kussgeben, wie im Handreichen. Beim Küssen werden die Lippen geschlossen vorgeschoben und dann der Mund nach der Berührung etwas zu weit geöffnet.

34. Monat: Das Dankgefühl ist erwacht. Hat man dem Kinde einen Gefallen erwiesen, so küsst es zuweilen und hat eine anmuthige dankbare Miene, spricht aber nichts dabei.

Zuerst werden also die Lippen der Mutter, wenn sie ihr Kind küsst, wie der an den Mund gehaltene Finger oder die Brust als saugbare Gegenstände behandelt, dann wird an ihnen geleckt wie von einem Hündchen, hierauf der Kuss geduldet, fernerhin abgelehnt, bald danach ungeschickt und nur auf Verlangen erwidert und schliesslich von selbst als Zeichen von Dank und Zuneigung ausgetheilt. Gewiss liefert diese langwierige Schule im Küssen-lernen den besten Beweis dafür, wie wenig berechtigt es wäre, den Kuss als erbliches Privilegium der Menschheit zu bezeichnen.

Das Schreiweinen und Stirnrunzeln.

Es ist eine längst bekannte Thatsache, dass Neugeborene und ganz junge Säuglinge nicht weinen, das heisst keine Thränen nach aussen absondern, mögen sie auch noch so stark schreien. Später schreien und weinen die Kinder zugleich und können schreien ohne zu weinen, aber noch viel später erst sind sie im Stande, zu weinen ohne zu schreien.

Der Zeitpunkt der ersten Thränenabsonderung nach aussen ist verschieden bei verschiedenen Kindern. Darwin stellt einige Beobachtungen darüber zusammen, aus welchen hervorgeht, dass in zwei Fällen die Augen zum ersten Male zu Ende der dritten und neunten Woche thränenfeucht wurden, zu Ende der sechsten in einem anderen die Thränen über die Wangen flossen. Bei zwei anderen Kindern war dieses in der 12. und 16. Woche noch nicht der Fall, bei einem dritten Kinde in der 15. Woche.

Eines seiner eigenen Kinder weinte beim Schreien in der 20., aber noch nicht in der 18. Woche, und in der 10. waren die Augen beim heftigen Schreien feucht. Ende der elften Woche bewirkte bei diesem Säugling eine zufällige unsanfte Berührung des Auges mit einem rauhen Tuche Thränenfluss in diesem Auge, nicht in dem anderen, welches nur eben feucht wurde. Champney's Kind weinte Thränen zum ersten Male in der 14. Woche, ein anderes zeigte in der 12. zum ersten Male feuchte Augen (A. Th.), ein drittes weinte seine erste Thräne — nur eine — am Ende der 14. Woche, ein viertes angeblich vor der dritten (Stanford E. Chaillé).

Ich habe bei meinem Knaben zuerst am 23. Tage Thränen aus den Augen fliessen gesehen, während er heftig schrie. Bald darauf bildete das Schreiweinen und Wimmern das wichtigste Zeichen von psychischen Vorgängen verschiedener Art. Für deutsche Kinder gilt überhaupt nicht, was Darwin mittheilt, dass gewöhnlich die Säuglinge nicht vor zwei bis vier Monaten Thränen vergiessen. Nicht Weinen, aber Schluchzen tritt so spät und noch später zum ersten Mal auf, und einige Ursachen des Weinens, wie Eigensinn, Trauer, Wuth, können anfangs nicht wirken weil sie überhaupt noch fehlen, wogegen Schmerz vom Anfang an, nachdem einmal die Thränenabsonderung begonnen hat, durch sie geäussert wird. Jedoch ist es leicht, sich davon zu überzeugen, dass kleine Kinder im zweiten und dritten Jahre über Unlust erregende Eindrücke viel leichter weinen und mehr Thränen vergiessen, als halbjährige und einjährige. Ich vermuthe, dass es hierbei mehr auf die Erregung der Lacrymalnerven durch emotionelle Gehirnvorgänge, als auf Compression der Drüse beim Schreien, wie Darwin meint, ankommt. Denn erstlich tritt nach Berührung der Nasenschleimhaut bisweilen bei eben geborenen Kindern eine Thränensecretion ein (S. 79m), womit nachgewiesen ist, dass durch Nervenerregung, nämlich reflectorisch, und zwar ohne Compression, die Thränenabsonderung vor dem Weinen eintreten kann; zweitens können später auch ohne alle Compression der Thränendrüse, ohne Schreien, die Thränen in grossen Tropfen über die Wangen gleiten, und im zweiten Jahre kommt Schreien ohne Weinen, also Compression der Thränendrüse ohne Thränenabsonderung, vor. Im Schlafe schrie mein Kind, offenbar träumend, ohne zu weinen und ohne zu erwachen im zehnten Monat, ein anderes (L) in der 18. Woche.

Für das Schreiweinen kleiner Kinder sind dagegen höchst charakteristisch zwei Veränderungen des Mienenspiels, deren Erklärung viele Schwierigkeiten bereitet: das Herabziehen der Mundwinkel und das Stirnrunzeln.

Von der eigenthümlichen, durch Zusammenziehung der Mundwinkeldepressoren unmittelbar vor und nach einem Anfall von Schreiweinen entstehenden Mundform war bereits bei der Schilderung kindlicher Unlustäusserungen (S. 116) die Rede.

Das Stirnrunzeln wird zwar gleichfalls ohne Ausnahme beim Schreiweinen mit zugekniffenen Augen beobachtet, ist aber anfangs eine ohne verdriessliche Stimmung oft vorkommende impulsive Bewegung. Ich sah sie am ersten, zweiten, sechsten, siebenten, zehnten Tage geradeso wie bei manchen Affen, ohne angebbaren äusseren Anlass, häufig auftreten. Dagegen vermisst man bei jungen Säuglingen das Stirnrunzeln gerade dann, wenn man es, nach Erwachsenen urtheilend, wahrzunehmen erwarten könnte, so (S. 17e) beim Heben des Blickes. Auch ist auffallend, dass in den ersten zwei Wochen das horizontale Runzeln der Stirn sehr viel häufiger vorkommt als in der folgenden Zeit. Erst im vierten Monat sah ich bei meinem Kinde leise horizontale Stirnfalten beim Aufwärtssehen, aber im dritten Vierteljahr noch nicht jedesmal, im vierten jedesmal. Deutliche verticale Falten, welche der kindlichen Physiognomie einen finsteren Ausdruck verleihen, sind beim Schreiweinen, wie erwähnt, immer vorhanden, kommen aber ohne solches oft vor (deutlich bei einem Knaben von neun Wochen, bei meinem im siebenten Monat).

Ein Zwillingsmädchen, welches nur sechs Tage und einige Stunden alt war, sah ich, als es geweckt wurde, sehr stark zweimal die Stirn runzeln, einmal mit, einmal ohne gleichzeitige Bewegung der Kopfhaut. „Das Kind macht sich ernste Gedanken," sagte die Mutter. Und in der That sah es eigenthümlich altklug aus, als die Stirnhaut beide Mal in tiefe, parallele, die ganze Stirnbreite einnehmende Falten gelegt wurde und das Gesicht einen sehr ernsten Ausdruck erhielt. In diesem Falle, wie in allen ähnlichen, dem Stirnrunzeln die Bedeutung einer Ausdrucksbewegung zuzuerkennen, erscheint aber nicht statthaft, weil die psychischen Zustände, welche durch horizontale Stirnfalten ausgedrückt werden, noch fehlen.

Das deutliche Runzeln der Stirnhaut beim Erstaunen habe ich erst im 20. Monat gesehen und auch beim Vormachen neuer

Kinderkunststücke (im 15. Monat) manchmal die charakteristischen
Querfalten als Mitbewegung bei angestrengten Nachahmungs-
versuchen wahrgenommen. Doch sucht man vergeblich nach
physiologischen Erklärungen dieser Thatsachen. Darwin, welcher
seine Kinder von der ersten Woche an jedesmal kurz vor dem
Schreien die Stirn runzeln sah, hat die Vermuthung ausgesprochen, diese altererbte Ausdrucksbewegung (Contraction der
Corrugatoren) habe, anfangs die Augen bei abzuwehrenden Eindrücken schützend, sich schliesslich mit unangenehmen Gefühlen
überhaupt associirt. Die verticalen Falten bei Anstrengungen
würden damit im Einklang stehen, dagegen die Querfalten beim
Erstaunen mit dem weiteren Öffnen der Lidspalte zusammenhängen.

Dass ein rein reflectorisches Stirnrunzeln, die verticale Faltung,
neben jener frühen Ausdrucksbewegung in den ersten Tagen
vorkommt, ist gewiss. Berührung der Augen und Nase mit einer
Feder bewirkte am 16. Tage Stirnrunzeln mit Lidschluss (Stanford
E. Chaillé). Im vierten Jahre sah ich mitunter eine Zusammenziehung der Corrugatoren des fest schlafenden Kindes ohne die
geringste Augenlidbewegung eintreten, wenn ich im sonst dunkeln
Raume helles Lampenlicht auf die geschlossenen Augen fallen
liess. Der Schlaf, sogar das Schnarchen, wurde dadurch nicht
unterbrochen. Dieser Reflex kann, ebenso wie das Zukneifen
der Augen unter denselben Umständen, angeboren sein, wie
das Stirnrunzeln nach Schalleindrücken und Berührungen in der
ersten Woche.

Das Kopfschütteln und Nicken.

Das Kopfschütteln als Zeichen der Verneinung oder Ablehnung wird von vielen Kindern ohne Unterricht und ohne
dass ihnen Gelegenheit zur Nachahmung geboten wurde, in
gleicher Weise früh geübt. Vorläufer dieser Ausdrucksbewegung,
welche Abneigung, Abscheu viel früher als Verneinung bedeutet,
ist, wie auch Darwin hervorhebt, die seitliche Kopfbewegung
das Abwenden, wenn die Annahme der Nahrung verweigert
wird, sei es die Brust, sei es die Saugflasche. Das gesättigte
Kind wendet den Kopf zur Seite.

Ganz ähnlich wird der Kopf schon in den ersten Tagen
nach dem Fenster hingewendet, und dann nach bewegten Gegenständen. aber mit einem befriedigten Gesichtsausdruck, später

nach der Richtung eines neuen Schalles. Überhaupt fand ich vom ersten Tage an seitliche Kopfbewegungen ohne alle reflectorische Erregung bei meinem Kinde häufig; von Ammon meint mit Unrecht, in den ersten Tagen bewege der Säugling den Kopf überhaupt nicht. Die Kopfbewegungen sind sogar recht lebhaft beim Anlegen an die Brust, beim Baden, beim Liegen. Sie sind seitlich, nicht nickend, durchaus unregelmässig und „natürlich".

Anfangs sind die Kopfwendungen aber merkwürdigerweise mit den Augenbewegungen nicht immer gleichsinnig, was sie „unnatürlich" erscheinen lässt.

Ferner sah ich in den ersten Wochen bei meinem Kinde regelmässig, wenn es an die Brust gelegt wurde, starkes seitliches Hin- und Herwenden, fast ein Wackeln des Kopfes. Am achten Tage seines Lebens, als es zum ersten Male die Brust ohne alle Nachhülfe nahm, hatten diese seitlichen Kopfbewegungen ganz das Ansehen, als wenn das Kind suchte. Am 27. Tage fanden sie aber geradeso statt, als die Mündung der Saugflasche direct in den Mund eingeführt wurde: eine sonderbare Association, welche vielleicht dadurch bedingt ist, dass in den ersten Tagen der Kopf von helfenden Händen dirigirt wird, so dass die Brustwarze in den Mund geräth. Später gilt das Kopfbewegen, auf welches jedesmal Milcheinströmung folgte, dem Säugling als nothwendige Vorbedingung für die Nahrungsaufnahme und wird von ihm, obwohl bei der Saugflasche unnütz, beibehalten. Somit liegt hier nicht ein Fall einer erworbenen oder erlernten Kopfbewegung vor, sondern ein Instinct, der beim Saugen am Finger wie bei dem an der Brust die Kopfbewegungen veranlasst.

Es wurde bereits daran erinnert, dass viele Säugethiere gleichfalls den Kopf beim Beginn des Saugens stark hin- und her-bewegen, so dass ein erblicher Factor beim Menschen annehmbar ist, um so mehr, als die Kopfdrehungen noch in der achten Woche sehr stark und jedesmal beim Anlegen an die Brust, täglich mehrmals, zu beobachten waren, ehe die Mamille fest gefasst worden. Trotz der grossen Hast und Gier beim Saugen wurden in den ersten Monaten diese unnöthigen Kopfdrehungen vorher niemals vergessen. Sie sind von dem reflectorischen Kopfwenden ursächlich verschieden.

Setzt sich Jemand an das Bett des Kindes, so wird schon in der fünften Woche regelmässig der Kopf dahin gewendet; dazu kommt das reflectorische Umwenden bei neuen Schalleindrücken, besonders wenn man es ruft (deutlich in der elften

Woche), auch wenn Jemand geräuschlos das Zimmer verlässt (22. Woche).

Alle diese seitlichen Kopfbewegungen sind nicht im Geringsten Vorläufer des verneinenden oder ablehnenden Kopfschüttelns, stehen damit überhaupt in keiner Beziehung, obgleich sie sehr häufig, wenn man alle äusseren Umstände und die Physiognomie ausser Betracht lässt, damit im Aussehen vollkommen übereinstimmen. Die Mannigfaltigkeit der Seitenwendungen des Kopfes beim Säugling, vom ersten Tage an, ist erstaunlich. Und doch kommt das eigentliche Kopfabwenden als wohl charakterisirte expressive Bewegung schon am vierten Tage hinzu. Mein Kind weigerte sich, an der linken Brust zu saugen, welche ihm etwas unbequemer war, als die rechte. Es weigerte sich, indem es den Kopf davon entschieden abwendete, am sechsten Tage ausserdem dabei schrie. Am siebenten gelang es erst, den Widerstand zu überwinden. Aber das einmalige Abwenden des Kopfes blieb als Zeichen der Ablehnung bestehen. Es trat fast jedesmal ein, nachdem sich der Säugling satt gesogen und die Warze ausgestossen hatte, was eine Reflexmaschinerie schwerlich zu Stande bringt (sehr deutlich im ersten wie im siebenten Monat). Das Kind wurde vom Gefühl der Sättigung so beherrscht, dass ihm die Nahrung zuwider war.

Dieses einmalige Kopfabwenden nach links oder nach rechts, je nach der Lage, heisst offenbar: „Nicht mehr!" ist also schon ablehnend. Aber erst nachdem das Kind seinen Kopf balanciren gelernt hatte, kamen mehrmalige und zwar sehr rasche Kopfdrehungen zu Stande, genau wie das negirende Kopfschütteln Erwachsener (in der 16. Woche). Auch ein Nicken kam dann, jedoch seltener, vor. Es bedeutete ebensowenig ein Bejahen, wie die Wendungen nach der Seite ein Verneinen in dieser frühen Zeit. Vielmehr handelt es sich dabei nur um Übungen der Muskeln. Die ablehnende Kopfabwendung, wenn das Kind genug getrunken hatte, blieb bestehen. Im sechsten Monat kamen Armbewegungen hinzu, welche wie abwehrend erschienen, ohne aber bei mir die Überzeugung zu erwecken, dass sie es auch waren. Vielmehr traten erst nach vielen Monaten unzweideutige abwehrende Armbewegungen ein, wie bei Erwachsenen, denen man etwas zu lange vor das Gesicht hält. Das Kind, welches den dargebotenen Gegenstand nicht mag, hebt seitlich ein- bis dreimal den Arm ablehnend und wendet den Kopf ab nach der entgegengesetzten Seite. Diese verneinende Armbewegung (aus-

geprägt im 15. Monat) kann wohl erworben, nämlich nachgeahmt sein, da man dem Kinde ein dazu genügendes Beobach-
tungsvermögen in dieser Zeit schon zutrauen darf. Jedenfalls
ist das Heben des flectirten Armes mit dem Kopfabwenden anfangs nicht associirt, und ähnlich mag die Wärterin das Kind,
das ihr mit den Händen in das Gesicht fährt, öfters abgewehrt
haben. Freilich ist mit einer Vorstellung der Abwehr die Ausführung einer abwehrenden Bewegung schon früh verknüpft.
Wenn der Knabe (im 18. Monat) wüthend mit dem Fusse
Jemanden zu stossen sucht, der ihm einen begehrten Gegenstand
verweigert, so ist für eine solche Verstärkung der ablehnenden
Kopfwendung kein Vorbild zur Nachahmung auffindbar, noch
weniger für sein Um-sich-schlagen mit Armen und Beinen, wobei
er sich mit dem Leib auf den Boden wirft und wüthend schreit
(ganz ähnlich wie ich es bei einem Schimpanse sah, dem ein
begehrter Apfel vorenthalten wurde). Schon im zehnten Monat
kommen bei Kindern solche Wuthanfälle vor, wobei das Gesicht
sich röthet, falls ein Verlangen nicht gewährt wird [St].

Auch der halbe Lidschluss beim ablehnenden Kopfabwenden ist nicht auf Nachahmung zurückführbar. Er trat
nicht jedesmal ein. Ich sah ihn im achten Monat bei meinem
Knaben deutlich, wenn Abneigung ausgedrückt wurde. Namentlich
wurde bei Annäherung schwarz gekleideter Frauen, auch wenn
sie noch so freundlich waren, noch im siebenten, ja noch im
zehnten Vierteljahr durch solche Kopfabwendung Antipathie
(nicht Furcht) ausgedrückt.

Lange vor dieser Zeit war aber aus dem einfachen Abwenden ein wiederholtes Kopfdrehen oder verneinendes Kopfschütteln entstanden und zwar durch Dressur. Im 13. Monat
trat es meistens schon, wenn man „Nein, nein" sagte, auf, nicht
aber das Kopfnicken beim „Ja, ja". Es gelang auch dieses im
14. Monat nicht, trotz vieler Bemühungen, es durch Nachahmung
zu erzielen. Darauf gelang die Nachahmung öfters (in der 64.
Woche), aber das Kopfnicken wurde auch beim „Nein, nein",
das Kopfschütteln beim „Ja, ja" bisweilen bemerkt, die Bedeutung also verwechselt (eine Paramimie). Überhaupt dauerte
es Monate, ehe die Bedeutung der bejahenden Kopfneigung fest
eingeprägt war, nachdem längst die verneinende ausgeübt wurde.
Als am 445. Lebenstage zum zweiten Male die erstere richtig
nachgeahmt ward — am Tage vorher zum ersten Male —
machte das Kind eine eigenthümliche Handbewegung im Rhyth-

mus des Kopfnickens, eine reine Supination, und zwar höchst
aufmerksam auf den Kopf vor ihm blickend, also eine unbewusste
Mitbewegung. Dass die mühsam erlernte Kopfneigung „ja" bedeuten sollte, war ihm völlig unbekannt. Und doch bezeichnete
bei dem Kinde im 16. Monat das verneinende Kopfschütteln
nicht nur Nein, sondern auch „Ich weiss es nicht" und im 17.
Monat „Ich will nicht!" Diese Geste blieb nun bestehen,
während das bejahende Kopfnicken kaum vorkam, wenn es
nicht eigens verlangt wurde. Erst im vierten Jahre bedeutete
ein bejahendes Kopfneigen „Danke", bei einem anderen Kinde
im 26. Monat Zustimmung, welche im folgenden durch das erste
gesprochene Ja bekräftigt wurde [F. W.].

Der Unterschied ist um so beachtenswerther, als häufig
beide Bewegungen für ursprünglich angesehen wurden. Kinder
benutzen aber zum Verneinen und Bejahen ihre Stimme viel
früher, als die Kopf-Neigung und -Wendung, und diese ganze
Auseinandersetzung zeigt. dass sie nicht vom Anfang an anta-
gonistisch zusammenhängen, sondern das ablehnende, später
verneinende seitliche Kopfabwenden angeboren reflectorisch-in-
stinctiv ist, während das viel später auftretende bejahende oder
zustimmende oder dankende Kopfneigen und Nicken einstweilen
als eine erworbene Geste unbekannten Ursprungs bezeichnet
werden muss.

Das Achselzucken.

Sehr spät zeigen kleine Kinder eine dem Achselzucken
Erwachsener entsprechende rasche Hebung der Schultern. Im
15. Monat sah ich mein Kind ohne nachweisbare Ursachen
ganz wie Erwachsene, nur etwas schneller, zum ersten Male
die Achseln zucken, und zwar an verschiedenen Tagen in
gleicher Weise. Einen Augenblick schien es, als wenn die Kleider
einen unangenehmen Hautreiz verursachten. Dazu passt aber
der altkluge Gesichtsausdruck ganz und gar nicht. Und es trat
das Achselzucken auch ein, als ich vor dem Kinde stehend
sagte: „Ja, ja!" Sowie ich dann bejahend genickt hatte, that
es das Kind auch (459. Tag). Hierdurch kam ich auf die Vermuthung, das Achselzucken könnte bereits das Nicht-können
ausdrücken und wurde darin bald bestärkt, denn schon am
folgenden Tage war es die Antwort auf meine Frage: „Wo ist
Ohr?" worauf das Kind nach einiger Überlegung das Auge

berührte. Im 16. Monat war diese Bedeutung unzweifelhaft.
Denn frage ich: „Wo ist Auge, Ohr, Nase, Stirn, Kinn?" und
das Kind weiss eines nicht, so zuckt es zu meiner Überraschung
die Achseln. In derselben Zeit folgt öfters auf diese expressive
Bewegung eine andere zuwartende. Wenn beispielsweise das
Kaltwerden eines in heisses Wasser getauchten Zwiebacks ab-
gewartet wird, dann stemmt das Kind beide Arme gleichzeitig
symmetrisch gegen die Seiten, so dass die Hände mit gebeugten
Fingern und mit dem Rücken gegen die Hüften zu stehen
kommen. Die ganze Stellung ist eine zuwartende, nicht im
Geringsten herausfordernd und wahrscheinlich nachgeahmt, was
vom Achselzucken nicht gesagt werden kann. Dieses wurde
übrigens im sechsten Vierteljahr mit Entschiedenheit, in demselben Sinne wie verneinendes Kopfschütteln, ein Zeichen der
Ablehnung und des Nicht-wissens und Nicht-könnens. Man muss
es zu den vorläufig noch unerklärlichen erblichen Ausdrucks-
Bewegungen zählen. Auch Darwin spricht sich für die Erblichkeit desselben aus, sah es jedoch bei keinem ganz jungen englischen Kinde und berichtet nur von zwei Schwestern (Enkelinnen
eines Franzosen), welche zwischen dem 16. und 18. Monat die
Achseln zuckten.

Das Bitten mit den Händen und das Zeigen.

Zu den frühesten durch Dressur erworbenen Geberden
deutscher Kinder gehört das Zusammenlegen der Hände in
bittender Stellung. Diese Bewegung ist zugleich eine der ersten,
deren sprachliche Bedeutung das Kind versteht und anwendet.
Es macht bald die Erfahrung, dass die bittende Händestellung
ihm die begehrte Nahrung schneller zuführt, als Schreien, und
führt deshalb von selbst die Geberde jedesmal aus, wenn es
irgend etwas begehrt, sei es einen Zwieback oder ein Spielzeug,
sei es einen Platzwechsel. Hat sich das kürzere oder längere
Zeit hindurch fortgesetzte Schreien als völlig nutzlos erwiesen,
dann wird plötzlich damit innegehalten, und hastig legt dann
das Kind die Hände in bittender Stellung zusammen (15. Monat),
falls ihm überhaupt dieses Kinderkunststück vorher beigebracht
worden ist. Auch ohne zu schreien bittet es in dieser Weise
und durch sehnsüchtige Laute mit ausgestreckten Armen, wenn
es die Wiederholung eines neuen Scherzes wünscht. Als Jemand

einen Löffel an seiner Nasenspitze frei aufgehängt hatte, lachte das Kind, ergriff den Löffel, betrachtete ihn sorgfältig, nahm ihn von einer Hand in die andere und reichte ihn dann mit einer unbeschreiblich bittenden Stimme hin. Nach der Wiederholung des Experimentes freute es sich wieder (im 15. Monat).

Selbst lange nach dem Erlernen der Bedeutung des gesprochenen „Bitte", welches von meinem Knaben bis zum 22. Monat noch *bibi* wiedergegeben wurde, hörte das begleitende Emporheben und Zusammenhalten der Hände nicht auf, und wenn das Kind die Fortsetzung eines ihm ergötzlichen Schauspiels oder des Clavierspiels wünschte, oder wenn der Zug auf der Eisenbahn, in dem sich das Kind befand, anhielt, dann schlug es wiederholt die Hände zusammen (23. Monat), so dass es im buchstäblichen Sinne durch Händeklatschen seinen Beifall und sein Verlangen nach Wiederholung oder Fortsetzung kund gab, gerade wie ein zufriedenes Theaterpublikum. Schon im zehnten wie im 17. Monat fand diese Bewegung im Schlaf statt, ohne Zweifel während des Träumens. Ein anderes Kind (das Mädchen v. B.) legte im 13. Monat auf den Befehl „Bitte!" die Hände in bittender Stellung zusammen. Es folgt daraus, dass es den Befehl verstand, nicht aber, dass es die Bedeutung des Wortes begriff. Ein drittes erlernte die Geberde im neunten Monat, so dass sie auf Befehl wochenlang wiederholt ward; dann verschwand sie während zweier Monate vollständig und wurde im 13. neu erlernt. Die Schwester übte sie im neunten Monat und vergass sie nicht [F. W.].

Es scheint natürlich anzunehmen, dass Erwachsene ihren Beifall deshalb durch Händeklatschen äussern, weil der Lärm ein grosser ist, aber das Zusammenlegen der Hände zum Gebet in christlichen Kirchen, sowie das Erheben der Arme bei betenden Mohammedanern stimmen überein mit den bittenden Gesten der Kinder. Diese drücken nur indirect durch Händeklatschen, auch geräuschloses Zusammenlegen der Hände, ihre Befriedigung aus, sofern sie dadurch um Wiederholung bitten.

Wie es nun kommt, dass man neben dem „Händchengeben" (schon in der 20. bis 24. Woche [L] bisweilen) den ganz kleinen Kindern künstlich beibringt, die Hände zu erheben und zusammenzulegen (nicht die Füsse), wenn sie um etwas bitten sollen, ist nicht schwer zu verstehen. Diese Geste wird nämlich zwar durch Nachahmung und durch Dressur von jedem Einzelnen erworben, wahrscheinlich aber beruht sie darauf, dass beim Greifen die Arme ausgestreckt werden und die Hände, wenn der begehrte Gegenstand erfasst worden, sich um denselben zusammenlegen. Schliesslich ist auch das Bitten ein Begehren. Und wenn man die Entwicklungsgeschichte der Greifbewegung verfolgt (S. 188), dann kommt man zu der Überzeugung, dass die Arme, welche zum Greifen ausgestreckt werden müssen, sowie dieses mehrmals geglückt ist, bei jedem starken Begehren (mit und ohne verlangende Laute) ausgestreckt werden, weil das Begehrte für greifbar gehalten wird. Was ich über die Deutung der Netzhautbilder mittheilte (S. 45), bestätigt diese Auffassung.

Zuerst äussert das Kind sein Begehren nur durch Schreien, nachdem es zu greifen angefangen hat, auch durch Ausstrecken der Arme (zuerst bei meinem Kinde am 121. Tage), dann durch Ausstrecken der Arme und Zusammenlegen der Hände. Diese von Greifübungen herstammenden erblichen Ausdrucks-Bewegungen benutzen die Erzieher, um die betenden, bittenden Stellungen mit Händefalten zu lehren, welche anfangs vom Kinde nicht im Geringsten verstanden werden; es macht nur die Erfahrung, dass Vereinigung der Hände bei erhobenen Armen die Erfüllung eines Wunsches rascher zur Folge hat, als Schreien, und adoptirt deshalb die Geste. Wenn nun mit der Ausbildung des Sehvermögens neue ungreifbare Gegenstände besser von der Umgebung unterschieden werden, dann bekundet das Kind schon sein lebhaftes Interesse an denselben, besonders an bewegten und sich bewegenden Objecten, wie Pferden, durch eben diese Geste, indem es den Mund öffnet, stossweise laut ausathmet, das Object fixirt und die Hände ausstreckt (im achten Monat). Man kann dann oft kaum erkennen, ob das Kind greifen oder zeigen will. Wenn es, ehe es sprechen kann, auf die Frage: „Wo ist das Licht?" den Kopf nach dem Lichte wendet, so zeigt es dadurch das Verständniss der Frage nach der Richtung an (neunter Monat), wenn es aber (im 14. Monat) auch noch den rechten Arm hebt und ebendahin mit gespreizten Fingern weist, so hat es die Geberde des Zeigens ganz getrennt vom Begehren ausgeführt. Es ist für das Verständniss der geistigen Entwicklung wichtig, dass dieses Zeigen schon vor den ersten Versuchen, sich in der Wortsprache auszudrücken, vollkommen richtig angewendet wird. Ein kleines Mädchen von elf Monaten, welches noch gar nicht sprechen konnte, beantwortete die Fragen „Wo ist Papa? wo Annchen?" unfehlbar richtig durch Augenbewegungen und Hinweisen mit dem Finger [St].

Später wird dieses Zeigen zur Äusserung eines Wunsches, wie von Taubstummen, benutzt. In der 90 Woche wurde von meinem Knaben beim Anblick des Milchkruges mit der Hand auf denselben und unmittelbar darauf auf die Milchflasche mit derselben Hand, sogar, zu meiner Überraschung, mit dem Zeigefinger, gewiesen, indem das Kind unverkennbar die Absicht hegte, das Ausschenken zu veranlassen. Ein anderes Kind zeigte schon im zwölften Monat auf die Frage „Wo ist die Wage?" sofort mit gestrecktem Zeigefinger auf dieselbe [F. W.]. Woher auf einmal die Verwendung des Zeigefingers, statt des Spreizens aller Finger, zum Zeigen? Die Nachahmung allein bietet kaum genügenden Anlass dazu, obwohl sie mit in Betracht kommt, noch weniger das experimentirende Tasten, welches ohne Bevorzugung des Zeigefingers vor sich gehen kann, aber als Vorläufer des Zeigens mit dem Zeigefinger angesehen wird (von James Sully in *Mind*, Juli 1882, S. 422), weil bei feinerem Tasten die übrigen Finger gebeugt würden. Ich finde jedoch keine Stütze für diese Hypothese in meinen Beobachtungen. Vielmehr muss die ganze verwickelte Combination von Fixiren, Mundöffnen, Lidheben, Armheben, Fingerstrecken auf erblicher Coordination beruhen, weil sie beim Hunger behufs Erreichung der Nahrung sich nützlich erwies, so dass also Z e i g e n auf G r e i f e n - w o l l e n zurückzuführen ist. Denn wie im zehnten Monat regelmässig, wird auch im zweiten Jahre noch oft das gezeigte Begehrte nach dem Erfassen in den Mund geführt und möglichst zerkaut.

Aus dem Erfolge der verlangenden Armbewegungen beim Hunger entsteht dann bald die Einsicht, dass dieselben auch andere Arten des Verlangens befriedigen werden. So streckt das Kind (im zwölften Monat), wenn es auf seinem Stuhle sitzend den Platz zu verändern wünscht, beide Arme sehnsüchtig aus, jammert, wenn man es nicht berücksichtigt, und jubelt nach dem Emporheben, wie nach dem Erfassen eines Apfels oder Zwiebacks. In solchen Fällen wird (im 14. Monat) nicht selten eine Paramimie beobachtet. indem statt der bittenden Händestellung eines der anderen noch unverstandenen, durch Dressur erworbenen Kunststückchen ausgeführt, etwa die Hand gegen den Kopf bewegt wird (als erlernte Antwort auf die Frage: „Wo ist das Trotzköpfchen?"). Dabei mischt sich zu der Erfahrung des Erfolgs nach Hände-ausstrecken die Erfahrung des Angenehmen (etwa des Freundlich-seins, Gewährens) nach

richtiger Ausführung jener Dressur-Kunststücke. Die Gleichheit des Erfolges führt eine Verwechslung der Mittel
herbei.

Je mehr aber die Stimme sich differenzirt, um so sicherer
wird mit der Geberde ein Laut verbunden, im fünften Vierteljahr mit dem Hände-ausstrecken namentlich der Bittlaut *hä-ö*,
bei meinem Kinde, verknüpft; und dieser associirt sich mit dem
Blick und der vorgeneigten Haltung des Begehrenden als Ausdruck des stärksten Verlangens. Er geht aber verloren, indem
die Geberden mit wachsendem Verständniss sich festigen und
nicht mehr verwechselt werden. Erst später ersetzt wieder die
Sprache der erlernten Wörter die durch sie immer entbehrlicher
werdenden Geberden. Im 15. Monat brachte ich drei Gläser,
die einen Accord bildeten, durch einen Ring zum Tönen. Das
Kind freute sich, lachte darüber und nahm, als ich pausirte,
den Ring, reichte ihn mir dann wieder hin und mit Arm, Augen
und Kopf den Gläsern sich zuwendend, bekundete es mit seinem
hä-ö den Wunsch nach Wiederholung. Hier war noch keine
Wortsprache vorhanden, die Geberdensprache aber
nicht misszuverstehen.

Wenn dem anhaltend durch Gesten geäusserten Begehren
nicht entsprochen wird, dann kann bei lebhaften Kindern leicht
ein förmlicher Wuthanfall eintreten, indem sie sich auf den Fussboden werfen, beim Anfassen um sich schlagen und höchst unwillig heftig schreien (im 17. Monat von mir zum ersten Male
beobachtet). Es kann aber auch, wenn das Kind an der Hand
zerrt und begleitet sein möchte, nach dem Versagen der Bitte
ein Weinen vor Traurigkeit statt Wuth sich einstellen (25. Monat),
oder der Erfindungsgeist sich regen, wie in folgendem Fall:
Das Kind (von 22 Monaten) wünscht am Tische zu sitzen; man
hört nicht auf sein Bitten, sieht nicht auf seine flehenden
Gesticulationen; da geht es in eine Zimmerecke, bemüht sich
mit grosser Anstrengung einen schweren Stuhl herbeizuschaffen,
ruht nicht bis er an den Tisch gestellt worden, und schlägt mit
der flachen Hand auf den Sitz; es spricht also deutlich ohne
Worte aus was es will, und jubelt, nachdem es auf den Stuhl
emporgehoben worden. —

Es giebt ausser den in diesem Capitel erörterten Ausdrucks-
Bewegungen im frühen Kindesalter noch mehrere, welche einer
eingehenden Prüfung werth sind. Ihre Beschreibung ist aber
meist schwer zu geben, obwohl man sie oft leicht versteht.

wenn auch das Kind noch kein Wort spricht. Denn seine
Körperhaltung, seine Blickrichtung, seine Fingerbewegungen
liefern in wechselnder Verknüpfung bereits eine fein ausgebildete
stumme Sprache. Einige Beispiele mögen erläutern:

Im 14. Monat wird Zuneigung geäussert durch sanftes
Handauflegen auf Antlitz und Schultern (diese Bewegung kann
durch Nachahmung erworben sein), Zorn und Ungehorsam
(Eigensinn) durch sehr hartnäckiges Geradstrecken des Körpers,
und zwar schon im 10. Monat, wenn das Kind hingelegt wird.
Scham (wenn es sich beschmutzt hat) durch eigenthümliches
Schreiweinen, aber noch nicht durch Erröthen, Stolz (in einem
neuen Kinderwagen im 19. Monat) durch lächerliche Haltung.
Die Mannigfaltigkeit des Gesichtsausdrucks, wenn nach und nach
im zweiten und dritten Jahre die einzelnen Leidenschaften erwachen, lässt sich nicht beschreiben und wegen der Flüchtig-
keit der Erscheinungen kaum bildlich wiedergeben, es sei denn
mittelst der Momentanphotographie. Eifersucht, Stolz, Kampf-
lust, Habsucht verleihen dem Kindergesicht ein nicht weniger
charakteristisches Aussehen, als Freigebigkeit, Gehorsam, Ehrgeiz. Man würde diese Zustände nicht an den Mienen erkennen
können, wenn nicht eben jeder seine eigene Ausdrucksbewegung
hätte. Und zwar treten diese beim Kinde, das noch nicht
heuchelt, oft reiner hervor, als später.

Es überschreitet die Grenze dieser Arbeit, dem Zusammen-
hange jener geistigen Zustände mit dem Mienenspiel und mit dem
Wachsthum des Willens nachzugehen. Noch sehr viele Beobachtungen müssen an Kindern angestellt werden, ehe der
Einfluss der Nachahmung und der Erblichkeit auf die willkürliche Hemmung emotioneller Explosionen und auf die willkürliche Herbeiführung eines selbstzufriedenen und zugleich Andere
nicht störenden Gemüthszustandes erkannt werden kann.

VIERZEHNTES CAPITEL.

Überlegte Bewegungen.

Dass es sehr lange dauert, bevor man beim Kinde eine selbständige, aus eigener Überlegung hervorgehende Bewegung wahrnehmen kann, folgt aus den vorigen Capiteln. Ehe den rein physischen centromotorischen Impulsen, den peripheren Reflexreizen, dem Nachahmungsreiz, dem Instincte, den Gefühlen als Ursachen der Muskelbewegungen, Beweggründe (Motive) sich anreihen, müssen nicht allein unzählige Male die genannten motorischen Erfahrungen gemacht worden, sondern auch die Sinne und der Verstand weit entwickelt sein. Denn wer sich nicht mehr blos in directer Abhängigkeit von seinen jeweiligen Gefühlen, Gemüthslagen und überhaupt seinen geistigen und körperlichen Zuständen bewegt, wer vor der Bewegung sich vorstellt, wie sie sein wird, wer also handelt, muss bereits sehr viele Bewegungen Anderer wahrgenommen und sehr viele eigene Bewegungen gefühlt haben, um ein richtiges Bild der auszuführenden rein willkürlichen, überlegten oder absichtlichen Bewegung in seinem Gemüth entstehen lassen zu können.

Ich wüsste keine Bewegung im ersten Vierteljahr zu nennen, für welche diese nothwendige Bedingung so zuträfe, dass jeder Zweifel, ob sie nicht instinctiv, reflectorisch oder impulsiv wäre, ganz ausgeschlossen bliebe.

Die schon in den ersten Monaten auftretenden tastenden Bewegungen mit den Händen, nicht den Füssen, die den Anschein des Suchens haben können, sind ebensowenig wie das spätere Zupfen und Kratzen an der Haut eines betasteten Gesichts, willkürlich, sondern, als zum Greifen gehörig, instinctiv. Selbst das Stampfen mit dem Fuss im elften Monat, das Fortschieben eines Stuhles zu derselben Zeit, das Geradstrecken

und Sich-steif-halten, als Mittel gegen gewaltsames Hinlegen
(im zehnten Monat), sowie die viel späteren Wurfbewegungen
können kaum als absichtliche Muskelbewegungen bezeichnet
werden, welchen eine selbständige Überlegung zu Grunde läge.
Eher sprechen einige weder auf Nachahmung, noch auf Instinct,
weder auf Reflexreize noch auf Emotionen beziehbare Spiele für
das Aufkeimen der Willkür und Überlegung nach dem Erwachen
der Causalitätsfunction. So pflegte mein Kind im elften Monat
häufig einen Löffel gegen eine Zeitung oder einen anderen mit
der Hand gehaltenen Gegenstand zu schlagen und plötzlich die
beiden Objecte zu vertauschen, indem es den Löffel mit der
anderen Hand bewegte, was ganz den Eindruck machte, als
wenn probirt werden sollte, ob der Lärm von dem einen Arm
ausgehe oder auch, im Falle dieser ruht, entstehe (S. 69). Das
rastlose Experimentiren kleiner Kinder, zumal der Säuglinge
schon bei den ersten Accommodationsversuchen (S. 39e), und
ganz unscheinbare Übungen (wie das Zerknittern von Papier im
zweiten Vierteljahr) sind für die intellectuelle Entwicklung nicht
nur nützlich, sondern unersetzlich als Mittel, die Wirklichkeit im
buchstäblichen Sinne zu erforschen. Wieviel von ihren Alltags-
kenntnissen die meisten Menschen nur durch kindliche Spiele
erworben haben, ist kaum zu ermessen. Aber auch für die
Willensbildung kommen sie wesentlich in Betracht, schon weil
dadurch nach und nach die Erkenntniss geweckt wird, wie unzweckmässig die meisten der anfänglichen nicht vorgestellten
uncoordinirten Bewegungen waren, wie nützlich dagegen die
coordinirten Bewegungen mit bestimmten Zielen sind. Erst
wenn beides zusammentrifft, die Bewegungsvorstellung und die
Erwartung ihres Erfolges, ist überlegtes Sich-bewegen möglich,
welches bedauerlicher Weise allzuoft durch Dressur sich früh
zu zeigen verhindert wird. Oft lässt sich noch im zweiten Jahre
nur schwer oder gar nicht erkennen, ob das Kind selbständig
handelt oder nicht, zum Beispiel wenn es (im 16. Monat)
Schränke auf- und zumacht, Gegenstände, die es hinwarf, vom
Boden aufhebt und bringt. Wenn es dagegen in dieser Zeit
schon einen abgenommenen Ohrring ganz von selbst an das
Ohr, von dem er gelöst worden, hält, so liegt darin ein Zeichen
von Überlegung, von Verstand und Willkür, während in dem
blossen Lärm-machen, etwa durch Auf- und Zuschlagen eines
Kastendeckels, in dem eifrigen Zerreissen von Zeitungen, viel
mehr die Lust an dem Geräusch und der Bewegung, sowie die

Befriedigung über die Kraftäusserung als die Überlegung und Willkür mitwirken. Doch schien mir bemerkenswerth, dass mein Kind eines Tages (im 14. Monat) nicht weniger als neun-und-siebzig Mal den Deckel einer Kanne auf- und zumachte, ohne einen Augenblick zu pausiren. Dabei sprach die höchst gespannte Aufmerksamkeit für eine Betheiligung des Intellects: „Wie kommt nur der Lärm zu Stande?" würde das Kind wohl gedacht haben, wenn es schon hätte sprechen können. Denn oft genug fragte es später: „Was macht nur so?" wenn es ein fremdes Geräusch hörte. Aber auch das der Sprache noch unkundige Kind konnte so denken, wie ein intelligentes Thier. Das letztere würde nur nicht so oft aus eigener Initiative den Deckel heben, weil bei ihm die Causalitätsfunction viel schwächer ausgebildet ist.

Es kann nicht bezweifelt werden, dass bereits lange vor der Erwerbung der Sprache das Kind will und denkt, aber ganz unmerklich gesellt sich nach langer unvollkommener Bethätigung des Coordinationsvermögens zu den unabsichtlichen, unwillkürlichen Muskelbewegungen die selbständige Handlung. Die für alle geistige Entwicklung bestimmenden Gefühle der Lust und Unlust, die Versuche, das Lusterregende, vor allem die Nahrung, zu ergreifen, das Unlusterregende abzuwehren, müssen als Ausgangspunkte der continuirlich fortschreitenden Entwicklung angesehen werden.

In dieser Beziehung ist die geschilderte Entwicklungsgeschichte des Greifens zugleich ein Beitrag zur Kenntniss der Ausbildung der Willkür. Besonders die nach den ersten Greifversuchen beginnende selbständige Nahrungs-Aufnahme liefert interessante Übergänge vom unvollkommen coordinirten zum vollkommen harmonischen Bewegen der Arm-, Mund-, Zungen-, Schlund-Musculatur. Ich stelle darüber einige Beobachtungen am eigenen Kinde zusammen, welche zeigen, dass der Wille lange v o r der vollendeten Coordination da ist.

5. Monat. Mit der Gabel angebotenes Fleisch wird mit der Hand ergriffen und öfters falsch, jedoch einmal richtig langsam zum Munde geführt.

9. Monat. Was nur in den Mund gebracht werden kann, wird mit erstaunlicher Geschwindigkeit auf die Zunge gelegt. Bei dieser Operation wurden weniger Fehler gemacht als früher.

11. Monat. Das Kind nimmt täglich von selbst einen Zwie-back mit der Hand vom Tisch, führt ihn richtig in den Mund

(statt wie früher oft an die Wange, an das Kinn), beisst ein
Stück ab, zerkleinert es im Munde und verschluckt es. Es kann
aber noch nicht aus einem Glase trinken.

12. Monat. Sehr selten wird beim ersten Ansetzen des
Zwiebacks die Mundöffnung verfehlt. Zu Anfang dieses Monats
kann auch das Kind aus dem Glase trinken, es exspirirt nur
zwischendurch noch in das Wasser hinein.

18. Monat. Leidlich geschickt wird der gefüllte Löffel zum
Munde geführt.

19. Monat. Legt man den Löffel auf die linke Seite des
Tellers, dann nimmt ihn die linke Hand nach kurzem Besinnen,
und es ist kein Unterschied zwischen dem Links- und Rechts-
Essen bemerkbar.

20. Monat. Immer geschickter, rascher und sicherer führt
das Kind den Löffel mit Speisen in den Mund. Trotzdem kann
es ohne alle Hülfe oder Directive mit dem Löffel allein noch
nicht seine Nahrung zu sich nehmen, sie nicht in den Löffel
bringen. Es verwendet darauf nicht immer genügende Aufmerksamkeit, pausirt oft und greift nach allerlei glänzenden Gegenständen, wenn es in ungewohnter Umgebung ist.

In den folgenden Monaten absichtlich auf Selbsthülfe angewiesen, vervollkommnet sich das Kind in dieser Beziehung.
Das Mitgetheilte genügt aber, um zu zeigen, dass die Intention,
lange ehe die Coordination perfect ist, vorhanden war. Der
Wille, die Kenntniss des Erfolges, die Vorstellung der ganzen
Bewegung sind klar, ehe die Bewegung correct ausgeführt
werden kann. Umgekehrt bei dem allen Knaben eigenen Vergnügen am Werfen. Sie schleudern allerlei Gegenstände zum
Fenster hinaus, ohne die Consequenzen zu kennen.

Es lässt sich noch an vielen Bewegungsarten dieser oft
übersehene Unterschied gewollter und instinctiver Bewegungen
der Kinder darthun, namentlich wenn man die Spielweise oder
Beschäftigung derselben von Tag zu Tag, von Woche zu Woche
verfolgt. Ich habe aber bereits so viele Einzelheiten mitgetheilt,
und die Beobachtungen sind so leicht anzustellen, wenn man
nur genügende Zeit darauf verwendet und mehrere gesunde Kinder
miteinander vergleicht, dass hier eine Häufung von Beispielen
unnöthig erscheint. Nur die Bewegungen der Zunge, welche das
wichtigste Zeichen des ausgebildeten Willens sind, werden als
die Grundlage des Sprechenlernens bei der Beschreibung des
letzteren (im dritten Theile dieses Buches) noch erörtert werden.

Hier genügt es, um annähernd den Zeitpunkt der beginnenden Willensbethätigung und Überlegung wenigstens für ein Kind zu finden, einige der in den vorigen Capiteln betrachteten Bewegungen übersichtlich zusammenzustellen mit Rücksicht auf die Fragen, wann die angeborenen Bewegungen nicht mehr rein impulsiv, nicht mehr rein maschinenmässig reflectorisch, nicht mehr rein instinctiv sind und wann unzweifelhaft gewollte Bewegungen ohne Beimischung jener auftreten.

Es ist gewiss, dass erst nach der Bildung von Vorstellungen gewollt werden kann. Bis dahin ist das Kind willenlos wie ein Thier ohne Gehirn. Nach dem Beginne der vorstellenden Gehirnthätigkeit ist dann noch ein Zeitraum nothwendig zur Vereinigung der Vorstellung einer Bewegung und der Vorstellung eines (begehrten) Gegenstandes, als des Zieles der Bewegung. In diese Übergangszeit von der beginnenden causativen Thätigkeit, welche die aus den sinnlichen Eindrücken entstehenden Wahrnehmungen in Vorstellungen verwandelt, bis zu der Verknüpfung zweier Vorstellungen, einer sensorischen und einer motorischen, fallen die am schwersten zu verstehenden Bewegungen des Säuglings, welche noch einen gemischten Charakter haben.

Die folgende vorläufige Zusammenstellung soll zur Abgrenzung dieser Periode nach unten und oben beitragen:

Bewegung.	Keine Spur vorhanden.	Erste Versuche.	Mit Überlegung und Erfolg.	Bemerkungen.
Kopfschütteln.	—	4. Tag.	16. Woche.	Ablehnend.
Kopfhaltung.	10. Woche.	11. Woche.	16. Woche.	
Greifen.	114. Tag.	117. Tag.	19. Woche.	
Oberkörper aufrichten.	12. Woche.	16. (?) Woche.	22. Woche.	In der Rückenlage ohneHülfe.
Zeigen.	4. Monat.	8. Monat.	9. Monat.	
Sitzen.	13. Woche.	14. Woche.	42. Woche.	Ohne Lehne und Halt.
Stehen.	21. Woche.	23. Woche.	48. Woche.	Ganz frei.
Gehen.	40. Woche.	41. Woche.	66. Woche.	Allein, frei.
Sich erheben.	13. Woche.	28. Woche.	70. Woche.	Ohne Halt und Hülfe.
Schwelle überschreiten.	65. Woche.	68. Woche.	70. Woche.	Frei.
Küssen.	11. Monat.	12. Monat.	23. Monat.	
Klettern.	24. (?) Monat.	26. Monat.	27. Monat.	Ohne Halt und Hülfe.
Springen.	24. (?) Monat.	27. Monat.	28. Monat.	

Hiernach begann die Willenskraft durch coordinirte Bewegungen grösserer Muskelgruppen in der 16. und 17. Woche sich zu äussern, als auch die ersten Nachahmungen (S. 221) glückten. Diese allerdings können [S]. bei einigen Kindern schon in der neunten Woche bezüglich der Lautnachbildung, wenn auch nur sporadisch, beginnen. In jener Zeit wurde auch zum ersten Male das eigene Spiegelbild mit Aufmerksamkeit betrachtet, aber anhaltende Contractionen der Augenmuskeln finden schon etwas früher statt (S. 33). Unzweifelhaft überlegte, freiwillige Wendung des Blicks nach neuen Objecten sah ich freilich erst in der 16. Woche.

Man wird also bei meinem Kinde, dem einzigen bis jetzt bezüglich seiner Bewegungen regelmässig in den ersten Monaten beobachteten, den Beginn der activen Betheiligung des Willens, somit der Grosshirnrindenthätigkeit, an der Coordination der später vorzugsweise gebrauchten Muskeln in den vierten Monat oder in die zweite Hälfte des dritten Monats zu verlegen haben. Es ist aber nach neueren Beobachtungen an anderen Kindern eben dieser Zeitpunkt wahrscheinlich ziemlich allgemein gültig und nur bei einzelnen in den Anfang des dritten Monats zu verlegen, während später beim Sitzen, Stehen, Gehen, Klettern, Springen, Sprechen die grössten zeitlichen Verschiedenheiten vorkommen.

Die ersten selbständig überlegten Bewegungen finden erst nach Ablauf des ersten Vierteljahres statt.

Bedürfte es noch eines Beweises dafür, dass vorher wegen der noch unzureichenden Entwicklung des Grosshirns die Säuglinge nicht willkürlich irgend welche selbst überlegte Bewegung ausführen können, so würde er durch solche Thatsachen geliefert sein, wie sie an mikrocephalen Menschen beobachtet worden sind. Denn bei ihnen bleibt das Grosshirn mangelhaft und bildet sich der Wille nicht aus (17. Capitel).

Dass überlegte Bewegungen zu Anfang des zweiten Halbjahres beim normalen Kinde vorkommen, beweist ein lehrreiches Experiment, welches G. Lindner an seinem 26 Wochen alten Töchterchen anstellte. Während das Kind in diesem Alter in der Wiege liegend Milch zu sich nahm, erhielt die Saugflasche eine so schräge Lage, dass es nichts zu saugen bekam. Nun bemühte es sich, mit den Füssen die Flasche zu dirigiren und hob sie endlich mittelst derselben so geschickt, dass es bequem trinken konnte. „Diese Handlung war selbstverständlich keine nachgeahmte; sie kann auch nicht auf einem blossen Zufalle beruhen; denn als bei der nächsten Speisung die Flasche absichtlich so gelegt wird, dass das Kind ohne Nachhülfe mit den Händen oder Füssen nichts bekommt, vollzieht sich dasselbe Schauspiel wie zuvor. Als dann am folgenden Tage das Kind in der nämlichen Weise trinkt, verhindere ich es daran, indem ich die Füsschen von der Flasche entferne; aber sogleich gebraucht es dieselben wieder als Regulatoren für den Milchzufluss so geschickt und sicher, als ob die Füsse eigens für solchen Gebrauch geschaffen wären. Geht hieraus einmal hervor, dass das Kind lange vor dem eigentlichen Sprechen mit Überlegung handelt, so auch andererseits, wie unvollkommen und linkisch das kindliche Überlegen ist; denn in dieser unbeholfenen Weise trank mein Kind seine Milch drei volle Monate lang, bis es endlich eines Tages die Entdeckung machte, dass sich doch zu derlei Diensten die Hände viel besser eignen. Ich hatte seine Umgebung streng angewiesen, es diesen Fortschritt selbst thun zu lassen."

Andere Beispiele von überlegten Bewegungen vor dem Sprechenkönnen finden sich im 16. Capitel. Die im dritten, vierten und fünften Monat beobachteten, zwar seltenen, aber entschiedenen Nachahmungs-Versuche und die ersten Lautnachahmungs-Versuche können dagegen als selbständig überlegte nicht gelten, weil das Vorbild dazu erforderlich war. Sie sind aber Beweise für das Aufkeimen des Willens.

FÜNFZEHNTES CAPITEL.

Die Willens-Entwicklung im Allgemeinen.

Um über die Bildung und Ausbildung des kindlichen Willens Aufschluss zu erhalten, ist eine sorgfältige Beobachtung der Muskelbewegungen des Neugeborenen und Säuglings vor Allem erforderlich. Die angeborenen Bewegungen jedes Menschen sind von verschiedener Art, aber kurze Zeit nach der Geburt so beschaffen, wie kurze Zeit vor derselben, nur durch grösseren Spielraum freier, als im Ei, und durch das Luftathmen modificirt. Sie sind fast ganz unabhängig vom Gehirn, da hirnlos geborene Kinder sich nicht anders als normale in den ersten Tagen verhalten, wenigstens bezüglich der Arm- und Bein-Bewegungen.

Diese angeborenen, völlig willenlosen Bewegungen sind impulsiv, wenn sie, wie beim Embryo, ausschliesslich durch die in den nervösen Centralorganen, besonders dem Rückenmark, stattfindenden organischen Processe bedingt sind und ohne alle periphere Erregung irgend welcher sensorischer Nerven auftreten. Dahin gehören die merkwürdigen, ziellosen, unzweckmässigen Bewegungen der Arme und Beine Ebengeborener, sowie deren Grimassen. Sämmtliche motorische Nerven des ganzen Organismus scheinen an diesen impulsiven Muskelcontractionen theilzunehmen. Das Aufschlagen des Auges und Seitenwendungen desselben, Rollungen des Augapfels, der Lidschluss und viele Zusammenziehungen der Gesichtsmuskeln sogleich nach der Geburt beweisen die Erregung des Oculomotorius, des Trochlearis, der motorischen Trigeminuszweige, des Abducens, des Facialis, die Bewegungen der Zunge eine Hypoglossus-Erregung, die Arm- und Bein-Bewegungen Erregung der spinalen Motoren ohne angebbare oder annehmbare periphere Reize.

Die angeborenen Bewegungen sind dagegen reflectorisch, wenn sie nur auf periphere Eindrücke, wie Licht, Schall, Berührung, erfolgen. Auch an diesen scheinen die meisten motorischen Nerven sich zu betheiligen, und zwar im Allgemeinen in der Weise, wie es die Reflexgesetze, welche an hirnlosen Thieren gefunden wurden, erwarten liessen. Die Reflexe Neugeborener verlaufen aber anfangs langsamer, als nach öfterer Wiederholung, und zeigen im Einzelnen Abweichungen von dem Befunde an ausgewachsenen Menschen und Thieren. Diese Abweichungen sind jedenfalls mit auf eine ungleiche Entwicklung der Reflexbahnen zurückzuführen, so dass ein Umweg bisweilen der Reflexerregung weniger Widerstand entgegenstellt, als der directe Weg. Daher die contralateralen Reflexe. Von allen Sinnesorganen aus lassen sich Reflexe in den ersten Tagen auslösen, namentlich von den Sehnerven, Hörnerven, Riechnerven, Schmecknerven, von den sensorischen Trigeminuszweigen und den Hautnerven der ganzen Körperoberfläche aus. Doch müssen die Reize meist stärker sein, als später, oder (wenigstens in der Haut und Netzhaut) eine grössere Zahl von Nervenfaserenden gleichzeitig treffen, falls deutliche Reflexe zu Stande kommen sollen. Die Reflexerregbarkeit der Gesichtshaut ist von der Geburt an relativ grösser, als die anderer Theile, was auf Erblichkeit beruhen kann.

Eine dritte Art angeborener Bewegungen sind die instinctiven, welche zwar gleichfalls nur nach gewissen sensorischen peripheren Erregungen, aber weder mit der maschinenmässigen Gleichförmigkeit der Reflexe, noch selbst bei vorhandener Reflexerregbarkeit mit der Constanz jener eintreten. Vielmehr bedarf es eines besonderen psychischen Zustandes, welchen man am besten als „Stimmung" bezeichnet. Jedenfalls ist eine Thätigkeit derjenigen nervösen Centralorgane nothwendig, durch welche Gefühle zu Stande kommen. Fehlt die Stimmung oder das Gefühl, dann bleibt die Instinctbewegung auch bei der stärksten oder geeignetsten peripheren Reizung aus, wie das Lachen, wenn von einem Fremden die Fusssohle eines in trauriger Gemüthsverfassung befindlichen Kindes gekitzelt wird. Ein gutes Beispiel für typische instinctive angeborene Bewegungen des Menschen liefert das Saugen. Ihm reiht sich das Beissen und Lecken an. Bei neugeborenen Thieren, besonders bei eben ausgeschlüpften Hühnchen, kommen aber viel verwickeltere Instinctbewegungen vor, indem Wahrnehmungen, unmittelbar motorisch wirkend, höchst zweckmässige coordinirte Bewegungen zur Folge haben, namentlich Gesichtswahrnehmungen. Visumotorische Bahnen, wie ich sie der Kürze halber nenne, sind dann präformirt. Das

Auge des Vogels ist während der ganzen Embryonalzeit im
Verhältniss zum Gehirn viel grösser, als das des Menschen,
und kann sogleich nach dem Ausschlüpfen genau localisirte Eindrücke liefern. Diese Eindrücke werden vermöge eines erblichen
Mechanismus sofort (bei dem Picken) verwerthet und dadurch
überlegte Bewegungen vorgetäuscht. In Wahrheit ist aber keine
Bewegung eines neugeborenen Thieres oder Kindes überlegt,
keine willkürlich.

Gewollte Bewegungen können erst dann zu Stande kommen,
wenn die Entwicklung der Sinne soweit fortgeschritten ist, dass
nicht allein die Qualitäten der einzelnen Sinnesgebiete deutlich
unterschieden werden, nicht allein jeder neue Eindruck empfunden, die Empfindung localisirt und mit anderen Eindrücken
verglichen, sein Nachher und Vorher gemerkt werden kann, also
deutlich wahrgenommen, sondern auch die Ursache der Wahrnehmung erkannt wird, wodurch die letztere zur Vorstellung
aufrückt. Ohne Vorstellungsvermögen giebt es kein Wollen, ohne
Sinnesthätigkeit kein Vorstellen, also ist der Wille thatsächlich
an die Sinne untrennbar gebunden. Er schwindet, wenn die
letzteren erlöschen; er fehlt dem fest Schlafenden.

Aus dieser Abhängigkeit alles Wollens von den Sinnen
folgt keineswegs, dass eine entwickelte Sinnesthätigkeit jedesmal
die Willensausbildung mit sich führt, vielmehr gehört etwas
anderes dazu. Die durch zahllose Wahrnehmungen in den
ersten Monaten des Menschenlebens gebildeten Vorstellungen
müssen, um überhaupt motorisch wirken zu können, bereits
eine grosse Anzahl von Bewegungen vorfinden, auf welche sie
nun bestimmend einwirken. Nur auf die centralen Ursprünge
der Bewegungsnerven, welche schon längst und oft erregt worden
sind, impulsiv und reflexiv oder instinctiv, kann eine Vorstellung
coordinirend oder modificirend einwirken. Und dieser motorische
Einfluss von Vorstellungen ist am grössten, wenn die Vorstellung
selbst die einer Bewegung, im Besonderen die der zu einem
begehrten Gegenstand oder einem erstrebten Ziel hinführenden,
ist. Erst nach Ablauf des ersten Vierteljahres finden solche
gewollte Bewegungen, und zwar viel früher und ausgiebiger mit
den Armen als mit den Beinen, statt; aber nicht etwa so,
als wenn plötzlich, wie durch eine Eingebung, ein ganz neues
psychisches Agens in dem Kinde auftauchte, vielmehr geschieht
die Entwicklung des Willens ganz allmählich. Plötzlich erscheint
nur dem Zuschauer der Übergang vom willenlosen zum wollenden

Kinde, wenn er selten beobachtet. Plötzlich erscheint nur die erstmalige erfolgreiche Verknüpfung einer Bewegungsvorstellung mit der Vorstellung eines Objects oder Zieles, wie beim ersten geglückten Greifversuch. Hier ist aber der Erfolg das Überraschende, weil er vorher bei den zahlreichen ähnlichen Versuchen fehlte. In Wahrheit wurden sowohl die Bewegungen, welche nun gewollt sind, als auch die Wahrnehmungen, welche später auch gewollt werden, längst und sehr oft gemacht, zuerst ungewollt, in Folge der gesteigerten Erregbarkeit der nervösen Centralorgane und der an Zahl zunehmenden Associationsbahnen, dann jede für sich, wobei Vorstellungen entstanden, und schliesslich beide zusammen. Die Bewegung selbst verläuft das eine Mal wie das andere Mal. Das Wollen der Bewegung ist nur das Wollen eines der Impulse, wie der ausgezeichnete Kenner der Taubstummen, W. Gude, treffend bemerkt, eines der Impulse, die das Kind schon oft in sich hat wirken lassen oder die es wirken lassen musste. Doch gilt dieses alles nur für das erste Wollen.

Nachdem das Kind im zweiten Vierteljahr gewollte Bewegungen in grösserer Anzahl auszuführen begonnen hat, macht es bald die Erfahrung, dass die früheren Combinationen von Muskelzusammenziehungen seinen inzwischen höchst mannigfaltig gewordenen Begehrungen nicht mehr genügen. Es wird darum einerseits eine Separation bisher vereinigt gewesener, andererseits eine Association bisher getrennt gewesener Muskelnerven-Erregungen nothwendig. Hierdurch zeigt sich erst die directe Betheiligung des Intellects an dem Zustandekommen willkürlicher Bewegungen. Die gewöhnlichen Kinderkunststücke, die ersten Nachahmungsversuche im vierten Monat und die grössere Selbständigkeit bei der Nahrungsaufnahme (wie das Anfassen der Saugflasche) sind Beweise dafür. Man kann aber weder in der Separation allein, in der Bemühung, Muskeln, welche bisher stets zusammen sich contrahirten, sich isolirt contrahiren zu lassen, noch in der Association allein, in der Bemühung, Muskeln, welche bisher sich nicht zusammen contrahirten, sich zusammen contrahiren zu lassen, das eigentliche Wesen des Willens finden. Der Wille ist weder coordinirend allein, noch isolirend allein, sondern beides. Und, was am häufigsten übersehen worden ist, er leistet auf beiden Gebieten nichts völlig Neues. Er kann nicht „primäre Bewegungen hervorrufen". Er findet vollendet coordinirte Bewegungen, sogar angeborene, wie

Saugen, Schlucken, bereits vor, ebenso wie typisch isolirte, zum
Beispiel die Hebung des Augenlids bei gesenktem Blick, welche
er später theils gar nicht, theils nur nach unsäglicher Übung
wieder auftreten lassen kann.

In dieser wichtigen Thatsache, dass der Wille, als eine
Wechselwirkung von motorischen Vorstellungen, vorhandene
Bewegungen abändern, isoliren, combiniren, wiederholen, ver-
stärken und abschwächen, beschleunigen und verlangsamen kann,
liegt zugleich der Schlüssel zum Verständniss der Schwierigkeit
des Lernens.

Einestheils begünstigt das reiche Material von angeborenen,
impulsiven, reflectorischen und instinctiven Bewegungen, welche
sich im ersten Vierteljahr miteinander vermischen und schon
durch die wachsende Sinnesthätigkeit beeinflusst werden, die
Willensbildung, da es die erforderlichen Bewegungsvorstellungen
liefert, andererseits erschwert aber ebendasselbe die Bethätigung
der dirigirenden Kraft des Willens. Denn je mehr Bewegungen
durch häufige Wiederholung gewisse Nervenbahnen leicht passirbar gemacht haben, um so grösseren Widerstand werden die
Verknüpfungen derselben mit anderen und die Benutzung iso-
lirter Strecken finden, wofür der beste Beweis die später nie
wiederkehrende Genauigkeit der kindlichen Nachahmungen (im
vierten Jahr) des Accents, der Aussprache, der Klangfarbe vorgesprochener Wörter aus fremden Sprachen und diversen Dialekten
der Muttersprache liefert. Die ersten vollständig geglückten
Nachahmungen sind die ersten deutlichen, vorgestellten und gewollten Bewegungen.

Um die vorgetragene Skizze der Willens-Entwicklung beim
Kinde zu präcisiren, ist ihre Stellung zu vier Problemen noch
anzugeben. Das Begehren, die Muskelgefühle, die willkürliche
Hemmung, die Aufmerksamkeit sind für jede vollkommene
Willensthätigkeit unerlässlich.

Das Begehren im gewöhnlichen Sinne setzt Vorstellungen
voraus. Wenn man also vom Neugeborenen sagt, es begehre
etwas (oder gar es suche und wolle etwas), so ist diese Ausdrucksweise falsch. Die Angehörigen schliessen nur aus den
Bewegungen, der Haltung, Stellung, Lage des Kindes auf einen
Zustand der Unbehaglichkeit, Unlust oder Unzufriedenheit (bei
Hunger, Durst, Nässe) und erschliessen aus ihrem eigenen sub-
jectiven Zustande das Vorhandensein eines ähnlichen Zustandes

beim Kinde objectiv. In Wahrheit ist aber das Verhalten des Neugeborenen, wie das des Ungeborenen, verständlich ohne die Annahme irgend welcher geistiger Processe, wenn man bedenkt, dass bei grösserer Erregbarkeit der nervösen Centralorgane im Rückenmark und verlängerten Mark nicht allein Reflexe (nach Abkühlung, Nässe udgl.) leichter und häufiger zu Stande kommen, sondern auch Instinctbewegungen, wie Saugen, und impulsive Bewegungen sich häufen, namentlich Schreien. Nun ist aber beim Hungern und anderen Unlustzuständen in der That jene Erregbarkeit gesteigert, nach Beseitigung der Unlustursachen vermindert, dann auch die Beweglichkeit vermindert. So verhält sich das Kind, als wenn es begehrte und begehrt doch nicht. Aber die Wiederholung des Wechsels grosser Motilität bei Unlust, geringer bei Lust in den ersten Tagen, hinterlässt Spuren in den Centralorganen, welche die Association der Bewegungserinnerung mit dem die Unlust beseitigenden sinnlichen Eindruck (Milch, warmes Bad usw.) ermöglichen oder begünstigen. Dann wird das Unlust-beseitigende wahrgenommen und vorgestellt und hierauf erst die „begehrende" Bewegung gemacht.

Die Muskelgefühle beginnen wahrscheinlich schon vor der Geburt bei den Kindesbewegungen sich auszubilden. Sie müssen bei allen späteren Muskelactionen, auch bei den rein impulsiven, vorhanden und für die Ausführung aller derjenigen mitbestimmend sein, welche nur unter Mitwirkung eines psychischen Factors zu Stande kommen, also für alle Instinctbewegungen und alle vorgestellten Bewegungen, folglich auch die willkürlichen. Denn wären sie es nicht, dann bliebe unverständlich, wie bei den erfolgreichen, oft höchst verwickelten harmonischen Zusammenziehungen der verschiedensten Muskeln gerade der erforderliche Grad der Contraction und nicht mehr als dieser erreicht wird. Aber daraus folgt nicht im Geringsten, dass sie den Willen selbst bestimmen, zumal sie wegen ihrer meist geringen Stärke und qualitativen Ähnlichkeit [Wundt] nicht regelmässig in das Bewusstsein treten. Sie gehören vielmehr in die Maschinerie der Nervmuskelerregung, und in den Impuls zu derselben, auf den allein der Wille wirken kann. Sie bleiben unter der Schwelle des Willens, wenn sie nicht Vorstellungen erzeugen.

Die willkürliche Hemmung einer Bewegung setzt die gewollten Bewegungen voraus, tritt also beim Kinde erst nach weit entwickeltem Vorstellungsleben hervor. Sie beruht auf

einer Erregung im Zustande des Nichtwollens und wird beim
Kinde durch Vorstellungen über den Erfolg einer Bewegung
herbeigeführt. Wenn der Wille ganz ruht, so wird dadurch die
Entstehung keiner Bewegung gehemmt, in jedem Augenblick
kann eine Muskelcontraction eintreten. Wenn aber in diesem
Ruhezustande sich Vorstellungen bilden, welche die durch Sinneseindrücke oder Erinnerungsbilder solcher geweckten motorischen
Vorstellungen an der Wirkung auf die motorischen Centren
höchster Ordnung verhindern, dann heisst dieser Zustand willkürliche Hemmung. Es kommt zu keiner Willensbethätigung,
das Kind will nicht, weil in ihm ein die motorischen Vorstellungen neutralisirender Hemmungsprocess stattfindet. Wenn es
hingegen schläft, so will es nicht, weil keine motorischen Vorstellungen (und keine hemmenden) da sind. Ich verstehe hier,
wie immer, unter Vorstellungen (Ideen) psychische Thatsachen,
welche an organische Processe in dem Protoplasma des Grosshirns gebunden und theilweise insofern Bewegungsursachen sind,
als die durch jene Processe gesetzten Nervenerregungen durch
Verbindungsfasern mit intermediären Ganglienzellen an die motorischen Centren niederer Ordnung gelangen. Hierdurch wird
dann auch die willkürliche Hemmung vieler Reflexe ermöglicht.
Die einfachste vorgestellte Bewegung, nämlich die erste Nachahmung, bedarf jener Mitwirkung des Grosshirns, nicht weniger
wie der Aufmerksamkeit.

Die Aufmerksamkeit des Kindes und des Erwachsenen
ist entweder eine erzwungene, durch starke Sinneseindrücke ,
geweckte, oder eine willkürliche. Im ersteren Falle, welcher
in den ersten Wochen des Lebens beim Menschen allein vorkommt, wird durch eine Reflexbewegung nach einem unerwarteten Schall-, Licht- oder sonstigen Sinnes-Reiz ein Gefühl
erzeugt, welches sogleich oder nach mehrmaliger Wiederholung
als ein Lust- oder Unlust-Gefühl unterschieden wird. Das
starke Gefühl hinterlässt eine Erinnerung und führt nach Vervollkommnung der Wahrnehmungs-, dann der vorstellenden
Thätigkeit zu Vorstellungen (A) des Objects jener Bewegung,
also des Reflexreizes. Ist inzwischen die Coordination und Separation der Muskelbewegungen genügend entwickelt, so dass auch
bewegungen durch Bewegungsvorstellungen (B) zu Stande gebracht werden können, dann combiniren sich diese (B) mit
jenen (A) auf das fragliche Object, und die Aufmerksamkeit
wird willkürlich auf dasselbe gerichtet. Jedoch darf man aus

den früh einzeln auftretenden Symptomen der späteren willkürlichen Aufmerksamkeit, wie Mundspitzen, Blickrichtung, Aufhören des Schreiens und der Unruhe, nicht auf eine schon vorhandene Concentration der Aufmerksamkeit schliessen, da es
sich hierbei um eine Verdrängung der einen Bewegung durch
eine andere ohne Willen handeln kann. Auch ist das Verfolgen
des bewegten Lichtes mit dem Auge in der vierten Woche ohne
Betheiligung des Grosshirns möglich (S. 32e), während später
gerade das Fixiren, um deutlich zu sehen, willkürlich ist. Erst
in der siebenten Woche und besonders in der neunten Woche
(S. 39. 66e) gewann ich die Überzeugung, dass mein Kind wirklich aufmerkte, da sein Auge manchmal eine eigenthümliche
Spannung zeigte beim Hören und Sehen nach Einwirkung
starker Reize; aber dass es selbständig sich einem Gegenstande
zuwendete und aufmerksam dabei verweilte, bemerkte ich erst
in der 16. und 17. Woche, als es sein Spiegelbild von selbst
ansah. Zu dieser Zeit und noch viel später ist dem Kinde eine
ununterbrochene Anspannung seiner Aufmerksamkeit unmöglich.
Dieselbe dauert nur Augenblicke.

Jeder Willensact erfordert Aufmerksamkeit und
jede Concentration der Aufmerksamkeit ist ein Willensact. Darum ist Aufmerksam-sein ohne eine begleitende Muskelcontraction unerkennbar. Aber diejenigen Muskelbewegungen,
welche ohne irgend eine Betheiligung der willkürlichen Aufmerksamkeit stattfinden, sind entweder darum unaufmerksame,
weil der Wille noch fehlt, wie in den ersten Wochen, oder darum,
weil er nicht mehr erfordert wird, die oft wiederholte Willkürbewegung im Gang zu erhalten — oder endlich darum, weil
der Wille unthätig ist, wie im Schlaf und beim Erschrecktsein.

Schliesslich ist, namentlich bei der Erziehung, welche immer
die motorischen Vorstellungen des Kindes zu controliren und,
falls sie ungeeignet sind, durch bessere zu ersetzen hat — die
Schwäche des Willens auch im vollkommen wachen Zustande zu berücksichtigen. Die auffallende Leichtgläubigkeit,
Gelehrigkeit, Willfährigkeit, Folgsamkeit und sonst sich in vielen
kleinen Zügen documentirende geringe Selbständigkeit des Willens
kleiner Kinder erinnert an das Verhalten hypnotisirter Erwachsener. Sage ich dem $2^1/_2$-jährigen Kinde, nachdem es
bereits etwas gegessen hat, aber eben im Begriff steht, von
seinem Zwieback ein neues Stück abzubeissen, kategorisch, völlig
unmotivirt mit einer Sicherheit, welche keinen Widerspruch

duldet, sehr laut, doch ohne es zu erschrecken, „Jetzt ist das Kind satt!" so geschieht es wohl, dass es sofort den Zwieback, ohne den Biss zu vollenden, vom Munde entfernt, hinlegt und nun überhaupt die Mahlzeit beendigt. Es ist leicht, auch drei- und vierjährigen Kindern die Meinung beizubringen, ein Schmerz- gefühl (nach einem Stoss) sei vorüber, sie seien nicht müde, nicht durstig, falls nur die Zumuthungen nicht gar zu stark sind und nicht zu oft kommen, auch die Assertion eine sehr entschiedene ist.

Solche Suggestionen sind von der grössten pädagogischen Wichtigkeit. Ich stimme durch sanftes Einreden und Überreden den störrigen Knaben um, welcher durch Härte nur ver- stockter wird.

In dieser Schwäche des kindlichen Willens liegt auch der Grund dafür, dass die kleinen Kinder selbst nicht hypnotisirt werden können. Ihre Willenskraft reicht noch nicht aus, die Aufmerksamkeit anhaltend in einer einzigen Richtung concentrirt zu halten, was Bedingung für die Hypnose ist.

Die mit Anspannung der Aufmerksamkeit verbundene Er- müdung macht ferner das rasche Abwechseln der Spiele des Kindes verständlich. Durch zu häufiges Nachgeben in dieser Beziehung, welches nur in der ersten Zeit des Spielens un- bedenklich erscheint, wird jedoch die spätere Ausbildung der willkürlichen Hemmungen, auf die für die Charakterbildung am meisten ankommt, wesentlich erschwert und der Eigensinn ge- nährt. Die Übungen im Gehorsam-sein können nicht früh genug beginnen, und ich habe während sechsjähriger fast täglicher Beobachtung keinen Nachtheil der frühzeitigen consequenten Lenkung des aufkeimenden Willens entdeckt, wenn nur diese Lenkung mit der grössten Milde und Gerechtigkeit geschieht, als wenn schon der Säugling eine Einsicht in den Nutzen des Gehorchens hätte. Durch Voraussetzung der Einsicht beim Kinde wird dessen Einsicht früher geweckt. als durch Dressur, und durch Angabe eines wahren und rationellen Grundes für jedes Gebot, sowie das Verständniss beginnt, durch Vermeiden aller grundlosen Verbote, wird das Gehorchen wesentlich erleichtert.

So kann durch Cultiviren der Vorstellungen höherer Ord- nung schon im zweiten Jahre der Wille dirigirt und dadurch der Charakter geformt werden; aber nur durch unerbittliche Consequenz, welche keine Ausnahme eines Verbotes zulässt, ist es möglich, ihm die einmal ertheilte Form zu erhalten.

DRITTER THEIL.

VON DER ENTWICKLUNG DES VERSTANDES UND DER SPRACHE.

———

VON DER ENTWICKLUNG DES VERSTANDES.

Die Entwicklung des Verstandes hängt in so hohem Grade
ab von der Beeinflussung angeborener Anlagen durch die natürliche Umgebung und die Erziehung, noch ehe der systematische
Unterricht beginnt, und die Arten der Erziehung sind so mannigfaltig, dass es zur Zeit unmöglich ist, eine normale intellectuelle
Entwicklung vollständig darzustellen. Diese Darstellung müsste
zunächst zwei Stufen umfassen:

1) Die Verbindung der sinnlichen Eindrücke zu Wahrnehmungen, welche wesentlich darin besteht, dass die unmittelbar eindringende Empfindung vom beginnenden Intellect in Raum
und Zeit eingeordnet wird;

2) die Verbindung der Wahrnehmungen zu Vorstellungen, und zwar Anschauungen und Begriffen. Die Anschauung ist eine Wahrnehmung mit ihrer Ursache, dem Em-
pfindungsobject; der Begriff entsteht durch Vereinigung von
vorher gesonderten Wahrnehmungen, die dann einzelne Merkmale heissen.

Die Erforschung jedes dieser Stadien beim Kinde ist für
sich eine grosse Arbeit, welche ein Einzelner zwar in Angriff
nehmen, aber nicht leicht nach allen Seiten gleichmässig durch-
führen kann.

Ich habe zwar Thatsachen zu sammeln gesucht, fand aber
nur sehr wenig ganz zuverlässiges Material, beschränke mich
daher im Wesentlichen auf eigene Beobachtungen an meinem
Kinde. Diese sind nicht nur bis in die kleinsten Einzelheiten
vollkommen zuverlässig — alles Zweifelhafte habe ich fortgelassen — sondern auch die ausführlichsten, jemals über die
geistige Entwicklung eines Kindes veröffentlichten. Ich habe aber

genug andere Kinder kennen gelernt und hinreichende Berichte
guter Beobachter über andere gleichalterige Kinder erhalten, um
sicher zu sein, dass wenigstens in Bezug auf die Hauptmomente
sachlich das von mir speciell methodisch beobachtete Kind von
anderen gesunden und intelligenten Knaben nicht abwich, wenn
auch die Entwicklungs-Zeiten und ·Geschwindigkeiten erheblich
differiren. Mädchen scheinen oft früher als Knaben sprechen zu
lernen, dagegen später eine etwas geringere Entwicklungsfähigkeit der logischen Functionen zu besitzen oder weniger leicht
Abstractionen höherer Ordnung zu Stande zu bringen, während
bei Knaben die emotionellen Functionen, so nachhaltige Rück-
wirkungen sie auch ausüben, nicht so fein abgestuft sind, wie
bei Mädchen.

Ohne Rücksicht auf solche von mir durchweg wahrgenommene Unterschiede handelt es sich in den folgenden Capiteln
ausschliesslich um die Entwicklung der rein intellectuellen Gehirnthätigkeit bei beiden Geschlechtern in den ersten Jahren. Ich
bekenne aber, die Erforschung des Einwirkens der Gemüthsbewegungen oder Emotionen auf die Entwicklung des Verstandes
beim Kinde in den ersten Lebensjahren so schwierig gefunden
zu haben, dass ich einstweilen hier nicht näher darauf ein-
gegangen bin.

Die Beobachtungen betreffen zunächst die Unabhängigkeit
des kindlichen Verstandes von der Sprache, dann das Sprechenlernen, endlich die Entwicklung des Ichgefühls.

SECHZEHNTES CAPITEL.

Die Ausbildung des kindlichen Verstandes unabhängig von der Sprache.

Ein verbreitetes Vorurtheil behauptet: „Ohne Sprache kein Verstand!" Subtile Unterscheidungen zwischen Verstand und Vernunft schränkten den Satz auf letztere ein. Aber auch in der Einschränkung: „Ohne Wortsprache keine Vernunft" ist er zum Mindesten unbewiesen.

Giebt es ein Denken ohne Worte? lautet die Frage.

Eine Entscheidung ist für den Denker, welcher schon längst die Zeit, da er selbst sprechen lernte, vergass, schwer oder gar nicht herbeizuführen. Denn der Denkende kann selbst dann, wenn er sich einmal dabei ertappt, wie er ohne Continuität des in unausgesprochenen Worten Gedachten zu einem logischen Resultate gelangt, nicht zugeben, dass er ohne Worte gedacht habe. Es fand eine Lücke in der Reihe statt. Aber es war doch eine Gedankenreihe da. Lücken allein geben keinen Gedanken, entstehen selbst erst, nachdem Worte beim Denken verbunden worden, können also schlechterdings nicht zum Beweise für ein Denken ohne Worte dienen, mag auch die Ekstase des Künstlers, die Vertiefung des Metaphysikers, den letzten Grad des Unbewusstseins erreichen und ein Gedankenstrich den Denktext unterbrechen.

Aber das der Wortsprache noch unkundige Kind, welches nicht durch Dressur und Unterdrückung der eigenen Versuche, seine Zustände zu äussern, frühzeitig verkünstelt wurde, welches von selbst denken lernt, geradeso wie es von selbst sehen und hören lernt, dieses zeigt dem aufmerksamen Beobachter deutlich, dass es lange vor der Kenntniss des Wortes als Verständigungsmittels der erwachsenen Menschen und lange vor dem ersten erfolgreichen Versuche, in articulirten Wörtern sich aus-

zudrücken, ja sogar lange vor der Erlernung der Aussprache
auch nur eines einzigen Wortes, Vorstellungen logisch verknüpft
und Begriffe bildet, also denkt. Denken ist zwar „inneres
Sprechen", aber es giebt auch ein Sprechen ohne Wörter.

Thatsächliche Beweise dafür sind bereits bei anderen Anlässen
erwähnt worden (S. 69a. 254. 255), andere folgen weiter unten.

Es ist aber nicht überflüssig, mehrere Beobachtungen, welche
sich auf die Entwicklung des Kinder-Verstandes, ohne Rücksicht
auf Sprechen-lernen beziehen, noch besonders, gewissermaassen
als Einleitung zur Untersuchung des letzteren zusammenzustellen.

Gedächtniss, Begriffbildung als eine causative Verknüpfung
der frühesten Erinnerungsbilder, zweckmässige überlegte Bewegungen zur Verminderung eigener Anstrengung kommen sämmtlich dem Kinde in grösserem oder geringerem Maasse unabhängig
von der Wortsprache zu. Die gleichsam embryonische Kinderlogik bedarf der Worte nicht. Eine bündige Erläuterung jener
drei Factoren wird es zeigen.

Das Gedächtniss ohne Worte.

Das Gedächtniss nimmt der Zeit nach die erste Stelle ein.

Ohne Gedächtniss ist kein Verstand möglich. Das einzige
Material, welches dem Verstande zur Verfügung steht, erhält er
von den Sinnen. Es ist nur aus Empfindungen ihm zugeflossen.
Nun kann aber eine Empfindung für sich allein, als ein un-
zerlegbares fundamentales, ursprünglich auf den Empfindenden
Eindringendes, nicht Gegenstand irgend welcher Verstandes-
operation sein. Es müssen, um diese zu ermöglichen, mehrere
Empfindungen, zwei ungleichartige ungleich starke, oder zwei
ungleichartige derselben Stärke, oder zwei ungleich starke derselben Art, in jedem Falle zwei ungleiche Empfindungen (vgl.
meine Schrift: „Elemente der reinen Empfindungslehre", 1876)
vorliegen, wenn die niedrigste Verstandesthätigkeit, das Vergleichen, beginnen soll. Weil aber die Empfindungen, welche
verglichen werden, nicht alle zugleich sein können, so ist die
Erinnerung an die früheren zum Vergleiche nothwendig, das
heisst das persönliche Gedächtniss.

So nenne ich das durch individuelle Eindrücke (Erlebnisse,
Erfahrungen) sich bildende Gedächtniss im Gegensatz zu dem
phyletischen Gedächtniss oder Instinct, dem Gedächtnisse

des Stammes, welches aus der Vererbung der Spuren individueller Erfahrungen der Vorfahren resultirt und von dem bereits
die Rede war.

Alle Empfindungen lassen Spuren im Gehirn zurück,
schwache leicht wieder durch andere zu verwischende, starke
länger haftende.

Am Anfang des Lebens scheint es das Gebiet des Geschmacks (süss) und des Geruchs (Milchgeruch) zu sein, auf
welchen zuerst das Gedächtniss wirksam wird (S. 96). Dann
kommt der Berührungssinn (beim Saugen). Nächstdem macht
hauptsächlich der Gesichtsinn als früher Gedächtnissförderer sich
geltend, das Gehör erst später.

Wird der Säugling, im zweiten Vierteljahr, in ein zuvor
nicht gesehenes Zimmer gebracht, so verändert sich sein Gesichtsausdruck, er staunt. Die neuen Lichtempfindungen, die
andere Vertheilung von Hell und Dunkel, erregen seine Aufmerksamkeit, und wenn er in seine frühere Umgebung zurück-
kommt, staunt er nicht. Diese hat den Reiz der Neuheit
verloren, das heisst: es ist von ihr eine gewisse Erinnerung
dem Kinde geblieben; sie hat sich ihm eingeprägt.

Lange vor der 30. Woche unterscheiden gesunde Kinder
bestimmt menschliche Gesichter voneinander, das der Mutter
und der Wärterin zuerst, dann das des gewöhnlich nicht so oft
gesehenen Vaters, und alle drei von jedem Fremden. Wahrscheinlich sind die Gesichter das erste, was oftmals ganz deutlich
durch das Auge wahrgenommen wird. Es ist auffallend gefunden
worden, wie viel früher Säuglinge menschliche Gesichter und
Gestalten erkennen und mit dem Blicke verfolgen, als andere
Gegenstände. Die menschlichen Gestalten und Gesichter, als
grosse bewegliche Dinge, ziehen aber vor anderen Dingen das
Interesse auf sich und sind durch die Art ihrer Bewegungen
und als Ausgangsorte der Stimmen von anderen Objecten des
Gesichtsfeldes wesentlich verschieden. „Bei diesen Bewegungen
sind sie auch als zusammenhängendes Ganzes charakterisirt, und
das Gesicht als ein weiss-röthlicher Fleck mit den beiden glänzenden Augen ist immerhin eine Stelle dieses Bildes, welche
leicht wiederzuerkennen sein wird, auch für Jemanden, der
sie erst wenige Male gesehen hat" (Helmholtz).

Hierdurch begründet sich das Gedächtniss für Physiognomien
früher, als das für andere Gesichtseindrücke und damit das
Vermögen, die Angehörigen zu erkennen. Ein Mädchen, welches

noch gar nicht spricht, sieht im siebenten Monat Bilder mit
ziemlichem Interesse an und zeigt dabei mit ihrem kleinen
Zeigefinger auf die Köpfe der menschlichen Figuren [St].
Mein Kind konnte bereits im zweiten Monat das Gesicht
und die Stimme seiner Mutter localisiren, ein anderes gegen
Ende des dritten die Mutter mit dem Hute auf dem Kopfe von
derselben ohne Hut unterscheiden [A. Th.], aber das sogenannte
„Erkennen" ist ein Wiedererkennen, welches schon eine sehr
feste Verknüpfung der Erinnerungsbilder voraussetzt. Diese
fundamentale, an das Gedächtniss gebundene Function kann sich
nur langsam entfalten, weil sie eine Häufung und Präcisirung
von Erinnerungsbildern verlangt.

Im zweiten Vierteljahr ist sie wenigstens soweit ausgebildet,
dass fremde Gesichter sogleich als fremd erkannt und von denen
der Eltern und der Amme unterschieden werden. Jene erregen
nämlich Staunen oder Furcht (Schreiweinen), diese nicht. Aber
die letzteren werden von den meisten Kindern in dieser Zeit,
wenn sie abwesend sind, noch nicht vermisst. Es ist daher
bemerkenswerth, dass ein Mädchen im zwölften Monat eine
Amme nach sechstägiger Abwesenheit sofort wiedererkannte
unter Schluchzen vor Freude, wie die Mutter berichtet [St], ein
anderes sogar im zehnten Monat seinen Vater nach viertägiger
Trennung [L].

Im siebenten Monat erkannte mein Kind seine Amme, an
welche es sich Monate lang gewöhnt hatte, nach einer Abwesenheit von vier Wochen nicht. Ein anderes Kind bemerkte aber
mit vier Monaten die sogar nur einen Tag dauernde Abwesenheit
seiner Wärterin am Abend, und schrie nach dieser Entdeckung
heftig, sich überall im Zimmer umsehend und jedesmal wieder
schreiend, nachdem es vergeblich gesucht hatte (Wyma). Mit
zehn Monaten pflegte dasselbe Kind die Abwesenheit der Eltern
übel zu vermerken, indem es sich nach dem Wiedersehen gleichgültig gegen sie verhielt. Einen von neun Kegeln konnte man
nicht fortnehmen, ohne dass es (zu derselben Zeit) bemerkt wurde,
und mit 1½ Jahren wusste dieses Kind sogleich, ob eines von
seinen zehn hölzernen Thieren fehlte oder nicht. Im 19. und
21. Monat erkannte mein Knabe nach mehrtägiger und einmal
nach zweiwöchentlicher Trennung seinen Vater sofort schon von
Weitem, und im 23. Monat war die Freude über das Wiedersehen der Spielsachen nach einer Abwesenheit von 11½ Wochen
(mit den Eltern) eine sehr lebhafte, so gross auch zu dieser

Zeit die Vergesslichkeit des Kindes sonst war. Man konnte ihm öfters ein Lieblingsspielzeug fortnehmen, ohne dass es bemerkt oder einmal danach verlangt worden wäre. Als aber das Kind (im 18. Monat), nachdem es daran gewöhnt worden, seiner Mutter zwei Handtücher zu bringen, die es dann an ihre frühere Stelle zurücktrug, einmal nur eines wiedererhielt, kam es mit fragendem Blick und Ton der Stimme, um das zweite zu holen. Diese Beobachtung, welcher einige ähnliche zur Seite stehen, beweist, dass mit 1 1/2 Jahren das Gedächtniss für zusammengehörige Gesichts- und Bewegungs-Vorstellungen, ohne die Kenntniss der entsprechenden Wörter, bereits gut entwickelt war. Doch bedürfen derartige künstliche Associationen fortdauernder Auffrischung, sonst werden sie bald vergessen und die Erinnerung an dieselben geht sogar im Kindesalter rasch verloren.

Merkwürdig ist dabei, dass mitunter im Schlafe kürzlich Angeeignetes, etwa ein auswendig gelernter Vers, fliessender hergesagt werden kann, als im wachen Zustande. Im Alter von drei Jahren und fünf Monaten sagte ein Mädchen anlässlich einer Geburtstagsfeier eine fünf-zeilige Strophe, 34 Wörter, ohne Anstoss her, in einer Nacht bald nach dem Geburtstage aber wiederholte sie laut die Reime ganz ohne Anstoss vollständig, und zwar im Schlaf [St].

Man pflegt meistens anzunehmen, das Gedächtniss Erwachsener reiche nicht weiter zurück, als bis in das vierte Lebensjahr. Sichere Beobachtungen darüber sind nicht bekannt und der Irrthum allgemein verbreitet, als wenn es „ohne Sprache keine Erinnerung" geben könnte. Jeder treue Hund beweist das Gegentheil, und wenn erwachsene Menschen alle Erlebnisse aus ihrem dritten Lebensjahre vergessen haben, so folgt daraus nicht, dass die spätere Erinnerung an sehr frühe Jugend-Eindrücke nothwendig gerade an das Sprechen-können geknüpft sei, wie manche meinen. Es wären hierüber Taubstumme zu befragen. Für die Ausbildung des Erinnerungsvermögens kommt es in erster Linie darauf an, ob die späteren Erfahrungen des Kindes ein Merkmal mit früheren Erfahrungen gemeinsam haben. Für viele existirt eine solche Übereinstimmung nicht; namentlich erinnert später nichts mehr an das einstige Unvermögen, den Kopf zu balanciren, nichts mehr an das einstige Unvermögen, sich umzudrehen, zu sitzen, zu stehen, zu gehen, an die angeborene Schwerhörigkeit, Unfähigkeit zu accommodiren und den eigenen Körper von fremden Objecten zu unterscheiden;

daher kein Mensch, auch kein Kind, sich dieser Zustände erinnert. Aber für das, was später erworben wird, gilt dasselbe nicht. Mein noch nicht dreijähriges Kind erinnerte sich, über sich selbst sich fast lustig machend, sehr wohl der Zeit, da es noch nicht sprechen konnte, noch ungenau articulirte und die ersten oft wiederholten Ammen-Kunststückchen „Wie gross ist das Kind?" und „Wo ist der Trotzkopf?" unvollkommen ausführte. Fragte ich es, nachdem es richtig „Frühstücken" gesagt hatte, wie es früher sagte, dann besann es sich, und bedurfte nur einer Andeutung von Nebenumständen, um die richtige Antwort *fri-tick* zu geben, und so mit vielen schwierigen Ausdrücken. Das dreijährige und auch das vierjährige Kind weiss noch sich einzelner Erfahrungen vom zweiten Jahre zu erinnern, und wer sich die Mühe geben wollte, es sehr oft daran zu erinnern, der würde mit Leichtigkeit die Erinnerung an das zweite und dritte Jahr weit in die vorgerückteren Kinderjahre hineintragen können. Nur weil niemand ein so unnützes Experiment ausführt, verlieren die älteren Kinder die Erinnerungsbilder ihres zweiten Jahres. Sie verblassen, weil sie mit neuen nicht verknüpft werden. Das Sprechen ist dazu nicht erforderlich. Es begünstigt nur die Aufspeicherung der Erinnerungsbilder, welche Gedächtniss heisst, weil fortwährend beim Sprechenlernen neue Eindrücke mit alten Erinnerungen verknüpft werden, so dass neue Vorstellungen entstehen.

Ein kleines Mädchen [A. W.] sagte im 32. Monat seines Lebens häufig ohne besonderen Anlass „Wie ich klein gewesen habe" und berichtete dann getreulich über geringfügige Begebenheiten aus der Zeit, ehe es laufen konnte. Personen, die es sechs bis sieben Monate vorher täglich gesehen hatte, nannte es oft und erinnerte sich ihrer sehr wohl. Die jüngere Schwester [E. W.] sagte, als sie die Abbildung eines Weihnachtsbaumes sah, zu Ende des 21. Monats, auf die Stelle deutend, wo mehr als ein Vierteljahr vorher ein Christbaum im Zimmer gestanden hatte: „Herbringen! Tischstellen! Anzünden!"

Wann aber die erste nicht künstliche Verknüpfung einer eigenen Vorstellung mit einer neuen, welche Wochen oder Monate später eintritt, ohne dass inzwischen etwas sie wachrief, stattfindet, ist sehr schwer zu bestimmen. Hier müssen erst gute Beobachtungen aus dem zweiten und dritten Halbjahr gesammelt werden, wie etwa diese:

„In Gegenwart eines anderthalbjährigen Knaben wurde erzählt, dass ein anderer, den er kannte, und der weit entfernt auf dem Lande sich befand, gefallen war und sich das Knie verletzt habe. Man merkte gar nicht auf das spielende Kind. Nach einigen Wochen kommt jener Gefallene in die Stube, und der Kleine hat nichts Eifrigeres zu thun, als auf ihn zulaufen und rufen: „Fallen, Bein weh!" (Stiebel 1865.) Ein anderes Beispiel erzählt G. Lindner (1882): „Die Mutter hat der Zweijährigen einen ‚Schlitten' aus einer Postkarte gemacht, der nach wenigen Stunden demolirt worden und in den Papierkorb gewandert war. Gerade vier Wochen später kommt wieder eine Postkarte an, die das Kind vom Briefträger in Empfang nimmt und mit den Worten überreicht: *Mamma Litten!* Das war im Sommer, wo das Kind durch nichts an den Schlitten erinnert worden war." Bald darauf spricht es beim Eintreffen eines Briefes den nämlichen Wunsch aus.

Im dritten Jahre habe ich ähnliche Fälle von Aufmerksamkeit, von Gedächtniss und Intelligenz erlebt, wo man sie nicht vermuthete. Das Kind hört unbeachtet allerlei Reden, greift diese und jene Wendung heraus und bringt die Erinnerungsbilder nach Wochen passend oder unpassend in Verbindung miteinander, aus einer ungenügenden Anzahl von Einzelfällen sogleich eine allgemein gültig sein sollende Folgerung inducirend.

Ebenso sicher nun, wie diese Thatsache, ist die andere weniger bekannte oder weniger beachtete, oft bestrittene, dass schon vor den ersten Sprechversuchen eine solche generalisirende, also begriffbildende Verknüpfung von Erinnerungsbildern regelmässig stattfindet, welche mit dem Vermögen Ähnlichkeiten ungleicher Gegenstände zu entdecken steht und fällt, aber als eine specifisch menschliche Function nicht mehr angesehen werden darf.

Die Begriffbildung ohne Worte.

Allen Kindern gemeinsam angeboren ist das Vermögen allerlei Sinneseindrücke, welche mit der Nahrung zusammenhängen, wenn sie für sich wiederauftreten, miteinander oder mit Erinnerungsbildern derartiger Eindrücke zu verbinden, so dass zweckmässige, zur Erreichung neuer Nahrung geeignete Bewegungs-Vorstellungen und Bewegungen entstehen, als Resultat jener Association. In den früheren Monaten sind sie einfach

und leichter zu erkennen, und ich habe mehrere Beispiele dafür
gegeben (S. 195. 202m. 255. 259). Später werden solche Bewegungen durch Vervollkommnung der Geberdensprache und
das Wachsthum eben dieses Associationsvermögens immer verwickelter. Im 16. Monat sah mein Knabe ein verschlossenes
Kästchen, aus welchem er Tags zuvor einen Kuchen erhalten
hatte. Sofort machte er mit den Händen die Bittbewegung,
konnte aber kein Wort sprechen. Im 21. Monat nahm ich aus
der Tasche eines Rockes, welcher neben vielen anderen im
Wandschrank hing, einen Zwieback und gab ihn dem Kinde.
Als es ihn verspeist hatte, ging es allein geradeswegs in den
Schrank und suchte an dem richtigen Rock nach einem zweiten
Zwieback. In dieser Zeit kann das Kind nicht in den unausgesprochenen Wörtern „Zwieback holen, Schrank, Rock, Tasche,
suchen" gedacht haben, da es sie noch nicht kannte.

Schon im sechsten Monat wurde einmal ein Act von be-
merkenswerter Zweckmässigkeit wahrgenommen, welcher
weder zufällig noch ganz unwillkürlich genannt werden kann,
und wenn er voll beabsichtigt wäre, für eine sehr weitgehende
Ausbildung des Ernährungs-Verstandes ohne Wörter sprechen
würde. Wenn nämlich der Säugling nach längerem Saugen an
der Brust ein geringeres Zuströmen der Milch spürte, dann
pflegte er seine Hand so an dieselbe fest anzulegen, als wenn
er durch Drücken die Milch auspressen wollte. Es versteht sich
von selbst, dass hierbei eine Einsicht in den ursächlichen Zusammenhang nicht vorhanden war, aber es kann das feste Anlegen der kleinen Hand deshalb wiederholt worden sein, weil
einmal zufällig die Erfahrung gemacht wurde, dass nach demselben
das Saugen leichter von Statten ging. Die gleiche Beobachtung
ist übrigens von anderer Seite bei viel jüngeren Kindern (und
von Perez bei Kätzchen) gemacht worden. Ein Kind pflegte
von der zwölften Woche an, wenn das Zuströmen der Milch
sich verlangsamte, anstatt wie früher mit Lauten wie om und
a-a unruhig zu werden, mit der Hand an der Brust hin und
her zu fahren oder sie anzulegen und kräftig aufzudrücken
[A. Th.]. Hier kann schon eine primitive Erfahrung gemacht
worden sein.

Dagegen fand ein unzweideutiger complicirter Act der Überlegung im 17. Monat statt: Mein Kind vermochte sein Spielzeug
im Schranke nicht zu erreichen, weil es ihm zu hoch war; da
lief es umher, holte sich eine Reisetasche, stellte sich darauf

und erfasste nun das Gewünschte. Es konnte hierbei unmöglich in Worten denken, da es die Worte nicht kannte.

In zweifacher Weise sucht ferner mein Knabe (im 19. und 20. Monat), ohne sprechen zu können, seinen lebhaften Wunsch, das Zimmer zu verlassen, kundzuthun. Er nimmt sich ein beliebiges Tuch und bringt es mir. Ich hänge es ihm um, er wickelt sich hinein, und sich verlangend an mein Knie klammernd, lässt er sehnsüchtige Klagelaute hören, welche erst aufhören, nachdem ich eine Thür geöffnet habe, durch die er in ein anderes Zimmer gelangt. Da wirft er das Tuch sofort weg und läuft jubelnd umher.

Das andere Verfahren ist dieses: Wenn das Kind ein Entleerungsbedürfniss verspürt, so pflegt es mittelst der Bauchpresse bei geschlossenem Munde durch die Nase ruckweise laut ausathmend, eigenthümliche Grunzlaute hören zu lassen. Es wird dann fortgeholt. Behagt es ihm nun da, wo es sich gerade befindet, nicht, so fängt es an gerade solche Laute hervorzubringen. Bringt man es dann fort, so zeigt sich durchaus kein derartiges Bedürfniss, aber grosse Heiterkeit. Hier liegt die Erwartung vor: ich werde fortgenommen, wenn ich jenen Laut hören lasse.

Ob dabei ausserdem eine absichtliche Täuschung anzunehmen ist, oder nur die logische Action statthat, kann ich nicht entscheiden. In dem ganzen früheren und späteren Verhalten des Kindes liegt zu der ersteren Annahme kein Grund vor, und direct dagegen spricht die Anwendung dieses Kunstgriffs während des Fahrens im Wagen unmittelbar nach der Wartung.

Wie wenig einige Zeit vorher Wahrnehmungen zur Vereinfachung eigener Anstrengung verwerthet, miteinander verknüpft und motorisch wirksam wurden, das zeigt eine Beobachtung aus dem 16. Monat. Als ich früher sagte „Gieb den Ring!" legte ich jedesmal einen elfenbeinernen Ring, der an einen Faden befestigt war, vor das Kind auf den Tisch. Jetzt sagte ich dasselbe — nach wochenlanger Pause — während derselbe Ring an einem rothen fusslangen Faden neben dem Stuhle herabhing, so dass das auf dem letzteren sitzende Kind ihn direct nur mit vieler Mühe erreichen konnte. Es griff nun, nach dem Schalleindruck „Ring", nicht etwa nach dem Faden, was ihm das Erfassen des frei herabhängenden Ringes sehr leicht gemacht hätte, sondern direct nach dem tief unter ihm hängenden Ring und gab ihn mir. Auch bei Wiederholung des

Befehls fiel ihm nicht ein, den Faden zu berühren. Hierin liegt
ein Mangel an Verstand und Mangel an Erfahrung vor.

Dass lange Zeit jedesmal beim Riechen einer wohlriechenden
Blume oder einer Essenz der Mund aufgemacht wurde (S. 105*),
ist ebenfalls ein Zeichen von geringer Erfahrung und vom Standpunkte des Kindes aus ganz consequent. Weil früher stets der
angenehme Milch-Geruch mit dem angenehmen Geschmack zusammen vorkam, deshalb muss, meint das sprachlose Kind, in
jedem Falle, wenn ein angenehmer Geruch da ist, auch etwas
geschmeckt werden. Der gemeinsame Begriff Schmeckriechen
war (im 17. Monat) noch nicht in die Begriffe Schmecken und
Riechen differenzirt worden. Ein Kind, welches in der elften
Woche an einer ihm vorgehaltenen Rose saugt [A. Th.], sobald
sie die Lippe berührt, ist aber hierfür nicht als Beleg anzuführen,
weil die Berührung der Lippen allein schon Saugen veranlassen
kann, ohne den Wohlgeruch.

Im Gebiete des Gehörsinns kommt allgemein die Differenzirung früher, das Gedächtniss in der Regel später zum Vorschein. Jedoch können Kinder, deren Tonsinn früh ausgebildet
ist, schon im ersten Lebensjahr Melodien behalten. Ein Mädchen, welchem Fröbel'sche Lieder vorgesungen und dazu gehörige
Hand- und Fuss-Bewegungen beigebracht worden waren, führte
jedesmal, wenn eine der Melodien nur gesummt oder ein Vers
gesprochen wurde, sofort die betreffende Bewegung aus, ohne
irgend etwas zu verwechseln (im 13. Monat). Diese frühe und
feste Association von Klangbildern mit Bewegungsbildern ist nur
möglich, wenn Interesse an ihr haftet, also wenn die Aufmerksamkeit sich oft, anhaltend und concentrirt auf das zu Ver-
knüpfende richtete. So konnte eben dieses Kind (im 19. Monat),
wenn ihm sein Lieblingslied „Wer will unter die Soldaten" vorgesungen wurde, nicht nur den Endreim mitsingen, sondern an
jeder beliebigen Stelle, an der man inne hielt, in zwar unvollkommener, aber leicht verständlicher Weise fortfahren [F].

Hier kommt aber, ausser dem Gedächtniss und der Aufmerksamkeit, die Erblichkeit in Betracht, da ein solches Talent
in einzelnen Familien gänzlich fehlt, in anderen bei allen Geschwistern sich findet.

Durch derartige Leistungen ist keineswegs ein grösserer
Verstand dargethan, sondern ein stärkeres Gedächtniss und
Associationsvermögen. Diese Associationen sind aber nicht
logischer Natur, sondern durch Dressur erworbene Gewohnheiten

und können sogar die Entwicklung des Intellects verzögern, wenn sie zahlreich werden. Denn sie können die Bildung früher selbständiger Vorstellungen schon durch die Zeit, welche sie beanspruchen, benachtheiligen. Es sind auch häufig diese künstlichen Associationen fast nutzlos für die geistige Entwicklung. Sie sind zu speciell. Die namentlich in Deutschland weit verbreiteten Übertreibungen der Fröbel'schen Methoden, kleine Kinder zu beschäftigen, ihr Gedächtniss mit unnützem Ballast zu überladen, sind schon aus diesem Grunde zu tadeln.

Die Logik ohne Worte.

Die Logik des Kindes operirt natürlicher Weise zu Anfang mit viel umfangreicheren, daher inhaltärmeren Begriffen, als die Erwachsener, mit Begriffen, die der Erwachsene gar nicht mehr bildet. Darum verfährt aber das Kind nicht im Geringsten unlogisch, wenn auch unbeholfen. Einige Beispiele mögen erläutern.

Der Erwachsene untersucht gewöhnlich nicht, ob eine Thür, die er soeben verriegelt hat, verschlossen ist, das einjährige Kind prüft aber sehr aufmerksam den Rand der Thür, die es zuschlug ob sie wirklich geschlossen ist, weil es die Wirkung des Schlosses und Riegels nicht kennt. Denn noch im 18. Monat fährt es mit einem beliebigen Schlüssel am Schreibtisch hin und her, in der offenbaren Absicht, ihn aufzuschliessen. Prüft es aber mit zwölf Monaten den Verschluss, so denkt es nicht einmal an den Schlüssel und besitzt noch kein einziges Wort.

Ein Erwachsener wird, ehe er mit einer Giesskanne Blumen begiesst, zusehen, ob dieselbe Wasser enthält. Das anderthalbjährige Kind, welches gesehen hatte, wie man begiesst, findet ein besonderes Vergnügen daran, auch mit der leeren Giesskanne von Blume zu Blume zu gehen und jede einzeln zu begiessen, als wenn dadurch Wasser entstehen könnte. Ihm ist der Begriff „Giesskanne" identisch mit dem Begriff „gefüllte Giesskanne", weil es zuerst nur diese kennen lernte.

Vieles von dem, was man in frühester Kindheit der Phantasie zuschreibt, beruht wesentlich auf der Bildung solcher verschwommener Begriffe, auf dem Unvermögen, constante Merkmale zu scharfbegrenzten Begriffen zu vereinigen. Wenn im

23. Monat eine leere Tasse an den Mund gehalten, darauf geschlürft und geschluckt wird, und zwar mehrmals und mit sorglos heiterem Gesicht, so beruht dieses „Spielen" zunächst auf dem ungenügenden Begriff „gefüllte Tasse". Das Kind hat Trinkbares, Trinkgefäss und Trinken so oft zusammen wahrgenommen, dass das eine das andere, wenn sie einzeln vorkommen, gebieterisch fordert, daher die Lust am Einschenken aus leeren Krügen in leere Tassen, am Trinken aus leeren Tassen (im zweiten bis fünften Jahre). Wenn Erwachsene beim Spiel auf der Bühne dasselbe thun, dann hat diese Handlung stets einen sprachlichen Werth, sie bedeutet etwas für Andere, beim Kinde aber, das ganz allein in solcher Weise „spielt", besteht das Vergnügen in der Erzeugung gewohnter Vorstellungen mit angenehmen Gefühlen, welche relativ klar, gleichsam aus der trüben Masse der unbestimmten Wahrnehmungen herauskrystallisirt sind. Diese Erinnerungsbilder werden förmlich substanziirt, wie die Hallucinationen der Verrückten, weil wahrscheinlich die sinnlichen Eindrücke dem werdenden Gehirn sich unmittelbar, ohne Reflexion, einprägen, daher die Erinnerungsbilder derselben von den Wahrnehmungen selbst, ihrer Frische wegen, nicht immer sicher unterschieden werden können. Die meisten Spiele, welche sich die Kinder selbst erfinden, lassen sich hierauf zurückführen; das Versteckspielen (besonders im 17. und 18. Monat) und das mit diesem nahe verwandte Suchen nach Papierschnitzeln, Zwiebackstückchen, Knöpfen und anderen Lieblingsgegenständen (im 15. Monat) bildet dagegen schon einen intellectuellen Fortschritt. Denn das Wiedererkennen eines bestimmten Gegenstandes unter ganz veränderten äusseren Umständen erfordert eine starke Abstraction von unmittelbar Wahrgenommenem.

Durch Übung in derartigem Suchen nach bekannten absichtlich versteckten Gegenständen kann die Intelligenz der kleinen Kinder leicht zu einem erstaunlichen Grade gesteigert werden, so dass sie gegen Ende des zweiten Lebensjahres schon einige einfache Kunstgriffe der Taschenspieler verstehen, wie das Verschwinden-lassen einer Karte. Nachdem ich aber solche Übungen monatelang ausgesetzt hatte, war die gewöhnliche Düpirbarkeit wieder da.

Diese Leichtigkeit, mit der Kinder getäuscht werden können, ist viel mehr auf Mangel an Erfahrung, als auf Mangel an Verstand zu beziehen. Wenn das anderthalbjährige Kind einem

Schafe oder Hirsche einige Blätter reicht, mit etwas ängstlichem
Erstaunen das fremde Thier beobachtet und einige Tage nachher
einem Buchfinken, den es über den Weg hüpfen sicht, rasch
gepflückte Grashalme darreicht, in der Meinung, er werde sie
ihm gleichfalls aus der Hand nehmen und verzehren — eine
Beobachtung, welche ich genau so an meinem Knaben, wie
Sigismund an dem seinigen machte — so nennt man ein solches
Verfahren mit Unrecht „dumm", es zeugt von Unwissenheit, das
heisst Unerfahrenheit, ist aber nicht unlogisch. Dumm würde
das Kind erst zu nennen sein, im Fall es den Unterschied der
gefütterten Thiere nicht erlernte. Wenn nun andererseits das
$2^1/_2$-jährige Kind ganz von selbst sich eine Taschenuhr zuerst
an das linke, dann an das rechte Ohr hält, beide Male lauscht
und dann sagt: *Die Uhr geht auch geht*, hierauf, mit dem Finger
auf eine Wanduhr weisend, hocherfreut ruft: *Die Uhr auch
geht*, so findet man mit Recht in einer solchen selbständigen
Induction ein Zeichen von Verstand. Denn das Pendeln und
Ticken war zwar oft wahrgenommen worden, aber den Begriff
einer „gehenden Uhr" an das zwar sichtbare, aber geräuschlose
Pendeln, ebenso wie an das zwar hörbare, aber unsichtbare
Ticktack der Taschenuhr zu knüpfen, erfordert schon eine ziemlich weitgehende Abstraction.

Dass das Vermögen zu abstrahiren, wenn auch unvollkommen, schon im ersten Lebensjahre sich äussern kann, ist
nach meinen Beobachtungen gewiss. Die Säuglinge finden ein
Merkmal, etwa das weisse Aussehen der Milch, auffallend. Das
„Abziehen" oder „Abstrahiren" besteht dann in der Isolirung
dieses Merkmals unter unzähligen anderen Gesichtseindrücken
und seine Verschmelzung mit ähnlichen führt zum Begriff. Die
Monate später beginnende Benennung des letzteren mit einem
Wortrudiment, wie *möm*, ist ein äusseres Zeichen dieser Abstraction. Das Wort führte aber nicht zu der Begriffbildung,
sondern folgte ihr, wie ausführlich weiter unten (im 18. und
19. Capitel) gezeigt werden wird.

Es wäre interessant, gerade aus der frühesten Zeit Beobachtungen über dieses logische Vermögen zu sammeln, weil dann
die Sprache noch nicht fördernd und störend eingreift. Aber
an solchen Beobachtungen fehlt es am meisten. Wenn ein Kind
im zwölften Monat beim Hören einer Taschenuhr zum ersten
Male *Tiktak* ausruft, dabei auf die Wanduhr blickend, so hat es
dabei nicht „den ersten, wenn auch noch so leeren und unklaren

Begriff gebildet", wie G. Lindner meint, sondern es hatte vorher
schon den Begriff und benannte ihn nur zum ersten Male.

Die erste Beobachtung Darwin's an seinem Kinde, welche
ihm „eine Art praktischer Überlegung" zu beweisen schien, fällt
auf den 144. Tag: Das Kind ergriff seines Vaters Finger und
führte ihn an den Mund; seine eigene Hand verhinderte aber
das Saugen am Finger. Nun liess das Kind auffallender Weise,
anstatt die Hand ganz zu entfernen, dieselbe den Finger entlang
gleiten, so dass es die Fingerspitze in den Mund führen konnte.
Diese Procedur wurde mehrmals wiederholt und war offenbar
nicht zufällig, sondern absichtlich. Im Alter von fünf Monaten
entstanden Vorstellungs-Associationen unabhängig von irgend
welchem Unterricht. Sowie zum Beispiel das Kind mit Hut und
Mantel bekleidet worden, ward es sehr erzürnt, wenn man es
nicht sofort hinaustrug. Romanes sah, wie ein gerade acht
Monate alter Knabe mit grossem Vergnügen auf die Tasten
eines Claviers schlug und deutlich zeigte, dass er das Nieder-
drücken der Tasten als erforderlich für die Klangerzeugung ansah.

Wie stark später die logische Kraft ohne Worte sein
kann, zeigen noch folgende Beobachtungen:

Seit mein Kind, wie das Sigismund's (beide im 15. Monat),
am Kerzenlicht den Finger verbrannt hatte, war es nicht wieder
zu bewegen, den Finger nahe an die Flamme zu bringen, führte
ihn aber zuweilen neckend nach derselben hin, ohne sie zu greifen,
trug auch (18 Monate alt) von selbst ein Stück Holz zur Ofenthür und schob es durch den offenen Schieber derselben hinein,
dann stolz seine Eltern anblickend. In der That handelt es sich
hier um mehr als eine Nachahmung.

Mein Kind liess sich ferner das Abtrocknen des Mundes
und Kinnes anfangs nie ohne Schreien gefallen, vom 15. Monat
an hielt es bei der ihm widerwärtigen Operation ganz still. Es
muss bemerkt haben, dass dieselbe um so schneller beendigt
wird, je ruhiger es sich verhält.

Dasselbe kann man, falls nur nicht zuviel geredet, gezüchtigt,
nachgegeben und verwöhnt wird, bei jedem kleinen Kinde beobachten. Im 19. Monat kam es bei dem meinigen vor, dass
es sich Abends dem Befehle sich hinzulegen widersetzte. Ich
liess es daher schreien, auf seinem Lager sich erheben, nahm
es aber nicht heraus, sprach nicht zu ihm und wendete keine
Gewalt an, sondern blieb bewegungslos und wachsam in der
Nähe. Endlich wurde es müde, legte sich hin und schlief sofort

ein. Hiermit ist die Einsicht in die Nutzlosigkeit des Schreiens, um Befehle zu umgehen, erworben.

Die Erkenntniss des Rechten (Erlaubten und Befohlenen) und Unrechten (Verbotenen) war schon längst erworben worden, im 17. Monat namentlich der Sinn für Reinlichkeit stark entwickelt, und später (im 33. Monat) konnte das Kind nicht ohne lebhaften Protest sehen, dass seine Wärterin gegen die ihm allein ertheilten Vorschriften handelte, etwa das Messer zum Munde führte oder Brot in die Milch tauchte.

Derartige Regungen beweisen weniger das Vorhandensein eines Pflichtgefühls, als vielmehr die Einsicht, dass Übertretungen wohlbekannter Verhaltungsvorschriften unangenehme Folgen haben oder gewisse Handlungen Lustgefühle, andere Unlustgefühle nach sich ziehen. Wie lange vor der Wortkenntniss sie anfingen, ist mir festzustellen leider nicht geglückt.

In manchen von den obigen Fällen, welche sich bei fleissiger Beobachtung unschwer vervielfältigen lassen, ist von einem Einfluss gesprochener Worte nicht das geringste Anzeichen vorhanden. Mag noch gar kein Sprechversuch vorliegen oder schon ein kleiner Wortschatz sich angesammelt haben, die in diesem Capitel verzeichneten, von mir selbst beobachteten Fälle von kindlicher Intelligenz beweisen, dass ohne Kenntniss der Wortsprache und unabhängig von ihr die logische Thätigkeit des Kindes einen hohen Grad erreicht; und es liegt kein Grund vor, die intelligenten Handlungen der Kinder, welche noch gar nicht sprechen, noch keine ihrer Vorstellungen in Worte kleiden, sie aber bereits miteinander verknüpfen können, für specifisch verschieden von den intelligenten (nicht instinctiven) Handlungen kluger Orangs und Schimpanses zu erklären. Der Unterschied besteht vielmehr darin, dass diese nicht so viele, nicht so klare und nicht so abstracte Begriffe und nicht so viele und verwickelte Vorstellungsverknüpfungen bilden können, wie das begabte Menschenkind unter Menschen — schon ehe es sprechen gelernt hat. Hat es sprechen gelernt, dann erweitert sich die Kluft so sehr, dass nun als ein widerliches Zerrbild des Menschen erscheint, was vorher ihm in mancher Beziehung gleichkam.

Um den wahren Unterschied zwischen Thier und Mensch zu verstehen, ist es nothwendig zu ermitteln, wie ein Kind und Thier ohne Wörter Vorstellungen haben und sie zweckmässig

verknüpfen kann, ob es etwa in Erinnerungsbildern geschieht,
wie beim Träumen, und nothwendig, das Wesen des Sprechenlernens zu erforschen.

Über das erstgenannte psychogenetisch ungemein interessante
und praktisch wichtige Problem verspricht die Untersuchung
der Begriffbildung taubgeborener, sogenannter taubstummer
Kinder einigen Aufschluss.

Die wortlose Sprache taubstummer Kinder.

Treffend sagte der hochverdiente Vorsteher der Taub-
stummen-Erziehungs-Anstalt in Weimar C. Oehlwein (1867):

„Der Taubstumme in seinen ersten Lebensjahren besieht,
dreht, betastet ihn anziehende Gegenstände nach allen Seiten,
nähert sich den entfernten; gleich dem jungen Vollsinnigen bekommt er dadurch Empfindungen und Vorstellungen und von
den Gegenständen selbst eine Anzahl Merkmale, die er unter
sich oder mit den Merkmalen anderer Gegenstände vergleicht,
aber stets auf den Gegenstand, welcher ihn gerade reizt, bezieht;
darin hat er dann eine genauere oder weniger genaue Anschauung dieses Gegenstandes selbst, je nachdem er aufmerksamer oder weniger aufmerksam beobachtet, verglichen und
zusammengefasst hat. Wie dieser Gegenstand durch sein
Gesicht und Gefühl auf ihn eingewirkt hat, so stellt
er ihn auch anderen Menschen durch charakteristische
Zeichen für das Gesicht und mittelbar auch für das
Gefühl dar; er formt, zeichnet in Leben und Bewegungen den
gesehenen und gefühlten Gegenstand nach. Hierzu bedient er
sich der Mittel, welche die Natur unmittelbar in die menschliche Gewalt gegeben hat, der Herrschaft über die Bewegung
der Gesichtsmuskeln, über den Gebrauch der Hände und nöthigen-
falls der Füsse. Diese durch Niemandes Anweisung erhaltenen, selbstgebildeten Zeichen, welche der Taubstumme
unmittelbar bei seiner Darstellung gebraucht, sind gleichsam der
gegebene Umriss des Bildes, welches er vorgefunden hat, und
stehen deshalb mit der inneren Beschaffenheit eines jeden Dar-
stellenden in dem innigsten Bezuge.

Wir finden aber nicht nur, wie sich von selbst versteht, in
den Vorgängen des Empfindens und Wahrnehmens die eigenen
Sinne des Taubstummen, seine eigene Beobachtung und Auf-

fassung als bildende Factoren, sondern die von ihm nach seinen individuellen Anlagen verbundenen Merkmale der selbst beobachteten Gegenstände werden auch von ihm selbst durch Vergleichung, Absonderung, Zusammenfassung, also durch eigene That, zu Gesammtvorstellungen, zu Begriffen, wenn gleich noch unvollkommenen, erhoben und unter eigenen, ihm verständlichen Zeichen benannt und wiedererkannt.

Aber eben in dieser mit der Bildung eines Zeichens verbundenen Erhebung einer Vorstellung zur Gesammtvorstellung, zu einem Begriffe, zeigt sich der Einfluss des Mangels an Gehör und Sprache auf die psychische Entwicklung des Taubstummen. Es erscheint zunächst als ein Vortheil, dass das Zeichen, mit dem der Taubstumme einen Begriff darstellt, dem Eindrucke, dem Bilde, der Vorstellung entnommen ist, die der Bezeichnete selbst hat oder gehabt hat; er äussert mit dem Zeichen nichts ihm Fremdes, sondern nur ihm zu eigen Gewordenes. Aber dieser Vortheil schwindet im Vergleich mit der Störung, die eben dieser Umstand auf die Erhebung der Einzelvorstellung zu einer Gesammtvorstellung übt; denn dass die letztere bezeichnet wird mit dem Bilde oder mit den Elementen des Bildes, in welchem die erstere besteht, ist kein geringes Hinderniss für sie, der vollen Allgemeinheit theilhaftig zu werden. Dasselbe Band, das den Begriff mit dem Begreifenden verknüpft, fesselt ihn auch an eine der begriffenen Einzelvorstellungen, zum Beispiel wenn er durch Hindeutung auf das eigene Fleisch, die eigene Haut, den Begriff Fleisch, Haut (überhaupt auch das thierische Fleisch, die thierische Haut) bezeichnet; wogegen durch das Wort, das das vollsinnige Kind zu lernen hat, wohl ein Zwang geübt wird wie von Fremdem her, aber ein Zwang, der nichts Anderes als die Forderung der Allgemeinheit an sein Vorstellen richtet.

Nur ein Beispiel hierzu. Der Taubstumme bezeichnet den Begriff oder die allgemeine Vorstellung roth durch eine leise Berührung der Lippen. Hiermit bezeichnet er die Röthe des Himmels, der Gemälde, der Kleiderstoffe, der Blumen usw., also in wie mannigfaltiger Verbindung sein Begriff „roth" mit anderen Begriffen sich wiederholen mag, immer ist ihm derselbe als Begriff nur einer und derselbe; er ist allen den Verbindungen, in welchen er wiederholt vorkommt, gemeinsam."

Ehe aber der denkende Taubstumme zu dem Begriffe „roth" kam, bildete er sich die Vorstellungen „Lippe, Kleid, Himmel, Blume" usw.

Für die Kenntniss der Verstandes-Entwicklung beim vollsinnigen Kinde und der weitgehenden Unabhängigkeit seiner
Begriffbildung von der Wortsprache ist eine Zusammenstellung
solcher Begriffe, welche ungebildete, weder des Fingeralphabets,
noch des Articulirens kundige Taubstumme mittelst ihrer eigenen
Geberden anderen verständlich ausdrücken, unersetzlich. Deren
Sprache umfasst aber „nicht blos die verschiedenen ausdrucks-
vollen Veränderungen des Gesichts (die Mienen), sondern auch
die verschiedenen Handbewegungen (die Gesticulationen), Stellungen, Richtungen, Haltungen und Bewegungen der übrigen
Theile des ganzen Körpers, durch welche der Taubstumme von
Natur, das heisst unberührt von erziehlichen Einflüssen,
seine Vorstellungen und Begriffe ausdrückt.“ Ich verzichte
jedoch darauf ein solches Verzeichniss zusammenzustellen, da
es sich hier um die Thatsache handelt, dass viele Begriffe
ohne irgend welche Wort-Erlernung deutlich ausgedrückt und logisch miteinander verknüpft werden,
und deren Richtigkeit beweist schon das Verhalten jedes beliebigen ununterrichteten taubgeborenen Kindes. Ausserdem erfordert ein solches Verzeichniss, um den von mir verlangten
psychogenetischen Werth zu haben, eine äusserst schwierig durch-
zuführende Kritik, ob die vermeintlich ausgeschlossenen „erziehlichen Einflüsse“ wirklich in allen Fällen ganz ausgeschlossen
waren, wie sie es in einigen thatsächlich sind, zum Beispiel in
Betreff der Nahrung.

Degerando hat (1827) eine lange Reihe von Begriffen auf-
gezählt, welche Taubstumme, bevor sie unterrichtet werden,
mimisch-gesticulatorisch darstellen. Viele von diesen Ausdrucksweisen französischer Taubgeborener sind identisch mit denen
Deutscher. Es ist im höchsten Grade zu wünschen, dass diese
internationale Mienen- und Geberden-Sprache gänzlich ununterrichteter taubgeborener Kinder auf Grund der Erfahrungen
deutscher, französischer, englischer, russischer, italienischer und
anderer Taubstummenlehrer durch bildliche Darstellungen, am
besten photographisch, dem psychologisch-physiologischen und
linguistischen Studium zugänglich gemacht werde.

Denn es giebt kaum einen besseren Beweis für die Unabhängigkeit des Denkens vom Sprechen in Wörtern als das Verhalten der Taubgeborenen, welche zwar viel mehr Begriffe ungleichen Inhalts in derselben Weise ausdrücken als irgend eine
Wortsprache — gerade wie die vollsinnigen Kinder, ehe sie über

einen genügenden Wortschatz verfügen — aber durch das Gesticuliren und die Mimik vor jedem Unterricht die Bildung von Begriffen ohne Wörter beweisen und erläutern. Ehe die Urmenschen sich durch die articulirte Sprache miteinander verständigten, müssen sie mittelst sehr mannigfaltiger Geberden und Mienen sich verständigt haben, so wie es jetzt Menschen, die ihre Sprache gegenseitig nicht im geringsten verstehen, ebenfalls zu thun pflegen. Diese verhalten sich zu einander wie Taubstumme.

Bezüglich der Sprechweise ungebildeter Taubstummer können folgende Beispiele die Leistungen der Geberdensprache charakterisiren.

Ein Taubstummer fragt den anderen: „Bleiben, gehen du?" (fragende Miene). Antwort: „Gehen ich."

„Arm, Mann, sein, stark" heisst „Der Arm des Mannes ist stark."

„N, Brille, sehen" heisst „N sieht durch die Brille."

„Laufen ich fertig, einschlafen" heisst „Nachdem ich gelaufen war, schlief ich ein." — „Geld du?" heisst „Hast du Geld?"

Derartige Sätze werden nur durch Gesten geäussert und doch sogleich verstanden.

Zu den in psychologischer und physiologischer Hinsicht interessantesten Schauspielen, die ich kenne, gehört eine solche mimisch-gesticulatorische Unterhaltung zweier oder dreier total taubgeborener Kinder, welche nicht wissen, dass sie beobachtet werden. Namentlich diejenigen Kinder (von etwa sieben Jahren), welche noch nicht im Articuliren unterrichtet wurden, bedienen sich einer erstaunlichen Anzahl von Mienen und Geberden, die mit grosser Geschwindigkeit aufeinanderfolgen, um sich untereinander zu verständigen. Sie verstehen sich gegenseitig sehr leicht, sind aber, weil ihre Geberden und speciell das enorm verfeinerte Mienenspiel im gewöhnlichen Leben nicht vorkommen, geradeso schwer für Uneingeweihte verständlich, wie Menschen, die ohne alle Geberden eine ganz fremde Sprache reden. Schon das Auge des taubstummen Kindes hat einen anderen Ausdruck, als das des redenden. Der Blick erscheint interessirter und es werden vom Taubstummen nach meinen Wahrnehmungen lange nicht so viele unnöthige Augenbewegungen und Contractionen der Gesichtsmuskeln ausgeführt, wie vom hörenden Kinde gleichen Alters.

Ferner ahmen Taubstumme, selbst wenig begabte, im Allgemeinen viel besser allerlei deutlich sichtbare Bewegungen nach,

als Vollsinnige. Ich machte den Kindern mehrere nicht ganz
leichte Fingerverschränkungen, Handstellungen udgl. vor, welche
sie niemals gesehen haben konnten, und war überrascht, dass
einige sie sogleich geschickt wiederholten, während Vollsinnige
erst lange überlegen und dann ungeschickt imitiren. Diese
Steigerung der Nachahmungs-Funktionen bei taubstummen Kindern
ist es unzweifelhaft, welche den Schein erweckt, als wenn sie
sich ihre Geberden selbst erfänden (s. oben S. 288). Sie erhalten allerdings durch „Niemandes Anweisung" die ersten
Zeichen, sie bilden sie sich selbst, aber, soweit ich sehe, nur
durch Nachahmung und Verwendung der erblichen Ausdrucks-
bewegungen. Die Zeichen sind zum grossen Theil selbst un-
verkürzte Nachahmungen. Die Übereinkunft, welche manche
Taubstummenlehrer annehmen und welche ein völlig unmotivirtes,
um nicht zu sagen mysteriöses Princip einführen würde, besteht
darin, dass alle Taubstumme anfangs in ähnlicher Weise dasselbe Ding nachahmen. Dadurch, durch diese ganz natürliche
Übereinstimmung aller, kommt es, dass sie einander verstehen.
Haben sie Vorstellungen gewonnen, dann combiniren sie die
einzelnen Zeichen in mannigfaltiger, individuell gefärbter, also
nicht mehr übereinstimmender Weise wie der redende Mensch
seine Wörter, um neue Vorstellungen auszudrücken, werden dadurch immer schwerer verständlich, und verstehen sich dann
oft auch untereinander nur schwer, können auch höhere Begriffe
nur in sehr beschränktem Maasse bilden. „Nichts, todt-sein,
Raum" sind schon sehr hohe Begriffe.

Aus diesem Grunde begreift es sich leicht, dass ein taub-
stummes Kind, wenn es auch erst wenige Wörter im Articu-
lationsunterricht erlernt hat, dieselben allemal an Stelle der
früheren umständlichen Gesten in die pantomimische Unterhaltung einflicht. Ich bemerkte, dass einzelne total taubgeborene Kinder selbst im Zwiegespräch miteinander und nicht
wissend, dass ich sie beobachtete, die eben erlernten articulirten
Wörter, obwohl man sie kaum verstehen konnte, den eigenen
Zeichen vorzogen.

So mächtig ist der Zauber des gesprochenen Wortes, selbst
wenn es das Kind selbst nicht hört, sondern nur mit der Zunge
ertastet!

Solche taubstumme Kinder sprechen auch im Schlafe.

Aber die Schulung, welche das taubgeborene Kind absolviren
muss, um die dem Laute zukommende Gesichts-, Tast- und

Bewegungs - Empfindung nur kennen zu lernen, ist unsäglich mühsam, was man schon daraus erkennt, dass es für dasselbe beim Versuche Vorgesprochenes nachzuahmen gleichgültig ist, ob der Laut ertönt oder nicht, ob also das beim gewöhnlichen Sprechenlernen charakteristische, die Tatonnements mit der Zunge usw. bestimmende, fehlt oder nicht. In seiner durch Scharfsinn und Klarheit in gleicher Weise ausgezeichneten Abhandlung „Grundsätze und Grundzüge zur Aufstellung eines Lehrplans für eine Taubstummen-Anstalt" (1881) sagt W. Gude: „Die in den ersten Lebensjahren der Taubstummen durch unwillkürliche Anreize hervorgerufenen Ton- und Sprachlaut-Äusserungen sind so unerhebliche Bewegungserscheinungen, dass sie nicht alsbald die Entstehung einer Bewegungsempfindung zur Folge haben. Wenn aber das taubstumme Kind mehr geistig erwacht, nimmt es doch wahr, dass seine Angehörigen im Verkehr Mundbewegungen machen; auch pflegen wiederholte Versuche der Umgebung, sich durch Vorsprechen gewisser Worte verständlich zu machen, an dem Auge geistig regsamer Taubstummer nicht ganz spurlos vorüberzugehen. Wenn letztere nun die Aufmerksamkeit darauf richten, so gelingt ihnen doch nur für einen Theil der Laute, für die äusserlich sehr hervortretenden, eine ungefähre Nachbildung. Einzelne Taubstumme kommen wohl dahin, verschiedene Wörter, ohne sie nachzusprechen, richtig abzusehen; anderen wiederum gelingt es nach und nach, Wörter wie „Papa, Mama" so nachzusprechen, dass man verstehen kann, was damit gemeint ist. Zu einer genauen Nachbildung sämmtlicher anderer Laute gelangen indess die Taubstummen von Geburt aus sich selbst heraus nicht."

Ein Taubstummer, welcher nicht unterrichtet worden war, erklärte später Romanes, als er die umständliche Fingersprache (*dactylology* der Engländer) erlernt hatte, früher habe er stets in „Bildern" gedacht, das heisst aber nichts Anderes, als er habe statt der gehörten Wörter (bei uns) und der gesehenen Fingerzeichen (bei ihm) Erinnerungsbilder von Gesichtseindrücken zur Unterscheidung seiner Begriffe benutzt. Auch die meistens unrichtig beurtheilte Laura Bridgman, welche nicht von der Geburt an blind und taub war, konnte eine kleine Anzahl über die niedrigste Stufe sich erhebender Begriffe bilden. Dieselben entstanden aus den vom Tastsinn, Muskelsinn und Gemeingefühl gelieferten Materialien, ehe sie eine Art Fingersprache erlernt hatte. Aber sie hatte vor der Ertaubung und Erblin-

dung etwas sprechen gelernt. Taub geborene sehende Kinder
scheinen einfache arithmetische Operationen, wie 214—96 und
908 mal 70 (nach van Asch 1865) erst nach mehrere Jahre
hindurch fortgesetztem Unterricht im articulirten Sprechen ausführen zu können. Das Dividiren macht ihnen besondere
Schwierigkeiten. Aber sie lernen es doch und zwar ohne Wortklangbilder und vielleicht auch ohne Wortgesichtsbilder, beim
Kopfrechnen ohne Kenntniss der geschriebenen Ziffern mit Hülfe
der Worttastbilder, welche die Zunge liefert.

In jedem Falle können ungebildete Taubgeborene ohne
Kenntniss der Ziffern mittelst der Finger zählen und rechnen,
was Einige Daktylonomie nennen, und wenn die 10 überschritten
wird, dann kommt das Kerbholz zu Hülfe (Sicard und Degerando).
Da übrigens die Zahlen und das Rechnen (die Zahlensprache)
nach gänzlichem Verlust der Wortsprache (in Folge einer Kopf-
verletzung) erhalten bleiben können (Volland 1886), so ist auch
dadurch die Unabhängigkeit einer reinen Verstandesthätigkeit
von den Wörtern bewiesen.

Im ausgedehntesten Maasse zeigt die Geberden- und Mienen-
Sprache der nicht anders wie andere behandelten jüngsten taubstummen Kinder, dass Begriffe ohne Wörter gebildet werden.
Das taubgeborene Kind wendet die primitive Geberdensprache ganz in dem Umfange des hörenden Kindes an; es
geberdet sich und macht sich in Lauten vernehmlich wie dieses,
so dass man sein Gebrechen nicht ahnt. Diese Natursprache
versteht auch das taubgeborene Kind, soweit sie seinem Auge
erkennbar wird. In dem Blick und den Mienen der Mutter
liest es die Stimmung derselben. Aber es wird sehr früh still
und entwickelt sich „aus der unbewussten Geberdung die Geberdensprache, welche anfangs nicht conventionell, ja nicht einmal im eigentlichen Sinne ganz eine Zeichensprache, sondern
eine mimisch-plastische Darstellung der von der Aussenwelt erfahrenen Einwirkungen" ist, da der Taubstumme wahrgenommene
Bewegungen und die Haltung von Personen, die Stellung von
Gegenständen nachahmt. Auf dieser Pantomimik allein beruht
die Möglichkeit, sich mit Taubstummen, welche gar nicht unterrichtet wurden, in einem gewissen Umfange zu verständigen.
Sie kann also in ihrer elementaren Form nicht conventionell
sein, wie Hill, dem ich diese Sätze entnehme, mit Recht hervorhebt. Er schreibt über das taubgeborene Kind: „Seine
Stimme erscheint ganz wie die anderer Kinder Es schreit,

weint, je nachdem es sich unbehaglich fühlt, fährt auf, sowie es von irgend einem Geräusch aufgeschreckt wird. Selbst das freundliche Anreden, die scherzhaften Tändeleien, die ernsten Drohungen versteht es so früh wie nur sonst irgend ein Kind." Aber es hört seine Stimme nicht, der Schall ist es nicht, der es aufschreckt, sondern die Erschütterung, das freundliche Wort erfreut es nicht, sondern das freundliche Antlitz der Mutter. „Durch Ermunterungen, die Stimme zu gebrauchen, geschieht es sogar nicht selten, dass die Kinder eine Reihe articulirter Laute und eine Menge von Lautverbindungen gewinnen, deren sie sich als Ausdruck ihrer Wünsche mit bedienen." Sie zeigen nicht allein das Begehrte, imitiren nicht nur Bewegungen, welche Verlangtes herbeiführen sollen, sondern umschreiben auch die Formen gewünschter Gegenstände. Sie können sich dabei so intelligent benehmen, dass die Taubstummheit erst im zweiten Jahre oder noch später entdeckt wird, namentlich am Auge, da von fernen Dingen nur gesehene die Aufmerksamkeit erregen.

Es geht aus diesem Verhalten taubgeborener Säuglinge evident hervor, dass auch ohne die Möglichkeit der natürlichen Lautnachahmung und ohne die Kenntniss eines einzigen Wortes Merkmale mit Merkmalen zu Begriffen verschmolzen werden. Also ist das primitive Denken nicht an die Wortsprache gebunden. Es erfordert aber eine gewisse Ausbildung der Grosshirnrinde, und zwar wahrscheinlich eine sehr beträchtliche Anzahl von Ganglienzellen, die miteinander in fester organischer Verbindung stehen. Der Abstand zwischen einem ununterrichteten jungen Taubstummen und einem Kretin ist immens. Ersterer kann sehr viel durch Sprechunterricht lernen, letzterer nicht. Eben dieses Lernvermögen des Taubgeborenen ist in Bezug auf Mimik und Geberden grösser als bei einem normalen Kinde. Wenn ein hörendes Kind unter Taubstummen aufwachsen müsste, würde es gewiss deren Sprache erlernen und nebenbei sich über seine Stimme freuen, ohne sie verwerthen zu können, aber man würde es später wahrscheinlich daran (ohne Hörprüfungen) erkennen, dass es jene Geberdensprache nicht ganz so perfect handhabt wie die Taubgeborenen, wegen Ablenkung der Aufmerksamkeit durch Schall.

Die Gesammtheit der bereits vorliegenden Beobachtungen über die Leistungsfähigkeit der natürlichen Geberden- und Mienen-Sprache bei ungebildeten Taubstummen beweist deut-

licher, als irgend welche andere Thatsache, dass die Begriffbildung, also die Denkthätigkeit, ohne Wörter und ohne Zeichen
für Wörter vor sich geht, wenn beide fehlen. Weshalb soll
nun beim unversehrt geborenen Menschen die logische Verknüpfung der Vorstellungen erst mit dem Wörtersprechen oder
Sprechenlernen beginnen? Weil der erwachsene Mensch meint,
er denke nicht mehr ohne Wörter, und nur mit grossem Wortschatz reich an Gedanken sein kann, begeht er leicht den Fehl-
schluss, dass niemand, dass auch er selbst nicht vor der Kenntniss
der Wortsprache denken konnte. In Wahrheit war es nicht
die Sprache, welche den Verstand erzeugte, der Verstand ist es, welcher einst die Sprache erfand, und auch
gegenwärtig bringt das neugeborene Menschenkind viel
mehr Verstand als Sprachtalent mit auf die Welt.

Nicht weil er sprechen gelernt hat, denkt der
Mensch, sondern er lernt sprechen, weil er denkt.

———————

SIEBZEHNTES CAPITEL.

Das Fehlen der Sprache und des Verstandes.

Von grossem Interesse für die Erkenntniss der Abhängigkeit des Verstandes und der Sprache von der Ausbildung des Gehirns, zumal der Grosshirnrinde, sind die leider nur spärlichen, zerstreuten Angaben über das Verhalten mit rudimentärem Gehirn geborener und längere Zeit am Leben erhaltener, also namentlich kleinköpfiger Kinder, sowie älterer Idioten und Kretinen und verthierter oder verwilderter Menschen.

Auch Berichte über das physiologische Verhalten solcher Kinder, deren geistige Entwicklung Monate lang aufgehalten, erheblich verlangsamt oder ungewöhnlich beschleunigt erschien, haben grossen Werth für psychogenetische Studien.

Zwar sind die mir nach vielem Suchen bekannt gewordenen zuverlässigen Angaben hierüber sehr dürftig, ich hege aber die Hoffnung, dass sie anregen werden, künftig mehr und sorgfältiger zu beobachten, als es bis jetzt geschah.

In dem fleissigen Buche „Neue Untersuchungen über den Kretinismus oder die Entartung des Menschen in ihren verschiedenen Graden und Formen" von Maffei und Rösch (1844) finden sich viele Angaben über das Verhalten der Kretinen-Kinder. Dieselben würden aber erst brauchbar werden, wenn die beobachteten geistigen Anomalien und Mängel auf sorgfältige morphologische Untersuchungen der Kretinengehirne bezogen werden könnten. Die Verfasser theilen keine Sectionsbefunde mit.

Jeder Beobachter normaler Kinder kennt die grosse Verschiedenheit ihrer Entwicklungsgeschwindigkeit und wird mir darin im Allgemeinen beistimmen, dass eine langsame und stetige Entwicklung des Verstandes in den ersten vier Jahren, besonders aber in den ersten zwei Jahren, zu einer günstigeren Prognose berechtigt, als eine sehr schleunige und unstetige. Wenn aber in jenem Zeitraum eine länger dauernde völlige Unterbrechung der geistigen Entwicklung eintritt, dann ist allemal die Gefahr, es möchte der normale Verlauf nicht wiedererscheinen, ein Zustand wie beim Kretin chronisch werden, gross. Um so lehrreicher sind darum die seltenen Fälle, in denen nach solchem Stillstande die Kinder zur Norm zurückkehrten. Vier Beobachtungen der Art hat R. Demme (im 19. Bericht über das Jenner'sche Kinderspital in Bern, 1882) veröffentlicht. Dieselben sind von hohem psychogenetischem und auch pädagogischem Interesse, weil sie zeigen, dass man selbst bei monatelangem Stillstand aller geistigen Entwicklung in den ersten Lebensjahren die Hoffnung auf den Wiedereintritt derselben nicht aufgeben und nichts versäumen darf, um sie wieder herbeizuführen. Wird aber die physische und psychische Entwicklung in der ersten Kindheit vernachlässigt, dann kann die Unvernunft bleibend werden (s. S. 306) wie bei der Mikrocephalie.

Nur selten sind mikrocephale Kinder lebend längere Zeit hindurch genau beobachtet und unmittelbar nach dem Tode ihre Gehirne untersucht worden.

In dieser Beziehung ist lehrreich ein von Aeby beschriebener Fall; er betrifft einen Knaben, der vier Jahre alt wurde.

Der ganze Körper desselben hatte etwas Ungelenkes und Steifes. Mit den Beinen war es in dieser Hinsicht noch schlimmer bestellt, als mit den Armen. Sie zeigten, wie auch später noch bis zum Tode hin, Neigung, eine gekreuzte Lage einzunehmen. Zum Stehen oder gar zum Gehen hat es der Knabe nie gebracht. Nach auffallenden blanken oder bunten Gegenständen versuchte er zu greifen, ohne jemals irgend etwas wirklich festzuhalten. Das Mienenspiel war lebhaft. Die glänzenden Augen verweilten indess nie lange bei einem und demselben Gegenstande. Der Junge war stark zum Beissen aufgelegt und der Biss stets sehr scharf. Geistig herrschte ausgesprochener Blödsinn. Trotz seiner vier Jahre brachte es der Knabe niemals zu irgendwelchen articulirten Lauten. Selbst „Papa" und „Mama" lagen jenseit seines Vermögens. Sein Verlangen äusserte sich in unarticulirten Tönen. Der Schlaf war kurz und leise. Oft lag das Kind ganze Nächte hindurch mit offenen Augen da. Thränen vergoss es selten; sein Missbehagen gab es meistens durch helles Schreien zu erkennen.

In diesem Falle war das Gehirn sehr verkümmert, die Kleinheit der Stirnlappen, sowie theilweiser Mangel der medianen Längsspalte auffallend. Letztere begann erst jenseit der Scheitelhöhe im Gebiete des Hinterhauptes. Die vordere Hälfte des Grosshirns entbehrte somit des Zerfalles in seitliche Hemisphären. Sie besass auch nur wenige Windungen und die Glätte ihrer Oberfläche sprang sofort in die Augen. *Corpus callosum* und *Fornix* verkümmert. „Die graue Rindenschicht erreichte im Allgemeinen nur etwa ein Drittel der normalen Dicke und war in der Stirngegend besonders schwach vertreten." Das Kleinhirn, nicht verkümmert, erschien neben dem stark geschrumpften Grosshirn auffallend gross.

Bezüglich der Ausbildung des Verstandes verhält sich dieser vierjährige Mikrocephale wie der viermonatliche normale Knabe; dieser ist ihm sogar im Greifen voraus, während jener durch nichts einen Vorsprung in psychischer Hinsicht bekundet und nicht sprechen lernte.

Zwei Fälle von Mikrocephalie hat Fletcher Beach beschrieben (in den *Transactions of the international medical Congress.* London, 1881): E. R. wurde elf Jahre alt im Mai 1875 in seine Anstalt aufgenommen. Sie konnte nicht stehen, nicht gehen, aber Arme und Beine bewegen, auch sehen und hören. Sie war ruhig und folgsam [?] und sass meistens auf ihrem Stuhl. Ihre Nothdurft beachtete sie nicht. Sie konnte nicht sprechen und wurde mit einem Löffel gefüttert. Nach sechs Monaten machte sie einen Versuch zu sprechen und murmelte etwas undeutlich. Sie streckte die Hand aus beim Befehl sie zu geben [?] und erkannte lächelnd ihre Wärterin und den Arzt. Etwa vier Monate später knirschte sie in vergnügter Stimmung mit den Zähnen und hielt die Hand vor die Augen, wenn man ihr etwas sagte. Sie starb im Januar 1876. Das Gehirn wog zwei Tage nach dem Tode sieben Unzen. Der Verfasser beschreibt es genau, aber nachdem es sechs Jahre in Weingeist aufgehoben worden war und nur noch zwei Unzen wog. Er fand viele Windungen nicht soweit entwickelt wie beim sechsmonatlichen Fötus und meint, das Kleinhirn habe sich weiterentwickelt, nachdem das Grosshirn aufgehört habe zu wachsen, so dass nicht ein Stillstand, sondern eine Unregelmässigkeit in der Entwicklung eingetreten sei. Die Grosshirnhemisphären waren asymmetrisch, die Stirnlappen entsprechend den vorhandenen psychischen Leistungen von relativ bedeutender Grösse, aber der hintere Theil der dritten Stirnwindung links, die Reil'sche Insel und das Operculum sehr klein, entsprechend dem Unvermögen, sprechen zu lernen. Die geringe Beweglichkeit bringt der Verfasser mit der Kleinheit der parietalen und frontalen aufsteigenden Windungen in Zusammenhang.

Der andere Fall betrifft ein Mädchen von sechs Jahren (E. H.), welche im Januar 1879 in die Anstalt kam und im Juli desselben Jahres starb. Sie konnte umhergehen und beherrschte ihre Glieder. Sie war heiter, leicht zu ergötzen und hing sehr an ihrer Wärterin. Sie verkehrte mit anderen Kindern, konnte aber kein Wort sprechen. Gehör gut. Sie hatte schlechte Gewohnheiten. Obgleich sie Gegenstände aufheben und damit spielen konnte, verfiel sie nicht darauf, sich selbst zu ernähren. Sie konnte aufmerken und beobachten und sich einzelner Personen erinnern. Das Gehirn wog zwei Tage nach dem Tode 20½ Unzen und war in mancher Beziehung so einfach wie das eines Säuglings, stand aber bezüglich der Windungen viel höher als ein Affengehirn, auch höher als das der E. R. Die aufsteigenden frontalen und parietalen Windungen waren grösser, entsprechend der grösseren Beweglichkeit, die dritte Stirnwindung und Reil'sche Insel beiderseits klein, entsprechend der Alalie.

Eine genauere Beschreibung zweier Mikrocephalen - Gehirne giebt Julius Sander in dem Archiv für Psychiatrie und Nervenkrankheiten (Berlin 1868). Der eine Fall ist der, dessen Geschichte Johannes Müller (in der Medizinischen Zeitung des Vereins für Heilkunde in Preussen, 1836) mittheilte.

In den ausführlichen Berichten von Rudolf Virchow (in seinen gesammelten Abhandlungen), von Karl Vogt (im Archiv für Anthropologie,

1868), von Bischoff (in den Abhandlungen der Münchener Akademie, 1872), von Flesch (in der Würzburger Festschrift, 1882) und von A. Falkenheim (Berliner klinische Wochenschrift, 1882, „Ein zwölfjähriger Mikrocephale") sind weitere Angaben über neuere Fälle zu finden.

Manche physiologisch und psychologisch wichtige Frage in Betreff der Entwicklungsfähigkeit bei mangelhaft ausgebildetem Gehirn kommt zur Sprache in der Zeitschrift für das Idiotenwesen von W. Schröter (in Dresden) und E. Reichelt (in Hubertusburg).

Freilich sind bis jetzt die Methoden zur mikroskopischen Untersuchung des Gehirns überhaupt noch zu wenig ausgebildet, als dass man die Abweichungen mikrocephaler Gehirne von normalen im Einzelnen mit den Mängeln der psychischen Functionen in festen causalen Zusammenhang bringen könnte. Die Anzahl der daraufhin untersuchten Mikrocephalengehirne ist eine sehr kleine, obwohl deren wissenschaftlicher Werth nach gründlicher Beobachtung ihrer Inhaber im Leben ein ganz ausserordentlicher wäre. Denn mikrocephale mehrjährige Kinder ersetzen vivisectorische imaginäre, weil niemals ausführbare Experimente über den Zusammenhang von Leib und Seele.

Es mögen daher hier einige Bemerkungen über die in Deutschland sehr bekannte mikrocephale Margarethe Becker angereiht werden, welche ich, während sie sich selbst überlassen war, am 9. Juli 1877 in Jena niederschrieb. Eine gründliche Untersuchung war wegen der Kürze des Aufenthalts daselbst ausgeschlossen.

Das sieben- bis achtjährige (nach dem Zeugniss des Vaters mit festgeschlossener Stirnfontanelle geborene) Mädchen hatte einen kleineren Kopf, als ein einjähriges.

Das Kind gähnt. Es greift lebhaft nach Menschenschädeln, die es neben sich auf einem Tische erblickt. Es fährt mit den Fingern in seine Nasenöffnungen, säubert seine Schürze mit beiden Händen, putzt meine dargereichte und ergriffene Taschenuhr, hält sie sich an ein Ohr, dann an ein Ohr des Vaters, verzieht den Mund zum Lächeln, scheint sich über das Ticken zu freuen, hält die Uhr an das andere Ohr des Vaters, hierauf an ihr eigenes anderes Ohr, lacht und wiederholt das Experiment mehrmals. Der Kopf ist sehr beweglich.

Nun faltet das Kind ein Stückchen Papier, das ich ihm gab, wickelt es ungeschickt zusammen, runzelt dabei die Stirn, zerkaut das Papier und lacht laut. Fast ohne Unterbrechung fliesst der Speichel aus dem Munde. Hierauf beginnt das Kind

ein Biscuit zu essen, giebt aber dem Vater und der Begleiterin
davon, indem es ihr Biscuit ihnen an die Lippen führt und
zwar sogleich richtig, während vorhin die Uhr zuerst neben das
Ohr an die Schläfe und dann erst an die Ohrmuschel gehalten
wurde.

Das Mädchen ist sehr lebhaft, schlägt namentlich lebhaft
mit den Händen um sich, sieht hochhängende Wandtafeln,
zeigt mit dem Finger auf dieselben, wirft den Kopf in den
Nacken, um sie besser zu sehen und bewegt die Finger in
der Richtung der Linien der schematischen Zeichnungen.
Endlich scheint Ermüdung einzutreten. Das Kind legt einen
Arm um den Hals seines Vaters, sitzt auf seinem Schoosse, ist
aber immer noch unruhig. Fast plötzlich scheint es sich zu
beruhigen und dann einzuschlafen. Nach fünf Minuten ist es aber
wieder munter. Das Kind sieht gut, hört gut, riecht gut,
gehorcht einigen wenigen Befehlen, giebt zum Beispiel die Hand.
Damit sind aber seine intellectuellen Leistungen erschöpft. Kein
Wort kommt zu Stande. Ich gewann die Überzeugung, dass
die wenigen Bewegungen, welche auf einen Verstand schliessen
lassen, wie das Darreichen, Zeigen und Papierfalten, auf reiner
Nachahmung beruhen, oder, wie das Umschreiben der Figuren
mit dem Finger, der niedrigen Entwicklung ununterrichteter Taubstummer eines jüngeren Stadiums entsprechen. Denn diese um-
fahren auch mit dem Finger begehrte Gegenstände. Es liegt
darin ebenfalls eine Art der Nachahmung. Einzig das Anlegen
der Uhr an die beiden Ohren ist ein Zeichen von Intelligenz (S. 303).

Kollmann, welcher dieselbe Mikrocephale zwei Monate später sah,
schreibt von ihr (im Correspondenzblatt der Deutschen Gesellschaft für
Anthropologie 1877):

Der Gang ist schwankend, die Bewegungen des Kopfes wie der Extremitäten sind schnellend, nicht immer coordinirt, also unsicher, zweck-
widrig und zuckend; der Blick ist unruhig. Margarethe spricht [?] nur
das Wort Mama, sonst hat sie keine sprachlichen Laute gelernt. Sie
giebt durch Jammern, durch weinerliche Laute, bei denen sie das Gesicht
verzieht, das Bedürfniss nach Speise kund, und lacht bei Geschenken von
Esswaaren oder von Spielzeug. Die Ernährung ist gesteigert im Vergleich
zu den ersten Lebensjahren und damit auch ihr Begriffsvermögen [?]; sie
hilft ihrer Mutter den Tisch decken und bringt Teller, Messer auf Verlangen [?] herbei, die sie an dem Aufbewahrungsort holt. Sie zeigt ferner
ein zärtliches Mitgefühl für ihren mikrocephalen Bruder; sie nimmt vom
Tische Brot, geht an das Bett ihres Bruders und füttert ihn, da er selbst
nicht im Stande ist, die Nahrung zum Munde zu führen. Sie zeigt eine
sehr deutliche Zuneigung [?] zu ihren Angehörigen und Furcht vor Fremden.
Beim Hereinführen in den Saal gab sie die entschiedensten Beweise von

Furcht; auf den Tisch gestellt, verbarg sie den Kopf im Rock des Vaters und wurde erst ruhig, als die Mutter sie auf den Arm nahm.

Das Tischdecken und Füttern beruht ohne Zweifel nur auf Nachahmung, die „Zuneigung" auf dem Bedürfniss nach Schutz, also Angst.

Richard Pott, welcher (1879) diese Mikrocephale gleichfalls beobachtete, fand, dass sie zwecklos unruhig behend von einer Ecke nach der anderen tastend und suchend [nur scheinbar Pr.] herumirrte; doch wurden vorgehaltene Gegenstände nur momentan fixirt, indem sie die Aufmerksamkeit kaum fesselten; oft griff sie nicht einmal danach. „Das Mädchen geht frei, ohne zu schwanken [?] oder zu taumeln, aber die Gehbewegungen sind völlig unmotivirt, zweck- und ziellos, oft die Richtung ändernd. Trotz seiner Grösse macht das Kind den Eindruck der äussersten Hülflosigkeit." Sie wurde gefüttert, war aber nicht gleichgültig gegen Speisen, schien Saures dem Süssen vorzuziehen. Sie kam zwar, wenn sie gerufen wurde [?], schien aber die zu ihr gesprochenen Worte nicht zu verstehen, konnte selbst kein Wort sprechen, brachte kreischende, unarticulirte Laute hervor, schämte sich [?] aber beim Entkleidetwerden, indem sie das Gesicht in der Schwester Schooss verbarg. Der Gesichtsausdruck war harmlos. wechselnd, ohne bestimmte psychische Vorgänge auszudrücken.

Fragezeichen habe ich hinzugefügt. weil die beiden Beobachter an den betreffenden Stellen zuviel sagen.

Löwenthal, welcher die Margarethe Becker im Frühjahr 1886 untersuchte und erfuhr, dass sie am 3. Januar 1870 geboren wurde, konnte nämlich kein einziges Zeichen von Verstand an ihr, der schon 16-jährigen, entdecken.

Er sah (La semaine médicale, 10. März 1886), dass sie sich heftig sträubte und an den Haaren riss, als ihre Mutter sie behufs ärztlicher Untersuchung vollständig entkleidet hatte und als diese vorgenommen wurde, aber er schreibt das wüthende Umsichschlagen mit Recht nur der Furcht zu und fand keine Spur von Schamhaftigkeit. denn sie war nach der gänzlichen Entkleidung in seiner und der Mutter Gegenwart, wenn sie nicht betastet wurde, gar nicht befangen. Während der Betastung zeigte sich eine bedeutende Muskelkraft. Die Hautempfindlichkeit war nicht abnorm. M. B. isst wenig, aber mit Lust, trinkt vorzugsweise Fleischbrühe und Milch. Süssigkeiten bevorzugt sie nicht, sondern Saures. Sie schläft sehr leise. Gehen hat sie im Alter von 15 bis 16 Monaten gelernt und ist wie gewöhnliche Kinder reinlich geworden, doch muss sie dabei wie ein kleines Kind gehalten werden. Ihre Bewegungen sind manchmal brüsk, ziemlich coordinirt beim Greifen, die Augenlidbewegungen seltener und langsamer als beim normalen Menschen. Während eines Vortrags blieb sie über eine Stunde ruhig stehen. fixirte von Zeit zu Zeit einen Gegenstand, führte sehr oft einen ihrer Zeigefinger in den Mund oder die Nase ein und hielt sich mit der freien Hand fest an der Mutter. Ob sie richtig sitzen kann, ist fraglich. Ankleiden kann sie sich nicht. auch nicht die Bänder ihrer Schürze knüpfen und lösen. nichts zuknöpfen, das Taschentuch nicht richtig benutzen. Die Sinnesorgane sind sämmtlich gut entwickelt. Glänzende Gegenstände und Musik erwecken besonders Zeichen der Befriedigung. Dagegen spricht sie kein Wort. Wenn die Eltern behaupten, sie sage Mama, Papa, so folgt daraus nicht, dass sie damit einen Sinn verbindet. Es ist durch nichts wahrscheinlich gemacht, dass sie auch nur ein einziges zu ihr gesprochenes Wort verstehe. Sie versteht aber einige Geberden, jedoch nur dadurch, dass sie ihr im Augenblick ihres Entstehens entweder Furcht erwecken oder nicht. Denn sie antwortet nicht, wenn man sie fragt, ob sie essen, trinken will. Bietet man ihr aber Brot oder Wasser an, so antwortet sie durch Ergreifen des Dargereichten oder Ablehnen desselben. „Ich sage ihr, sie solle mir die Hand geben, ohne meine Hand hinzuhalten, sie bleibt apathisch; ich reiche ihr meine Hand und sie versteckt entweder die ihrige oder giebt sie mir je nach der Stimmung des Augenblicks." Die Mutter oder der Vater sagt, sie solle den Ring zeigen, welchen sie am Finger trägt; kein Zeichen von Verständniss, die Mutter droht, sie werde gehen: nichts. Sie thut einen Schritt, um zu gehen: sofort klammert sich Margarethe an sie an und reisst sich an den Haaren. Sie erfasst also von dem Gesprochenen den Klang und lächelt oder reisst sich die Haare aus, je nachdem der vom Schall erzeugte Eindruck in ihr angenehm oder unangenehm ist, geradeso wie beim Hören leiser und lauter musikalischer Töne. „Nun ist aber diese Befriedigung oder Unbefriedigung im Grunde nichts anderes, als die Abwesenheit oder Anwesenheit eines Gefühls der Furcht." Es liegt keine Thatsache vor, welche bewiese, dass sie irgend eine Geberde ihrem wahren Sinne nach begriffe. Erhebt man die Hand, wie um sie zu schlagen, so rührt sie sich nicht, reicht man ihr den Kreisel, um sie zu beschenken, so kriecht sie hinter ihre Mutter und lacht. Sie begreift nicht, dass man ihn ihr geben will.

Somit ist, meint Professor W. Löwenthal auf Grund seiner eigenen Wahrnehmungen, die Intelligenz der Margarethe Becker trotz ihrer 16 Jahre noch geringer, als die eines Pferdes oder Hundes. Sie ist stehen geblieben auf der niedrigsten Stufe, der angeborenen Grundlage für jede Verstandesentwicklung, nämlich dem Gefühle der Lust und Unlust bei einem den Körper zuträglichen oder unzuträglichen augenblicklichen Eindruck von aussen. Die Furcht tritt, so meint er, von selbst in diese Grundlage ein, gerade wie das Schutzbedürfniss, und der Ausdruck des letzteren erscheint leicht als Zärtlichkeit, welche doch erst bei relativ hoher Entwicklung in die Erscheinung treten kann.

Die Auffassung Löwenthals stimmt nicht ganz überein mit dem Eindruck, welchen ich bei einer späteren Begegnung erhielt und mit meinen obigen thatsächlichen Notizen vom Jahre 1877, auch nicht mit den Angaben Anderer, namentlich der Eltern. Doch ist dieser Widerspruch solange bedeutungslos, bis eine länger anhaltende psychologisch-physiologische Beobachtung an dem in seiner Art einzig dastehenden Individuum, dem wohl ausgebildeten rein menschlichen Frauenkörper mit dem stupiden Kinderkopf mehr zu Tage fördert, was über die einfachste Nachahmung oder Lust- und Unlust-Äusserung hinausgeht.

Bis jetzt ist das abwechselnde Hinhalten meiner Taschenuhr an das linke und rechte Ohr mit dem Horchen die höchste psychische Leistung, welche sicher feststeht und, selbst wenn sie nachgeahmt ist, jedenfalls ein Gedächtniss für Schallwahrnehmungen und Verknüpfung der Erinnerungsbilder mit einer Bewegung beweist, also Spuren von Überlegung.

Im Ganzen geht aus den Berichten über die mikrocephalen Kinder hervor, dass ein physisches Wachsthum des Grosshirns für die Ausbildung des Verstandes und damit das Sprechen-lernen unerlässlich ist. Wenn ausschliesslich die jedesmal auf's Neue von jedem Menschen erlebten sinnlichen Eindrücke und ursprünglichen Bewegungen ohne Ausbildung der Grosshirnwin-dungen und der grauen Rinde genügten, dann hätten die Mikro-cephalen, auf welche dieselben Eindrücke wie auf andere Neu-geborene wirkten, bessere Gehirne haben und mehr lernen müssen. Das Gehirn konnte aber in dem zu früh verknöcherten Schädel trotz der Sinnes-Eindrücke nicht wachsen, also konnte das rudimentäre Menschenkind fast nichts lernen, nicht ein-mal die zur articulatorischen Willkürbewegung erforderlichen Vorstellungen bilden oder miteinander verknüpfen. Nur die motorischen Centren niederer Ordnung konnten sich ausbilden. Die Sprache fehlt und der Verstand verharrt auf einer noch unter der eines einjährigen Kindes stehenden Stufe, ohne die Möglichkeit einer Entwicklung.

In einem eigenthümlichen Gegensatze zu den Fällen echter Mikrocephalie steht der überaus merkwürdige von Dr. Rudolf Krause (in Hamburg) beobachtete Fall eines Knaben, dessen Gehirn gar nicht krankhaft verändert oder abnorm klein ist, aber entschieden den Typus des Affengehirns zeigt.

Der Entdecker theilt darüber (im Correspondenzblatt der Deutschen Gesellschaft für Anthropologie 1877) unter anderem Folgendes mit:

„Schädel und Gehirn gehörten einem Knaben an, welcher am 4. October 1869 geboren worden ist. Im fünften Jahre lernte er erst laufen. Bereits seit dem dritten Jahre war er reinlich; nur sobald er sich krank fühlte, war er es nicht mehr. Der Appetit war immer gut, bis auf die letzte vierwöchentliche Krankheit. Der Schlaf war stets ruhig. Sein Ge-müth war heiter und zum Spielen aufgelegt; sobald er Musik hörte, dann tanzte er und sang dazu in ziemlich unmelodischen Lauten. Wenn er geneckt wurde, konnte er sehr heftig sein; alles, was er in die Hand be-kam, warf er dann dem Übelthäter an den Kopf. Er war gern in Gesell-schaft; besonders fühlte er sich wohl unter Männern. Seit dem vierten Jahre hatte er gelernt. allein zu essen. Paul war sehr gelenkig, kletterte gern und besass besonders in den Armen und Händen, die förmlich ein schwieliges Aussehen hatten und so an die Schimpansenhände erinnerten, viele Kräfte. Er vermochte sich mit ausgespreizten Beinen auf die Erde zu setzen. Beim Gehen war er nicht sicher. fiel leicht hin; er lief mit nach vorn gebeugten Knieen, geknickten Beinen; er hüpfte gern, wobei er besonders affenähnlich erschien. Die grosse Zehe beider Füsse stand im Winkel vom Fuss ab und machte so den Eindruck einer Greifzehe; anfangs glaubte ich. diese Ablenkung sei dadurch entstanden, dass das Kind wegen

der Unsicherheit beim Gehen sich eine breitere Unterstützungsbasis habe
verschaffen wollen. Ich bin aber später davon zurückgekommen, weil ich
bei anderen kopfkranken Kindern, zum Beispiel bei Hydrocephalen, eine
solche Angewohnheit nicht wieder vorgefunden habe. Paul konnte wenig
sprechen, fast nur *Papa* und *Mama* sagen, und auch das hatte er erst
spät gelernt zweisylbig auszusprechen; meist gab er nur Laute von sich,
die wie ein Grunzen klangen. Das Gebell eines Hundes ahmte er mit dem
Laut *rrrrr* nach. Oft stampfte er mit Händen und Füssen, klatschte in
die Hände, stiess einen grunzenartigen Ton aus, ganz wie ich es beim
Schimpanse und Gorilla gesehen habe.

Paul besass in hervorragender Weise einen Nachahmungstrieb. Sein
ganzes Wesen, seine Bewegungen waren in frappanter Weise affenähnlich.
Von seinen Eltern wurde er entschieden vernachlässigt; er war meist
schmutzigen Aussehens, und ich glaube auch, dass der frühe Tod des
Kindes durch die geringe Pflege herbeigeführt worden ist. Paul erkrankte
am Anfang December 1876 an einem acuten Bronchialkatarrh und starb
am 5. Januar 1877 im Alter von $7\frac{1}{4}$ Jahren.

Der Schädel besitzt eine Capacität von 1022 Ccm. und das Gehirn
wiegt 950 Gr.; beide weichen daher nicht von der Norm ab. Sieht man
jedoch den aufgesägten Schädel von innen an, so bemerkt man eine
Asymmetrie beider Hälften; der Schädel ist etwas nach vorn und
rechts verschoben. Die *Partes orbitales* des Stirnbeins sind höher und ge-
wölbter, als in der Regel, wodurch die *Lamina cribrosa* des Siebbeins
tiefer zu liegen kommt und Anlass zu der bekannten Bildung des Sieb-
beinschnabels am Gehirn gegeben wird. Die Hirnwindungen finden sich
deutlich auf der inneren Fläche des Schädels ausgeprägt.

Die beiden Hirnhälften sind asymmetrisch; in der Gegend, wo auf
der linken Hemisphäre die *Fissura parieto-occipitalis* sich befindet, weichen
die beiden Hemisphären auseinander, bilden einen nach aussen und hinten
convexen Rand, der Art, dass das kleine Gehirn unbedeckt bleibt. An der
unteren Fläche der Frontallappen ist ein stark ausgeprägter Siebbein-
schnabel vorhanden. Beide *Fossae Sylvii* sind nicht geschlossen, links
weniger als rechts; das *Operculum* ist nur gering vorhanden, die Insel
liegt mit ihren *Sulci* fast vollständig unbedeckt. Diese Bildung erinnert
durchaus an das Gehirn der anthropoiden Affen. Beide *Sulci centrales
sive Fissurae Rolandi* verlaufen gestreckt, weniger tief als in der Norm
zum Hemisphärenrande, ohne gegen einander einen Winkel zu bilden.
Sehr stark und tief ausgeprägte *Sulci praecentrales* scheinen dafür zu
vicariiren. Der *Sulcus interparietalis*, welcher weiter nach aussen entspringt als beim Menschen, nimmt den *Sulcus parieto-occipitalis* auf, eine
typisch dem Affenhirn zukommende Bildung. Der *Sulcus occipitalis trans-
versus*, welcher beim Menschen meist wenig ausgeprägt ist, erstreckt sich
hier als tiefe Spalte quer über den Occipitallappen, trennt denselben beinahe ganz vom Scheitellappen, und es entsteht daher eine sogenannte
Affenspalte und der letzte Theil des Occipitallappens sieht wie ein *Operculum* aus. Die *Fissura calcarina* entspringt bereits auf der Oberfläche
des Hinterhauptlappens, nimmt die *Fissura parieto-occipitalis* erst spät
auf und geht auf der rechten Seite direct in die *Fissura Hippocampi*.
Auch diese Abnormität ist typisch für das Affenhirn.

Der *Gyrus occipitalis primus* ist vom oberen Scheitellappen durch den *Sulcus parieto-occipitalis* getrennt, eine Bildung, welche nach Gratiolet bei manchen Affen vorkommt. Der *Gyrus temporalis superior* ist beiderseits auffallend reducirt und besitzt nur eine durchschnittliche Breite von fünf Millimeter; es ist das eine Eigenthümlichkeit, welche durchaus an das Gehirn des Schimpanse erinnert, welcher stets diese reducirte oberste Schläfenwindung besitzt.

Wir haben hier eben ein Gehirn, welches im Volumen kaum von der Norm abweicht, welches alle Windungen und Furchen besitzt, vielleicht mehr als normal windungsreich erscheint, welches in jeder Hinsicht differenzirt ist, trotzdem in seiner ganzen Bildung mehr dem Affen- als Menschen-Typus sich zuneigt. Würde mir das Gehirn vorgelegt worden sein, ohne dass ich seinen Ursprung wüsste, so hätte ich das vollständige Recht gehabt, dieses Hirn einem anthropoiden Affen zuzutheilen, welcher dem Menschen um einige Grad näher steht als der Schimpanse."

Dieser Fall erinnert in manchen Zügen an die Schilderungen des abstossenden Verhaltens verwilderter und verthierter Kinder. Auf die Nothwendigkeit, alle Nachrichten über solche zu sammeln und kritisch zu sichten, weil mit der fortschreitenden Cultur die Culturlosen immer seltener werden, habe ich in meinen Universitätsvorlesungen seit zwei Jahrzehnten hingewiesen, auch selbst die schwer zugänglichen Originalquellen gesucht. Mehrere davon sind inzwischen von Prof. Rauber in seiner sehr lesenswerthen Schrift *Homo sapiens ferus* (Leipzig 1885) abgedruckt und erörtert worden. Ich hob in einer kleinen Schrift („Die fünf Sinne" 1870, auch in meinem Buche „Aus Natur- und Menschenleben" 1885) ihre Bedeutung hervor. Trotz der grossen Unzuverlässigkeit vieler älterer Angaben und der Unvollständigkeit der Nachrichten über die angeblich mit Wölfen, Bären, Schweinen oder für sich im Freien aufgewachsenen Kinder, lässt sich die eine Schlussfolgerung schwer angreifen, dass bei jenen sprachlosen, nicht civilisirten Wesen das Gehirn und damit die Vernunft sich nicht entwickeln konnte, weil es an Mustern zur Nachahmung fehlte, während die Muskelkraft und Gelenkigkeit eine sonst beim Menschen nicht vorkommende Ausbildung erhielten durch den Kampf um das nackte individuelle Dasein, welches die höhere geistige Thätigkeit nicht benöthigte und nicht aufkommen liess, selbst wenn sie sich unter den Thieren und Pflanzen hätte entfalten können. Übrigens scheint bei den eingefangenen Thiermenschen beiderlei Geschlechts die Entwicklungsfähigkeit nicht ganz erloschen gewesen zu sein, wie es bei manchen Kretinen und den Mikrocephalen der Fall ist.

Das Vorkommen von gut hörenden und sehenden Knaben und Mädchen ohne Vernunft unter Menschen, wegen vernachlässigter Erziehung, ist glücklicher Weise sehr selten. Laster, Verbrechen, Gleichgültigkeit herzloser Eltern gehen jedoch bisweilen soweit, dass mit schlechten Anlagen und erblichen Krankheiten behaftete Kinder nur eben durch Darreichung der Nahrung am Leben erhalten werden ohne Pflege und Unterweisung. Solche im höchsten Grade bedauernswerthe Geschöpfe liefern ebenfalls den Beweis dafür, dass nur durch Erziehung, also zunächst Übung im Nachahmen, das Kind zum Menschen wird.

Ich hatte einmal (am 6. Juli 1882) Gelegenheit, solch ein unglückliches Geschöpf zu sehen. Der $8^1/_2$-jährige Knabe M. Gr. war in der Klinik des Professor Kuhnt in Jena wegen eines Augenleidens behandelt worden und der Assistenzarzt Dr. Schrader machte mich kurz vor seiner Entlassung auf ihn aufmerksam. Thatsächlich sprach der ganz gut sehende, hörende, riechende, schmeckende, fühlende und aufrecht stehende Knabe nur die beiden Wörter *Professor* und *Mama*. Er verstand eine ziemliche Anzahl, wie „Iss! Trink! Komm! Geh! Setz Dich! Nimm den Hut ab! Bitte schön! Lauf! Dreh um! Lache!" Ein gewöhnlicher Hühnerhund versteht jedoch mehr Ausdrücke. Das Befolgen der Befehle war dem Knaben, neben sehr unbeholfenem Tanzen, Springen, Pfeifen erst in den letzten Wochen von einem alten Patienten mit vieler Mühe und mit Schlägen beigebracht worden, auch das Lachen. Besonders das Reinlichsein und Anziehen wurde nur unvollkommen erlernt. Das Gehen, welches das Kind zugleich mit der eben erlernten Sprache gegen Ende des zweiten Lebensjahres nach einer Krankheit verlernt hatte, war nun mehr ein Watscheln. Seine Mutter erkannte der Knabe beim Wiedersehen nach kurzer Trennung im neunten Jahre nicht. Jene Krankheit, welche auf epileptiforme Krämpfe im ersten Jahre — nach einer fast ein Jahr dauernden Zeit angeblich normalen Verhaltens — vor dem dritten Jahre folgte, erklärten die befragten Ärzte, der Mutter zufolge, für einen ihnen unbekannten Zustand und gaben den kleinen Patienten auf, der durch ein Röhrchen mit flüssiger Nahrung gefüttert wurde. Nach einer „Sympathie-Cur" aber hörten die Krämpfe auf und der offenbar vernachlässigte und unter den traurigsten Familienverhältnissen aufwachsende kleine Patient blieb vom dritten bis zum neunten Jahre auf derselben Stufe sprachloser Indolenz und Unbildung stehen und verkümmerte geistig und körperlich.

Ich hoffte ermitteln zu können, worin die „Sympathie-Cur" bestand und ob sie diesen Zustand verschuldet habe. Es ist aber nicht geglückt, Näheres darüber und über eine etwaige weitere Ausbildung des armen Kindes zu erfahren, nachdem die Mutter ihn plötzlich abgeholt hatte. Auf mich, der ich es nur einige Stunden in meinem Laboratorium bezüglich der Sinne und Beweglichkeit sowie der Intelligenz untersuchte, machte es den Eindruck nicht eines Idioten, auch nicht eines Kranken, sondern eines schlecht genährten, körperlich und geistig zwar sehr zurückgebliebenen, aber noch entwicklungsfähigen Kindes.

Jedenfalls zeigt dieser Befund, ähnlich wie die amtlichen Berichte über den leider bei seinem ersten Erscheinen in Nürnberg im Jahre 1828 ärztlich nicht genau untersuchten Kaspar Hauser, dass Verstand und Sprache noch lange nach der Kindheit bei vorhandener Sinnesthätigkeit und unversehrtem Gehirn fast ganz mangeln können auch bei solchen, die von Menschen ernährt, aber sträflich vernachlässigt worden sind.

Jedoch ist damit die Fähigkeit zu lernen nicht zugleich erloschen, sondern nur in engere unüberschreitbare Grenzen gezwängt, als bei rechtzeitig unterrichteten Kindern.

ACHTZEHNTES CAPITEL.

Vom Wesen des Sprechenlernens.

Kein Mensch erinnert sich, wie er in früher Jugend seine Muttersprache erlernte, und das ganze Menschengeschlecht hat den Ursprung seines articulirten Sprechens, wie seiner Geberden vergessen, aber jeder Einzelne durchläuft wahrnehmbar das Stadium des Sprechenlernens, so dass ein geduldiger Beobachter Manches als gesetzmässig erkennt.

Die Erwerbung der Sprache gehört zu denjenigen physiologischen Problemen, welche mit dem wichtigsten Hülfsmittel der Physiologie, dem vivisectorischen Experiment, nicht gelöst werden können. Auch lässt sich die jedem Menschen angeborene Sprachlosigkeit nicht als eine Krankheit auffassen, welche durch Unterricht geheilt würde, wie bei gewissen Formen erworbener Aphasie. Eine Reihe anderer Fertigkeiten, wie Schwimmen, Reiten, Fechten, Clavierspielen, deren Erwerbung physiologisch ist, wird wie das articulirte Sprechen erlernt, und niemand nennt den, der nicht schwimmen kann, deshalb anomal. Das Unvermögen, diese und andere coordinirte Muskelbewegungen sich anzueignen, dieses ist nur abnorm. Nun kann man aber bei keinem neugeborenen Kinde von vornherein wissen, ob es wird sprechen lernen oder nicht, gerade wie man bei dem, welcher eine Störung der Sprache erlitten oder dieselbe ganz verloren hat, nicht gewiss ist, ob er sie je wieder erhalten wird.

Hierin ähnelt das noch nicht vollkommen sprechende gesunde Kind dem kranken Erwachsenen, welcher nicht mehr — aus irgend welchem Grunde — die Sprache beherrscht. Und es ist um so wichtiger, die beiden miteinander genau zu vergleichen, was noch niemand ausgeführt hat, als zur Zeit kein anderer empirischer Weg, das Wesen des Sprechenlernens zu erforschen, offen steht. Glücklicher Weise führt er durch die Pathologie hindurch zu sicheren, wichtigen physiologischen und psychologischen Schlüssen.

Die Störungen der Sprache Erwachsener.

Die Beherrschung der Sprache umfasst einerseits das Verständniss des Gesprochenen, andererseits die Äusserung des Gedachten; sie erreicht in der freien verständlichen zusammenhängenden Rede ihre höchste Leistung. Alles was das Verständniss gehörter Worte stört, muss ebenso als Sprachstörung bezeichnet werden, wie alles, was die Erzeugung der Worte und Sätze stört.

Durch viele mühevolle Untersuchungen Vieler, namentlich von Broca, Wernicke, Kussmaul, ist es möglich geworden, die meisten beobachteten Sprachstörungen beider Arten topisch zu sondern. Für die ersteren, welche ich zusammen der Kürze wegen die impressiven Vorgänge genannt habe, kommt in Betracht jede Functionsstörung des peripheren Ohres, des Hörnerven und der centralen Enden des Hörnerven, für die letzteren, die expressiven Vorgänge, jede Functionsstörung des zur Articulation erforderlichen Apparates, einschliesslich der diesem zugehörigen Nerven in ihrem ganzen Verlauf, namentlich des Hypoglossus, als des Bewegungsnerven der Zunge, und der Grosshirnhemisphären-Gebiete, von denen aus die Sprachnerven erregt und in welche die Sinneseindrücke von aussen durch Verbindungsfasern so geleitet werden, dass sie selbst oder ihre Erinnerungsbilder expressive, das heisst motorische Vorgänge hervorrufen können. Das Schema Fig. 1 versinnlicht:

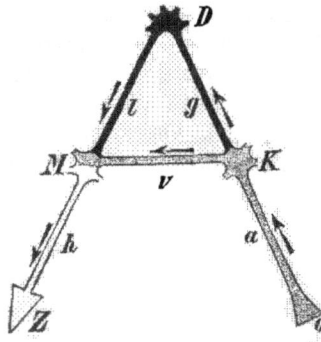

Fig. 1.

Das periphere Ohr o mit den Hörnervenenden steht durch sensorische mit dem Hörnerven zusammenhängende Fasern a mit dem Schallabdruckmagazin oder Klangerinnerungsbild-Centrum K in Verbindung. Dieses ist durch die intercentralen Bahnen v mit dem motorischen Sprachcentrum M verbunden. Von ihm aus gehen besondere Communicationsfasern h zu den motorischen Sprachnerven, die in den äusseren Articulationsinstrumenten z endigen.

Die impressive Nervenbahn oaK ist centripetal, die expressive Mhz centrifugal, v intercentral. Ferner gehen von K Fasern g an die höheren begriffbildenden Hirntheile, verschiedene zum Theil weit auseinanderliegende Centren, welche zusammen das Dictorium D heissen sollen. Von D gehen dann noch besondere Bahnen l zum motorischen Sprachcentrum M.

Beim Sprechenlernen des gesunden Kindes nimmt o die Schalleindrücke auf, durch a werden die akustischen Nervenerregungen nach K fortgeleitet und hier aufgespeichert, indem jeder deutlich gehörte Schall (ein Laut, eine Sylbe, ein Wort) einen Eindruck in K hinterlässt. Es ist dabei sehr merkwürdig, dass unter den vielen Klängen und Geräuschen, welche sich den mit dem Hörnerven unmittelbar verbundenen Hirntheilen eindrücken, im Klangfeld der Sprache K eine Auswahl getroffen wird, indem zwar alle diejenigen Eindrücke, welche wiedererzeugt werden können, darunter alle für das Sprechen nothwendigen akustischen Bilder haften bleiben; aber viele andere, wie Donner, Knistern, nicht aufbewahrt werden. Die Erinnerung an diese ist undeutlich. Von K geht weiter, wenn die Klangbilder oder Schallabdrücke genügend stark und zahlreich geworden sind, die Nervenerregung nach D, wo sie erst einen Sinn erhält, und von da nach M, wo sie motorische Impulse auslöst und durch h den peripheren Sprechapparat z in Thätigkeit setzt. Beim sinnlosen Nachplappern geht die Erregung hingegen nur durch v von a nach h.

Gestört ist nun die Sprache, wenn an irgend einer Stelle die Bahn oz unterbrochen oder die beim Hören des Gesprochenen oder Aussprechen des Vorgestellten (des innerlich Gehörten) fortgeleitete Erregung gehemmt wird, was auch ohne totale Leitungsunterbrechung, zum Beispiel durch Gifte und durch anatomische Läsionen besonders nach Schlaganfällen bewirkt werden kann.

Ich theilte nun im Jahre 1881 auf Grund dieser nicht im Geringsten zweifelhaften physiologischen Verhältnisse alle reinen Sprachstörungen oder Lalopathien in drei Classen: 1) impressive, 2) centrale, 3) expressive Störungen. In der zweiten Classe

unterschied ich damals nur drei Typen. nämlich Störungen in
K, in *r* und in *M*. Durch die neueren pathologischen Untersuchungen, namentlich von Wernicke und Lichtheim, kommen
jetzt noch zwei hinzu, nämlich Störungen in *g* und in *l*. Auch
in der ersten und dritten Classe ist die Anzahl der Arten der
Störungen jetzt durch gehäufte Beobachtung grösser als damals
geworden, so dass sich das System folgendermaassen gestaltet:

I. Impressive oder perceptive Störungen.

Das Gehörorgan ist an seinem peripheren Ende *o* oder
der Hörnerv in seinem Verlauf lädirt, dann tritt Schwerhörigkeit oder Taubheit ein. Das Gesprochene wird nicht richtig
oder garnicht gehört; die Diction ist richtig nur, falls die Läsion
eine spät erworbene war. Ist sie angeboren, so nennt man
diese Alalie Taubstummheit, obwohl die sogenannten Taubstummen in Wahrheit nicht stumm, sondern nur taub sind.
Werden durch erworbene Fehler des peripheren Ohres die gesprochenen Worte unrichtig gehört, „verhört" sich der Kranke,
so heisst die Anomalie Parakusie. In diese Abtheilung gehören
ferner die seltenen Fälle, in denen zwar das willkürliche Sprechen
und Schreiben, das Verständniss der Schrift und lautes Lesen
erhalten, *K* also unversehrt ist, aber das Nachsprechen und
das Verstehen des Gesprochenen unmöglich ist, so dass der
Kranke taub zu sein scheint, obwohl er noch gut hört.

Ein solcher Fall, wo *o* sehr nahe bei *K*, also die akustische
Bahn im Grosshirn, lädirt sein muss, ist der Burkhardt-Licht-
heim'sche (Deutsches Archiv für klinische Medicin 26. B. 1885).

Es müssen hierher endlich noch Störungen und Erschwe-
rungen der Sprache gerechnet werden, welche ohne periphere
oder centrale Defecte nur durch eine zu kurze Dauer der Sinneseindrücke (nach Grashey) zu Stande kommen und bei denen
die zum Sprechen erforderlichen Associationen deshalb unvollständig sind.

II. Centrale Störungen.

a) Die höheren impressiven Centren *K* sind gestört: Cen-
trosensorische Dysphasie und Aphasie. Die Worte werden
gehört, aber nicht verstanden; es kann deshalb nicht nachgesprochen, Geschriebenes nicht verstanden und nicht richtig vor-
gelesen werden. Das Gehör ist aber scharf. Die Kranken haben

richtige Ideen, aber es fehlt ihnen der richtige Ausdruck dafür; nicht die Gedanken, sondern die Worte sind verwirrt; sie würden fremde Ideen verstehen, wenn sie die Worte verständen. Die Articulation ist intact, aber das Gesprochene unverständlich, weil die Wörter entstellt und verkehrt gebraucht werden (Paraphasie). Diese Form hat C. Wernicke (1874) entdeckt und von anderen Sprachstörungen streng unterschieden. Er bezeichnete sie als sensorische Aphasie. Worttaubheit (*surditas verbalis*) nannte später (1877) Kussmaul diese Anomalie; Andere nennen sie Sprachtaubheit (1885).

b) Die Verbindungen *v* zwischen den impressiven Schallcentren *K* und dem motorischen Sprechcentrum *M* sind lädirt. Dann tritt intercentrale Leitungs-Dysphasie und -Aphasie erster Ordnung ein. Das Gesprochene wird, auch wenn *v* ganz unterbrochen ist, richtig gehört und verstanden, die Articulation ist nicht gestört, und doch kann der Kranke nicht mehr richtig willkürlich sprechen. Das eben von ihm vorgelesene Wort kann von ihm nicht richtig wiederholt werden, auch das ihm vorgesprochene nicht (Paraphasie). Es ist hier also, selbst wenn die Erinnerung an die gehörten Worte nicht verloren ging, unmöglich, den expressiven Sprechmechanismus, obwohl er intact blieb, aus eigenem Antrieb in Thätigkeit zu setzen.

c) Das motorische Sprechcentrum *M* ist lädirt. Dann tritt centromotorische Dysphasie und Aphasie ein. Ist das Centrum vollständig und ausschliesslich zerstört, dann liegt die Broca'sche Aphasie, eine rein ataktische Aphasie [K], die ursprüngliche motorische Aphasie Wernicke's vor. Freies Sprechen, Nachsprechen vorgesagter Wörter und lautes Lesen ist unmöglich. Dagegen werden gehörte Wörter verstanden, obwohl die zugehörigen Begriffe nicht lautlich ausgedrückt werden können. Das Wortgedächtniss bleibt erhalten.

d) Die Verbindungen zwischen den sensorischen Klangcentren *K* und dem höheren begriffbildenden *D* sind unterbrochen. Dann ist das Verständniss der Sprache verloren, das willkürliche Sprechen verwirrt (Paraphasie), Vorlesen und Nachsprechen ohne Verständniss noch erhalten. Lichtheim findet in der Erhaltung der willkürlichen Schrift das Unterscheidungsmerkmal dieser Störung von der im Fall IIa erwähnten centrosensorischen Störung. Sie ist als eine intercentrale Leitungs-Dysphasie und -Aphasie zweiter Ordnung zu bezeichnen.

c) Die Verbindungen zwischen den höheren, begriffbildenden Hirntheilen *D* und dem motorischen Sprechcentrum *M* sind unterbrochen. Es resultirt dann eine intercentrale Leitungs-Dysphasie und -Aphasie dritter Ordnung, bei der das willkürliche Sprechen unmöglich, aber das Nachsprechen erhalten ist, so dass Vorgesprochenes gehört und verstanden wird.

III. Expressive oder articulatorische Störungen.

Die centrifugalen Bahnen *h* (Fig. 1) vom motorischen Sprachcentrum zu den motorischen Sprachnerven und deren Enden oder diese selbst *Z* sind lädirt. Dann tritt Dysarthrie und, wenn die Bahn an irgend einer Stelle total unwegsam wird, Anarthrie ein. Das Hören und Verstehen der Wörter ist nicht beeinträchtigt, aber Sprechen, Nachsprechen und Vorlesen ebenso wie im Fall IIc unmöglich, überhaupt die symptomatische Unterscheidung dieser beiden Formen von einander, wenn beide extrem ausgebildet sind, nur bei den peripheren Dysarthrien, das heisst den Dyslalien, möglich, da es begreiflicher Weise in den Ausfallserscheinungen der Mundsprache keinen Unterschied macht, ob das motorische Centrum *M* selbst ausgeschaltet ist oder seine Verbindungen mit dem motorischen Ausweg völlig abgeschnitten sind gerade da, wo dieser beginnt. Ist aber dieser näher an der Peripherie lädirt, etwa der Hypoglossus gelähmt, dann sind die Erscheinungen natürlich andere (Panalalie, Mogilalie). Hierher gehören alle durch Fehler des peripheren Sprechapparats bedingten sogenannten mechanischen Dyslalien.

Die strenge Unterscheidung der peripher-motorischen Aphasie von der Broca'schen findet Lichtheim (1885) darin, dass hierbei das willkürliche Schreiben und das Dictatschreiben erhalten sind, während sie bei totaler Broca'scher Aphasie fehlen. Demnach wird die Sprachlosigkeit solcher Menschen, welche nie schreiben lernten und durch Unterbrechung der Leitung *h* nahe bei *M* aphatisch werden, von der der Aphatischen mit völlig zerstörtem *M* ohne sonstige Störung nicht zu unterscheiden sein.

Von den fünf Formen der centralen Störung (II, a—e) kommt meistens jede nur zusammen mit einer anderen vor, darum ist auch die topische Diagnostik oft ausserordentlich schwer. Es sind aber Fälle genug genau beobachtet und ge-

sammelt worden, welche es nicht zweifelhaft lassen, dass jede
Form wenigstens auf kurze Zeit auch für sich rein hervortreten
kann. Freilich ist die anatomische Localisation der impressiven
und expressiven Bahnen im Gehirn erst unvollkommen ermittelt, so
dass einstweilen die centripetalen Wege von den Acusticuskernen
zum motorischen Sprachcentrum und die intercentralen Fasern,
welche zu den höheren Centren verlaufen, ebenso unsicher bestimmt
sind wie die centrifugalen von ihnen zu den Hypoglossuskernen
abführenden Bahnen. Dass jenes von Broca entdeckte Sprachcentrum selbst im hinteren Theile der dritten Stirnwindung
gelegen ist, welcher der Fossa Sylvii anliegt, wird zwar allgemein
angenommen, aber es kann sich auch gelegentlich, wie Professor
Naunyn (im Biologischen Centralblatt 1887) hervorhob, anderswo
entwickeln, und Professor Goltz theilte mir mit, ein englischer
Forscher habe in einem Fall beidseitige Zerstörung des Broca-
schen Centrums beobachtet, ohne dass irgendwelche Störung der
Sprache vorgekommen wäre. Alle höheren Rindencentren sind
eben nach den Untersuchungen von Goltz an keine festen anatomischen Örter geknüpft, sondern können sich an verschiedenen
Stellen verschieden schnell ausbilden, was auch für das Folgende
wohl zu beachten ist.

Aus dem reichen casuistischen Material ergiebt sich ferner,
dass das Schallcentrum K in ein Lautcentrum L, Sylbencentrum
S, Wortcentrum W gesondert werden muss, deren jedes für
sich defect werden kann; denn es sind Fälle beobachtet, bei
denen Laute noch erkannt und reproducirt wurden, aber nicht
Sylben und Worte, auch Fälle, bei denen Laute und Sylben,
aber keine Worte disponibel blieben, und endlich solche, bei
denen alle drei wegfielen. Das ursprüngliche Schema wird
hierdurch erheblich complicirt, indem zu der einfachen Verbindungsbahn v zwischen K und M die Bogen LSM und $LSWM$
treten (Fig. 2).

Die sicherste Probe auf die Unversehrtheit aller Abschnitte
bildet das willkürliche vollkommen correcte Nachsprechen und
Verstehen vorgesagter Wörter.

Keine Wörter, aber Sylben und Laute können nachgesprochen werden, wenn W ausfällt oder die Bahn SW oder
WM unterbrochen ist, keine Sylben, wenn S ausfällt oder LS
oder SM unterbrochen ist. Fällt L aus, dann kann nichts
nachgesprochen werden. Ist LM unterbrochen, dann werden
Sylben und Wörter leichter als isolirte Laute nachgesprochen,

sofern letztere nicht schon Sylben sind. Ist *LS* unterbrochen, dann können nur einfache Laute noch nachgesprochen werden. Alle diese Anomalien sind thatsächlich beobachtet worden. Man findet in Kussmaul's classischem Werke über Sprachstörungen, welches in mehreren Auflagen (zuerst 1877) erschien, sowie in den Schriften von Wernicke, Lichtheim, Broadbent und Anderen die Belege. Auch der befremdliche Fall, dass (bei Unwegsamkeit von *LM*) Sylben leichter als einfache Laute wiederholt werden, kommt vor.

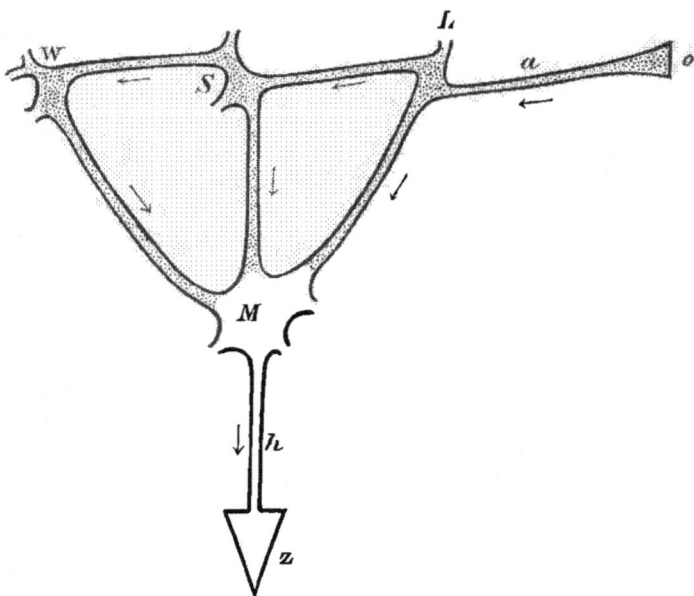

Fig. 2.

Ist *a* unterbrochen, ehe die Sprache erlernt worden, also in frühester Kindheit dauernd Taubheit vorhanden, so kann dennoch durch Tast- und Gesichts-Eindrücke die Articulation erlernt werden. Dann bildet sich aber das Laut-Centrum *L* nicht aus. Es tritt bei den Taubstummen ein anderes an seine Stelle, wenn sie unterrichtet werden, ein Laut-Tast-Centrum, hauptsächlich durch die Tastempfindungen der Zunge, und wenn sie im Lesen (und Schreiben) unterrichtet werden, ein Laut-Seh- oder Buchstaben-Centrum. Dieses letztere fehlt hingegen den Blindgeborenen. Und den Taub- und Blindgeborenen fehlen beide. Bei ihnen bildet sich durch sorgfältigen Unterricht mittelst der Tastempfindungen der Fingerspitzen statt dessen ein Centrum für getastete Lautzeichen (wie bei der Blindenschrift) aus. Absolut unentbehrlich zur Erwerbung einer Wortsprache sind demnach das Ohr und das Auge nicht, aber zur Erlernung der Wortsprache ihrem vollen Inhalte nach sind beide allerdings unentbehrlich. Denn der Blindgeborene erfährt nicht den Sinn der Licht und Farbe betreffenden Wörter. Ihm bleibt eine grosse Classe von Begriffen, welche sich auf den Raum beziehen, unbekannt, eine grosse Abtheilung des Wortschatzes seiner Sprache leerer Schall. Dem Taubgeborenen ist ebenfalls ein umfangreicher Begriffsbezirk verschlossen, sofern alle auf Ton und Geräusch bezüglichen Wörter ihm unverständlich bleiben.

Vollends können Taubblindgeborene, oder sehr früh ertaubte Blindgeborene, oder sehr früh erblindete Taubgeborene, mögen sie noch so intelligent sein und vielleicht auch, wie die vielgenannte Laura Bridgman, Briefe schreiben lernen, stets nur einen kleinen Theil des Vocabulars ihrer Sprache verstehen und nicht correct articuliren.

Gerade die Taubgeborenen zeigen deutlich, wie nothwendig das Gehör für die Erwerbung der vollkommen articulirten Sprache ist. Ein von Geburt an Tauber lernt nicht einmal ein halbes Dutzend Laute ohne Beihülfe richtig sprechen, und der durch erworbene Taubheit bei Kindern, die bereits sprechen gelernt haben, regelmässig eintretende Verlust der Sprache beweist, wie untrennbar fest die Erlernung und Ausbildung vollkommener Articulation an das Gehör geknüpft ist. Selbst die im reiferen Alter erworbene Taubheit beeinträchtigt wesentlich den Wohllaut, oft auch die Verständlichkeit der Rede.

Die organischen Bedingungen des Sprechenlernens.

Wie verhält es sich nun mit dem normalen Kinde, welches sprechen lernt? mit der Existenz und Wegsamkeit der nervösen Leitungen und der Entstehung der Centren?

Um diese Fragen zu erörtern, ist eine abermalige Erweiterung des Schemas nothwendig (Fig. 3). Denn das letzte berücksichtigt nur das Hören und Aussprechen der Laute, Sylben

und einzelnen Wörter, nicht die grammatische Gestaltung und
syntaktische Gruppirung derselben; es muss ein Gebiet höherer
Ordnung, das Dictorium D (Fig. 1) noch mit den Centren L,
S und W in Verbindung gebracht werden. Und zwar muss
einerseits das erlernte (gehörte) Wortbild dem Dictorium zur
Verfügung stehen, also eine Erregung von W nach D gehen
(in m), andererseits ein Impuls vom Dictorium ausgehen, das

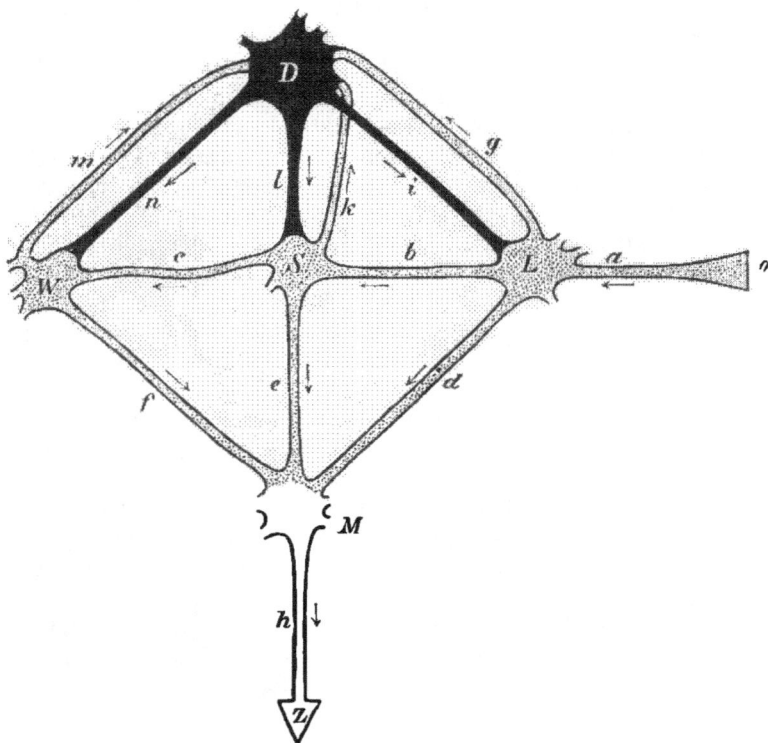

Fig. 3.

dem Sinn entsprechend geformte und placirte Wort auszusprechen
(in n). Dasselbe gilt für die allemal vor der Wortkenntniss erlernten Sylben und Laute, deren Hin- und Rück-Wege durch
k und l, sowie durch g und i bezeichnet sind. Diese Verbin-
dungswege müssen von zweifacher Art sein. Die Erregung kann
zum Dictorium D hin nicht auf derselben Bahn ablaufen wie
der Impuls von D fort, weil nicht ein einziger Fall bekannt ist

von einer Nervenfaser, welche unter natürlichen Verhältnissen, das heisst solange sie mit ihrem centralen und ihrem peripheren Ende verbunden bleibt, centrifugal und centripetal leitete, obwohl ihr unter künstlichen Umständen dieses doppelsinnige Leitungsvermögen zukommt. Es wird also, abgesehen von pathologischen Erfahrungen, welche dafür sprechen, die Trennung

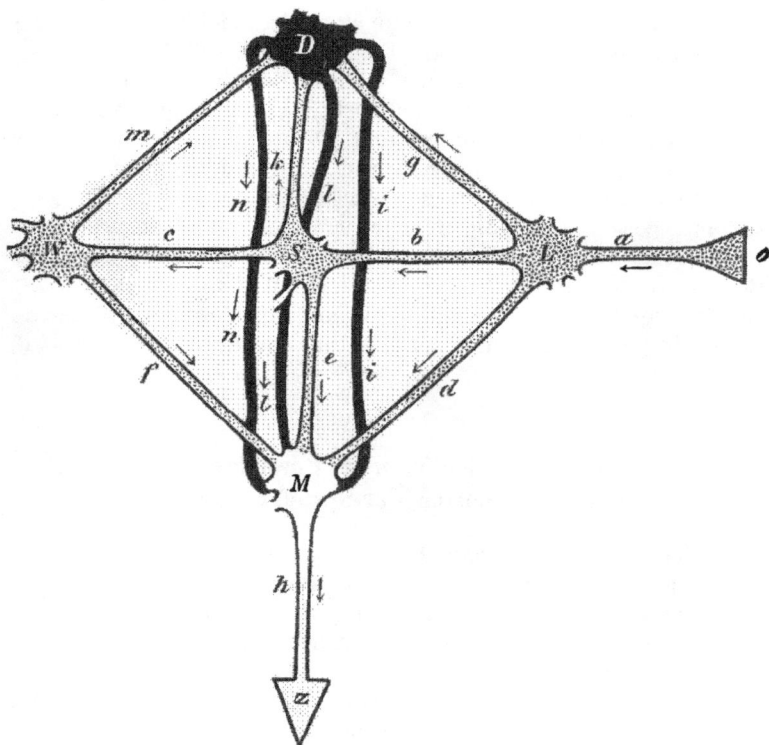

Fig. 4.

der beiden Erregungsrichtungen auch physiologisch und anatomisch gerechtfertigt erscheinen. Dagegen ist noch unentschieden, ob die von *D* ausgehenden Impulse direct zum motorischen Sprachcentrum gelangen oder erst *W*, *S* und *L* passiren. Das Schema stellt sich dann folgendermaassen (Fig. 4) dar:

Die directen Verbindungsbahnen *i*, *l* und *n* von *D* nach *M* stellen das vor, was eben bezüglich durch *i L d* und *l S e*

und *n W f* dargestellt wurde; in Figur 4 leitet *i* nur von *L*
kommende Laut-Erregungen, *l* nur von *S* und *n* nur von *W*
kommende Erregungen, als Impulse für *M*. Vorläufig giebt es
kein Mittel, zwischen den beiden Möglichkeiten in jedem einzelnen
Fall zu entscheiden. Es ist nicht unwahrscheinlich, dass beim
geübten Redner beide nebeneinander bestehen. Alle folgenden
Angaben über die Localisation der Sprachstörungen und die
ihnen parallelen Unvollkommenheiten der kindlichen Sprache
gelten gleichmässig für beide Figuren, wobei festzuhalten ist,
dass die Nervenerregung immer n u r in der Richtung der Pfeile,
niemals in der entgegengesetzten Richtung, durch die ihnen entsprechenden nervösen Bahnen geht.

Eine solche Parallele giebt, wie ich gefunden habe und im
Folgenden zeigen werde, nicht etwa nur die übersichtlichste Darstellung der mannigfaltigen Abweichungen der Kindersprache
von der späteren vollkommenen Sprache, sondern ist auch zur
Beantwortung der Frage, wie es sich mit dem Sprechenlernen
verhält, vor allem nothwendig. Es kommen dadurch alle Eigenthümlichkeiten der Kindersprache in einen natürlichen Zusammenhang.

Parallele der Sprachstörungen Erwachsener und der Unvollkommenheiten der Sprache des Kindes.

Wenn ich eine solche Parallele zu ziehen unternehme, so
muss ich vorausschicken, dass ich in Betreff des Pathologischen
mich weniger auf eigene Erfahrungen als auf Kussmaul's zu-
sammenfassendes Werk über die Sprachstörungen stütze, welchem
die meisten zur Charakteristik der einzelnen Abweichungen der
Sprache Erwachsener von der Norm dienenden Angaben entnommen sind. Auch finden fast alle Namen — ausser der hier
der Kürze halber hinzugefügten Skoliophasie, Skoliophrasie,
sowie Palimphrasie — in ihm ihre Erklärung oder nähere Bestimmung. Die Angaben dagegen über das Sprechen des Kindes
beruhen auf meinen eigenen Beobachtungen an Kindern — besonders an meinem Sohne — und die Leser, welche auf kleine
Kinder achten, werden sie alle bestätigen können. Nur die zur
Erläuterung der Mogilalie und Paralalie beigefügten Beispiele
stammen zum Theil von Sigismund, wenige andere von dem
Physiologen Vierordt. Sie zeigen deutlicher (wenigstens be-

züglich des Rhotacismus), als meine eigenen Aufzeichnungen einige Unvollkommenheiten der Articulation beim Kinde im zweiten Lebensjahre, welche aber nur einzelnen Individuen zukommen. Überhaupt findet man die Mängel der kindlichen Sprache sehr ungleich auf die Altersstufen und die Individuen vertheilt, so dass man nicht erwarten darf, alle Sprachstörungen Erwachsener an einem und demselben Kinde in typischer Weise ausgeprägt zu finden. Wenn man aber sehr genau beobachtet und mehrere Kinder daraufhin miteinander vergleicht, drängen sich die Analogien förmlich dem Beobachter auf und es bleibt nirgends eine Lücke.

Die Zusammenstellung, in welcher ich sämmtliche Arten von Störungen und Mängeln der Sprache systematisch in organischen Zusammenhang zu bringen versucht habe, behandelt nur diejenigen Unvollkommenheiten der Wortsprache, welche nicht durch Störungen der Intelligenz verursacht sind: reine Sprachstörungen oder Lalopathien. Ich reihe diesen aber einige Bemerkungen an über Unvollkommenheiten der Wortsprache, welche nur durch Störungen der Intelligenz verursacht sind: Störungen der Rede oder Dysphrasien. Den Schluss bilden Angaben über Unvollkommenheiten der Geberden- und Mienensprache: Dysmimien.

Dagegen fallen die Unvollkommenheiten im Lesen (Alexie), Schreiben (Agraphie), Zeichnen, Malen, Rechnen für das Kind bis zum Ende des dritten Lebensjahres selbstverständlich fort; die des Singens und des musikalischen Gehörs sind auch bei Erwachsenen kaum untersucht.

Lalopathien.

I. Die impressiven Processe sind gestört.

Das Gebiet des Hörnerven mitsammt dem Ohr ist noch nicht leistungsfähig.

a. Taubheit. Ertaubte der Sprache mächtige Menschen verstehen Gesprochenes nicht, nur weil sie nicht mehr hören können.

Neugeborene verstehen Gesprochenes nicht, schon weil sie noch nicht hören können. Die Bahnen o und a sind noch nicht wegsam an der Peripherie (Fig. 1 bis 4).

Alle normalen Ebengeborenen sind von taubstummen Neugeborenen nicht zu unterscheiden.

b. Schwerhörigkeit. Schwerhörig gewordene verstehen Gesprochenes nicht oder falsch, weil sie nicht mehr deutlich hören. Solche Individuen verhören sich leicht (Parakusie).

Sehr junge Säuglinge verstehen Gesprochenes schon deshalb nicht, weil sie noch nicht deutlich hören: o und a sind für die akustische Nervenerregung noch schwer zu passiren. Kleine Kinder verhören sich aus diesem Grunde sehr leicht.

c. Sensorische Störungen der Bahn a dicht am Klangbild-Centrum K finden ebenfalls ihr Seitenstück vorübergehend beim Kinde. Sein Gehör ist normal und doch scheint es oft beim Zureden stocktaub zu sein, reagirt nicht im Geringsten auf eindringliche Ansprache, spricht nichts nach und kann doch die wenigen schon erlernten Wörter freiwillig richtig gebrauchen. Es versteht aber das Vorgesprochene nicht.

d. Endlich ist auch in einem weiter vorgeschrittenen Stadium des Sprechenlernens bei vielen Kindern wahrzunehmen, dass sie zwar langsam Vorgesprochenes, nicht aber schnell Vorgesprochenes nachsprechen können. Dann sind zwar alle Bahnen und Centren da, aber noch schwer durchgängig.

II. Die centralen Processe sind gestört: Dysphasien.

Beim Kinde, welches erst eine kleine Anzahl von Wörtern gebrauchen kann, sind die Vorgänge in der Grosshirnrinde, durch welche es dieselben mit seinen Vorstellungen verbindet. noch unvollständig.

a. Die sensorischen Processe sind central gestört.

Sensorische Aphasie, Worttaubheit, Sprachtaubheit.

Das Kind kann trotz guten Gehörs und schon ausreichend entwickelter Intelligenz die gesprochenen Wörter noch nicht verstehen, das Vorgesprochene noch nicht richtig nachsprechen, aber einige Wörter selbständig äussern, mit denen es alles beantwortet, die es aber miteinander verwechselt. Es macht durchaus nicht den Eindruck, als wenn es taub wäre, sondern erscheint eher wie ein Verwirrter, der Fragen falsch beantwortet. L, S und W mit den Verbindungsstücken b und c sind noch unvollständig ausgebildet. Daher verhält sich das Kind oft ähnlich wie die Kranken bei Amnesie.

Amnesie.

(Amnestische Dysphasie und Aphasie, partielle und totale Wortamnesie, Erinnerungs-Aphasie.)

Das Kind hat noch kein oder nur ein schwaches Wortgedächtniss, äussert sinnlose Laute und Lautcomplexe. Es kann die Wörter noch nicht gebrauchen, weil es sie noch nicht zur Verfügung hat als akustische Lautcomplexe. In diesem langdauernden Stadium kann vieles Vorgesagte bereits verstanden, jedoch nicht nachgesprochen werden. *K*, also *W* und *S*, sind noch leer oder unvollständig ausgebildet.

b. Leitungs-Aphasie erster Ordnung mit Paraphasie.

Die Kinder haben einige Ausdrücke ihrer künftigen Sprache, von der sie schon viele Wörter verstehen, erlernt und brauchen sie selbständig, aber verkehrt, sprechen auch falsch nach, setzen an die Stelle des bezeichneten Wortes ein unrichtiges, indem sie die Wörter verwechseln. Sie sagen z. B. *Kind* st. „Kinn" und *Sand* st. „Salz", und *Billard* st. „Billet".

Die Verbindungen *d, e, f* sind noch unvollkommen, aber der Umweg von *a* nach *h* über *D*, wenn auch noch unvollkommen, schon durchgängig, daher sich nicht entscheiden lässt, ob die Verwechslungen mehr auf Klangverwechslungen beruhen, oder mehr auf mangelhafter Verknüpfung der Vorstellungen mit den Wortbildern.

Sich versprechen (Skoliophasie).

Bei dieser Art der Paraphasie Erwachsener ist die Ursache ein Mangel an Aufmerksamkeit, also rein central. Die Concentration oder die „Sammlung" fehlt, die Zerstreutheit tritt ein, daher die unbeabsichtigten, oft ungewussten Verwechslungen ähnlich klingender oder nur durch weitläufige oft dunkle Erinnerungen verknüpfter Wörter. Von der Skoliophrasie (s. u.) unterscheidet sich diese Art des „Sich-versprechens" aus Nachlässigkeit dadurch, dass keine Störung der Intelligenz vorhanden ist und die Berichtigung leicht erfolgt.

Bei Kindern im zweiten und dritten Jahre (und später) kommt die Skoliophasie regelmässig vor. Das Kind hat überhaupt noch nicht das Vermögen, seine Aufmerksamkeit auf das

zu Sprechende zu concentriren. Es will, aber es kann noch
nicht. Daher selbst bei grösster Anstrengung oft falsche Wiederholungen vorgesprochener Wörter (abgesehen von Articulations-
schwierigkeiten, auch wo diese fehlen), daher Vertauschungen,
falsche Anreden, z. B. *Mama* oder *Helene* st. „Papa" und *Papa*
st. „Marie".

c. Die motorischen Processe sind central gestört.

Centromotorische Dysphasie und Aphasie
(Aphemie, Asymbolie, Asemie).

Die Kinder haben den Gebrauch der Sprache noch nicht
oder kaum erlernt, obgleich die Intelligenz schon ausreicht, kein
Mangel in der Entwicklung der äusseren Sprachwerkzeuge, keine
Muskelschwäche, keine Unvollständigkeit der nervösen Gebilde,
welche die Articulation der einzelnen Laute vermitteln, mehr
vorliegt. Denn die Intelligenz zeigt sich in den Handlungen
des Kindes, es bildet die einzelnen Laute unabsichtlich richtig,
das Gehör ist gut und das sensorische Wortgedächtniss vorhanden, da das Kind schon gehorcht. Es muss also das Noch-
nicht - sprechen in dieser Zeit (gewöhnlich noch im zweiten
Jahr) wesentlich centromotorischer Natur sein. *M* ist noch
nicht ausgebildet.

Centrale Dysarthrie und Anarthrie.

Bei dem Kinde der ebenbezeichneten Entwicklungsstufe ist
die Articulation noch nicht perfect, indem es zwar unabsichtlich oft die Laute, Sylben und einzelnen Wörter richtig ausspricht, aber sie nicht absichtlich bilden kann, obwohl es sie
richtig hört und versteht. Es bedient sich der Gesten.

Ataktische Aphasie (Verbale Anarthrie).

Das Kind, welches bereits viele Wörter als Lautcomplexe
versteht und behält (da es gehorcht), kann dieselben noch nicht
sprachlich verwenden, weil es die erforderlichen centromotorischen
Impulse noch nicht hat. Es bildet die wenigen Sylben, die es
von seiner künftigen Sprache schon erlernt, einstweilen als
Lautcomplexe (sensorisch) im Gedächtnisse hat, richtig, kann
sie aber noch nicht zu neuen Wörtern gruppiren; so sagt es
bi und *te* richtig, lernt auch „bitte" sagen, aber zu der Zeit
noch nicht „tibe", „tebi". Es kann nicht richtig nachsprechen.

Ihm fehlt noch die motorische Coordination der Wörter und Sylben.

In dieser Zeit ist meist die Geberdensprache und Modulation der Stimme des Kindes leicht zu verstehen, wie bei der reinen ataktischen Aphasie (verbalen Asemie oder Asymbolie Finkelnburg's) die Mienen und Geberden der aphatischen Erwachsenen. Hier ist M noch unvollkommen ausgebildet.

Schweigsamkeit (Stummheit).

Einzelne gesunde Menschen, welche sehr wohl sprechen können, sind stumm oder sprechen nur zwei bis drei Worte im Ganzen während mehrerer Jahre, weil sie nicht mehr sprechen wollen (etwa in der Meinung, es verhindere sie das Schweigen, Unrecht zu thun).

Diese Schweigsamkeit ist nicht zu verwechseln mit der paranoischen Aphrasie bei gewissen Geisteskranken (bei Katatonie), wo der Wille gelähmt ist, und mit der bei Abulie, wo er fehlt.

Es kommt auch — jedoch selten — vor, dass Kinder, welche bereits leidlich sprechen gelernt haben, stumm sind oder nur wenige Worte — darunter *nein* — während mehrerer Monate sprechen, oder nur mit gewissen Personen sprechen, weil sie nicht sprechen wollen (aus Eigensinn, Verlegenheit). Hier ist ein organischer Widerstand im motorischen Sprachcentrum M wahrscheinlich. Denn die willkürliche Stummheit erfordert eine grosse Willenskraft, welche dem Kinde kaum zuzutrauen ist. Das scherzhafte Nicht-sprechen-wollen hält niemals lange an.

d. Leitungs-Aphasie zweiter Ordnung.

Die Verbindungen g, K, m zwischen K, also auch W, und D sind noch nicht völlig hergestellt. Daher ist ein völliges Verstehen des Gehörten noch nicht möglich, aber das Kind kann schon sinnlos Manches nachsprechen. Selbständig gebrauchen kann es die wenigen gelernten Wörter noch nicht richtig. Es verwechselt sie miteinander.

e. Die sensumotorischen Processe der Diction sind gestört.

Akataphasie (Steinthal).

Das Kind, welches bereits eine grössere Anzahl von Wörtern zur Verfügung hat, ist noch nicht im Stande, sie syntaktisch

im Satze zu ordnen. Es kann richtige Sätze zur Darstellung
seiner Gedankenbewegung noch nicht bilden, weil die Verbindungen *i*, *l*, *n* noch unvollständig entwickelt sind. Einen
ganzen Satz drückt es durch ein Wort aus; so bedeutet *heiss!*
soviel wie: „Die Milch ist mir zum Trinken zu heiss", und dann
wieder: „Der Ofen ist zu heiss!" *Mann!* soviel wie: „Ein
fremder Mann ist gekommen."

Dysgrammatismus [K] und Agrammatismus (Steinthal).

Die Kinder können die Wörter noch nicht grammatisch
richtig formen, noch nicht decliniren und conjugiren, verwenden
gern das unbestimmte Hauptwort und den Infinitiv, sowie etwa
noch das Particip der Vergangenheit, bevorzugen die schwache
Flexion, ignoriren und verwechseln die Artikel, Bindewörter,
Hülfszeitwörter, Präpositionen, Fürwörter. Sie sagen statt „ich"
ihren eigenen Namen, auch *tint* (Kind); statt „Du, er, Sie" setzen
sie Eigennamen oder *Mann, Papa, Mama*. Auch werden zuweilen die Beiwörter hinter die Hauptwörter gesetzt und der
Sinn der Wörter durch die Stellung zu anderen, durch die Betonung, durch Mienen und Geberden bezeichnet. Der Agrammatismus kommt in der Kindersprache immer zusammen mit
Akataphasie vor, oft auch bei Irren. Wenn die geistesschwache
Toni sagt *Toni Blumen genommen, Wärterin gekommen, Toni
gehaut*, so spricht sie genau wie ein Kind [K] ohne Artikel,
Fürwörter, Hülfszeitwörter und verwendet wie dieses die schwache
Flexion. Die Verbindung *n* (Fig. 3) des Wortbildcentrums *W*
mit *D*, des Wortgedächtnisses mit der Grammatik, und diese
selbst, sind noch sehr unvollkommen wegen mangelnder Übung.

Bradyphasie.

Kinder, welche schon Sätze bilden können, brauchen wegen
der Langsamkeit der Diction auffallend viel Zeit zum Sprechen.
In *m*, auch in *D* und *W* sind dann die Widerstände noch
gross wegen zu geringer Übung.

Centrales Stammeln und Lallen (Literale Dysarthrie).

Die Kinder, welche eben anfangen, Sätze zu bilden, stammeln,
indem sie die Laute nicht richtig aussprechen. Auch lallen sie
in der Regel längere Zeit, so dass die von ihnen gesprochenen
Wörter noch undeutlich und nur den Personen der nächsten
Umgebung des Kindes verständlich sind.

Die Bahnen *d* und *i*. und dadurch das Centromotorium *M*, kommen hier hauptsächlich in Betracht.

Das „Lallen" des Säuglings ist hiermit nicht zu verwechseln. Es betrifft lediglich die unbeabsichtigte Erzeugung einzelner unzusammenhängender articulirter Laute mit uncoordinirten Zungenbewegungen wegen uncontrolirter Erregung der Zungennerven.

Stottern (Syllabäre Dysarthrie).

Die Stotterer articuliren jeden einzelnen Laut richtig, verbinden aber die Consonanten, besonders die Explosivlaute, mit den nachfolgenden Vocalen nur schlecht, mit Anstrengung, als wenn ein Hinderniss zu überwinden wäre. Die Bahnen *i* und *l* sind afficirt und dadurch *M* nicht richtig erregt. Auch *S*, sofern von ihm die Impulse zum Aussprechen der Sylben ausgehen, kommt beim Stottern in Betracht.

Die Kinder, welche noch nicht von selbst sprechen, aber Vorgesagtes nachsprechen können, strengen sich unnöthig unter Anwendung eines starken Exspirationsdrucks (mit Hülfe der Bauchpresse) an, eine noch ungewohnte Sylbe zu wiederholen, und pausiren zwischen dem verdoppelten oder verdreifachten Consonanten und Vocal. Diese bald vorübergehende, oft auf Mangel an Übung und Befangenheit (bei Drohungen) zurückzuführende Eigenthümlichkeit, die man bei jedem Kinde gelegentlich wahrnehmen kann, ist eigentliches Stottern, wenn es auch seltener auftritt, als bei Stotterern. Beispiel: Das zweijährige Kind soll „Tischdecke" sagen und beginnt mit unnöthigem Exspirationsdruck *T-t-itt-t* ohne zu vollenden.

Das Stottern ist durchaus nicht ein physiologisches Übergangsstadium, welches jedes sprechenlernende Kind nothwendig durchmachen müsste. Es wird aber durch Nachahmung Stotternder im häufigen Verkehr mit denselben leicht beim Sprechenlernen erworben. Daher die Stotterer mitunter stotternde Kinder haben.

Sylbenstolpern.

Die Kinder, welche bereits die einzelnen Laute absichtlich richtig articuliren, setzen sehr häufig aus den Lauten die Sylben noch unrichtig zusammen und bilden aus den Sylben die Wörter noch unrichtig, ohne dass Mängel der Entwicklung der äusseren Sprachwerkzeuge annehmbar wären, lediglich wegen der noch

unvollkommenen Coordination. Das Kind sagt, ehe es *bitte* sagen kann, consequent *beti*, auch wohl *gefessen* st. „gefressen".
Die Strecken *l* und *n* sind noch unvollständig entwickelt.

III. Die expressiven Processe sind gestört.

Das Verständniss des Gesprochenen ist schon weit ent-wickelt, aber das Sprechen und Nachsprechen noch mangelhaft und fehlerhaft.

a. Dyslalie und Alalie (Periphere Dysarthrie und Anarthrie).

Der Säugling kann wegen der noch mangelhaften Aus-bildung und dann Beherrschung der Sprachnerven und äusseren Sprachwerkzeuge noch nicht richtig oder gar nicht articuliren. Das gänzliche Unvermögen zu articuliren heisst Alalie. Alalisch ist das Neugeborene. Die Dyslalie dauert auch nach Erlernung der Muttersprache bei vielen Kindern noch lange fort. Es handelt sich dabei um Unvollkommenheiten des *h* und *z*, selbst nach fortgeschrittener Ausbildung der sensorischen Centren *L*, *S* und *W*, des motorischen Centrum *M* und des Dictorium *D*.

Bulbo-nucleäres Stammeln (Literale bulbo-nucleäre Dysarthrie und Anarthrie).

Die Kranken, welche durch Bulbärkernlähmung die Herr-schaft über ihre Sprachmuskeln verloren haben, stammeln, ehe sie sprachlos werden, und es treten regelmässig neben der Lähmung und Atrophie der Zunge fibrilläre Zuckungen der Zungenmusculatur ein. Dieselbe wird nicht mehr vom Willen regiert. Das Kind, welches die Herrschaft über seine Sprachmuskeln noch nicht gewonnen hat, stammelt, ehe es richtig sprechen kann, und zeigt neben einer ausserordentlichen Beweglichkeit der Zunge meinen Beobachtungen zufolge regelmässig fibrilläre Zuckungen der Zungenmusculatur. Dieselbe wird noch nicht vom Willen regiert. Ihre Bewegungen sind unzweckmässig.

Mogilalie.

Die Kinder können wegen der noch mangelhaften Beherr-schung der äusseren Sprachwerkzeuge, besonders der Zunge, mehrere Laute noch nicht bilden, lassen sie daher aus, nament-lich *K*, *S*, *R*, *L*, wie die folgenden Beispiele zeigen.

Gammacismus.

Die Kinder finden in der willkürlichen Hervorbringung des K und des Ks (x), auch wohl des G, Schwierigkeiten, lassen daher diese Laute öfters ohne Ersatz ganz fort, sagen *atten* st. „Garten", *asse* st. „Gasse", *all* st. „Karl", *ete* st. „Grete" (im zweiten Jahr), *wesen* st. „gewesen", *opf* st. „Kopf".

Sigmatismus.

Alle Kinder lernen erst spät S und meistens noch später Sch richtig aussprechen, lassen daher beide aus oder setzen lispelnd S st. Sch, seltener Sch st. S, sagen *saf* st. „Schaf", *int* st. „singt", *anz* st. „Salz", *lafen* und *slafen* st. „schlafen", *iss* st. „Hirsch", *pitte* st. „Splitter", *tul* st. „Stuhl", *wein* st. „Schwein", *Tuttav* st. „Gustav", *torch* st. „Storch" (im zweiten Jahr), *emele* st. „Schemel", aber auch *Kusch* st. „Kuss". Doch habe ich selbst in keinem Falle ein Kind regelmässig „sch" st. „s" setzen gehört, wie in *Joschef* st. „Josef". Diese Form kommt wahrscheinlich in jüdischen Familien vor, worüber mir bis jetzt nur wenige Beobachtungen vorliegen.

Rhotacismus.

Viele Kinder bilden lange Zeit gar kein R und ersetzen es nicht, sagen *duch* st. „durch", *bot* st. „Brot", *unte* st. „herunter", *tautech* st. „traurig", *ule* st. „Ruhe", *tänen* st. „Thränen", *ukka* st. „Zucker"; einige bilden dagegen früh das Zungen-, Rachen- und Lippen-R; aber alle verwechseln wohl hie und da die beiden ersteren miteinander.

Lambdacismus.

Manche Kinder lernen erst spät ein L hervorbringen und lassen es anfangs oft aus, sagen *icht* st. „Licht", *voge* st. „Vogel", *atenne* st. Laterne", *batn* st. „Blatt", *mante* st. „Mantel".

b. Literale Pararthrie oder Paralalie.

Die Kinder, welche anfangen nachzusprechen, setzen oft wegen mangelhafter Beherrschung der Zunge oder anderer peripherer Sprachwerkzeuge statt des wohlbekannten richtigen (ohne Zweifel beabsichtigten) Lautes einen anderen, so *t* statt *p* oder *b* statt *w* (*basse* statt „Wasser" und statt „Flasche"), *e* statt *i* und *o* statt *u*, wie in *bete* st. „bitte" und *Ohr* st. „Uhr". Hierher:

Paragammacismus.

Die Kinder ersetzen die ihnen oft unüberwindlich schwierigen Laute G, K, X durch andere, namentlich *D* und *T*, auch *N*, sagen *itte* st. „Rike", *finne* st. „Finger", *tein* st. „klein", *toss* st. „gross", *atitte* st. „Karnickel", *wodal* st. „Vogel", *tut* st. „gut", *tatze* st. „Katze".

Parasigmatismus.

Die Kinder lernen erst spät S und Sch richtig aussprechen. Bis dahin ersetzen sie oft beide durch andere Laute, sagen *tule* st. „Schule", *ade* st. „Hase", *webbe* st. „Wasser", *beb* st. „bös", *bebe* st. „Besen", *gigod* st. „Schildkröte", *baubee* st. „Schwalbe".

Pararhotacismus.

Die meisten Kinder, wenn nicht alle, setzen, auch wenn sie schon sehr früh das R richtig (unwillkürlich) gebildet haben, beim Sprechen statt desselben andere Laute ein, sagen *moigjen* st. „morgen", *matta* st. „Martha", *annold* st. „Arnold", *jeiben* st. „reiben", *amum* st. „warum", *welfen* st. „werfen".

Paralambdacismus.

Viele Kinder, welche erst spät ein L hervorbringen lernen, setzen an seine Stelle andere Laute, sagen *bind* st. „Bild", *bampe* st. „Lampe", *tinne* st. „stille", *degen* st. „legen", *wewe* st. „Löwe", *ewebau* st. „Elephant".

c. Bradylalie oder Bradyarthrie.

Die Kinder, welche zum ersten Male etwas auswendig Gelerntes hersagen, sprechen nicht immer undeutlich, aber wegen der noch nicht vollständigen Wegsamkeit der motorischen Bahnen langsam, eintönig, ohne Modulation. Laute und Sylben folgen einander noch nicht rasch, obwohl sie schon richtig gebildet werden. Die zu einem Wort gehörenden Sylben werden oft ebenso durch Pausen getrennt wie die Wörter selbst: eine Art Leitungs-Dysphasie wegen erschwerter und verlangsamter Leitung der motorischen Impulse. Ich kannte einen schwachsinnigen Knaben, welcher zur Beantwortung auch der einfachsten Frage drei bis acht Secunden brauchte, dann trat eine förmliche Explosion ein. Doch stotterte und stammelte er nicht. Wenn er nur *ja* oder *nein* zu antworten hatte, war die Pause zwischen Frage und Antwort kürzer.

Hierher gehören zum Theil auch die Unvollkommenheiten der Sprache, welche durch eine zu grosse Zunge (Makroglossie) bedingt sind. Wenn ein Kind mit einer zu grossen Zunge geboren wird, kann es lange alalisch bleiben, ohne dass die intellectuelle Entwicklung fehlt, wie Paster und Heusinger beobachteten (1882).

Dysphrasien.

Dyslogische Sprachstörungen. Störungen der Rede.

Das Kind, welches bereits ziemlich richtig sprechen kann, verunstaltet, ähnlich wie Geisteskranke, durch sonderbare Einfälle bewogen, die Rede, weil sein Verstand noch nicht genügend ausgebildet ist.

Logorrhöe (Geschwätzigkeit).

Bei Kindern kommt es regelmässig vor, dass ihr Vergnügen an dem Articuliren und an den Vocalklängen sie manchmal veranlasst, lange Monologe zu halten, theils mit articulirten Lauten und Sylben, theils ohne solche. Bis zur Ermüdung der anwesenden Erwachsenen wird sogar von Kindern, welche noch nicht zu sprechen vermögen, dieses Schwatzen fortgesetzt und das Schreien oft erst durch Heiserkeit unterbrochen, gerade wie bei der Polyphrasie Irrsinniger.

Dysphrasie der Melancholiker.

Die Kinder strengen sich bei den ersten Versuchen zu sprechen sichtlich an, antworten träge oder garnicht, oder manchmal flüsternd, immer langsam, oft gedehnt und monoton, sehr häufig stockend. Auch setzen sie mitunter zum Sprechen an und verlieren dann sogleich die Lust fortzufahren.

Dysphrasie der Wahnsinnigen.

Die Kinder, welche angefangen haben zu sprechen, schaffen sich neue Wörter; Zeichen haben sie schon vorher erfunden; auch sind sie häufig unverständlich, weil sie die erlernten Wörter in anderem Sinne gebrauchen.

Dysphrasie der Verrückten.

Bei dem Kinde ist die Bereitschaft zu reden noch nicht vorhanden; nur ungeordnete Laute und isolirte Wortrudimente, Ursylben, Wurzeln sind als erstes Rohmaterial der künftigen Sprache da.

Bei manchen Verrückten sind nur zusammenhanglose Reste oder Trümmer des Sprachschatzes übrig geblieben, so dass ihre Sprache der des Kindes in einem gewissen Stadium ähnelt.

Dysphrasie der Schwachsinnigen.

Das Kind reagirt anfangs nur auf starke Eindrücke, und zwar oft träge und schwerfällig und durch Geschrei, später auf Eindrücke gewöhnlicher Stärke ohne Verständniss, lachend, krähend, zusammenhanglose Sylben äussernd.

So reagirt der Kranke entweder nur noch auf starke Eindrücke, und zwar träge, plump, mit wenig sagenden Geberden und rohen Worten, oder noch auf Eindrücke gewöhnlicher Stärke, aber in faden, albernen, zusammenhanglosen Äusserungen.

Dysphrasie der Idioten.

Die Kinder verfügen anfangs über gar keine articulirten Laute, dann lernen sie diese und Sylben, hierauf auch einsylbige Wörter, sodann kurze mehrsylbige Wörter und Sätze sprechen, plappern aber oft gehörte Wörter her, ohne deren Sinn zu verstehen, wie Papageien.

Die Blödsinnigen verfügen auch oft nur über kurze Wörter und Sätze oder nur noch über einsylbige Wörter und Laute, oder endlich es fehlt ihnen jeder articulirte Laut. Manche Mikrocephale plappern einzelne Wörter her, ohne deren Sinn zu verstehen, wie kleine Kinder.

Echosprache oder Echolalie (Imitative Reflexsprache).

Kinder, welche noch nicht im Stande sind, einen Satz richtig zu bilden, wiederholen gern das letzte Wort eines gehörten Satzes und zwar nach meinen Beobachtungen und Erkundigungen so allgemein, dass ich diese Echolalie als ein physiologisches Durchgangsstadium bezeichnen muss.

Von langen vorgesprochenen Wörtern werden dabei gewöhnlich nur die beiden letzten Sylben oder die letzte allein wiederholt.

Geistesschwache wiederholen auch monoton die von einer Person in ihrer Nähe gesprochenen Worte und Sätze, ohne eine angeregte Aufmerksamkeit zu bezeugen und überhaupt ohne einen Begriff damit zu verbinden (Romberg).

Interjectionssprache.

Kinder sprechen zu Zeiten mit Vorliebe durch Interjectionen, indem sie unklare Vorstellungen durch einzelne Vocale (wie *ä*), Sylben (*na*, *da*) und Sylbencomplexe äussern und oft inhaltleere Laute und Sylben durch das Haus rufen.

Auch ahmen sie oft die Interjectionen der Angehörigen nach: *hop! patsch! bauz!* eine interjectorische Echolalie.

Manche Irrsinnige äussern durch Interjectionen ebenso ihre Gefühle in Lauten, besonders Vocalen, Sylben oder wortartigen Lautverbindungen, die begrifflos oder nur mit dunkeln Vorstellungen verknüpft sind (Martini). Dann fehlt *W* und ist *D* nur durch *L* und *S*, also *id* und *le* mit *M* verbunden (Fig. 3).

Embolophrasie.

Viele Kinder ergötzen sich damit, nachdem sie bereits die Akataphasie und den Agrammatismus längst überwunden haben, zwischen die Wörter ungehörige Laute, Sylben und Wörter einzuschieben, z. B. verdoppeln sie die letzte Sylbe jedes Wortes und setzen *eff* dazu: *ich-ich-eff*, *bin-in-eff* usw. oder meckern zwischen den Worten [K], schieben auch Sylben in ihre Erzählungen ein, während sie nachdenken.

Manche erwachsene Personen haben ebenfalls die unangenehme Gewohnheit, gewisse Wörter oder sinnlose Sylben in ihre Reden einzuschalten, wo sie durchaus nicht hingehören, oder Diminutivenden den Wörtern anzuhängen. Die Sylben sind oft nur Laute wie *ä*, *ö*; manchmal klingen sie wie *eng*, *ang* (Angophrasie) [K].

Palimphrasie.

Irrsinnige wiederholen oft sinnlos einzelne Laute, Sylben, Wörter, Sätze immerzu, zum Beispiel: „Ich bin-bin-bin-bin . . .“

„Manchmal erinnert die Erscheinung an die Kinder, die irgend ein Wort oder eine Phrase, einen Reim oder kleinen Vers so lange fort wie Automaten aufsagen oder singen, bis es die Umgebung nicht mehr aushält. Oft ist es der Klang, oft der Sinn der Worte, oft beides, was den Kindern imponirt,

und sie wiederholen dieselben, weil sie ihnen fremd sind oder
sehr tönend vorkommen" [K].

Bradyphrasie.

Bei Betrübten, Schläfrigen und anderen Personen mit trägem
Gedankengang schleicht die Rede oft in ermüdender Langsamkeit
fort, wird auch wohl in der Mitte abgebrochen. Der Redner
bleibt stecken. Nicht zu verwechseln mit Bradyphasie und mit
Bradyarthrie oder Bradylalie (s. o. S. 330).

Bei Kindern dauert ebenfalls wegen der noch langsamen
Entstehung und Verknüpfung der Vorstellungen die Satzbildung
lange, und eine einfache Erzählung wird nur langsam oder garnicht vollendet, weil die intellectuellen Processe im Gehirn zu
anstrengend sind.

Paraphrasie.

Unter denselben Umständen wie bei der Bradyphrasie kann
die (langsame) Rede dadurch entstellt und unverständlich werden,
dass der Gedankengang sich verwirrt, so bei Schlaftrunkenen, so
dass den ursprünglichen Vorstellungen nicht zugehörige Wörter
geäussert werden.

Bei Kindern, welche etwas erzählen wollen und richtig beginnen, kann leicht eine Erinnerung, ein neuer Gedankengang
die Erzählung unterbrechen und sie sprechen doch weiter, zum
Beispiel verwechseln sie zwei Märchen, indem sie den Schluss
des einen an den Anfang des anderen fügen.

Skoliophrasie.

Zerstreute und ängstliche Geistesschwache versprechen sich
leicht, weil sie ihre Aufmerksamkeit nicht auf das, was sie und
die Art, wie sie sprechen, richten können, sondern abschweifen,
indem sie sich durch allerlei Vorstellungen und äussere Eindrücke
von dem zu Sagenden abbringen lassen, und auch nachher nicht
merken, dass sie sich versprechen (vgl. S. 323).

Kinder setzen häufig an die Stelle eines richtigen ihnen
wohlbekannten Wortes ein falsches, ohne es zu merken. Sie
lassen sich sehr leicht von der Hauptsache abbringen durch
äussere Eindrücke und allerlei Einfälle, sagen auch wohl das
Gegentheil von dem, was sie meinen, ohne es zu merken.

Dysmimien.

Störungen der Geberdensprache (Mimik).

Perceptive Asemie.

Die Kranken haben das Vermögen, die Mienen und Geberden zu verstehen, verloren (Steinthal).

Die Kinder können noch nicht die Mienen und Geberden der Personen ihrer Umgebung verstehen.

Amnestische Amimie.

Aphatische können mitunter Geberden nachahmen, aber sie nicht auf Geheiss, sondern nur wenn man sie ihnen vormacht, ausführen.

Kinder, welche noch nicht sprechen, können Geberden nachahmen, wenn man sie ihnen vormacht, aber es dauert oft lange, ehe sie dieselben auf Befehl ausführen können.

Ataktische Dysmimie und Amimie (mimische Asemie).

Die Kranken können wegen mangelhafter Coordination die bezeichneten Mienen und Geberden überhaupt nicht mehr ausführen.

Die Kinder können die eigenen Begehrungszustände usw. nicht ausdrücken, weil sie die für die entsprechenden Mienen und Geberden erforderliche Coordination noch nicht beherrschen.

Paramimie (paramimische Asemie).

Manche Kranke können zwar Mienen und Geberden ausführen, verwechseln sie aber.

Die Kinder haben sich die Bedeutung der Mienen und Geberden noch nicht fest eingeprägt, was sich durch Verwechslungen äussert; beim Bejahen wird nicht selten der Kopf verneinend geschüttelt.

Affectsprache bei Aphrasie.

Bei Aphratischen kommt es vor, dass Lächeln, Lachen und Weinen nicht mehr beherrscht werden und bei den geringsten Veranlassungen mit grösster Heftigkeit hervorbrechen, wie die spinalen Reflexe bei enthaupteten Thieren (Hughlings-Jackson).

Die Affectsprache kann bleiben, wenn die Begriffssprache ganz erloschen ist, und idiotische alalische Kinder können sogar noch singen.

Bei Kindern genügen normalerweise viel geringere Anlässe, ein Lächeln, Lachen und Weinen hervorzurufen, als bei Erwachsenen. Jene Affectäusserungen werden vom Kinde, das noch nicht sprechen kann, noch nicht oft willkürlich gehemmt, dagegen unnöthig wiederholt.

Apraxie.

Manche Kranke sind nicht mehr im Stande, wegen gestörter Intelligenz, die gewöhnlichen Gegenstände, deren Gebrauch sie früher wohl kannten, richtig zu verwenden, können den Weg zum Munde nicht mehr finden, beissen in die Seife.

Die Kinder sind noch nicht im Stande, wegen mangelnder Übung, die gewöhnlichen Utensilien richtig zu gebrauchen, wollen mit der Gabel Suppe essen und führen sie gegen die Wange statt in den Mund.

NEUNZEHNTES CAPITEL.

Entwicklungsgeschichte des Sprechens beim Kinde.

Nun lässt sich die Hauptfrage in Angriff nehmen, wie es sich beim Kinde, das sprechen lernt, mit der Entwicklung und Wegsamkeit der nervösen Bahnen und der zum Sprechen erforderlichen Çentren verhält. Denn aus der Vergleichung der Sprachstörungen Erwachsener und der Sprachmängel des Kindes einerseits, der chronologischen Beobachtung des letzteren andererseits, ergiebt sich, welche Theile des Sprechapparates nach und nach in Wirksamkeit treten. Zunächst kommen die impressiven und expressiven Bahnen im Allgemeinen in Betracht.

Alle neugeborenen Menschen sind taub oder harthörig, wie bereits nachgewiesen wurde. Da das Gehör in den ersten Lebenstagen nur langsam sich verschärft, so können keine Lautäusserungen zu dieser Zeit als Antworten auf irgend welche Schalleindrücke aufgefasst werden. Der erste Schrei ist rein reflectorisch, wie das Quarren des enthaupteten Frosches, dem man die Rückenhaut streichelt (S. 168 m). Er wird von Ebengeborenen selbst nicht gehört und hat nicht den geringsten sprachlichen Werth. Er ist gleichwerthig dem Blöken des eben geborenen Lammes und dem Piepen des seine Schale sprengenden Hühnchens.

Auf die erste kurze Periode physiologischer Taubstummheit folgt die Zeit, in der das Schreien körperliche Zustände, Gefühle wie Schmerz, Hunger, Kälte, ausdrückt. Auch hier noch kein Zusammenhang der expressiven Vorgänge mit akustischen Eindrücken, aber schon Verwendung der Stimme mit verstärkter Exspiration bei starken und unangenehmen Erregungen anderer Sinnesnerven, als derjenigen des Gemeingefühls und der Haut. Denn nun schreit das Kind über blendendes Licht und bitteren Geschmack, als wenn das Unlustgefühl durch die starke motorische Entladung gemindert würde. Jedenfalls schreit das

Kind, weil ihm dieses laute verstärkte Ausathmen die vorher vorhandenen Unlustgefühle zeitweise verdrängt, ohne darum gerade einen behaglichen Zustand herbeizuführen.

Erst später bewirkt ein plötzlicher Schalleindruck, der zuerst nur ein Zusammenfahren und dann Zucken mit den Augenlidern hervorrief, auch Schreien. Aber dieses laute Zeichen des Erschreckens kann, ebenso wie das stumme Zusammenfahren und Emporwerfen der Arme nach einem Knall, rein reflectorisch sein und hat höchstens die Bedeutung einer Unlustäusserung, wie etwa das Schreien über einen schmerzhaften Stoss.

Anders die erste laute Beantwortung eines als neu erkannten akustischen Eindrucks. Die nicht fixirbaren Laute der Befriedigung des Kindes, welches zum ersten Male Musik hört, sind nicht mehr reflectorisch und nicht Unlustsymptome. Ich sehe in dieser dem Heulen des Hundes, der zum ersten Male in seinem Leben Musik hört, vergleichbaren Reaction des Stimm- und künftigen Sprech-Apparats das erste Zeichen der eben hergestellten Verbindung von impressiven (akustischen) und expressiven (emotionell-sprachlichen) Bahnen. Erstere allein waren schon lange offen, da die Kinder nach der ersten Woche sich durch gesungene Wiegenlieder beruhigen lassen, und letztere allein mussten gleichfalls offen sein, da durch verschiedenartiges Schreien verschiedene Zustände kundgegeben wurden.

Auf die feste intercentrale Communication beider kommt nun alles an. Diese ist zunächst zu erörtern.

Jene primitive Verbindung erhebt sich jetzt bereits über die eines Reflexbogens. Die vom Ohr an die centralen Enden des Hörnerven im linken Schläfelappen gelangenden Tonerregungen werden nicht unmittelbar umgesetzt in motorische Erregungen für die Kehlkopf-Muskeln, so dass die Stimmritze sich zum Tönen verengt. Wenn das Kind (schon in der sechsten bis achten Woche) sich über Musik freut und laut lacht, so kann seine Stimme hier nicht (wie bei der Geburt) reflectorisch erweckt worden sein, denn ohne Grosshirn würde es nicht lachen und nicht Freudenlaute äussern, während es ohne solches doch schreit.

Hieraus folgt aber durchaus noch nicht die Existenz eines Sprachcentrums beim Säugling. Die Thatsache, dass er (wenn auch ohne Willkür) behaglich articulirte Laute hervorbringt, wie *tahu* und *amma*, beweist nur die Functionsfähigkeit der peripheren Articulationsapparate (in der siebenten Woche) lange ehe sie absichtlich zum Articuliren benutzt werden. Allgemein sind diese im ersten Halbjahr häufig zum Vorschein kommenden unabsichtlich geäusserten Sylben einfach. Die Vocale treten im ersten Monat fast ausschliesslich auf und überwiegen noch lange; von Consonanten ist im dritten Monat meistens *m* allein als häufig zu bezeichnen; es resultirt auch später aus der ohnehin dem Säugling bald geläufigen Hebung und Senkung des Unterkiefers beim Ausathmen mit noch weniger Aufwand an Willen, als *b*, welches festeren Lippenverschluss benöthigt, aber durch die Saugstellung der Lippen bevorzugt ist.

Trotz dieser Einfachheit aller lautlichen Äusserungen und der Mangelhaftigkeit des articulatorischen Apparats ist nun (oft lange vor dem sechsten Monat) das Kind im Stande, auf Zureden, Fragen, Schelten zu antworten, sei es in unarticulirten Lauten, sei es in Vocalen oder mittelst einfacher Sylben, wie *pa*, *ta*, *ma*, *na*, *da*, *mä*, *mö*, *gö*, *rö*. Da diese Antworten den mikrocephalen und den taubgeborenen Kindern ganz oder fast ganz fehlen, so sind sie nicht rein reflectorisch, wie etwa Niesen; es muss sich also bei ihnen ein zwar einfacher, aber unzweifelhaft intellectueller Grosshirnprocess zwischen Schallperception und Stimmgebung einschalten, zumal der Säugling, je nach dem was er hört, sich verschieden verhält und sehr wohl den strengen Befehl von der Liebkosung, das Versagen von dem Gewähren an der Stimme des zu ihm Redenden unterscheidet. Doch ist es vielmehr das Timbre, der Accent, die Stimmhöhe, die Intensität der Stimme und der Laute, deren Wechsel die Aufmerksamkeit erregt, als das gesprochene Wort. In dem ganzen ersten Jahr hört das Kind die Vocale viel besser, als die Consonanten, und wird von nur wenigen Lauten den Sinn unvollständig verstehen oder errathen, wenn man z. B. seinen Namen drohend ausspricht, nur den accentuirten Vocal heraushören. Denn noch beim ersten absichtlich sehr spät vorgebrachten Dressur-Kunststück (im 13. Monat) machte es meinem Kinde keinen Unterschied, ob man, ohne eine Miene zu ändern, fragte „Wie gross?" oder „ooss?" oder „oo?" In allen drei Fällen antwortete es mit derselben Handbewegung.

Einem sechsmonatlichen Kinde, dem etwas vorgesungen worden, wurde befohlen „Anna auch singen!" Es fing hierauf an, einförmig zu summen. Das Wort „auch" hatte aber dieselbe Wirkung wie der ganze Satz [F. W.].

Wenn nun normalerweise alle Säuglinge, ehe sie etwas nachsprechen oder irgend ein Wort verstehen können, Stimmungen

durch verschiedene Laute, sogar Sylben, äussern und Vocale
und manche Consonanten in den zu ihnen gesprochenen Worten
unterscheiden, so erheben sie sich dadurch noch nicht über
das intelligente Thier. Die Beantwortung freundlicher Zusprache und
ernsthaften Scheltens mit entsprechenden Lauten ist vom jubeln-
den Gebell und vom Winseln des Pudels in Betreff des psychischen
Werthes kaum zu trennen.

Auch ist das Verständniss des Vorstehhundes für die
wenigen gesprochenen Ausdrücke, welche bei seiner Abrichtung
ihm eingeprägt werden, zum mindesten ebenso sicher, wie das
des Säuglings für den Jargon der Ammensprache. Die correct
ausgeführten Bewegungen oder Bewegungshemmungen nach den
Schalleindrücken „Setz Dich! Pfui! Zurück! Vorwärts! Allez!
Fass! Apporte! Such! Verloren! Pst! Lass! Hierher! Brav!
Leid's nicht! Ruhig! Wahr Dich! Hab' Acht! Was ist das?
Pfui Vogel! Pfui Hase! Halt!" beweisen, dass der Hühnerhund
den Sinn der gehörten Laute und Sylben und Wörter soweit
versteht, als er sie verstehen soll. Die Dressur in Englischer
Sprache erreicht dasselbe mit Ausdrücken wie Down! Down
charge! Steady! Toho! Fetch! Hold up! die in Französischer
mit wieder anderen Wörtern, so dass keinenfalls irgend welche
erbliche Verbindung zwischen der Qualität des gehörten Lautes
und der auszuführenden Bewegung oder der Bewegungshemmung
angenommen werden darf, wie vielleicht beim eben ausgeschlüpften
Hühnchen, welches dem Glucken der Henne folgt. Vielmehr
erlernt der Hund den Sinn der zur Jagd erforderlichen Wörter
jedesmal auf's Neue, geradeso wie das alalische Kind den Sinn
der ersten Wörter seiner künftigen Sprache erfasst, ohne sie
selbst wiederholen zu können, zum Beispiel „Gieb! Komm!
Händchen! Pst! Ruhig!" Lange ehe der Articulationsmechanismus
des Kindes so weit entwickelt ist, dass diese Ausdrücke von ihm
hervorgebracht werden können, bekundet das Kind sein Verständniss derselben durch entsprechende Bewegungen, durch
Geberden und Mienen, durch Gehorsam unzweideutig.

Allerdings ist dieses Verhalten individuell verschieden, indem
bei einigen Wenigen die imitative Articulation theilweise etwas
früher entwickelt sein mag, als das Verständniss. Es giebt viele
Kinder, welche schon im ersten Lebensjahre affenartig geschickt
im Nachahmen sind und wie Papageien allerlei nachsprechen,
ohne den Sinn davon zu ahnen. Hierbei ist jedoch zu bedenken,
dass eine solche Echosprache nur vorkommt, nachdem das erste

Verstehen irgend eines gesprochenen Wortes sich nachweisen lässt, keinenfalls vor dem vierten Monat. Lindner erzählt, als er eines Tages an seinem 18 Wochen alten Kinde bemerkte, wie es das schwingende Pendel der Wanduhr anschaute, sei er mit ihm hingegangen und habe „Tick - tack" gesagt im Takte des Pendels, und wenn er darauf dem nicht mehr nach der Uhr blickenden Kinde „Tick-tack" zurief, sei dieser Ruf anfangs langsam, wenig später augenblicklich, mit einer Wendung des Blicks nach der Wanduhr beantwortet worden. Damit war das Verständniss bewiesen lange vor der ersten Wortnachahmung. Es nahm dann ziemlich rasch zu, so dass am Ende des siebenten Monats die Fragen: „Wo ist Auge? Ohr? Kopf? Mund? Nase? Tisch? Stuhl? Sofa?" durch Hand- und Augenbewegungen richtig beantwortet wurden. Im zehnten Monat brauchte dieses Kind ein Wort zum ersten Male als Verständigungsmittel selbst, nämlich *mama* (es nannte freilich bald darauf beide Eltern *papa*).

Das Unvermögen des Kindes, deutlich vorgesprochene Sylben zu wiederholen, darf kurz vor der Zeit, in der es gelingt, nicht einer rein psychischen Adynamie zugeschrieben werden, nicht, wie Viele meinen, einem „Dumm sein" oder einer Willensschwäche ohne organische, durch die Gehirnentwicklung bedingte Unvollkommenheiten. Denn die Anstrengungen, die Aufmerksamkeit und das Vermögen, ungenau nachzusprechen, zeigen, dass es an Willen nicht fehlt. Da auch die peripheren impressiven akustischen und expressiven Phonations-Bahnen intact und entwickelt sind, wie die Hörschärfe und die Bildung eben jener verlangten Sylben aus freien Stücken beweist, so kann die Ursache des Unvermögens, correct nachzusprechen, nur organisch-centromotorisch sein. Die Verbindungen zwischen dem Lautcentrum und Sylbencentrum und beider mit dem Sprech-Motorium sind noch nicht oder nicht leicht gangbar. Allein schon das Nachsprechen eines einzigen Lautes, und sei er nur *a*, kann nicht ohne Vermittlung der Grosshirnrinde zu Stande kommen. Also liegt schon im ersten Versuch, etwas Gehörtes zu wiederholen, ein unzweifelhafter Fortschritt der Gehirn-Entwicklung. Und der erste derartige geglückte Versuch beweist nicht etwa nur die gesteigerte Leistungsfähigkeit des Articulationsapparates und des Lautcentrums und die Gangbarkeit der impressiven Bahnen, welche vom Ohr zum Lautcentrum führen, er beweist vor allem die Herstellung intercentraler Wege, welche vom Lautcentrum und Sylbencentrum zum Motorium führen.

Es ist sogar das correcte Nachsprechen eines gehörten Lautes, einer vorgesprochenen Sylbe und vollends eines vorgesprochenen Wortes der sicherste Beweis für die Herstellung und Gangbarkeit der gesammten impressiven, centralen und expressiven Bahnen niederer Ordnung. Es beweist aber nichts für das Verständniss des gehörten und untadelhaft nachgesprochenen Lautes oder Wortes, für die Existenz der Bahnen höherer Ordnung in der Grosshirnoberfläche.

Da der Ausdruck „Verständniss" oder „Verstehen" doppelsinnig ist, sofern er sich auf den begrifflichen Inhalt des Wortes und zugleich auf die blosse Wahrnehmung des gesprochenen (geschriebenen, getasteten) Wortes beziehen kann (etwa wenn jemand undeutlich spricht, so dass man ihn nicht „versteht"), so empfiehlt sich eine Einschränkung in der Verwendung dieser Bezeichnung. Verstehen soll sich fortan allein auf den Sinn des Wortes beziehen, Hören — da es sich hier nur um eine Wort-Perception durch das Gehör handelt — auf den sinnlichen Eindruck. Dann ist klar, dass alle Kinder, welche hören, aber noch nicht sprechen können, viele Wörter wiederholen, ohne sie zu verstehen, und viele Wörter verstehen, ohne sie wiederholen zu können. Aber das Wiederholen des nicht verstandenen Wortes beginnt erst, nachdem irgend ein Wort verstanden worden ist.

Dass die Mehrzahl der gut hörenden Kinder, wenn nicht alle, zuerst das Verständniss mehr entwickelt, indem die impressive Seite mehr und früher, als die expressiv-articulatorische geübt wird, ist gewiss. Wahrscheinlich sind die früh und geschickt nachahmenden diejenigen Kinder, welche am frühesten sprechen können und deren Grosshirn am schnellsten wächst, aber auch am frühesten aufhört zu wachsen, während die später und spärlicher nachahmenden meistens später sprechen lernen und meistens die intelligenteren sein werden. Denn mit der höheren Thätigkeit wächst das Gehirn mehr. Während jene den centromotorischen Theil mehr cultiviren, wird der sensorische, intellectuelle vernachlässigt. Auch bei Thieren pflegt eine kurze schnelle Ausbildung des Gehirns mit geringerer Intelligenz zusammen zu gehen. Letztere entwickelt sich besser, wenn das Kind, statt sinnlos allerlei nachzusprechen, den Sinn des Gehörten zu errathen sucht. Gerade die Periode, in welcher dieses stattfindet, gehört zu den interessantesten der intellectuellen Entwicklung.

Das Kind giebt wie ein Pantomime durch seine Mienen und Geberden und ausserdem durch Schreilaute und allerlei Bewegungen eine Fülle von Beweisen seines Verständnisses und seines Begehrens, ohne selbst ein einziges Wort auszusprechen. Wie der Erwachsene, nachdem er aus Büchern eine fremde Sprache halb erlernt hat, dieselbe nicht sprechen (nachahmen) und nicht leicht verstehen kann, wenn er den, der sie völlig beherrscht, sie fliessend sprechen hört, wohl aber Einzelnes heraushört und versteht und den Sinn des Ganzen erräth, so kann das Kind in diesem Stadium einzelne Wörter deutlich hören, ihren Begriff erfassen und einen ganzen Satz an den Mienen und Geberden richtig errathen, obgleich es von articulirten Äusserungen noch nichts als sein eigenes, meist sinnloses veränderliches Laute- und Sylben-Lallen und -Rufen hören lässt. Das Errathen der Mienen, Geberden und Worte Erwachsener ist jedenfalls der wichtigste Factor beim Sprechenlernen überhaupt.

Die Ursachen der Langsamkeit des Fortschritts im Aussprechen des Verstandenen und Begehrten in articulirten Worten bei normalen Kindern dürfen jedoch nicht, wie es oft geschehen ist, auf eine langsamere Entwicklung der expressiv-motorischen Mechanismen zurückgeführt werden, sondern sie müssen in der Schwierigkeit, die Verbindung der verschiedenen centralen Sinnes-Eindruck-Magazine und begriff-bildenden Stätten mit der intercentralen Verbindungsbahn zwischen den akustischen Sprach-Centren und dem Sprech-Motorium herzustellen, gesucht werden. Denn die rein peripheren Articulationsacte sind längst perfect, wenn noch nicht ein einfaches „a“ oder „pa“ nachgesprochen werden kann, da diese und andere Laute und Sylben schon von selbst rein hervorgebracht werden.

Die Reihenfolge, in der die einzelnen Laute ohne Unterricht auftreten, ist individuell sehr ungleich. Bei meinem Knaben, welcher, ebenso wie ich selbst, etwas spät sprechen lernte und mit Auswendiglernen nicht beschäftigt wurde, ergab sich für die vollkommen reinen von mir gehörten Laute folgende Reihe:

Links stehen die durch einen, rechts die durch mehr als einen Buchstaben bezeichneten Laute oder Sylben, wobei zu bedenken, dass das Kind von den 19 Mitlautern des Deutschen Alphabets nur 14 auszusprechen braucht, um die übrigen fünf gleichfalls zu beherrschen, denn es ist

$$c = ts \text{ und } k$$
$$v = f \quad „ \quad w$$
$$x = ks \quad „ \quad gs$$
$$q = ku \quad „ \quad kw$$
$$z = ts \quad „ \quad ds$$

und von den 14 erfordern 4 keine neue Articulation, weil

p ein tonloses b

t   „   „   d

f   „   „   w

k   „   „   g

ist. Von den für alle Consonanten des Alphabets somit erforderlichen zehn Mundstellungen (b, d, g, w, l, m, n, r, s und h)
fallen bei den meisten Kindern neun in die ersten sechs Monate.

Monate.		
1.	unbestimmte Vocale; ä, u	uä.
2.	a, ö, o; m, g, r, t; h	am, ma, ör, rö, ar, ra, gö, ta, hu.
3.	i; b, l, n	ua, oa, ao, ai, ei͡, oä, äo; äa, äö; öm, in, ab, om; la, ho, mö, nä, na, ha, bu; ng, mb, gr.
4.	e	äu͡, a-u, aö, ea; an, na, tö, la, me; nt.
5.	ü (y); k	ag, eg, ge, ek, kö.
6.	j; Zungen-lippenlaut.	oi, (eu͡, äu͡), io, öe, eu (Franz.); ij, aj, ög, ich; ja, jä; rg, br, ch.
7.	d, p	äe, ui; mä.
8.	—	eö, aë, ou, au͡; up; hö, mi, te.
9.	—	ap, ach, äm; pa, ga, cha.
10.	—	el, ab, at, ät; dä, ba, ta, tä; nd.
11.	—	ad, al, ak, er, ej, öd; da, gä, bä, ka, ke, je, he, ne; pr, tr.
12.	w	än, op, ew, är; de, wä; nj, ld.
13.	s (ss)	en; hi; dn.
14.	—	mu; kn, gn, kt.
15.	z	oö, öa, is, iss, es, ass, *th* (Engl.), *ith* (Engl.), it; hä, di, wa, sse.
16.	f (v)	ok, on; do, go; bw, fp.
17.	—	ib, öt, än; bi.

Monate.		
18.	—	äi, iä; äp, im; tu, pä; ft.
19.	—	ön, et, es; sa, be; st, *ttlh* (Engl.), s-ch, sj.
20.	—	ub, ot, id, od, oj, uf, ät; bo, ro, jo; dj, *dth* (Engl.).
21.	—	öp; fe; rl, dl, nk, pt.
22.	—	ol; lo; ps, pt. tl, sch, tsch, *pth* (Engl.).
23.	q	uo; id, op, um, em, us, un, ow, ed, uk, ig, il; jö, ju, po, mo, wo, fa, fo, fi, we, ku (qu), li, ti; tn, pf, gch, gj, tj, schg.
24.	—	ut, esch; pu, wi, schi, pi.
25.	—	oč, ul, il, och, iw, ip, ur; lt, rb, rt.
26.	—	nl, ds, mp, rm, fl, kl, nch, ml, dr.
27.	x	kch, cht, lch, ls, sw, sl.

Jede derartige chronologische Lautfolge-Übersicht ist un-sicher, weil man nicht ununterbrochen das Kind beobachten kann, daher das erste Auftreten eines neuen Lautes leicht ver-passt wird. Die obige Zusammenstellung hat nur insofern einen chronologischen Werth, als sie von jedem einzelnen Laute aussagt, dass er, sei es für sich, sei es, was meistens der Fall war, in Verbindung mit anderen Lauten, spätestens in dem angegebenen Monat von mir vollkommen rein gehört worden ist. Er kann aber erheblich früher hervorgebracht worden sein, ohne dass ich ihn hörte. Ich weiss aus eigener Erfahrung, dass bei anderen Kindern manche Laute viel früher auftreten; bei dem meinigen kam beispielsweise *ngä* zu spät zur Beobachtung; auch vom *f* und *w* zweifle ich nicht, dass ihr erstes Auftreten nicht bemerkt wurde, obgleich ich darauf achtete. Wenn da-gegen behauptet wird, *m* sei bei einem normalen Kinde im zehnten Monat zuerst gehört worden, so ist das allgemein schon in dem ersten Halbjahr vorkommende *am* und *mö* überhört worden. Frühere derartige Tabellen, sogar solche, die dem Sprech-unterricht Taubstummer zu Grunde gelegen haben, beruhen nicht ausschliesslich auf Beobachtung. Ausserdem verhalten sich hierin schwerlich auch nur zwei Kinder übereinstimmend. Meinen Beobachtungen zufolge muss ich aber trotz dieser Ungleichheit als für alle gesunden Kinder gültig den Satz aufstellen, dass weitaus die überwiegende Mehrzahl der Laute, deren

das Kind sich nach der Erlernung der Wortsprache
bedient, und ausser diesen viele andere, schon innerhalb der ersten acht Monate von ihm richtig gebildet
werden, nicht absichtlich, sondern geradeso zwecklos wie irgend
eine andere nicht sprachlich später zu verwendende, in keiner
Cultursprache vorkommende Lautbildung — ich führe als Beispiel
nur an den labiolingualen Explosivlaut, bei dem die Zungenspitze zwischen die Lippen tritt und beim Ausathmen den Verschluss sprengend, rasch zurückgezogen wird (tönend oder ton-
los). Alle Kinder scheinen diesen zwischen *p* und *t*, oder *b* und
d stehenden Laut gern zu bilden. Er kommt aber in wenigen
Sprachen vor.

Unter den zahllosen überflüssigen, unabsichtlichen, unzweckmässigen Muskelbewegungen des Säuglings nehmen die Bewegungen der Kehlkopf-, Mund- und Zungen-Muskeln einen
hervorragenden Platz ein, weil sie sich leicht mit akustischen
Effecten verbinden und das Kind sich daran ergötzt. Es kann
daher nicht Wunder nehmen, dass gerade diejenigen Schwingungen der Stimmbänder, gerade diejenigen Gestalten der Mundhöhle und Lippenstellungen oft vorkommen, welche wir bei
unseren Vocalen beobachten, und dass unter den kindlichen
unbewusst und spielend hervorgebrachten Geräuschen sich fast
alle unsere Consonanten befinden und noch viele, die in fremden
Sprachen gebräuchlich sind. Die Plasticität des jugendlichen
Sprechapparats gestattet eine grössere Fülle von Lauten und
Lautcomplexen hervorzubringen, als die später verwendete und
nicht ein einziges Kind ist beobachtet worden, welches, dem
früher von französischen Autoren auch auf dieses Gebiet an-
gewendeten Princip der kleinsten Anstrengung (*principe du moindre
effort*) gemäss, von den leicht (mit geringer Willensthätigkeit)
zu articulirenden Lauten zu den physiologisch schwierigeren consequent fortschritte; vielmehr gilt für alle, die ich beobachtete,
und wahrscheinlich für alle Kinder, die sprechen lernen, dass
sie viele von den anfangs in der sprachlosen Säuglingsperiode
mühelos hervorgebrachten, dann vergessenen Lauten später neu
erlernen, mit Mühe durch Nachahmen sich aneignen müssen.

Die Beweglichkeit und Perfection in der Technik des Laut-
bildens ist kein Sprechen. Sie kommen bei dem Sprechenlernen,
weil die Muskeln durch die Vorübungen vervollkommnet wurden,
als eine Erleichterung in Betracht, aber schon die ersten Versuche, einen gehörten Laut willkürlich nachzuahmen, zeigen, wie

gering dieser Nutzen ist. Selbst diejenigen Ursylben, welche das Kind von selbst bis zur Ermüdung oft ausspricht, wie *da*, kann es anfangs (im zehnten Monat in einem Falle) noch nicht nachsprechen, obwohl es durch seine Anstrengung, ein förmliches Pressen, seine Aufmerksamkeit, seine misslungenen Versuche bekundet, dass es sie gern nachsprechen möchte. Der Grund ist nur in der noch unvollkommenen Entwicklung der sensumotorischen centralen Bahnen zu suchen. Statt *tatta* ertönt *tä* oder *ata*, statt *papa* gar *taï* und zwar nicht etwa nur einmal, sondern bei sehr vielen immer wieder mit der grössten Geduld wiederholten Versuchen. Dass das Schallbild richtig erfasst worden, geht aus der Sicherheit hervor, mit welcher das Kind durch Geberden ähnlich klingende, ihm unaussprechbare Wörter richtig verschieden beantwortet. So zeigt es nur einmal auf den Mund, statt den Mond, weist richtig auf das Ohr und die Uhr, wenn man fragt, wo diese Objecte sich befinden. Die zum Nachsprechen unerlässliche Schärfe des Hörens ist also da lange vor der Fähigkeit nachzusprechen.

Im Ganzen wird man zwar den Säugling oder das entwöhnte junge Kind in diesem Stadium seiner geistigen Entwicklung höher als ein sehr intelligentes Thier stellen müssen, aber nicht wegen seiner Sprachkenntniss. Denn auch der Hund versteht ausser den Jagdausdrücken sehr wohl einzelne Wörter in der Rede seines Herrn; er erräth an den Mienen und Geberden desselben den Sinn ganzer Sätze, und wenn er auch nicht dazu gebracht worden ist, articulirte Laute zu produciren, so leistet darin der Kakadu, welcher alle Sprachlaute erlernt, um so mehr. Ein Kind, welches durch Mienen und Geberden und durch Thaten beweist, dass es einzelne Wörter versteht, und welches schon viele Wörter richtig nachahmend ohne Verständniss ausspricht, steht intellectuell nicht aus diesem Grunde höher, als ein klug berechnender und doch alalischer Elephant oder ein arabisches Pferd, sondern weil es bereits viel mehr und viel complicirtere Begriffe bildet.

Höchstens bis zum Ende des ersten Lebensjahres dauert die Periode des Thierverstandes beim gesunden kräftigen und nicht vernachlässigten Kinde. Und lange vor dem Ablauf derselben hat es mittelst der ihm selbst schon von den ersten Lebenstagen an sehr bestimmt unterscheidbaren Gefühle der Lust und Unlust, für welche die sprachlichen Ausdrücke erst im zweiten und dritten Jahre gewonnen werden, wenigstens in

einem Gebiete, nämlich dem der Nahrung, mehr oder weniger
gut begrenzte Vorstellungen sich gebildet. Mit Recht bemerkt auch Romanes, dass der Begriff der Nahrung in uns
durch das Hungergefühl vollkommen unabhängig von der Sprache
entsteht. Wahrscheinlich ist dieser Begriff der allererste, welchen
der noch ganz junge Säugling bildet. Nur würde er ihn, wenn
er ihn überhaupt benennte, nicht „Nahrung" nennen, sondern
alles das darunter verstehen, was macht, dass das Hungergefühl aufhört.

Es ist von grosser Wichtigkeit, diese Thatsache der Entstehung von Vorstellungen, und zwar nicht nur Anschauungen,
sondern auch Begriffen ohne Sprache, festzuhalten, weil sie
herrschenden Annahmen zuwiderläuft.

Wer die geistige Entwicklung der Säuglinge gewissenhaft
beobachtet, muss zu der Überzeugung kommen, dass die
Bildung von Vorstellungen nicht an die Erlernung von
Wörtern gebunden, sondern nothwendige Vorbedingung
für das Verstehen der ersten zu erlernenden Wörter,
also für das Sprechenlernen ist. Lange ehe das Kind ein
einziges Wort versteht, ehe es selbst auch nur eine Sylbe
in einem bestimmten Sinne consequent gebraucht, hat es bereits
mehrere Vorstellungen, welche durch Mienen und Geberden und
Schreien ausgedrückt werden. Namentlich gehören dahin Tast-
und Gesichts-Vorstellungen. Associationen von getasteten und
gesehenen Objecten mit Geschmackseindrücken sind wahrscheinlich die ersten Erzeuger von Begriffen. Das noch alalische zahnlose Kind interessirt sich lebhaft für Flaschen, sieht eine Flasche,
welche mit einer weissen undurchsichtigen Flüssigkeit (Blei-
wasser) gefüllt ist und streckt verlangend und lange schreiend
die Arme danach aus, in der Meinung, sie sei eine Milchflasche (von mir bei meinem Kinde in der 31. Woche beobachtet).
Die leere und die Wasser enthaltende Flasche sind ihm nicht
so lange anziehend, also muss die Vorstellung der Nahrung
(oder des Trinkbaren, Saugbaren, Süssen) durch den Anblick
einer Flasche mit bestimmtem Inhalt entstehen, ohne dass irgend
welche Wörter verstanden oder gar geäussert werden. Hierdurch ist thatsächlich die Begriffbildung ohne Wörter bewiesen.
Denn das sprachlose Kind erkannte nicht allein die Übereinstimmung der verschiedenen Wein-, Wasser-, Saug-, Öl- und
sonstigen Flaschen, deren Anblick es aufregte, sondern es ver-
einigte den Inhalt der verschieden beschaffenen Flaschen, wenn

er weiss war, es hatte also den Begriff der Nahrung von dem der Flasche getrennt. Vorstellungen sind demnach unabhängig von Wörtern.

So sicher dieser Satz ist, so wird er doch nicht durch die von Kussmaul dafür aufgestellten Gründe gestützt, dass nämlich ein und dasselbe Object in verschiedenen Sprachen verschieden ausgedrückt wird, und dass ein neues Thier, eine neue Maschine zur Erkenntniss kommen, ehe sie getauft sind. Denn es wird niemand behaupten wollen, dass bestimmte Vorstellungen noth- wendig an ganz bestimmte Wörter gebunden seien, ohne deren Kenntniss sie nicht entstehen könnten, sondern nur dass Vor- stellungen ohne Wörter nicht seien, wird behauptet. Nun hat aber jeder Gegenstand in jeder Sprache irgend eine Be- zeichnung — sei es auch nur die Bezeichnung „Gegenstand" — und ein neues Thier, eine neue Maschine heissen, ehe sie ge- tauft sind, schon „Thier" und „Maschine". Also kann von dieser Seite der Beweis nicht erbracht werden. Dagegen liefert der alalische Säugling allerdings den Beweis, welcher durch einige Beobachtungen an mehrjährigen und erwachsenen Mikro- cephalen bestätigt wird. Der bei diesen und Idioten vorhandene Mangel an Abstractionsvermögen geht nicht soweit, dass sie nicht den Begriff „Nahrung" oder „Nahrungsaufnahme" aus- bildeten.

Es ist sogar nicht unmöglich, dass nach totalem Verlust des Wortgedächtnisses die Bildung der Vorstellungen fortdauere, wie in dem merkwürdigen viel besprochenen Lordat'schen Falle. Doch beweist letzterer durchaus nicht, dass die Bildung höherer Begriffe ohne vorhergegangene Beherrschung der Wortsprache möglich sei. Es ist vielmehr sicher, dass über die niedrigsten Abstractionen hinausgehende Begriffe nur von dem, welcher sprechen gelernt hat, gebildet werden können. Denn intelligente alalische Kinder kennen zwar viel mehr und complicirtere Vor- stellungen, aber nicht viel mehr höhere Abstractionen, als sehr kluge Thiere, und bei geringem Wortschatz pflegt das Abstrac- tionsvermögen Erwachsener so schwach zu sein, wie das der Kinder. Diese erwerben zwar die Wörter für Abstractes schwerer und später, als die für Concretes, prägen sich dieselben aber auch fester ein, denn bei Abnahme des Wortgedächtnisses werden in der Regel zuerst die Eigennamen und Hauptwörter, welche concrete Objecte bezeichnen, vergessen; gerade diese lernen aber alle Kinder zuerst und gewöhnlich einige hundert, ehe das

erste Abstractum fest erfasst wird. Darum wäre es aber nicht
statthaft zu folgern, wie ich oben zeigte, dass ohne Wörter gar
keine Abstraction stattfinde. Es ist sogar wahrscheinlich, dass
beim intensivsten Denken die abstractesten Begriffe sich ohne
die störenden Wortklangbilder am schnellsten vollziehen und erst
nachträglich in Wörter gefasst werden. In jedem Fall bildet
das intelligente Kind ohne alle Wortkenntniss viele niedere Begriffe, es abstrahirt also ohne Wörter.

Als Sigismund seinem noch nicht ein Jahr alten Sohn, der
kein Wort sprechen konnte, einen ausgestopften Auerhahn zeigte
und auf ihn deutend sagte „Vogel", blickte das Kind unmittelbar
darauf nach einer anderen Seite des Zimmers, wo auf dem Ofen
eine ausgestopfte, als auffliegend dargestellte Schleiereule stand,
welche es jedenfalls vorher bemerkt haben musste. Hier war
also der Begriff „Vogel", der den Auerhahn und die Eule umspannt, schon entstanden und zugleich an jenes Wort geknüpft.
Wie wenig specialisirt aber die ersten von der Nahrung unab-
hängigen, an gehörte Wörter geknüpften Begriffe sind, zeigt die
Thatsache, dass bei Lindners Kind (im zehnten Monat) *auf* auch
„herab", *warm* auch „kalt" bedeutete. Ebenso brauchte mein
Kind *zuviel* auch für „zuwenig", ein anderes *nein* auch für „ja",
ein drittes „ich" für „Du". Diese durchaus nicht vereinzelten
Erscheinungen beruhen nicht darauf, dass sich etwa das Kind
verspricht; sie finden sich bei jedem Kinde, das sprechen lernt,
wegen der noch mangelhaften Differenzirung der Begriffe. Das
Kind hat schon eine Ahnung davon, dass Gegensätze nur die
Endglieder einer und derselben Begriffreihe sind [L], und zwar
ehe es über mehr als einige wenige Wörter verfügt. Hiermit
ist eine merkwürdige Übereinstimmung der Kindersprache mit
den ältesten überlieferten Sprachanfängen begründet. Der (1876)
von Carl Abel entdeckte „Gegensinn der Urworte" erstreckt
sich vielleicht auf alle Sprachen, und wenn der Entdecker selbst
ihn als ein grundlegendes Denk- und Sprach-Gesetz der Menschheit (1889) bezeichnet, so sagt er wohl nicht zuviel. Denn es
gilt, wie sich bei jedem Kinde, das sprechen lernt, zeigen lässt,
auch für die ontogenetische Sprachentwicklung; in dieser werden
die Begriffe, ähnlich wie die Gegenfarben roth-grün und gelb-
blau, durch eine Continuität mit indifferenten Mittel- oder Ausgangspunkt und divergenten Extremen zusammengehalten. Alles
ist nur durch seinen Gegensatz neben- und nacheinander in
der Seele, wie Contraction nicht ohne Expansion.

Um aber zu dem Zustande des noch völlig alalischen Kindes zurückzukehren, so ist klar, dass es von dem Verlangen erfüllt, in jeder Weise seinen Gefühlen, besonders seinen Bedürfnissen Ausdruck zu geben, auch die Stimme dazu verwenden wird. Der Erwachsene schreit vor Schmerz, obgleich das „Au" zu letzterem keine directe Beziehung hat und damit Anderen eine Mittheilung zu machen nicht beabsichtigt wird. Bevor nun der Neugeborene im Stande ist, das Lust-erregende zu suchen, das Unlust-erregende zu meiden, schreit er in derselben Weise theils mit ruhender Zunge, theils mit überwiegendem *ä* immer wieder und wieder monoton bis eine äussere Änderung eintritt. Hierauf beginnt die Schreiart zu variiren nach dem Zustande des Säuglings, dann kommen deutlich unterscheidbare Laute als Lust- oder Unlust-Bezeichnungen, dann Sylben — zuerst autogenetische sich von selbst articulirende ohne Sinn, hierauf solche, die Begehren, Vergnügen usw. ausdrücken, viel später erst nachgeahmte Laute, und zwar oft Thierstimmen, anorganische Geräusche und Vorgesprochenes unvollkommen wiederholende. Durch die Verstümmelungen entsteht der Schein, als wenn sich das Kind schon jetzt neue Bezeichnungen erfände, welche schnell vergessen würden, und da das Kind, wie der Irrsinnige, bekannte Wörter in neuem Sinne gebraucht, nachdem es sprechen zu lernen angefangen hat, so erhält seine Ausdrucksweise einen originellen Charakter, den der „Kindersprache". Hierbei ist nun wesentlich, dass nicht erst jetzt die Gefühle und Vorstellungen entstehen, wenn sie auch erst jetzt articulirt ausgedrückt werden, sondern sie waren zum Theil längst vorhanden und wurden unarticulirt und durch Mienen und Geberden ausgedrückt. Beim Erwachsenen erzeugen Vorstellungen neue Wörter und die Neubildung hört nicht auf so lange das Denken nicht aufhört; beim alalischen Kinde erzeugen aber neue Gefühle und neue Vorstellungen zunächst nur neue Schreie und Bewegungen der Antlitz- und Glieder-Muskeln, und je weiter wir in die eigene kindliche Entwicklung zurückblicken, um so grösser finden wir die Anzahl der Zustände, welche durch einen und denselben Schrei geäussert werden. Der Organismus verfügt noch über zu wenige Mittel. Bei manchen Aphatischen wird jeder geistige Zustand durch ein und dasselbe (oft sinnlose) Wort ausgedrückt. Bei näherer Prüfung findet man aber auch für den normalen völlig die Sprache beherrschenden Redner die sämmtlichen Mittel der Sprache nicht ausreichend. Niemand kann alle empfind-

baren Farben benennen oder den Schmerz beschreiben oder
auch nur eine Wolke schildern, so dass mehrere Zuhörer von
ihrer Gestalt und Helligkeit dieselbe Vorstellung, wie sie der
Sprechende hat, gewinnen. Die Wörter reichen nicht aus. Die
Vorstellung ist aber klar. Wenn die Wörter ausreichten, die
klaren Begriffe klar auszudrücken, dann würde der grösste Theil
der philosophischen und theologischen Litteratur nicht existiren.
Er beruht wesentlich auf der unvermeidlichen Thatsache, dass
verschiedene Menschen mit demselben Worte nicht denselben
Begriff verbinden, also ein Wort zur Bezeichnung verschiedener
Begriffe verwendet wird, wie vom Kinde. Ist ein Begriff besonders schwierig, so besteht die Schwierigkeit darin, ihn in
Worten klar auszudrücken; dann pflegt er viele Namen zu erhalten, wie „sterben", und die Verwirrung und der Streit nehmen
noch zu. Aber die Wörter ermöglichen allein die Bildung und
Klärung der höheren Begriffe und begünstigen die Bildung neuer
Vorstellungen, und ohne sie bleibt der Verstand beim Menschen
auf einer niederen Entwicklungsstufe, schon weil sie das zuver-
lässigste und feinste Äusserungsmittel für die Vorstellungen sind.
Werden Vorstellungen gar nicht oder unverständlich geäussert,
so kann ihr Besitzer sie nicht verwenden, corrigiren und geltend
machen. Nur diejenigen Vorstellungen haben überhaupt Werth,
welche nach Mittheilung an Andere bleiben. Die Mittheilung
geschieht genau (beim Menschen) nur durch Wörter; es ist daher
sehr wichtig zu wissen, wie das Kind Wörter sprechen und dann
gebrauchen lernt.

Ich hatte oben als die grösste Schwierigkeit für das Zustandekommen der Wortbildung beim Kinde die Herstellung
einer Verbindung der centralen Sinnes-Eindruck-Magazine und der
sensorischen Centren höherer Ordnung, kurz des Dictorium, mit
den intercentralen Verbindungsbahnen zwischen Lautcentrum und
Sprechmotorium bezeichnet. Nach Herstellung jener Verbindungen
und lange nachdem Vorstellungen sich gebildet haben, wird nun
das Schallbild des von der Mutter gesprochenen Wortes, wenn
es unmittelbar nach dem Entstehen einer klaren Vorstellung im
Lautcentrum auftaucht, genau, und falls es unüberwindliche
Articulations-Schwierigkeiten der Aussprache bietet, ungenau
vom Kinde wiederholt. Diese Thatsache der Schallnachahmung ist fundamental. Über sie hinaus führt zunächst kein
Weg. Namentlich muss dabei als wesentlich gemerkt werden,
dass es völlig gleichgültig erscheint, welche Sylben und Wörter

zur ersten Bezeichnung der kindlichen Vorstellungen verwendet werden. Wollte man dem Kinde falsche Bezeichnungen beibringen, so könnte man es leicht. Es würde sie doch logisch verbinden. Lehrte man es später, 2 mal 3 ist 5, so würde es nur 5 nennen, was 6 ist, und bald die gewöhnliche Ausdrucksweise adoptiren. Für den Anfang der Verknüpfung von Vorstellungen mit articulirten Sylben kommen (wahrscheinlich in allen Sprachen) regelmässig solche in Anwendung, welche ohne Sinn von selbst bereits oft geäussert worden waren, weil sie keine Articulations-Schwierigkeiten bieten. Den Sinn legen aber allein die Angehörigen hinein. Solche Sylben sind *pa*, *ma*, mit ihren Verdoppelungen *papa*, *mama* für „Vater" und „Mutter", wobei zu bemerken, dass der Sinn in verschiedenen Sprachen, sogar in den Dialekten einer Sprache, verschieden ist, denn *mamán*, *mamá*, *máma*, *mamme*, *mammeli*, *mömme*, *mam*, *mamma* *mammeken*, *memme*, *memmeken*, *mammele*, *mammi* sind zugleich Kinderworte und Bezeichnungen für „Mutter" in verschiedenen Gegenden Deutschlands, während dieselben und ganz ähnliche Ausdrücke auch Mutterbrust, Milch, Kinderbrei, Kindergetränk, Saugflasche bedeuten, ja sogar in einigen Sprachen der Vater mit *Ma-*, die Mutter mit *Ba-* und *Pa-*Lauten bezeichnet wird. Ein Mädchen (v. B.) bediente sich in seinem 13. Monate manchmal noch des Ausdrucks *pap-mam* statt Papa und statt Mama, Worte, die es beide damals schon richtig nachsprach und deren Bedeutung es wohl kannte, da es auf die Frage „Wo ist Papa? Mama?" den Kopf und Blick richtig wendete.

Ganz ähnlich verhält es sich mit anderen Ursylben des Säuglings, wie *atta*. Wenn es nicht die Eltern oder Grosseltern bezeichnet, dann wird es häufig (in England und Deutschland auch *táta*, *tatta*, *tatá*) im Sinne von „fort" und „Lebewohl" gebraucht.

Diese Ursylben *pa-pa*, *ma-ma*, *tata* und *apa*, *ama*, *atu* entstehen ursprünglich von selbst, wenn beim Ausathmen der Luft der Weg versperrt ist, sei es durch die Lippen (*p*, *m*), sei es durch die Zunge (*d*, *t*). Nachdem sie aber bereits oftmals mit Leichtigkeit geäussert worden, sinnlos, zwecklos, benutzt sie die Mutter, um vorher vorhandene Vorstellungen des Kindes zu bezeichnen, bei allen Völkern, und sie bezeichnet damit das Nächste. Dadurch kommt also die scheinbare Verwechslung von „Milch" und „Brust" und „Mutter" und „Amme" oder „Wärterin" und „Saugflasche" usw. zu Stande, welche das Kind alle *mam*, *amma*, *mamam* usw. nennen lernt.

Zu eben dieser Zeit aber findet eine wahre Echolalie statt, indem das nicht beobachtete Kind allerlei Sylben — oft flüsternd — richtig maschinenmässig wiederholt, wenn es sie am Schluss eines Satzes hört. Das gesunde alalische Kind spricht Laute, Sylben, Wörter, wenn sie kurz sind, „mechanisch" nach, ohne Verständniss, wie es vorgemachte Hand- und Kopf-Bewegungen nachahmt. Sprechen ist ein Bewegungen - machen, das um so mehr zum Nachahmen reizt, als die scharfe Controle durch das Ohr da ist. Mehr als eine Controle liefert das Gehör nicht zunächst, denn auch Taubgeborene lernen sprechen. Diese können sogar, wie normale Kinder, schon früh im Traum sprechen (nach Gerard van Asch). Beide, taubgeborene wie normale Kinder, betrachten, wenn man ganz ruhig sich zu ihnen wendet, oft aufmerksam die Lippen (welche sie auch wohl betasten) und die Zunge des Vorsprechers, und dieses Gesichtsbild weckt schon ohne Gehörsbild die Nachahmung, welche die Combination beider perfect macht. Beim Blindgeborenen fehlt letztere, da überwiegt die reine Echolalie, beim Taubgeborenen fehlt sie ebenfalls, das Ablesen der Sylben vom Munde tritt da vicariirend ein. Bei ihm ist das Studium der Mundbewegungen bekanntlich das einzige Mittel, die laut gesprochenen Wörter zu verstehen, und zwar dient dazu fast ausschliesslich das Sehen, sehr selten das Tasten; und der Taubgeborene wiederholt die gesehenen Lippen- und Zungen - Bewegungen oft besser als das alalische hörende Kind. Es ist überhaupt zu bemerken, dass dieses im Ganzen weniger Gebrauch von dem Mittel des Ablesens vom Munde macht, als man annimmt, indem es sich überwiegend auf das Ohr verlässt. Auch habe ich immer gefunden, dass das Nachahmen einer Mundstellung, ohne den zugehörigen Laut ertönen zu lassen, dem Kinde die grössten Schwierigkeiten bereitet, während es doch dieselbe Mundstellung mit dem akustischen Effect schon leicht zu Stande bringt.

Es muss also die Verbindung zwischen dem Ohr und den centromotorischen Hirntheilen von vornherein (erblich) kürzer oder gangbarer sein, als die zwischen dem Auge und denselben. Bezüglich der beiden Associationen ist aber die allmählich zunehmende Abkürzung oder Consolidirung räumlich und zeitlich zu scheiden. Beim Kinde, das noch nicht spricht, aber richtig Sylben nachzusprechen und mit den primitiven Vorstellungen zu verbinden beginnt, dauert der Nachahmungsact länger als beim normalen Erwachsenen. die Bahnen aber im Gehirn, über welche

es verfügt, sind absolut und relativ kürzer: absolut, weil das
ganze Gehirn kleiner ist, relativ, weil die später mit Bewusstsein und Nebenvorstellungen fungirenden höheren Centren noch
fehlen. Die Zeit ist nichtsdestoweniger länger, als später — oft
nach mehreren Secunden zählend — weil die Verarbeitung, ja
schon die Einordnung des Gehörten in das Schallbildcentrum,
des Gesehenen in das Gesichtsbildcentrum länger dauert, abgesehen von etwaiger geringerer Fortpflanzungsgeschwindigkeit
der Nervenerregung in den peripheren Bahnen. Die kindliche
Nachahmung kann man nicht vollbewusst oder wohlüberlegt
nennen. Sie gleicht der durch häufige Wiederholung, nämlich
vielfältige Übung, beim Erwachsenen erzielten halbbewussten
oder unbewussten Nachahmung, welche als eine Art Erinnerung
bewusster oder Abkürzung überlegter Nachahmung resultirt aus
häufiger Benutzung immer derselben Bahnen. Nur dauern die
kindlichen Imitationen länger, und zwar besonders das Ablesen
vom Munde. Das Kind kann die zu einer Sylbe gehörenden
Mundstellungen nicht erkennen, aber sehr genau von selbst zu
Stande bringen. Es gleicht den wortblinden Kranken, welche
trotz guten Sehvermögens die gesehenen Schriftworte nicht lesen,
sich aber durch Rede und Schrift ausdrücken können. Denn
dasselbe Wort, zum Beispiel *atta*, welches das Kind nicht vom
Munde abliest, nicht nachspricht, braucht es selbst, wenn es
ausgetragen zu werden wünscht, somit ist die Unfähigkeit nicht
expressiv-motorisch, sondern central oder intercentral. Denn
sehen kann das Kind die Mund- und Zungen-Bewegung bereits
vortrefflich, die impressive Sehbahn ist längst hergestellt.

Hierin stimmt diese Art der Wortblindheit völlig überein
mit der physiologischen Worttaubheit des normalen alalischen
Kindes, das gut hört. Denn es versteht das Gehörte falsch,
wenn es auf den Befehl „Nein, nein!" die bejahende Kopfbewegung macht, obgleich es sehr wohl die richtige ausführen
kann. Also sind auch hier nicht centrifugale und centripetale
periphere Wege, sondern intercentrale Bahnen noch nicht genügend ausgebildet — bei meinem Kinde im 14. Monat. Es
muss die zuführende Bahn vom Wörtercentrum zum Dictorium
und ersteres selbst noch zu wenig benutzt worden sein.

Aus allem ergiebt sich bezüglich der Frage, wie das Kind dazu
kommt, Wörter zu lernen und zu gebrauchen, dass es erstens
Vorstellungen hat, zweitens vorgesagte Laute, Sylben,
Wörter nachahmt, drittens damit jene Vorstellungen ver-

23*

bindet. Ist die Vorstellung „Weiss + nass + süss + warm"
durch häufiges Sehen, Fühlen und Schmecken der Milch entstanden, so hängt es von der Ursylbe ab, welche man beim
Fragen. Zureden oder Beruhigen des hungrigen Säuglings wählt,
ob er sein Begehren nach Nahrung mit *möm*, mit *mimi*, mit
nana, mit *ning* oder *maman* oder *mäm* oder *mem* oder *mima*
oder noch anderen Sylben ausdrückt. Je öfter er die Vorstellung
Nahrung (etwas was den Hunger oder das Unlustgefühl desselben vertreibt) und zugleich den Schalleindruck „Milch" erlebt,
um so mehr wird letzterer mit ersterem associirt und in Anbetracht der grossen Vortheile, die er bietet, weil er von Allen
verstanden wird, schliesslich adoptirt. So lernt das Kind die
ersten Wörter. Aber in jedem einzelnen Falle haben die ersten
auf diese Art erworbenen Wörter einen weiteren Umfang des
Sinnes, als die späteren.

Durch die reine Echolalie, ohne Vorstellungen mit dem nach-
geplapperten Wort zu verbinden, lernt das Kind zwar gleichfalls
Wörter articuliren, aber es lernt sie dadurch nicht verstehen.
nicht richtig gebrauchen, es sei denn, dass absichtliche oder
zufällige Coïncidenzen ihm diesen oder jenen Erfolg zeigen, wenn
dieses und jenes Wort von ihm geäussert wird. Sagt das Kind,
das ihm neue Wort „Schnee" hörend, *nee* als Echo, und man
zeigt ihm dann wirklichen Schnee, so wird das inhaltleere *nee*
mit einer Anschauung verbunden, und auch später kann nichts
die Anschauung, das heisst die unmittelbare sinnliche
Wahrnehmung, als Unterrichtsmittel ersetzen. Diese Art
den Wörtergebrauch zu lernen, ist gerade die entgegengesetzte der
eben erörterten und weniger häufig, weil mühsamer. Denn ersteren-
falls ist die Vorstellung zuerst und braucht nur (durch Hören des
zugehörigen Wortes) geäussert zu werden. Im zweiten Fall
ist das Wort zuerst und die Vorstellung muss künstlich herbeigeführt werden. Später weckt das unverstandene Wort die
Neugier und erzeugt dadurch Vorstellungen. Dieses erfordert
aber grössere Reife.

Die dritte Art der ersten Wörter - Erlernung ist die, dass
Vorstellung und Wort fast zugleich auftreten, wie bei onomatopoëtischen Bezeichnungen und Interjectionen. Völlig ursprüngliche onomatopoëtische Wörter sind sehr selten bei Kindern, und
nur nachdem sie schon einige Wörter kannten, von mir beobachtet worden. Die Thiernamen *Wauwau*, *Mumu*, *Piepiep* (Vogel),
Hotto (Pferd: von dem Fuhrmannsausdruck „hott-hott" statt

„Haut", das ist „links" im Gegensatz zu „aarr" — Haar, Mähne — das ist „rechts") werden von den Angehörigen vorgesagt. Einige Thiernamen wie *Kukuk*, auch *Kikeriki* und *Kuak* (Ente, Frosch) werden wahrscheinlich noch manchmal ohne Vorsagen, nur undeutlicher von Deutschen, Englischen (Amerikanischen), Französischen Kindern gebildet. *Ticktack (Tick-tick)* bei einem zweijährigen Knaben für eine „Taschenuhr" ist ebenfalls nachgesprochen. Dagegen ist *weo-weo-weo* (deutsch ũio) für das Geräusch beim Aufziehen der Taschenuhr (von Holden beim Zweijährigen beobachtet) ursprünglich. Auch erscheint *hüt* als verunglückte Nachahmung des Locomotivpfiffs bei meinem $2^1/_2$-jährigen Kinde, weil es monatelang täglich in derselben Weise nur zur Bezeichnung des Pfiffs gebraucht wurde, als frei erfundenes Onomatopoëtikon bemerkenswerth. Die Stimme des Huhnes, des Rothschwänzchens, das Knarren eines Rades ahmte mein Kind schon lange, ehe es ein Wort sprechen konnte, aus freien Stücken nach. Dabei kam es aber nicht zur Sylbenbildung. Nicht leicht ist es, so deutlich die unmittelbar an onomatopoëtische Bildungen anknüpfende Begriffbildung zu verfolgen, wie in einem von Romanes mitgetheilten Fall. Ein Kind, welches zu sprechen anfing, sah und hörte eine Ente auf dem Wasser und sagte *Kuak*. Darauf nannte es einerseits alle Vögel und Insecten, andererseits alle Flüssigkeiten *Kuak*. Endlich nannte es auch alle Münzen *Kuak*, nachdem es einen Adler auf einem Französischen Sou gesehen hatte. So kam durch allmähliche Verallgemeinerung das Kind dahin, eine Fliege, Wein und ein Geldstück mit demselben onomatopoëtischen Worte zu bezeichnen, obgleich nur die erste Wahrnehmung das namengebende Merkmal enthielt.

Einen noch instructiveren Fall berichtet Eduard Schulte: Ein Knabe von $1^3/_4$ Jahren wandte den oft gehörten, also nachgeahmten Freudenruf *ei*, indem er ihn zuerst in *eiz*, in *aze* und dann in *ass* verwandelte, auf seinen hölzernen auf Rädern stehenden, mit einem rauhen Fell bekleideten Ziegenbock an; *eiz* wurde dann ausschliesslich Freudenruf, *ass* der Name für Alles, was sich fortbewegte, für Thiere und die eigene Schwester und Wagen, auch für Alles, was sich überhaupt bewegte, endlich für Alles, was eine rauhe Oberfläche hatte. Als nun dieses Kind bereits alle Kopfbedeckungen und Kannendeckel *huta* nannte und zum ersten Male eine Pelzmütze sah, taufte es sie sofort *ass-huta*. Hier fand also eine entschiedene Unterordnung des

einen Begriffs unter den anderen statt und damit eine Wortneubildung. Wie weit der Umfang des mit *huta* bezeichneten
Begriffes war, erkennt man besonders daran, dass damit auch
der Wunsch geäussert wurde. Gegenstände, auf die das Kind
hinzeigte, zu haben. Es setzte und legte sich nämlich gern
allerlei Dinge, die ihm gefielen, als *huta* auf den Kopf. Aus dem
huta für „Ich möchte das als Hut haben" wurde dann nach
häufiger Wiederholung „Ich möchte das haben". Es fand also
in diesem Falle eine Erweiterung des engeren Begriffes statt.
nachdem vorher eben derselbe durch den Zusatz *ass* eine
Differenzirung, also eine Einschränkung, erfahren hatte. Diese
Beispiele beweisen, wie unabhängig die Begriffbildung von Wörtern
ist. Bei minimalem Wort-Repertoire sind doch die Begriffe
schon mannigfaltig und werden mit demselben Worte bezeichnet,
wenn es an Wörtern zur Zusammenstellung neuer Wörter, also
zur Wortneubildung fehlt.

Diese Thatsache gewinnt ein besonderes Interesse dadurch,
dass in der ältesten erhaltenen Sprache, der Egyptischen, ganz
dieselbe verwirrende Vieldeutigkeit einzelner Ausdrücke vorkommt.
wie Carl Abel (in seinen sprachwissenschaftlichen Abhandlungen
1885) nachgewiesen hat. Ja, sie bildet, wie er zeigte, wahrscheinlich eine nothwendige Phase der Entwicklung einer jeden
Sprache.

Die Wortbildung aus Interjectionen ohne Nachahmung
ist nicht beobachtet. Das beim Anblick rollender Kugeln oder
Räder von meinem Knaben von selbst geäusserte *rollu*, *rollolo*
und (im 20. Monat) *rodi*, *otto*, *rojo*, wo die wahrgenommene
Rotation beim Kinde sofort die eine oder andere *l*- oder *r*-haltige
Exclamation veranlasst, gehört hierher. bei Steinthal *lu-lulu*, bei
einem von Kussmaul beobachteten anderthalbjährigen Knaben
golloh. In diesen Fällen ist immer die erste Interjection durch
ein Geräusch veranlasst, nicht allein durch den Anblick rollender
Dinge ohne Geräusch. Also muss man die Interjection imitativ
nennen. Eine Zusammensetzung der ursprünglichen, angeborenen
interjectionalen Laute zu Sylben und Sylbencomplexen ohne
Vermittlung der Angehörigen und ohne Nachahmung, behufs
Mittheilung einer Vorstellung, ist nicht constatirt.

Die Bedeutung, welche Interjectionen haben, sind in allen
Sprachen nicht an bestimmte Laute (etwa für Schmerz, Erstaunen, Entrüstung. Angst, Freude) gebunden. Bei Sophokles
und Euripides kommen nach Richard Müller (Inauguraldissertation

Jena 1885) als Interjectionen, die Schmerz ausdrücken, *ἰώ, αἰαῖ, ὀί, φεῦ, ὤ* vor, im Ganzen nur 13, nämlich noch *παπαῖ, ἀτταταῖ, ὀτοτοῖ, ἒἒ, εὐοῖ, ἆ, ἔα, ἰού*, welche fast alle von Deutschen Kindern, ehe sie sprechen gelernt haben, sinnlos gebildet werden, und zwar noch ehe die Deutschen Interjectionen auftreten. Von diesen erscheinen *au! o! u! ah! he!* natürlich früher, als *ach, ei, ih, ha, aha, oho, pst, sch!* in der späteren Bedeutung, aber aus keinem von allen bildet das Kind von selbst ein neues Wort, sondern nur durch Nachahmung.

Im Ganzen ist die Art und Weise, wie das Kind sprechen lernt, nicht nur ähnlich, sondern im Wesen völlig übereinstimmend mit der Art und Weise, wie es später schreiben lernt, wobei es gleichfalls keine neuen Erfindungen macht. Zuerst werden sinnlose Striche und Klexe gezeichnet, dann gewisse Striche nachgeahmt, dann Lautzeichen nachgeahmt. Diese können nicht sogleich zu Sylben zusammengefügt werden und selbst, nachdem es geglückt ist, und sogar schon aus Sylben das geschriebene Wort hergestellt werden kann, wird es noch nicht verstanden. Doch konnte das Kind schon vor dem ersten Schreibunterricht oder Kritzelversuch jeden einzelnen Buchstaben von der Grösse, in der es ihn später schreibt, sehen. So hört auch das sprachlose Kind jeden Laut, ehe es die Sylben und Wörter versteht, und versteht sie eher, als es sie sprechen kann. Vor dem Schreiben lernt das Kind gewöhnlich Lesen, versteht also das zu schreibende Zeichen eher, als es dasselbe schreiben kann. Aber es ist ihm oft das selbst geschriebene Zeichen ebenso unverständlich wie das selbst gesprochene Wort. Die Analogie ist vollkommen und doch wurde sie bisher völlig übersehen.

Sind einmal die ersten Wortrudimente nach der beginnenden Klärung der Vorstellungen durch schärferes Wahrnehmen gebildet, dann gestaltet sie das Kind eigenmächtig und zwar manchmal erstaunlich deutlich, meistens aber werden die Wörter verstümmelt. In die erste Kategorie gehört der Comparativ *hocher* statt „höher“ in dem Satze *hocher bauen!* (im dritten Jahre beim Spielen mit Bausteinen verlangend geäussert). Hieraus geht das Verständniss des Comparativs deutlich hervor. Wenn daher dasselbe Kind im fünften Jahre auf die unpassende Frage: „Wen hast Du lieber, Papa oder Mama?“ antwortet *Papa und Mama*, so darf man daraus nicht auf das Fehlen jenes Verständnisses schliessen, wie manche es thun, sondern

die Entscheidung ist dem Kinde unmöglich. Ebenso bei der Frage:
„Willst Du lieber den Apfel oder die Birne?"

Andere Erfindungen meines Knaben waren das Zeitwort
messen statt „mit dem Messer schneiden", *schiffern* statt „das
Schiff bewegen", oder „rudern". Auch die von allen Kindern
bevorzugte schwache Flexion ist ein Beweis dafür, dass nach
Aneignung einer kleinen Anzahl von Wörtern durch Nachahmung,
selbständige — immer logische — Umgestaltungen vorgenommen
werden. *Gegebt, gegeht, getrinkt* sind niemals vom Kinde gehört
worden. Aber „gewebt, geweht, gewinkt" hat es als Vorbilder
gekannt (oder andere entsprechende Bildungen). Ein anderes
Kind (H. v. B.) sagte in seinem zweiten Lebensjahr *geesst, ge-*
trinkt, genehmt, gegiesst, gebrungen, ausgezieht, aufgehebt, ein
drittes (W. Seydel) reduplicirte beim Conjugiren, sagte *sesehen*
st. gesehen, *einpapackt* st. eingepackt und so bei vielen Zeitwörtern. Damit ist keineswegs gesagt, dass jede Verstümmelung
oder Umformung, die das Kind vornimmt, nur eine Nachbildung
nach falsch gewähltem Muster sei. Vielmehr conjugirt es willkürlich und hier hat die kindliche Phantasie einen grossen
Spielraum; sie bethätigt sich sprachlich auch sonst in mannigfaltiger Weise, besonders durch Zusammensetzungen. „Mein
Zahnhimmel thut mir weh" sagte ein Knabe, der das Wort
„Gaumen" noch nicht kannte, „die Gehe" nannte ein anderer im vierten Jahre den Weg, *wachs mich einmal* äusserte
die Dreijährige statt „Sieh einmal, wie ich gewachsen bin" [L].
Andere Schöpfungen des kindlichen Combinationsvermögens,
theils Verschmelzungen, theils Übertragungen finden sich in
einem niedlichen Schriftchen „Zur Philosophie der Kindersprache"
von Agathon Keber 1868 zusammengestellt. Die meisten fallen
aber in eine spätere Zeit, als die hier betrachtete. So auch
die beiden von Rösch mitgetheilten „Verketzerungen". Ein Kind
sagte *unterblatte* statt „Oblate", weil es sie unter das Papier
schieben sah, und den „Americanerstuhl" nannte es „Herr-
Decaner-Stuhl", weil jemand darauf zu sitzen pflegte, den man
„Herr Decan!" hiess. Man sieht hieraus die Bemühung, dem
unverstandenen akustischen Eindruck einen Sinn unterzulegen.
Erfindungen sind jene Ausdrücke nicht, aber sie zeugen von
Verstand. Bei jüngeren Kindern ohne Wortkenntniss können sie
natürlich nicht vorkommen, weil sie Umbildungen sind.

Hingegen ist es vom grössten Belang für das Verständniss
des ersten Stadiums der Wortverwerthung, nachdem erst eben

die Worterwerbung begonnen hat, zu beobachten, wie vielerlei das Kind durch einen und denselben sprachlichen Ausdruck kundgiebt. Einige Beispiele: *Tuhl* bedeutet 1) „Mein Stuhl fehlt, 2) Der Stuhl ist zerbrochen, 3) Ich möchte auf den Stuhl gehoben werden, 4) Hier ist ein Stuhl." Ein Kind (v. B.) sagt im 21. Monat *Garten!* statt „Ich möchte in den Garten gehen", ein anderes (das Kind Steinthals im 22. Monat), wenn es einen bellenden Hund sieht oder hört: *bellt;* es meint damit den ganzen Erscheinungscomplex, die Gesichtswahrnehmung des Hundes, sogar eines bestimmten Hundes, und die Schallwahrnehmung bezeichnet zu haben. Es sagt aber auch *bellt,* wenn es den Hund nur hört. Ohne Zweifel wird dann das Erinnerungsbild des gesehenen Hundes vor ihm wach.

Durch diese Vieldeutigkeit eines Wortes, welches einen ganzen Satz ersetzt, ist bereits eine viel höhere Verstandesthätigkeit dargethan, als durch die Verstümmelung und Neubildung von eindeutigen Wörtern zur Bezeichnung eines sinnlichen Eindrucks. Denn durch letztere wird zwar die Vereinigung von Eindrücken zu Wahrnehmungen, auch die der Merkmale zu Begriffen sicher kundgethan, worin schon ein unbewusstes Urtheilen steckt, aber es ist nicht nothwendig mit ihnen ein klares Urtheil verbunden. Die Vereinigung der Begriffe zu bewussten klaren Urtheilen wird vielmehr erst durch die Bildung eines Satzes erkannt, gleichviel ob dieser durch ein Wort oder durch mehrere Wörter ausgedrückt ist.

In dieser Beziehung muss ein allgemein vorkommender Irrthum beseitigt werden, welcher darin besteht, dass man annimmt, alle Kinder fingen mit Substantiven an zu sprechen und dann folgten Zeitwörter. Es ist nicht der Fall. Im Wortschatz des anderthalbjährigen Kindes überwiegen die Hauptwörter deshalb, weil ihnen davon mehr vorgesagt werden, als von anderen Wörtern. Es werden ihnen aber mehr Substantive als sonstige Wörter beigebracht, weil das Concrete, sinnlich Unmittelbare, das Sichtbare und Greifbare in erster Linie, am leichtesten sich dem werdenden Gehirn einprägt. Das Abstracte wird schnell in der ersten Kindheit vergessen. Romanes beobachtete ein kleines Mädchen, dessen ganzer Wortschatz nur etwa ein Dutzend Wörter umfasste, darunter befanden sich aber „arm" *(poor)* und „schmutzig" *(dirty),* welche immer richtig gebraucht wurden wie *ta-ta* für „fort". Das von mir täglich beobachtete Kind brauchte zuerst im 23. Monat ein Eigenschaftswort, um ein

Urtheil   das erste in der Sprache der Angehörigen ausgedrückte
zu sprechen, nämlich *heiss* statt „Die Milch ist zu heiss.“
Überhaupt beruht die Aneignung und Verwerthung der Wörter
zur ersten Bildung von Sätzen vor Allem auf dem Verhalten
der mit dem Kinde verkehrenden Erwachsenen. Ein gutes Beispiel dafür liefert eine Beobachtung von Lindner, dessen Tochter
im 14. Monat zuerst mit den Händen sich ein Stück Apfel erbat,
wobei ihr deutlich „Apfel“ vorgesprochen wurde. Nachdem sie
es verzehrt hatte, wiederholte sie, diesmal die Geberde mit dem
nachgeahmten *appn* verstärkend, die Bitte. Sie ward ihr wieder
erfüllt. Offenbar durch den Erfolg ermuthigt, brauchte von da
an das Kind *appn* für „essen, ich möchte essen“ zur Bezeichnung seiner Esslust überhaupt und zwar weil die Angehörigen „diese Bedeutung acceptirten und das von ihr auf
diesen Begriff ausgeprägte Wort für baare Münze nahmen, sonst
wäre es wohl wieder verloren gegangen.“ Hierdurch bestätigt
sich auch meine Behauptung (S. 353), dass ein Kind leicht mit
falschen Wörtern logisch richtig sprechen lernt. Es spricht
sogar wie der Taubstumme logisch richtig bei ganz anderer
Wortstellung als in der späteren Sprache. So sagte das eben
erwähnte Kind, bei welchem „die Neigung zur Satzbildung vom
22. Monat ab deutlich“ war, *hat die Olga getrinkt*, wenn sie
getrunken hatte.

Jedes Kind lernt aber nicht allein zuerst die Sprache derer,
in deren unmittelbarem täglichem Verkehr es aufwächst, sondern
auch zuerst die Eigenthümlichkeiten dieser Persönlichkeiten.
Es ahmt den Accent, Tonfall, Dialekt ebenso nach wie das
Wort, so dass man bereits sicher im zweiten und dritten Jahr
ein thüringisches Kind von einem mecklenburgischen unterscheidet und zugleich die Eigenheiten der Sprache seiner Mutter
oder Wärterin, mit der es am meisten verkehrt, wiedererkennt.
Diese Erscheinung, die Constanz der Dialekte und Sprech-
Eigenheiten in einzelnen Familien, macht bei oberflächlicher
Betrachtung den Eindruck der Erblichkeit, während in Wahrheit nichts anderes, als die Stimme, durch Vererbung der organischen Eigenthümlichkeiten des Phonations-Apparates ererbt
ist. Denn alles andere schwindet gänzlich, wenn einmal ein
Kind von der Geburt an in fremder Umgebung im Auslande
sprechen lernt.

Erblich kann man zwar die Fähigkeit des Menschen nennen,
zu sprechen, erblich ist auch das Articuliren beim Menschen

und angeboren die Anlage, irgend eine articulirte Sprache zu
erwerben. Aber darüber hinaus reicht der phyletische Einfluss
nicht. Fehlt die Möglichkeit, phonisch Wörter sprechen zu
lernen, weil das Ohr oder die Zunge versagt, dann tritt eine
andere Sprache an die Stelle, die der Mienen, Geberden, die
der Schrift, der Tastbilder, dann entsteht kein Broca'sches
Centrum, sondern ein anderes, welches vor dem Erlernen der
Wortsprache, wie beim Taubstummen und Wilden, für das Errathen des Gesprochenen und Äussern des Verstandenen unentbehrlich ist. Die Frage also, ob beim alalischen Kinde bereits
ein Sprachcentrum existirt, muss verneint werden, es bildet sich
erst, wenn es sprechen hört, und wenn es nicht sprechen hört,
bildet sich keines aus. In diesem Falle werden die Ganglienzellen des hinteren Drittels der dritten Stirnwindung anders verwendet oder sie atrophiren oder fehlen. Beim Sprechenlernen dagegen bildet sich immer mehr aus: zuerst das Lautcentrum, dann das
Sylben-, dann das Wort-Centrum, das Broca'sche Centrum und
das Dictorium, welch letzteres aber sich an unzähligen Stellen
der Grosshirnrinde mit dem Zunehmen der Sinnes-Eindrücke
differenzirt, da Begriffe auf allen Sinnes-Gebieten entstehen und
diese darin unabhängig voneinander sind. Durch seine eigene
Thätigkeit wächst das Gehirn. Und zwar ergiebt sich nun bestimmt, dass sich zuerst beim normalen Kinde, das sprechen
lernt, die impressiven Bahnen entwickeln, denn es versteht Vorgesprochenes lange ehe es nachsprechen und selbständig sprechen
kann. Dann entwickeln sich die intercentralen Bahnen niederer
Ordnung und die expressiven centrifugalen Fasern im Gehirn,
da es sinnlos nachspricht, ehe es selbständig spricht, und zuletzt differenziren sich die Verbindungen höherer Ordnung mit
den begriffbildenden Dictorien. Dann beginnt das willkürliche
Sprechen, welches sich mit wachsendem Verstand zur Rede
gestaltet.

Auf das einfache Schema Fig. 1 (S. 310) bezogen, sind also
zuerst vorhanden a und K, dann g, wenn das Verstehen des
Gehörten beginnt, hierauf bildet sich der Bogen $aKvMh$ aus,
wenn das Nachsprechen anfängt, zuletzt kommt das Stück l
hinzu, wenn die ersten Wörter richtig aus freien Stücken angewendet werden.

ZWANZIGSTES CAPITEL.

Urlaute und Sprachanfänge eines während der ersten drei Jahre täglich beobachteten Kindes.

Die das Sprechenlernen betreffenden Beobachtungen, welche ich an meinem am 23. November 1877 geborenen Knaben von der Geburt an aufzeichnete, sind hier, soweit sie mittheilenswerth erscheinen, chronologisch zusammengestellt. Sie sollen als Belege dienen.

Worauf bei solchen Betrachtungen zu achten ist, ergiebt sich aus den oben besprochenen organischen Bedingungen des Sprechenlernens. Zuerst werden die expressiven, dann die impressiven, zuletzt die centralen Vorgänge die Aufmerksamkeit fesseln. 1. Zu den expressiven Sprachanfängen gehört die Gesammtheit der unarticulirten Laute, das Schreien, Wimmern, Grunzen, Girren, Quicken, Krähen, Lachen, Jauchzen, Schnalzen und die Modulation der Stimme, aber auch das lautlose Bewegen der Zunge, ferner die Articulation, besonders vor dem Beginn des Nachahmens, die Lautbildung, also die allmähliche Vervollkommnung der Vocale, Hauchlaute und Consonanten, zugleich die Sylbenbildung. Letztere ist namentlich in den oft sehr langen Lall-Monologen des Säuglings leicht zu verfolgen. Die Reduplication der Sylben, die Accentuation, das Flüstern, das Singen gehören gleichfalls hierher. 2. Die impressiven Vorgänge werden an den Mienen und Geberden des noch sprachlosen Kindes, später das Unterscheidungsvermögen für Wörter und Geräusche und die Verbindung des Ohres mit dem Sprechcentrum an den ersten Lautnachahmungen und am Nachsprechen, das heisst an der Wortnachahmung erkannt. Dahin gehören auch die onomatopoëtischen Versuche der Kinder, welche nur eine Art der Nachahmung sind. Dann treten hinzu die Antworten auf einfache gesprochene Fragen, theils interjec-

torische, theils articulirte, in Sylben, in Wörter und schliesslich in
Sätze gegliederte. Das Verständniss gehörter Wörter wird namentlich
durch das erste Gehorchen, durch die Verbindung gewisser Bewegungen mit gewissen Schalleindrücken und fester Gegenstände
mit anderen Schalleindrücken kundgegeben, ehe das Sprechen beginnt. Hierdurch sind bereits 3. die centralen Vorgänge als
vorhanden dargethan. Die kindliche Logik, besonders das Indu-
ciren aus zu wenigen Einzelfällen, die Verstümmelungen re-
producirter Wörter, die verkehrten Anwendungen richtig wiederholter Ausdrücke, das Verwechseln der Gegenstände bei der
sprachlichen Bezeichnung selbstgebildeter Begriffe liefern eine
Fülle von beachtenswerthen Thatsachen zur Psychogenesis.
Dabei sind das Laut- und Wort-Gedächtniss, die Phantasie —
im Ergänzen zumal — ebenso wie das erste Urtheilen, die Satzbildung, das Fragen zu berücksichtigen. Die Reihenfolge, in
welcher die einzelnen Wortclassen auftreten, die Dressur beim
Auswendiglernen, Speculationen darüber, welches gesprochene
Wort zuerst vollkommen richtig verstanden wird, habe ich weniger
beachtet, weil hier die Verschiedenheiten der Umgebung des
Kindes den grössten Einfluss ausüben. Überhaupt konnte mein
Bericht als erster Entwurf einer linguistischen Entwicklungsgeschichte des Kindes nichts weniger als vollständig sein. Er enthält aber nur völlig zuverlässiges eigenes Beobachtungsmaterial.

In den **ersten Wochen** schrie das Kind oft stark und lange
missvergnügt. Wollte man die gehörten Schreilaute durch geschriebene Vocale wiedergeben. so würden sie meistens einem
kurzen *u* mit sehr schnell darauffolgendem gedehntem *ä* am
ähnlichsten sein; also *uä uä* sind die ersten annähernd ausdrück-
baren Laute gewesen. Sie wurden nach fünf Monaten geradeso,
nur kräftiger, geschrieen wie anfangs. Alle anderen Vocale sind
anfangs unbestimmt.

Trotz dieser vocalischen Gleichmässigkeit sind schon innerhalb der ersten fünf Wochen die Stimmlaute so verschieden,
dass man allein an denselben mit Sicherheit erkennt, ob das
Kind Hunger oder Schmerz oder Lust empfindet. Das Schreien
mit zugekniffenen Augen beim Hunger, das Wimmern bei leichtem
Unwohlsein, das Lachen über bewegte helle Gegenstände, die
eigenthümlichen, später mit Action der Bauchpresse und mit
lebhaften Armbewegungen verbundenen Grunzlaute als Ankün-
digung der beendigten Verdauung und der Nässe (welches für
erstere noch im 17. Monat beibehalten wurde) sind mannigfaltige

akustische Lebensäusserungen, und schon als die ersten Vorläufer
künftiger sprachlicher Mittheilungen anzusehen, im Gegensatze
zu den lauten Reflexbewegungen des Niesens, des Singultus und
zum nicht häufigen Schnarchen, zum Schnaufen (beim Saugen)
und anderen schon in den ersten Tagen beobachteten lauten
Exspirationen, welche ebensowenig wie Husten und das spätere
Räuspern einen sprachlichen Werth haben.

Die Stimme ist bereits am sechsten Tage sehr kräftig, besonders wenn sie Unlustgefühle kundgiebt. Auch wird das
Schreien viel häufiger, anhaltender und stärker, wenn statt der
Frauenmilch verdünnte Kuhmilch gegeben wird. Beschäftigt
man sich länger mit dem Säugling (in den ersten zwei Monaten),
so ist er nachher mehr zum Schreien aufgelegt und schreit dann
(wie beim Hungern) ganz anders, als wenn er etwas anderes Unangenehmes ankündigt, etwa Nässe. Unmittelbar nach dem
Trocknen hört dann das Schreien auf, da nun eine gewisse Befriedigung erreicht ist. Andererseits gilt die Schreilust schon
früh (sicher von der zehnten Woche an) als ein Zeichen von
Wohlsein (oder Zunahme des Muskelwachsthums). Wenigstens
pflegt längere Lautlosigkeit in dieser Zeit mit leichtem Unwohlsein verbunden zu sein. Es ist aber zu bemerken, dass während
der ganzen Zeit eine länger als einen Tag dauernde ernstliche
Erkrankung nicht vorkam.

Am 43. Tage hörte ich den ersten Consonanten. Das
Kind, in behaglichster Lage allerlei nicht fixirbare Laute aus-
stossend, sagte deutlich einmal *am-ma*. Von Vocalen wurde
gleichfalls an dem Tage *ao* gehört. Aber am folgenden Tage
überraschte das Kind mich und Andere durch die vollkommen
deutlich gesprochenen Sylben *ta-hu*.

In dem sonst nicht verständlichen Lallen des Säuglings
hörte ich am 46. Tage einmal *gö*, *örö* und fünf Tage später *ara*.

In der achten und neunten Woche wurden die beiden
Äusserungen *örrö*, *arra* häufig, wobei *ö* und *a* rein und *r* uvular.

Die Sylbe *ma* für sich hörte ich und zwar während des
Schreiens erst am 64. Tage. Aber am folgenden ertönte während
des anhaltenden lauten Schreiens oft und deutlich, was nach
Monaten in gleicher Weise wiederkehrte, *nei nei* und während
des Lallens einmal *a-omb*.

Am Tage darauf deutlich je einmal *la, grei, aho*, ausserdem
wieder *ma*.

Am 69. Tage äusserte das hungrige Kind wiederholt und sehr deutlich *mömm* und *nyö*.

Von früheren Sylben wird in der zehnten Woche deutlich nur *örrö* wiederholt. Neu kommt hinzu am 71. Tage, während der grössten Behaglichkeit, die Combination *ra-a-ao* und fünf Tage später in hungriger unbehaglicher Stimmung *nä*, dann *nai-n*.

Sehr deutlich war (am 78. Tage) das offenbare Zeichen von Vergnügtsein: *habu* und ebenfalls in der zwölften Woche *a-i* und *nao*, sowie *ä-o-a* mit *ä-a-a* und *o-ä-ö* abwechselnd.

Nun wurde es immer schwieriger, die schon mannigfaltigeren Laute durch Buchstaben wiederzugeben, ja nur die Vocale zu erkennen und treu zu wiederholen. Das Kind schreit viel wie zur Übung seiner Athmungsmuskeln. Zu den während des behaglichen Daliegens geäusserten Lauten kommt in der 14. Woche *ntö, ha*. Letzteres schrie das Kind ungewöhnlich laut mit deutlicher Aspiration des *h*, ohne dass es jedoch gerade besondere Lust zu empfinden schien. Sonst hörte ich um diese Zeit noch wiederholt *lö, na*, letzteres beim Schreien über unangenehme Eindrücke immer häufiger und deutlicher, in der 15. Woche *nannana, na-na, nanna* ablehnend. Dagegen wurde seit etlichen Wochen das früher beliebte *örrö* garnicht mehr vernommen.

Das Schreien während des Wartens auf die Zubereitung der Nahrung (Milch und Wasser) oder auf die Amme, welche für sich allein dem Kinde nicht genügte, kennzeichnet sich in der 16. Woche, ebenso wie das Schreien über Unlustgefühle, überhaupt durch Überwiegen der Vocale *ä-u ä-u ä, a-u a-u, u-ä u-ä, u-u-ä-ö*, aber zwischendurch hört man *amme-a* und als ein Zeichen besonderen Missbehagens das anhaltende übelklingende *ua-ua-ua-ua*.

Das Schreien in den ersten fünf Monaten setzt sich im Ganzen aus den Vocalen *u, ä, ö, a* mit seltnerem *ü* und *o* zusammen, meist ohne andere Consonanten als *m*.

Im **5. Monat** wurden keine neuen Consonanten ausser *k* gebildet; aber nur ein passives *gö, kö, aggöggökkö*, letzteres seltener als ersteres, hört man vollkommen deutlich beim Gähnen.

Während in diesem Falle der *g*-Laut passiv entsteht, wurde er, wenn das Kind sich in vergnüglicher Stimmung befand, mit *ö* verbunden offenbar durch eine Zungenstellung erzeugt, wie sie beim Saugen vorkommt: *ögö* wurde ebenso wie *ma-ö-e*, *hä*, *u. ho-ich* in der 22. Woche gehört. Das *i* erschien hier deutlicher als im dritten Monat. Das weiche *ch*, welches wie das *g* in „Honig" klang, war gleichfalls ganz deutlich.

Um diese Zeit begann das ergötzliche laute „Krähen" des Kindes, ein nicht zu verkennender Ausdruck des Vergnügens. Die der ungemein kräftig gewordenen Stimme entsprechenden starken Hauchlaute *ha* und ihre Verbindung mit dem Lippen-*r* in *brrr-há* müssen ebenfalls als Lustäusserungen aufgefasst werden. Desgleichen *aja*, *örrgö*, *ā-ă-ĭ-ŏ-ă*, Laute, die gegen **Ende des ersten Halbjahres** das behaglich daliegende Kind wie zu seinem eigenen Vergnügen hervorbringt. Zu diesen gehört auch das häufig wiederholte „*eu*" des französischen „heure" und „oeu" des französischen „coeur", welches der deutschen Sprache fehlt, ferner die Urlaute *ä* und *ö* (deutsch). Die Lippen ziehen sich sehr regelmässig zusammen und schieben sich gleichmässig vor beim Übergang vom *ä* zum *ö*. Auch *ijä* hörte ich das höchst lustige Kind rufen. Consonanten sind bei dem oft lange ohne Unterbrechung fortgesetzten Lallen und bei dem Krähen selten, reine Vocale ausser a weniger häufig, als ä und ö, und namentlich i und u selten.

Wenn das Kind auf dem Rücken liegt, so bewegt es sich auch ohne äusseren Anlass lebhaft mit Armen und Beinen. Es contrahirt und expandirt alle Muskeln, die es zur Verfügung hat. Zu diesen gehört aber vor allem die Musculatur des Kehlkopfs, der Zunge, der Mundspalte. Bei den auf's Gerathewohl ausgeführten mannigfaltigen Zungenbewegungen trifft es sich oft, dass die Mundspalte ganz oder theilweise verschlossen wird. Dagegen sprengt der beim Athmen austretende Luftstrom den Verschluss, und so entstehen viele Laute, auch solche, die in der deutschen Sprache nicht vorkommen, namentlich häufig und deutlich durch labiolingualen Verschluss ein zwischen p und t oder b und d stehender Consonant, an dessen Erzeugung das Kind sich ergötzt, wie auch am labialen *brr* und *m*. Weitaus die meisten der durch die Zungen- und Lippen-Übungen entstehenden Mitlauter lassen sich aber ebensowenig zu Papier bringen, wie die immer lebhafter, anhaltender und mannigfaltiger werdenden Extremitätenbewegungen des satten und nicht schläfrigen, sich selbst überlassenen Kindes abzeichnen oder schildern. Bemerkenswerth ist, dass sämmtliche Lautäusserungen exspiratorisch sind. Ich habe nicht einmal einen Versuch, Inspirationslaute zu bilden, wahrgenommen.

Im **7. Monat** schrie einmal das Kind durchdringend in sehr hohen Tönen vor Schmerz. Es sagte, als es hungrig nach Milch verlangte, vollkommen deutlich *mä*, *ä*, *ŭä*, *ŭäe*, wenn es vergnügt war, auch wohl *örrö*, wie in früherer Zeit. Das Schreien wurde bisweilen mit grosser Kraft bis zur beginnenden Heiserkeit fortgesetzt, falls man dem Verlangen des Kindes, sein Bett zu verlassen, nicht Folge leistete. Wenn das Kind vor Hunger schreit, dann zieht es die Zunge zurück, verkürzt dieselbe und verbreitert sie dadurch, mit längeren und kürzeren Ruhepausen laut ausathmend. Beim Schmerz ist das Schreien dagegen ununterbrochen und die Töne sind höher, als bei irgend welchem anderen Schreien. Während des Schreiens hörte ich das seltene *l* deutlich in der Sylbe *lä*. Deutlich kamen auch zum Vorschein die Vocale *u-ă-u-i-i*, alles als wenn es zufällig entstanden wäre und nicht häufig rein. Ebenso wurde das t nur selten gehört, f, s, sch, st, sp, sm, ts, ks, w bisher noch keinmal, dagegen b, d, m, n, r häufig, g, h seltener, k nur beim Gähnen, p höchst selten, sowohl beim Schreien als auch in den Lall-Monologen und -Antworten beim freundlichen Zureden.

Im **8. Monat** waren die Schreilaute meist andere, als bisher, das hässliche Schreien war nicht mehr so intensiv und anhaltend, seit die ausschliessliche Nahrung aus Kindermehl mit Wasser bestand. Sehr häufig lassen sich einzelne Vocale, wie u und ä, nicht mehr rein heraushören. Das Kind bewegt die Lippen oft gar nicht, wenn es bei geschlossenem Munde den Kehlkopf hebt und senkt und gierig nach dem Brei verlangend johlt oder girrt oder grunzt. Die „räsonnirenden" Monologe werden länger, wenn das behaglich im Bett liegende Kind allein ist. Aber bestimmte Consonanten lassen sich nur schwer darin unterscheiden, ausser dem *r* in dem immer noch, wenn auch selten und unabsichtlich geäusserten *örrö*. Einmal rief das Kind im Bade wie gähnend *hä-upp*, und öfters wenn lustig *a-ei*, *a-au*, *a-hau-a*, *hörrö*. Wenn es in dieser Weise befriedigt plappert, so bewegt es lebhaft die Zunge symmetrisch, die Ränder gleichmässig hebend, und asymmetrisch, sie nach rechts oder links vorschiebend. Das Vorschieben der Zunge zwischen die Lippen und Zurückziehen derselben während der Ausathmung ist häufig, wodurch die früher erwähnten labiolingualen Explosiv-

laute entstehen. Auch hörte ich nĭe-ö, mi-ja mija und einmal
deutlich ŏŭăĭ.

Im 9. Monat ist es immer noch schwierig, bestimmte Sylben
unter den mannigfaltigeren Lautäusserungen zu erkennen. Aber
die Stimme, zwar oft sehr laut und unarticulirt, wird schon
sicherer als Ausdruck psychischer Zustände modulirt. Denn
wenn das Kind nach einem neuen, besonders einem glänzenden
Gegenstande verlangt, so streckt es nicht nur beide Arme in der
Richtung desselben, die es durch seinen Blick bezeichnet, aus,
sondern giebt auch dabei durch denselben Laut, den es vor
dem Einnehmen seiner Nahrung äussert, zu erkennen, dass es
begehrt. Diese complicirte Combination von Augen-, Kehlkopf-,
Zungen-, Lippen-, Arm-Muskelbewegungen tritt nun immer mehr
hervor. Auch ist am Schreien das Verlangen nach einem Wechsel
der Körperstellung, Unbehagen (über Nässe, Hitze, Kälte), Wuth
und Schmerz erkennbar. Letzterer wird durch Schreien mit
viereckigem Munde und durch höhere Töne kundgegeben. Aber
der Jubel über einen freundlichen Gesichtseindruck äussert sich
ebenfalls durch hohe Krählaute, welche nur nicht so hoch sind
und nicht lange dauern. Heftige Streckbewegungen der Arme
und Beine begleiten (zuerst in der 34. Woche) das Jauchzen.
Husten, fast ein Räuspern, ist sehr selten. Articulirte Äusserungen des Vergnügens, besonders über Musik sind mä-mä,
ämmä, mä.

Zwischendurch wurden auch die Lippenbewegungen des m
ohne Lautäusserung gemacht, als wenn das Kind den Unterschied erkannt hätte. Andere Lautäusserungen ohne angebbare
Ursache sind a-an-a-a, a-o, a-u-au, na-na, dieses nicht mit ab-
lehnendem Ton, wie früher, und oft schnell hintereinander wiederholt. Isolirt wurde ausser dem örrö in behaglicher Stimmung
apa, ga-an-a, acha geäussert.

Der 10. Monat ist durch die zunehmende Deutlichkeit der
Sylben in den Monologen charakterisirt, welche das Kind mannigfaltiger, lauter und anhaltender hören lässt, wenn man es sich
selbst überlässt, als wenn man es zu unterhalten sucht. Von
neuen Sylben sind zu verzeichnen ndäe, baë-baë, ba ell, arrö.

Namentlich werden von der 42. Woche an die Sylben mä
und pappa, tatta, appapa, babba, tätä, pa häufig geäussert und
das uvulare rrrr, rrra unermüdlich wiederholt. Die Versuche,
das Kind zum Nachsprechen vorgesprochener Sylben, auch

solcher, welche es vorher von selbst hervorgebracht hatte, zu bringen, scheitern sämmtlich. Statt *tatta* sagt es im günstigsten Fall *tä* oder *ata*. Hierin liegt aber schon ein Fortschritt, denn im vorigen Monat fehlten auch diese Andeutungen, den Schall zu imitiren oder nur zu beantworten, fast gänzlich.

Im **11. Monat** wurden einige eindringlich vorgesprochene Sylben zum ersten Male correct wiederholt. Ich sagte mehrmals „ada" und das aufmerksame Kind wiederholte nach einigen effectlosen Lippenbewegungen richtig *ada*, was es übrigens lange vorher öfters von selbst gesagt hatte. Aber diese vereinzelte Wiederholung war so bestimmt, dass ich die Überzeugung gewann, die Lautnachahmung sei eine intendirte. Es war die erste unzweifelhafte Lautnachahmung. Sie fand am 329. Tage statt. Als ich an demselben Tage „*mamma*" sagte, wurde *nanna* geantwortet. Überhaupt werden öfters beim Vorsprechen, wobei das Kind aufmerksam meine Lippen betrachtet, offenbare Versuche nachzusprechen gemacht, meistens kommt aber etwas anderes zum Vorschein oder eine lautlose Lippenbewegung.

In der 45. Woche wurde alles Vorgesprochene, falls es Beachtung fand, mit Lippen- und Zungen-Bewegungen beantwortet, welche den Eindruck hervorriefen, als wenn sie auf gut Glück gemacht würden und mehr zur Belustigung dienten.

Ferner fängt in dieser Zeit das Kind an während seiner oft langen Monologe zu flüstern. Es lässt nach Ton-Stärke und -Höhe und Timbre wechselnde Laute in Fülle hören, wie wenn es eine unbekannte Sprache redete. Auch lassen sich einzelne Sylben nach und nach leichter fixiren, obwohl die entsprechenden Mundstellungen bald ganz allmählich, bald schnell ineinander übergehen. Folgende Einzelheiten konnte ich durch gehäufte Beobachtungen feststellen.

Beim *rrra*-Schreien vibriren die Ränder der zu einem Halbcylinder mit dem Rücken nach oben gebogenen Zunge beiderseits. Somit erzeugt das Kind dreierlei r-Laute, das labiale, das uvulare und dieses bilateral-linguale.

Neue Sylben aus dieser Zeit sind: *ta-hee, dann-tee, aa-nee, ngä, tai, bä, kamm, dall, at-tall, akkee, praï-jer, tra, a-hee*, unter denen *tra* und *pra* als die erste Vereinigung des t und p mit r bemerkenswerth. Die auffallenden Combinationen *attall* und *akkee* und *praijer*, welche einzeln ohne erkennbaren Anlass, wie andere, zum Vorschein kamen, sind die ersten Versuche, den eigenen Namen (Axel Preyer) aus der Erinnerung zu reproduciren. *dann-tre* das oft gehörte „danke‘‘. Von früheren Lauten, Sylben und Combinationen derselben sind die folgenden besonders häufig: *mammam, apapa, örrö, papa, tata, tatta, naa, rrra, pata, mmm, na, a, ä, an, anna, attapa, dadada, ja, ja-ja, eja, jaë*; letztere Sylben sind durch das nun häufigere deutliche e ausgezeichnet.

Alle Bemühungen, einen Lall - Monolog vollständig durch Buchstaben wiederzugeben, waren erfolglos, weil diese deutlichen oft wiederholten Sylben mit undeutlichen lauten und leisen abwechselten. Jedoch sind im Ganzen von Consonanten *b, p, t, d, m, n* und das neue *r* in dieser Zeit die häufigsten, *l, g, k* nicht selten; von Vocalen überwiegt entschieden das *a*. Sowohl *u* als *o* sind selten, *i* sehr selten. Dabei wird weder ein Vocal für sich noch in einer Sylbe mehr als fünfmal hintereinander ohne Pause wiederholt, gewöhnlich zweimal oder dreimal. Auch habe ich bemerkt, dass die maschinenmässige Repetition derselben Sylbe, etwa *papapa*, viel häufiger vorkommt, als das Abwechseln einer deutlich gesprochenen mit einer anderen deutlich gesprochenen Sylbe wie *pata*. Indess ist gewiss, dass das Kind während seiner verschiedenartigen Lippen- und Zungen-Bewegungen mit Verkleinerung und Vergrösserung der Mund-öffnung, wenn es einen solchen Wechsel des akustischen Effects merkt, leicht stutzt. Es macht den Eindruck, als wenn es sich selbst damit ergötzte, allerlei symmetrische und asymmetrische Mundstellungen bald schweigend, bald mit lauter Stimme, dann wieder mit leiser, sich förmlich einzuüben. Bei den Sylbenverbindungen sind übrigens fassbare Accentuationen keineswegs häufig, wie etwa *appápapa atátata*. Das auffallend oft wiederholte *dadada* hat meistens keinen Accent.

Bezüglich der Frage, ob in dieser für die Ausbildung des Sprechapparats besonders wichtigen Zeit irgend eine articulirte Lautäusserung in fester Verbindung mit einer Vorstellung stehe, habe ich unter möglichst verschiedenen Umständen das Kind, ohne es zu stören, beobachtet, aber nur einen solchen Fall mit Sicherheit ermittelt. Es zeigte sich nämlich das *atta, hödda, hatta, hataï* mit der Wahrnehmung verbunden, dass etwas verschwindet. Denn es wurde geäussert, wenn jemand das Zimmer verliess und wenn das Licht ausgelöscht wurde, freilich auch wohl ohne dass solche auffallende Veränderungen jedesmal auffindbar gewesen wären. Somit schliesst der elfte Monat ab, ohne eine andere unzweifelhaft feste Verbindung von Articulation und Vorstellung.

In den folgenden vier Wochen bis zum **Ende des ersten Lebensjahres** war in dieser Beziehung kein Fortschritt zu registriren, jedoch wurde von nun an ein lebhaftes Begehren, etwa eines erblickten aber unerreichbaren Zwiebacks, regelmässig durch *ä-na, ä-nananana* laut und mit unbeschreiblich verlangendem Ausdruck kundgegeben.

Auch sind die Nachahmungsversuche etwas erfolgreicher, namentlich wird die Aufmerksamkeit gespannter. Als ich in der 51. Woche dem Kinde etwas vorsang, starrte es über eine Minute lang mit unbewegtem Gesicht ohne Lidschlag meinen Mund an und bewegte dann die eigene Zunge. Correctes Wiederholen einer vorgesprochenen Sylbe ist aber noch sehr selten. Wenn ich lache, und das Kind bemerkt es, so lacht es gleichfalls und kräht dann mit starker Anwendung der Bauchpresse. Eben diese laute Freudenäusserung wird gezeigt, wenn das Kind seine Eltern unerwartet in der Ferne sieht. Dieses eigenthümliche Drängen mit starker Exspiration ist überhaupt mit Lustgefühlen verbunden. Fast scheint sich das Kind über die Entdeckung seiner eigenen Bauchpresse zu freuen, wenn es mittelst derselben die sehr hohen Krählaute mit dem Vocal *i* oder ein echtes Grunzen zu Stande bringt.

Von articulirten selbständigen Lauten, Sylben und deren Combinationen sind im zwölften Monat besonders die folgenden von mir genau aufgefasst worden:

haja, jajajajaja, aja, njaju, naïn-hopp, ha-a, pa-a, dewär, han-na, mömma, allda, alldaï, apa-u-a, gägä, ka, ladn.

Dazu das frühere *atta* in allerlei Modificationen, nicht mehr *dada.*

Wichtiger als derlei fast durchweg inhaltleere Lautbildungen, unter denen hier zum ersten Male übrigens *w* erscheint, ist das nun erwachte offenbar bewusste Unterscheidungsvermögen für gehörte Wörter. Das Kind wendet sich um, wenn man seinen Namen laut ausspricht, freilich auch bei anderen lauten Schallen, aber dann mit einem anderen Ausdruck. Wenn es einen neuen Ton, ein neues Geräusch hört, erstaunt es, macht die Augen weit auf und hält den Mund offen, ohne sich zu bewegen.

Durch öfteres Wiederholen der Worte „Händchen geben!" und Hinhalten der Hand war das Kind in der 52. Woche dahin

gebracht worden, dass es diesem Befehl von selbst gehorchte.
zum sicheren Beweis, dass es gehörte Worte unterscheidet. Ein
anderes Kind leistete dasselbe im siebenten Monat. Man
muss hierin den Anfang des Verkehrs mittelst der Volkssprache
sehen, der aber noch bis über das dritte Halbjahr hinaus einseitig blieb, sofern das Kind sich nur receptiv verhielt. Während
dieser ganzen Zeit, vom Lebensanfang an, hatten übrigens einzelne Laute, besonders „sch, ss, st, pst", also gerade die nicht
vom Kinde erzeugten, eine bemerkenswerthe beruhigende Wirkung.
Hörte sie das schreiende Kind, so wurde es ruhig, wie durch
Gesang oder Musik.

In den **ersten Wochen des zweiten Lebensjahres** verhält
sich das Kind bezüglich des Nachsprechens geradeso ungeschickt
wie bisher, aber seine Aufmerksamkeit ist eine regere geworden.
Wenn man ihm etwas vorsagt, damit es nachspreche. *papa*,
mama, atta, tatta, so sieht es den Sprecher mit grossen Augen
und halb offenem Munde an, bewegt manchmal nur ganz schwach.
manchmal stark die Zunge und die Lippen. kann aber nicht die
Stimme zugleich ertönen lassen, oder es sagt, öfters mit ange-
strengter Benutzung der Bauchpresse, *attaï*. Früher, schon in
der 45. Woche, hatte es sich ganz ähnlich verhalten. jedoch
auf das vorgesprochene *papa* mit *rrra* geantwortet. Nur einmal erinnere ich mich, dass leise *papa* richtig wiederholt wurde.
am 369. Tage, fast wie von einem Träumenden. Sonst konnte
kein Wort auf Commando wiederholt werden, trotz des bereits
bethätigten Nachahmungsvermögens auf anderem Gebiete. Die
häufigsten von selbst ausgestossenen Sylben dieser Zeit waren:

nja, njan, dada, atta, mama, papaï, attaï, na-na-na, hatta.
meene-meene-meene, mömm, mömma, ao-u.

Von diesen Sylben bezeichnet *na-na* regelmässig ein Verlangen, wobei die Arme ausgestreckt werden; *mama* wird durch
die beim Hervorbringen dieser Sylben bezeugte Freude der
Mutter, vielleicht schon in der 54. Woche, auf diese bezogen,
aber auch maschinenmässig ohne jeden Bezug auf dieselbe
wiederholt, *atta* beim Weggehen dann und wann geäussert, aber
auch sonst. Seine Freude über die in der Ferne erkannte
Mutter äussert das Kind durch Krählaute, welche noch stärker
und höher als früher geworden sind, sich aber nicht fixiren
lassen; am besten entspricht ihnen *ăhija*. Bejahung und Verneinung können schon am Ton der Stimme allein erkannt werden.

Die Bedeutung des Girrens und der Grunzlaute ist geblieben. Jenes bezeichnet Verlangen nach Nahrung, dieses nach Entleerung. Wie zur Übung seiner Stimmbänder werden jetzt ausserordentlich hohe Töne erzeugt, welche als Zeichen des Vergnügens über die eigene Kraft gelten können. So hat sich bereits eine unvollkommene Sprache unvermerkt gebildet, obwohl noch kein einziger Gegenstand mit einem ihm allein bestimmten Laut bezeichnet wird. Die Articulation hat Fortschritte gemacht, denn am 368. Tage kam das erste deutliche *s* in der Sylbe *ssi* zum Vorschein, freilich ganz beiläufig.

Der bedeutendste Fortschritt besteht in dem nun erwachten Verständniss gesprochener Worte. Die Lernfähigkeit oder Dressirbarkeit ist fast wie über Nacht aufgetaucht.

Denn es bedurfte nicht häufiger Wiederholung der Frage: „Wie gross ist das Kind?" mit Emporhalten seiner Arme, um es jedesmal diese Bewegung machen zu lassen, wenn es die Worte „wie gross?" oder „ooss", ja sogar nur „oo" hörte. Auch war es leicht, ihm beizubringen, dass es einen vor ihm liegenden an einem Faden befestigten Elfenbeinring in die Hand nahm und mir zierlich reichte, wenn ich, die Hand hinhaltend, sagte: „Wo ist der Ring?" und nachdem er ergriffen worden, hinzufügte: „Gieb." Ebenso hält das Kind den Zwieback, den es selbst in den Mund führt, an die Lippen des freundlich Sprechenden, der „gieb" sagt, und hat gelernt, den Kopf seitlich hin und her zu bewegen, wenn es „nein, nein" hört. Sagt man dem nach Nahrung oder einem gesehenen Object verlangenden Kinde „bitte, bitte", so legt es die Hände zusammen in bittender Stellung, was zu erlernen ihm anfangs etwas schwer zu werden schien. Endlich hatte man ihm in dieser Zeit beigebracht, die Frage: „Wo ist das Trotzköpfchen?" durch seitliche Berührung des Kopfes mit der Hand zu beantworten (was es früher von selbst oft gethan hatte).

Hieraus geht unzweifelhaft hervor, dass nun (im Vergleiche zu anderen Kindern etwas spät) die Verbindung gehörter Laute oder Wörter mit bestimmten Bewegungen hergestellt ist, indem auf Schalleindrücke, wenigstens auf combinirte Gehörs- und Gesichts-Eindrücke, welche sich in gleicher Weise wiederholen, gleiche Bewegungen erfolgen, und zwar erfolgen sie jedesmal mit dem Ausdruck grosser Befriedigung im Gesicht. Jedoch ist diese Verbindung des Sensorium und Motorium noch nicht fest, denn manchmal erfolgt auf einen deutlich gesprochenen

und ohne Zweifel richtig verstandenen Befehl die verkehrte Bewegung (Paramimie); so werden auf die Frage „wie gross?" die
Hände zum „bitte" zusammengelegt. Einmal, als ich sagte.
„wie gross?" hob das Kind einen Moment die Arme empor.
schlug sich dann an die Schläfe und legte hierauf die Hände
zusammmen, als wenn ihm „Trotzkopf" und dann „bitte" gesagt
worden wäre. Alle drei Bewegungen folgten sich mit äusserster
Geschwindigkeit, während die Physiognomie die eines Verwirrten
war mit unstetem Blick. Offenbar hatte das Kind vergessen.
welche Bewegung zum gehörten „ooss" gehörte und machte
alle drei Kunststücke, indem es sie miteinander verwechselte.
Diese Verwechslungen von Arm-heben, Ring-geben, Kopfschütteln.
Hände-zusammenlegen, den-Kopf-berühren, sind häufig. Auch
ist zu bemerken, dass irgend eines dieser fünf Dressurstücke fast
jedesmal vom Kinde ausgeführt wird, wenn man ihm etwas
Neues, ihm Unverständliches befiehlt, sowie es merkt, dass man
etwas von ihm verlangt: der erste bewusste Act des Gehorsams, der noch unvollkommen ist.

Im 14. Monat nahm die Zahl der selbständigen Lautäusserungen, welche sich als Sylben der Deutschen Sprache
wiedergeben lassen, nicht erheblich zu. Überraschende Gesichts-
eindrücke, wie der helle Christbaum und die Betrachtung neuer
Gegenstände, entlockten dem angenehm erregten Kinde, ohne
dass es irgend etwas berührt hätte, fast dieselben Laute, die es
sonst in missvergnügter Stimmung hören liess, *uä*, *muä*, nur
leiser; *mömö* und *mama*, auch *papa* sind häufige Ausdrücke des
Behagens. Wird das Kind fortgetragen, so sagt es manchmal
ta-ta laut, auch wohl *atta* flüsternd. Es kann nicht mehr
zweifelhaft sein, dass mit diesen Sylben jetzt nur die Vorstellung
„fort" ausgedrückt wird. Besonders eifrig wurde von selbst das
labiale *brrr*, das sogenannte Kutscher-R, geübt und zwar bald
mit einer solchen Geschicklichkeit, dass gebildete Erwachsene es
nicht in gleicher Reinheit und namentlich nicht so anhaltend
hervorbringen können. Das einzige neue Wort ist *dakkn* und
daggn, welches anmuthig mit erstaunlicher Geschwindigkeit in
Augenblicken des Vergnügens oft ausgesprochen wird, besonders
beim Verzehren schmackhafter Speisen. Aber es wird ohne
angebbaren Anlass so oft geäussert, dass ein bestimmter Sinn
sich ihm kaum zuschreiben lässt, es sei denn der des Be-
friedigtseins. Denn niemals hört man es, wenn dem Kinde das
geringste Unangenehme widerfahren ist. Die Wahrscheinlich-

keit, dass es sich um eine Nachahmung des nicht selten vernommenen „Danke" hierbei handelt, ist vorhanden. Aber die Modificationen *taggn, attagn, attatn*, gehen über in das unzweifelhaft ursprüngliche Lieblingswort *taï, ataï.*

Unter all den undeutlichen und deutlichen Lauten der Lall-Monologe kamen inspiratorische auch jetzt nicht vor. Sie kamen jedoch passiv beim Verschlucken und darauffolgenden Husten dann und wann zum Vorschein.

Grosse Mühe wurde von mir darauf verwendet, das Kind zum Wiederholen vorgesprochener Vocale und Sylben zu bringen, aber immer noch ohne besonderen Erfolg. Wenn ich ihm deutlich vorsagte „pá-pá-pá", dann antwortete es laut *ta-taï* oder sich offenbar anstrengend und stark pressend *t-taï, k-taï, attaï, hattaï*, ebenso wenn ihm „má-má", gleichviel von wem, vorgesagt wurde; auch bewegte es oft Lippen und Zunge, wie tastend, verschiedentlich, als wenn der Wille des aufmerksam den Mund des Sprechers betrachtenden Kindes da wäre, nicht aber das Vermögen, den Schalleindruck zu reproduciren. Offenbar bemüht es sich, das Gehörte zu wiederholen, und lacht über den missglückten Versuch, wenn andere darüber lachen. Am besten gelingt noch die Wiederholung der Vocale „a-u-o", aber unregelmässig und ungenau.

Im Gegensatz zu diesen mangelhaften Leistungen steht die präcise papageimässige Wiederholung solcher Sylben, welche das Kind aus freien Stücken geäussert und die ich ihm unmittelbar darauf vorgesagt hatte. So wurden oft leicht und richtig *attaï, taï, atta* wiederholt, auffallender Weise aber manchmal flüsternd. Auch das von pendelnden Handbewegungen begleitete ä-e̯, ä-ö, ä-e wurde, wenn es sofort von mir nachgeahmt worden war, auf's Neue vorgebracht, desgleichen regelmässig das *dakkn*. Jedoch gelang dieses Verfahren nicht mit anderen Ursylben oder Urworten, auch nicht unter den günstigsten Umständen, wobei zu bedenken, dass die zuletzt genannten gerade die häufigsten in dieser Zeit waren. Wenn mit Nachdruck das Nachsprechen von *papa, mama, tata* verlangt wurde, geschah es wohl, dass das Kind eines von seinen im vorigen Monat erlernten Dressurstückchen producirte, etwa den Kopf seitlich hin und her bewegte, als wenn es verneinte, was aber in Wahrheit nicht der Fall war, denn diese Bedeutung der Geste war ihm noch völlig unbekannt. Vielmehr hatte das Kind durch meine Stimme den Eindruck erhalten, dass es etwas ihm Anbefohlenes

zu thun habe und that das ihm in dem Augenblick gerade
geläufige „mechanisch", ohne zu wissen, welche erlernte Bewegung verlangt wurde (vgl. S. 376).

In Betreff des Verstehens gehörter Worte sind mehrere
Fortschritte zu verzeichnen, vor allem ein Ortswechsel in Folge
der Frage: „Wo ist Dein Schrank?" Das an der Hand gehaltene aufrecht stehende Kind dreht nach diesen Worten den
Kopf und Blick in die Richtung des Schrankes, zieht die es
haltende Persönlichkeit durch das geräumige Zimmer an der
Hand, obgleich es allein nicht einen Schritt gehen kann, und
öffnet dann den Schrank ohne Hülfe. Hier ist — und zwar
zu Anfang des 14. Monats — die Vorstellung eines bestimmten feststehenden Objectes mit einem gehörten
Schall verbunden und so stark, dass sie eine selbständige
Fortbewegung, die erste, bewirken kann. Denn wenn auch vorher oftmals der Schrank benannt und gezeigt worden war, das
Hingehen bleibt eigene Leistung des Kindes.

Dass auch andere oft gehörte Worte eine bestimmte Beziehung zu gesehenen Gegenständen haben, ist ihm nunmehr
geläufig. Die Fragen: „Wo ist Papa? Mama? das Licht?"
werden jedesmal richtig nach kurzem Besinnen durch Drehung
des Kopfes (bei „Licht" ab und zu seit dem neunten Monat)
und des Blickes nach der betreffenden Richtung und hinweisende
Erhebung des rechten, manchmal auch des linken Armes beantwortet, indem meistens zugleich die Finger der ausgestreckten
Hand gespreizt werden. Im vorigen Monat war nur die Verbindung des gehörten *mama* mit der Erscheinung der Mutter
hergestellt. Zu den nach gewissen Worten ausgeführten Bewegungen kommen neu hinzu die folgenden. Das Kind schlägt
gern mit den Händen auf den Tisch, an dem es sitzt. Ich
sagte ihm „Clavierspielen" und machte die Bewegung nach.
Als ich dann später dem ruhigen Kinde nur das Wort „Clavier"
sagte, ohne die Hände zu bewegen, besann es sich einige
Secunden lang und schlug wieder mit den Händen auf den
Tisch. Es genügte also die Erinnerung an den Klang, um die
Bewegung auszulösen. Ferner hatte sich das Kind von selbst
angewöhnt, manchmal förmlich zu schnaufen, indem es die
Nasenflügel senkte und den Mund spitzend durch die Nase
exspirirte. Sprach man ihm nun vom „Näschen", so trat
dieses Schnaufen jedesmal ein. Das Wort versetzte die Centro-
motoren in Erregung. Dasselbe gilt für den gehörten Befehl

„Gieb!" indem das Kind den Gegenstand, welchen es selbst in der Hand hält oder erst ergreift, darreicht, falls man die eigene Hand oder die Lippen ihm hinhält. Vor einigen Wochen geschah dieses nur mit dem Ring und Zwieback, jetzt hat jener Imperativ für jedes beliebige greifbare Object den gleichen Erfolg, aber es wirkt fast wie ein Reflexreiz „mechanisch", ohne dass nur einmal der Act des Gebens ein rein willkürlicher wäre, oder gar aus Mitgefühl stattfände.

Überhaupt ist bei den bereits erlernten coordinirten Bewegungen nach Anhören der Worte „bitte, wie gross? Trotzkopf! nein! Clavier! Ring! gieb!" welche sämmtlich mit kürzeren Pausen des Besinnens wie von einem gut dressirten Thier ausgeführt werden, durchaus kein tieferes Verständniss vorhanden, als das eine: zu dem und dem Schalleindruck gehört die und die Bewegung. Durch tägliche Wiederholung beider wird die zur Entstehung der letzteren nach der Erregung des Hörnerven erforderliche Zeit immer kürzer, indem der Zweifel, „welche Bewegung folgte auf diesen, auf jenen Schall?" immer mehr zurücktritt. Schliesslich erfolgten die Antwortsbewegungen ohne sonderliche Anspannung der Aufmerksamkeit, sie wurden zur Gewohnheit.

Jedoch kommen ab und zu Verwechslungen derselben noch vor. Auf „nein, nein" erfolgt dann die Berührung des Kopfes, auf „bitte" Kopfschütteln, auf „Trotzkopf" Hände-zusammenhalten usw. Diese Irrthümer werden, wenn ein neuer Eindruck die Aufmerksamkeit ablenkt, häufig, durch Wiederholung der vorgemachten richtigen Bewegungen und Lenkung der Glieder des Kindes immer seltener. Ein weiterer Beweis für die gesteigerte Lernfähigkeit gegen Ende des Monats ist die Thatsache, dass nicht nur auf den Befehl „bitte", sondern auch auf die Frage: „Wie macht das gute Kind?" die Hände in der Bittstellung erhoben werden. Also beginnt schon die Erfahrung bewusst zu werden, dass, um etwas zu erreichen, die bittende Bewegung nützlich ist.

Der **15. Monat** brachte keine neuen fixirbaren selbständigen Lautäusserungen, ausser *wa*. Empfindungen und Emotionen werden aber immer bestimmter und mannigfaltiger durch unarticulirte, nicht jedesmal verständliche Laute bezeichnet, so Erstaunen durch *ha-a-ea-e*, Freude durch starkes Krähen in sehr hohen Tönen, welches länger anhält, als früher, ferner sehr starkes

Verlangen durch wiederholtes *hää*, *hä-e*. Schmerz, Ungeduld durch Schreien in Vocalen, welche ineinander übergehen.

Das einzige unzweifelhaft aus eigenem Antrieb eine Classe von Wahrnehmungen bezeichnende Wort ist noch immer *atta*, *ha-atta*, welches auch während der folgenden Monate beim Hinausgehen meistens leise geäussert wird und „weg" bedeutet, auch immer noch, wie im elften Monat beim Verdunkeln der Flamme (durch einen Lampenschirm) zur Anwendung kommt. Sonst ist keine Sylbe zu nennen, welche das Aufdämmern der geistigen Selbständigkeit kennzeichnete, keine die für den freiwilligen Gebrauch articulirter Laute zur Kundgebung von Wahrnehmungen spräche; denn das *brrr*, das häufige *dakkn*, *mamam*, *mömö* und *papap* sind gedankenleer in den Monologen. Selbst das *atta*-sagen mit Kopfwendung nach der fortgehenden Persönlichkeit hat wahrscheinlich nur durch wiederholtes Vorsagen beim Hinausgetragenwerden die Bedeutung „fort" erlangt. Aber beim Erlöschen des Lichts sagte niemand das Wort. Die Begriffbildung ist nicht allein längst da, sondern auch die Bezeichnung des Begriffs mit Sylben. Die Ähnlichkeit in den so sehr verschiedenen Vorgängen des Weggehens und des Lichtverdunkelns, nämlich das Verschwinden eines Gesichtseindrucks, entdeckte nicht nur, sondern benannte das Kind vollkommen selbständig im elften Monat und behielt seine Benennung bis jetzt bei. Es hat viele Eindrücke, macht Wahrnehmungen, vereinigt Merkmale zu Begriffen ohne Worte schon längst. Nur in diesem einen Fall aber äussert das Kind, nachdem man ihm einen Specialfall so getauft hat, einen von seinen Begriffen sprachlich und zwar durch ein der späteren Sprache nicht zugehöriges allen Kindern der Welt zukommendes Wort.

Bezüglich des Nachsprechens vorgesagter Sylben ist ein entschiedener Fortschritt bemerkbar. Zwar kann das Kind schlechterdings nicht *na* und *pa* und *o* oder *e* und *be* wiederholen, es antwortet *a*, *taï*, *ta-a-o-ö-a* und macht allerlei Zungen- und Lippen-Übungen, aber die anderen von ihm geäusserten Sylben, besonders *anna taï*, *dakkn*, *a* spricht es jedem, der sie ihm deutlich vorsagt, leicht und richtig papageimässig nach. Sagt man ihm ein neues Wort, beispielsweise „kalt" vor, welches von ihm nicht wiederholt werden kann, so wird es ärgerlich, wendet den Kopf ab und schreit auch mitunter. Nur ein neues Wort konnte ich seinem Vocabular einverleiben. In der 63. Woche ergriff es einen in heisses Wasser getauchten Zwieback, liess ihn fallen, verzog die Mundwinkel nach unten und klagte. Ich sagte dann „heiss", worauf das schnell beruhigte Kind *haï* und *haï-s* (mit eben merklichem *s*) wiederholte. Nach drei Tagen dasselbe Experiment. Hierauf hörte man öfters ohne Anlass das *haïs*, *haïsses* mit deutlichem *s*. Einige Tage später sollte „Hand" nachgesprochen werden. Das Kind betrachtete meinen Mund genau, bemühte sich sichtlich, brachte aber nur *ha-ïss*, dann sehr deutlich *hass* mit scharfem *ss* und *ha-ïth*, *hadith* mit englischem *th* zu Stande, ein ander Mal deutlich *ha-its*. Also ist zu einer Zeit, wo *ts* = *z* noch nicht nachgesprochen werden kann, die Fähigkeit *z* auszusprechen vorhanden. Als ich „warm" vorsagte, wurde angestrengt und deutlich *ass* geäussert, obgleich die Sylbe *wa* zum kindlichen Repertorium gehörte, offenbar eine Erinnerung an die vorhergegangenen Versuche „heiss" und „Hand" nachzusprechen.

Entsprechend diesem Unvermögen es nachzuahmen, ist die Articulation noch sehr unvollkommen. Jedoch bekundet die Deutlichkeit des *s*, das häufige englische *th* mit Vorschieben der Zungenspitze zwischen die Schneidezähne, das *w*, welches nun erst öfters vorkommt, sowie das in der 65. Woche zuerst gehörte Schnalzen (in behaglicher Stimmung) einen Fortschritt. Die Zunge ist im wachen Zustande, mehr als andere bei dem Erwachsenen dem Gehirnwillen unterworfene Muskeln, fast immer in Bewegung, auch wenn das Kind schweigt. Sie wird verschiedentlich partiell contrahirt, gestreckt, gebogen. Das seitliche Umbiegen der Zungenränder nach unten und das Umkehren der Zungenspitze (von links nach rechts), so dass die untere Fläche oben zu liegen kommt, ahmen Erwachsene nicht leicht nach. Die Beweglichkeit der Zunge ist jedenfalls viel grösser, als die der meinigen, trotzdem durch frühere vielfältige Übungen im Schnellsprechen die schwierigsten Schnellsprechkunststücke noch leicht von ihr ausgeführt werden. Die Zunge ist unzweifelhaft das Lieblingsspielzeug des Kindes. Fast könnte man bei ihm, wie beim Maniakalischen, von einem Zungendelirium sprechen, wenn es allerlei Zusammenhangloses articulirt und unarticulirt durcheinander hören lässt. Und doch sah ich sie oftmals im offenen Munde in fibrilläre Zuckungen gerathen, als wenn die Herrschaft des Hypoglossus noch unsicher wäre. Ganz ähnliche fibrilläre Bewegungen scheint die Zunge bei der Bulbärparalyse und bei Hunden und Kaninchen, denen der Hypoglossus durchschnitten worden ist, zu machen.

Zu den gehörten Wörtern, welche bereits eine bestimmte Bewegung bewirken, kommen neu hinzu folgende. Fragt man: „Wo ist der Mond? die Uhr? das Auge? die Nase?" so erhebt das Kind einen Arm, spreizt die Finger und blickt in die entsprechende Richtung. Spreche ich von „Husten", so hüstelt es, von „Blasen", so bläst es, von „Winken", so winkt es, von „Strampeln", so streckt es die Beine, vom „Licht", so bläst es in's Leere, wenn eine Lampe da ist, nach dieser hin, indem es sie dabei ansieht, eine Erinnerung an das oft gesehene Ausblasen von Zündhölzchen und Kerzen. Grosse Mühe macht es, das bejahende Kopfnicken beim gesprochenen „ja, ja" hervorzurufen. Durch häufige Wiederholung und gewaltsame Lenkung kam erst in der 64. Woche diese auch später — nach Monaten noch — nur ungeschickt ausgeführte Bewegung zu Stande. Beim Hören des „Nein, nein" trat nun fast jedesmal das verneinende Kopfschütteln auf, welches vollkommen sicher, wie vom Erwachsenen, ausgeführt wurde.

Das Hinhalten der Hand beim Hören des „Gieb Händchen" tritt fast jedesmal ein, ist aber nicht als Specialfall des Verstehens der Sylbe „Gieb" aufzufassen, denn auch „Händchen" allein hat dasselbe zur Folge.

Alle diese durch echte Dressur erworbenen Fertigkeiten geben noch nicht den geringsten Beweis für ein Verstehen des Befohlenen beim Umsetzen des Schalleindrucks in motorischen Impuls. Vielmehr handelt es sich immer um die Herstellung der Erinnerung an die gewohnte Verbindung beider, während der Pause des Besinnens. Verwechslungen der zusammengehörigen Wörter und Muskelcontractionen sind seltener, die physiologische Zeit ist kürzer geworden, aber sie wird merklich verlängert, wenn das Kind nicht ganz gesund ist. Es besinnt sich bis zu zwölf Secunden lang, wenn ihm die Frage: „Wo ist Trotzkopf?" vorgelegt wird, und antwortet dann mit der richtigen Geberde (S. 375).

Der 16. Monat brachte wenige neue articulirte Lautäusserungen, keine mit einem bestimmten Sinn verbundene, dagegen merkliche Fortschritte im Nachsprechen und namentlich im Verstehen gehörter Worte.

Unter den eigenen Lauten hört man neben dem auch in den folgenden Monaten oft Verlangen ausdrückenden, oft aber ganz bedeutungslosen *hä!* noch *hä-ö! hä-e! he - e.*

seltener *hi*, *gö-gö*, *gö*, *f-pa* (wo zum ersten Mal *f*) *aŭ* und
häufiger *ta*, *dokkn*, *tá-ha*, *a-bwa-bwa*, *buă-buă*, und
wie zufällig einmal unter allerlei nicht fixirbaren Sylben: *dagon*.
Ferner nimmt das Kind — wie schon im vorigen Monate —
gern eine Zeitung oder ein Buch in die Hände und hält das
Gedruckte sich vor das Gesicht, *ä-e̅*, *ä-e̅*, *ä-e̅* lallend, indem es
offenbar das oft wahrgenommene Vorlesen imitirt. Es war
leicht, dieses Verfahren beim Befehl „lies" sich wiederholen zu
sehen. Ausserdem ergötzt es das Kind, eine Sylbe, *bwa* oder *ma*,
oft nacheinander auszusprechen, etwa sechs Mal ohne Pause.
Das geflüsterte *attö* und *hattö* beim Verdecken des Gesichts
oder des Lichtes, Zusammenklappen eines Fächers, Leeren des
Suppentellers, ist nebst dem *dakkn*, den aus *ta*, *ba*, *ma*, *na*, *at*,
ap, *am*, *an*, zusammengesetzten Sylbencombinationen und *mömö*,
wie im vorigen Monat, geblieben. Mit dem *papa*, *mama* wird
aber eine ausschliessliche Beziehung zu den Eltern nicht ausgedrückt. Nur auf die Fragen „wo Papa?" „wo Mama?" zeigt
die erhobene Hand mit gespreizten Fingern nach denselben.
Schmerz wird durch anhaltendes lautes Schreien, Freude durch
kurzes, hohes, durchdringendes Krähen kundgegeben, das den
Vocal *i* enthält.

Nachgesprochen wurde auf Befehl von isolirten Vocalen
richtig nur *a*, von Sylben, ausser denen des vorigen Monats,
noch *mö* und *ma*, wobei die ausgelassene Heiterkeit des Kindes
über das gelungene Experiment bemerkenswerth ist. Es entdeckte, dass sein papageimässiges Nachsprechen eine neue
Quelle des Vergnügens sei, konnte jedoch während vieler Wochen
nicht die verdoppelten Sylben wiederholen, sondern blieb bei
den einfachen oder antwortete allerlei Disparates, wie *attob*, oder
nichts. Die Sylbe *ma* wurde sehr oft durch *hömá* und *hömö*
wiedergegeben, *pa* niemals wiederholt, sondern wie bisher nur
ta und *taï* mit grosser Anstrengung und Aufmerksamkeit und
dem sichtlichen Vorsatz richtig nachzusprechen, erwidert. Auf
unzählige Male eindringlich vorgesprochenes „danke" wird regelmässig und schnell *dakkn* entgegnet, und zwar auch in den
folgenden Monaten. Fehlte alles Zureden, überliess man das
Kind, ohne seine Aufmerksamkeit zu lenken, sich selbst, so kamen
nicht selten correcte neue Schallnachahmungen vor, zum Beispiel
als ich „bo" sagte, die dann aber auf Verlangen nicht mehr
glückten. Freilich waren öfters derartige Versuche sogleich
gänzlich verfehlt. So hörte das Kind einmal ein Huhn kläglich

schreien, ohne es zu sehen, und bemühte sich vergebens,
die Stimme nachzuahmen, nur einmal und nicht wieder. Dagegen gelingt es ihm öfters bei seiner ausserordentlichen Beweglichkeit der Zunge und der Lippen, vorgemachte Zungen-
bewegungen, wie Vorschieben der Zunge zwischen die Lippen,
richtig zu wiederholen; es versucht sogar nachahmend zu
schnalzen. An der Zunge fallen namentlich die häufigeren partiellen Contractionen ohne Sprechversuche auf. Auf einer Seite
erhebt sich gegen die Zungenmitte hin ein longitudinaler Wulst,
dann werden die Ränder zusammengelegt, so dass die Zunge
fast eine geschlossene Röhre bildet, auch kehrt sie sich vorn
noch völlig um. Eine derartige Biegsamkeit besitzt schwerlich die
Zunge irgend eines Erwachsenen. Übrigens werden die Lippen,
auch wo die Vocalbildung es nicht erfordert, oft weit vorgeschoben.

Das Wachsthum des Verständnisses gehörter Worte giebt
sich dadurch zu erkennen, dass Nase, Mund, Bart, Stirn, Kinn,
Auge, Ohr vom Kinde höchst anmuthig mit Daumen und Zeigefinger erfasst oder mit dem Daumen berührt werden, wenn es
das betreffende Wort hört. Dabei verwechselt es jedoch häufig
Ohr und Auge, Kinn und Stirn, sogar Nase und Ohr. Statt
„Ohr" genügt „O", statt „Auge" „Au". In beiden Fällen wurde
bald die Paarigkeit entdeckt und mit der rechten Hand abwechselnd mein linkes und rechtes Ohrläppchen ergriffen, nachdem ich „Ohr?" gefragt hatte. Wie leicht dabei ein neuer
Schalleindruck verwirrt, zeigt folgende Thatsache. Nachdem
ich einmal ein Ohr gezeigt und gesagt hatte „Anderes Ohr!"
brachte ich es durch Wiederholung dahin, dass auch dieses
jedesmal richtig gezeigt ward. Nun sollte aber das Erlernte
auf das Auge angewandt werden. Als eines gezeigt worden,
fragte ich: „Wo ist anderes Auge?" da griff das Kind nach
einem Ohr, mit dessen Anblick ihm nun der Klang „anderes"
verbunden war. Erst viel später (im 20. Monat) lernte es
diesen Klang auf verschiedene Theile des Körpers selbständig
anwenden. Den Inhalt der Befehle: „Bring, hole, gieb!" versteht es hingegen vollkommen, bringt, holt, giebt verlangte Gegenstände, wobei freilich die Geberde und Miene des Sprechenden
entscheidend sind. Denn falls diese nur deutlich erfasst werden,
kommt nicht viel darauf an, welches Wort man dazu spricht
oder ob man schweigt.

Der **17. Monat** brachte, ohne dass irgend welche Störung
der Entwicklung eingetreten wäre, keine merklichen Fortschritte

der lautlichen Gedankenäusserung, der Imitation vorgesprochener Sylben und der Articulation, aber ein erhebliches Wachsthum des akustischen Unterscheidungsvermögens für gehörte Worte und des Lautgedächtnisses.

Neu sind von eigenen Sylben *bibi*, *nä-nä-nä*, ersteres durch häufiges Hören des „bitte", entstanden, letzteres Freudenäusserung beim Wiedersehen und Ausdruck des Verlangens, emporgehoben zu werden. Sonst bezeichnen Tonhöhe, Accent, Timbre, Intensität der Stimmlaute entschiedener als Sylben das Begehren, Verabscheuen, Lust und Schmerz, Hunger und Sättigung. Ein eigenes Klagen bedeutet Nicht-verstehen, ein anderes Nichtwollen. An die Stelle des *atta* beim Ortswechsel, eines wahrgenommenen Objectes tritt öfters ein *t-tó* und *höt-tó* mit weit vorgeschobenen Lippen. Wenn aber das Kind selbst das Zimmer zu verlassen wünscht, dann holt es einen Hut und sagt, einen sehnsüchtigen Blick auf die Wärterin werfend oder wiederholt an die Thüre fassend, *atta!*

Von freiwilligen Schallnachahmungsversuchen waren die das beim Aufziehen einer Uhr gehörte Geräusch wiederzugeben, sowie die Bemühungen gesungene Töne zu wiederholen, die bemerkenswerthesten.

Die Verbindungen gehörter Wörter einerseits mit gesehenen tastbaren Objecten, andererseits mit bestimmten coordinirten Muskelbewegungen sind bedeutend zahlreicher geworden. So werden bereits mit nur seltener Verwechslung richtig unterschieden: Uhr und Ohr; Stirn und Kinn; Nase und blasen; Bart und Haar; heiss und Fleisch; sodann: Schuh, Stuhl, Schulter, Fuss.

Ausserdem werden richtig Auge, Arm, Hand, Kopf, Backe, Mund, Tisch, Licht, Schrank, Blumen gezeigt.

Das Kind folgt den gehörten Aufforderungen „laufen", „strampeln", „leg Dich", „husten", „blasen", „bring", „gieb", „komm", „Kuss" so oft, dass, wenn es mitunter nicht gehorcht, die Unfolgsamkeit nicht mehr, wie früher, dem mangelnden Verständniss, sondern dem Eigensinn oder, wie aus dem Gesichtsausdruck unzweifelhaft zu erkennen, einer echten Schalkhaftigkeit zugeschrieben werden muss. Also sind endlich die gesprochenen Consonanten in ihrer akustischen Verschiedenheit sicher erkannt.

Im **18. Monat** nimmt dieses Unterscheidungsvermögen des Ohres und damit das Verständniss gesprochener Worte zu.

„Finger, Glas, Thür, Sopha, Thermometer, Ofen, Teppich, Giess-kanne, Zwieback" werden richtig gezeigt, auch wenn die zuerst während lauten und wiederholten Aussprechens jener Worte betasteten oder nur gezeigten Gegenstände nicht mehr da sind, sondern ihnen ähnelnde. Sagt man „Finger", so fasst das Kind nur seine eigenen Finger an. „Ofen", dann blickt es zuerst jedesmal nach „oben". Richtig befolgt werden die Befehle „suchen, aufheben, nimm's, leg's hin" ausser den früheren. Sagt man eine Blume reichend: „Riechen!" so wird dieselbe schon oft ohne Öffnung des Mundes an die Nase geführt.

Das Nachsprechen vorgesagter Sylben ist noch selten: „Mama" wird mit *ta* beantwortet. Auch das freiwillige Nachsprechen zufällig gehörter Sylben ist selten; besonders „jaja" wird hierbei genau wiederholt.

Das *atta*, welches geflüstert wurde, wenn etwas aus dem Gesichtsfelde des Kindes verschwand, hat sich in *tto* und *t-tu* und *ftu*, mit Zuspitzen der Lippen, verwandelt.

In den Monologen kommt vor *näi, mimi, päpä, mimiä, pata, rrrr*, letzteres uvular und labial minutenlang. Jedoch sind diese inhaltlosen Äusserungen nur Zeichen von Wohlsein im Allgemeinen und werden aus Vergnügen an den Zungen- und Lippen-Übungen gern wiederholt. Die Zunge vibrirt noch stark, fibrillär zuckend, wenn sie im offenen Munde ruht.

Charakteristisch ist für diese Zeit die Präcision, mit welcher ohne articulirte Laute mittelst der inzwischen sehr hoch und stark gewordenen Stimme durch Schreien und Krähen, dann wieder durch Jammern, Wimmern, Weinen, Grunzen, Quieken die verschiedenen Stimmungen wiedergegeben werden, so dass die Stimmung besser als je zuvor an der Stimme erkannt wird. namentlich Begehren, Betrübniss, Freude, Hunger, Eigensinn und Furcht. Diese Sprache lässt sich aber nicht durch Schriftzeichen wiedergeben.

Dasselbe gilt für den **19. Monat,** in welchem das Plärren und Papeln seltener wird, die Lautnachahmungen aus eigenem Antriebe sich häufen, die Stimmbänder stärker angespannt werden, der Articulationsmechanismus schon erheblich leichter anspricht, das Verständniss und Behalten gesprochener Worte merklich zugenommen hat, während ein in immer demselben Sinne gebrauchtes eigenes Wort nicht hinzukommt.

Wenn das Kind einen Gegenstand vom Tisch auf den Boden geworfen hat, verfolgt es ihn oft mit dem Blick und flüstert dazu, auch wenn es sich nicht beobachtet weiss, *atta* oder *t-ta*, welches hier ganz in dem Sinne wie *tuff* oder *ft* oder *ftu* für „fort" gebraucht wird.

Als das Kind sich eine Zeitung aus dem Papierkorb geholt und auf dem Boden ausgebreitet hatte, legte es sich platt auf dieselbe, das Gesicht dicht über die Druckschrift haltend, und sagte — offenbar aus freien Stücken, wie schon früher das oft wahrgenommene Vorlesen nachahmend — mit monotoner Stimme sich lange wiederholend *e-já-e-e-já nanana ána-ná-na atta-ána áje-já sa*; dann zerriss es die Zeitung in viele kleine Stücke und äusserte hierauf in Büchern blätternd *pa-pa-ab ta hö-ö-e mömömöm hö-öne.*

Solche Monologe sind aber in dieser Zeit Ausnahmen, einförmige Wiederholungen derselben Sylbe die Regel, so *habb habb habb habb habbwa habbua.*

Das Schreien beim Übergiessen mit Wasser von 26° C. im Bade trat wenige Tage nach dem ersten derartigen Versuch schon vor dem Baden beim Anblick der Wanne, des Schwammes und des Wassers ein. Früher hatte die Furcht nur in sehr seltenen Fällen Schreien veranlasst, jetzt genügte die Vorstellung von der zu erwartenden Kälte und Nässe, heftiges Schreien zu veranlassen. Nach etwa drei Wochen täglichen Badens mit Wasser von 18 bis 24° C. nahm aber das Schreien wieder ab. Die Erfahrung, dass nachher ein angenehmes Wärmegefühl eintritt, drängte die Erinnerung an das Unangenehme vielleicht in den Hintergrund. Übrigens lässt sich das Schreien schlechterdings nicht durch Buchstaben darstellen; *ä* und *ö* genügen nicht. Dasselbe gilt für das oft anhaltende Schreien vor dem Einschlafen Abends, welches auch ohne angebbaren Anlass nicht selten eintritt, indem das Kind dadurch sein Verlangen, das Bett zu verlassen, kundgiebt. Da nun diesem Verlangen nicht nachgegeben wird, so merkt das Kind die Nutzlosigkeit des Schreiens und folgt endlich dem Befehl „Leg Dich!" ohne Anwendung von Gewalt oder Besänftigungsmitteln.

Wie weit das Imitations- und Articulations-Vermögen entwickelt ist, zeigt namentlich die Thatsache, dass jetzt endlich *pa* richtig nachgesprochen wird, anfangs wurde öfters noch *ta*, dann *ba*, schliesslich fast jedesmal richtig *pa* gesagt. Ferner wurde

25*

vorgesprochen   nachgesprochen
  bitte: *bis, bits, bit, bets, beest, be, bi, bit-th* (Engl.).
  hart: *hatt, att, haat,*
  Fleisch: *da-ich, daï-s-ch, daï-s-j.*

In *bits* erscheint das sehr seltene *ts* = *z* vollkommen deutlich
(wie schon im 15. Monat). Das „hart" wurde nur einmal mit
„Haar" verwechselt und durch Greifen nach den Haaren beantwortet. Das *bits* diente bald als Verstärkung des Zusammen-
klappens der Hände in bittender Stellung, ist also der erste
Versuch der Anwendung eines deutschen Wortes zur Bezeichnung
eines eigenen Zustandes und zwar des Begehrens. Alles andere,
was vorgesprochen und durch Tasten und Auflegen der Hände
erläutert wurde, konnte nicht nachgesprochen werden. Das Kind
wandte wie früher unwillig den Kopf ab, wenn es „weich, kalt,
nass" nachsprechen sollte. Auf „nass" äusserte es nur einmal
na. „Ma" wurde *mö*, dann *ma*, vorgemachtes Schnalzen perfect
imitirt. Die frühen Morgenstunden, in denen die Empfänglichkeit des Gehirns am grössten ist, eignen sich am besten zu
solchen Versuchen, welche aber nicht vervielfältigt wurden, um
die selbständige Entwicklung nicht zu stören.

    Der Fortschritt im Unterscheiden gehörter Worte und Fest-
halten des wiederholt Gehörten zeigt sich besonders in dem
prompteren Gehorchen, sei es im Unterlassen, sei es im Handeln.

    Zu dem Verzeichniss der richtig auf Verlangen gezeigten
Objecte kommen hinzu „Bein, Nägel, Löffel, Kessel". Auch ist
bemerkenswerth, dass nun durch Vorsetzen der Sylben Pa und
Ma oder Papa und Mama vor die Bezeichnungen der bekannten
Theile des Gesichts und Kopfes das Kind diese richtig zeigt
z. B. auf die Frage „Wo ist Mama-Ohr?" die Ohrmuschel seiner
Mutter, Papa-Ohr? die seines Vaters ergreift, und so „Nase,
Auge" usw. Fragt man aber nach „Mama-Bart", so geräth
das Kind in sichtliche Verlegenheit und lacht schliesslich mit,
wenn über seine Unschlüssigkeit gelacht wird.

    Die alten Kunststücke „Wie gross ist das Kind?" und „Wo
ist das Trotzköpfchen?" welche seit Monaten nicht geübt worden
waren, sind haften geblieben, denn als ich in der 82. Woche
beide Fragen eindringlich vorbrachte, besann sich das Kind
mehrere Secunden lang regungslos und hob plötzlich nach der
ersten Frage beide Arme empor. Nach der zweiten besann es
sich gleichfalls mehrere Secunden lang und zeigte auf seinen Kopf
wie ehedem. Das Gedächtniss für die oft wiederholt gewesenen

mit specifischen Bewegungen verbundenen Schalleindrücke ist somit ein gutes.

Im **20. Monat** war ein bedeutender Fortschritt im Nachsprechen zu verzeichnen. Plötzlich (am 584. Tage) wiederholt das Kind ohne Schwierigkeit zweisylbige Wörter richtig, welche aus zwei gleichen Sylben bestehen — ich nenne diese der Kürze wegen gleichsylbig — oder in denen die zweite Sylbe das umgekehrte der ersten ist; solche Wörter nenne ich umsylbig. So werden aus der ersten Classe *papa, mama, bebe, baba, neinei, jaja, bobo, bubu,* aus der zweiten *otto, enne, anna* sehr häufig schnell und untadelhaft in dieser Zeit nachgesprochen, nachdem schon die Wiederholung der einzelnen Sylben *pa, ma* und anderer erheblich sicherer vor sich gegangen war, als bisher und das Kind öfter von selbst, was es hörte, zu imitiren versucht hatte. Diese Nachahmungen machen schon bisweilen den Eindruck, als wenn sie nicht willkürlich geschähen. So betrachtete das Kind einmal — in der 83. Woche — im Garten ein Rothschwänzchen aufmerksam volle zwei Minuten lang und ahmte dann nicht schlecht fünf bis sechs Mal das Piepen desselben nach, hierauf erst sich nach mir umwendend. Als es mich nun sah, schien das Kind erst gewahr zu werden, dass es überhaupt Nachahmungsversuche gemacht hatte. Denn seine Physiognomie war der eines Erwachenden ähnlich, und es war nun nicht zu bewegen Laute nachzuahmen. Nach fünf Tagen wiederholte sich das Schauspiel. Wieder wurde das Piepen des Vogels reproducirt und Nachmittags nahm das Kind eine roh aus Holz geschnitzte Kuh von der Grösse des Rothschwänzchens, liess dieselbe in seiner Hand auf dem Tische sich hin und her bewegen und zwar auf den Füssen und piepte nun so, wie es beim Anblick des Vogels gethan hatte: offenbar war hierbei die Phantasie bereits stark erregt. Das hölzerne Thier sollte den oft im Garten beobachteten in der Veranda nistenden Vogel vorstellen, und das Zirpen und Piepen dessen Stimme.

Dagegen werden ungleichsylbige Wörter, wie „Zwieback", „Butterbrod" entweder garnicht oder nur in unkenntlicher Weise trotz eindringlichen Vorsagens wiederholt. Aus „trocken" wird bisweilen *tokke, tokko, otto.* Auch einsylbige Wörter machen meistens grosse Articulationsschwierigkeiten; so wird aus „warm" und „weich" *wai,* aus „kalt" und „hart" *hatt.* Obgleich „bi" und „te" jedes für sich oft richtig wiedergegeben wird, kann

das Kind nicht beide vereinigen und wendet sich unwillig ab,
wenn es „bi-te" nachsprechen soll. Selbst bei „mama" und
„papa" ist manchmal noch dasselbe der Fall. Aber aus freien
Stücken spricht das lebhafte Kind sehr oft die genannten Sylben
zusammen aus, freilich dem „bitte" das *bidth* (mit englischem
th) und *beet* vorziehend. Statt „adjö" (adieu) wird *ade* und
adje wiederholt. Auch gelingt es nicht, drei vorgesagte Sylben
zu wiederholen; *papa* sagt das Kind, aber nicht „papagei" und
weigert sich überhaupt „gei" und „pagei" nachzusprechen. Dasselbe gilt für „Gut", „Nacht", obgleich es von selbst die Hand
zum „Gute Nacht" hinhält.

Wenn Andere lachen, über was es auch sei, lacht das Kind,
wie bisher, regelmässig mit: eine rein imitative Bewegung.

Auffallend ist, dass gleich nach den kalten Übergiessungen
morgens, wenn das Kind stark geschrieen, auch sich geschüttelt
hat, wenn es noch schreit und trocken gerieben wird und wie
resignirt, fast ohne Fassung daliegt, das Nachsprechen am besten
gelingt. Der Wille mischt sich, so scheint es, hier nicht störend
ein, die Echolalie tritt wie bei Hypnotischen rein hervor. Das
kleine Wesen ist überwältigt und ganz machtlos. Aber es erholt
sich schnell und dann wird es oft recht schwer zu unterscheiden,
ob es das vorgesprochene Wort nicht nachsprechen will oder
nicht nachsprechen kann.

Das Verstehen einzelner Wörter, besonders einzelner
Fragen und Befehle, ist erheblich rascher, als im vorigen Monat.
Ohne dass sich dafür irgend welche Erklärung böte, ist dieses
ausserordentliche Verständniss da, welches sich besonders zeigt,
wenn man von dem Kinde verlangt, es solle allerlei holen und
wieder fortbringen. Es hat sehr viel beobachtet und getastet,
weniger gelauscht, ausser wenn ihm zugesprochen wurde. Alle
Dressurstückchen, ein schwer zu vermeidendes Übel der modernen
Kindererziehung, wurden doch nach Möglichkeit unterdrückt, so
dass nur das „Knixmachen" und „Kusshändchen" neu hinzu-
kamen. Beides übt das Kind gegen Ende dieses Monats beim
Kommen und Gehen ohne Anweisung. Viele neue Gegenstände
wie Fenster, Bett, Messer, Teller, Cigarre, die eigenen Zähne
und Daumen werden, wenn nur das entsprechende Wort deutlich
ausgesprochen wird, richtig gezeigt, jedoch immer noch „Ofen"
und „oben" verwechselt.

Die vom Kinde selbständig erfundenen Sylben durch die
Schrift zu fixiren und eine feste Beziehung zwischen ihnen und

den Objecten zu eruiren, ist ungemein schwierig, besonders wenn
die Sylben beim Betasten der Gegenstände nur geflüstert werden,
was häufig geschieht. Beim Anblick geräuschvoll gerollter, besonders im Kreise gedrehter Dinge äusserte das Kind *rodi*, *otto*,
rojo und ähnliches, meist sehr undeutlich. Mit Sicherheit liess
sich nur ein neuer Begriff mit einem bestimmten Laut in Verbindung bringen. Mit dem beim plötzlichen Erscheinen eines
neuen Objectes im Gesichtsfelde lebhaft und laut und mit eigenthümlich demonstrativem Accent oft geäusserten *da͞* und *nda͞*
auch *ta͞* und *nta͞* verbindet sich nämlich das Dasein, Kommen,
Erscheinen, Emporschiessen, Auftauchen im Gegensatz zu dem
sehr oft leise gesprochenen, geflüsterten *atta*, *f-tu*, *tuff*, welches
„fort" bedeutet. Verhülle ich meinen Kopf und lasse ich das
Kind ihn enthüllen, so lacht es nach Wegnahme des Tuches
und sagt laut *da;* verlasse ich das Zimmer, so sagt es *atta* oder
hätta oder *ft* oder *t-ta*, meist leise, letzteres auch oder *hata*,
wenn es selbst hinausgeleitet werden möchte. In der 87. Woche
fand die Abreise statt und mit dem Ausdruck des Entsetzens
oder ängstlichen Erstaunens sagte im Eisenbahnwagen das Kind
immer wieder und wieder *attah*, ohne jedoch selbst das Verlangen nach einem Platzwechsel, etwa durch Ausstrecken der
Arme, zu äussern.

Nur zwei Worte, *papa* für Vater und *bät* oder *bit* für
„bitte", werden ausserdem aus freien Stücken richtig angewendet.
Das anhaltende Schreien aus Übermuth; *nananana*, *nom-nom*,
haha, *lala*, zumal beim Herumlaufen, hat keinen bestimmten
Sinn. Das Kind übt sich viel im lauten Rufen, als wenn es
die Kraft seiner Stimme erproben wollte. Diese Übungen machen
ihm offenbar grosses Vergnügen. Jedoch sind die höchsten Kräh-
töne nicht mehr ganz so hoch und durchdringend wie früher.
Die Stimmbänder sind grösser geworden und können so hohe
Töne nicht mehr hervorbringen. Die Schreilaute der Unzufriedenheit, welche noch jetzt mitunter bis zur beginnenden Heiserkeit,
Nachts jedoch nur selten wiederholt werden, haben sich dagegen
ebenso wie die schrillen Schmerzlaute in ihrem Charakter kaum
verändert: *hä-e*, *hä-ä-ä-e͞*, *e͞*. Sie sind am stärksten im Bade
während der kalten Übergiessungen.

Noch immer macht das Kind, sich selbst überlassen, seine
lauten „Lesestudien". Es „liest" monoton Landkarten, Briefe,
Zeitungen, Zeichnungen, indem es sie in beliebiger Richtung
ausbreitet und sich darauf legt, das Gesicht dicht davor, oder

indem es das Blatt mit den Händen dicht vor das Gesicht hält
und dazu in derselben Weise wie bisher (S. 387) besonders
Vocale hören lässt.

Im **21. Monat** wurden derartige Nachahmungsversuche
häufiger; aber merkwürdiger Weise ist (von der 89. Woche an)
das Plappern ein anderes. Früher überwogen die Vocale, jetzt
werden mehr Consonanten erzeugt. Wenn man dem Kinde
zum Nachsprechen irgend etwas vorsagt, was ihm unüberwindliche Articulationsschwierigkeiten macht, so bewegt es Zunge
und Lippen in wunderlicher Weise und sagt oft *ptö-ptö, pt-pt*
und *verlapp*, auch *dla-dla* ohne Sinn, gleichviel wie das vorgesprochene Wort beschaffen war. Auch tritt bei derlei Übungen
häufig ein Eigensinn zu Tage, welcher sich durch unarticulirte
Laute und Kopfschütteln kund giebt, selbst wenn nur die Wiederholung von geläufigen gleichsylbigen Wörtern verlangt wird. Es
ist daher bei neuen Wörtern noch schwerer, als früher oder
unmöglich zu unterscheiden, ob das Kind sie nicht nachsprechen
will oder nicht nachsprechen **kann**. Ungleichsylbige Wörter
werden überhaupt nicht wiederholt, nicht einmal „bitte". Statt
„danke" hört man *dang-gee* und *dank-kee*, fast nie mehr das
früher beliebte *dakkn*. Bemerkenswerth ist bei den meisten
Lautnachahmungsversuchen die Tendenz zur Sylbenverdoppe-
lung. Ich sage „bi", Antwort: *bibi*, dann „te", Antwort: *tete*.
Sage ich „bi-te", so lautet die Antwort gleichfalls *bibi*, nur
ein einziges Mal, trotz täglicher Prüfung, wie aus Versehen *bi-te*.

Diese unwillkürliche und jedenfalls gegen den Willen des
Kindes stattfindende Verdoppelung der Sylben steht in einem
sonderbaren Gegensatz zu seiner sonstigen Trägheit im Nachsprechen, auch wo Neckerei, Trotz, Unvermögen nicht die Schuld
tragen. An anderen Bewegungen, als denen der Sprachmuskeln,
findet das Kind dann mehr Wohlgefallen. Nur das consonanten-
reiche Plappern, besonders wenn es belacht wird, macht ihm
grosses Vergnügen, obwohl es völlig ohne sprachliche Bedeutung
bleibt. Übrigens wird *bibi* wie *bäbä* statt „bitte" von selbst
richtig gebraucht.

Neu und einen erheblichen Fortschritt bekundend ist die
Bezeichnung für „Milch" oder „Nahrung" beim hungrigen und
durstigen Kinde. Es sagt nämlich mit unaussprechlicher Sehn-
sucht in der Stimme: *mimi*, seltener wie bisher, *mämä* und
mömüm und Ähnliches. Jedenfalls wurde erstere Bezeichnung dem
oft gehörten „Milch" imitativ entnommen und auf Zwieback

und andere Nahrungsmittel übertragen. Fragt man das satte Kind: „Willst Du Milch?" so sagt es ohne Anleitung *neinein*, hat also bereits die Bedeutung des Klanges erfasst und benutzt. Dasselbe gilt vielleicht auch für das „Ja". Denn wenn ich früher das Kind beim Essen fragte: „Schmeckt's?" schwieg es, und ich sagte „sag jaja!" das correct wiederholt wurde. In der 91. Woche aber antwortete es von selbst auf die Frage mit *jaja*. Es mag auch das nur auf Nachahmung beruhen, ohne Kenntniss der Bedeutung des *ja* und ohne Verständniss der Frage, ein Fortschritt liegt immerhin in der Erinnerung an die Verbindung des Lautes „schmeckt's" mit *jaja* unter Überspringen der Zwischenglieder.

Auch in anderen Fällen tritt die Stärke des Lautgedächtnisses deutlich hervor. Auf alle früheren Fragen: „Wo ist Stirn, Nase, Mund, Kinn, Bart, Haar, Backe, Auge, Ohr, Schulter?" zeigte das Kind jedesmal sogleich das Richtige, obgleich es während zwei Wochen sie Niemandem auch nur einmal beantwortet hatte. Nur die Frage: „Wo ist der Daumen?" machte es nachdenklich. Als ihm dieser aber wieder gezeigt (stark befühlt) worden war, kannte es ihn und zeigte ihn von da ab jedesmal richtig. Bei der Frage: „Wo ist das Auge?" pflegt das Kind beide Augen gleichzeitig schnell zuzukneifen und wieder zu öffnen und dann auf mein Auge zu zeigen, bei der Frage „Axels Auge?" auf sein eigenes, bei der Frage „anderes Auge?" auf das unberührte hinzuweisen.

Das Verstehen des Gesprochenen ist erstaunlich fortgeschritten. Sage ich z. B.: „Geh, nimm den Hut und lege ihn auf den Stuhl", so vollzieht das Kind, ohne länger als 1 bis 2 Secunden zu überlegen, den Befehl. Es kennt die Bedeutung einer grossen Anzahl von Wörtern, welche Niemand es gelehrt hat, „Peitsche, Stock, Zündhölzchen, Feder". Derartige Objecte unterscheidet das Kind sicher, da es sie gesondert auf Befehl holt, aufhebt, bringt, hinlegt.

Um so auffallender ist dieses Verständniss gesprochener Wörter, als die Wiederholung derselben noch sehr rudimentär bleibt. Ausser einigen Interjectionen — namentlich *jae* als Freudenlaut und Krählauten, sowie Schreilauten, welche aber seltener geworden sind — hat das Kind nur wenige eigene Ausdrücke mit erkennbarem Sinn:

ndä, ndä, da ist demonstrativ „da" (bei neuen Eindrücken), *att, att, att* unverständlich; vielleicht eine Bewegung bezeichnend,

attah „es geht fort" (beim Abfahren) und „ich will fort",
tatass, tatass unverständlich; vielleicht eine Schallnachahmung.
Beim Fahren auf der Eisenbahn versuchte das Kind mehrmals das Zischen des Dampfes der Locomotive nachzuahmen.

Im **22. Monat** sind wieder mehrere Beobachtungen zu verzeichnen, welche den Fortschritt des Verständnisses, die Festigung
des Gedächtnisses und die leichtere Articulation bekunden. Mit
erstaunlicher Sicherheit vollzieht das Kind die ihm ertheilten
Befehle, ohne dass ihm die gesprochenen Worte vorher einzeln
eingeprägt worden wären. Freilich kommen hierbei die Mienen
und Geberden der Befehlenden wesentlich in Betracht. Aber
auch ohne dass das Kind mich ansieht, thut es, was ich von
ihm verlange. Verwechslungen sind im Bereich der ihm bekannten
Worte seltener geworden. Einmal fragte ich sehr deutlich: „Wo
ist der Mond?" und als Antwort zeigte das Kind auf den Mund.
Aber der Irrthum wiederholte sich nicht.

Die Stärke des Wortgedächtnisses geht besonders daraus
hervor, dass die sämmtlichen erlernten Objecte noch schneller
als bisher auf Verlangen gezeigt werden. Die leichte Articulation
erkennt man an der Häufung der Consonanten in den Monologen und an dem häufigen aus eigenem Antrieb gesprochenen
pss, ps, ptsch (einmal) und *pth* (engl.). Das Kind sagt ohne
Anlass *pa-ptl-dä-pt* und grüsst aus der Ferne laut mit *haa-ö.*
mit *ada* und *ana.*

Merkwürdig erschien mir, dass der Knabe einige Male ohne
die geringste Veranlassung anfing, leidlich zu s i n g e n. Er freute
sich unmässig, indem er umhersprang, als ich darüber meinen
Beifall äusserte. Einmal sang er, indem er den Finger auf die
Zunge hielt, zuerst *rollo, rollo* unzählige Male, dann *mama,*
mämä, mama.

Am deutlichsten erkennt man den Fortschritt in der Laut-
mechanik an der grösseren Sicherheit im Nachsprechen. So
wird correct wiederholt „pst" und von umsylbigen Wörtern sehr
genau „alla", „appa", von ungleichsylbigen „lina", dagegen trotz
vieler Lehrversuche immer noch nicht „bitte". Zum ersten Mal
wurden auch dreisylbige deutlich vorgesprochene Wörter
richtig wiederholt, nämlich *a-ma-ma* und *a-pa-pa* — so nennt
das Kind seine Grosseltern. Nicht konnten bis jetzt die Vocale
e, i, o, u jedesmal richtig wiederholt werden, wohl aber nach wie
vor „a". Wenn das Nachsprechen irgend eines neuen zu schwierigen
Wortes verlangt wird, wie „gute Nacht", so erwidert das Kind

in dieser Zeit regelmässig *tapeta*, *peta*, *pta* und *ptö-ptö*, auch *rateratetat*, womit die Unfähigkeit, mitunter aber schelmisch die Abgeneigtheit nachzusprechen geäussert wird.

Immer noch sind *ja ja* und *nein nein* nebst *da* und *bibi* mit oder ohne Händefalten (statt „bitte") und *mimi* die einzigen der Sprache Erwachsener entnommenen Wörter, welche von dem Kinde im richtigen Sinne gebraucht werden, wenn es etwas begehrt oder ablehnt. Sonst treten unarticulirte Laute, auch bei verschlossenem Munde geäusserte, ein. Das intensive Schreien vor Schmerz oder über Kälte und Nässe oder vor Trauer beim Fortfahren der Eltern (mit tief herabgezogenen Mundwinkeln und reichlichen Thränen) bilden dabei den stärksten Gegensatz zu dem Krähen vor Freude, besonders beim Wiedersehen.

Der **23. Monat** brachte endlich das **erste gesprochene Urtheil.** Das Kind trank, mit beiden Händen seine Tasse zum Munde führend, Milch, welche ihm zu warm war, setzte die Tasse schnell hin und sagte laut und entschieden, mit weit offenen Augen mich ansehend, ernsthaft *heiss.* Dieses eine Wort sollte bedeuten „das Getränk ist zu heiss!" In derselben Woche (zu Ende der 99.) ging das Kind von selbst an den geheizten Ofen, stellte sich davor, betrachtete ihn und sagte plötzlich mit Entschiedenheit *heiss!* Wieder ein ganzer Satz in einer Sylbe. In der 63. Woche hatte das Kind zum ersten Male das vorgesagte Wort „heiss" nachgesprochen. Es brauchte 8½ Monate, um den Schritt von dem imitativen *heiss* zu dem selbständigen *heiss* als Ausdruck seines Urtheils zu thun. Schneller ging es mit dem Worte „Wasser", welches als *watja* nachgesprochen und wenige Wochen nachher sehnsüchtig von dem durstigen Kinde gerufen wurde. Es unterscheidet bereits Wasser und Milch in seiner Weise als *watja* und *mimi.* Übrigens bedeutet *mimmi, mömö* und *mama* noch immer auch Nahrung im Allgemeinen und wird von dem ungeduldigen hungrigen Kinde vor den Mahlzeiten oft gerufen. Das Urwort *atta* wird ebenfalls, wenn etwas aus dem Gesichtsfelde des Kindes verschwindet oder wenn es selbst fortgefahren ist, unterwegs häufig geäussert. Die anderen ganz aus eigener Initiative hervorgehenden Lautäusserungen dieser Zeit sind nur als Übungen des articulatorischen Apparats interessant. So ruft das Kind nicht selten *oi* oder *eu* (*äu*), ferner ungemein laut *ana*, für sich beim Spielen *ida*, *didl*, *dadl*, *dldo-dlda* und singend *opojö*, *apojopojum*, *aui*, *heissa.* Besonders gern sagte das monologisirende Kind *papa*, *mama*, *mämä*, *mimi*, *momo* von selbst, aber nicht „mumu", dagegen: *e-mama-ma-memama, mi, ma, mö, ma.* Seine Grosseltern bezeichnete es nun regelmässig mit *e-papa* und *e-mama.* Es weiss sehr wohl, wer gemeint ist, wenn man fragt, „wo ist Grossmama? Grosspapa?" und zeigt auf die Frage im Eisenbahnwagen betrübt zum Fenster hinaus, mehrere Tage nach dem Abschied von ihnen. Überhaupt ist das Verstehen gehörter Wörter wiederum erleichtert. Das Kind gehorcht meist sofort, wenn ich sage. „trink, iss, mach zu, mach auf, heb's auf, dreh dich um, setz dich, lauf!" Nur der Befehl „komm!" wird nicht so prompt erfüllt, aber nicht wegen Mangels an Verständniss, sondern aus Eigensinn. Für die Consolidirung des Wortgedächtnisses spricht namentlich der Umstand, dass nun die einzelnen Theile des Gesichtes und Körpers nach längeren Pausen schnell und auf Verlangen an der eigenen und an einer fremden Persönlichkeit gezeigt werden. Als ich nach seinem Bart fragte, da zeigte das Kind (nachdem es auf meinen Bart bereits gewiesen hatte) in offenbarer Verlegenheit mit seinem Zeigefinger auf die Stelle seines Gesichtes, wo es bei mir den Bart sah, und bewegte mehrmals seinen Daumen und Zeigefinger so, als wenn es ein Barthaar zwischen denselben hielte und daran zöge, wie es wohl bei mir zu thun Gelegenheit gehabt hatte. Hier trat demnach Erinnerung und Phantasie ergänzend ein, um der Forderung des akustischen Lautbildes zu genügen.

Die grössten Fortschritte sind in diesem Monat bezüglich des **Nachsprechens** von Sylben und Wörtern zu registriren. Schon darin liegt eine Vervollkommnung, dass beim Vorsprechen nicht mehr so oft wie bisher der Kopf unwillig abgewendet wird, wenn das neue vorgesagte Wort zu schwierig ist und nicht sogleich beim ersten Scheitern des Nachahmungsversuches allerlei incohärente Lautcomplexe (*paterateratte*) vorgebracht werden. So wurden in dieser Zeit ohne systematische Übungen gelegentlich folgende Wörter aufgefasst:

Vorgesagt:	Nachgesagt:	Vorgesagt:	Nachgesagt:
Ohr	*Oa(r)*	Blatt	*Batn*
Tisch	*Tiss*	Tuch	*Tuhs*
Haus	*Hausesess*	Papier	*Pabn, Pai*
Hemd	*Hem*	Fort	*Wott*
Peitsche	*Paitsch, Paitse*	Vater	*Fa-ata*
Eimer	*Aima*	Grete	*Deete*
Bitte	*Bete, Bite*	Karl	*Kara*
Wasser	*Wass, Watja*	Mund	*Munn*

Vorgesagt:	Nachgesagt:	Vorgesagt:	Nachgesagt:
Hand	*Hann*	Finger	*Finge*
Heiss	*Haïss*	Pferd	*Pfored, Fowid*
Auge	*Antschge*	Gute Nacht	*Nag-ch, Na*
Butter	*Buotö*	Guten Tag	*Tatäch*
Alle	*Alla*	Morgen	*Moiggen*
Leier	*Laijai*	Axel	*Akkes, Aje, Eja.*

Die vier gesperrten Wörter spricht das Kind dann und wann aus, ohne dass man sie ihm vorsagt und zwar mit Bezug auf ihren begrifflichen Inhalt. Seine Peitsche und seinen Eimer lernte es schnell und richtig benennen. Seinen Namen Axel dagegen bezeichnet es mit den Lieblings-Interjectionen *Aje*, *Eja*. Im Ganzen ist die Articulationsmannigfaltigkeit zwar im Zunehmen gegen den vorigen Monat, aber die Fähigkeit, aus Sylben Wörter zusammenzusetzen, noch wenig entwickelt. So spricht das Kind ganz correct nach das vorgesagte „je" und „ja" und „na". Sagt man ihm aber „Jena" oder „Jana" vor, so lautet die Antwort regelmässig *nena* oder *nana* und nur ausnahmsweise wie zufällig *jena*. Ferner wiederholt es richtig die vorgesprochenen Sylben „bi" und „te", dann auch *bite;* hierauf sagt es diese richtige Wiederholung aufgebend *beti*, kann aber nicht „tibe" und nicht „tebi" nachsprechen. „Bett, Karre, Kuk" werden richtig wiederholt.

Zum Verständniss solcher Mängel und Ungleichheiten im Nachsprechen ist vor allem erforderlich, die Betonung des Vorgesprochenen zu beachten. Wird in einem zweisylbigen Wort die zweite Sylbe ebenso stark betont, wie die erste, dann haftet sie leicht als die zuletzt gehörte fester und kann sogar reduplicirt werden, wie in *tatách* statt „Guten Tag". Ist ein Vocal in der letzten Sylbe stark betont, wie das *e* in *bi-te*, so kann er in der Reproduction den Vocal der ersten Sylbe von seiner Stelle verdrängen, so dass *be-ti* daraus wird [Sch.]. Hierin gleicht die Kindersprache der ältesten bekannten Sprache, der Egyptischen, wo sich, wie Karl Abel nachwies, gleichfalls solcher Platzwechsel der Laute vollzog, eine Metathese ohne Änderung des Sinnes, die dann durch häufigere Anwendung und Auswahl hinzutrat.

Endlich tritt die in der letzten Zeit nicht bemerkte Echolalie wieder hervor. Hört das Kind jemanden sprechen, so wiederholt es öfters die letzte Sylbe des eben vollendeten Satzes, wenn auf ihr der Accent lag, so bei „was sagte der Mann?" *mann*, oder „wer ist da?" *da!* „Nun?" *non.* Einmal wurde

der Name „Willy" gerufen. Sogleich rief das Kind gleichfalls
ŭilī mit dem Accent auf der letzten Sylbe und wiederholte den
Ruf während einer Stunde viele Dutzend Mal, ja noch mehrere
Tage später ergötzte es sich an der stereotypen Wiederholung.
Hätte sein erstes Echospielen nicht grosse Heiterkeit hervorgerufen, so würde ohne Zweifel diese monotone Repetition
unterblieben sein. Für die Bevorzugung des einen oder des
anderen Wortes ist das Verhalten der Umgebung nicht nur von
Einfluss, sondern allein bestimmend. Dabei machte ich, wie
schon früher, die Beobachtung, dass die eindringlichen Ermahnungen, ein neues Wort nachzusprechen, meistens einen
viel schlechteren Erfolg haben, als wenn man das Kind sich
selbst überlässt. Die richtigen, jedenfalls die besten Wiederholungen waren die, bei denen nicht auf das Kind eingesprochen
wurde. Auch Erwachsene können andere in ihrer Sprechweise,
ihrem Dialekt, sogar in ihrer Stimme meist viel besser nachahmen, wenn man sie nicht dazu auffordert, sondern wenn sie
sich ganz ihrer eigenen Stimmung überlassen. Durch den Wunsch
oder Befehl Anderer entsteht eine Befangenheit, welche den Ablauf der motorischen Processe stört. Ich beschloss daher im
folgenden Monat alle Versuche, das Kind zum Nachsprechen zu
bewegen, einzustellen und um so genauer zu beobachten, was
es von selbst sagen würde.

Im **letzten Monat des zweiten Lebensjahres** erwies sich
dieses Gehenlassen insofern erfolgreich, als die freiwilligen Lautnachahmungen erheblich an Häufigkeit und Genauigkeit zu-
nahmen. Besonders die echte Echolalie sprach sich in dieser
Zeit mehr aus durch Wiederholung der letzten Sylben gehörter
Sätze, deren Inhalt dem Kinde unverständlich blieb, und einzelner
Wörter, deren Sinn ihm vermittelst begleitender Geberden nach
und nach klar wurde. So wurde das Wort „Herein" als leerer
Schall repetirt und dann angestrengt gegen die Thür gerufen
arein, *harrein*, *ha-arein*, wenn das Kind eingelassen zu werden
wünscht, *ab!* wenn ein Halsband gelöst werden sollte, geäussert.
Moigen bedeutete „Guten Morgen!" *na* „Gute Nacht!" Auf die
Frage: „Was thun wir morgen?" erfolgt die Echo-Antwort
moigen. Überhaupt sind weitaus die meisten Wortnachahmungen
stark entstellt, Fremden oft ganz unverständlich. *Ima* und *Imam*
heisst „Emma", *dakkngaggngaggn* wieder „danke" und immer
noch *beti* „bitte". Nur mit äusserster Mühe, nachdem man die
einzelnen Sylben oft vorgesprochen hat, kommt ein *dangēe*

und *bittee* zum Vorschein. Ein Apfel wird regelmässig *apfeleelee* (von Apfelgeléc), ein Zwieback *wi-ta*, dann *wijak*, Butter dagegen manchmal richtig benannt. Statt „Jawohl" sagt das Kind metathetisch fast jedesmal *wolja*, statt „Licht" *list* und *lists*, statt „Wasser" noch wie bisher *watja*, statt „pfui" wiederholt es, wenn es ungeschickt war *ui* und fügt oft ein *pott* oder *putt* statt „caput" hinzu. „Gut" wird noch *ut* oder *tut* und „fort" *okk* oder *ott* ausgesprochen. Sämmtliche durch diese Beispiele erläuterte Mängel beruhen vielmehr auf der Ungelenkigkeit des Articulationsapparates — sogar Stottern *tit-t-t-t* beim Versuch „Tisch" zu wiederholen kommt vor — als auf unvollkommenem akustischen Auffassungsvermögen. Denn die Mangelhaftigkeit der Articulation tritt deutlich hervor, wenn ein neues Wort richtig gebraucht und bald richtig und bald falsch ausgesprochen wird. So ist das bisher nicht häufig zu Stande gebrachte „tsch" (20. Monat) und das einfache „sch" in *witschi* und *wesch*, was beides „Zwetschen" bedeutet, noch unvollkommen, während beide Laute als Befehle zum Schweigen längst verstanden wurden und die Zwetschen längst dem Kinde bekannt waren. Ausserdem wird das Unvermögen etwas nachzusprechen immer noch dann und wann durch *rateratcratera* geäussert, das Nicht-verstehen mehr durch einen eigenen verdutzten Gesichtsausdruck mit fragendem Blick.

Bezüglich der selbständigen Verwendung aller theils richtig, theils mit Entstellungen wiederholter Wörter ist vornehmlich eine Vieldeutigkeit der einzeln vom Kinde hervorgebrachten Ausdrücke bemerkenswerth. Das ungemein häufig gebrauchte Urwort *atta* hat jetzt folgende Bedeutung „ich will fort, er ist fort, sie ist nicht da, noch nicht da, nicht mehr da, es ist nichts darin, es ist niemand da, es ist leer, es ist nirgends, draussen, ausgehen, ausgeblasen" (das Licht). Auf die Frage: „Wo bist Du gewesen?" antwortet das heimkehrende Kind *atta*, und wenn es das Glas ausgetrunken hat, sagt es gleichfalls *atta*. Der allen angeführten Interpretationen gemeinschaftliche Begriff „fort" scheint von allen, über welche das Kind verfügt, der umfangreichste zu sein. Will man ein einzelnes Wort, wie dieses *atta*, als ganzen Satz gelten lassen, so kann man viele solche primitive Sätze in diesem Monat verzeichnen. So heisst *mann* einmal „Da ist ein Mann gekommen!" dann wird fast jedes männliche Bildniss *mann* genannt, *auff* bedeutet unter Darreichung eines Schlüssels den Wunsch nach Öffnung eines Kastens und wird

nach vergeblichen Versuchen eine Taschenuhr aufzumachen lebhaft gerufen. Die Begriffe „männliches Wesen" und „Aufmachen" sind also nicht nur klar, sondern werden auch schon
mit den richtigen Wörtern benannt. Die Unterscheidung der
Männer von den Frauen spricht sich sehr auffallend seit Monaten
darin aus, dass nur ersteren zur Begrüssung die Hand gereicht
wird. Die Vieldeutigkeit eines einzelnen als Satz gebrauchten
Wortes zeigt sich besonders beim Ausruf *papa* mit entsprechenden
Geberden und Mienen. Dieses eine Wort heisst dem Vater zu-
gerufen: 1) „Komm spiel mit mir, 2) bitte hebe mir das auf,
3) bitte gieb mir das, 4) hilf mir auf den Stuhl zu steigen,
5) ich kann nicht" usw.

  Den grössten Fortschritt bezeichnet aber die **Vereinigung
zweier Wörter zu einem Satz.** Der erste derartige Satz, am
707. Lebenstage gesprochen beim Anblick des heimischen Hauses
auf einem Spaziergang, lautete *haim mimi*, nämlich „Ich möchte
heimgehen und Milch trinken!" der zweite *papa mimi* und so
andere. Gegenüber diesen ersten Satzbildungsversuchen spielen
die früheren Monologe ohne Sinn nur eine untergeordnete Rolle:
sie werden gleichsam als Reste der Säuglingszeit nach und nach
rudimentär, so *pipapapaï*, *breit*, *baraï*. Für die Erkennung der
Sprechfortschritte ist die Thatsache wichtiger, dass manchmal
die Wörter verwechselt werden, zum Beispiel *watja* und *buotö*
(statt *Butter*). Bei Geberden und allerlei Verrichtungen kommen
arge Verwechslungen fast täglich vor. Das Kind sucht die
Schuhe, sie mit dem Fersenende an die Zehen haltend, verkehrt anzuziehen und fasst das Kännchen, aus dem es sich Milch
in seine Tasse eingiesst, am Ausguss statt am Henkel an. Häufig
bejaht das Kind, statt zu verneinen. Seine Freude wird aber
regelmässig durch lautes Lachen und sehr hohe Töne geäussert,
seine Betrübniss durch ausserordentlich starkes Herabziehen der
Mundwinkel und Weinen. So schnell diese Veränderung des
Gesichtes in die heitere übergehen kann, oft plötzlich durch einen
neuen Eindruck, eine Verwechslung dieser beiden mimischen
Bewegungen kommt nicht vor.

  Im **ersten Monat des dritten Lebensjahres** sind die Fortschritte ausserordentlich und nur in Betreff der Articulations-
mechanik keine wesentlichen neuen Leistungen zu verzeichnen.
Ein vollkommenes „u" spricht das Kind aber nicht aus, es sei
denn zufällig. Meistens werden die Lippen nicht weit genug
vorgeschoben, so dass „u" ein „ou" wird, „Uhr" und „Ohr"

klingen öfters fast gleich. Auch das „i" ist häufig mit anderen Vocallauten, besonders „e" vermischt. Wahrscheinlich werden die Mundwinkel nicht genügend zurückgezogen. Sonst bereiten die Vocale der deutschen Sprache kaum noch Schwierigkeiten. Von Consonanten sind „sch" und „cht" öfters unvollkommen oder sie fehlen. „Waschtisch" heisst regelmässig *waztiz* und „Gute Nacht" *gna*.

Die Lautnachahmungen jeder Art sind so mannigfaltig, eifrig und geschickt wie nie zuvor. Einmal machte das Kind sogar ernstlich den Versuch, zehn zusammen vorgesprochene Worte nachzusprechen, was nicht gelang. Immerhin beweist schon der Versuch, dass die Wortnachahmung über die niedere Echosprache nun hinaus ist, jedoch werden — auch in den folgenden Monaten — die letzten Worte und Sylben gehörter Sätze gern wiederholt. Dahin gehört das *so*-Sagen, wenn irgend ein Gegenstand an den ihm bestimmten Platz gebracht worden. Ist die Wiederholung mangelhaft, so zeigt sich nun das Kind viel empfänglicher für Correcturen. Es ist gelehriger geworden. Zu Anfang des Monats sagte es, wenn es sitzen wollte, *ette*, dann *etse*, hierauf *itse*, aber noch nicht „setzen" und „sitzen". Bisher konnte es höchstens zwei vorgesprochene Worte correct wiederholen, jetzt drei und einmal sogar unvollkommen vier; *papa beene delle* bedeutet „Papa, Birne, Teller" und wird fliessend geäussert, aber „Papa, Birne, Teller, bitte" oder „Papa, Butter, bitte" nicht correct wiederholt, sondern *pata butte betti*, nur sehr selten trotz fast täglich vorgenommener Prüfung: *papa, beene, delle, bittee*.

Einen Beleg für die Fortschritte des Gedächtnisses, des Verständnisses und der Articulation liefern die Antworten, die das Kind gab, wenn ich, mit dem Finger verschiedene Gegenstände berührend, fragte: „Was ist das?" Es antwortete:

Autse	statt	Auge	*Hai*	statt	Haar
Nana	„	Nase	*Ulter*	„	Schulter
Ba	„	Backe	*Aam*	„	Arm
Baat	„	Bart	*Ann*	„	Hand
Oë, Oa	„	Ohr	*Wiër*	„	Finger
Opf	„	Kopf	*Daima*	„	Daumen
Tenn	„	Kinn	*Anu*	„	Handschuh
Täne	„	Zähne	*Bain*	„	Bein

Aber nicht ein Wort hat sich das Kind selbst erfunden. Sowie ein neuer Ausdruck erscheint, lässt er sich auf Gehörtes sicher zurückführen, wie *uppe, oppee, appee, appei* auf „Suppe".

Nur der Name, mit dem es seine Wärterin ruft, *wolá*, schien schwer erklärbar. Sagt man „ruf die Marie!" so ruft das Kind jedesmal *wolá*. Es ist wahrscheinlich, da es früher *wolja* rief, dass die Bezeichnung von dem oft gehörten „ja)wohl ja(wohl" herstammt.

In auffallender Weise häuft sich der richtige Gebrauch einzelner, man möchte sagen, auf's Gerathewohl aufgefangener Wörter. Dahin gehören *baden, reiputtse* statt „Reissuppe", *la-ock* statt „Schlafrock", *boter* statt „Butter", *Billerbooch* statt „Bilderbuch", *Butterbrod, Uhr, Buch*. In welcher Weise solche dem kindlichen Sprachschatze nun einverleibte Wörter verwendet werden, zeigen folgende Beispiele: *tul* heisst: 1. „Ich möchte auf den Stuhl gehoben werden, 2. mein Stuhl fehlt, 3. ich wünsche diesen Stuhl an den Tisch gebracht zu haben, 4. dieser Stuhl steht nicht richtig." Ist der Stuhl oder ein anderes bekanntes Object zerbrochen, so heisst er noch *putt* (statt „caput"), und hat das Kind selbst etwas zerbrochen, so schilt es seine eigene Hand und sagt *oi* oder *oui* statt „pfui". Es will an seine Grossmutter schreiben und verlangt *papier*, einen *daitipf* und sagt *raiwe* (statt „schreiben").

Dass bei derartigen Sprech-Anfängen Missverständnisse vorkommen, erscheint natürlich. Alle, die ich bemerkte, waren aber vom Standpunkte des Kindes logisch. Sagt man: „Schlag das Buch auf!" so schlägt das Kind mit den Händen auf das vor ihm liegende Buch, ohne es aufzuschlagen. Ebenso wenn man sagt: „Schlag auf das Buch!" Oder man sagt: „Willst Du wohl herkommen! Eins, zwei!" dann antwortet das Kind ohne noch zählen zu können: „Drei, vier!" man hat ihm nur die Reihenfolge 1, 2, 3, 4 öfters vorgesagt. Im Ganzen ist aber das Verständniss der gehörten Wörter, besonders der Befehle, erheblich gestiegen. Und wie sehr die logische Function sich entwickelt hat, erkennt man nun leicht an den selbständigen Begriffsbezeichnungen. Seit das Kind an seinem Geburtstage durch allerlei Geschenke erfreut worden, sagt es *burtsa* (statt „Geburtstag"), wenn es über irgend etwas erfreut ist. Ein anderer Fall von kindlichem Inductionsverfahren ist dieser. Bei einer unbedeutenden Verletzung der Hand wurde dem Kinde gesagt es solle auf die Hand blasen, dann werde es besser werden. Das Kind blies auf die Hand. Nachmittags stiess es sich an den Kopf und fing dann von selbst sofort an zu blasen, in der Meinung, das Blasen habe eine schmerzstillende Wirkung, auch wenn es den geschädigten Theil nicht trifft.

Bezüglich der Satzbildung sind merkwürdige Fortschritte zu verzeichnen. Mehr als vier Wörter verband jedoch das Kind nur einmal zu einem Satze, drei selten. Die aus zwei Wörtern bestehenden Sätze, welche eine Thatsache aus der Gegenwart oder der allerjüngsten Vergangenheit ausdrücken, sind öfters oder meistens Fremden vollkommen unverständlich. So heisst *danna kuha* „die Tante hat mir Kuchen gegeben", *kaffee naïn* „es ist kein Kaffee da". Auch *mama etsee* oder *etse* wird nur durch die begleitende Geberde verständlich als Ausdruck des Wunsches „Mama setz Dich zu mir". *Helle pumme* bedeutet den Wunsch, beim Pumpen zu helfen und wird beim Anblick Wasser pumpender Individuen geäussert.

Der einzige aus fünf Wörtern bestehende Satz ist besonders charakteristisch für diese Zeit, weil er den ersten Versuch, ein eigenes Erlebniss zu erzählen, darstellt. Das Kind liess seine Milchtasse fallen und erzählte *mimi atta teppa papa oï*, das heisst „Milch fort [auf den] Teppich, Papa [sagte] pfui". Oft haben die vom Kinde adoptirten Wörter einen ganz anderen Sinn, als in der Sprache Erwachsener, indem sie beim Imitiren zwar nicht gänzlich missverstanden, aber eigenthümlich ausgelegt werden. So bedeuten die Fürwörter, welche noch lange nicht in ihrem wahren Sinne erkannt sind, die Objecte selbst oder Eigenschaften derselben: *dein bett* heisst „das grosse Bett".

Im **26. Monat** wurde dem Kinde täglich Vormittags von mir ein grosses Bilderbuch mit guten colorirten Bildern vorgelegt. Es bezeichnete dann selbst die einzelnen abgebildeten Gegenstände, aber die ihm unbekannten wurden ihm genannt und dann die Wörter von ihm wiederholt. So wurde unter Vorzeigen

Vorgesagt	Nachgesprochen	Vorgesagt	Nachgesprochen
Blasebalg	*ba-a-bats, blasabaliz*	Nest	*netz*
Saugflasche	*augflaze*	Storch	*toich*
Kanone	*nanone*	Giesskanne	*tietstanne, ihtstanne, ziesstanne*
Koffer	*towwer, toffer, pfoffa, poffa, toff-wa*	Fisch	*fiz*
Fuchs	*fuhts*	Zuckerhut	*ukkahut*
Kaffeekanne	*taffeetanne, pfafee-tanne*	Vogel	*wodal*
Frosch	*frotz*	Kuchen	*tuche, tuchen (bisher kuha)*
Klingel	*linli* (angelernt wie *ingeling* und *linlin*)	Licht	*lihts, lits*
Besen	*bēsann, beedsen, beedsenn*	Schlitten	*lita, litta*
Stiefel	*tiefel, stibbell, tihbell, tibl*	Tisch	*tiss*
		Nuss	*nuhuss, nuss*

Vorgesagt	Nachgesprochen	Vorgesagt	Nachgesprochen
Kaffeetopf	*poffee-topf*	Fledermaus	*lebamaunz, fleedermauz*
Hund	*und*	Kamm	*damm, lamm, namm*
Brief	*dief*	Schwalbe	*baubee*
Elephant	*elafant*	Staar	*tahr.*

Von selbst zeigte das Kind im Bilderbuch mit Sicherheit

häm, hä-em, hemm	statt Helm	*clawelier*	statt Clavier
hörz	„ Hirsch	*littl, litzl, lützl*	„ Schlüssel
tawell	„ Tafel	*löwce*	„ Löwe
lompee, lampé	„ Lampe	*ofa*	„ Ofen
lotz	„ Schloss	*ua*	„ Uhr
benne	„ Birne	*tint, kint*	„ Kind
torb	„ Korb	*naninchä*	„ Kaninchen
onne-erm	„ Sonnenschirm	*manne*	„ Pfanne
flatse	„ Flasche	*tomml, tromml*	„ Trommel
wetsa	„ Zwetschen	*tuhl*	„ Stuhl.

Diesen Wörtern, deren Sinn das Kind wohl kennt, die es
aber unvollkommen ausspricht, reihen sich manche an, welche
ihm nicht beigebracht worden, sondern die es selbst sich an-
eignete, so *tola* statt Kohlen, *dals* statt Salz. Andere selbständig
angeeignete Wörter werden aber bereits richtig ausgesprochen
und richtig gebraucht, wie *Papier, Holz, Hut, Wagen, Teppich,
Deckel, Milch, Teller* (öfters *telle*), *Frau, Mann, Mäuse*. Diese
Fälle bilden die Minderzahl und fallen in der Mannigfaltigkeit
von Verstümmelungen, welche jetzt die Kindersprache ausmachen, auf. Von letzteren sind einige selbst den nächsten
Angehörigen, welche Tag für Tag mit dem Kinde verkehren,
unverständlich oder nur mit grosser Mühe zu enträthseln. So
nennt sich das Kind statt Axel *Attall*, sagt auch *rräus Atsl*
statt „heraus Axel", das heisst „Axel möchte ausgehen". Es
sagt noch *bita* statt „bitte" und öfters *mima* oder *mami* statt
„Marie", *apf* statt „Apfel". Nicht alle die zahlreichen Verstümmelungen der Wörter, welche das Kind vornimmt, lassen
sich auf Mängel der Articulation zurückführen. Das „sch" ist
bereits in *Handschuh* vollkommen ausgebildet, und doch wird
es, wie aus den obigen Beispielen hervorgeht, in anderen Wörtern
entweder einfach ausgelassen oder durch *z* und durch *ss* ersetzt.
Fast übermüthig klingt es ferner, wenn öfters der tonlose Consonant an die Stelle des tönenden gesetzt wird, oder umgekehrt,
wenn zum Beispiel *puch, pücherr* einerseits, *wort* statt „fort"
andererseits gesagt wird. Auch gehört hierher das eigenthüm-

liche Stossen der Sylben in *pil-ter-puch*. Anderemale hört man ein hastiges *billerbuch* oder *pillerpuch*.

Selten sind die Lallmonologe geworden und mehr ein Spiel mit Wörtern und deren Sylben, so beim oft wiederholten *papa-u-á-ua*. Dagegen häufen sich immer mehr die selbständigen durch Wörter ausgedrückten Gedanken. Ein Beispiel: Über den Weihnachtsbaum hatte das Kind sich ausserordentlich gefreut. An drei Abenden waren seine Kerzen angezündet worden und am dritten, als nur noch eines von seinen vielen Lichtern brannte, konnte sich das Kind nicht von ihm trennen, stellte sich immer wieder davor und sagte mit innigem Ton *gunná itz-boum* ("Gute Nacht Christbaum!"). Die meisten Sätze bestehen noch aus zwei Wörtern, von denen eines oft ein Zeitwort im Infinitiv ist, so *helle mama, helle mami*, "helfen Mama, Marie!" und *bibak tommen*, "der Zwieback soll kommen!" oder *tsee machen* [es waren am Clavier die Tasten *c, d, e* öfters mit den kleinen Fingern zufällig einzeln getroffen worden und der Beifall, wenn auf die Frage "wo ist *c*?" die richtige Taste berührt war, machte den Wunsch nach Wiederholung rege], dann *roth, drün machen* (das Kind wurde von mir in der Benennung der Farben unterrichtet) und *dekkn pilen* statt "Verstecken spielen!" Auch bei den ganz kurzen Erzählungen kommen die Zeitwörter nur im Infinitiv vor. Solche Berichte über alltägliche — dem Kinde aber noch durch ihre Neuheit wichtige — Begebenheiten treten übrigens zurück gegen die Äusserung seiner Wünsche in Worten wie in den letzterwähnten Fällen. Beiderlei beginnende Sprechversuche zeugen immer deutlicher von erwachendem Verstand, denn um ein Hauptwort mit einem Zeitwort dem Wunsche oder der erlebten Thatsache entsprechend zusammen auszusprechen, muss schon zu der Nachahmung der gehörten Wörter und zu dem Gedächtniss etwas hinzukommen, was den Sinn derselben den jeweiligen äusseren Erfahrungen und eigenen Zuständen anpasst und sie miteinander verbindet. Dieses Etwas ist eben der Verstand. In dem Maasse, als er wächst, nimmt die Dressirbarkeit ab und schon s c h ä m t s i c h das Kind, die früheren Fragen "wo ist das Trotzköpfchen?" "wie gross?" durch die früheren Geberden zu beantworten.

Wie weitab vom Verstand des älteren Kindes aber der des nun 26 Monate alten ist, geht daraus hervor, dass es nicht die entfernteste Vorstellung von Zahlen hat. Es wiederholt vielmals mechanisch die vorgesagten Wörter eins, zwei, drei, vier, fünf,

verwechselt aber beim gruppenweisen Vorlegen gleichartiger
Objecte alle Zahlen miteinander trotz unzähliger Versuche, die
Anzahl 2 mit dem Schall zwei usw. ihm in feste Verbindung
zu bringen. Auch der Sinn des täglich oft wiederholten „danke"
ist noch unverstanden. Denn wenn sich das Kind selbst Milch
eingeschenkt hat, setzt es den Krug wieder hin und sagt *dankee*.

Es ist noch über die in diesem psychogenetisch wichtigen
Zeitabschnitt sich häufenden Thiernamen eine Bemerkung bei-
zufügen. Fragt man „wie heisst das Thier?" so lautet die
Antwort: *mumu, kikeriki, bauwau, piep-piep*. Von onomatopoëtischen Versuchen ist hierbei keine Spur zu entdecken. Das
Kind hat die Namen von seiner Wärterin vorgesagt bekommen
und behalten, gerade so *hotto* für „Pferd", wie *lingeling* für
„Klingel". Nichtsdestoweniger kommt jedem gesunden Kinde
ein starkes onomatopoëtisches Streben zu. Die bereits berichteten Fälle beweisen die Thatsache zur Genüge. Schon die
immer noch dann und wann hervortretende Echolalie gehört
dahin. Da es sich überhaupt bei jedem onomatopoëtischen
Versuch um eine Schallnachahmung oder das Reproduciren der
Trommelfellschwingungen in möglichster Ähnlichkeit mittelst der
Stimmbänder, eine physiologische complicirte Resonanz, handelt,
so sind schliesslich alle Versuche des alalischen Kindes, zu
sprechen, in der ersten Zeit onomatopoëtischer Natur. Von
jetzt ab tritt aber die Schallnachahmung zurück gegen die
mächtig emporkeimende logische Action des kindlichen Gehirns.

Im **27. Monat** giebt sich die Denkthätigkeit schon in ver-
schiedenartiger Weise kund. Die selbständigen Ideen bewegen
sich zwar auf eng umschriebenem Gebiete, aber ihre zunehmende
Zahl zeugt von der Entwicklung des Verstandes. Einige Beispiele:

Das Kind sieht, wie ein grosser Baum gefällt wird und
sagt, nachdem er auf den Boden zu liegen gekommen ist, *aufheben!* Es sieht im Schlafrock *(la-rokk)* ein Loch und sagt
näen! Beim Spielen sagt es sich mitunter selbst *dib acht!* Auf
die Frage: „Hat es Dir gut geschmeckt?" antwortet das noch
essende Kind *mekk noch* (schmeckt noch); es unterscheidet also
die Vergangenheit von der Gegenwart in der Frage. Für die
Entwicklung des Beobachtens und Vergleichens spricht der
Umstand, dass Salz *(sals)* auch *sand* genannt wird. Dagegen
ist das Dankgefühl noch gänzlich unentwickelt; das Kind sagt
sich selbst, wie im vorigen Monat, *dankee*, wenn es allein seine

Schrankthüre geöffnet hat, das Wort ist ihm also noch unverständlich oder es wird in dem Sinne von „so‐ oder „geglückt" angewandt. Auffallend sind die häufigen Äusserungen des Mitleids. Beim Ausschneiden von Kinderfiguren aus Papier weint das Kind heftig in der mitleidsvollsten Weise, indem es fürchtet, man könnte beim Ausschneiden einen Kopf *(topf)* abtrennen. Dieses Gebahren erinnert an die Ausrufe *arme wicbak* (armer Zwieback!), wenn der Zwieback getheilt, und *arme holz*, wenn ein Scheit Holz in den Ofen geworfen wird. Niemand hat derlei dem Kinde beigebracht.

Die selbständigen Beobachtungen, welche es richtig, aber sehr kurz in einer dem Telegraphirstyl verwandten Form ausdrückt, sind nun zahlreich, zum Beispiel:

tain milch: es ist keine Milch da;

lammee aus, lampee aus: die Flamme, die Lampe ist ausgegangen;

dass la-okk: das ist der Schlafrock (demonstrativ);

diss nicht la-okk: dieses ist nicht der Schlafrock.

Seine Wünsche drückt das Kind durch Zeitwörter im Infinitiv aus, oder nur durch Hauptwörter, so *papa auf-tehen*, *frü-tükken*, *aus-taigen* (aussteigen), *nicht blasen* (beim Kartenhausbauen), *pieldose aufziehn* (die Spieldose aufziehen) und *biback* (ich möchte einen Zwieback haben). Jedoch kommen in derartigen ein-, zwei- und drei-wortigen Sätzen auch einzelne bisher nie gebrauchte Adverbien vor und unbestimmte Fürwörter, wie *ēen* und ̆ *e* in *tann ēen nicht* oder *tann ĕ nicht* statt „kann er nicht" oder statt „kann es nicht". *Butter drauf, Mama auch tommen! noch mehr! blos Wasser! hier!* sind eigene Imperative des Kindes. *Schon wieder!* sagt es zwar auch von selbst bei richtigen Anlässen, hier aber ist die mechanische Wiederholung des Gehörten wahrscheinlich. Überhaupt ist die Bildung eines Wortes, welches nicht als solches gehört worden oder nicht aus Gehörtem durch Verstümmelung entstanden wäre, trotz aller darauf gerichteten Aufmerksamkeit nur ein einziges Mal sicher constatirt worden. Das Kind drückte nämlich (an seinem 796. Lebenstage) den Wunsch, einen Apfel geschält oder zerschnitten zu haben, aus durch das Wort *messen*. Ein Messer kennt es und benennt es richtig und sagt, indem es mit einer Gabel, einem Löffel oder mit sonst erreichbarem den Apfel bearbeitet, oder nur mit der Hand auf ihn weist, wiederholt *messen!* Erst nach der Be-

richtigung sagte es, *messer neiden* (mit dem Messer schneiden).
Hier liegt zum ersten Male der Fall vor, dass ein ganz neues
Wort gebildet wurde. Der Begriff und das Wort „Messer" und
der Begriff „mit dem Messer bearbeiten" waren da, aber das
Wort „schneiden" für den letzteren fehlte, ebenso wie „schälen".
beide zusammen wurden daher *messen* (statt etwa „messern")
genannt. Die beiden früher täglich oft gehörten Ausdrücke, der
Name *wola* für die Wärterin *Mima* (Marie) und *atta* sind nun
fast verschwunden; *atta wesen* für „draussen gewesen" kommt
zwar noch vor, aber nur selten. Statt dessen heisst es nun.
weg, fort, aus und *allall* im Sinne von „leer, fertig". Der zu
umfangreiche, zu unbestimmte Begriff *atta* ist in engere und
bestimmtere zerfallen. Er hat sich gleichsam differenzirt, wie
im Embryo die einzelnen Gewebe aus dem vorher scheinbar
gleichartigen Gewebe sich differenziren.

In der jetzt erreichten Zeit rapider Entwicklung überrascht
das Kind täglich auf's Neue durch seine eigenmächtigen Anwendungen eben gehörter Wörter, wenn auch viele nicht richtig
angewendet werden.

Werden deutlich aufgefasste Wörter in anderem Sinne, als
von Erwachsenen gebraucht — diese würden sagen unrichtig
— dann ist doch beim Kinde keine unlogische Anwendung
aufzufinden. Denn immer wird, wie in dem letzten Beispiel.
der mit dem Worte verbundene Begriff in einem erweiterten
Sinne genommen. Das ganz junge Kind leitet aus wenigen,
schon aus zwei Beobachtungen, welche nur in einer, vielleicht
an sich ganz untergeordneten Beziehung etwas Übereinstimmendes
bieten, ein Gesetz ab. Es inducirt ohne Überlegung. Es hat
gehört, wie die Milch „kochend heiss" genannt wurde, empfindet
die Wärme und empfindet dann die Ofenwärme, folglich ist
diese auch *tochen haiss*, und so andere Fälle. Diese logische
Thätigkeit, das inductive Verfahren, herrscht nun vor. Die
früher beliebten Monologe, reine, sinnlose Articulations-, Stimm-
und Hör-Übungen, treten dagegen zurück. Das häufige Wiederholen derselben Sylbe, auch desselben Satzes (*lampee aus*). ist
aber geblieben, besonders bei lebhaften Wunschäusserungen
erst essen, viel milch, mag-e-nicht. Das Verlangen nach Nahrung
und Spielzeug macht überhaupt das Kind beredt, viel mehr, als
die Abneigung, welche durch Fortgehen, Umdrehen, Abwenden
leicht zu erkennen gegeben wird. Sogar für seine geschnitzten

Thier- und Menschen-Figuren kann das Kind bitten. Ein Püppchen vorzeigend sagt es *tint aïn tikche apfl!* Für das Kind ein Stückchen Apfel! Trotz dieser vielfachen Zeichen des beginnenden selbständigen Wörtergebrauchs bleibt die Laut- und Wortnachahmung in ausgedehntem Maasse bestehen. Die Echolalie war vielleicht vorher nie mehr ausgeprägt, indem die Schlusswörter gehörter Sätze maschinenmässig repetirt werden. Sage ich „Leg die Feder hin!" so ertönt ein *feder hin.* Allerlei Töne und Geräusche, auch der Pfiff der Locomotive, für welche ein leidenschaftliches Interesse an den Tag gelegt wird, Thierstimmen werden mit wechselndem Erfolge nachgebildet, ebenso vorgesprochene deutsche, französische, italienische, englische Wörter. Das französische nasale „n" (in *bon, orange*) wird jedoch — auch in den folgenden Monaten — ebenso wie das englische „th" in *there* (und trotz der richtigen Bildung im 15. Monat, trotz der vielen Bemühungen) nicht zu Stande gebracht. Regelmässig lacht noch das Kind, wenn andere lachen, und erregt seinerseits Heiterkeit durch genaues Wiederholen einzelner Bruchstücke eines Dialogs, den es nicht versteht und der sich auf es nicht bezieht, so *da hastn* (da hast Du ihn) oder *aha siste* (siehst Du) oder *um Gottes willen!* wobei auch der Accent genau nachgeahmt wird. Im selbständigen Wortgebrauch ändert sich aber die Accentuirung in regelloser Weise. *Bitté* und *bite* ist eine solche willkürliche Abänderung. *Beti* kommt nicht mehr vor.

Als bemerkenswerthe Mängel sind in dieser Zeit hervorzuheben das schwache Gedächtniss für die oft vorgesagten Antworten auf bestimmte Fragen. Auf die Frage eines Fremden „wie heisst Du?" erfolgt erst am 810. Lebenstage zum ersten Male von selbst die Antwort *Attsell* (Axel). Ernstlich gerügte Unschicklichkeiten dagegen bleiben in der Erinnerung haften. Hier ist der Eindruck stärker. Am deutlichsten zeigt sich die Gedächtnissschwäche noch immer beim Versuche, die Zahlwörter 1 bis 5 verständlich zu machen. Es gelingt nicht. Der sinnliche Eindruck, den eine Kugel macht, ist so verschieden von dem, welchen zwei Kugeln machen, das vorgesagte eins und zwei klingen so verschieden, dass man sich wundern muss, wie doch 1 und 2, ebenso wie 3, 4, 5 miteinander verwechselt werden. Offenbar beruht die Gedächtnissschwäche hier, wie in vielen anderen Fällen, auf dem Unvermögen die bekannten Zahlwörter mit den schon klaren oder noch zum

Theil unklaren Sinneseindrücken zu verbinden. Der von Romanes (*Nature* vom 13. Juni 1889) unterrichtete Schimpanse ist in dieser Hinsicht dem Kinde überlegen, da er stets richtig auf Verlangen 1, 2, 3, 4 und 5 Strohhalme darreichte, und wenn 6, 7, 8 oder 9 gefordert wurden, mehr als 5 und weniger als 10 abzählte. Dabei hatte das Thier nur für Bejahung, Verneinung und Dank (oder Befriedigung oder Anerkennung) drei eigenthümliche grunzende Laute trotz der reichen Stimmmittel und des ausgedehnten Verständnisses für einzelne Wörter der Menschensprache.

Eine F r a g e hat das Kind bis jetzt nicht ausgesprochen. Das häufige *ist das* bedeutet nur „das ist" oder es ist das Echo der oft gehörten Frage „Was ist das?" und wird ohne Frageton geäussert. Artikel werden noch gar nicht verwendet, höchstens noch ganz ohne Verständniss nachgesprochen.

Die Mängel der A r t i c u l a t i o n sind nun weniger auffallend, aber nur sehr langsam tritt die richtige und deutliche Aussprache an die Stelle der falschen, undeutlichen. Noch heisst es regelmässig:

bücher-rank	statt	Bücherschrank
fraï takkee	„	Fräulein Starke
ere͜, tseer	„	Schere
raïbe͜, raiben	„	Schreiben (u. zeichnen)
nur	„	Schnur
neiderin	„	Schneiderin
dsön (auch *schön*)	„	schön
lafen	„	schlafen
pucken	„	spucken
dsehen (auch *sehen*)	„	sehen.

Der Laut „sch", auch im „st", sowie im „sp" („schneiden, Spiel") wird oft ohne Ersatz weggelassen (*naïda͜, taign, piel*), seltener ersetzt durch „s", wie in *swer* = „schwer" statt „müde". Doch kommt *ks*, *ts* oft rein zu Stande in *bex, bux, Axl*. Letzteres wird öfters *Atsel* und *Atsli* (gehört „Axeli"), sehr selten *Akkl* gesprochen, in „Aufziehen" fast immer das „z" richtig wiedergegeben. Ferner heisst es noch:

locotive	statt	Locomotive
nepf	„	Knöpfe
ann-nepf	„	anknöpfen
nits	„	nichts.

„Milch" wird nun stets richtig, nie mehr *mimi, mich*, Wasser *wassa*, nie mehr *watja* genannt. Aber „gefährlich" heisst *fährlich*, „getrunken" *trunken*.

Der 28. **Monat** ist durch die schnell zunehmende Thätigkeit im Vorstellen einerseits, die bedeutend grössere Sicherheit
im Wörtergebrauch andererseits ausgezeichnet. Der Ehrgeiz ist
ausgebildet und giebt sich durch ein häufiges *la'nee* (allein)
zu erkennen. Das Kind will ohne Hülfe allerlei vornehmen. Es
verlangt mit den Worten *Ding haben* nach verschiedenartigen
ihm interessanten Gegenständen. Für die Vervollkommnung
des Beobachtungs- und Combinations-Vermögens spricht Folgendes: Am Schlachthaus sieht das Kind einen Ochsen und
sagt *mumu*, ich füge hinzu „todt", darauf Erwiderung *mumu
todt* und nach einer Pause von selbst *lachtett* (geschlachtet),
dann *Blut heraus*. Die beginnende Selbstbeherrschung wird
daran erkannt, dass das Kind sich selbst öfters an die strengen
Verbote, dieses und jenes zu unterlassen, erinnert. So hatte es
sich angewöhnt, im Scherz seine Angehörigen zu schlagen, was
ihm verboten wurde. Wandelt es nun die Lust an, doch zu
schlagen, so sagt es emphatisch *nicht lagen* (schlagen), *Axel
brav*. Überhaupt nennt sich das Kind selbst nur mit seinem
Namen, den es sogar unaufgefordert Fremden mittheilt. Seine
Eltern, und zwar nur diese, werden jetzt meist *Papa* und
Mama genannt, oft aber auch bei ihren Namen.

Einen Beweis für das selbständige Denken bei noch unvollkommenem Sprachverständniss liefert Folgendes. Ich sage
beim Frühstück: „Axel frühstückt mit Papa, nicht wahr?" Er
antwortet ernsthaft mit echter Kinderlogik *doch wahr!*

Die frühere Bezeichnung *swer*, auch *wer* (schwer) für
„müde" erhält sich. Diese Übertragung, wie die andere *locotiwe
wassa trinkt*, wenn die Locomotive mit Wasser versorgt wird,
sind geistiges Eigenthum des Kindes. Die Anzahl derartiger
kindlicher Begriffe ist nun sehr gross geworden. Dagegen sind
die selbständig aus dem Gehörten gebildeten Wörter nicht
zahlreich:

beisst	statt	gebissen	*wesen*	statt	gewesen
reit	„	geritten	*austrinkt*	„	ausgetrunken
esst	„	gegessen	*tschulter*	„	Schulter

müssen als Verstümmelungen, nicht als Neubildungen angesehen werden. Dagegen nimmt die Menge der richtig gesprochenen und gebrauchten Wörter noch zu. Sogar entschiedene
Versuche, einzelne Präpositionen zu benutzen, kommen schon
vor: *nepfe* (Knöpfe) *für Mama* kann ebenso wie *Axel mit Papa*
einfache Wiederholung sein, da aber früher derartige ebenso oft

gesprochene Äusserungen nicht wiederholt wurden, so muss jetzt
erst das Verständniss des „für" und „mit" erwacht sein. Von
nun an bleibt auch dieses Verständniss für mehrere Präpositionen und ihr richtiger Gebrauch bestehen. Ferner fallen in
diese Zeit die ersten Anwendungen des Artikels. Mag derselbe
noch so oft früher nachgesprochen worden sein, es geschah niemals
mit Verständniss, jetzt aber liegt in dem *um'n Hals* und *für'm Arel*
der Beginn richtiger Verwendung des Artikels und zwar — auch
in den nächstfolgenden Monaten — fast nur des bestimmten.

Mehr als derartige Fortschritte in der Handhabung der
Sprache ist aber die erste **Fragethätigkeit** psychogenetisch
bedeutsam. Obwohl ich von Anfang an mit besonderer Aufmerksamkeit gerade auf diesen Punkt achtete, habe ich erst
am 845. Lebenstage das Kind selbst fragen gehört. Es fragte:
Wo ist Mima? Von da an häufiger. Aber stets war in der
ersten Zeit hiernach die Frage eine auf etwas Räumliches sich
beziehende. Das Fragewort „Wo?" blieb lange Zeit das einzige.
Auch ist schon längst das Verständniss für das gehörte „Wo?"
vorhanden. Fragte ich „Wo ist die Nase?" ohne irgend eine
Andeutung durch den Blick oder sonst zu geben, so wurde
diese Frage schon seit Monaten richtig durch eine Bewegung
des kindlichen Armes an seine Nase beantwortet. Freilich wird
ebenso meine Frage: „Was ist das?" welche viel häufiger vorkam, richtig beantwortet, ohne dass jemals das Wort „Was?"
vom Kinde gebraucht wurde.

Die Geschicklichkeit im Nachsprechen fremder Ausdrücke
ist überraschend. Die von Italienern (während eines längeren
Aufenthalts am Garda-See) vorgesprochenen Wörter *uno, due,
tre* werden untadelhaft, ohne den geringsten deutschen Accent
wiederholt, „quattro" wurde allerdings *wattro*, aber *ancora piccolo*
kam ganz rein zum Vorschein. Die Nachahmung des soldatischen
Marschirens mit öfterem Rufen *batelón eins suai!* macht das
grösste Vergnügen. Die dabei thätige Phantasie giebt sich aber
mehr durch Geberden als Worte zu erkennen. Wie lebhaft die
kindliche Einbildungskraft ist, zeigt die Thatsache, dass aus
Zeitungspapier roh ausgeschnittene flache Figuren, welche Gläser
und Tassen vorstellen sollen, wie diese zum Trinken an den
Mund geführt werden.

Die **Articulation** hat sich wiederum ein wenig vervollkommnet, aber in mehrfacher Beziehung ist sie recht mangelhaft, so bezüglich des „sch". Es wird gesagt:

abnaiden	statt	abschneiden	*runtergeluckt*	statt	herunter-
hirn	„	Stirn			geschluckt
verbrochen	„	versprochen	*eintaign*	„	einsteigen,
lagn	„	schlagen			

dagegen *aus-taign* (aussteigen). Andere Mängel der Aussprache
zeigen folgende Beispiele:

topf	statt	klopfen	*viloa, viloja*	statt	Viola
üffte	„	lüften	*dummi*	„	Gummi.
leben	„	kleben			

Das Mouilliren gelingt zu Anfang dieses Monats nicht
(*batelon* statt „Bataillon“) und die nasalen Laute in „Orange“
und „Salon“ bieten unüberwindliche Schwierigkeiten dar (bis in
die zweite Hälfte des vierten Jahres). Zu Ende dieses Monats
hörte ich aber *ganze bataljohn*, die „Orange“ blieb freilich,
nachdem *oraanjee* aufgegeben worden, *orohse*. Das Mouilliren
(*nj*) wurde hier unbequem.

Richtig wurden zu dieser Zeit benannt: Auge, Nase, Backe,
Zunge, Mund, Ohr, Bart, Haar, Arm, Daumen, Finger.

Das sinnlose Geplapper ist viel seltener geworden, dagegen
pflegt das Kind, besonders Morgens früh nach dem Aufwachen,
eine Viertelstunde lang und länger ohne Unterbrechung allerlei
Bemerkungen zu machen, welche meist aus einem Hauptwort
und Zeitwort bestehen und sich auf Objecte seiner nächsten
Umgebung beziehen. Auch Monologe mit singender Stimme,
Sylben ohne Bedeutung, oft ein förmliches Singen, kommen vor,
wobei das Kind vielmals um den Tisch läuft. Ferner wird
nicht selten die starke Stimme ohne äusseren Anlass im Hervorbringen hoher Töne geübt, und endlich ist bemerkenswerth, dass
dann und wann im Schlaf, offenbar wenn das Kind lebhaft
träumt, ein Schrei ausgestossen wird. Sprechen im Schlaf kam
erst im vierten Jahre vor.

Der grösste Fortschritt im **29. Monat** besteht in der Anwendung des persönlichen Fürworts statt des Eigennamens:
bitte gieb mir Brot war der erste Satz, in welchem es vorkam.
„Ich“ wird noch nicht gesagt, frage ich aber „Wer ist mir?“
dann nennt sich das Kind mit seinem Eigennamen. Durch die
von jetzt an immer häufigere Verwendung des Fürworts statt
des Eigennamens wird auch nach und nach das Conjugiren der
gehörten Zeitwörter eingeleitet. In dieser Zeit wird aber der
Imperativ noch meistens durch den Infinitiv ersetzt: *Papa
sagn* und *Ssooss sitzen*. Selbst erdachte oder gehörte und dann

selbst angewendete Sätze, wie *das meckt* (schmeckt) *sehr gut,*
gehören zu den Seltenheiten. Jedoch beginnt schon die Unterscheidung der regelmässigen und unregelmässigen Zeitwörter.
Zwar heisst es auf die Frage „Wo bist Du gewesen?" *paziren
gegeht* und ich hörte *ausgezieht* und *gescht*, aber öfters *einge-
tigen* und *ausgetigen* statt des *ein-* und *ausgeteigt.* Eine seltene
Missbildung war *grefessen* statt „gefressen". Die häufigsten
Zeitwörter scheinen „haben" und „kommen" zu sein, und zwar
werden die Formen „hat" und „kommt" schon mitunter richtig
gebraucht: *viel Rauch kommt heraus* und *gleich kommt Kaffee.*
Während die Infinitive „haben" und „kommen" täglich mehrmals geäussert werden, hört man nie den Infinitiv „sein", sondern von diesem Hülfszeitwort *ist* und *wesen* (statt „gewesen").
In jedem Falle, wo das Kind ein Verlangen durch ein Zeitwort
ausdrückt, setzt es kurzweg den Infinitiv; hört es, im Zimmer
sitzend, in der Ferne das Geräusch eines Bahnzuges, so sagt es
Locotive sehen.

    Sehr bemerkenswerth ist ferner die nun beginnende Zähl-
thätigkeit. Obgleich die Zahlwörter dem Kinde bereits wohl
bekannt sind, verwechselt es sie noch immer bei jeder Gelegenheit, und man wird, in Anbetracht der vielen Versuche, die
Bedeutung der Zahlen 1, 2, 3, 4, 5 dem Kinde beizubringen,
weil sie völlig erfolglos blieben, schliessen dürfen, dass es den
Unterschied von 3 und 4 Zündhölzchen nicht erkannt hat. Und
doch beginnt das Zählen schon, freilich in sehr unerwarteter
Weise. Das Kind fängt nämlich (am 878. Lebenstage) plötzlich
ganz von selbst an, seine neun Kegel zu zählen. indem es, sie
einzeln ergreifend und nacheinander zusammenstellend, bei jedem
sagte *eins! eins! eins! eins!* hierauf *eins! noch eins! noch eins!
noch eins! noch eins!* Die Function des Addirens ist also da
ohne Benennung der Summen.

    Die schon im vorigen Monat hervorgetretene Fragethätig-
keit, das sicherste Zeichen selbständigen Denkens beim Kinde,
tritt etwas deutlicher hervor, aber nur *wo?* dient als Fragewort,
und zwar im richtigen Sinn: *wo ist Hut?* „Welcher, wer.
warum, wann?" werden vom Kinde nicht ausgesprochen und
ohne Zweifel auch nicht verstanden. Denn wenn auch das zeitliche Nacheinander ihm in vielen Fällen klar ist *(erst essen, dann,
jetzt)*, so weiss es doch in vielen anderen die Zeitbestimmung
nicht auszudrücken, gerade wie beim Vergleichen vieler und
weniger, grosser und kleiner Objecte die Quantität falsch an-

gegeben wird. So heisst es zwar richtig *zuviel*, wenn viele Spielmarken aufgesammelt werden sollen, aber falsch *zuviel*, statt *zuwenig*, wenn es an Butter auf dem Brode fehlt. Hier klingt das *zuviel* fast wie Ironie, von der in diesem Alter natürlich keine Rede sein kann. „Zuviel" und „Zuwenig" wird ebenso verwechselt wie 5 und 2. Doch hat in anderer Beziehung das Gedächtniss erheblich gewonnen. Längst von den Angehörigen vergessene Äusserungen werden plötzlich ohne angebbaren Anlass dann und wann wieder in voller Deutlichkeit ausgesprochen, gelegentliche Wahrnehmungen in passenden Fällen verwerthet. So bringt das Kind Zündhölzchen, wenn es sieht, dass jemand eine Kerze anzünden will. Ich sage ihm: „Hebe die Brodkrumen auf!" Damit kommt das Kind jedoch sehr langsam vorwärts, plötzlich ruft es aus *Besen holen!* sich erinnernd, gesehen zu haben, dass der Teppich gekehrt wird, holt den Besen und kehrt nun die Krumen fort. Für die vorgemachten Thierstimmen ist das Gedächtniss sehr gut. Frage ich: „Wie macht die Ente?" so lautet die Antwort *kuak kuak*. Auch hat die Sicherheit in der Bezeichnung einzelner Theile einer Zeichnung, besonders einer Locomotive, zugenommen, so dass eine Hauptbedingung für das Sprechen im vollen Sinne des Wortes, das Gedächtniss, als gut entwickelt zu bezeichnen ist.

Die Articulation macht hingegen langsame Fortschritte. Der Hirsch heisst *Hirss*, die Schwalbe *Walbe*, die Flasche *Flasse; Treppe, Fenster, Krug, Kraut, Kuchen, Helm, Besen, Hut, Giesskanne, Dinte, Buch, Birne* werden meistens correct ausgesprochen. Statt „Barometer, Thermometer" heisst es *mometer*, statt „Schrauben" *raubn,* statt „frühstücken" oft noch *fri-ticken.*

Im **30. Monat** entwickelt sich immer mehr die selbständige Denkthätigkeit. Wenn das Kind für sich allein spielt, dann spricht es oft für sich, sagt *Eimerchen ausleeren, Hackemesser;* also dient ihm sein kleiner Wortschatz jedenfalls zur Klärung der eigenen Vorstellungen. Sein Denken ist schon öfters leises Sprechen. Doch nur zum Theil. Wenn die Sprache es im Stich lässt, überlegt es erst recht. Ein Beispiel: Das Kind findet es sehr schwierig, einen der neun Kegel, den es in den zugehörigen Kasten legen will, quer oder längs zu drehen, wenn ich sage „Anders herum!" Es dreht ihn so um, dass er wieder wie anfangs zu liegen kommt, verkehrt, schiebt auch den Deckel mit der Breitseite in die Schmalseite des Kastens. Offenbar versteht das Kind den Ausdruck „Anders herum". Da derselbe aber vieldeutig ist (Kegelkopf nach links, rechts, oben, unten, hinten, vorn), so ist es begreiflich, dass der Kegel das eine Mal so, das andere Mal anders gedreht wird, auch in seine ursprüngliche Lage zurückgelangt. Dann tritt eben die eigene wortlose Überlegung ein — ohne alles leise oder laute Sprechen — bis nach öfters wiederholtem Einpacken und Auspacken kaum noch gezaudert wird.

Wie leicht in dieser Zeit Gegenstände, welche nur geringe Ähnlichkeit oder nur wenige gemeinschaftliche Merkmale haben, in einen Begriff zusammengefasst werden, zeigen viele Äusserungen. Beim Schälen eines gebratenen Apfels sieht das Kind die Schale und sagt (an seine vor mehreren Stunden gesehene nicht gegenwärtige gekochte Milch denkend) *Milch auch Haut*. Ähnlich die Äusserung *Kirche läutet*, wenn die Thurmuhr schlägt.

Das Kind bildet Begriffe, welche wenige Merkmale in eine Einheit zusammenfassen, und zwar ohne sie jedesmal mit einem besonderen Worte zu bezeichnen, während der entwickelte Verstand immer mehr Begriffe mit vielen Merkmalen bildet und sprachlich bezeichnet. Daher haben die Begriffe des Kindes weniger Inhalt und mehr Umfang, als die des Erwachsenen. Sie sind darum auch weniger deutlich und oft ephemer, indem sie in engere, deutlichere Begriffe zerfallen. Aber immer zeugen sie von Denkthätigkeit.

Einen grösseren intellectuellen Fortschritt bekundet jedoch die in diese Zeit fallende erste absichtliche Benutzung der Sprache, um ein Versteckspiel hervorzubringen. Ein Schlüssel fällt zu Boden. Das Kind hebt ihn schnell auf, hält ihn hinter sich und antwortet auf meine Frage „Wo ist der Schlüssel?" *nicht mehr da*. Da ich in den folgenden Monaten keine Lüge im eigentlichen Sinne des Wortes zu verzeichnen hatte, vielmehr das geringste Unrecht, die unbedeutendste Übertretung von dem Kinde selbst sofort mit eigenthümlich naïvem Ernst in einer kleinen Erzählung mit Pausen zwischen den einzelnen Wörtern berichtet wurde, so ist auch im vorliegenden Falle die Antwort *nicht mehr da* keine lügenhafte, sondern so zu verstehen, dass der Schlüssel nicht mehr sichtbar sei; das Mienenspiel war dabei schalkhaft.

Das einzige Fragewort ist immer noch *wo?* Das Kind sagt *wo ist Ball?* Das demonstrative *da* und *dort (dort ist nass)* wurde als Antwort häufiger ganz richtig gebraucht.

Das „Ich" statt des Eigennamens erscheint noch nicht, weil es nicht oft genug im Gespräche mit dem Kinde vorkommt. Die Unsitte, dass Erwachsene sich selbst nicht „ich" nennen, wenn sie zu kleinen Kindern sprechen, sondern sich mit ihren Eigennamen oder „Tante, Grossmama" usw. bezeichnen, schiebt den Zeitpunkt des Ich-sagens hinaus; *mir* ist in dieser Zeit häufig, weil es besonders in „gieb mir" bei Mahlzeiten öfters gehört wird.

Bitte liebe Mama gieb mir mehr Suppe ist zwar auswendig gelernt, aber solche Sätze werden zur rechten Zeit, am rechten Ort modificirt, selbständig angewendet. *Noch mehr, immer noch mehr, vielleicht, fast* sind richtig angewendete Ausdrücke, die beiden letzten aber unsicher. *Fast gefallen* heisst es, wenn das Kind wirklich vollständig hingefallen ist.

Obgleich ein Decliniren und Conjugiren fehlt, ist ein Übergang der schlimmsten Form des Dysgrammatismus zur beginnenden richtigen Diction durch den häufigeren Gebrauch des Plurals bei Substantiven *(Rad, Räder)* die öftere Verwendung des Artikels *(för de Papa)*, die nicht ganz seltene starke Flexion *(gegangen* statt des früheren *gegeht, genommen* statt des früheren *genehmt)* hergestellt. Freilich steht der Infinitiv noch in weitaus der überwiegenden Mehrzahl der Fälle statt des Particips und des Imperativs. Die Hülfszeitwörter werden oft fortgelassen oder in wunderlichen Missbildungen verwendet; so wurde auf die Frage „Wo bist Du gewesen?" geantwortet *paziren gewarent.*

Bezüglich der Articulation ist kein merklicher Fortschritt zu verzeichnen. Die von dem Bilderbuch her bekannten Gegenstände werden zwar jetzt meist richtig benannt, neue aber oft sehr entstellt; so heisst es consequent *wiloïne* st. „Violine". Das „sch" kommt bisweilen richtig zum Vorschein, *s-trümpfe, auf-s-tehen* ist aber die Regel. Die angelernte Antwort auf die Frage „Wie alt bist Du?" „Seit November zwei Jahre" heisst *wember wai jahr.* Die Art, wie das Kind die richtige Aussprache lernt, ist überhaupt eine doppelte: 1) durch häufiges Hören der richtigen Wörter, indem niemand so wie es selbst spricht, so wurde *genommen* aus *genehmt* ohne Unterricht; 2) durch häufiges absichtliches Vorsagen mit Nachsprechenlassen bei gespanntester Aufmerksamkeit. So hiess es bisher stets *Locotiwe* und *Locopotiwe.* Ich ermahnte einige Male ernstlich „Locomotive" zu sagen. Es resultirte: *Loco- loco- loco- mo- tiwe* und dann

Locomotive mit genauer Copirung des Accents, in dem ich sprach. Auch Singen wird nachgeahmt.

Das Gedächtniss für Wörter, welche Gegenstände bezeichnen, ist vorzüglich. Wenn aber Ausdrücke für wenig Anschauliches erlernt werden sollen, dann versagt es leicht. So wird zwar sehr oft der linke und rechte Fuss und Arm, die linke und rechte Backe und Hand richtig bezeichnet, oft aber falsch. Der Unterschied von links und rechts lässt sich eben nicht beschreiben, erläutern oder dem Kinde vorstellbar machen.

Im **31. Monat** treten zwei neue Fragen auf. Das Kind fragt *Was kost die Trommel?* und *Welches Papier nehmen?* Letzteres nachdem es die Erlaubniss erhalten hat, mit dem Bleistift Striche zu ziehen, das heisst zu *raiben* (schreiben und zeichnen).

Nun erscheint auch häufiger der unbestimmte Artikel, in *Halt n biss-chen Wasser!* deutlich hörbar. Auffallender sind einzelne Neubildungen, welche aber bald nach ihrem Entstehen wieder verschwinden, so der Comparativ von „hoch". Das Kind sagt vollkommen deutlich *hocher bauen* beim Spielen mit Holzklötzen, bildet also selbst den natürlichsten Comparativ, wie das Particip *gegebt* statt „gegeben". Statt „Uhrschlüssel" sagt es *Slüssl-Uhr*, setzt also die Hauptsache zuerst.

Es bedient sich des sonderbaren Ausdrucks *heitgestern* statt „heute" und statt „gestern". Letztere beide einzeln genommen werden lange miteinander verwechselt.

Die Satzbildung ist sehr unvollkommen: *ist Rauch* heisst „das ist Rauch" und „da ist Rauch"; *kommt Locomotive* steht für „da kommt eine oder die Locomotive". Beim Anblick der Badewanne sagt jedoch das Kind sechsmal schnell nacheinander *Da kommt kalt Wasser rein Marie*. Häufig sind thatsächliche Bemerkungen, wie *draussen warm*. Hat das Kind einen Blumentopf, eine Schachtel, ein Glas zerbrochen, so sagt es regelmässig von selbst „*Friedrich wieder leimen*" und berichtet getreulich jedes kleinste Vergehen seinen Eltern. Wenn aber sein Spielzeug oder ein ihm interessanter Gegenstand ihm Verdruss bereitet, so sagt es ärgerlich *dummes Ding*, zum Beispiel zum Teppich, den es nicht heben kann, und verweilt nicht lange bei einem Spiel. Die Beschäftigung muss sehr oft wechseln.

Die selbständigen Nachahmungen werden nun wieder weniger häufig und unverstandene Äusserungen mehr zur Ergötzung der

Angehörigen wiederholt, so *Ach Gott* und *wirklich grossartig!*
Mitunter singt das Kind im Schlafe einige Secunden lang.
Die Aussprache des „sch" selbst in der beliebten Wortfolge
Ganzes Bataljohn marss eins, zwei ist unvollkommen, und obwohl niemand in der Umgebung das „st" in „Stall, stehen"
anders als „scht" ausspricht, bleibt das Kind consequent bei
S-tall s-tehen. Erst im achten Lebensjahr begann die Aussprache
„scht" und verdrängte das „st" im 46. Monat völlig, was um so
bemerkenswerther erscheint, als das Kind seit Beginn des vierten
Jahres von einer Mecklenburgerin, vorher von einer Schwarz-
wälderin behütet wurde.

Im **32. Monat** begann die Ich-Setzung den Gebrauch des
Eigennamens zu verdrängen. *Mir (gieb mir)* und *mich (bitte
heb mich herauf)* waren schon im 29. bis 31. Monat vorgekommen,
ich komme gleich, Geld möcht ich haben sind neue Errungen-
schaften. Fragt man „Wer ist ich?" so lautet die Antwort *der
Axel.* Oft wird aber noch in der dritten Person gesprochen, so
sagt das Kind von sich selbst sprechend: *da ist er wieder, Axel
auch haben* und *mag-e nicht,* bezeichnet sich also in dieser Zeit
in vierfacher Weise durch *ich, er, Axel* und Fortlassen aller
Fürwörter und Namen. Wenn auch *bitte setz mich auf den
Stuhl* durch Vorsagen angelernt ist, so muss doch die richtige
von selbst vorgebrachte Anwendung des Satzes, welche eine Zeit lang
täglich wiederkehrt, als ein bedeutender Fortschritt betrachtet werden. Dasselbe gilt für die jetzt beginnende Bildung von Neben-
sätzen: *Weiss nicht, wo es ist.* Auch die Trennung der Partikel von
zusammengesetzten Zeitwörtern, wie in *fällt immer um,* ist neu.

Immer längere Namen und Sätze werden vollkommen deutlich ausgesprochen, man merkt aber hier und da den Einfluss
des Dialekts der Umgebung. Am meisten spricht zu dem Kinde
seine Wärterin, welche aus dem Schwarzwald stammt und von
der die Weglassung des „n" am Schlusse der Wörter herrührt,
wie in *Kännche, trocke.* Ausserdem ist die Verwechslung des
tonlosen „p" mit dem tönenden „b" *(putter)* so häufig, dass
sie wohl der Thüringer Mundart entnommen sein wird, wie die
Verwechslung von „eu" und „ei" *(heit).* Die einzigen deutschen
Laute, welche immer noch grosse Schwierigkeiten machen, sind
„sch" und „chts" (in „nichts").

Das Gedächtniss des Kindes hat sich zwar verbessert, aber
es ist gewissermaassen wählerisch geworden. Nur was ihm
interessant und verständlich erscheint, prägt sich fest ein, da-

27 *

gegen vergisst es auswendig gelernte ihm nutzlose und unverständliche Verse, die man ihm zum Scherz, wenn auch nur selten, beigebracht hat, nach wenigen Tagen.

Im 33. Monat zeigt sich durch mehrere charakteristische Bemerkungen die erwähnte Gedächtniss-Stärke für gewisse Erfahrungen. So sagt das Kind, welches wieder mit seinen Eltern einige Wochen von Hause abwesend war, Abends fast regelmässig *gleich blasen die Soldaten,* obwohl kein Soldat weit und breit auf dem Lande zu sehen ist. Daheim aber war allabendlich das Blasen wirklich zu hören.

Beim Anblick eines Hahnes im Bilderbuch sagt das Kind langsam *Das ist der Hahn — kommt immer — das ganze Stück fortnehmt — von der Hand — und läuft fort.* Diese Erzählung, beiläufig die längste bisher vorgebrachte, bezieht sich auf das Füttern von Hühnern, wobei allerdings der Hahn ein Stück Brod weggenommen hatte. Das Verhalten der Thiere erregte überhaupt in hohem Grade des Kindes Aufmerksamkeit. Es kann sogar bei der Mahlzeit das Essen vergessen, um anhaltend die Bewegungen einer Fliege zu beobachten. *Jetzt geht in die Zeitung — geht in die Milch! Fort Thier! Geh fort! Unter den Kaffee!* Auch für andere sich bewegende Gegenstände, besonders Locomotiven, ist das Interesse sehr lebhaft.

Wie wenig klar aber die Begriffe Thier und Maschine sind, geht daraus hervor, dass beide in gleicher Weise angeredet werden. Bei Ankunft des Vatersbruders sagt das Kind zu seinem Vater gewendet *neuer Papa.* Doch ist in dieser Zeit die Ichheit bedeutend schärfer hervorgetreten. Es ruft *Das Ding haben! das will ich, das will ich, das will ich, das Spiel möcht ich haben!* Freilich: wenn man sagt „komm ich knöpf's Dir zu", kommt das Kind und sagt als Echo *ich knöpf's Dir zu,* offenbar meinend „knöpf's mir zu". Es verwechselt auch noch *zuviel* mit *zuwenig, nie* mit *immer, heute* mit *gestern;* die Wörter *und, sondern, noch, mehr, nur, bis, wo* wurden hingegen stets richtig gebraucht. Die auffälligsten Fehler sind die der Conjugation (*getrinkt* und *getrunkt* neben *getrunken)* und der Articulation, indem das „sch" (*dsen* statt „schön") nur selten rein, meist als „s" oder „ts" zum Vorschein kommt. „Toast" (geröstetes Brod) heisst *Toos* oder *Dose.*

Nach Ablauf der tausend ersten Lebenstage wurde zwar die Beobachtung, aber nicht mehr die schriftliche Aufzeichnung täglich fortgesetzt. Von Einzelheiten, welche in die folgenden drei Monate gehören, seien noch einige angemerkt.

Manche Ausdrücke, welche das Kind zufällig hörte, wurden, wenn sie die Heiterkeit der Angehörigen nach einmaliger Wiederholung seitens des Kindes erweckten, unzählige Male, lachend, schelmisch und aufdringlich hergesagt, so *du liebe Zeit.* Auch den Namen seiner Wärterin *Marie* ruft das Kind oft sinnlos immer wieder und wieder aus, sogar Nachts. Es nennt Andere in offenbarer Zerstreutheit ebenso, sich manchmal von selbst corrigirend, wenn es den Fehler erkannt hat.

Immer seltener spricht das Kind von sich in der dritten Person, nennt sich dann beim Namen, nie mehr *er.* Gewöhnlich sagt es von sich nun *ich,* besonders *ich will, ich will das haben, ich kann es nicht.* Auch wird in der Anrede nach und nach das *Du* gebraucht: *Was für hübsen Rock hast Du!* Hier ist die Art der Anwendung des „Was" auch neu.

Am 1028. Lebenstage wurde zum ersten Male *warum?* gefragt. Ich achtete mit der grössten Sorgfalt auf das erste Auftreten dieses Wortes. Der Satz lautete: *Warum nach Hause gehen? ich will nicht nach Hause.* Als am Wagen ein Rad knarrte, fragte das Kind *Was macht nur so?* Beides zeigt, dass endlich der Ursachentrieb, welcher schon vor mehr als einem Jahre sich durch eine Art Forscherthätigkeit, durch Experimentiren und noch früher (in der zwölften Woche) durch Aufmerken kund that, sprachlich geäussert wird. Manchmal steigert sich aber das Fragen bis zur Ermüdung, sinnlos sich wiederholend. *Warum wird das Holz gesnitten?* (statt „gesägt"). *Warum macht der Frödrich die [Blumen-] Töpfe rein?* sind Beispiele von kindlichen Fragen, welche, wenn eine Antwort, und zwar welche immer erfolgt, neue ebenso unnütze Fragen (vom Standpunkt der Erwachsenen) zur Folge haben. Sie bezeugen aber deutlich eine weitgehende selbständige Denkthätigkeit, die häufige Frage *Wie macht man das nur?* desgleichen.

Übrigens fand ich den Versuch, die Reihenfolge zu ermitteln, in welcher das Kind die einzelnen Fragewörter braucht, unausführbar. Es hängt ganz und gar von der Umgebung ab, wann zuerst diese oder jene Wendung oder Frage wiederholt und dann selbständig benutzt wird. „Warum?" hört es in der Regel nicht so oft wie „Was?" und „Wie?" und „Welches?" Merkwürdig erscheint immerhin, dass ich das Kind bis zum Ende des dritten Jahres nicht einmal „Wann?" fragen hörte. Ein anderes Kind

(H. v. B.) brauchte im 24. Monat nur die drei Fragewörter
Wo? Was? und Wer? Der Raumsinn ist zwar dann noch wenig
entwickelt, der Zeitsinn aber noch weniger. Es gehört sogar
der Gebrauch des Wortes „vergessen" *(ich habe vergessen)* und
des *ich werde* (das und das thun) zu den grössten Seltenheiten.

Die Articulation wurde rasch vervollkommnet. Jedoch glückte
in keinem Falle die Wiederholung französischer Nasallaute. Trotz
vieler Bemühungen blieb „Salon" *salo*, „orange" *orose*. und auch
das französische „je" bot unüberwindliche Schwierigkeiten. (Nach
einigen Jahren war aber die Aussprache des Französischen vorzüglich.) Von deutschen Lauten war nur „sch" selten richtig.
Es wurde noch durch *s* ersetzt: *sloss* statt „Schloss", *ssooss*
statt „Schooss".

Die Liebhaberei am Singen nimmt zu, und zwar werden
gern allerlei inhaltlose Sylben, ähnlich wie in der Säuglingsperiode, immerzu wiederholt, nur deutlicher. Doch lassen sich
nicht alle, gerade wie damals, zu Papier bringen oder auch nur
von Erwachsenen correct wiedergeben. Eine Zeit lang war beliebt
e-la, ē-la, la, la, la, la mit wachsender Tonhöhe und ungleichen
Pausen, *lilla-lálla-la, lilalula*, wobei gewiss mehr die Freude
über den zunehmenden Umfang und die Kraft der Stimme zur
Wiederholung reizte, als der Klang der Sylben. Doch kam im
36. Monat ein grosses Vergnügen am Singen zum Vorschein, für
das schon eigene, wenn auch sehr wenig ansprechende Melodien
charakteristisch waren. Nachsingen vorgesungener Lieder gelang
nur höchst unvollkommen. Dagegen war das Copiren der Sprechweise, des Accents, Tonfalls und Klanges der Stimme Erwachsener auffallend, obwohl die eigentliche Echolalie fast aufhörte
oder nur zeitweise wiedererschien.

Grammatische Fehler werden bereits seltener. Ein hart-
näckiger Declinationsmangel ist das Setzen von *am* statt *dem*
und *der* (Dativ): *das am Mama geben*. Lange Sätze werden
richtig, aber langsam und mit Pausen gebildet, ohne Fehler:
*die Blume — ist ganz durstig — möcht auch n bischen Wasser
haben*. Frage ich nun „von wem hast Du das gelernt?" so erfolgt regelmässig die Antwort *das hab ich alleine gelernt*. Überhaupt will das Kind ohne Unterstützung sich behelfen, ziehen,
schieben, steigen, klettern, Blumen begiessen, indem es wiederholt und mit Leidenschaft ruft *ich möcht ganz alleine!* Trotz
dieser Selbständigkeit und der ehrgeizigen Neigungen zeigt sich
nur selten eine eigene sprachliche Erfindung. Dahin gehört

zum Beispiel die Bemerkung des Kindes *das Bett ist zu holzhart*, nachdem es sich am Bettpfosten gestossen hatte. Ferner antwortete es auf die Frage „Schläfst Du gern im grossen Zimmer?" *O ja ganz lieberich gern*, und als ich fragte „Wer spricht denn so?" kam sehr langsam mit Überlegung und in Pausen die Antwort heraus: *nicht-nicht-nicht-nicht-nicht-niemand.*

Wie weit der Gebrauch der schwer zu bewältigenden Participien fortgeschritten ist, zeigt der Satz: *die Milch ist schon heiss gemacht worden.*

Die Sprechweise des dreijährigen Kindes näherte sich durch fortgesetztes Anhören und Nachahmen seiner Angehörigen immer rascher der Sprechweise dieser, so dass ich fernere Aufzeichnungen unterliess. Es sind auch bereits für die erste Begründung der Entwicklungsgeschichte des Sprechens beim Kinde, wie ich sie darzustellen versuchte, durch das — Manchem vielleicht schon zu umfangreiche — Material genügende thatsächliche Unterlagen gewonnen. Eine methodische eingehende Untersuchung verlangt das Zusammenarbeiten Vieler, welche alle dieselben Fragen zu beantworten streben müssen. Es sind Fragen, die in dieser chronologischen Übersicht für ein Individuum theils beantwortet sind, theils nur aufgeworfen werden konnten.

Nicht ohne Selbstüberwindung, grosse Geduld und viel Zeitaufwand war es möglich, das Kind täglich während der tausend ersten Lebenstage zu beobachten, um die Entwicklungsgeschichte des Sprechens zu verfolgen. Solche Beobachtungen sind aber physiologisch und psychologisch, linguistisch und pädagogisch nothwendig und durch nichts zu ersetzen.

Um denselben den höchsten Grad der Zuverlässigkeit zu verleihen, habe ich folgende Regeln ohne Ausnahme streng innegehalten:

1) Nicht eine einzige Beobachtung habe ich aufgenommen, von deren Richtigkeit ich mich nicht selbst auf das Bestimmteste überzeugte. Am wenigsten darf man sich auf die Berichte der Wärterinnen, Pflegerinnen und anderer im wissenschaftlichen Beobachten ungeübter Personen verlassen. Oft habe ich solche nur durch ein kurzes ruhiges Kreuzverhör dahin gebracht, dass sie die Irrthümlichkeit ihrer Angaben selbst einsahen, namentlich wenn es sich um Beweise für die „Klugheit" der Säuglinge handelte. Dagegen verdanke ich der Mutter meines Kindes, welcher ein Beobachtungstalent wie Wenigen von Natur eigen

ist, viele mit Leichtigkeit von mir verificirte Mittheilungen über die geistige Entwicklung.

2) Jede Beobachtung muss sofort schriftlich in ein stets bereit liegendes Tagebuch eingetragen werden. Oft werden, wenn es nicht geschieht, nach einer Stunde die Einzelheiten der Beobachtungen vergessen, was darum begreiflich erscheint, weil sie an sich vielfach uninteressant sind — namentlich die sinnlosen Articulationen — und erst im Zusammenhang mit anderen Werth erhalten.

3) Beim Beobachten ist jede künstliche Anstrengung des Kindes zu vermeiden und die Beobachtung desselben, ohne dass es den Beobachter überhaupt bemerkt, möglichst oft zu versuchen.

4) Alles Abrichten des ein- und zwei-jährigen Kindes muss möglichst verhindert werden. Ich habe in dieser Beziehung insofern Erfolg gehabt, als mein Kind erst spät mit den Kinderkunststückchen bekannt gemacht und nicht mit Auswendiglernen von Liedern usw. gequält wurde, welche es nicht zu verstehen im Stande war. Doch konnte, wie der Bericht zeigt, nicht jede unnöthige Dressur vermieden werden. Je früher ein kleines Kind angehalten wird, ceremonielle und andere conventionelle Bewegungen zu machen, deren Sinn ihm unbekannt ist, um so früher verliert es seine ohnehin nur kurzdauernde und nie wiederkehrende poesievolle Natürlichkeit und um so schwieriger wird die Beobachtung seiner unverfälschten geistigen Entwicklung.

5) Jede Unterbrechung der Beobachtung von mehr als einem Tage erfordert eine Stellvertretung und nach Wiederaufnahme derselben Verification des inzwischen Wahrgenommenen und Notirten.

6) Wenigstens dreimal täglich ist dasselbe Kind zu beobachten und alles gelegentlich Bemerkte nicht weniger, als das mit Rücksicht auf bestimmte Fragen methodisch Ermittelte zu Papier zu bringen.

Nach diesen von mir erprobten Vorschriften wurden alle eigenen Beobachtungen in diesem Buche, wie im Besonderen die dieses Capitels, angestellt. Die Vergleichung mit Angaben Anderer kann ihnen erst eine allgemeinere Bedeutung verschaffen.

Was von früheren Beobachtern bezüglich des Sprechenlernens der Kinder geleistet wurde, ist aber nicht umfassend. Einige der besten Angaben habe ich im Folgenden zusammengestellt.

EINUNDZWANZIGSTES CAPITEL.

Beobachtungen über das Sprechenlernen anderer Kinder.

Gute, aber spärliche Beobachtungen über das Sprechenlernen veröffentlichte in Deutschland zuerst Berthold Sigismund, ein Arzt, in seinem Schriftchen „Kind und Welt" im Jahre 1856. Als erste articulirte Laute (aus der Mitte des ersten Viertel-jahres) wurden für ein Thüringer Kind (in Rudolstadt) von ihm *ma, ba, bu, appa, ange, anne, brrr, arrr* notirt. Der Verfasser meint, dieses erste Lallen oder Papeln be-stehe aus dem Hervorbringen von Sylben mit nur zwei Lauten, in welchen am häufigsten der Consonant vorausgehe, die ersten deutlich ausgesprochenen Consonanten seien Lippenlaute, die Lippen, durch das Saugen in Thätigkeit gesetzt, seien die ersten articulirenden Werkzeuge. Doch bestätigt sich diese Vermuthung nicht allgemein (nicht beim *n* und *g*).

Im zweiten Vierteljahr (in der 23. Woche bei einem Kinde, beträchtlich früher bei anderen gesunden Kindern) wurden zum ersten Male die starken und hohen Krählaute gehört, die das Kind jubelnd mit lebhaften Bewegungen der Gliedmaassen als Zeichen erwachender Muskelkraft, wie es scheint, sich selbst darüber freuend, von sich giebt. Dagegen unterbleibt die Äusserung von Sylben zu dieser Zeit oft wochenlang.

Im dritten Vierteljahr wurde das Lallen häufiger. Es kamen neu hinzu: *bä, fbu, fu* und von Wiederholungen ohne Pausen *bübäbä, dädädä*, auch *adad, eded.*

Im folgenden Vierteljahr gab das Kind sein Wohlgefallen an irgend welchem Gegenstande durch den selbständigen Laut *ei, ei* zu erkennen. Die ersten Lautnachahmungen wurden nach elf Monaten constatirt. Aber für das Verständniss des Sprechenlernens ist es bedeutungsvoller, dass lange, ehe der Knabe Worte oder Geberden nachzuahmen suchte, nämlich mit neun Monaten, er sicher die Wörter „Vater, Mutter, Licht, Fenster,

Mond, Gasse" unterschied, indem er, sobald eines derselben ausgesprochen wurde, nach dem dadurch bezeichneten Objecte
blickte oder zeigte.

Und als endlich das Nachahmen begann, wurden Töne
(f-e) eher nachgeahmt, wenn auch eine Octave höher, als Sprachlaute. Auch das *ei ei* wurde in ziemlich demselben Tone oder
Accente wiederholt, in dem man es vorgesprochen hatte. Erst
nach 14 Monaten ahmte ein Kind das Niesen nach. Das erste
von selbst imitirte Wort war der von der Strasse heraufschallende
Ruf „Neuback", der unaufgefordert mit *ei-a* wiedergegeben wurde
(nach 14 Monaten). Noch im 16. Monat erwiderte es auf *Papa*
gerade wie auf *Ida* nur *atta*, hatte aber inzwischen „Laterne,
Clavier, Ofen, Vogel, Kegel, Topf", im Ganzen mehr als zwanzig
Wörter, verstehen und die betreffenden Gegenstände mit dem
Blick bezeichnen gelernt, von neuen Lall-Lauten noch *pujéh,
pujéh, tupe tupe téh, ämmäm, atta, ho* hören lassen.

Im 17. Monate traten an die Stelle dieser Laute die geplapperten Sylben *mäm, mam, mad-am, a-dam, das,* bei anderen
Kindern andere. Sie lassen oft mehrere Sylben schnell nacheinander hören, „dann halten sie plötzlich inne, als besännen
sie sich auf etwas Neues, pressen förmlich, als müssten sie sich
anstrengen, ihr Organ in Ansprache zu versetzen, bis endlich
ein neuer Laut zu Tage kommt, der dann wie Mühlengeklapper
wiederholt wird." Hierbei ist die Verdoppelung der Sylben wie
in *papa, mama* häufig.

Der 20 Monate alte Knabe erzählte seinem Vater mit ziemlich langen Pausen und lebhaften Geberden: *atten — beene —
titten — bach — eine — puff — anna,* was bedeutet: „[Wir
waren im] Garten, [haben] Beeren [und] Kirschen [gegessen und
in den] Bach Steine geworfen; [dann kam] Anna."

Die Beobachtungen von Sigismund sind durch ihre Objectivität, ihre klare Darstellung und Correctheit ausgezeichnet.
Leider hat aber der (längst verstorbene) treffliche Beobachter
sein Werk nicht vollendet. Nur der erste Theil ist erschienen.
Die Angaben über die Zeit der ersten Nachahmungen (S. 83,
108, 109, 118, 121) sind übrigens nicht im Einklang miteinander

Von geringerem Werthe ist dagegen die „Entwicklungsgeschichte der Seele des Kindes" von I. E. Löbisch (Wien 1851),
dessen ohne Belege hingestellte Behauptungen über die Reihenfolge, in der das Kind die Laute hervorbringt, über die reine

Beobachtung weit hinausgehen und den an deutschen Kindern erhaltenen Ergebnissen widersprechen. So heisst es (S. 68): „Natürlich bildet sich zuerst in dem mehr oder minder geöffneten Munde bei der Unthätigkeit der übrigen Sprachorgane der *a* ähnliche Laut, welcher bald mehr bald weniger dem *e* und *o* sich nähert. Von den Consonanten sind die durch Schliessung und Öffnung der Lippen gebildeten die ersten, das *m*, *b*, *p*, anfangs noch unentschieden, erst später entschiedener auseinander tretend, wo dann natürlich das *m* dem *a* sowohl vorangeht, als nachfolgt, *b* und *p* lange bloss die Sylbe eröffnen und kaum eher sie schliessen, als auch andere Mitlaute sich gebildet haben. Ein Kind sagt bald *pa*, aber *ab* gewiss nicht eher, bevor es auch schon andere Consonanten aussprechen kann." (S. 79): „Die Ordnung, wie das Kind die Laute hervorbringt, ist die: von den Vocalen erst das *a*, *e*, *o*, *u*, natürlich vom *a* aus anfangs unbestimmt; der letzte Vocal ist *i*. Von den Consonanten ist *m* der erste, welcher durch *w* in *b* und *p* übergeht. Aber hier sei unsere Verwunderung ausgedrückt, dass so viele, welche über die Reihenfolge der Consonanten in der Sprachentwicklung geschrieben haben, die Bildung des *w* so spät ansetzen, Schwarz gar erst nach dem *t* und vor *r* und *s*. Dann kommt *d*, *t*, dann *l* und *n*, welches sich leicht mit dem *d* verbindet, ihm vorantretend; darauf *f* und die Gutturalen *h*, *ch*, *g*, *k*, wo *g*, *k* mit *d*, *t* häufig verwechselt wird. Dem *s* und *r* ist ungefähr gleichzeitig, später den Gutturalen Platz angewiesen, unter denen *ch* der späteste ist. Jedoch ist bei verschiedenen Kindern hierin ein Unterschied. Denn manche bringen einen dem *r* ähnlichen Ton unter den ersten Consonanten hervor, ebenso *ä*, *ö*, *ü*; die eigentlichen Diphthongen kommen erst am Ende." Die meisten dieser Angaben werden durch meine und Anderer Beobachtungen direct widerlegt.

H. Taine notirte (im Anhang zu seinem Buche über den Verstand, welches 1880 in deutscher Übersetzung erschien) als Ausdrücke, die ein französisches Kind im 15. Monat brauchte, *papa*, *maman*, *tété* (Amme, offenbar von dem oft gehörten *téter*), *oua-oua* (Hund, höchst wahrscheinlich vorgesagt), *koko* (Hahn, ohne Zweifel von dem vorgesagten *coq-coq*), *dada* (Pferd, Wagen, ohne Zweifel auch andere Objecte bezeichnend, ein Demonstrativum, wie bei vielen deutschen Kindern). Ohne Sinn wurde zwei Wochen lang *tem* geäussert. Dann bedeutete es „gieb, nimm, sieh, gieb Acht!" Ich vermuthe hier eine Verstümmelung

des wohl öfters gehörten stark accentuirten *tiens*. Schon im
14. Monat liess *ham* „ich will essen" *(hamm*, dann *am*, könnte
aus dem Echo von *faim, as-tu faim?* entstanden sein). Im Alter
von 3¹/₂ Monaten bildete dieses Kind angeblich nur Vocale, mit
zwölf Monaten zwitscherte es und äusserte zuerst *mm*, dann
kraaau, papa mit variabler Betonung, sprach aber kein Wort
mit erkennbarem Sinn. Im zehnten Monat war das Verständniss
einzelner Fragen vorhanden. Denn das Bildniss des Grossvaters
wird auf die Frage *où est grand-papa?* angelacht, das schlechter
getroffene Porträt der Grossmutter nicht. Im elften Monat wendet
sich das Kind auf die Frage *où est maman?* gegen seine Mutter.
Ebenso bei *papa?* gegen seinen Vater.

Ein zweites von Taine beobachtetes Kind liess in der
siebenten Woche die ersten intellectuellen Laute hören. Bis zu
fünf Monaten hörte man *ah, gue, gre*, im siebenten Monat auch
ata, ada.

In seinen an diese und einige wenige andere eigene Beobachtungen geknüpften Betrachtungen betont zwar Taine mit
Recht das grosse Verallgemeinerungsvermögen und die Eigenthümlichkeit des ganz jungen Kindes, mit gehörten Wörtern
andere Begriffe, als die uns geläufigen, zu verbinden, schreibt
aber dem Erfindungsgeist des Kindes zu viel zu. Es erräth
mehr, als es erfindet, und gerade die angeführten Fälle *(hamm.
tem)*, auf welche er grosses Gewicht legt, lassen sich, wie ich
oben in Parenthese bemerkte, auf Gehörtes zurückführen, was
er selbst ganz übersehen zu haben scheint. Richtig ist, dass
beim Sprechenlernen ein Wort mehrere Bedeutungen nacheinander durchlaufen kann, wie namentlich das bei französischen
Kindern fast allgemeine *bébé* (entsprechend dem englischen *baby*),
falsch, dass ein Kind ohne Nachahmung von Lauten ein Wort
mit festem Sinn erfinde und seine Lall-Sylben ohne alle Vermittlung der Angehörigen zur Bezeichnung seiner Vorstellungen
consequent verwende.

Unter den Aufzeichnungen von Wyma über ein englisches
frühreifes Kind *(The mental development of the infant of to-day*
in dem *Journal of psychological medicine and mental pathology.
VII. 1. Th., S. 62 bis 69. London. April 1881)* sind folgende
auf das Sprechenlernen bezügliche hervorzuheben.

Mit fünf Monaten begann das Kind eine Art Sprache, indem
es sechs Wörter immerzu benutzte, um ein Verlangen oder eine

Absicht zu bezeichnen. *Ning* bedeutete Verlangen nach Milch und wurde dafür gebraucht bis zum Alter von zwei Jahren. [Es ist möglicherweise aus dem oft gehörten *thing* und der im Englischen häufigen Participial - Endung *ing* als Echo, ja sogar von *milk* abzuleiten.] Mit neun Monaten bediente sich das Kind der Wörter *pretty things* für Thiere, mit zehn bildete es viele kleine Sätze.

Auch ohne unmittelbare Nachahmung eben gesprochener Wörter übte sich das Kind, indem es im Alter von zwei Jahren eine Menge Kinder-Reime herzusagen begann, welche niemand im Hause kannte und die es von anderen Kindern nicht erfahren haben konnte, da es mit solchen nicht zusammenkam. Das Kind behauptete später, sie von einer früheren Wärterin erlernt zu haben, welche es seit fast drei Monaten nicht mehr gesehen hatte. So vervollkommnete sich die Articulation wochenlang, ehe sie verstanden wurde. Die „Übungen" klangen wie nachlässiges Vorlesen.

Das Buch von Professor Ludwig von Strümpell in Leipzig „Psychologische Pädagogik" (Leipzig 1880, 368 S.) enthält eine Beilage „Notizen über die geistige Entwicklung eines weiblichen Kindes während der ersten zwei Lebensjahre", darunter viele das Sprechenlernen betreffende Beobachtungen. Sie stammen aus den Jahren 1846 und 1847. Ich stelle einige davon mit mehreren Notizen aus dem Tagebuch, welches Frau von Strümpell über diese Tochter führte und mir gütigst im Original zur Verfügung stellte, hier zusammen.

In der zehnten Woche war *ah! ah!* Freudenäusserung; in der 13. singt das Kind ganz allein; in der 19. Gurgeln *grrr*, aber angeblich noch kein Consonant. Im ersten Halbjahr werden deutlich gehört der Reihe nach *ei, aga, eigei, ja, ede, dede, eds, edss, emme, meme, nene, nein.* Im achten Monat Verständniss des Gesprochenen („Wo ist Tik-tak?") unverkennbar; im neunten *am, amme, ap, pap;* singt beim Vorsingen Vocale mit. Im elften Monat ist das Verständniss des zu dem Kinde Gesprochenen auffallend, ebenso die Nachahmung: *kiss kiss* und beim Anblick des Theekessels *ssi ssi.* Auf „Guten Tag" wird *tata*, auf „Adieu" *adaa* geantwortet. Ein Buch, in dem das Kind gern blättert, nennt es *ade* (statt a b c). Die erste sichere Verbindung eines erlernten Lautes mit einem Begriff scheint die des oft vorgesagten *ee* mit Nässe oder Verbotenem zu sein.

Am häufigsten wird *amme am om* „Amme komm" (beides imitativ) wiederholt, das *papa* selten.   Das schnarrende *r* wird
unvollkommen nachgebildet.   Im 13. Monat sagt das Mädchen
tippa tappa, wenn es geführt sein will und antwortet *te te* auf
„steh! steh!" nennt das Buch nun *a-be-te* (statt abc).   Tauben
nennt es *kurru*, Menschen im Bilderbuch *mann mann*.   Als
jemand fragte „Wo ist die Bürste?" machte das Kind die Bewegung des Bürstens.   Auf die Fragen „Wo ist Dein Ohr? Dein
Zähnchen, Deine Nase, Hand, wo Deine Finger, Mama's Ohr,
Papa's Nase?" zeigt es richtig hin.   Beim Eintritt der Mutter
in das Zimmer *mamam*, des Vaters *papap*.   Bei Abwesenheit
der Amme *amme om*, *amme am*.   Als die Mutter jemanden
fragte „Hörst Du?" da sah das Kind sie an und fasste an die
eigenen Ohren.   Auf die Frage „Wie isst man?" folgte die Bewegung des Essens.   Die Kleine sagt *nein*, wenn sie nicht will.
„Dank" wird *dakkn* nachgesprochen, „Bitte" richtig.   Versteht
die Bedeutung von „Löffel, Kleid, Spiegel, Mund, Teller, Trinken"
und hört Erzählungen gern, besonders wenn die bereits bekannten
Wörter darin vorkommen.   Im 14. Monat heissen Nadeln *tick*.
Auf die Frage „Wo ist Emmy?" zeigt das Kind richtig auf sich;
sagt deutlich *Kopf, Buch, roth, Tante, gut, Mann, Baum*;
nennt das Auge *ok*, Pruscinsky *prrti*, den Hund *uf, uf*.   Im
15. Monat wird „Mathilde" *tilda* und *tida*.   Beim Anblick eines
vertrockneten Sträusschens: *blom*.   Spricht alles Vorgesagte, wenn
auch unvollkommen, nach; bringt die verschiedenartigsten articulirten Laute hervor, sagt *ta papa ta*, wenn sie etwas überreicht, nennt den „Fuss" *pss* lispelnd mit Vorschieben der Zunge.
Äussert öfters *omama* und *opapa*.   Im 17. Monat heisst Ring
ning, Wagen *nagen*, Sophie *dsofi*, Olga *olla*, krank *kank*, Pflaume
pluma, satt *datt*, Händewaschen *ander-naschen*, Schuh und Tuch
tu, Strumpf *tumpf*, Hut *ut*, Suppe *duppe*. *Mama kum bild dot
bank* (Mama komm, ich habe das Bilderbuch, erzähle mir dazu
etwas, dort setz' Dich zu mir auf die Bank).   Im 18. Monat:
„Wo ist Omama?" wird beantwortet mit *im garten*, „Was
machen Omama und Opapa?" mit *sund* („gesund"), „Was
macht Omama?" mit *näht*.   Der schwarze Apollo heisst *pollo
warz*.   Im 19. Monat nennt es sich bei seinem Namen und
zählt *twei, drei, ümpf, exç, ibene, atte, neune*, sagt auch
schon *will ni!* im 22. spricht es viel für sich und macht sehr
schnelle Fortschritte im richtigen Gebrauch der Wörter und
Satzbilden.

Die Schwester dieses Kindes bezog im zehnten Monat *mama* auf ihre Mutter, *pap pap* und *papap* nicht so sicher auf den Vater; *tjē-tē* waren Lieblingssylben. Auf die Frage „Wo ist Ticktack?" wird die Uhr an der Wand angesehen. Durchdringendes Kreischen ist Freudenäusserung. Im 15. Monat *Apapa* für Grossvater und schelmisch für Grossmutter; *aben* statt „haben"; *tatta* statt „Tante"; *apa* (statt *uppa*) heisst „hinauf möcht ich". Nachsprechen sehr unvollkommen, aber Verständniss des Gesprochenen auffallend. Im 19. Monat Agiren mit den Händen statt zu sprechen häufig. *Kuker* heisst „Zucker", *bildebu* „Bilderbuch". Gewöhnlich nennt sie aber ein Buch *omama* oder *opapa* (von den Briefen der Grosseltern her). „Clara" *elala*, „Christine" *titine*. Im 20. Monat fragte die Mutter, nachdem sie etwas erzählt hatte, „Wer ist denn das: Ich?" das Kind antwortete *Mama*. „Und wer ist das: Du?" *Bertha, Berthu* (so hiess das Kind selbst). Es sagte nun auch *Bertha will*, ferner *paren* (fahren), *pallen* (fallen), *bot* (Brot), *atig* (artig), *mal* (noch einmal), *muna* (Mund), *aujen* (Augen), *ōl* (Ohr), *tirn* (Stirn), *wanne* (Wange und Wanne), *aua* (August), *dute mama, pāsche* (Equipage), *wasar tinken* (Wasser trinken), *dabel* (Gabel), *lüssel* (Schlüssel), *is nits* (ist nichts), *mula* (Milch), *ass* (heiss).

Man sieht hieraus, wieviel schneller bezüglich der Articulation und selbständigen Verwendung der Wörter beide Mädchen (das ältere wog anfangs nur sechs Pfund) sprechen lernten, als Sigismunds und mein Knabe und andere Knaben.

Darwin bemerkte *(A biographical sketch of an infant* in *Mind, a quarterly review of psychology and philosophy.* Juli 1877, S. 285 bis 294) im Jahre 1840 bei einem Sohne am 47. Tage eine Lautbildung ohne Sinn. Das Kind ergötzte sich daran. Die Laute wurden bald mannigfaltig. Im sechsten Monat äusserte es *da* ohne Sinn, versuchte aber im fünften wahrscheinlich Laute nachzuahmen. Im zehnten Monat war die Lautnachahmung unverkennbar, im zwölften die Imitation von allerlei Geberden, wie Kopfschütteln mit *Ah*-sagen, leicht, auch das Verständniss für Intonationen, Geberden, mehrere Wörter und kurze Sätze vorhanden. Im Alter von gerade sieben Monaten verband das Kind seine Wärterin mit ihrem Namen, so dass es, wenn man letzteren rief, sich nach ersterer umsah. Der Knabe drückte im 13. Monate sein Verlangen durch Geberden

aus, hob zum Beispiel ein Stück Papier auf, gab es seinem
Vater und wies auf das Kaminfeuer, da er oft und gern ver-
brennendes Papier angesehen hatte. Als er gerade ein Jahr alt
war, bezeichnete er Nahrung mit *mum*, das auch „gieb mir
Nahrung" bedeutete, statt des bisherigen Schreiens. Es bezeichnete mit Zusätzen specielle essbare Dinge; so bedeutete
shu-mum (spr. *schu-mömm*) Zucker und etwas später *black-shu-
mum* Liquiritzen. Beim Begehren wurde *mum* mit einem sehr
stark verlangenden Ton (Darwin sagt „fragenden Ton", was
dieses wohl bedeuten soll) geäussert. Merkwürdig ist es, dass
auch mein Kind, und zwar in der zehnten Woche zuerst, wenn
es hungrig war, *mömm* sagte, und ein von Fritz Schultze
(Dresden) beobachtetes Kind *mäm-mäm*. Wahrscheinlich entsteht die Sylbe aus der Ursylbe *ma* und dem Hören des „mama"
beim Anlegen an die Mutterbrust.

Aus den Mittheilungen des Physiologen Vierordt über die
Sprache des Kindes („Deutsche Revue" Januar 1879) ist hervorzuheben, dass ein Säugling im zweiten Monat mit *a* Lust,
mit *ä* Unlust ausdrückte, was auch für viele andere Kinder gilt.
Im dritten und vierten Monat wurden folgende Sylben erkannt:
mam, ämma, fu, pfu, ess, äng, angka, acha, erra, hab. Ein
lallender Säugling sagte unzählige Male *hab, hob, ha*. Diese
Sylben stimmen mit denen anderer Beobachter zum Theil überein. Nur *pf* und *ss* habe ich in diesem Stadium niemals gehört
und bezweifle, dass *f*, welches Zähne erfordert, so früh rein
producirt ward. Im zweiten und dritten Jahre sagte ein Kind:
heb = bös; *bebe* = Besen *(beesann)*; *webbe* = Wasser *(watja)*;
wewe = Löwe *(löwee)*; *ewebau* = Elefant *(elafant)*; *webenau* =
Fledermaus *(lebamaunz)*; *babaube* = Blasebalg *(ba-abats)*; *ade*
= Hase; *emele* = Schemel; *gigod* = Schildkröte.
Diese Beispiele erläutern sehr gut die bei jedem Kinde,
aber fast bei jedem anders, vorhandene Mogilalie und Paralalie.
Der Sigmatismus und Parasigmatismus, der Paralambdacismus
erscheinen stark ausgeprägt. Zugleich erkennt man den Einfluss
des Dialekts (Tübingen). Die eingeklammerten Wörter wurden
im 26. Monat von meinem Knaben regelmässig geäussert, wenn
er im Bilderbuch die Abbildungen sah (Jena). Dass *watja* und
webbe und *waï* oder *waï-s* (bei einem dritten Kinde bei Wien
im 15. Monat) dasselbe bedeutet, würde man von vornherein
nicht annehmen. Aus den zehn Beispielen erkennt man übrigens,

dass *f*, *l*, *r*, *s*, *t* mehr articulatorische Schwierigkeiten bieten. als *b*, *w*, *m*, *g* und *d*, was aber gleichfalls nicht verallgemeinert werden darf. Das *w* tritt (wegen der Zähne) regelmässig später auf als *b*, *m* und *r*.

Aus dem Vocabularium des zweiten Lebensjahres sind nach Sigismunds und meinen Beobachtungen noch folgende häufig vorkommende Wörter bemerkenswerth:

Vater: *atte, ätte, tate, fatte* (S.); *va-ata, papa* (P.). Mutter: *amme, ämme, ämmäm, mämme, matte* (S.); *mama* (P.). Anna: *anne* (S.); *anna* (P.). Milch: *minne* (S.); *mimi* (P.). Kuh: *muh* (S.); *mumuh, mukuh* (P.). Pferd: *hotto, dodo, päd* (S.); *otto, pfowed, fowid* (P.). Vogel: *piep-piep* (S. und P.). Mund: *mund* (S.); *mum* (P.). Nase: *ase* (S.); *nane* (P.). Ohr: *ohn* (S.); *o-a* (P.). Haare: *ale* (S.); *ha-i* (P.). Finger: *finne* (S.); *finge, wi-er* (P.). Da: *da* (S. und P.). Adieu: *adé* (S.); *adje* (P.). Guten Tag: *tag* (S.); *tatach* (P.). Fort: *fot* (S.); *wott* (P.). Ja: *ja* (S.); *ja, jaja* (P.). Nein: *nein* (S.); *nein, neinein* (P.). Grossmutter: *tosutte, abutte, osmutte* (S.); *a-mama, e-mama* (P.). Zucker: *zucke* (S.); *ucka* (P.). Karl: *all* (S.); *kara* (P.). Grete: *ete* (S.); *dete* (P.).

Die vorgesagten Thiernamen *bä, put, gikgak, wäkwäk, huhu, ihz* (Hinz) wurden von Sigismund, nicht von mir bei meinem Kinde, bemerkt, ebenso *baie-baie* für „Wiege", die letzterem unbekannt blieb, *päpä* für „verborgen", *eichönten* (Eichhörnchen). *üpften* (Äpfelchen), *mädsen* und *mädis* (Mädchen), *atatt* (Bernhard), *hundis* (Hundchen, thüringisch statt Hündchen, *pot* (Topf). *dot* (dort). Beide Kinder bezeichneten hingegen mit *wehweh* „Schmerz", *caput* „zerbrochen", *schooss, sooss* „auf den Schooss möcht' ich", *auf* „hinauf möchte ich gehoben werden", *toich* „Storch", *tul* „Stuhl". Ein drittes Kind nannte in meinem Beisein seine Grossmutter *mama-mama*, also zweimal *mama*, zum Unterschied von der Mutter, was aber nicht Erfindungsgabe benöthigt, da wahrscheinlich vorgesagt wurde: „Mama von Mama"; ein viertes (v. B.) nannte sie im 14. Monat *groma*.

Ähnlich verhalten sich andere gleichalterige Kinder. Der Knabe D. benannte trotz geschickten Nachsprechens die Gegenstände schlecht, wenn er sie aus freien Stücken bezeichnen sollte, sagte dann zum Beispiel *pilla* statt „Spiegel". Zu derselben Zeit (25 Monate) konnte er noch nicht mouilliren; er sagte sehr deutlich *n* und *i* und *a*, auch *i-a*, aber nicht *nja*, nicht einmal „ja", wendete sich vielmehr unwillig jedesmal ab, wenn sein Vater oder ich oder andere es von ihm verlangten. Noch im 28. Monat war aber bei diesem starken und intelligenten Kinde die Echolalie im höchsten Grade ausgeprägt, indem es zeitweise maschinenmässig das letzte Wort jedes Satzes wiederholte, den man in seiner Gegenwart sprach, und auch ein einzelnes Wort; so sagt es, wenn man die Frage „Warum?" ausspricht, ebenfalls *warum*, ohne zu antworten, ganz gedankenlos tagelang immer wieder, mit und ohne (den nicht verstandenen) Frageton. Man erkennt hieraus wiederum deutlich die Unabhängigkeit der Lautnachahmung vom Verstehen, die Abhängigkeit derselben von articulatorischen Functionen.

Diese letzteren behandelt für sich die Schrift des Professors Fritz Schultze in Dresden „Die Sprache des Kindes" (Leipzig 1880). Der Verfasser vertritt darin das Princip der kleinsten Anstrengung, indem er meint, das Kind beginne mit den mit der geringsten physiologischen Anstrengung zu Stande kommenden Lauten und gehe allmählich über zu den schwierigeren Lauten, nämlich denjenigen, welche mehr „Nerven- und Muskel-Arbeit" benöthigen. Dieses „Gesetz" ist nun nichts anderes, als die bis auf Maupertuis zurückgehende *loi du moindre effort*, welche auf die beginnende Articulation der Kinder schon 1749 von Buffon *(Oeuvres complètes.* Paris 1844. IV. S. 68. 69) angewendet wurde und trotz Littré neuerlichst wieder von B. Perez *(Les trois premières années de l'enfant.* Paris 1878. 3. Aufl. 1888). Diesem vermeintlichen Gesetz widersprechen aber manche Thatsachen, welche im vorigen und in diesem Capitel mitgetheilt sind. Die Unmöglichkeit, den Grad der „physiologischen Anstrengung" für jeden einzelnen Laut, vollends beim Kinde, zu bestimmen, ist bekannt. Jeder Laut kann ausserdem mit sehr ungleich grossem Kraftaufwand producirt werden. Doch jene Thatsachen genügen zur Widerlegung. Nach Schultze sollen die Vocale in dem Entwicklungsprocess des kindlichen Sprechens in folgender Reihe, zeitlich durch lange Abschnitte getrennt, hervortreten: 1) Ä 2) A 3) U 4) O 5) E 6) I 7) Ö 8) Ü. Es ist richtig, dass *ä* einer von den Vocalen ist, die zuerst deutlich erkannt werden können, aber weder ist *ä* der erste hörbare Vocal, vielmehr ist dieser undeutlich, und unbestimmte Vocale sind die ersten, noch kann man zugeben, dass *ä* mit weniger Anstrengung als *a* producirt wird. Das Umgekehrte ist der Fall. Ferner soll *ö* „enorme Schwierigkeiten" machen, daher der vorletzte Platz, aber ich habe das ganz reine lange und kurze ö im zweiten Monat oft gehört, lange vor dem i und zwar nicht blos bei meinem Kinde. Aus den Beobachtungen an diesem ergiebt sich die Reihe: unbestimmte Vocale, u, ä, a, ö o, ai͡, ao͡, i, e, ü, oeu (franz. in coeur), au, oi͡, also für die obigen acht Vocale statt 1, 2, 3, 4, 5, 6, 7, 8 die Reihe 3, 1, 2, 7, 4, 6, 5, 8, so dass nur i und ü ihren Ort behalten. Andere Kinder geben aber wieder andere Reihen, und für diese Verschiedenheiten der Vocal- wie der Consonanten-Reihen wird gewiss kein sorgfältiger Beobachter den „Einfluss der Vererbung" geltend machen wollen. Vielmehr kommen hierbei für jedes normale Kind ohne Ausnahme, ausser den unvermeidlichen Fehlern jeder Reihe wegen unvollständiger Beobachtung, zwei ganz andere Momente in Betracht.

In der ersten Zeit, und wenn die Lallmonologe beginnen, nimmt die Mundhöhle eine unübersehbare Reihe von Formen an, die Lippen, die Zunge, der Unterkiefer, der Kehlkopf werden bewegt und zwar so mannigfaltig, wie nie wieder; dabei wird ausgeathmet, oft laut ausgeathmet, und so entsteht völlig zufällig bald dieser bald jener Laut. Das Kind hört die ihm neuen Laute und Klänge, hört seine eigene Stimme, freut sich darüber und ergötzt sich an der Lautbildung, wie an den Bewegungen der Beine im Bade. Es ist natürlich, dass es an einigen Lauten mehr, an anderen weniger Vergnügen findet; erstere werden vermöge der Bewegungserinnerungen, die mit den akustischen Erinnerungen verbunden bleiben, öfter gebildet, und ein Beobachter hört die anderen gar nicht, wenn er dann und wann das Kind beobachtet. In Wahrheit werden aber fast alle einfachen Laute, auch die schwierigsten, vor ihrer Verwendung beim Sprechen, in den ersten acht Monaten, rein gebildet, die dem Kinde erfreulichen, sein Begehren befriedigenden, seine Unlust mindernden am häufigsten. Es ist nicht zu vergessen, dass auch das wegen Zurückziehung und Verbreiterung der Zunge anstrengende ä Unlust mindert. Der verdriessliche Säugling mindert sein Unlustgefühl, wenn er u-ä schreit, mehr, als wenn er schweigt.

Das zweite Moment ist durch die Umgebung bestimmt. Diejenigen Laute, welche das Kind deutlich hört, wird es früher richtig nachahmen können, als die übrigen. Es wird aber erstens die häufigsten Laute am deutlichsten zu hören in der

Lage sein, weil sie eben am häufigsten den Hörnerven und dessen Sphäre im Gehirn erregen, zweitens unter diesen die akustisch am schärfsten abgegrenzten, nämlich zuerst die Vocale, dann die Resonanten (m, n. ng), zuletzt die zusammengesetzten Reibungsgeräusche (fl. schl) deutlich hören. Aber nur zum Theil bestimmt die Umgebung diese Reihe der Laute. Zum anderen Theile bestimmt sie, jene Ordnung abändernd, die unermüdliche Consonantenbildung des Kindes selbst, das seine eigene Stimme besser als früher hört, als es nur Vocale bildete, indem es unter den beim lauten Ausathmen entstehenden unübersehbar mannigfaltigen Consonanten die von ihm selbst deutlich gehörten wegen der Association von motorischem und akustischem Erinnerungsbild im Gehirn am leichtesten behält und wiederholt. Diese sind die häufigsten seiner Sprache. Erst später macht sich die mechanische Schwierigkeit der Articulation und zwar beim Lernen der zusammengesetzten Laute geltend. Es kann also keine allgemein gültige zeitliche Reihe der Laute in der Kindersprache geben, weil jede Sprache eine andere Reihe der Laute bezüglich der Häufigkeit ihres Vorkommens hat. Die Erblichkeit muss aber hier ohne Einfluss sein, weil jedes gesunde Kind, wenn es von der Geburt an nur Eine Sprache zu hören bekommt, welche seinen Vorfahren unbekannt ist, doch diese Sprache vollkommen sprechen lernt. Erblich ist die grosse Plasticität des gesammten Sprechapparates, die Stimme und damit eine Anzahl von Lauten, die nicht erlernt werden. wie *m*. Ein wesentlicher Grund für die mangelnde Lautbildung bei taubgeborenen Kindern ist darin gegeben, dass sie ihre eigene Stimme nicht hören. Auch dieser Mangel kann sich vererben.

Übrigens enthält die Abhandlung von F. Schultze gute Bemerkungen über die Technik der Kindersprache, welche aber von geringerem psychogenetischen Interesse ist. Einige andere erhalten durch die Beobachtungen nur theilweise eine Bestätigung, wie ein Vergleich mit dem Folgenden zeigt.

Gustav Lindner („Kosmos", Zeitschrift 1882) hörte bei seiner Tochter in der neunten Woche *arra* oder *ärrä*, das monatelang geäussert wurde. Früh kam auch *äckn* zum Vorschein. Das Princip der kleinsten Anstrengung findet Lindner durch seine Beobachtungen fast durchgängig widerlegt. Er bemerkt mit Recht, dass die in den Lallmonologen häufigen Wiederholungen derselben Lautgruppen zum Theil durch eine Art Freude am Gelingen bedingt sei, welche auch den Erwachsenen zum Wiederholen des Gelungenen antreibt. So pflegte sein Kind mit *degattegattegatte* (im zweiten Halbjahr) das Zeitunglesen nachzuahmen. Im elften und zwölften Monat wurden nachgesprochen: *ómama, oia* (Rosa), *batta* (Bertha), *ächard* (Richard), *wiwi* (Friedchen), *agga* (Martha), *olla olla* (Olga, der eigene Name). Die Milch hiess *mimi*, Stuhl *tuhl*, Laterne *katonne*, der Pfiff einer Maschine in einer benachbarten Fabrik *wuh* (langausgehalten, onomatopoëtisch), Paul *gouch*, danke *dagn* oder *dagni* („ich danke Ihnen"), Baum *maum*. Ein anderes Kind ersetzte *i* und *e* durch *u*, indem es *hund* statt „Kind" und *uluwant* statt „Elefant" sagte, also *ein fomme hund lass wäde much* statt „ein frommes Kind lass werden mich". „Werden" hiess aber bei Lindners Kind nicht *wäde*, sondern *wegen*, ferner „turnen" *tung*, „blau" *balau*.

Am Ende des zweiten Lebensjahres machte kein Laut der deutschen Sprache dem Kinde Schwierigkeiten. Die Aussprache war aber noch unrichtig, weil mit dem richtigen Aussprechen der einzelnen Laute keineswegs die Aussprache derselben in ihren Verbindungen gegeben ist. Diese Bemerkung von Lindner ist durchaus zutreffend und bestätigt sich, wie ich finde, auch bei den ersten Versuchen des Vierjährigen, nach Erlernung der einzelnen Buchstaben, ein Wort zu lesen. Auch die Vorliebe des Kindes für die gewohnte und durch Nachahmungen seitens der Angehörigen begünstigte anfängliche unrichtige Aussprache verzögert die Erlernung der richtigen, was Lindner durch gute Beispiele erläutert. Sein Kind sagte, nachdem ihm „Kamilla" geläufig war, *mimela* wie früher. Erst als die Angehörigen es nie mehr sagten, trat „Kamilla" an die Stelle. Noch das $3^{1}/_{2}$-jährige Kind sagte *gebhalten* statt „behalten" und *verrloren* (verloren), sowie *gebhüte* (behüte). „Grosspapa" hiess der Reihe nach *opapa, gropapa, grosspapa*. Grossmama entwickelte sich entsprechend. „Fleisch" hiess zuerst *jeich*, dann *leisch*, „Kartoffeln" *kaffom*, dann *kaftoffeln*, „Zschopau" *sopau, schodau, tschopau*, „Sparbüchse" *babichse, spabichse, spassbüchse, sparzbüchse*, „Häring" (auch für Goldfisch) *hänging*. Aus der zweiten Sylbe tritt ein Laut in die erste. Die erste Frage *isn das?* von „Was ist denn das?" wurde im 20. Monat beobachtet, das Fragewort *was?* im 22. Monat. Wo? und Wohin? waren gleichbedeutend (also wie im Französischen *où?*) und zwar im vierten Jahre noch. Das „Ich" erschien im 30. Monat. Bezüglich der Zeitwörter ist hervorzuheben, dass dem Gebrauch der Zeitformen die besondere Bezeichnung der Thätigkeit im Allgemeinen bei der Zweijährigen voranging, wie in *thut beten* beim Anblick eines Guido Reni'schen Christuskopfes statt „betet" (also wie im Englischen *do*). Das Zeitwort „sein" wurde stark entstellt: *Warum warst du nicht fleissig gebist?* (vgl. S. 414. 417*m*) und *bin, binst, bint, binn, bint, binn* conjugirt; auch *wir isn* und *nun sei ich ruhig*, sowie *ich habe nicht ruhig geseit* sind beachtenswerth, weil sie zeigen, wie stark die am häufigsten gehörten Formen — hier der Imperativ — in der Übergangszeit wortbildend wirken. Das Kind brauchte auch den Imperativ zuerst, den Conjunctiv zuletzt.

Die Beobachtungen von Lindner gehören zu den besten. welche bis jetzt vorliegen.

Bei vier Geschwistern, deren Mutter, Frau Dr. Friedemann (Berlin), mir freundlichst zuverlässige Notizen zur Verfügung stellte, wurde von articulirten Lauten zuerst *ärä, hägä, äche* und ein tiefes Schnarren, dieses aber nur bei einem, gehört. Jene Sylben enthalten drei Consonanten (*r, h, ch*), von denen Manche mit Unrecht behaupten, sie träten erst sehr spät auf. Dieselben Kinder pflegten bei den ersten Sprechversuchen oft den ersten Consonanten eines vorgesagten Wortes entweder wegzulassen oder durch den zuletzt gehörten zu ersetzen, als wenn das Gedächtniss nicht ausgereicht hätte, die zuerst gehörten Laute festzuhalten; so sagten sie im 15. Monat *tẽ, t* statt *Hut. Lale* statt *Rosalie*, im 24. *kanke* statt *danke, kecke* statt *Decke. kucker* statt *Zucker*. In dem letzten Falle kommt die mechanische Schwierigkeit des *Z* noch hinzu, um die Weglassung zu erklären. Das älteste von diesen Kindern, ein Mädchen, äusserte, ein Jahr alt, wenn es etwas ablehnte, *ateta* mit Kopfschütteln. Es erkannte sein Spiegelbild und mit dem Finger hinweisend sagte es *täte* (statt *Käte*).

Viele Beobachtungen an diesen Kindern (F_1, F_2, F_3, F_4) bestätigen bezüglich der Articulation, was aus den meinigen folgt. dass zwar in sehr vielen Fällen die schwierigeren, eine complicirtere Muskelaction benöthigenden Laute, durch leichtere ersetzt oder fortgelassen werden, aber diese Regel durchaus nicht allgemein gilt; das von F_3 bevorzugte *sch* ist schwieriger als *s* und wurde von meinem Kinde in der ersten Hälfte des vierten Jahres noch sehr oft nicht zu Stande gebracht.

Im 22. Monat begann bei dem intelligenten Mädchen F_1 plötzlich die Zählthätigkeit, indem es kleine Steine von einem

Gartentisch fortnahm, einen nach dem anderen, und sie dabei deutlich bis zum neunten zählte. Die Anwesenden konnten sich diese auffallende Leistung nicht erklären, da das Kind nicht zählen gelernt hatte, bis sich herausstellte, dass Tags zuvor jemand dem Kinde beim Treppensteigen die Stufen vorgezählt hatte (s. oben S. 414). Sigismunds Knabe sagte, lange ehe er Sätze bildete, als er kurz nacheinander zwei Reiter sah: *eite!* *noch eins!* was eine Zählthätigkeit beweist.

Der Knabe F_3 sagte noch im Alter von $2^2/_3$ Jahren *schank* statt *Schrank* und *nopf* statt *Knopf* und nach der Aufforderung, deutlich *Sch-r-ank* zu sagen, sagte er *rrr-schank*. Die Fragewörter wurden vom 31. Monat an viel von diesem Kinde gebraucht. *Warum? weshalb?* fragte es bei jeder Gelegenheit, sehr häufig auch *was? wer? wo?* mitunter fünfmal *was?* wenn man zu ihm gesprochen hatte. Wurde der Inhalt des Gesprochenen deutlich gemacht, dann liess das Kind mit Fragen nach.

Das kleine Mädchen F_4 sagt im 13. Monat jedesmal wenn es eine Uhr sieht *did-da* (statt des vorgesagten „ticktack"), mit dem Finger die Pendelbewegung nachahmend. Bei diesem Kinde wurde, als es noch nicht fünf Monate alt war, bemerkt, dass es ein von seiner Mutter vorgesungenes Lied mit einem anhaltenden leiernden *äh-äh-äh* begleitete, sobald die Mutter inne hielt, gleichfalls schweigend. Das Experiment wurde an einem Tage (dem 145. Lebenstage) neunmal mit demselben Resultat wiederholt.

Dass Säuglinge im vierten Monat eindringliches, freundliches Zureden öfters mit unbestimmten Lauten, mit ö-*ĕ* und anderen Vocalen beantworten, habe ich selbst wiederholt wahrgenommen. Hierbei liegt keine Nachahmung, sondern eine nur durch Betheiligung des Grosshirns mögliche Reaction vor, wie bei den Freude-Lauten über Musik schon früher (vgl. S. 66).

Wann zuerst deutlich Wörter der Angehörigen nachgeahmt und wann zum ersten Male selbständig Wörter der Muttersprache gebraucht werden, hängt bei gesunden Kindern unzweifelhaft hauptsächlich davon ab, ob man sich viel mit ihnen beschäftigt, ihnen im buchstäblichen Sinne viel zu rathen giebt.

Psychogenetisch wichtiger als die Ermitelung dieses gewöhnlich in das fünfte Vierteljahr fallenden Zeitpunktes sind Beobachtungen über die Neubildung von Wörtern mit einem bestimmten Sinn vor dem Sprechenlernen, welche nicht als Verstümmelungen, unvollkommen nachgeahmte oder onomatopoëtische, also auch nachgeahmte Gebilde, oder ursprüngliche Interjectionen aufzufassen wären. Trotz meiner speciell darauf gerichteten Beobachtungen und Erkundigungen habe ich keine derartigen Erfindungen vor der durch die Angehörigen vermittelten ersten Verknüpfung von Vorstellungen mit articulirten Lauten und Sylben sicher feststellen können. Es giebt keinen Grund dafür, dass sie von Kindern gemacht würden. Nach dem vorliegenden Material werden sie nicht gemacht. Sämmtliche von Professor S. S. Haldemann an der Universität in Philadelphia in seiner *Note on the Invention of words (Proceedings of the American Philological Association* vom 14. Juli 1880) mitgetheilten Worterfindungen eines kleinen Knaben sind, wie die von Taine, von Holden (s. u.), von mir und anderen notirten, onomatopoëtisch (imitativ, S. 406 und 357). Er nannte eine Kuh *m*, eine Klingel *tin-tin* (Holdens Knabe Kirchglocken *ling-dong-mang* [briefliche Mittheilung]), eine Locomotive *tshu*, *tshu*, das Geplätscher, wenn er etwas in das Wasser geworfen hatte, *boom* (Deutsch *buhm*) und dehnte dieses Wort aus auf Werfen, Schlagen, Fallen, Vergiessen ohne Rücksicht auf den Schall. Der Ausgangspunkt war aber auch hier der Schall. In Erwägung der Thatsache, dass ein ihm nachgebildeter Schall, also eine Wiederholung der Trommelfellschwingungen mittelst der Stimmbandschwingungen als Wort auf eine mit dem Schall verbundene Erscheinung angewendet wird vermöge des Verallgemeinerungsvermögens intelligenter, aber noch alalischer Kinder. ist es trotz der Bedenken und Einwände selbst eines Max Müller nicht allein durchaus zulässig, sondern bis eine bessere Hypothese auftaucht, geradezu geboten, in der Schallnachahmung und Wiederholung der eigenen angeborenen Stimmlaute, also auch einer Nachahmung, den Ursprung der Sprache zu suchen.

Denn das Begriffbildungsvermögen muss beim Urmenschen, wie es beim Säugling thatsächlich der Fall ist, vor der articulirten Sprache durch vielerlei Bewegungen sich bethätigt haben. Es fragt sich nicht, ob die Wurzeln der Sprache onomatopoëtisch oder interjectional entstanden, sondern nur, ob sie durch Imitation entstanden oder nicht. Denn die Interjectionen konnten alle nur dadurch, dass der Eine die des Anderen nachahmte, zu Verständigungsmitteln, das heisst Wörtern, aneinander gefügt werden. Prüft man nun das alalische Kind, ob es ausser durch Nachahmung und Umgestaltung des Nachgeahmten, also ganz aus eigener Kraft, neue Wörter bildet, etwa durch Zu-

sammenfügen eigener impulsiver Laute oder beim lauten Ausathmen zufällig entstandener Laute, so findet man dafür keinen
sicheren Fall. Lautcombinationen, Sylben, auch nicht im Geringsten imitirte, sind in Menge da, aber dass auch nur eine
einzige ohne Dazwischentreten der Angehörigen constant mit
einer und derselben Vorstellung verbunden würde, ehe andere
Vorstellungen ihre verbale Bezeichnung — eben durch die Angehörigen — erhalten haben und dem Kinde verständlich gemacht worden sind, kann nicht als wahrscheinlich bezeichnet
werden. Meine Beobachtungen über das *atta* (S. 380 u. a.)
würden dafür sprechen, wenn nicht das anfangs sinnlos geäusserte
atta erst dadurch, dass von irgend jemandem einmal beim
Fortgehen *atta* gesagt wurde, den Sinn „fort" erhalten hätte.

Ein Zeitwort des 18. Monats schien bei einem kleinen Mädchen eine neue Erfindung zu sein. Es heisst *mönje-mönje* und
bedeutete „essen". Da aber die ältere Schwester mit diesen
Sylben das ihr unverständliche Vorlesen Erwachsener nachahmte, so ist kaum zu bezweifeln, dass das dabei anwesende
jüngere Kind sie auffing und aus zweiter Hand nachahmte [W].
Selbständig ist nur die Anwendung auf „essen". Irgend eine
andere Sylbe wäre aber dazu ebenso benutzt worden, wie es
seitens anderer Kinder thatsächlich geschieht (*möm, mimi, ning* usw.),
und in jenem Alter beherrschte das Kind bereits viele Wörter
der Sprache Erwachsener. Wenn dasselbe ein halbes Jahr früher
(im zwölften Monat), nachdem es das im zehnten Monat erworbene *Anna* als Bezeichnung für alle erkannten Personen
vergessen hatte und nur *Papa* und *Mama*, jedoch nicht immer
richtig sprach, „Wasser" und „Nahrung" mit *br*, Spielzeug mit
a, Fortgehen mit _*pa* und Wohlgefallen mit *ta ta* bezeichnete
[F. W.], so könnte man darin schon eher selbständige Sprach-
anfänge erblicken. Aber auch hierbei ist die Einwirkung der
Schwester, Mutter, Amme usw., wenn das Kind nur ein einziges
Mal zufällig *br, a, pa, ta* sagte, so dass sie es beim Milchkochen,
Spielen, Fortgehen usw. wiederholten, viel wahrscheinlicher als
eine völlig originale Verknüpfung jener Laute mit dem, was
gerade vorlag.

So lange der Beweis fehlt, wird man dem Kinde nicht
zutrauen dürfen, dass es jedesmal auf's Neue die fundamentale
Thatsache von der Äusserung des Vorgestellten durch Zungen-
bewegungen entdeckt, sondern anzunehmen haben, dass es das

Vermögen dazu ererbt hat, und dieses nur bethätigt, wenn es zu Nachahmungen Gelegenheit findet.

Höchst merkwürdig sind nun in dieser Hinsicht folgende Beobachtungen von Humphreys, welche er in den *Transactions of the American Philological Association* 1880 veröffentlicht hat.

Im Alter von ungefähr vier Monaten begann ein weibliches Kind eine sonderbare und drollige Nachäffung einer Conversation, wobei der gewöhnliche Sylbenfall so genau imitirt wurde, dass man im Nebenzimmer sie für ein wirkliches Gespräch nehmen konnte. Die Articulation war jedoch undeutlich, die Vocalbildung „dunkel" und kein Versuch zur Trennung von Wörtern, sei es realen, sei es imaginären, ward im ersten Halbjahre gemacht. **Dann aber articulirte das Kind die meisten Sylben richtig ohne sichtbare Anstrengung.**

Nach acht Monaten kannte es jeden im Hause bei Namen so gut wie die meisten Gegenstände im Zimmer und die Theile des Körpers, besonders des Gesichtes. Auch verstand die Kleine bereits einfache Sätze wie „Wo ist das Feuer? Wo ist das Kind im Spiegel?" Es antwortete zeigend. In den folgenden Monaten benannte es manche Dinge richtig, brauchte also Wörter als Wörter im correcten Sinne. Die Aussprache einiger Consonanten am Ende des Wortes war dabei undeutlich, die aller Initialen ausser *th* (Engl.), *t, d, l, n* aber deutlich. Diese erlernte die Kleine im elften Monat. In dieser Zeit ahmte sie genau jeden vorgesprochenen Laut nach, *ng* bevorzugend *(ngang, ngeng)*, wenn sie auf's Neue ein Gespräch parodirte, diesmal wirkliche und imaginäre Wörter ohne Rücksicht auf Bedeutung äussernd. Doch hatte eine Undeutlichkeit der Vocale wieder begonnen. Nach dem ersten Jahre schien auch die Leichtigkeit der Lautnachahmung verloren gegangen zu sein, so dass sie den Mund des Sprechenden genau beobachtete und mühsam die Laute hervorbrachte. Endlich trat die *Mimicry* zurück und dann wurden, anfangs sehr langsam, Wörter mit der gewöhnlichen Kinder-Aussprache erworben. Dabei waren die Lippenlaute *p, b* und *m* und die Zungenlaute *t, d, n,* nicht *l* bevorzugt. Schwierige Laute wurden durch leichte ersetzt. Folgende Articulationsmängel kamen im vierten Halbjahr regelmässig vor. Es wurde ausgesprochen *v* wie *b; tönendes th* (in *this*) wie *d; tonloses th* (in *thin*) wie *t; z* wie *d; s* wie *t; r* wie *w; j* wie *d; ch* wie *t; sh* (Engl.) wie *t;* ferner zu Anfang eines Wortes

f wie *w*, *l* gar nicht, *y* wie *d*, *k* wie *t*;

zu Ende eines Wortes

f wie *p*, *l* richtig, *y* richtig, *k* richtig

und überhaupt richtig *m*, *b*, *p*, *n*, *d*, *t*, *h*, *ng*, *w*. Dagegen verwandelten sich die initialen Laute

bl, *br*, *pl*, *pr*, *fl*, *fr*, *dr*, *tr*, *thr*, *sp*, *st*

in *b*, *b*, *p*, *p*, *w*, *w*, *d*, *t*, *t*, *p*, *t*

und die initialen Laute

sk, *sw*, *sm*, *sn*, *sl*, *gl*, *gr*, *kw*, *kl*, *kr*, *hw*

in *t*, *w*, *m*, *n*, *t*, *d*, *w*, *w*, *t*, *w*, *hw* (*h* schwach)

statt *s*.

Das *y* zu Anfang wurde gar nicht ausgesprochen.

Überall bezeichnen hierbei die cursiv gedruckten Buchstaben englische Laute.

Aus dieser Übersicht folgt, wie Humphreys mit Recht hervorhebt, Folgendes bezüglich der Anfangslaute der Wörter im Englischen:

Folgt auf einen schon articulirbaren Laut ein nicht articulirbarer, dann wird der erstere allein gesprochen, werden beide ersetzt, dann der zweite allein. Ist aber der zweite Laut ein gar nicht ersetzter unarticulirbarer, dann wird wieder der erstere gesprochen. So *tr* = *t*; *kr* == *w* (statt *r*), *kl* == *t* (statt *k*, da *l* zu Anfang eines Wortes ganz unterdrückt wird).

Der Accent wurde meistens auf die letzte Sylbe gelegt.

Nur ein einziger Fall von Erfindung eines neuen Wortes liess sich feststellen. Im Alter von ungefähr 18 Monaten sagte das Kind beim Essen, als eine Fliege ihm um den Teller flog: *The old fly went wiggely waggely.* In dieser Zeit hatte es aber schon sprechen gelernt, wusste also, dass man Wahrnehmungen durch Wörter ausdrückt. Immerhin bleibt die freie Erfindung bemerkenswerth, falls nicht darin eine Reminiscenz an Ammenausdrücke gefunden werden darf (vgl. S. 433). *No* bedeutete bis zum 18. Monat „Ja" und zugleich „Nein".

Richtige Nebensätze kamen zu Ende des zweiten Jahres vor. Dasselbe war der Fall bei einem deutschen Kinde in Jena, welches sagte *der Ball, den der Puck hat.* Bei meinem Kinde traten sie viel später auf.

Das erste Fragewort wurde bei einem sehr aufmerksam

beobachteten Mädchen im 20. Monat gehört in dem mit fragendem Tone geäusserten „Wo Anna?" [F. W.].

Die von Dietrich Tiedemann geschriebenen „Memoiren" eines zweijährigen Sohnes (des 1781 geborenen Biologen Friedrich Tiedemann), welche von B. Perez im Auszuge neu herausgegeben wurden *(Thierri Tiedemann et la science de l'enfant. Mes deux chats. Fragment de psychologie comparée par Bernard Perez.* Paris 1881. S. 7—38: Tiedemann; 39—78: die ersten sechs Wochen zweier Kätzchen) seien hier nur erwähnt ihres historischen Interesses wegen, da die keineswegs objectiven, dürftigen Tagebuchnotizen vor hundert Jahren niedergeschrieben wurden.

Sehr gute allgemeine Angaben über das Sprechenlernen des Kindes findet man bei Degerando *(L'éducation des sourds-muets de naissance.* 1. Bd. Paris 1827. S. 32—57), welcher mit Recht hervorhebt, das Kind lerne viel mehr durch eigene Beobachtung sprechen, ohne dass man es beachtet, als durch systematischen Unterricht; namentlich die Mienen und Geberden der miteinander sprechenden Angehörigen würden vom Kinde bemerkt und beim Errathen des Sinnes der gehörten Wörter verwerthet. Dieses Errathen spielt in der That beim Sprechenlernen eine Hauptrolle, wie ich mehrfach betonte.

Unter den mir in den letzten Jahren freundlichst zugesendeten Notizen über das Sprechenlernen sind die der Baronin von Taube in Esthland, welche ihre eigenen Kinder betreffen, besonders sorgfältig. Einige davon mögen hier noch Platz finden.

„In den ersten fünf Monaten hörte ich alle Vocale von meinem Sohne, wenn er schrie, der Laut *ä* war der erste und häufigste, dagegen von Consonanten nur das *g,* das schon nach sieben Wochen auftrat. War er verdriesslich, dann schrie er oft *gege.* Die Sylben *agu, agö, äou, ogö, eia* wurden oft bei guter Laune wiederholt, dann stellte sich *l* ein: *ül.*
Bei meiner Tochter dieselben Laute. Von ihr habe ich in der 13. Woche deutlich *gö, gu, agu* vernommen, jedoch bis zu ihrem zehnten Monate keine anderen Consonanten trotz aller Beobachtung gehört als *g, b, w,* selten *l* und zuletzt *m*-Laute. In dem Schreien meiner zweiten Tochter liessen sich dagegen die Laute *äa, äa, nänä, nen-nen, eia, ö, nön* innerhalb der ersten fünf Monate erkennen. Die *g*-Laute *ag, agu, agö* fielen bei ihr schon in die sechste Woche, *ül, el* in die neunte. Das *g* ist unter Esthen und Deutschen der erste Consonant. Es ist herkömmlich, dass die Wärterinnen einander fragen „Kann das Kind schon *agu* sagen?" Bei meinem Sohne trat im Anfang des siebenten Monats ein R-Laut auf: *grr, grr,* deutlich mit *d* verbunden in *dirr, dirr.* Diese Laute waren entschieden Laute des Missbehagens, die Unzufriedenheit, heftige Erregung, Schläfrigkeit ausdrückten und die sogar bei dem vierjährigen Knaben,

wenn er Schmerzen hat, auftreten. Im neunten Monat kommt *dada* und *b*, *bab-a*, *bäb-ä* hinzu; auch *agö* wird oft gesagt, noch öfter *ö*. Dieses *ö* ist schon eine Art bewussten Sprechversuchs. Denn er braucht dasselbe, wenn er etwas Neues sieht. Wird Jemand gerufen, so ruft er sehr laut mit *Ö!* Erste Nachahmung. Geberden wurden schon seit dem achten Monat nachgeahmt und es musste streng untersagt werden, vor dem Kinde Fratzen zu schneiden. Auch ist schon Verständniss für das Gesprochene da. Im zehnten Monat wird Pap-ba oft, aber ohne Bedeutung wiederholt.

Im elften Monat verliert sich das *Pap-ba*, er sagt jetzt viel *dädädädä* und, wenn er verdrossen, erregt oder schläfrig ist, *drin*, *drin*. Diese R-Laute kommen bei meiner Tochter nicht vor, aber seit ihrem zehnten Monate braucht sie *m*-Laute, *mämmä* wenn sie schläfrig oder verdrossen ist. Der Knabe streckt jetzt, wenn er Jemanden von weitem sieht, eine Hand aus und winkt. Bei dem Anblick von etwas Neuem wird nicht mehr *ö*, sondern *äda* gesagt (im zwölften Monat). Die Geberden mit den Armen und Mundbewegungen werden gern nachgeahmt, die Lippenbewegungen des Sprechenden aufmerksam beobachtet und dabei wird zuweilen mit dem Finger der Mund desselben berührt.

Mit zehn Monaten traten die ersten Zähne heraus. Mit dem elften wurde er zuerst in's Freie gebracht. Jetzt treten die *g*-Laute wieder in den Vordergrund, *aga*, *ga*, *gugag*. Er fängt an zu kriechen, fällt aber oft und ruft bei diesen mühsamen Versuchen sehr possirlich fortwährend *äch*, *äch*, *äch!*

Erblickt er Hühner, so sagt er *gog*, *gog* (im zwölften Monat) und stösst einige krächzende Laute aus. Auch kann er den Laut *prrr*, wenn man ihm denselben vorsagt, gleich nachsprechen. Wird ihm *Papa* vorgesagt (das Wort ist ihm verloren gegangen), so antwortet er consequent *wawa* oder *wawawa*; *wauwau* hörte ich nur einmal von ihm. Wenn er Jemanden husten hört, so hüstelt er gleich spottend nach.

Od, *ädo*, *äd* wird viel gebraucht, auch wenn er Bilder sieht. Als der Knabe ein Jahr alt geworden, ward er entwöhnt; seitdem entwickelte er sich rasch geistig. Singt man ihm „gi ga gack" vor, so wiederholt er jedes Mal *gack*.

Er fängt an die Laute den Gegenständen anzupassen.

Die sehr ausführlichen Berichte über das zweite und dritte Lebensjahr lehren zwar im Einzelnen manche Abweichungen der geistigen Entwicklung dieser Kinder von der des meinigen kennen, bestätigen aber die Ergebnisse, zu denen ich gelangte. Zu letzteren gehört auch die pädagogisch wichtige Thatsache, dass, je weniger man das Kind vom Anfang an die reine Wahrheit lehrt, um so leichter es ist, ihm Wundergeschichten beizubringen, Aberglauben einzuimpfen. Die Märchen, Gespenstergeschichten und dergleichen machen leicht die ohnehin rege Kinderphantasie hypertrophisch und trüben das Urtheil über wirkliche Geschehnisse. Die Sittenlehre und die Natur bieten dagegen eine Fülle von Thatsachen, an welche das Sprechenlehren anknüpfen kann.

Trefflich sind sie verbunden in den Äsopischen Fabeln, deren mir mein Kind wochenlang jeden Morgen eine erzählte.

Über den Wortschatz des Kindes liegen erst wenige Untersuchungen vor.

Eine Bestimmung der Anzahl aller vom Kinde vor dem Beginn des dritten Lebensjahres selbständig gebrauchten Wörter und nur dieser, hat der Astronom E. S. Holden, damals in Madison (Wisconsin), zum ersten Male versucht und kurz die an drei Kindern gewonnenen Ergebnisse (in den *Transactions of the American Philological Association* 1877, S. 58 bis 68) zusammengestellt.

Sein eigenes Vocabular fand Holden (mit Hülfe des grossen Webster'schen Wörterbuchs) aus 33 456 Wörtern zusammengesetzt mit einem wahrscheinlichen Fehler von nicht mehr als 1 %. Bei Annahme eines wahrscheinlichen Fehlers von 2 % würde sein Wörtervorrath zwischen 34 125 und 32 787 eingeschlossen sein. Ein Vocabular von 25 000 und mehr ist seinen und seiner Freunde Ermittlungen zufolge durchaus nichts Ungewöhnliches für erwachsene Personen mittlerer Intelligenz und Erziehung.

Nun bestimmte Holden auf das Sorgfältigste diejenigen Wörter, welche zwei Kinder während des 24. Monats ihres Lebens thatsächlich gebrauchten. Ein Freund in England ermittelte dasselbe für ein drittes Kind. Alle zweifelhaften Ausdrücke wurden streng ausgeschlossen, auch die Wörter in den Kinderstubenversen, wenn sie nicht getrennt und selbständig gebraucht wurden wie die des täglichen Gebrauchs. In den beiden ersten Fällen betrug die Zahl der so ausgeschlossenen Wörter über 500. Auch die Bezeichnungen für abgebildete Gegenstände wurden nur mitgezählt, wenn die Kinder sie oft von selbst anwendeten. Die Wörterverzeichnisse sind nach den Anfangsbuchstaben geordnet, weil die Leichtigkeit oder Schwierigkeit der Aussprache eine frühe oder späte Adoption, nach des Verfassers Überzeugung, wesentlich mitbestimmt, worin ich nach eigenen Erfahrungen ihm nicht vollkommen beistimmen kann (namentlich nicht, seit ich mein Kind im vierten Lebensjahr im Englischen unterrichtet habe, das es leicht lernt). Es ist nicht richtig, dass die Aussprache viel mehr als der Sinn die Erlernung eines Wortes erschwert. So überwiegen in allen drei

Fällen von Holden selbst die Wörter mit den am wenigsten leichten Initialen (s), welche aber das Kind auslässt oder durch leichtere Laute ersetzt. Holden erwähnt dieses nicht und bringt bei der Zusammenstellung aller Wörter auffallender Weise unter einen und denselben Buchstaben ohne Berücksichtigung des Lautwerthes Vocabeln, die mit gänzlich verschiedenen Lauten anfangen; so findet man unter C: *corner* (k), *chair* (tsch), *cellar* (ss), unter K sogar *knee* (n) und *keep* (k) und unter S dasselbe ss (in *soap*) wie in *cellar*, dann sch (in *sugar*), st, sw, sm. Da die Wörter der drei Kinder also nicht nach den L a u t e n, mit welchen sie anfangen, sondern nach den Anfangsbuchstaben in 26 Gruppen gebracht wurden, so können die Schlussfolgerungen des Verfassers nicht zugegeben werden. Es müssen erst die sämmtlichen Wörter nach den Anfangslauten geordnet werden. Führt man aber diese Arbeit aus, wodurch beispielsweise *no* und *know* in eine, *wrap* und *rag* in eine zweite Classe kommen, während sie in vier Classen untergebracht wurden, dann findet man durchaus nicht dieselbe Reihenfolge, wie sie Holden angiebt. Der Verfasser theilte mir jedoch brieflich mit, dass sein ältestes Kind wenigstens 1000 Wörter mehr, als die von ihm veröffentlichten, verstand, und dass für beide Kinder doch die Leichtigkeit der Aussprache bezüglich des Wortgebrauchs mehr als die Leichtigkeit des Verstehens von Einfluss war, obwohl dieses aus den mir allein vorliegenden gedruckten Mittheilungen, wie er einräumt, nicht deutlich hervorgeht. Wenn ein neues Wort das erstgeborene Kind fesselte, so pflegte es dasselbe für sich allein einzuüben, kam dann wieder und verwendete es mit einem gewissen Stolz. Ebenso das zweitgeborene Kind, nur weniger auffallend. Der im December 1881 vierjährige Knabe, welcher kein musikalisches Ohr und weniger Stolz hat, verhielt sich dagegen nicht so wie seine Schwestern.

Ferner sind die Bestimmungen der Anzahl aller vom zweijährigen Kinde gebrauchten Hauptwörter, Beiwörter, Zeitwörter und Adverbien von Interesse, wenn auch dabei mehrere Irrthümer vorkommen, zum Beispiel *supper* bei demselben Kinde zweimal unter *s* steht und *enough* als Adjectiv figurirt. Es ergab sich für die drei Mädchen in ihrem 24. Monat:

	Hauptwörter.	Zeitwörter.	Beiwörter.	Adverbien.	Diverse.	Summe.
1. Kind	285	107	34	29	28	483
2. Kind	230	90	37	17	25	399
3. Kind	113	30	13	6	11	173

Ein viertes Kind, Bruder des ersten und zweiten Kindes, brauchte in seinem 24. Lebensmonat dem mir vom Verfasser gütigst mitgetheilten Verzeichnisse zufolge 227 Hauptwörter — darunter einige Eigennamen —, 105 Zeitwörter, 22 Beiwörter, 10 Adverbien und von den übrigen Wortclassen 33 (sämmtlich den Aufzeichnungen seiner Mutter zufolge), zusammen 397.

Aus diesen vier Vocabularien des 24. Monats geht deutlich hervor, dass der Wortschatz und die Wortarten in erster Linie von den in der Umgebung des Kindes am meisten gebrauchten Wörtern und am häufigsten wahrgenommenen Gegenständen abhängen, darum nicht bei verschiedenen Kindern übereinstimmen können. Die Töchter des Astronomen nennen vor ihrem dritten Jahre richtig dieses Bild Galilei, jenes Struve. Ein solcher Localton haftet jedem Kinde an, ein genereller den Kindern einer Rasse. Übrigens scheint das dritte Kind (in England) sich langsamer entwickelt zu haben, als die anderen (in Wisconsin), oder vielleicht nicht so genau beobachtet worden zu sein. Es gehört eine grosse Geduld und Aufmerksamkeit dazu, jedes innerhalb eines Monats von einem Kinde gebrauchte Wort zu beobachten und zu notiren.

Auf Holdens trotz der erwähnten Mängel verdienstliche Untersuchungen des kindlichen Wortschatzes Bezug nehmend, ohne jedoch den Namen zu erwähnen, veröffentlichte der Professor des Griechischen an der Vanderbilt-Universität in Nashville, M. W. Humphreys, eine ähnliche Abhandlung auf Grund eigener Beobachtungen *(A Contribution to Infantile Linguistic* in den *Transactions of the American Philological Association* 1880. XI. S. 6 bis 17). Er stellte mittelst eines Wörterbuchs alle Wörter zusammen, welche ein gerade zweijähriges Mädchen „völlig beherrschte", gleichviel ob sie richtig ausgesprochen wurden oder nicht und ob sie gerade im 24. Monat vorkamen oder nur früher. Man musste sich nur überzeugt haben, dass jedes der Wörter verstanden und selbständig gebraucht worden war und noch werden konnte. Ausgeschlossen blieben Eigennamen und Hunderte von Bezeichnungen in Kinderversen, auch Zahlwörter und die Wochentage, weil der Verfasser nicht sicher war, dass das Kind eine bestimmte Vorstellung damit verband. So bezifferte sich der Wortschatz auf 1121 Ausdrücke, und zwar 592 Hauptwörter, 283 Zeitwörter, 114 Beiwörter, 56 Adverbien, 35 Fürwörter, 28 Präpositionen, 5 Bindewörter und

8 Interpellationen. Hierbei sind unregelmässige Zeitwörter je als 1 gezählt, desgleichen Hauptwörter in jeder Form. Doch gelten *am*, *was*, *been* als 3 Wörter. Der Verfasser stellt die 1121 Wörter nach Wortclassen und Anfangsbuchstaben, nicht Anfangslauten zusammen, obgleich er selbst, wie ich bei Besprechung von Holdens Abhandlung es that, dieses Verfahren für falsch erklärt. Der einzige Grund dafür war Bequemlichkeit.

Für die Aneignung eines Wortes seitens des Kindes hatte die Schwierigkeit der Aussprache einigen Einfluss im ersten Jahre, als die Kleine zwei Jahre alt war, gar keinen mehr. Sie hatte zu der Zeit unaussprechbare Laute durch andere ersetzt und bediente sich solcher Wörter ebenso, als wenn die substituirten Laute die richtigen gewesen wären. In Bezug auf den Sinn und die davon abhängige Häufigkeit des Vorkommens der Wörter ist zu bemerken, dass die einfachsten Vorstellungen am häufigsten ausgedrückt wurden. Bei Synonymen benutzt ein Kind nur einen der Ausdrücke, weil der andere von den in Gegenwart desselben Redenden seltener benutzt wird. Auch hier machte sich der erwähnte Localton geltend, indem das Mädchen täglich von Crinoiden sprach, Petrefacten, die in Menge auf Spaziergängen gesehen wurden.

Bezüglich der Wortclassen ergab sich, dass Hauptwörter am leichtesten, dann der Reihe nach Zeitwörter, Beiwörter, Adverbien, Fürwörter adoptirt wurden. Präpositionen und Bindewörter wendete das Kind früh an, erwarb es sich aber langsam. Natürliche Interjectionen, wie *wah* (Engl.) kamen vom Anfang an ziemlich reichlich vor, künstliche spät.

Der Wortschatz im zweiten Lebensjahr ist in Deutschland nur in wenigen Fällen in Folge der Aufforderung in der ersten Auflage dieses Buches ermittelt worden. Frau Franziska Wertheimer auf Ranshofen bei Braunau am Inn hat für ihre drei Töchter diejenigen Wörter ermittelt, deren sie sich im Alter von anderthalb und von zwei Jahren bedienten, und mir die Verzeichnisse zur Verfügung gestellt, wofür ich auch hier meinen besten Dank ausspreche.

Zu Ende ihres 18. Lebensmonats war das Vocabularium der erstgeborenen Tochter Anna dieses:

Papa, *Ais* (Alois), *Ote* (Otto), *Ojus* (Julius), *Beissi* (Mathes), *Wiki* (Viki), *Anna*, *Ëis* (Elise), *Em'* (Emmy), *Das* (der Hund Dasch), *Tschina* (die Kindsfrau), *Wien* (Wien), *Bauna* (Braunau), *Agi* (Auge), *Fingi* (Finger, auch Fingerhut), *Fussi* (Füsse), *Are* (Haare), *And* (Hand), *Oki* (Locken), *Ocki* (Rock), *Als* (Hals), *Ohr*, *Bandi* (Band), *Banti* (Mantel), *Bözè* (Bracelet), *Handschi* (Handschuhe), *Ut* (Hut), *Aki* (Jacke), *Gat* (Kleid) *Gad* (Grad des Thermometers), *Bati* (Pattl = Kinderserviette dial.), *Maschi* (Masche), *Puff* (Muff), *Ing* (Ring), *Schüsse* (Schürze), *Süssi* (Schlüssel und Schüssel), *Taschi* (Tasche), *Kapi* (Kappe), *Bett*, *Tisch*, *Bodèn*, *Atsch-tisch* (Wickel-[Fatsch]-Tisch), *Tastèn* (Kasten), *Sessi* (Sessel), *At* (Schublade), *Gi* (Thür), *Bischte* (Bürste), *Decki* (Decke), *Faschi* (Flasche), *Fasch* (Fleisch), *Gwichi* (Gewichte), *Elsi* (Hölzchen [Zünd-]), *Tamm* (Kamm), *Babi* und *Torb* (Korb, Körbchen), *Gug* (Krug), *Tadi* (Nadel), *Tuch*, *Wösch* (Wäsche), *Sirn* (Zwirn), *Bolschi* (Polster), *Pülta* (Bilder), *Puch* (Buch), *Keissi* (Kreuzer), *Tack-tack* und *Uhr* (Uhr). *Wagi* (Wagen, Kinderwagen), *Apfi* (Apfel und Erdapfel), *Ba-in* (Bein, Hühnerbein), *Bi* (Bier), *Fefe* (Kaffee), *Schirschi* (Kirschen), *Bemmel* (Semmel), *Wassi* (Wasser), *Wain* (Wein), *Rais* (Reis), *Sierl* (Geschirr), *Balli* (Ball), *Waka* (Werkl statt Drehorgel), *Wuschi* (Wurstl statt Hanswurst), *Bam* (Baum), *Bargi* (Berg), *Garta* (Garten), *Waldi* (Wäldchen), *Mann*, *Tina* (Kinder), *Wauwau* (Hund), *Hodo* und *Fard* (Pferd), *Weindi* (Schwein), *Vogi* (Vogel), *Ungar* (Hunger); *abwisch* (abwischen), *aussin* (ausziehen), *bischten* (bürsten), *papi* (essen), *fahren*, *sisirn* (frisiren), *elfa* (helfen), *möschin* (marschiren), *eita* (reiten), *sissn* (sitzen), *tagn* (tragen), *klink* (trinken), *waschi* (waschen), *boken* (gebrochen); *eiss* (heiss); *henaus* (heraus), *helein* (herein), *noch*, *nein-nein*, *riel*, *weg*; *weh-weh!* *dante* (danke), *Dinar* (Diener!), *af* (auf!), *hala* (heija, einschläfernd), *appi* (happi! statt hinauf!), *hojo* (hüo! bei Pferden), *pa* (pa! statt Lebewohl!)

Zusammen 119.

Zu Ende des 24. Monats, also nach Ablauf eines halben Jahres, war die Anzahl der Wörter aller Classen auf 435 gestiegen.

Im einzelnen erlernte dieses Kind

bis zum Ende	des 18. Monats,	des 24. Monats,	zusammen
Hauptwörter	90	158	248
Zeitwörter	14	79	93
Beiwörter	1	21	22
Adverbien	6	23	29
Verschiedene	8	35	43
	119	316	435

Die „Verschiedenen" vertheilen sich folgendermaassen:

Fürwörter.	Zahlwörter.	Präpos.	Conj.	Interj.	Zusammen.
11	6	3	1	22	43

von denen nur 8 Interjectionen vor Ablauf des dritten Halbjahres erlernt wurden.

Die jüngere Schwester erlernte

bis zum Ende	des 18. Monats,	des 24. Monats,	zusammen
Hauptwörter	62	187	249
Zeitwörter	16	103	119
Beiwörter	4	19	23
Adverbien	6	40	46
Verschiedene	13	39	52
	101	388	489

wobei zu bemerken ist, dass 7 Hauptwörter und 1 Zeitwort im 18. Monat gebraucht, aber vor dem 24. Monat wieder vergessen wurden. Diese sind nicht mitgezählt.

Die „Verschiedenen" vertheilen sich folgendermaassen:

Artikel.	Fürw.	Zahlw.	Präpos.	Conj.	Interj.	Zusammen.
1	16	5	3	1	26	52

von denen nur 12 Interjectionen und 1 Fürwort vor dem Beginn des vierten Halbjahres erworben wurden. In beiden Tabellen sind Personennamen, Hunde- und Pferdenamen, welche stets richtig angewendet wurden, zu den Hauptwörtern gerechnet.

Ein drittes Kind (Tochter der Baronin von Benz in Korneuburg) brauchte, als es zwei Jahre alt geworden war,

Hauptw.	Zeitw.	Beiw.	Adv.	Verschiedene.	Zusammen.
276	100	34	34	32	476

In dem *Seventeenth Annual Report of the Kansas City Public Schools (Kansas City Mo.* 1888) sind noch einige Zählungen der von amerikanischen Kindern selbständig gebrauchten (englischen) Wörter mitgetheilt und die Vocabularien derselben vollständig abgedruckt.

Ruth Weeks beherrschte im Alter von 15 Monaten folgende 60 Wörter:

Baby, dog, Kitty, girl, boy, lady, mamma, mother, father, doctor, man, aunt Anna, Emma, Eliza, May, Kate, Peg, Minnie, bow-bow, water, bread, butter, medicine, apple, eggs, dinner, potato, strawberries, paper, button, key, book, box, apron, bonnet, mittens, dollar, pin, watch, bottle, door, drawer, eye, teeth, toes, chair, spool, diaper, stair, peck.

please, bye-bye, I do, up, down, no, dark, brown, little, pretty,

also 50 Hauptwörter und 4 Beiwörter, nebst 6 anderen Wörtern.

Mit zwei Jahren setzte sich der Wortschatz dieses aufgeweckten Mädchens aus folgenden Wörtern zusammen:

Hauptw.	Zeitw.	Beiw.	Adv.	Präp.	Fürw.	Conj.	Interj.
243	165	39	12	11	20	5	5

im Ganzen 500, wobei die Zahlwörter „eins, zwei, drei" den Beiwörtern zugerechnet wurden.

29*

Die 17 Monate alte Florence Harris beherrschte 80 Wörter, darunter 65 Hauptwörter, 8 Beiwörter, 4 Zeitwörter. 1 Adverb, 1 Interjection und *good-night*.

Das 2½ Jahre alte Mädchen Maud Ingrham brauchte selbständig 1050 Wörter, dagegen der 3 Jahre 5 Monate alte Knabe Edmund G. Mc. Laughlin nur 837.

Ich stelle die Vocabularien der neun eben zweijährigen Kinder zusammen:

	Hauptw.	Zeitw.	Beiw.	Adv.	Diverse.	Summa.	Beobachter.
1. (M.)	285	107	34	29	28	483	Holden
2. (M.)	230	90	37	17	25	399	Holden
3. (M.)	113	30	13	6	11	173	?
4. (Kn.)	227	105	22	10	33	397	Holden
5. (M.)	243	165	39	12	30	500	Weeks
6. (M.)	248	93	22	29	43	435	Wertheimer
7. (M.)	249	119	23	46	52	489	Wertheimer
8. (M.)	276	100	34	34	32	476	v. Benz
9. (M.)	592	283	114	56	76	1121	Humphreys.

Von den neun Kindern ist nur eins, das vierte, ein Knabe. Der Geburt und Nationalität nach sind 5 amerikanisch, 3 österreichisch, 1 englisch. Die Vergleichbarkeit der Zahlen wird ferner erheblich vermindert durch ungleiche Methoden der Wortzählung, aber soviel lässt sich doch schon mit grosser Wahrscheinlichkeit daraus ableiten, dass bei Zweijährigen die Hauptwörter überwiegen, und zwar die nur sicht- und greifbare Dinge bezeichnenden (wie die Vocabularien zeigen) weitaus zahlreicher sind als alle anderen Wörter.

Die zweite Stelle nehmen die Zeitwörter ein.

Die Verschiedenheit der Mädchen und Knaben und beider untereinander beim Wort-Erlernen ist jedoch so gross, es hängt dabei soviel von der Umgebung ab, dass erst mehr methodische gleichförmige Beobachtungen angestellt werden müssen.

Wie ungleich die Entwicklung des Sprechvermögens ist, zeigt allein schon die Thatsache, dass mein Sohn, ein starkes, intelligentes und gerade sprachlich begabtes Kind, in seinem 15. Monat überhaupt noch kein Wort der articulirten Sprache Erwachsener selbständig gebrauchte, obwohl er sehr viele verstand. Er bediente sich einer fein ausgebildeten Geberdensprache noch im ganzen vierten Halbjahre, um sich verständlich zu machen, und beherrschte im 24. Monat noch nicht 50 Wörter, nämlich:

Mimi (Nahrung); jaja (ja); neinein (nein); da (da); heiss; e-mama (Grossmutter); e-papa (Grossvater); ab (ab); harrein (herein); moigen (Guten Morgen); na (Gute Nacht); Imam (Emma); dakkn (danke); betti (bitte); apfeleelee (Apfelgelée und Apfel); wita (Zwieback); Butter; wolja (jawohl); List (Licht); watja (Wasser); ui (pfui); putt (caput); ut (gut); ott (fort); wesch (Zwetschgen); mann (Mann); auf (öffnen); papa; heim (nach Hause); mama; paitsch (Peitsche); Aje (Axel); Anna; mukuh (Kuh); otto (Pferd); piep-piep (Vogel); mum (Mund); tatach (Guten Tag); ucka (Zucker); wehweh (Schmerz); sooss (Schooss); toich (Storch); tul (Stuhl); nane (Nase); Oa (Ohr); Haï (Haare); Finge (Finger); adjee (Adieu); Mima (Marie).

Im 25. Monat wurde allerdings der Wortschatz verdoppelt.

Neue umfangreiche Tagebücher über das Sprechenlernen der Kinder in den ersten Lebensjahren sind dringend zu wünschen. Sie sollen nur neu festgestellte Thatsachen, keine Hypothesen, nicht alte Beobachtungen, sondern nur unmittelbar niedergeschriebene, und nicht Wiederholungen der Angaben Anderer enthalten.

ZWEIUNDZWANZIGSTES CAPITEL.

Von der Entwicklung des Ichgefühls.

Ehe das Kind im Stande ist, seine ihm selbst fühlbaren und sichtbaren Körpertheile als ihm gehörig zu erkennen, muss es eine grosse Anzahl von Erfahrungen gemacht haben, welche meistens mit schmerzhaften Gefühlen verbunden sind. Der Schmerz bringt es zur Erkenntniss seiner selbst. Es giebt keine Art von Erregungen des Sensoriums, welche mit soviel Bewusstsein verbunden wäre, wie eine bis zum Schmerz gesteigerte Nervenerregung. Je stärker die letztere, um so bewusster wird sie auch dem Erwachsenen bis zu der Grenze des Unerträglichen, wo dann das Bewusstsein erlischt.

Bewusstsein ist nun noch lange nicht Selbstbewusstsein, welches an eine Centralisirung peripherer Nervenerregungen geknüpft ist. Bewusstsein muss als nothwendige Vorbedingung des Selbstbewusstseins, Ich-Gefühls und Ich-Begriffs bezeichnet werden, also der Schmerz eines mit centralisirtem Nervensystem versehenen Wesens erst recht für das Zustandekommen seines Selbstgefühles (besser seines „Ich-Gefühles") förderlich sein.

Andere Momente kommen für die Entwicklung des Ich-Begriffs viel weniger in Betracht. Wie wenig durch die ersten Bewegungen der Hände gewonnen wird, welche der Säugling schon früh in den Mund führt, und welche ihm, wenn er an ihnen saugt, eine andere Empfindung geben müssen, als wenn er an einem fremden Finger oder anderen passenden Objecten saugt, geht daraus hervor, dass mein Kind noch Monate später an seinen Fingern zerrte, als wenn es dieselben ausreissen wollte und mit der Hand prüfend gegen den eigenen Kopf schlug. Es stiess zu Ende des ersten Jahres mit Vorliebe harte Gegenstände gegen seine Zähne und spielte mit den Zähnen knirschend. Als es — am 409. Lebenstage — aufrecht in seinem Bette stand, mit den Händen sich an dessen Geländer haltend, biss es sich in den blossen Arm, und zwar in den Oberarm, so dass es unmittelbar darauf vor Schmerz aufschrie. Man sah die Spur der Schneidezähne noch lange nachher. Ein zweites Mal biss sich der Knabe nicht in den Arm, sondern später nur in die Finger und — aus Versehen — in die Zunge.

Dasselbe Kind, welches gern den Angehörigen, denen es wohlwill, den Zwieback an den Mund hält, bot ihn ganz von selbst geradeso seinem eigenen Fuss an, indem es, auf dem Boden sitzend, das Gebäck wartend an die Zehen hielt; und dieser sonderbare Einfall kam im 23. Monat mehrmals vor. Das Kind ergötzte sich daran.

Also kann zu einer Zeit, in welcher die Aufmerksamkeit auf die Umgebung bereits sehr weit entwickelt ist, die eigene Person von derselben nicht unterschieden werden. Vierordt meint, eine Trennung der Gemeingefühle von den auf die Aussenwelt bezüglichen Empfindungen sei vorhanden im dritten Monat. Ich kann dem nach meinen Beobachtungen nicht zustimmen. Denn wenn jene Trennung auch so früh beginnen kann, so vollzieht sie sich doch erst viel später. Im neunten Monat noch werden die Füsse mit den kleinen Händen eifrig, allerdings nicht mehr so eifrig wie vorher, betastet und die Zehen, wie neues Spielzeug, in den Mund geführt. Ja sogar im 19. Monat ist noch nicht klar, was alles zum eigenen Körper gehört. Das Kind hatte einen Schuh verloren. Ich sagte „Gieb den Schuh!" Es bückte sich, ergriff ihn und gab ihn mir. Als ich dann dem auf dem Fussboden aufrecht stehenden Kinde sagte „Gieb den Fuss!" in der Meinung, es werde ihn hinhalten, ihn mir entgegenstrecken, griff es mit beiden Händen nach dem Fuss und bemühte sich lange mit Anstrengung, ihn zu erfassen und darzureichen!

Wie wenig selbst nach Ablauf des ersten Lebensjahres die Verschiedenheit eigener Körpertheile und fremder Objecte erkannt ist, folgt ferner aus einigen sonderbaren Experimenten, welche das Kind ganz selbständig anstellte. Es sitzt neben mir am Tisch und schlägt sehr oft und schnell hintereinander mit den Händen auf den Tisch, zuerst schwach, dann stark, dann mit der rechten Hand allein stark, hierauf plötzlich mit derselben sich auf den Mund. Sodann hält es die Hand pausirend an den Mund, schlägt wieder mit der rechten Hand den Tisch und dann mit einem Mal den eigenen Kopf über dem Ohr. Das Ganze machte völlig den Eindruck, als wenn zum ersten Mal

gemerkt würde, dass es ein anderes ist sich selbst, den eigenen
harten Kopf, ein anderes einen fremden harten Gegenstand zu
schlagen (41. Woche). Noch im 13. Monat klopft sich das
Kind oft mit der Hand prüfend den Kopf, und scheint verwundert über die Härte desselben, im Vergleiche zur Weich-
heit des Rumpfes. Im 16. Monat pflegte es nicht selten den
linken Daumen gegen die linke und zugleich den rechten gegen
die rechte Kopfseite über dem Ohr mit sonst gespreizten Fingern
zu stemmen und zu stossen, und dazu wurde ein sonderbar
verwundertes Gesicht mit weit offenen Augen gemacht. Diese
Bewegung ist nicht imitirt und nicht ererbt, sondern erfunden.
Das Kind macht ohne Zweifel mittelst derselben Erfahrungen
über Kopfhaltung, Kopfschütteln, Widerstand des eigenen Körpers,
vielleicht auch Kopfleitung, da bei jedem Anstossen mit dem
Daumen gegen das Schläfenbein ein dumpfer Schall gehört wird.
Die Objectivität der Finger war durch unwillkürliches, schmerz-
haftes Beissen derselben nicht viel früher erkannt worden. Denn
im 15. Monat noch biss sich das Kind so in einen Finger, dass
es vor Schmerz aufschrie. Der Schmerz ist in der That der
mächtigste Lehrmeister beim Erlernen des Unterschiedes von
Subjectiv und Objectiv.

Ein anderer wichtiger Factor ist **die Wahrnehmung einer
durch eigene Thätigkeit bewirkten Veränderung** an
allerlei fassbaren bekannten Gegenständen der Umgebung, und
der psychogenetisch merkwürdigste, jedenfalls ein höchst bedeutungsvoller Tag in dem Leben des Säuglings der, an dem
er **zuerst den Zusammenhang einer von ihm selbst ausgeführten Bewegung mit einem auf dieselbe folgenden
Sinneseindruck erfährt.** Das Geräusch, welches beim Zerreissen und Zerknittern von Papier entsteht, war dem Kinde
noch unbekannt. Es entdeckt (im fünften Monat) die Thatsache, dass es selbst beim Zerreissen des Papiers in immer
kleinere Stücke immer wieder die neue Schallempfindung hat
und wiederholt Tag für Tag das Experiment sogar mit Anstrengung, bis dieser Zusammenhang den Reiz der Neuheit verloren hat. Jetzt ist zwar noch keine klare Einsicht in den
Causalnexus vorhanden, aber die Erfahrung hat das Kind nun
gemacht, dass es selbst die Ursache einer combinirten Gesichts-
und Schall-Wahrnehmung sein kann, sofern regelmässig, wenn
es Papier zerreisst, einerseits die Zerkleinerung, andererseits das
Geräusch erscheint. Die Geduld, mit welcher diese Beschäftigung

— in der 45. bis 55. Woche besonders — gern fortgesetzt wird, erklärt sich durch die Befriedigung über das Ursache-sein, über die Wahrnehmung, dass eine so auffallende Verwandlung, wie die der Zeitung in Schnitzel, durch die eigene Thätigkeit bewirkt wurde. Andere derartige Beschäftigungen, welche mit einer dem Erwachsenen unbegreiflichen Consequenz immer wieder und wieder vorgenommen werden, sind das Schütteln von Schlüsseln am Ringe, das Aufmachen und Zumachen einer Dose oder Geldtasche (13. Monat), das Herausziehen und Leeren, dann wieder Anfüllen und Zurückschieben eines Tischkastens, das Aufhäufen und Umherstreuen von Gartenerde, Kies, das Blättern in Büchern (13. bis 19. Monat), das Wühlen und Scharren im Sande, das Hin- und Her-Tragen von Fussbänken, in Reihen-legen von Muscheln, Steinen, Knöpfen (21. Monat), das Aus- und Ein-Giessen mit Flaschen, Bechern, Giesskannen (31. bis 33. Monat), das Steine-in-Wasser-Werfen bei meinem Knaben. Einem kleinen Mädchen war im elften Monat das Nehmen und Fortlegen von Kleinigkeiten in Schiebladen und Kästchen die grösste Lust; die Schwester „spielte" mit allerlei Dingen, sich für Puppen und Bilder interessirend, im zehnten Monat [St.]. Dabei ist der Eifer und Ernst, mit denen solche scheinbar zwecklose Bewegungen so früh ausgeführt werden, bemerkenswerth. Die Befriedigung, welche sie gewähren, muss sehr gross sein und beruht wahrscheinlich auf dem durch die vom Kinde selbst hervorgebrachten Bewegungen (Ortsänderungen, Lageänderungen, Formänderungen) erzeugten Gefühle eigener Kraft und auf dem stolzen Gefühle des Ursache-seins.

Hier liegt kein blosses Spielen vor, wenn es auch so heisst, sondern Experimentiren. Das anfangs wie ein Kätzchen nur spielende, an der Farbe, Form und Bewegung sich ergötzende Kind ist zum Ursachwesen geworden. Damit tritt die Entwicklung des Ichgefühls in eine neue Phase. Sie ist aber noch nicht vollendet. Eitelkeit und Ehrgeiz treten zur weiteren Ausbildung hinzu. Vor allem ist es die Aufmerksamkeit auf die von allen Gegenständen dem kindlichen Auge am nächsten liegenden eigenen Körpertheile und Kleidungsstücke, welche die begriffliche Trennung des kindlichen Körpers von allen anderen Gegenständen fördert.

Es wurde von mir daher namentlich die Richtung des Blickes auf den eigenen Körper und auf das Spiegelbild beachtet. In Bezug auf ersteren ist Folgendes zu bemerken:

17. Woche: Bei den noch unvollkommenen Greifbewegungen
wird theils der Gegenstand, theils die eigene Hand fixirt,
besonders wenn dieselbe einmal richtig gegriffen hat.

18. Woche: Die sehr aufmerksame Betrachtung der
Finger beim Greifen ist auffallend und täglich zu beobachten.

23. Woche: Wenn der Säugling, welcher oft directionslos
mit den Händen in der Luft umherfährt, mit der einen Hand
die andere zufällig erfasst, betrachtet er aufmerksam seine beiden
— oft zufällig gefalteten — Hände.

24. Woche: Ebenso fixirt das Kind während vieler Minuten
einen von ihm selbst in den Händen gehaltenen Handschuh und
die eigenen Finger, die ihn halten, abwechselnd.

32. Woche: Auf dem Rücken liegend, betrachtet das Kind
sehr häufig die vertical emporgestreckten Beine, besonders die
Füsse, als wenn sie etwas Fremdes wären.

35. Woche: In jeder Lage, in der es kann, sucht das Kind
mit beiden Händen einen Fuss zu fassen und in den Mund zu
führen, was ihm oft gelingt. Diese äffische Bewegung scheint
ihm besonderes Vergnügen zu gewähren.

36. Woche: Die eigenen Hände und Füsse werden ohne
besonderen Anlass nicht mehr so häufig betrachtet. Andere neue
Gegenstände fesseln den Blick und werden ergriffen.

39. Woche: Ebenso; im Bade betrachtet und betastet
aber das Kind theils die eigene Haut an verschiedenen Stellen,
sich offenbar darüber freuend, theils richtet es den Blick auf die
Beine, welche ungemein lebhaft in mannigfaltigster Abwechslung
gebeugt und gestreckt werden.

55. Woche: Lange betrachtet das aufmerksame Kind einen
Essenden und verfolgt jede Bewegung mit dem Blick, greift nach
dem Gesicht desselben und fixirt, nachdem es sich dann selbst
gegen den Kopf geschlagen, die eigenen Hände. Es spielt
sehr gern mit den Fingern der Hände seiner Angehörigen und
freut sich über deren Beugungen und Streckungen, sie offenbar
mit denen der eigenen Finger vergleichend.

62. Woche: Spielen mit den anhaltend fixirten eigenen
Fingern, als wenn sie ausgerissen werden sollten. Die
eine Hand wird mit der anderen platt auf den Tisch bis zum
Schmerzen zusammengedrückt, als wenn sie ein ganz fremdes
Spielzeug wäre, und noch zuweilen verwundert angeblickt.

Von da an liess das Betrachten der eigenen Körpertheile
merklich nach. Das Kind kannte sie der Form nach und lernte

sie nach und nach als zu ihm gehörige Theile von fremden
Gegenständen unterscheiden. Doch kommt es dabei durchaus
nicht zu der Überlegung „die Hand ist mein, das Ergriffene
nicht" oder „das Bein gehört mir", sondern dadurch, dass die
sämmtlichen sichtbaren Theile des kindlichen Körpers durch
sehr häufig wiederholte Betrachtung das Sehcentrum nicht mehr
so stark erregen und darum nicht mehr interessant erscheinen,
dadurch dass die mit den Gesichtswahrnehmungen combinirten
Betastungen immer in derselben Weise wiederkehren, hat sich
das Kind nach und nach an dieselben gewöhnt, übersieht es
sie bei Benutzung der Hände und Füsse. Es stellt sie sich gar
nicht mehr besonders vor, wie früher, während fast jeder neue
getastete, gesehene, gehörte Gegenstand ihm sehr interessant ist
und besonders vorgestellt wird. So entsteht die definitive
Scheidung des Objects und Subjects im kindlichen Intellect.
Anfangs ist das Kind sich selbst, nämlich dem erst nach der
Geburt zur Entwicklung gelangenden Vorstellungsapparat noch
neu, später, nachdem es sich kennen gelernt, nachdem es, nämlich sein Körper, für es selbst, das heisst für seinen Vorstellungs=
Apparat im Gehirn, den Reiz der Neuheit verloren hat, ist ein
dunkles Ichgefühl da und kommt es durch weitere Abstractionen
zur Bildung des Ich-Begriffs.

Die Fortschritte des Verstandes beim Betrachten des
Spiegelbildes bestätigen diesen Schluss aus den obigen Beobachtungen.

Denn das Verhalten des Kindes seinem Spiegelbilde gegenüber zeigt unverkennbar das allmähliche Wachsen des Ich-Be-
wusstseins aus einem Zustande heraus, in welchem objective
und subjective Veränderungen noch nicht unterschieden werden.

In letzteren fällt ohne Zweifel das Anlächeln des Spiegelbildes in der zehnten Woche, welches wohl nur durch die
Helligkeit veranlasst war [S]. Ein anderer Knabe sah sich in
der 27. Woche lächelnd im Spiegel [S], ein dritter sagte in der
53. Woche zärtlich *guck-guck* zu seinem Spiegelbilde in glänzenden Möbeln [R. S.].

Darwin notirte von einem seiner Söhne, dass er im fünften
Monat seines Vaters und sein eigenes Spiegelbild wiederholt angelächelt und für körperlich gehalten habe. Doch war er überrascht, dass die Stimme des Vaters von hinten her tönte. „Wie
alle kleinen Kinder ergötzte es ihm sehr, sich so zu betrachten,
und er begriff in weniger als zwei Minuten vollkommen, dass

er ein Bild vor sich hatte; denn wenn ich ganz geräuschlos irgend eine wunderliche Grimasse machte, drehte er sich plötzlich um, mich anzusehen. Doch machte es ihn stutzig, als er, sieben Monate alt, von draussen mich hinter einer grossen Spiegelscheibe sah. Er schien zu zweifeln, ob es ein Bild sei oder nicht, was er wahrnahm. Ein anderes von meinen Kindern, ein kleines Mädchen, war bei weitem nicht so leicht von Begriff und schien ganz verwirrt durch das Bild von jemandem, der hinter ihm dem Spiegel sich näherte. Die höheren Affen, welche ich mit einem kleinen Spiegel prüfte, benahmen sich anders. Sie fuhren mit den Händen hinter den Spiegel und zeigten dadurch, dass sie überlegten, aber weit entfernt, sich darüber zu freuen, dass sie sich selbst sahen, wurden sie ärgerlich und wollten nicht mehr hinsehen." Das ersterwähnte Kind verknüpfte, im Alter von noch nicht ganz neun Monaten, seinen Namen mit seinem Spiegelbilde und drehte sich, wenn man es beim Namen rief, nach dem Spiegel um, auch wenn es sich in einem nicht geringen Abstand von ihm befand. Anfangs sagte es beim Erkennen seines Spiegelbildes wie beim Wiedererkennen anderer *ah!* exclamatorisch, wie Erwachsene es beim Erstaunen zu thun pflegen. So berichtet Darwin.

Mein Knabe gab mir zu folgenden Beobachtungen Anlass:

In der 11. Woche sieht er sich nicht im Spiegel; klopfe ich gegen das Spiegelglas, so wendet er den Kopf nach der Richtung des Schalles hin. Sein Bild macht aber nicht den geringsten Eindruck auf ihn.

In der 14. und 15. Woche sieht er völlig theilnahmlos sein Spiegelbild an. Der Blick wird ohne Äusserung des Behagens oder der Unlust auf das Antlitz im Bilde gerichtet.

In der 16. Woche wird immer noch das Spiegelbild entweder ignorirt oder theilnahmlos angeschaut.

Im Anfang der 17. Woche (am 113. Tage) betrachtet das Kind zum ersten Male sein Spiegelbild mit unverkennbarer Aufmerksamkeit und zwar mit demselben Ausdruck, mit welchem es ein ihm fremdes Gesicht, das es zum ersten Male sieht, zu fixiren pflegt. Der Eindruck scheint weder Unlust noch Lust zu erwecken, die Wahrnehmung jetzt erst deutlich zu werden. Drei Tage später lachte das Kind sein Spiegelbild zum ersten Male unzweifelhaft an.

Als ich in der 24. Woche das Kind wieder vor den Spiegel hielt, sah es mein Bild, wurde sehr aufmerksam und drehte sich plötzlich nach mir um, sich offenbar überzeugend, dass ich neben ihm stand.

In der 25. Woche streckte es zum ersten Male seine Hand nach dem eigenen Spiegelbilde aus, hielt es also für greifbar. In der 26. Woche freut sich das Kind, als es vor dem Spiegel mich in demselben sieht, wendet sich nach mir um und vergleicht sichtlich das Original mit dem Bilde.

In der 35. Woche greift das Kind mit Heiterkeit und Interesse nach seinem Spiegelbild und wundert sich, wenn die Hand an die harte glatte Fläche kommt.

In der 41. bis 44. Woche ebenso. Das Spiegelbild wird regelmässig angelacht und danach gegriffen.

Alle diese Beobachtungen wurden vor einem sehr grossen, hellen, feststehenden Spiegel gemacht.

In der 57. Woche aber hielt ich dem Kinde einen kleinen Handspiegel dicht vor das Gesicht. Es sah sein Bild an und fuhr dann mit der Hand hinter den Spiegel, dieselbe suchend hin und her bewegend. Hierauf nahm es den Spiegel selbst und betrachtete und betastete ihn auf beiden Seiten. Als ich nach mehreren Minuten ihm den Spiegel wieder vorhielt, wiederholte sich genau dasselbe Manöver. Es stimmt überein mit dem bei anthropoiden Affen beobachteten (S. 460).

In der 58. Woche zeigte ich dem Kinde sein Photogramm in Cabinetsformat unter Glas im Rahmen. Es wendete zuerst das Bild um wie den Handspiegel. Obgleich das photographische Bild viel kleiner als das gespiegelte war, schien es doch diesem gleichgeachtet zu werden. An demselben (402.) Tage hielt ich dem Knaben den Handspiegel noch einmal vor, ihm sein Spiegelbild zeigend, aber er wandte sich sogleich mit Hartnäckigkeit ab (abermals wie das intelligente Thier).

Hier war das Unbegreifliche — im buchstäblichen Sinne — beunruhigend. Aber sehr bald kam die Einsicht, welche dem Vierhänder fehlt. Denn in der 60. Woche sah das Kind seine Mutter im Spiegel, und auf die Frage „Wo ist Mama?" zeigte es auf das Spiegelbild und drehte sich dann nach der Mutter lachend um. Da es auch sonst vor dieser Zeit sich schalkhaft gerirte, so ist nicht zu zweifeln, dass jetzt, im 14 Monat, Original und Bild als solche sicher unterschieden wurden, zumal auch das eigene Photogramm nicht mehr Befremden erregte.

Jedoch sucht noch in der 61. Woche das Kind sein Spiegelbild zu betasten und leckt den Spiegel, in dem es sich sieht, schlägt auch   in der 66. Woche — mit der Hand dagegen.

In der folgenden Woche sah ich das Kind zum ersten Male vor dem Spiegel Grimassen machen. Es lachte darüber. Ich stand hinter ihm und rief es beim Namen. Sofort drehte es sich um, obgleich es mich deutlich im Spiegel sah. Es wusste offenbar, dass die Stimme nicht vom Bilde herkam.

In der 69. Woche werden Zeichen von Eitelkeit wahrgenommen. Das Kind betrachtet sich gern und oft im Spiegel. Wenn man ihm etwas auf den Kopf setzt und „schön" sagt, so verändert sich der Gesichtsausdruck, er wird eigenthümlich fremdartig befriedigt, die Brauen heben sich und die Augen werden weit geöffnet.

Im 21. Monat hängt sich das Kind eine Spitze oder ein gesticktes Tuch um, lässt es von den Schultern herabfallen, sieht sich nach der Schleppe um, vorgehend, stehen bleibend, eifrig neue Falten werfend. Hier mischt sich äffische Nachahmung mit Eitelkeit.

Da übrigens schon im 17. Monat das Kind mit Vorliebe sich vor den Spiegel stellte und allerlei Fratzen machte, so wurden die Spiegelversuche nicht weiter fortgesetzt.

Sie zeigen den Übergang vom ichlosen Zustande des Säuglings, der noch nicht deutlich sehen kann, zum Zustande des entwickelten Ich, das sich vom Spiegelbilde und von Anderen und deren Spiegelbildern bewusst unterscheidet. Doch ist noch lange nach diesem Schritt eine gewisse Unklarheit bezüglich der Bezeichnung vorhanden. Im 21. Monat lacht das Kind sein Spiegelbild an und zeigt darauf, wenn ich frage „Wo ist Axel?" und auf mein Spiegelbild, wenn man fragt „Wo ist Papa?" Aber eindringlich befragt, wendet sich das Kind mit zweifelnder Miene nach mir um. Ich brachte einmal einen grossen Spiegel neben sein Bett am Abend, nachdem es eingeschlafen war, an, so dass es sich gleich nach dem Erwachen darin erblicken konnte. Es sah sein Bild unmittelbar nach dem Aufwachen, schien darüber höchst verwundert, starrte es an, und als ich endlich fragte „Wo ist Axel?" zeigte es nicht auf sich, sondern auf das Spiegelbild (620. Tag). Noch im 31. Monat gewährte das Betrachten des Spiegelbildes grosses Vergnügen. Das Kind lachte darüber anhaltend und ausgelassen.

Thiere verhalten sich bekanntlich in dieser Beziehung sehr verschieden. Ein Paar türkischer Enten, die ich wochenlang täglich sah, hielt sich unter anderen Enten immer abgesondert. Als nun die weibliche Ente gestorben war, begab sich der Enterich mit Vorliebe an ein innen verdecktes, stark spiegelndes Kellerfenster und blieb täglich mit dem Kopfe stundenlang davor stehen. Man sah sein Bild darin sehr deutlich und er meinte vielleicht, es sei die verlorene Gefährtin.

Eine junge Katze, welcher ich einen kleinen Spiegel vorhielt, musste wohl das Bild für eine zweite lebende Katze halten, denn bei passender Aufstellung des Spiegels ging sie hinter denselben und um ihn herum.

Viele Thiere fürchten sich dagegen vor ihrem Spiegelbilde und fliehen es.

Kleinen Kindern kann die Entdeckung des eigenen und eines fremden Schattens (letzteres im 22. Monat [F. W.]) gleichfalls Furcht verursachen. Mein Kind äusserte das erste Mal Zeichen von Furcht über seinen Schatten; im vierten Jahre freute es sich aber darüber und antwortete auf die Frage „Woher kommt der Schatten?" auffallender Weise „Von der Sonne" (40. Monat).

Wichtiger für die Ausbildung des kindlichen Ich, als die Beobachtung des Schattens und des Spiegelbildes ist das Sprechenlernen. Denn erst mit dem Gebrauche der Wörter werden die höheren Begriffe voneinander abgegrenzt, so auch der Begriff des Ich. Jedoch ist die verbreitete Ansicht, dass mit dem beginnenden Gebrauche des Wortes „ich" auch das Ichgefühl zuerst auftrete, ganz unrichtig. Viele eigensinnige Kinder haben ein stark ausgeprägtes Ichgefühl, ohne sich anders als mit ihrem Namen zu bezeichnen, weil die Angehörigen, wenn sie mit ihnen sprechen, sich selbst auch nicht „ich", sondern „Papa, Mama, Onkel, Omama" usw. nennen, so dass die Gelegenheit früh die Wörter „ich" und „mein" zu hören und anzuwenden selten ist. Andere hören sie zwar oft, besonders von etwas älteren Kindern, brauchen sie auch, aber verstehen sie nicht und setzen ihren Eigennamen dazu. So pflegte ein 2½-jähriges Mädchen Namens Ilse zu sagen *Ilse mein Tuhl!* statt „mein Stuhl" [K. B.].

Mein 2¾-jähriger Knabe wiederholte das gehörte „ich" und bezeichnete damit „du". Im 29. Monat wurde zwar *mir*, aber nicht „ich" von ihm gesagt, er nannte sich indessen bald nicht mehr, wie noch im 23., ja noch im 28. Monat, ausschliesslich beim Vornamen; namentlich im 33. Monat kam *das will ich! das möcht ich!* oft vor. Die vierfache

Bezeichnung der eigenen Person im 32. Monat (S. 419) durch
den Namen, durch *ich*, durch *er* und durch Fortlassung aller
Fürwörter war nur ein kurzes Übergangsstadium, desgleichen
das Missverstehen des „dein", welches eine Zeitlang *(dein Bett)*
„gross" bedeutete. Ein anderes Kind brauchte die Wörter *mir*,
ich und *du* schon im 24. und 25. Monat richtig [F. W.], die
jüngere Schwester desselben *ich* im 20., nachdem undeutliche
Ansätze schon früher, jedoch ohne nachweisbaren Sinn gehört
worden waren. Nun aber sagte sie *Korb haben ich* und brauchte
ich ganz richtig, allerdings ohne correcte Beantwortung der
Frage „Wer ist ich?" [F. W.].

Diese Beobachtungen zeigen deutlich, dass nicht erst durch
die Worterlernung das Ichgefühl geweckt wird, denn dieses ist
den obigen Mittheilungen zufolge viel früher da. Aber durch
das Sprechen wird die begriffliche Unterscheidung des Ich,
des Selbst, des Mein erst präcisirt, die Ausbildung — nicht Entstehung — des Ichgefühls nur begünstigt.

Wie unklar der Ichbegriff selbst nach Erlernung des Gebrauchs der persönlichen Fürwörter ist, zeigt die Äusserung der
vierjährigen Tochter Lindner's, Namens Olga, *die hat mich nass
gemacht*, wenn sie sich selbst meint, und *du sollst mir doch folgen
Olga*, letzteres wohl nur nachgesprochen. Bemerkenswerth ist
auch bei ihr die Verwechslung der Possessiven „sein" und „ihr":
es wurde *dem Papa ihr Buch auf der Mama seinen Platz gelegt* [L]. Und doch liegt in dieser Redeweise ein Fortschreiten
im Differenziren der Begriffe.

Alle Kinder fangen bekanntlich erst spät an von sich selbst
zu sprechen, von dem, was sie werden wollen, was sie besser
können als andere. Dann ist das Ich längst bewusst geworden.

Alle diese Fortschritte, im Einzelnen nur mit grosser Mühe
zu verfolgen, bilden gleichsam convergirende Linien, die im vollkommenen Gefühle des Geschlossenseins der Persönlichkeit und
ihres Abgegrenztseins von der Aussenwelt gipfeln.

Soviel kann die rein physiologische Betrachtung unbedenk-
lich zugeben. Sie vermag aber nicht ausserdem noch eine Ein-
heitlichkeit oder Ungetheiltheit oder ununterbrochene Permanenz
des kindlichen Ich mit den hier zusammengestellten, von mir
vollkommen sicher festgestellten Thatsachen zu vereinigen.

Denn was bedeutet „dem Kinde erscheinen seine Füsse,
Hände, Zähne wie fremdes Spielzeug"? und „das Kind biss sich

in den eigenen Arm, wie es unbekannte Gegenstände zu beissen pflegte"? Welchem Theile erscheint? Was ist das Beissende in dem Kinde wie in dem ganz jungen Hühnchen, welches die eigene Zehe mit dem Schnabel fasst und wie die des Nachbars oder wie ein Hirsekorn beisst? Offenbar ist das Subject im Kopf ein anderes als das im Rumpf. Das Gehirn-Ich ist ein anderes als das Rückenmark-Ich (die Pflüger'sche Rückenmark-seele). Jenes spricht, sieht, hört, schmeckt, riecht und fühlt, dieses fühlt nur, und beide sind anfangs, so lange Gehirn und Rückenmark organisch nur locker und functionell gar nicht miteinander verbunden sind, ganz voneinander isolirt. Hirnlose Neugeborene, welche Stunden und Tage lang lebten, konnten, wie ich an einem exquisiten Fall selbst wahrnahm, saugen, schreien, die Glieder bewegen und fühlen (da sie im Hunger-zustand durch Einführen eines saugbaren Gegenstandes in den Mund zu schreien aufhörten und sogen). Könnte dagegen ein Mensch mit einem Gehirn und ohne Rückenmark geboren werden und leben, so würde er die Glieder nicht bewegen können. Spielt also ein normaler Säugling mit seinen Füssen, beisst sich das Kind in seinen Arm wie in einen Zwieback, so liegt darin ein Beweis für die Unabhängigkeit des Gehirns mit seinem Wahrnehmungsapparat vom Rückenmark. Und in der That-sache, dass hirnlose neugeborene Menschen und enthirnte Thier-embryonen ihre Glieder geradeso bewegen, wie unversehrte, geradeso wie diese schreien, saugen und auf Reflexe antworten, liegt der Beweis für die anfängliche Unabhängigkeit der Func-tionen des Rückenmarks (einschliesslich der Sehhügel, der Vier-hügel und des Halsmarks) von den Grosshirnhemisphären.

Nun hat aber unstreitig auch das hirnlose lebende Kind, welches saugt, schreit, Arme und Beine bewegt und Lust von Unlust unterscheidet, eine Individualität, ein Ich. Man muss also zwei Ichs im Kinde, das ein Grosshirn und Rückenmark hat und sich seinen Arm oder Finger als schmackhaft, als beiss-bar vorstellt, nothwendig annehmen. Wenn aber zwei, warum nicht mehrere? Anfangs, wenn die Seh-, Hör-, Riech- und Schmeck-Centren im Gehirn noch unvollkommen entwickelt sind, percipirt jedes für sich, da die Wahrnehmungen auf verschiedenen Sinnesgebieten noch gar nicht miteinander verknüpft werden, ähnlich wie das Rückenmark anfangs das, was es fühlt, etwa die Wirkung eines Nadelstiches, dem Gehirn nicht mittheilt oder nur sehr unvollständig mittheilt, denn Neugeborene reagiren darauf meistens nicht. Erst durch sehr häufiges Zusammen-Vorkommen disparater Sinneseindrücke beim Schmecken-Berühren, beim Sehen-Tasten, Sehen-Hören, Sehen-Riechen, Schmecken-Riechen, Hören-Berühren, bilden sich die intercentralen Verbindungsfasern aus, und dann erst können die verschiedenen Vorstellungscentren, gleichsam Ichbildner, wie bei der gewöhnlichen Begriffbildung zu der Bildung des einheitlichen Ich, welches ganz abstract ist, führen.

Dieser allein dem erwachsenen denkenden Menschen eigene abstracte Ich-Begriff existirt nur gerade wie andere Begriffe existiren, nämlich durch die Einzelvorstellungen, aus denen er resultirte, wie der Wald nur da ist, wenn die Bäume da sind. Die untergeordneten, den einzelnen Sinnesgebieten vorstehenden Ichs werden beim kleinen Kinde noch nicht verschmolzen, weil es ihm noch an den organischen Verbindungen, das heisst in das Psychologische übersetzt, an der nöthigen Abstractionskraft, physiologisch, an der Centralisirung seines Nervensystems, fehlt. Die Miterregungen der mit noch zu wenigen Erinnerungsbildern gestempelten sensorischen Centren können bei einer einzelnen Erregung wegen der noch zu spärlichen cerebralen Verbindungsfasern noch nicht zu Stande kommen.

Diese Miterregungen functionell verschiedener Hirntheile bei Erregung eines Hirntheils, welcher früher öfter mit jenen zugleich erregt gewesen ist, bilden die physiologische Grundlage des psychischen Vorganges der Begriffbildung überhaupt, so auch der Bildung des Ichbegriffs. Denn die speciellen Vorstellungen aller Sinnesgebiete haben bei allen Vollsinnigen, Viersinnigen, Dreisinnigen die gemeinsame Eigenschaft, dass sie nur in Zeit, Raum und Causalität zu Stande kommen. Dieses Gemeinsame setzt gleichartige Processe in jedem einzelnen Sinnescentrum höchster Ordnung im Gehirn voraus. Erregungen eines dieser Centren bewirken leicht gleichartige Miterregungen häufig mit ihnen zusammen durch objective Eindrücke erregt gewesener Centren, und diese über die Gehirncentren aller Sinnesnerven sich erstreckende gleichartige Miterregung ist es, welche die Gesammtvorstellung des Ich hervorruft.

Das Ich kann nach dieser Auffassung also nicht einheitlich, nicht untheilbar und nicht ununterbrochen da sein; es ist nur da, wenn die einzelnen Sinnesgebiete mit ihren Ichs wach sind, aus denen es abstrahirt wird, es verschwindet im traumlosen Schlafe. Im Wachsein ist es stets nur da, wo die centrosensorischen Erregungen gerade am stärksten hervortreten, das heisst wo die Aufmerksamkeit angespannt ist.

Das Ich ist aber noch weniger eine Summe. Denn diese setzt die Vertauschbarkeit der Bestandtheile voraus. Das sehende Ich kann aber ebensowenig durch ein anderes ersetzt werden, wie das hörende oder schmeckende oder riechende oder fühlende. Die Summe der einzelnen Blätter, Blüthen, Stengel, Wurzeln der Pflanze macht noch lange nicht die Pflanze aus. Sie müssen in besonderer Weise zusammengefügt sein. So auch genügt es nicht, die den einzelnen sinnlichen Vorstellungen gemeinsamen Merkmale zu addiren, um daraus das ordnende und controlirende Ich zu erhalten. Vielmehr resultirt aus der zunehmenden Anzahl und Mannigfaltigkeit der Sinneseindrücke ein Immermehr-Wachsen der grauen Substanz des kindlichen Grosshirns, eine rasche Zunahme der intercentralen Verbindungsfasern und dadurch erleichterte Miterregung, sogenannte Association, welche das Empfinden mit dem Wollen und dem Denken im Kinde vereinigt.

Diese Vereinigung ist das Ich, das empfindende und fühlende, das begehrende und wollende, das wahrnehmende und denkende Ich.

DREIUNDZWANZIGSTES CAPITEL.

Die Entwicklung des Verstandes im Allgemeinen.

Von allen Thatsachen, welche von mir durch die Beobachtung des Kindes in den ersten Jahren festgestellt worden sind, steht die Begriffbildung ohne Sprache am meisten den überlieferten Lehren entgegen und gerade darauf lege ich das grösste Gewicht.

Es hat damit eine eigene Bewandtniss. Nachdem ich die wortlose Begriffbildung in der ersten Auflage dieses Buches bewiesen hatte, erklärten Einige, ich hätte nur etwas Selbstverständliches behauptet und belegt, Andere aber, jener Beweis sei gar nicht erbracht. Wer genauer zusieht, wird finden, dass er allein schon durch das Verhalten taubstummer ununterrichteter Kinder erbracht ist, und dass es sich nicht um etwas Selbstverständliches handelt, lehrt schon die Leugnung meines Beweises.

Es ist nachgewiesen, dass der Mensch schon am Anfang seines Lebens nicht allein Lust und Unlust unterscheidet, sondern auch einzelne deutliche Empfindungen haben kann. Er verhält sich am ersten Tage anders, wenn die zugehörigen Sinneseindrücke da sind, als wenn sie fehlen. Die erste Wirkung dieser wenigen Empfindungen ist die Verknüpfung der durch sie wachgerufenen Gefühle und ihrer zurückgelassenen Spuren im centralen Nervensystem mit angeborenen Bewegungen. Jene Spuren oder centralen Eindrücke bilden das persönliche Gedächtniss nach und nach aus. Diese Bewegungen sind der Ausgangspunkt für die primitive Verstandesthätigkeit, welche die Empfindungen sondert, und zwar zeitlich und räumlich. Ist die Anzahl der Erinnerungsbilder von den deutlichen Empfindungen einerseits, von den mit ihnen verbunden gewesenen Bewegungen andererseits — wie bei „süss“ und „saugen“ — grösser geworden, dann tritt eine festere Association von Empfindungs-

und Bewegungs-Erinnerungen, von Erregungen sensorischer und motorischer Ganglienzellen, ein, so dass einseitige Erregung der einen die anderen miterregt. Saugen erweckt die Erinnerung an den süssen Geschmack, der süsse Geschmack für sich bewirkt Saugen. Dieses Nacheinander ist schon eine zeitliche Sonderung zweier Empfindungen (des Süssen und der Bewegungs-Empfindung beim Saugen). Die räumliche Sonderung erfordert die Erinnerung an zwei Empfindungen mit je einer Bewegung; das Saugen an der linken und rechten Brust wird nach einer Probe beiderseits unterschieden. Hiermit ist die erste That des Verstandes gethan, die erste Wahrnehmung gemacht, nämlich eine Empfindung primitiv zeitlich und räumlich bestimmt. Die Bewegungs-Empfindung des Saugens ist, wie der süsse Geschmack, nach einer ähnlichen eingetreten, und sie ist unter zwei ungleichen räumlichen Verhältnissen eingetreten, welche unterschieden werden. Durch vervielfältigte Wahrnehmungen (zum Beispiel helle, zwar schlecht begrenzte, aber doch begrenzte Felder) und vervielfältigte Bewegungen mit Berührungs-Empfindungen erhält die Wahrnehmung nach längerer Zeit ein Object, das heisst der Verstand, welcher schon vorher nichts Helles unbegrenzt, somit nichts Helles unräumlich erscheinen liess (während anfangs das Helle, wie später noch der Schall, keine Begrenzung, keinen Abstand hatte), beginnt für das Wahrgenommene eine Ursache zu setzen. Hierdurch erhebt sich die Wahrnehmung zur Vorstellung. Das oft empfundene localisirte, süsse, warme, weisse Nass, das mit dem Saugen associirt ist, bildet nun eine Vorstellung und zwar eine der ersten. Wenn diese Vorstellung oft entstand, so verknüpfen sich die zu ihrer Bildung nothwendig gewesenen Einzelwahrnehmungen immer fester. Wenn dann eine von den letzteren für sich auftritt, werden durch Miterregung der betreffenden Ganglienzellen auch die Erinnerungsbilder der anderen auftreten, das heisst aber nichts anderes, als dass nun der Begriff da ist. Denn der Begriff entsteht durch Vereinigen von Merkmalen oder Einzel-Vorstellungen. Merkmale werden wahrgenommen und mit ihren Ursachen und untereinander in Erinnerungsbildern so fest verbunden, dass, wo nur eines erscheint, unter lauter neuen Eindrücken doch der Begriff emporschiesst, weil alle die anderen mitauftreten. Eine Sprache ist dazu nicht erforderlich. Das gesprochene, gedachte, gelesene, geschriebene Wort ist nur ein Zeichen, welches die Mittheilung des Begriffs ermöglicht. Bis

hierher verhalten sich Taubgeborene genau wie vollsinnige
Säuglinge und einige begriffbildende Thiere.

Die wenigen ersten Vorstellungen, nämlich die aus den
ersten Wahrnehmungen entspringenden Special - Vorstellungen
oder Anschauungen und die aus diesen entstehenden einfachen
(niederen) generellen Vorstellungen oder Begriffe des noch sprachlosen Kindes, auch des Mikrocephalen, des Taubstummen und
des höheren Thieres, haben nun das Eigenthümliche an sich,
dass sie alle von den Eltern und deren Eltern und den Repräsen-
tanten der nächstfolgenden Generationen schon geradeso gebildet
worden sind (Nahrung, Brust). Sie sind nicht angeboren, weil
keine Vorstellung angeboren sein kann wegen der Nothwendigkeit mehrerer peripherer Eindrücke, um nur eine Wahrnehmung
zu bilden, aber sie sind erblich. Gerade wie die Zähne und
die Barthaare beim Menschen nicht angeboren zu sein pflegen,
sich aber wie die der Eltern verhalten und Stück für Stück im
neugeborenen Kinde schon angelegt, also erblich sind, müssen
die ersten Vorstellungen des Säuglings, müssen seine ersten Begriffe, welche unbewusst, ungewollt und nicht hemmbar bei
jedem in derselben Weise entstehen, erblich genannt werden.
So verschieden die Zähne von den Zahnanlagen des Neugeborenen sind, so verschieden sind die durch Wörter scharf
begrenzten, klaren Begriffe des Mannes von den schlecht abgegrenzten, unklaren Begriffen des alalischen Säuglings, welche
völlig unabhängig von jeder (Wort-, Mienen-, Geberden-) Sprache
entstehen.

Auf diese Weise kommt Klarheit in die alte Lehre von
den „angeborenen Ideen". Ideen oder Gedanken sind selbst
entweder Vorstellungen oder Verknüpfungen von Vorstellungen,
setzen also Wahrnehmungen voraus, können somit nicht angeboren sein, aber erblich können einige sein, die nämlich,
welche zuerst vermöge der Gleichheit des kindlichen und elterlichen Gehirns und der Gleichheit der äusseren Verhältnisse des
kindlichen und des elterlichen Lebensanfangs immer in derselben
Weise entstehen.

Die Hauptsache bleibt die angeborene Anlage, wahrzunehmen
und Vorstellungen zu bilden, das heisst der angeborene Verstand. Unter Anlage kann aber zur Zeit nichts anderes verstanden werden, als eine nach (sehr viele Generationen hindurch
in gleicher Weise) wiederholter Verknüpfung von nervösen Erregungen den nervösen Centralorganen eingeprägte Reactions-

weise, Anspruchsart oder Erregbarkeit. Das Gehirn kommt mit
sehr vielen Stempeln versehen zur Welt. Einige davon sind
ganz undeutlich, einige wenige deutlich. Jeder Vorfahr fügte
den vorgefundenen seine eigenen hinzu. Unter diesen Ein-
prägungen müssen schliesslich die unnützen bald durch die vor-
theilhaften verwischt werden. Dagegen werden tiefe Eindrücke.
gleichsam wie Verwundungen, länger haftende Narben hinter-
lassen, und sehr oft benutzte Verbindungsbahnen zwischen verschiedenen Theilen des Gehirns und Rückenmarks und den
Sinnesorganen schon bei der Geburt leichter ansprechen (instinctive und reflectorische Processe).

Von allen höheren Gehirnfunctionen ist nun die ordnende,
welche die einfachen reinen Empfindungen, das ursprünglich
Erlittene, vergleicht und zunächst in eine Reihe bringt, nämlich
zeitlich ordnet, dann nebeneinander und übereinander, später
erst hintereinander stellt, nämlich räumlich ordnet, eine der
ältesten. Dieses Ordnen der Sinnes-Eindrücke ist eine
Verstandesthätigkeit, welche nichts mit Sprechen zu
thun hat und das Vermögen dazu ist, wie Immanuel Kant entdeckte, beim Menschen „wie er jetzt ist" (! Kant), vor der
Thätigkeit der Sinne da. Es kann aber ohne diese sich nicht
geltend machen. Es ist eine in der Urzeit erworbene, durch
seine ausserordentliche Wichtigkeit als Orientirungsmittel im Da-
seinskampf erhaltene, durch unbewusste Selection vervollkommnete und schliesslich fest vererbte Eigenschaft des Protoplasma.

Ich behaupte nun, und stütze mich dabei auf die in diesem
Buche mitgetheilten Thatsachen, dass geradesowenig wie der
Verstand des noch sprachlosen Kindes der Worte oder Mienen
oder Geberden oder irgend welcher Symbole bedarf, um die
Sinnes-Empfindungen zeitlich und räumlich zu ordnen, er jene
Mittel benöthigt, um Begriffe zu bilden und logisch zu operiren.
Und ich sehe in dieser fundamentalen Thatsache das Material
zur Überbrückung der einzigen grossen, Kind und Thier scheiden-
den Kluft.

Dass auch Biologen diesen Übergang leugnen, zeigt Vierordt
in seiner Physiologie des Kindesalters (1877), und Mivart.

Die beim erwachsenen sprechenden Menschen ohne eine
Sprache irgend welcher Art vor sich gehende echt logische Gehirnthätigkeit beginnt, wie ich durch viele Beobachtungen gezeigt
habe, beim Neugeborenen sogleich mit der Sinnesthätigkeit. Die
Wahrnehmung in der dritten Raumdimension ist ein besonders

deutliches Beispiel für diese Art wortloser logischer Action, weil
sie sich langsam ausbildet. Ich sage „wortlos", weil der Ausdruck „unbewusst" unklar ist und „instinctiv", sowie „intuitiv"
noch missverständlicher sind. Wortlose Vorstellungen, wortlose
Begriffe, wortlose Urtheile können sich vererben so gut wie
Athmen und Schlucken. Dahin gehören einige, welche die Vorfahren zu Anfang ihres Lebens oft erlebten, welche nicht nur
ohne Betheiligung irgend welcher sprachlicher Mittel zu Stande
kommen, sondern auch niemals gewollt (beabsichtigt, überlegt,
willkürlich) sind und unter keinen Umständen durch Überlegung
beseitigt oder abgeändert, sei es corrigirt, sei es gefälscht, werden
können. Man kann den Erbfehler nicht ablegen, aber auch
nicht den ererbten Verstand. Beim Druck auf den äusseren
rechten Augenwinkel erscheint links ein Licht im geschlossenen
Auge, nicht rechts, nicht an der berührten Stelle. Diese schon
Newton bekannte optische Täuschung, dieser wortlose Inductions-
schluss ist erblich und uncorrigirbar. Man kann aber andererseits den erblichen wortlosen Begriff der Nahrung weder am
Entstehen verhindern, noch beseitigen, noch ihn anders bilden,
als die Vorfahren ihn bildeten.

Angeboren ist, um es noch einmal hervorzuheben, das Vermögen (die Fähigkeit, die Anlage, die potentielle Function) Begriffe zu bilden, und erblich sind einige von den ersten Begriffen.
Neue (nicht erbliche) Begriffe entstehen erst nach neuen Wahrnehmungen, also Erfahrungen, welche sich mit den primitiven
verknüpfen, mittelst neuer Verbindungsbahnen im Gehirn, und
zwar beginnen sie vor dem Sprechenlernen.

Ein eben aus dem Ei geschlüpftes Hühnchen besitzt das
Vermögen, Eier zu legen, die dazu nothwendigen Organe, sogar
die künftigen Eier sind ihm angeboren, aber erst nach einiger
Zeit legt es Eier und diese sind ganz ähnlich den ersten Eiern
seiner Mutter; es werden sogar die aus diesen Eiern ausschlüpfenden Hühnchen denen der Mutter selbst ähneln, die Eier haben
also erbliche Eigenschaften. Neue Eier entstehen erst durch
Kreuzung, durch allerlei äussere, also Erfahrungs-Einflüsse.

So auch besitzt das neugeborene Kind das Vermögen, Begriffe zu bilden, die dazu nothwendigen Organe sind ihm
angeboren, aber erst nach einiger Zeit bildet es Begriffe und
diese sind bei allen Völkern aller Zeiten ganz ähnlich den ersten

Begriffen, welche seine Mutter bildete; es werden sogar die an
die ersten Begriffe sich knüpfenden Folgen denen, welche die
Mutter in sich ausbildete, ähneln oder ihnen gleich sein, diese
Begriffe haben also erbliche Eigenschaften. Neue Begriffe ent-
stehen erst durch Erfahrung. Sie entstehen in Menge bei jedem
Kinde, welches sprechen lernt.

Wenn durch die Thatsache, dass des Sprechens völlig unkundige Kinder, auch taubgeborene, bereits vollkommen richtig
logisch operiren, Affen sicher bis 5 zählen (Romanes), Krähen
desgleichen sicher erkennen, ob 1, 2, 3, 4 oder 5 Jäger die
Krähenhütte verlassen (Leroy), Maulthiere, ob sie 4 oder 5 Mal
hintereinander denselben Weg zurücklegten (Hougeau), die Unabhängigkeit des Verstandes von der Sprache bewiesen ist, so
zeigt doch die eingehende Beobachtung des Kindes, welches
sprechen lernt, dass allein durch die Wörtersprache der Verstand seine primitiven undeutlichen Begriffe präcisiren und dadurch selbst sich weiter entwickeln kann, indem er die Vorstellungen den Verhältnissen, unter denen das Kind lebt, entsprechend verknüpft.

Fest steht aber, dass viele Vorstellungen schon gebildet sein
müssen, um nur das Sprechenlernen zu ermöglichen. Das Vorhandensein von Vorstellungen ist nothwendige Bedingung für
das Sprechenlernen, und da vor diesem die meisten Vorstellungen
viel zu umfangreich sind, so müssen sie immerzu durch die Erfahrung corrigirt, das heisst voneinander abgegrenzt und ein-
geengt werden. Die logische Generalisation vor dem Sprechenlernen wird mit demselben immer mehr gezügelt.

Der grösste intellectuelle Fortschritt besteht darin, dass
vom sprachlosen Kinde die specifische Methode des Menschengeschlechts entdeckt wird, die Methode. vorhandene Vorstellungen
laut und articulirt, das heisst durch Ausathmungen bei verschiedenartigen Kehlkopf- und Mund-Stellungen und Zungen-
bewegungen auszudrücken. Diese Methode erfindet kein Kind,
sie ist überliefert, aber jedes einzelne Kind entdeckt, dass
man mittelst der gehörten Laute seine Vorstellungen kund thun
und dadurch Lustgefühle herbeiführen, Unlust beseitigen kann.
Darum befleissigt es sich dieses Verfahrens von selbst, d. h. ohne
Unterricht, falls es nur unter sprechenden Menschen aufwächst.
Aber auch wenn das dem Verkehr mit diesem dienende Gehör
von der Geburt an fehlt, kann ein reiches Vorstellungsleben und

eine hohe Intelligenz zur Entwicklung gelangen, falls an die Stelle der gehörten Laute die geschriebenen Lautzeichen treten. Diese jedoch können nur durch Unterricht erlernt werden. Die Art, in welcher Schreiben gelernt wird, ist dieselbe wie die Art, in welcher das alalische Kind sprechen lernt. Beide beruhen auf Nachahmung.

Ich habe gezeigt, dass die erste feste Verknüpfung einer Vorstellung mit einer selbst ausgesprochenen Sylbe oder einem wortartigen Sylbencomplex ausschliesslich durch Nachahmung zu Stande kommt. Ist aber nur einmal eine derartige Verbindung hergestellt, dann erfindet das Kind frei neue Verbindungen, obzwar in viel eingeschränkterem Maasse, als gemeiniglich angenommen wird. Ein solches Genie bringt Niemand mit auf die Welt, das im Stande wäre, das articulirte Sprechen zu erfinden. Es ist schon schwer genug begreiflich, dass die Nachahmung dem Kinde ausreicht, eine Sprache zu erlernen.

Welche organischen Bedingungen für die Lautnachahmung und das Sprechenlernen erfordert werden, habe ich durch eine systematische, auf den besten pathologischen Untersuchungen beruhende Zusammenfassung sämmtlicher bis jetzt an Erwachsenen beobachteter Sprachstörungen zu ermitteln gesucht, und bin durch die tägliche Beobachtung eines gesunden Kindes, von dem alle Dressur möglichst ferngehalten wurde, sowie die häufige Beobachtung anderer Kinder zu dem wichtigen Resultate gelangt:

Dass eine jede bekannte Form der Sprachstörung Erwachsener beim Kinde, welches sprechen lernt, ihr vollkommenes Gegenbild findet.

Das Kind kann noch nicht richtig sprechen, weil seine impressiven, centralen und expressiven Sprachwerkzeuge noch nicht vollständig entwickelt sind, der Kranke kann nicht mehr richtig sprechen, weil jene Theile nicht mehr vollständig vorhanden oder functionsfähig sind. Die Parallele ist von einer bis in die Einzelfälle reichenden Vollständigkeit, wenn man nur Kinder in verschiedenen Altersstufen bezüglich des Sprechenlernens sorgfältig beobachtet. Es ergeben sich dann von allgemeineren Thatsachen namentlich noch folgende drei:

1) Der gesunde Säugling versteht und erräth Gesprochenes viel früher, als er selbst die gehörten Laute, Sylben und Wörter nachahmend

hervorbringen kann, hauptsächlich durch das
Verständniss der begleitenden Geberden und
Mienen;

2) das gesunde Kind bildet aber aus freien Stücken
ehe es anfängt zu sprechen oder richtig die
Sprachlaute nachzuahmen, alle oder fast alle
in seiner künftigen Sprache vorkommenden
Laute, und ausser diesen noch sehr viele andere und ergötzt sich daran;

3) die Reihenfolge, in welcher die Sprachlaute vom
Säugling hervorgebracht werden, ist individuell
verschieden, somit nicht durch das Princip der geringsten Anstrengung bestimmt. Sie ist von mehreren
Factoren abhängig (Gehirn, Zahnen, Zungengrösse,
Hörschärfe, Motilität u. a.). Erst bei den späteren absichtlichen Lautbildungen und den Sprechversuchen kommt
jenes Princip in Betracht.

Bei der Erlernung jeder complicirten Muskelbewegung, zum
Beispiel Tanzen, werden ebenso die schwierigen eine ange-
strengtere Willensthätigkeit und Abstraction erheischenden Combinationen zuletzt erworben.

Die Erblichkeit spielt dabei, abgesehen von Eigenthümlichkeiten der Sprechweise, nur insofern eine Rolle, als der Nerv-
muskelmechanismus durch Übung vervollkommnet wird und seine
Vollkommenheit oder Unvollkommenheit vererbt werden kann.
Aber von Vererbung des Sprechens selbst oder der Sprache
kann nicht die Rede sein. Denn jedes Kind mit vollkommenen
Sprechwerkzeugen lernt jede Sprache beherrschen, wenn es von
der Geburt an nur die zu erlernende zu hören bekommt, und
wenn es keine zu hören bekommt, so spricht es nicht. Die
Plasticität der angeborenen Sprachwerkzeuge ist also in der
ersten Kindheit zwar eine sehr grosse, aber auf Nachahmung
angewiesen.

Die ununterrichteten Taubstummen und die verwilderten
Kinder können sie daher nicht verwerthen. Bei ihnen verödet
der fruchtbare Boden, auf dem allein die höhere vernünftige
Seelenthätigkeit gedeiht.

Ob für den Unterricht taubgeborener Kinder im articulatorischen Sprechen eine Sprache mehr als alle anderen geeignet
sei, ist fraglich. Deutsch und Holländisch scheinen besser dafür

verwendbar zu sein, als Französisch und Englisch (nach van Asch 1865).

Der Wortschatz des anderthalbjährigen normalen Kindes erreicht hundert verstandene und selbst freiwillig gebrauchte Wörter — überwiegend Hauptwörter — nicht, der des zweijährigen kann über vierhundert, sogar tausend betragen. Die abstracten Bezeichnungen sind aber dann noch sehr spärlich im Vergleich zu den concreten.

Hier bietet sich eine höchst merkwürdige Übereinstimmung zwischen dem Werdegang der ältesten untersuchten Sprache, der der Egypter, vielleicht aller uralten Sprachen, mit der allmählichen Vervollkommnung der Kindersprache. Der Gedankenschatz eines Urvolks ist, wie Karl Abel hervorhebt, „so eng, ist auf so wenige, so sinnliche, so leicht mimetisch angedeutete und so rasch aus der ganzen Situation der Sprechenden verstandene Dinge gerichtet, dass er nicht vieler Worte bedarf. Selbst die letzten Stadien des eigentlich Hieroglyphischen zeigen noch wenig entwickelte Abstractionen: Die Liebe ist noch Verlangen, das Wollen Befehl, die Ehre Furcht oder Lob.“ Je weiter zurück, desto sinnlicher die tägliche Rede, desto mehr durch Geberden vermittelt, durch Mienen erläutert, von drastischen Bewegungen begleitet. „Da genug von dieser Periode im Egyptischen erhalten ist, um uns zu überzeugen, dass zuerst fast jeder nationale Laut fast jedes Ding zu bezeichnen vermochte, so muss die Geberde, das bezeichnende Bild ursprünglich etwa ebenso wichtig gewesen sein, als das Wort.“ Halbverständliche Rede wurde durch verständliche Geberde verständlich. Wo die Geste nicht hinreichte und das Wort nicht fixirt war, wurde keine Verständigung erreicht.

Alles dieses gilt ohne irgend welchen Abzug auch für das Kind, wie meine Beobachtungen beweisen. Aber die Analogie geht noch viel weiter. Über den Gang der egyptischen Sprachentwicklung sagt derselbe Egyptologe: „Anfänglich Homonymie und Synonymie in erkenntnissarmer vieldeutiger Wirre. Danach, bei wachsender Vernunft, Scheidung der Begriffe und Lautgestalten und entsprechendes Zurücktreten der erklärenden Geste. Untergang der meisten Homonyme, oder Ersatz durch phonetische Differenzirung; Untergang tausender von losen Synonymen und Verengung und Schärfung des Begriffs der überlebenden. Kurz, allmähliches Auftauchen aus vagem Ton und Sinn in geordneten

Laut und präcisirte Bedeutung. Erhellung der Psyche und correspondirende Scheidung der Phonetik."

Genau so die Sprachentwicklung des Kindes. Für die anfängliche Homonymie habe ich Beispiele genug gegeben; für die Synonymie bedarf es solcher nicht, da schon die zahllosen Verwechslungen, welche nicht vermieden werden können, sie darthun. Aber man findet in meinen Aufzeichnungen auch manchen Fall einer frühen kindlichen Synonymik. So bedeutete *atta*, *f-tu* und *tuff* gleichermaassen „fort"; ebendasselbe bezeichnen *ft*, *hätta* und *t-ta*, auch *hata*. Sich selbst nannte mein Kind nicht „Axel". sondern *Attall*, *Akkee*, *Akkes*, *Aje*, *Eja*, *Attsel*, *e*, *Axl*, *Atsel*. *Atsli*. Gerade aus den nur auf ein Kind bezüglichen Beobachtungen (des 20. Capitels) ergiebt sich das Material zur Begründung des Satzes: Sowie die älteste Sprache sich entwickelte, so entwickelt sich noch bei jedem Menschen, der hören und sehen kann, die gewöhnliche Sprache seiner Zeit.

Die weitere Verfolgung des Einflusses, welchen die Benutzung der Sprache, als Verständigungsmittels, auf die articulatorische und intellectuelle Entwicklung hat, liegt jedoch ausserhalb der in diesem Buche behandelten Aufgabe. Es seien nur noch berührt die Würdigung der sehr früh nach den ersten Sprechversuchen hervortretenden Fragethätigkeit und die Entwicklung des Ich-Gefühles.

Das Fragen des Kindes wird als Bildungsmittel desselben fast ganz allgemein unterschätzt. Die mit dem Sprechenlernen immer mächtiger sich entfaltende Causalitätsfunction, das für Eltern und Erzieher manchmal kaum zu ertragende Warum-Fragen hat seine volle Berechtigung und sollte nicht, wie es leider allzuoft geschieht, überhört, absichtlich nicht beantwortet, absichtlich falsch beantwortet werden. Ich habe vom Anfang an meinem Knaben nach bestem Wissen jedesmal eine ihm verständliche nicht wahrheitswidrige Antwort auf seine Fragen gegeben und bemerkt, dass dadurch später, im 5. und 6. und besonders im 7. Jahr, die Fragen, weil die früheren Antworten behalten werden, immer intelligenter ausfallen. Antwortet man dagegen gar nicht oder mit Scherzen und Märchen, so ist es nicht zu verwundern, dass ein Kind selbst bei vorzüglicher Anlage alberne und thörichte Fragen thut und unlogisch denkt, was schwerlich bei richtiger Beantwortung der Fragen und passender Zurechtweisung geschieht, abgesehen vom Grossziehen zum Aberglauben.

Bezüglich der Entwicklung des Ichgefühls gilt Folgendes:
Nicht an dem Tage, an welchem das Kind zum ersten
Male das Wort „ich" statt seines Eigennamens braucht, erwacht sein Ichgefühl — dieser Zeitpunkt variirt, je nachdem
die Angehörigen länger oder kürzer sich selbst und das Kind
beim Namen statt mit Fürwörtern nennen —, sondern das Ich
wird nach einer langen Reihe von Erfahrungen, hauptsächlich
schmerzhafter Art, wie die Beobachtungen klarlegten, vom
Nicht-Ich getrennt durch die Gewöhnung an die eigenen
Körpertheile. Die letzteren, anfangs fremde Objecte, wirken
auf die Sinnesorgane des Kindes immer in derselben Weise ein
und werden dadurch uninteressant, nachdem sie den Reiz des
Neuen verloren haben. Nun ist der eigene Körper das, worauf
die anziehenden objectiven Eindrücke, also die Welt, bezogen
werden und mit dem Hervorbringen von neuen Eindrücken, dem
Verändern (beim „Spielen" genannten Experimentiren), mit dem
Ursache-sein entwickelt sich immer mehr das Gefühl des Selbst
beim Kinde. Damit erhebt es sich immer höher über die
thierische Abhängigkeit, so dass schliesslich der vor der Geburt
gar nicht, nach derselben anfangs kaum erkennbare Unterschied
zwischen Thier und Mensch eine für diesen gefährliche Grösse
erreicht, vor allem durch die Sprache.

Ist es aber für das Kind nothwendig, dieses höchste Privilegium des Menschengeschlechts möglichst vollkommen sich
anzueignen und dadurch die Thiernatur seiner ersten Zeit zu
überwinden, erfordert seine Entwicklung das Abstreifen der
thierischen Reste, die Entfaltung des verantwortlichen Ich, so
wird es dem denkenden Menschen auf der Höhe seines Lebens
zur grössten Genugthuung gereichen, wenn er an seine erste
Kindheit zurückdenkt. Denn diese lehrt ihn deutlich, dass er
selbst einen natürlichen Ursprung hat, mit der übrigen leben-
digen Natur nicht allein innig verwandt, sondern auch ver-
wachsen ist. Soweit er sich auch ausbildet, immer vergebens
tastet er im Dunkeln nach einer Thür in eine andere Welt.
Aber schon die Thatsache des Nachdenkens über die Möglichkeit einer solchen zeigt, wie weit der entwickelte Mensch seine
sämmtlichen Mitwesen überragt.

Den Schlüssel zum Verständniss des grossen Räthsels, wie
diese Extreme zusammenhängen, liefert die Entwicklungsgeschichte
der Seele des Kindes.

CHRONOLOGISCHES VERZEICHNISS

PSYCHOGENETISCHER BEOBACHTUNGEN

VOM 1. BIS 1000. LEBENSTAGE

NEBST DREI ZEIT-TAFELN

ZUR ALTERS-BESTIMMUNG.

———

Zeit-Tafel I

welche für die ersten drei Jahre angiebt, mit dem wievielten Lebenstage jede Lebenswoche endigt und in den wievielten Lebensmonat, auch in welches Vierteljahr, der betreffende Tag fällt.

Wochen	Tage	Monat	Wochen	Tage	Monat	Wochen	Tage	Monat	Wochen	Tage	Monat
1	7	1	40	280	10	79	553	19	118	826	28
2	14	1	41	287	10	80	560	19	119	833	28
3	21	1	42	294	10	81	567	19	120	840	28
4	28	1	43	301	10	82	574	19	121	847	28
5	35	2	44	308	11	83	581	19od.20	122	854	28od.29
6	42	2	45	315	11	84	588	20	123	861	29
7	49	2	46	322	11	85	595	20	124	868	29
8	56	2	47	329	11	86	602	20	125	875	29
9	63	3	48	336	11od.12	87	609	20od.21	126	882	29od.30
10	70	3	49	343	12	88	616	21	127	889	30
11	77	3	50	350	12	89	623	21	128	896	30
12	84	3	51	357	12	90	630	21	129	903	30
13	91	3 od. 4	52	364	12	91	637	21	130	910	30
14	98	4	53	371	13	92	644	22	131	917	31
15	105	4	54	378	13	93	651	22	132	924	31
16	112	4	55	385	13	94	658	22	133	931	31
17	119	4	56	392	13	95	665	22	134	938	31
18	126	5	57	399	14	96	672	22od.23	135	945	31od.32
19	133	5	58	406	14	97	679	23	136	952	32
20	140	5	59	413	14	98	686	23	137	959	32
21	147	5	60	420	14	99	693	23	138	966	32
22	154	6	61	427	14od.15	100	700	23od.24	139	973	32od.33
23	161	6	62	434	15	101	707	24	140	980	33
24	168	6	63	441	15	102	714	24	141	987	33
25	175	6	64	448	15	103	721	24	142	994	33
26	182	6 od. 7	65	455	15od.16	104	728	24	143	1001	33
27	189	7	66	462	16	105	735	25	144	1008	34
28	196	7	67	469	16	106	742	25	145	1015	34
29	203	7	68	476	16	107	749	25	146	1022	34
30	210	7	69	483	16	108	756	25	147	1029	34
31	217	8	70	490	17	109	763	26	148	1036	34od.35
32	224	8	71	497	17	110	770	26	149	1043	35
33	231	8	72	504	17	111	777	26	150	1050	35
34	238	8	73	511	17	112	784	26	151	1057	35
35	245	8 od. 9	74	518	17od.18	113	791	26od.27	152	1064	35
36	252	9	75	525	18	114	798	27	153	1071	36
37	259	9	76	532	18	115	805	27	154	1078	36
38	266	9	77	539	18	116	812	27	155	1085	36
39	273	9	78	546	18	117	819	27	156	1092	36

Jedes Viereck entspricht einem Vierteljahr.

Zeit-Tafel II

zur

Vergleichung des Alters in Jahren, Halbjahren, Vierteljahren, Monaten und Tagen innerhalb der ersten drei Lebensjahre.

Jahre.	Halbjahre.	Vierteljahre.	Monate.	Tage.		Tage.
1	1	1	1	28	bis	31
			2	59	,,	62
			3	89	,,	92
		2	4	120	,,	123
			5	150	,,	153
			6	181	,,	184
	2	3	7	212	,,	215
			8	242	,,	245
			9	273	,,	276
		4	10	303	,,	306
			11	334	,,	337
			12	365	,,	366
2	3	5	13	393	,,	397
			14	424	,,	428
			15	454	,,	458
		6	16	485	,,	489
			17	515	,,	519
			18	546	,,	550
	4	7	19	577	,,	581
			20	607	,,	611
			21	638	,,	642
		8	22	668	,,	672
			23	699	,,	703
			24	730	,,	731
3	5	9	25	758	,,	762
			26	789	,,	793
			27	819	,,	823
		10	28	850	,,	854
			29	880	,,	884
			30	911	,,	915
	6	11	31	942	,,	946
			32	972	,,	976
			33	1003	,,	1007
		12	34	1033	,,	1037
			35	1064	,,	1068
			36	1095	,,	1096

Zeit-Tafel III

zur schnellen Bestimmung des Alters in Wochen für jeden Tag
des Jahres.

Die Wochen werden vom Geburtstage ab in horizontaler Richtung
nach rechts abgezählt, die überzähligen Tage vertical abwärts.
Die Ziffern 1 bis 12 rechts vom Punkte bezeichnen die 12 Monate
Januar bis December. Beim Schaltjahr ist vom 28. Februar ab
1 Tag dem gefundenen Alter zuzuzählen.

1.1	8.1	15.1	22.1	29.1	5.2	12.2	19.2	26.2	5.3	12.3	19.3	26.3
2.1	9.1	16.1	23.1	30.1	6.2	13.2	20.2	27.2	6.3	13.3	20.3	27.3
3.1	10.1	17.1	24.1	31.1	7.2	14.2	21.2	28.2	7.3	14.3	21.3	28.3
4.1	11.1	18.1	25.1	1.2	8.2	15.2	22.2	1.3	8.3	15.3	22.3	29.3
5.1	12.1	19.1	26.1	2.2	9.2	16.2	23.2	2.3	9.3	16.3	23.3	30.3
6.1	13.1	20.1	27.1	3.2	10.2	17.2	24.2	3.3	10.3	17.3	24.3	31.3
7.1	14.1	21.1	28.1	4.2	11.2	18.2	25.2	4.3	11.3	18.3	25.3	1.4

2.4	9.4	16.4	23.4	30.4	7.5	14.5	21.5	28.5	4.6	11.6	18.6	25.6
3.4	10.4	17.4	24.4	1.5	8.5	15.5	22.5	29.5	5.6	12.6	19.6	26.6
4.4	11.4	18.4	25.4	2.5	9.5	16.5	23.5	30.5	6.6	13.6	20.6	27.6
5.4	12.4	19.4	26.4	3.5	10.5	17.5	24.5	31.5	7.6	14.6	21.6	28.6
6.4	13.4	20.4	27.4	4.5	11.5	18.5	25.5	1.6	8.6	15.6	22.6	29.6
7.4	14.4	21.4	28.4	5.5	12.5	19.5	26.5	2.6	9.6	16.6	23.6	30.6
8.4	15.4	22.4	29.4	6.5	13.5	20.5	27.5	3.6	10.6	17.6	24.6	1.7

2.7	9.7	16.7	23.7	30.7	6.8	13.8	20.8	27.8	3.9	10.9	17.9	24.9
3.7	10.7	17.7	24.7	31.7	7.8	14.8	21.8	28.8	4.9	11.9	18.9	25.9
4.7	11.7	18.7	25.7	1.8	8.8	15.8	22.8	29.8	5.9	12.9	19.9	26.9
5.7	12.7	19.7	26.7	2.8	9.8	16.8	23.8	30.8	6.9	13.9	20.9	27.9
6.7	13.7	20.7	27.7	3.8	10.8	17.8	24.8	31.8	7.9	14.9	21.9	28.9
7.7	14.7	21.7	28.7	4.8	11.8	18.8	25.8	1.9	8.9	15.9	22.9	29.9
8.7	15.7	22.7	29.7	5.8	12.8	19.8	26.8	2.9	9.9	16.9	23.9	30.9

1.10	8.10	15.10	22.10	29.10	5.11	12.11	19.11	26.11	3.12	10.12	17.12	24.12
2.10	9.10	16.10	23.10	30.10	6.11	13.11	20.11	27.11	4.12	11.12	18.12	25.12
3.10	10.10	17.10	24.10	31.10	7.11	14.11	21.11	28.11	5.12	12.12	19.12	26.12
4.10	11.10	18.10	25.10	1.11	8.11	15.11	22.11	29.11	6.12	13.12	20.12	27.12
5.10	12.10	19.10	26.10	2.11	9.11	16.11	23.11	30.11	7.12	14.12	21.12	28.12
6.10	13.10	20.10	27.10	3.11	10.11	17.11	24.11	1.12	8.12	15.12	22.12	29.12
7.10	14.10	21.10	28.10	4.11	11.11	18.11	25.11	2.12	9.12	16.12	23.12	30.12
												31.12

Beispiel: Ein am 20. April (20. 4) geborenes Kind ist am
29. December (29. 12) desselben Jahres 36 Wochen und 1 Tag
alt, ein am 29. December geborenes am 9. September des
folgenden Jahres 36 Wochen und 2 Tage alt.

Im Folgenden beziehen sich die den einzelnen Beobachtungen beigefügten Zahlen auf die Seiten dieses Buches und die Buchstaben *a*, *m*, *e* auf den Anfang, die Mitte, das Ende jeder Seite.

––––––––

Chronologische Übersicht.

1. Monat.

Erwachen durch Licht 5. 6.

Pupillen bei Tageslicht sehr klein 5. 183a, erweitern sich schnell im Dunkeln 6a.

Augenleuchten 43.

Helle und dunkle Flächen werden unterschieden 4. 6. 7. 137e. 138a, nicht Formen 49, nicht Abstände 49. 50.

Abwendung des Kopfes vom sehr hellen Licht 4.

Unlust durch dasselbe 5.

Schreien nach Abwendung von mässigem Licht 5.

Unlust durch Beschattung 4.

Mässig Helles erfreut 4. 5. 7. 23.

Richtung des Blickes nach dem Licht 31.

Starren in's Leere 5. 30, nach oben 31, auf ein Gesicht 31.

Farbe erfreut 7, Glanz desgleichen 5.

Die Augen kurzsichtig, weitsichtig, emmetropisch 43.

Accommodation auf sehr nahe Gegenstände 183.

Die gesehenen Dinge erscheinen flächenhaft 44. 49.

Gesichter werden fixirt 22, Gegenstände activ angeblickt 32m.

Der Blick folgt langsam bewegten Gegenständen 31. 32. 110, mit Kopfdrehungen 32.

Augen mehr geschlossen als offen 16. 26a.

Augen offen im Zwielicht 4. 17. 183a, beim Benetzen 20. 81, beim Begehren 202a, beim Saugen 23. 77m. 200a, beim Baden 23, bei Lustgefühlen 112e. 138e. 200m, bei schneller Annäherung der Hand 19.

Einschlafen mit halb offenen Augen 26.

Schliessen der Augen bei hellem Licht 4. 5. 6. 22. 24e, bei Berührung der Augen 80, beim Anblasen 80m.

Zukneifen der Augen 163m, im Schlaf bei hellem Licht 5. 6, beim Schreien 23. 26, beim Stirnrunzeln 242m, bei Unlust 24, beim Anblasen 64e, beim Bestreichen der Zunge 77e, der Nase 81m.

Langsamer Lidschluss bei Berührung des Auges 19. 24 m.
Öffnen und Schliessen der Augen asymmetrisch 16. 17. 28.
Senken des Blickes 183, bei gehobenem Lide 17. 18.
Heben des Blickes 183, bei gesenktem Lide 17.
Lidschlag bei Überraschung 22, beim Erschrecken 61 m.
Blinzeln bei Reizung der Nasenschleimhaut 79 a.
Convergenz der Augen bei hellem Licht 6. 36. 183, ohne
　　Pupillenenge 27 c. 37.
Zwecklose Augenbewegungen 26. 28 c. 29. 30.
Binoculares Sehen unvollkommen 49.
Schielen 26 c. 27. 36.
Associative coordinirte Augenbewegungen 25. 26. 29. 139 a.
Ungeordnete Augenbewegungen 26. 28 c. 29. 139 a.
Kopfdrehungen und Augenbewegungen ungleichsinnig 26.

Die Taubheit Neugeborener 58. 61 e. 63 m. 64 c. 140 c. 322. 337.
Abnahme der Schwerhörigkeit 59. 63 a.
Zusammenfahren im Schlaf bei Schalleindrücken 61 c. 63 a. 140 m,
　　Erwachen durch dieselben 63, Zucken der Augenlider nach
　　denselben 63. 64 e. 64 m. 141 m, Bewegungen des Kopfes
　　desgl. 63, der Arme 133 m.
Unruhe nach starken Schalleindrücken 63 e. 137 e, Schliessen der
　　Augen dabei 64 m.
Schallreflexe langsam 63 a.
Drehen des Kopfes nach der Schallquelle hin ist nicht ein Richten
　　desselben auf die letztere 62 a. 63 e. 64 a. 68 e.
Die ersten Schallempfindungen 65 a, wirken beruhigend 65 m. 68 e.
Öffnen der Augen bei neuen Schalleindrücken 65 a.
Zunahme der Hörschärfe 62 m.
Abstumpfung des Gehörs durch häufige Schallreize 63 a.
Schwerhörigkeit im Schlaf 63. 65 e, beim Saugen 63.
Die menschliche Stimme wird erkannt 60 c.
Gesang beruhigt 338 m.

———

Berührungsempfindlichkeit gering 142 a.
Starke Hautreize haben zur Folge Schreien 76 m.
Die Zunge für Berührung empfindlich 78 m, die Gesichtshaut
　　desgl. 82 c, die Lippen desgl. 78, die Nasenschleimhaut desgl.
　　79, Niesen nach Reizung derselben 79, Kopfbewegungen
　　nach Reizung ders. 78 a.
Berührung der Fusssohle bewirkt Spreizen der Zehen 81 c. 189 e.
Die Haut schliesst sich bei Berührung der Fläche 81 c. 176. 189 e,
　　jedoch nicht im Schlafe 191.
Unempfindlichkeit gegen Nadelstiche 82 m.
Schmerzgefühl ohne Reflexe 182 a.

Schmerzempfindlichkeit gering 142 *m.*
Der erste Schmerz 77 *a.*
Schmerzäusserungen nicht intensiv 76. 115 *c.*
Die Schmerzreflexe langsam 82 *a.*
Unterempfindlichkeit für Temperaturen 142 *m.*
Wärme und Kälte unterschieden durch Contrast 88 *m.* 89 *e.*
Erste Tastwahrnehmungen beim Saugen 85 *e.*

Geschmack für Intensitätsunterschiede unterempfindlich 94.
Salziges, Bitteres, Saures bewirkt mimische Reflexe der Unlust
    91. 77 *c.* 78 *m.*
Bevorzugung des Süssen 96, Lecken nach Süssem 92 *c.* 204 *e,*
    nach Milch 93.
Süsses bewirkt mimische Reflexe der Lust 77 *c.* 78 *m.*
Verabscheuung des Bitteren, Sauren, Salzigen 96, ohne Ekel 123 *a.*
Verfeinerung des Geschmacksinnes 94. 142 *c.*

Empfindlichkeit für Gerüche 103 *m.* 104. 137 *c.*
Erste Geruchsunterscheidungen 143 *a.*
Abstumpfung des Geruchsinnes 103.
Üble Gerüche bewirken mimische Reflexe im Schlafe 102.

Reflexbewegungen 76, im Allgemeinen langsam 116 *a.*
Hebung der Nasenflügel und Mundwinkel beim Bestreichen der
    Zunge 77 *c,* Würgen dabei 77 *c,* bei übeln Gerüchen 102.
Mimische Reflexe nach Zungenberührung 77 *c,* nach Reizung der
    Nasenschleimhaut 79 *a,* beim Schmecken 92. 138 *a,* bei
    Überraschung 93.
Zusammenfahren durch Licht 6, beim Erschrecken 61 *m,* nach
    Lippenberührung 78 *c.*
Zucken bei Erschütterung 62 *a.*
Schreckhaftigkeit 176 *a,* Emporheben der Arme dabei 65 *m.*
Drehen des Kopfes nach dem Licht 5. 30, beim Anlegen 202 *a,*
    nach der Mutter Antlitz 61 *c,* beim Anhauchen 62 *a,* nach
    der Mutter Brust 30.
Geordnete Reflexbewegungen 172 *c.* 174 *m,* Niesen 79. 168 *m,*
    Schnaufen und Schnarchen 169 *m,* Gähnen und Husten
    169 *e,* Würgen 171, Singultus, Ructus und Schlucken 172.
Die Athmung noch unregelmässig 170 *m.*
Reflexe nach Kitzeln der Fusssohle 176 *a.*
Das erste Schreien 167. 337.
Schreien durch Licht bewirkt 6 *m,* beim Erschrecken 61 *m,* bei
    übeln Gerüchen 102, bei Ermüdung 366 *a.*
Schreien hört auf, wenn das Gesicht auf ein Kissen gelegt wird 178 *c.*
Die Augen zum ersten Male thränenfeucht 239 *c.*

Die ersten Thränen 240 a.
Die Augen glänzen bei Lustgefühlen 112 e.
Das erste Lachen 23 m. 26. 233 m.
Grimassen 26. 92. 163 m.
Stirnrunzeln 4. 17. 163 m, nach Reizung der Nasenschleimhaut
79 a, beim Erschrecken 61 m, bei Schalleindrücken 63, im-
pulsiv 241 a, anfangs häufiger als später 241 m, fehlt beim
Heben des Blickes 241 m, ist stark beim Gewecktwerden
241 e, vor dem Schreien 242 a.
Verticale Stirnfalten reflectorisch 242 m.
Die ersten Kopfbewegungen 242 e. 243 a. 257 e.
Wackeln des Kopfes beim Anlegen an die Brust 105. 120. 205 m.
243 m.
Mundspitzen 163 m. 221 a. 235 e. 236 a.
Mundöffnen vor dem Anlegen an die Brust 202 m.
Beim Anlegen wird die Mamille gesucht 243 m.
Das Saugen 202, in der Geburt 77 m, an Fremdkörpern 78 e, an
den Fingern 86 a. 202 e, nach Kitzeln der Zunge 77 e, der
Lippen 78 e, erregt Lustgefühl 115, unterbleibt beim Satt-
sein 78 a. 119 a, bei Ermüdung 78 a, bei übeln Gerüchen
103. 104.
Saugbewegungen nach beendigter Nahrungsaufnahme 202 a.
Saugen an der Lippe der Mutter beim Geküsstwerden 238 a.
Ermüdung durch Saugen 124 m, durch Sinnesthätigkeit 366 a.

Lebhaftes Strecken und Beugen der Glieder 111. 161 e.
Recken der Glieder beim Erwachen 162 a.
Drehungen des Rumpfes im Bade 162 e.
Die Hände fahren viel am Gesicht hin und her 189 a. 191.

Erste Lust- und Unlustgefühle 142 m.
Abwenden des Kopfes Unlustzeichen 116 m, ablehnend 244 m.
Gefühle nicht mannigfaltig 143 m.
Unlust durch Abwendung von der Mutter Brust 30.
Lust durch Badwärme 87. 88. 110, beim Entkleidetwerden 111.
beim Trocknen 111.

Die ersten begehrenden Bewegungen 265 m.
Thierische Gier nach Nahrung 120, nur zwei Stunden ohne
solche 121.
Stimme beim Hungern anders als bei Lustgefühlen 112 e.
Unruhe Zeichen von Hunger 119 a.
Der Hunger kann noch keine willkürliche Bewegung bewirken 121 e.
Ausstossen der Mamille beim Sattsein 122 m.

Lächeln beim Sattsein 122 *e*. 231.
Lächeln ein Zeichen der Befriedigung 232 *m*.

Die ersten Erfahrungen und logischen Processe 119 *m*. 120 *a*. 122 *a*.
Unbeholfenheit in unbequemer Lage 207 *e*.
Unbewusste Logik 203.
Der Gesichtsausdruck befriedigt 77 *m*, ernst 65 *e*, intelligent 31 *e*.

Von Lauten werden fast nur Vocale gebildet 339 *a*, beim Schreien
ä und *n* 344. 365 *e*.
Starkes anhaltendes missvergnügtes Schreien, beim Hungern 119 *m*.
365 *e*, beim Frieren 338.
Wimmern bei leichtem Unwohlsein 365 *e*.
Lachen über bewegte helle Dinge 365 *e*.
Grunzlaute bei Empfindung von Nässe und nach beendigter Ver-
dauung 365 *e*.
Stimme sehr kräftig bei Unlustäusserungen 366 *a*.
Niesen, Singultus, Schnaufen, Schnarchen u. a. laute Ausathmungs-
arten ohne sprachliche Bedeutung 366 *a*.

2. Monat.

Helles erfreut 5 *e*. 33 *a*.
Glanz erfreut 5. 33.
Farben erfreuen 5 *e*, werden nur an der Lichtstärke unter-
schieden 138 *m*.
Das Fixiren der Kerzenflamme 31. 36 *e*, der Mutterbrust 36,
farbiger Gegenstände 36.
Bewegte farbige Gegenstände erfreuen 7. 33, werden mit dem
Blick genau verfolgt 33. 66 *e*.
Das Antlitz der Mutter erfreut 33 *e*.
Senken des Blickes bei gehobenem Lide 17.
Heben des Blickes bei gesenktem Lide 17.
Augen halb offen im Schlafe 27. 162 *m*.
Erstes Augenzwinkern 19. 20.
Schielen selten 27 *a*. 36 *e*.
Atypische Augenbewegungen selten 27 *a*, im Schlafe 27.
Unterscheidung verschiedener Schallarten 141 *m*.
Die menschliche Stimme wird gehört 60 *e*. 66 *a*, localisirt 276 *a*.
Erkennung der Schallrichtung 34. 66 *e*. 141 *e*. 276 *a*.
Zusammenfahren bei starken Schalleindrücken 64 *a*. 66, bei
schwachen 65 *e*, im Schlafe 65 *e*.
Armbewegungen im Schlafe nach lautem Schall 66.

Kopfdrehen bei leisen Geräuschen 65*e.*
Beruhigung durch Singen 66*a. m.*
Erstaunen über Singstimmen 66*a.*
Lidschluss bei Berührung des Auges 19*m*, bei lautem Schall 19*m.*
Zucken beim Erschrecken 68*a.*
Zusammenfahren nach Erschütterung im Schlaf 82*e.*
Berührung der Oberlippe bewirkt mimische Reflexe 79*a.*
Die Haut des Gesichtes sehr empfindlich 83*e.*
Bitteres, Salziges, Saures bewirkt Unlust 96.
Geschmacks-Empfindlichkeit für Bitteres gering 94*a* (selten).
Die Anzahl der Athemzüge in der Minute nimmt ab 170*e.*
Niesen als Zeichen der Reflexerregbarkeit 168*e.*
Schnarchen 27.
Erbrechen tritt sehr leicht ein 171*e.*
Singultus sehr häufig 172*a.*
Wischbewegungen im Schlafe nach Berührung 173*a.*
Lachen nach Kitzeln 235*a*, der Fusssohle 113*e.* 176*m.*
Lachen 233*m*, über schwingende Gegenstände 33*m*, über Musik
    66*e.* 232*a.* 338*e.*
Lächeln 232*m.*
Bewegungen der Arme und Beine Zeichen der Lust 113.
Herabziehen der Mundwinkel Unlustzeichen 116*e.*
Die ersten Thränen (bei einigen Kindern) 239*e.*
Die ersten deutlich articulirten Sylben 338*e.* 344. 425. 431.
    436*e.* 444*m.*
Verdriesslichkeit nach anhaltender Sinnesthätigkeit 121*m.*
Ermüdung beim Saugen 124*m*, durch Sinnesthätigkeit 124.
Schlafdauer kurz 125*m*, Schlafzeit lang 126*a.*
Saugen an den eigenen Fingern 86*a.*
Wackelnde Kopfbewegungen beim Anlegen an die Brust 120*a.* 243*e.*
Ausstossen der Mamille beim Sattsein 122*m.*
Drehbewegungen des Körpers 161*e*, des Kopfes 207*m.* 243*e.*
Versuche den Kopf gerade zu halten fehlen 207*a.*
Beim Anfassen eines fremden Fingers keine Entgegenstellung
    des Daumens 191*m.*
Die Aufmerksamkeit am Auge kenntlich 267*a.*
Mundspitzen bei gespannter Aufmerksamkeit 33. 221*a.* 236*m.*
Die Mutter wird erkannt 276*a.*
Antworten auf Zureden 221*m.* 227*e.*
Die Vocale *u* (bei Lustgefühlen 432*m*), *ö*, *o* deutlich; desgl. von
    Consonanten *m*, *g*, *r*, *t*, ausserdem *h* 344. 366*m. e.*
Bei anhaltendem Schreien vornehmlich *ŭä* 365*e*, *ä* 432*m.*
Verschiedene Gefühle werden an der Stimme erkannt 365*e.*
Sehen und Hören ermüdet schnell und bewirkt Schreien 366*a.*
Die ersten „intellectuellen" Laute 428.

3. Monat.

Heben des Blickes ohne Heben des Augenlides 17, ohne Stirn-
runzeln 17.
Atypische Augenbewegungen sehr selten 27.
Pendelschwingungen erfreuen 33.
Suchen mit den Augen 34. 258 *a*.
Die langsam bewegte Hand genau mit dem Blick verfolgt 34 *e*.
Accommodationsversuche 39.
Lidschluss bei rascher Annäherung grosser Gegenstände 20. 138 *e*,
bei plötzlichem Geräusch 67, nicht beim Benetzen 20.
Lachen 235 *a*, über laute Musik 66 *e*.
Aufmerksames Lauschen 67 *m*. 267 *a*. 421 *m*.
Beruhigung durch Töne 67.
Emporheben der Arme bei plötzlichem Geräusch 67 *a*.
Interesse an hohen Tönen 131 *a*.
Erkennung der Schallrichtung 141 *e*.
Lustgefühle noch nicht mannigfalt 110.
Reflectorische Kopfdrehung bei neuen Schalleindrücken 67. 243 *e*.
Bewegungen der Arme als Lustäusserungen 33.
Lächeln 232 *m*, vor dem Spiegel 232 *e*.
Alleinsein erregt Unlust 115 *m*.
Die Augen thränenfeucht 239 *e*, beim Schreien 240 *a*.
Verticale Stirnfalten ohne Schreiweinen 241 *m*.
Der nächtliche Schlaf mehrmals durch Hunger unterbrochen
121. 125 *m*.
Dauer des Wachseins noch kurz 124 *e*. 125 *m*. 126 *a*.
Saugen an Blumen 282 *a*, an den Fingern 86 *a*.
Kaubewegungen 204 *a*.
Singultus immer noch häufig 172 *a*.
Mundspitzen bei gespannter Aufmerksamkeit 221 *a*.
Beim Anfassen eines fremden Fingers Opposition des Daumens
191 *e*.
Der Kopf unvollkommen gerade gehalten 34. 205 *e*. 206 *e*. 257,
wird gedreht beim Nachblicken 34 *e*.
Auf dem Schooss aufgerichtet und angelehnt fällt das Kind nicht
mehr sogleich um 211 *a*.
Die Mutter wird noch nicht sicher erkannt 111. 233 *e*.
Die ersten willkürlichen Bewegungen 258 *m*.
Beim Ansprechen werden Laute geäussert 221 *m*.
Erste Lautnachbildung 258 *a*. 259 *m*.
Der mit einem Hut bedeckte Kopf der Mutter erscheint fremd 276 *a*.
Unbewusste zweckmässige Erleichterung des Saugens 280 *e*.

Von Consonanten nur *m* häufig 339*a*, dann *b*, *l*, *n* 344, und *r*
366*e*, die Sylbe *ma* deutlich 366*e*, desgleichen andere Sylben
367*a*, 432.

Von Vocalen wird jetzt *i* deutlich 344, im missvergnügten
Schreien *ŭä* 365, *ah* Freudenäusserung 429.

Die Schreilust ist schon mitunter ein Zeichen von Wohlsein,
Stillsein vom Gegentheil 366*m*.

4. Monat.

Ungeordnete Augenbewegungen nicht mehr vorhanden 27.

Pendelschwingungen mit dem Blick genauer verfolgt 34*e*.

Bewegte Gegenstände willkürlich mit dem Blick verfolgt 39*m*.

Neue Gegenstände werden anhaltend angeblickt 35*a*. 254*a*.

Erstaunen in neuer Umgebung 275*m*.

Fremde werden sogleich als fremd erkannt 276*m*.

Anlächeln des Spiegelbildes 232*e*. 254*a*. 267*m*.

Die Hände werden besehen 34. 133*m*.

Starke Kopfdrehungen beim Nachblicken 34*e*.

Bei schneller Annäherung grosser Gegenstände Lidschluss und Emporheben der Arme 19*e*, desgl. bei plötzlichem Geräusch 67*a*.

Neue Geräusche werden aufmerksam beachtet 67*m*.

Der Kopf nach der Schallquelle gerichtet 67*m*. 72*a*.

Lachen 233*a*, über laute Musik 66*e*. 70*m*.

Anhaltende Kopfdrehungen bei Hautreizen 175*a*.

Lidschluss bei Benetzung des Auges jetzt regelmässig 81*a*.

Lebhafte Bewegungen als Lustäusserungen 162*e*.

Mundspitzen Zeichen der Befriedigung 162*e*.

Greifversuche mit Verlangen Gegenstände zu haben 190*m*. 199*e*.
257.

Greifen erfreut 111*m*. 112*m*. 192*e*.

Ergriffene Gegenstände werden gegen die Augen bewegt 39*e*. 192.

Greifen nach viel zu weit entfernten Gegenständen 39*e*.

Beim Aufwärtsblicken öfters Stirnrunzeln 17*e*. 241*m*.

Saugen an den Fingern 86*a*.

Mit den zahnlosen Kiefern wird der in den Mund gehaltene
Finger gebissen 203*e*.

Anhaltendes Schreien ohne auffindbare Ursache 118*a*.

Nahrungspausen von 3 bis 4 Stunden 121*a*. 125*m*. 126*a*.

Die Dauer des Wachseins nimmt zu 124*e*.

Furcht vor Thieren 127*m*. 130*e*.

Verschluss des Gehörgangs beruhigt 83.

Reflectorische Armbewegungen im Schlafe 83*a*.
Geordnete Reflexe im Schlafe 172*r*.
Drehungen des Körpers 207*a*.
Der Kopf fällt nur noch selten zur Seite 206*a*. *c*. 207*a*. 257*e*.
Versuche sich mit dem Oberkörper zum Sitzen zu erheben 209*m*. 257.
Versuche zu sitzen 207*e*. 208*a*. 257.
Der oben gehaltene Säugling macht schon Gehbewegungen 214*m*.
Die ersten gewollten Bewegungen mit den Armen 262*e*.
Ausstrecken der Arme bedeutet Begehren 249*a*.
Nicken ohne bejahende Bedeutung 244*e*.
Kopfschütteln ohne verneinende Bedeutung 244*m*, überlegt 257.
Thränen fliessen über die Wangen 239*e*. 240*a*.
Lächeln beim Sattsein 232*r*.
Hohe Krählaute Zeichen der Freude 112*e*.
Nachahmungsversuche 221*a*. 222*a*. 258*a*. 259*m*.
Beim Spielen bethätigt sich die Causalitätsfunction 254*m*.
Erstes Verstehen gesprochener Wörter 341*a*.
Der Vocal *e* deutlich 344, im missvergnügten Schreien *uä* 365*e*
und *uä* 367*e*, auch *ha* 367*m*, *nana* ablehnend 367*m*.
Sehr deutlich articulirte Sylben ohne Sinn 344. 432. 444*e*.
Es werden mehr Vocale als Consonanten geäussert 428.
Versuche allein zu singen 429.
Beantwortung freundlichen Zusprechens 439.

5. Monat.

Anhaltendes Anblicken der Zimmerdecke 35*a*.
Fragender Blick wenn Angehörige das Zimmer verlassen 35*a*.
Fremde werden sogleich als fremd erkannt 276*m*.
Die Abwesenheit der Angehörigen wird bemerkt 276*m*.
Erstaunen in neuer Umgebung 275*m*.
Lachen über laute Musik 66. 70*m*.
Neue Geräusche spannen die Aufmerksamkeit sehr stark an 67*e*.
Der Blick wird nach der Schallquelle gerichtet 71*e*.
Greifen nach allerlei Gegenständen erfreut 111*m*.
Greifen nach Gegenständen mit dem Verlangen sie zu haben 190*m*. 199*e*.
Bei den Greifbewegungen wird das Begehrte vorher fixirt 200*a*.
Der Greifact vervollkommnet 193*a*. 257. 355*e*, Mundspitzen dabei 193*m*.
Bei missglückten Greifversuchen werden die Finger betrachtet 192*e*.
Beim Grusse werden die Arme verlangend ausgestreckt 193*a*.

Neue Geräusche und Bewegungen erwecken die Aufmerksamkeit
    auch beim Saugen 120 m.
Unterscheidung verschiedener Milcharten 97.
Zehn- bis elfstündiger Schlaf ohne Nahrungsaufnahme 121 a.
Nahrungspausen dauern länger 125 m.
Beim Einschlafen fötale Haltung 162 e.
Schreien im Schlaf ohne Erwachen 240 e.
Herabziehen der Mundwinkel Unlustzeichen 116 m.
Weinen beim Schreien 240 a.
Veränderungen der Kopfbedeckung der Mutter furchterregend 117 a.
Hin- und Herzerren eines Handschuhs lusterregend 112 a.
Spielen (zerknittern von Papier) zeigt die Ausbildung der Cau-
    salitätsfunction 254 m, erheitert 67 e. 111 e.
Bewegungslosigkeit beim Erstaunen 133 e. 134 e.
Der Kopf wird gerade aufrecht gehalten 206 a. e. 207 a.
Selbständiges Aufrichten zum Sitzen 210 m.
Erste erfolgreiche Versuche zu sitzen 208 a.
Stehen mit Unterstützung beginnt 210 e.
Beinbewegungen wie beim Gehen mit Unterstützung 214 m.
Das Kriechen auf dem Boden beginnt 212 e.
Gewollte Bewegungen werden häufiger 263 m.
Handgeben bisweilen schon erlernt 248 e.
Überlegte Bewegungen 268 a.
Die Laute ü, ö und k deutlich 344. 367 e, im starken Schreien
    bei Unlust ü̆ä 365 e.
Hohe Krählaute Zeichen des Vergnügens 368 a.
Antworten auf Zureden articulirt und unarticulirt 339 m.
Vocale werden viel besser als Consonanten gehört 339 m.
Sehr deutliche Sylben werden gebildet 428.
Gurgeln grr ohne sonstige Consonanten 429 e.
Versuche Laute nachzuahmen 431. 442 a.
Alle Vocale werden beim Schreien gebildet 444 m.

6. Monat.

Fragender Blick beim Anblasen 20 m.
Augenzwinkern beim Anblasen 20 m. 81 m.
Aufwärtsblicken bei Kitzelgefühlen der Kopfhaut 27.
Vergleichung des Spiegelbildes mit dem Original 45.
Die Unterscheidung menschlicher Gesichter 275 m.
Der Anblick Fremder bewirkt Erstaunen 133 e. 276 m.
Erstaunen in neuer Umgebung 275 m.
Furcht vor fremden Gesichtern 131 e, mit Schreiweinen 276 m.

Lachen beim Zunicken der Angehörigen, nicht Fremder 45.
Lachen beim Anlachen 113.
Freude über Musik nimmt zu 70*m*.
Armbewegungen als Zeichen der Heiterkeit 45*a*. 113*m*. 233*e*.
Lustgefühle bei den Greifversuchen nehmen zu 111*m*.
Die eigenen Hände werden eifrig betrachtet 85.
Der Finger einer fremden Hand wird in den Mund geführt 34.
Im Ganzen überwiegen Unlustgefühle noch immer 114*e*.
Von nun an ist Herabziehen der Mundwinkel das sicherste
    Zeichen derselben 116*e*.
Die Bewegung des Kratzens bei Hautreizen 175*a*.
Niesen beim Anblasen 169*a*.
Die Dauer des Schlafes zwischen zwei Mahlzeiten wachsend 125*m*.
Der Blick haftet beim Saugen fest auf der Saugflasche 120*m*.
Andere Nahrung als Milch wird ebenso gern wie diese ge-
    nommen 97*e*.
Äquilibrirung des Kopfes 207*a*.
Aufrichten zum Sitzen 215*m*, um Gesehenes zu ergreifen 193*m*.
Versuche mit dem ganzen Oberkörper aufrecht zu sitzen 193*m*.
    208*a.m*. 257.
Kopfdrehung, wenn jemand das Zimmer verlässt 244*a*, nach
    Beendigung des Saugens mit ablehnenden Armbewegungen
    244*e*.
Das Handgeben bisweilen schon erlernt 248*e*.
Aufrecht-stellen auf dem Schooss erfreut 215*m*.
Beim Halten an den Achseln Beinbewegungen wie beim Gehen
    214*m*.
Kriechen auf dem Boden 212*a*.
Zorn bei Enttäuschungen 286*m*.
Vorlesen wird nachgeäfft 226*e*.
Gewollte Bewegungen werden immer häufiger 263*m*.
Beim Spielen mit Papier bethätigt sich die Causalitätsfunction
    254*m*.
Unbewusst logisches Verfahren beim Saugen 280*m*.
Von Lauten *j* zum ersten Mal deutlich 344. 368*m*, im Schreien
    bei Unlust immer noch *ŭä* 365*e*.
Bei den vielen Lippen- und Zungenbewegungen Bildung neuer
    Laute in grosser Anzahl 344. 368*m*.
Vocale werden viel besser als Consonanten gehört 339.
Die Sylben *mö* und *am* bei allen Kindern 345*e*, *da* 431.
Lautes Krähen vor Freude 368. 425*m*.
Lange ohne Unterbrechung fortgesetztes „Lallen" 327*a*. 368*m*.
Verlangen wird durch articulirte Sylben geäussert 429.

7. Monat.

Auf- und Zumachen der Augen beim Erstaunen 22, bei plötzlichem Geräusch 67 a.

Dem fliegenden Vogel wird deutlich nachgeblickt 35 m.

In der Hand gehaltenen Gegenständen, die herabfallen, wird
nicht nachgeblickt 35.

Beim Sehen oder Hören fallender Gegenstände wird der Blick
dahin gewendet, wo es geschehen 35.

Erstaunen über Fremde 40. 45 a, über Seifenblasen 136, über
Töne 68 a, über neue Geschmacksempfindungen 97 a.

Mund und Augen offen als Zeichen des Erstaunens 40 a. 67 e. 134 a.

Plötzliche Bewegungslosigkeit desgl. 40 a.

Das Emporheben der Arme beim Erschrecken seltener 77 a.

Furcht vor fremden Gesichtern 131 e.

Die Beruhigung durch Verschluss des Ohres nicht mehr erziel-
bar 82.

Kopf und Blick werden anhaltend im Hungerzustand der Saugflasche, die von allen Dingen am meisten fesselt, zugewendet
120 m.

Betrachtung des eigenen Spiegelbildes lusterregend 111.

Freude an der Musik 70 m.

Sehr lautes Jauchzen über lusterregende Eindrücke 113 m.

Zukneifen der Augen bezeichnet Unlust 24.

Verticale Stirnfalten ohne Schreien desgl. 241 m.

Abwenden des Kopfes desgl. 244 m. 24. 97 a.

Geschmacks-Eindrücke werden gut unterschieden 97.

Geschmacks-Idiosynkrasien vorhanden 97 e.

Der Zucker wird noch wie am ersten Tage beleckt 204 e.

Das Zurückziehen der Zunge beim Schreien vor Hunger deutlich
119 e.

Der Hunger stellt sich seltener ein 121.

Das Mundstück der Saugflasche wird beim Sattsein noch immer
energisch ausgestossen 122 m.

Die Greifbewegungen schneller als bisher 191 e.

Die Nase wird ein wenig bewegt 163 m.

Kräftiges Um-sich-schlagen mit den Armen 163 a.

Auf dem Schoosse, mit Anlehnen, sich aufrichten 215 m.

Seufzen beim Aufrichten 170 a.

Versuche sich zu erheben 257 e.

Freies Sitzen 208 a.

Kopfbewegungen und Mundspitzen nachgeahmt 221 e.

Lachen wird nachgeahmt 221 e.

Zeigen mit dem Zeigefinger 276 *a*.
Selbständige überlegte verwickelte zweckmässige Bewegungen 258 *e*.
Beantwortung von Fragen mit wo? durch Handbewegungen 341 *a*.
Die Mitlauter *d* und *p* unter anderen deutlich 344. 369. 428.
Schreien vor Schmerz anders als vor Hunger 368.
Lall-Monologe und Lall-Antworten 369. 425.
Die Worte „Händchen geben" werden bisweilen schon verstan-
den 248*e*. 340. 373*e* (jedoch ohne Zweifel nur, wie im
6. Monat, wenn die Hand dargereicht wird).
Einzelne Befehle werden an den Vocalen schon verstanden 339*e*.
Verknüpfung von Personen mit ihren Namen 431 *e*.

8. Monat.

Beim Aufwärtsblicken wird die Stirn meistens gerunzelt 17.
Die Füsse werden aufmerksam betrachtet, die Zehen in den Mund
geführt 194*m*.
Beim Erstaunen Mund und Augen offen 133 *c*, ohne Hebung der
Brauen 22. 134*a*.
Hunger und Sättigung bewirken noch die stärksten Lust- und
Unlust-Zeichen 122 *e*.
Bei neuen Eindrücken ein Lidschlag 22. 68*a*.
Augen weit offen beim Begehren 22*c*.
Starres Fixiren verlangter Gegenstände 22*c*. 45.
Der Mund wird vor dem Ergreifen begehrter Dinge geöffnet 195*m*.
Laute des Begehrens bei geschlossenen Lippen 22*c*.
Saugen an einem nassen Schwamm 203*a*.
Stärkerer Augenglanz bei Freude und Überraschung 22*c*.
Viereckige Mundform bei heftigem Schreien 116*c*.
Zukneifen der Augen bezeichnet Unlust 24*a*.
Abwendung des Kopfes desgl. 24*a*.
Beides zusammen Antipathie 245*m*.
Langsam herabbewegte Gegenstände werden mit dem Blick genau
verfolgt 35, mässig schnell schwingende weniger 36, fallende
kaum beachtet 35.
Freies Sitzen 208*a*.
Die Freude an der Musik nimmt zu 70*m*, sie wird aufmerksam
gehört 71*a*.
Das Emporheben der Arme bei plötzlichen Geräuschen wird
seltener 67*a*.
Augenzwinkern bei plötzlichen Schalleindrücken 67*a*, bei neuen 68*a*.
Zusammenfahren beim Erschrecken 68*a*.
Immer lauteres Jubeln über den Wohlgeschmack neuer Nahrung 98.

32*

Die Saugflasche erweckt das grösste Interesse 120 *m*.

Ein eigenthümliches Girren bezeichnet Verlangen nach Milch 121 *m*.

Das Zahnen stört den nächtlichen Schlaf 127 *a*.

Kräftige Bewegungen der Arme 163 *a*, anhaltend 164 *a*. 165 *m*.

Einige Kinder fangen an allein zu gehen 213 *m*.

Getragen richten sich einige Kinder auf dem Arm empor 215 *m*.

Lautes Lachen vor Freude 233 *e*.

Lecken der Lippen beim Geküsstwerden 238 *m*.

Ausstrecken der Hände mit offenem Munde bezeichnet Interesse 249 *m*.

Versuche einen Gegenstand zu zeigen 257.

Die Lallmonologe mit sehr mannigfaltigen Zungenbewegungen länger 369.

Selbständige neue Lautcombinationen 334. 369.

Gehört werden Vocale besser als Consonanten 329 *e*.

Begriffbildung ohne Worte sehr deutlich 348 *e*.

Verständniss des Gesprochenen 429 *e*.

Fast alle deutschen Sprachlaute werden schon (oft zufällig) rein gebildet 435 *e*.

9. Monat.

Beim Aufwärtsblicken Stirnrunzeln 17 *e*.

Zukneifen der Augen Unlust-Zeichen 24 *a*. 116 *a*.

Abwendung des Kopfes bezeichnet seit dem 1. Monat Unlust 24 *a*. 116 *m*.

Starke Convergenz der Blicklinien tritt sehr leicht ein 27.

Das Knirschen mit zwei Zähnen erfreut 204 *m*.

Unbedeutende vorübergehende Atypie der Augenbewegungen 27.

Erhebung der Hände als Ausdrucksbewegung 175 *e*. 370 *m*.

Langsam bewegte Dinge werden mit höchstem Interesse fixirt 35 *e*, zu Boden geworfenen nicht regelmässig nachgeblickt 35 *e*, beim Öffnen und Schliessen der Thür der Kopf dahin gewendet 45.

Weit offene Augen und ausgestreckte Arme Zeichen des Begehrens 45.

Neue erfasste Gegenstände werden sehr aufmerksam betrachtet 45, schnell auf die Zunge gelegt 255 *e*.

Die Freude an der Musik nimmt zu 70 *m*. 370 *m*.

Vorgesungene Töne werden nachgesungen 70 *e*.

Plötzliche Geräusche bewirken Augenzwinkern 68 *a*.

Freies Sitzen 208 *a*. *m*.

Zusammenfahren bei plötzlichen Schalleindrücken 68 *a*.

Drehungen des Körpers 207 *m.*
Bewegungen im Schlaf nach Schalleindrücken 68 *m.*
Kopfdrehung wenn es donnert 68 *e.*
Singen bis Schlaf eintritt 71 *a.*
Erstaunen über neuen Geschmack 98.
Zusammenschlagen der Hände und Lachen vor Freude 113.
Girren bezeichnet das Verlangen nach Nahrung 121 *m.*
Die Saugflasche interessirt weit mehr als alles andere 120 *m.*
Furcht über neues Geräusch 129 *m*, vor Hunden 129 *e.*
Mund und Augen beim Erstaunen noch weiter und länger offen
     als früher 133 *e.*
Kräftige Bewegungen der Glieder 163 *a*, beim Niesen 169 *a.*
Handbewegungen entsprechend gesehenen Änderungen 165 *m.*
Die Athmung während des Zahnfiebers beschleunigt 170 *e.*
Versuche ohne Unterstützung zu stehen erfolgreich 209 *e.* 210 *m.*
Laufen kann bei einzelnen Kindern beginnen 212 *m.* 213 *m.*
Alleingehen beginnt 212 *e.*
Lautes Lachen bei angenehmen neuen Eindrücken 234 *a.*
Das Bitten mit den Händen wird erlernt und vergessen 248 *m*, er-
     lernt und nicht vergessen 248 *m.*
Der Kopf wird auf die Frage „Wo ist das Licht?" richtig ge-
     dreht 249 *e.*
Versuche einen Gegenstand zu zeigen gelingen 257.
Zusammenhang von Klangerzeugung und eigenen Bewegungen
     erkannt 286 *m.*
Modulation der Stimme bei Äusserung psychischer Zustände 370.
Articulirte Laute des Vergnügens über Musik 370 *m.*
Die Gutturalen vollkommen deutlich 344.
Vocale werden besser als Mitlauter gehört 339 *e.*
Sylbenbildung deutlich 429. 444 *e.*
Beim Vorsingen werden Vocale mitgesungen 429 *e.*
Erste Nachahmungen gehörter Laute 437 *a.*
Personen mit deren Namen verknüpft 442.

10. Monat.

Licht erfreut 5.
Greifen nach der Lampe 5.
Abwendung des Kopfes bezeichnet Unlust 24 *a.*
Zukneifen der Augen desgleichen 24 *a.*
Convergenz der Blicklinien vorübergehend gestört 27.
Zu Boden geworfenen Gegenständen wird verwundert nachgeblickt 36.
Was mit der Nahrung zusammenhängt, wird am schnellsten rich-
     tig gedeutet 45.

Zugespitzter Mund, offene glänzende Augen beim Erwachen 45.
Kopfdrehung wenn es donnert 68 e.
Die Nahrungsaufnahme nicht mehr ganz so hastig wie bisher 120 e.
Furcht bei quiekendem Geräusch 129.
Einzelne musikalische Töne werden erkannt 141 m.
Unermüdlichkeit bei zwecklosen Bewegungen 164 a.
Unruhe beim Verlangen nach Blasenentleerung 179 e.
Reflexhemmung 180 a.
Die Nahrung wird mit den Händen richtig zum Munde geführt
    196 m.
Der Finger im Munde wird gebissen 203 e und mit 4 Zähnen Brod
    zerbissen, gekaut und verschluckt ohne Unterricht 204 a.
Drehungen des Körpers 207 m.
Correcte Nachahmung von Bewegungen 222 a. 223 m.
Winken 222.
Beim Aufwärtssehen horizontale Stirnfalten von jetzt ab regel-
    mässig 241 m.
Wuthanfälle beim Versagen begehrter Dinge 245 m.
Die Gesichtshaut röthet sich im Zorn 245 m.
Begehrte vorher gezeigte Dinge werden noch oft in den Mund
    gebracht 250 m.
Im Zorn wird der Körper gerade gestreckt 252 a. 254 a.
Wiedererkennung des Vaters nach viertägiger Abwesenheit 276 m.
Wiederholung sinnloser Sylben 437 a.
Sich-aufrecht-halten ohne Stütze beginnt 210 m. e. 214 m.
Kriechen „auf allen Vieren" noch nicht abgewöhnt 212 e.
Allein-Gehen beginnt bei vielen Kindern 213 m. 214 m. 257.
Allein-Kriechen geschickter 213 e.
Gehen mit Unterstützung 215 m. e.
Vollständig freies Sitzen beginnt bei vielen Kindern 208 a. m.
Sitzen ohne Unterstützung von jetzt an bleibend 215 e. 257.
Schreien im Schlaf 240 e.
Selbständiger Gebrauch eines Wortes 431.
Vergebliche Versuche nachzusprechen 347 a. 370. 431.
Gegensinn der ersten verstandenen Wörter 350 m.
Zunehmende Deutlichkeit einiger Sylben in den Lallmonologen
    344. 370.
Richtige Beantwortung von Wo?-Fragen mit Auge und Hand
    341 m. 431. 426 a. 428.
Durchdringendes Kreischen Freudenäusserung 431.

11. Monat.

Zu Boden geworfenen Gegenständen wird mit gespannter Aufmerksamkeit nachgesehen 36 a.

Vorschieben der Lippen ein Zeichen der Aufmerksamkeit 236 m. 36 a. 40.

Neue Gegenstände werden nur noch selten an die Augen und in den Mund geführt 40 a, aber betrachtet und betastet 40.

Die willkürlichen Augen- und Kopfbewegungen nehmen zu 45.

Gesichter werden leicht wiedererkannt 45 e.

Singen beruhigt 69 a.

Forschen nach der Ursache einer Schalldämpfung 69 a.

Freude an der Musik 71 a.

Gesungene Lieder veranlassen Bewegungen 71 a.

In der Auswahl der Nahrung wählerisch 98.

Furcht vor Tauben 130 e.

Erstaunen über fremde Gesichter 134 a.

Die Verknüpfung von Tast- und Gesichtseindrücken langsam 140 e.

Anhaltende zwecklose Bewegungen ohne Ermüdung 164 a.

Spielen mit einem selbst gefundenen langen Haar 197 a.

Greifen nach der Lampenflamme 196 m.

Versuche durch eine Glasscheibe hindurch Dinge zu ergreifen 196 m.

Greifen nach sehr kleinen Papierschnitzeln, die in den Mund gebracht werden 196 e.

Eine Hand wird ergriffen, in den Mund geführt und gebissen 203 e, wie ein Zwieback 255 e.

Versuche massive Glasstücke zu zerbeissen 204 a.

Schmatzen erfreut 204 a.

Völlig freies Sitzen (bei schwächlichen Kindern erst jetzt) 208 a. m.

Richtige Nachahmungen häufig 223 m, falsche desgl. 437 a.

Lachen mit etwas mehr Verständniss als bisher 234 a.

Doch wird noch lachend nach dem Spiegelbild gegriffen 234 a.

Aus einem Glase trinken gelingt noch nicht 256 a.

Die Abwesenheit der Eltern wird übel vermerkt 276 e.

Frei stehend wird mit dem Fusse gestampft 210 a. 253 e.

Sich allein erheben und frei stehen 210 m. 214 m. 257.

Alleingehen beginnt bei vielen Kindern 213. 214 m.

Gehen mit Unterstützung 216 a, Kriechen 445 m.

Das Fortschieben von Stühlen nachgeahmt? 253 e.

Experimentiren beim Spielen mit Überlegung 254 a.

Der Unterschied von 8 und 9 wird erkannt 276 e.

Eindringlich Vorgesprochenes wird nachgesprochen 371.

Das Flüstern bei den Lallmonologen 371 m.

Dreierlei *R*-Laute werden gebildet 371*e*. 430.
Bildung des eigenen Namens aus der Erinnerung 372*a*.
Maschinenmässige Wiederholung einer Sylbe 372*m*. 430.
Accentuationen dabei selten 372*e*.
Die einzige sprachlich geäusserte Vorstellung ist die des Ver-
    schwindens *(atta)* 372*e*.
Viele alte und neue Sylben werden sinnlos rein articulirt 344. 372*a*.
Vocale besser als Consonanten gehört 339*e*.
Selbständige Laute bezeichnen die Stimmung 425*e*. 437*a*.
Fragen, welche mit „Wo" beginnen, werden verstanden 428.
Gesprochenes wird verstanden 429.
Nachahmung von Geräuschen 429 und Wörtern 429.
Verbindung eines Lautes mit einer bestimmten Vorstellung 429*e*.

12. Monat.

Deutliches Sehen weit entfernter bewegter Gegenstände 40*m*.
Deutliches Sehen in die Nähe und Ferne 40*m*, aber die ungleiche
    Entfernung des Gesehenen wird nicht erkannt 40*m*.
Singen und „Sch" beruhigen 69*a*.
Suchen nach der Ursache und dem Ort eines Schalles 69*m*.
In der Auswahl der Nahrung bezüglich des Geschmacks sehr
    wählerisch 98*m*.
Ein eigenthümliches Grunzen als Lustäusserung tritt auf 113*a*.
Nachgeahmtes Lachen von nun an häufig 113*e*.
Krählaute Freuden-Äusserung 133*e*. 234*m*.
Zukneifen der Augen Unlust-Zeichen 116*a*.
Noch immer wird, wie im 1. Monat, die Nahrung gierig ver-
    langt 120.
Erstaunen über neue Klänge 134*a*.
Grün und Blau werden noch mit Grau verwechselt 138*m*.
Emporheben der Arme beim Saugen noch immer anhaltend 164*e*.
Eine in den Mund geführte fremde Hand wird kräftig gebissen 203*e*.
Völlig freies Sitzen (bei schwächlichen Kindern erst jetzt) 208*a*.
Richtige Nachahmungen häufig 223*m*. 224*a*. 431*e*. 445.
Wiederholung nachgeahmter Bewegungen im Traum 224*m*.
Das Lachen Erwachsener wird nachgeahmt 234*a*.
Lachen im Schlafe 234*m*.
Zeichen von Zuneigung 238*m*.
Nachahmung des Küssens 238*m*, erste Versuche zu küssen 257.
Aus einem Glase trinken gelingt 256*a*.
Fragen werden durch Blicke und Zeigen mit dem Finger richtig
    beantwortet 249*e*. 250*a*.

Arme-ausstrecken ein Zeichen des Verlangens 250 e.
Wiedererkennung der Amme nach 6 Tagen 276 m.
Auch schwächlichere Kinder stehen ohne Stütze 210 e. 214 m. 216 a.
Allein-gehen beginnt bei vielen Kindern 213 m. 216 m.
Mit dem Fuss stampfen 216 a.
Fortschieben von Stühlen 216 a.
Der Laut w deutlich 344.
Begehren wird durch äna ausgedrückt 373.
Correctes Nachsprechen sehr selten 373 m. 425 m. 437. 445 m.
Hohe Krählaute und Grunzlaute 373 m.
Viele gut articulirte Sylben ohne Sinn 344. 373.
Gehörte Wörter werden unterschieden 373 e.
Die Ss-Laute beruhigen 374.
„Händchen-geben". wird verstanden 373 e.
Begriffbildung ohne Wörter sehr deutlich 350 a.
Verständniss für Intonationen, Geberden, Wörter 431.

13. Monat.

Umsehen beim Schlagen auf die Claviertasten, ob man zuhöre 70 a.
Lautloses Horchen auf einen Canarienvogel 70 a.
Lachen über den Donner 70 a, über Musik 113 e.
Nachsingen vorgesungener Melodien 71 m.
Drängen und Pressen beim Ausathmen Lustäusserung 113 a.
Von 24 Stunden 14 schlafend 126 a.
Schreien vor Angst, wenn Möbel verrückt werden 127 m, bei
    Hundegebell 129 e.
Überwindung der Furcht vor Tauben 130 e.
Sehr häufig anhaltende überflüssige Bewegungen 164 a.
Verwickelte Bewegungen werden richtig nachgeahmt 223 e.
Wechsel von Heiterkeit und Ernst 229 e.
Abwendung beim Geküsst-werden 238 e.
Verneinendes Kopfschütteln durch Dressur erlernt 245 e.
Das Bitten mit den Händen desgl. 248 m.
Vor einem Vierteljahr erlernte, dann vergessene Geste wieder
    erlernt 248 m.
Das gezeigte begehrte, dann erfasste Ding wird noch in den
    Mund geführt 250 m.
Mit der Geberde des Begehrens werden Bittlaute verbunden 251 a.
Es wird eine zugeschlagene Thür geprüft, ob sie geschlossen 283 m.
Durch Dressur erlernte Bewegungen mit Gesang werden be-
    halten 282 e.
Längeres Stehen nur beim Anlehnen des Rückens 210 a.

Alleingehen beginnt bei vielen Kindern 213 *m. e.* 214.
Selbständiges Sprechen beginnt manchmal jetzt 214 *a.*
Kriechen und Rutschen auf dem Boden 216 *m.*
Die Vocale (o) werden besser verstanden als die Mitlauter 339 *e.*
Das zischende ss deutlich 344. 375 *e.*
Bei Versuchen nachzusprechen ist die Aufmerksamkeit reger 374 *m.*
Verlangen wird durch Sylben 374 *e* und Girren 375 und durch
     Geberden ausgedrückt 432.
Bejahung und Verneinung wird am Ton der Stimme erkannt 374 *e.*
Gesprochene Wörter werden besser verstanden 375. 430.
Gehörte Wörter werden verstanden 430 und (durch Dressur) mit
     bestimmten Bewegungen verknüpft 375.
Die ersten Acte des Gehorsams 376 *m.*
Verwechslungen dabei häufig 376.
Kein Wort mit erkennbarem Sinn wird gesprochen 428.
Nachahmung der Schwingungen eines Pendels 439 *m.*
Beobachtung des Mundes bei Lautnachahmungen 442.
Die Hand klopft prüfend den eigenen Kopf 456 *a.*
Zerreissen von Papier gewährt grosse Befriedigung 456 *e.*
Desgl. andere einförmige Beschäftigungen, durch welche das
     Kind sich als Ursache äusserer Veränderungen erkennt 457.
Greifen nach dem Gesichte eines Essenden, dessen Bewegungen
     aufmerksam verfolgt werden 458 *e.*

14. Monat.

Greifen nach einer Lampe an der Decke 40 *m.*
Die Lampenflamme erregt grosses Vergnügen 40 *m.*
Lachen über neue Geräusche 70 *a.*
Sich-schütteln nach Kitzeln der Nase 80 *a.*
Nachsingen der vorgesungenen Töne 71 *m.*
Drängen und Grunzen beim starken Ausathmen Lustäusserung 113 *a.*
Die Scheu vor Tauben vollständig überwunden 130 *e.*
Furcht zu fallen 131 *a.*
Erstaunen über neues Licht 134 *a.*
Seufzen auch bei vergnügter Stimmung 170 *a.*
Kleine beim Zerbeissen von Papier in den Mund gelangte Papier-
     schnitzel werden geschickt wieder herausgeholt 196 *a.*
Neue verlangte Nachahmungen geschehen langsamer 224 *m*, als
     freiwillige 224 *e.*
Küssen als Zeichen der Zuneigung 287 *e.*
Denken und Experimentiren über die Ursache eines Geräusches 255 *a.*

Die Bewegung des bejahenden Nickens wird noch nicht nachgeahmt 245 e.
Zeigen mit gespreizten Fingern 249 e.
Verwechslung der durch Dressur erlernten Gesten 250 e.
Mit verlangendem Hände-ausstrecken werden Bittlaute verbunden 251 a.
Sanftes Handauflegen bedeutet Zuneigung 252 a.
Sich-aufrichten an festen Gegenständen 212 e. 214 e.
Selbständiges Sprechen beginnt bei einigen Kindern 213 m.
Alleingehen beginnt bei vielen Kindern 213 e. 214.
Alleinstehen desgl. 214 m. 216 e.
Kriechen und Rutschen auf Händen und Knien 216 m.
Der eigene Arm wird gebissen, als wenn er etwas Fremdes wäre 455 a.
Gegensinn neu erlernter Wörter 350 e.
Neue Lautcombinationen selbständig 344. 376 e. 430.
Selbständige Wortverwerthung 362 a. 430.
Versuche nachzusprechen unvollkommen 377. 430.
Feste Verknüpfung gehörter Wörter mit Gegenständen bewirkt selbständige Handlungen 378. 430.
Abkürzung langer Wörter 433 e.
Beim Betrachten des Spiegelbildes fährt die Hand hinter den Spiegel 461 m.
Bei Wiederholung hartnäckige Abwendung vom Spiegel 461 e.
Beim Betrachten des photographischen Bildnisses wird dasselbe wie ein Handspiegel umgewendet 461 m.

15. Monat.

Zu-kurz-greifen nach der Kerzenflamme 46 a.
Versuch dieselbe mit der Hand zu ergreifen 46 a. 225 a.
Lachen über neue Schalleindrücke 234 a, über Gurgeln 70 a, über das Erlöschen einer Flamme 225 a.
Gleichgültigkeit gegen neue Gerüche 105.
Manche Wohlgerüche erregen Heiterkeit 105 e.
Sehr verwickelte Bewegungen werden nachgeahmt 223 e, auf Verlangen weniger genau als freiwillig 224 e.
Eine Kerzenflamme wird richtig ausgeblasen 225 a.
Betrachtung der Hand bei neuen Bewegungen 225 e.
Küssen erlernt und behalten 238 a.
Annähern des Kopfes und Mundspitzen dabei 238 e.
Stirnrunzeln bei angestrengten Nachahmungen 242 a.
Deutliche abwehrende Armbewegungen 244 e.

Nachahmung des Kopfschüttelns ohne verneinende Bedeutung 245 e.
Erste richtige Nachahmung des Nickens 245 e.
Achselzucken zum ersten Male 246 e.
Es bedeutet schon das Nicht-Können 246 e.
Das Zusammenlegen der Hände in bittender Stellung 247 e.
Freude über die Erfüllung einer stummen Bitte 248 a.
Hände-ausstrecken mit Bitt-Lauten 251 a. m.
Die Finger verbrannt beim Versuch die Flamme zu ergreifen 286 m.
Das Abtrocknen des Mundes von jetzt an ruhig ertragen 286 e.
Zusammensuchen kleiner Dinge erfreut 284 m.
Versuche sich selbständig aufzurichten 217 m.
Erste Versuche frei zu stehen (bei vielen Kindern) 214 m. 216 e.
Erste Versuche allein zu gehen (bei vielen Kindern) 213 e. 214. 217.
Sicheres Überschreiten einer Schwelle allein 213 e.
Selbständiges Sprechen beginnt (bei manchen Kindern) 213 m.
    214 a. 431.
Der Laut Z deutlich 344. 388 a, englisches th desgl. 409 m. 381 a.
Neue selbständige Articulationen zahlreich 344. 432 e.
Bezeichnung von Begriffen durch Sylben beginnt 380. 427 e.
Nachsprechen vorgesagter Sylben besser 380 e. 395 m. 426.
Sehr mannigfaltige Zungenbewegungen 381 e.
Das Niesen wird nachgeahmt 426.
Abkürzung erlernter Wörter 438 m.
Spiegelbild und Photogramm werden als Bilder vom Original
    sicher unterschieden 461 e.
Jedoch wird der Spiegel noch betastet und beleckt, als wenn
    das Bild körperlich wäre 461 e.
Die eigenen Finger werden stark gebissen 456 m.
Es wird an ihnen gezerrt, als wenn sie ausgerissen werden
    sollten 458 e.

16. Monat.

Das Fehlgreifen nach rechts-links, oben-unten, vorn noch sehr
    häufig 40.
Versuch dünne Wasserstrahlen mit der Hand zu fassen 46 a.
Aufmerksames Horchen auf das Ticktack einer Taschenuhr 70 a
Sich-schütteln bei neuen Geschmacks-Eindrücken 93.
Lachen bei angenehmen neuen Geruchs-Eindrücken 105 e.
Furcht vor hohen Tönen 131 a.
Athemzüge 22 bis 25 in der Minute im Schlafe 170 e.
Fingerspreizen während des Trinkens 165 a, des Zeigens 383 m.
Geschickte Nachahmung complicirter Bewegungen 226 a.

Die Lippen rüsselförmig vorgeschoben beim Aufmerken 236 *a*.
Selbständige Handlungen mit Überlegung 254 *e*.
Verneinendes Kopfschütteln bedeutet Nicht-wissen 246 *a*.
Achselzucken desgl. 247 *a*.
Nachgeahmte zuwartende Stellung und Haltung 247 *a*.
Gedächtniss, Überlegung, Geberdensprache ohne Worte 280 *a*.
Unbeholfenheit wegen Mangel an Erfahrung 281 *e*.
Alleingehen beginnt bei vielen Kindern 212 *e*. 213 *e*. 214. 217 *e*.
218 *a*. 257.
Selbständiges Sprechen bei vielen Kindern 213 *m*.
Alleinlaufen beginnt 214 *m*. *e*. 217 *e*.
Erste Versuche allein zu stehen bei vielen Kindern 214 *m*.
Überschreiten einer Schwelle nur mit Unterstützung 215 *a*. 257 *e*.
Mit Unterstützung rückwärts gehen und sich drehen 217 *e*.
Beim Fallen nach vorn Ausstrecken der Arme 218 *a*.
Der Laut f (v) deutlich 344.
Neue sinnlose Sylben 344. 383.
Merkliche Fortschritte im Nachsprechen 382 *e*. 426.
Viele gehörte Wörter werden verstanden 384 *m*. 426.
Verwechslungen kommen aber oft vor 384 *m*.
Prüfendes Betasten und Drücken, auch Stossen des eigenen Kopfes
mit dem Daumen 456 *a*.
Fratzen-machen vor dem Spiegel 462 *a*.

17. Monat.

Versuch eine Rauchwolke mit der Hand zu erfassen 46.
Eine Taschenuhr an das Ohr halten ist Lieblingsbeschäftigung 70 *a*.
Grimassen beim Kosten neuer Speisen 93.
Wohlriechende Blumen werden noch in den Mund geführt 105 *e*.
282 *a*.
Verwechslung von Geruch und Geschmack 106 *a*.
Ununterbrochener zwölfstündiger Schlaf Nachts 126.
Furcht vor schwarzen Gestalten 131 *e*.
Impulsive Bewegungen im Schlafe 160 *a*.
Pupillen im Schlafe verengt 160 *a*.
Gleichseitige Reflexe im Schlafe 173 *e*.
Athemzüge im Schlafe 22 bis 25 in der Minute 170 *e*.
Zuckende Bewegungen im Schlaf wie vor der Geburt 162 *a*.
Der Löffel geräth beim Essen oft neben den Mund 195 *e*.
Das verneinende Kopfschütteln bedeutet Nicht-wollen 246 *a*.
Achselzucken bedeutet Ablehnung, Nicht-wissen, Nicht-können
247 *m*.

Händeklatschen im Schlaf 248 m.
Sich-auf-den-Boden-werfen und um-sich-schlagen vor Wuth 251 m.
Der Sinn für Reinlichkeit ist stark entwickelt 287 a.
Versteckspielen gewührt grosses Vergnügen 284 m.
Selbständige überlegte Handlungen ohne Worte 280 e.
Manche Kinder fangen jetzt an zu laufen 212 m. e. 213 e. 214.
Manche Kinder beginnen jetzt zu sprechen 213 m.
Erste Versuche frei zu stehen bei manchen Kindern 214 m.
Überschreiten einer Schwelle nur mit Unterstützung 215 a. 218 m,
    ohne solche 257 e.
Allein aufstehen 218 m. 257 e.
Seit dem 1. Monat bezeichnen Grunzlaute die Beendigung der
    Verdauung 365 e.
Neue Lautcombinationen ohne Sinn 344. 426 m.
Articulirte Äusserungen der Freude und des Verlangens 385 a.
Klagende Laute bedeuten Nicht-verstehen, Nicht-wollen 385 a.
Das Geräusch beim Aufziehen der Uhr wird nachgeahmt 385 m.
Viele Gegenstände werden richtig gezeigt 385 m.
Folgsamkeit, Eigensinn, Schalkhaftigkeit entwickelt 385 e.
Gehörte Consonanten sicher unterschieden 385 e.
Kleine Sätze mit Zeitwörtern 430.
Nein bedeutet Ja und Nein 443 e.
Das Spiegelbild gewährt Vergnügen; Spuren von Eitelkeit wie
    im 16. Monat 462 a.

18. Monat.

Das bisher beliebte Wegwerfen von Spielsachen selten 36.
Angst beim Anblick eines schwarz gekleideten Fremden 46.
Nach dessen Fortgang atta 46 geflüstert 386 m.
Sehr gern wird das Ticktack einer Taschenuhr belauscht 70 a.
Augen-schliessen beim Schmecken 93.
Wohlriechende Gegenstände werden nicht mehr regelmässig in
    den Mund geführt 106. 386 a.
Lachen über Donner und Blitz 131 e.
Emporhalten des kleinen Fingers beim Essen 164 m.
Im Schlafe schliesst sich die Hand bei blosser Berührung nicht 190.
Nachahmung des Singens 223 e.
Ein Jagdhorn wird richtig geblasen 226 a.
Der gefüllte Löffel wird zum Munde geführt 256 a.
Wüthendes Stossen mit dem Fuss beim Versagen begehrter
    Dinge 245 a.
Achselzucken bedeutet Ablehnung, Nicht-wissen, Nicht-können
    247 m.

Gedächtniss und Fragen ohne Worte sehr deutlich 277 *a*.
Versteckspielen erfreut 284 *m*.
Versuche mit beliebigen Schlüsseln etwas aufzuschliessen 283 *m*.
Manche Kinder können jetzt allein gehen 212 *e*. 213 *a. e*. 214.
Selbständiges Sprechen vorhanden 213 *m*.
Überschreiten einer Schwelle ohne Stütze 213 *c*. 218 *m*, mit
    ders. 215 *a*.
Einige Kinder beginnen jetzt erst frei zu stehen 214 *m*.
Schnelles anhaltendes Laufen 218 *m*.
Selbständige Wortneubildungen 441.
Bildung neuer Sylben ohne Sinn 345. 386 *m*.
Nachsprechen vorgesagter Sylben selten 386 *a*.
Die Stimmung wird an der Stimme erkannt 386 *e*.
Richtige Beantwortung von „Wo?“-Fragen mit Worten 430 *e*.

19. Monat.

Das Ticken einer oben auf den Kopf gelegten Taschenuhr wird
    gehört 70 *a*.
Versuche beim Anhören von Musik taktmässige Bewegungen zu
    machen 70 *m*. 71 *a*.
Lied-Melodien werden ohne Text gesungen 71 *m*.
Die Angst beim Anblick schwarz gekleideter Fremden schwindet
    117 *m*.
Lachen über Donner und Blitz 131 *e*.
Die Hülse einer im Munde zerdrückten Frucht wird geschickt
    ausgestossen 170 *a*.
Nachahmung von Thieren 223 *c*, des Schnalzens 388 *m*.
Nachahmung des Nähens 224 *a*, des Vorlesens 387 *a*.
Freiwilliges Nachahmen sehr verwickelter Bewegungen 226 *c*. 227 *a*.
Die Giesskanne ohne Wasser zum Begiessen benutzt 283 *e*.
Fremden wird das Küssen verweigert 238 *e*.
Zwischen dem Essen mit der linken und rechten Hand kein
    Unterschied 256 *a*.
Stolz an lächerlicher Haltung und Miene kenntlich 252 *a*.
Das Gedächtniss ohne Wörter gut entwickelt 277 *a*.
Das Gedächtniss für einmal Gehörtes sehr gut 279 *a*. 282 *c*. 388 *e*.
Selbständige Überlegungen ohne Wörter 281 *a*.
Zunehmende Geschicklichkeit im Articuliren 345. 387 *c*.
Beim Fortwerfen von Gegenständen wird ihnen nachgeblickt und
    atta gesagt 386 *c*.
Schon die Vorstellung eines kalten Bades bewirkt Schreien 387.

Anhaltendes Schreien bezeichnet starkes Verlangen nach einem
    Platzwechsel 387 m, bits (bitte) überhaupt Begehren 388 a.
Vorgesprochene Sylben werden besser nachgesprochen 387 e.
Befehlen wird prompter Folge gegeben 388 m.
Manche Kinder fangen jetzt an zu laufen 212 m. e. 214.
Einige Kinder fangen jetzt erst an zu sprechen 213 m.
Allein herabspringen von einer Schwelle 213 e.
Erste Versuche frei zu stehen bei einigen Kindern 214 m.
Schnelles Überschreiten einer Schwelle 218 e.
Der Unterschied von 9 und 10 sogleich erkannt 276 e.
Der Vater nach mehrtägiger Abwesenheit sogleich erkannt 276 e.
Sehr verwickelte selbständige überlegte Bewegungen 286 e.
Einsicht in die Nutzlosigkeit des Schreiens 286 e.
Wortbildung aus Interjectionen 358 e.
Hauptwörter überwiegen im kleinen Wortschatz 361 e.
Einige Zahlwörter sind erlernt 430 e.
Geberden werden dem Sprechen vorgezogen 431.
Was alles zum eigenen Körper gehört, ist noch lange nicht
    erkannt 455 m.
Immer noch gewähren sehr einförmige sich gleichmässig wieder-
    holende Beschäftigungen das grösste Vergnügen wie in den
    letzten sechs Monaten 457.

20. Monat.

Der Schlaf bei Tage auf 2 Stunden herabgesetzt 127.
Farbenunterscheidung nicht nachweisbar 7. 8.
Freude über grelle Farben 8 a.
Sehr starke Convergenz der Blicklinien tritt leicht ein 27 e.
Freude über das Ticktack der Taschenuhr 70 a.
Taktmässige Bewegungen beim Hören von Musik 70 m.
Das Zucken der Glieder tritt im Schlaf ein ohne Erwachen 162 m.
Geräusch bewirkt Beschleunigung der Athmung im Schlaf 170 e.
Nachahmung des Tabakrauchens 223 e, des Vorlesens 391 e, des
    Lachens 390 a.
Zunehmende Genauigkeit im Nachahmen 226 e. 227 a.
Unvollkommene Erwiderung des Küssens 239 a.
Stirnrunzeln beim Erstaunen deutlich 241 e.
Das Essen mit dem Löffel noch immer unvollkommen 256 m.
Lebhafte Geberdensprache ohne Wörter 281 a.
Lebhafte Phantasie beim Spielen 389 e.
Manche Kinder können jetzt allein gehen 212 e. 214.
Manche behende laufen 213 e.

Einige fangen jetzt erst an frei zu stehen 214 m.
Wortbildung aus Interjectionen 358 m.
Neue fremdartige Lautcombinationen 345. 391 a.
Geschicktes Nachbilden zweisylbiger Wörter 389 a, auch der
    Vogelstimmen 389 m.
Viele einsylbige Wörter zu schwer zu articuliren 389 e. 431.
Die Echosprache stark ausgeprägt 390 m.
Das Verständniss gehörter Wörter hat zugenommen 300 m.
Die Begriffe „fort" und „da" lautlich geäussert 391 a.
Das Schreien im Übermuth sinnlos 391 m.
Der Laut „sch" und „tsch" wird nachgeahmt 399 m.
Die Satzbildung ohne Zeitwörter beginnt 426.
Die ersten gesprochenen Fragen 437 e. 443 e.

21. Monat.

Der Schatten des Vaters heisst *Bild* 47.
Das eigene Spiegelbild wird angelacht 462 m.
Noch immer ist das Belauschen der Taschenuhr eine Lieblings-
    beschäftigung 70 a.
Das Tanzen nach der Musik nicht im Takt 70 m. 218 e.
Versuche mit den Armen den Takt zu schlagen 70 m.
Furcht vor dem Meere 131 m.
Sich-fest-halten in der Angst 131 m.
Verwickelte Bewegungen werden gut nachgeahmt 226 e. 227 a.
Abwendung des Kopfes bezeichnet Antipathie 245 m.
Zeigen mit dem Zeigefinger bedeutet einen Wunsch 250 a.
Der Vater nach 14 tägiger Abwesenheit sogleich erkannt 276 e.
Deutliche Erinnerung an Begebenheiten vor 3 Monaten 278 e.
Selbständige wohl überlegte Handlungen ohne Sprache 280 a.
Manche Kinder können jetzt erst allein gehen 212 e. 214.
Einige fangen jetzt erst an allein zu stehen 214 m.
Fallen beim Laufen selten 218 e.
Gleichartige Gegenstände werden sehr gern in Reihen gelegt 457 m.
Neue gut articulirte Sylben 345.
Ein einziges Wort bedeutet einen Satz 361 a.
In den Monologen überwiegen Consonanten 392 a.
Eigensinn beim Nachsprechen 302 m, Sylbenverdopplung dabei 392 e.
Der Nahrungsbegriff wird sprachlich bezeichnet 392 c, die Bedeu-
    tung des „ja" behalten 393 a, desgl. die des „Anderen" 393 m.
Viele Gegenstände werden richtig gezeigt 393 c.
Interjectionen häufig 393 e.
Der Ursachentrieb zeigt sich beim „Experimentiren" 421 m.

22. Monat.

Neue Gegenstände, welche räthselhaft erscheinen, nehmen immer
 mehr die Aufmerksamkeit in Anspruch 46, von bekannten
 vorzugsweise eine Taschenuhr 70 a.
Versuche zu zeichnen 47 m, zu singen 394 m.
Seufzen auch bei vergnügter Stimmung 170 m.
Puppen und abgebildete Menschen und Thiere werden gefüttert 224 a.
Beim Bitten mit den Händen wird noch *bibi* statt „bitte" gesagt
 248 m.
Manche Kinder können erst jetzt allein gehen 212 e.
Bildung und Bezeichnung umfassender Begriffe 357 e.
Neigung zur Satzbildung deutlich 362 m.
Unter den neuen Lauten *sch* deutlich 345.
Ein einzelnes Wort bezeichnet einen Satz 361 a.
Verwechslungen gehörter Wörter seltener 394 a. 430 e.
Das Wortgedächtniss besser als bisher 394 m.
Dreisylbige Wörter werden richtig nachgesprochen 394 e.
Gemüthsbewegungen werden durch verschiedenartiges Schreien,
 Gesten und Mienen bestimmt geäussert 395 a.
Gebrauch der Fragewörter 437 e.
Beginn der Zählthätigkeit 438 e.
Articulationsmängel häufig 442 e.

23. Monat.

Versuche Gegenstände von ebener Erde aus in den ersten Stock
 hinaufzureichen 40.
Das Ticken der Taschenuhr wird immer noch sehr gern gehört 70 a.
Die Distanzenschätzung sehr mangelhaft 139 e.
Die Verknüpfung von Tast- und Gesichts-Eindrücken immer noch
 langsam 140 a.
Die trägen Bewegungen im Schlaf mit Spreizen der Finger
 seltener 162 a.
Die Lebhaftigkeit beim Nachahmen erscheint wie Ehrgeiz 227 a.
Aufgeworfene Lippen bei verdriesslicher Stimmung 236 e.
Die Bedeutung des Kusses als Gunstbezeugung erkannt 239 a. 257 e.
Hände-zusammenschlagen Beifallsäusserung 248 a.
Wünsche werden durch verwickelte Bewegungen ohne Worte aus-
 gedrückt 251 c.
Spielsachen nach 11-wöchentlicher Trennung erkannt 276 e.

Trinken aus leeren Tassen erfreut 284 a.
Manche Kinder können jetzt erst allein gehen 212 e.
Das Q wird deutlich ausgesprochen 345, desgl. viele neue Laut-
verbindungen deutlich 345.
Ein Eigenschaftswort bezeichnet einen ganzen Satz 361 e. 395 m.
Freiwillige Übungen im Articuliren 395 e.
Spielen mit Sylben 395 e, Metathese 397 e.
Gehorsam und Pünktlichkeit im Nachsprechen nimmt zu 396.
Verdoppelung vorgesprochener Sylben (Echolalie) 397.
Nachsprechen auf Befehl weniger genau als ohne solchen 398 m.
Zwieback wird den eigenen Füssen förmlich angeboten 455 a.
Sich selbst nennen manche Kinder noch ausschliesslich beim
Vornamen 463 e.

24. Monat.

Kleine Thiere werden mit grosser Aufmerksamkeit betrachtet
und zart behandelt 46 e.
Phantastische Deutung einfacher Bilder 47 a.
Das Horchen auf das Ticken der Taschenuhr noch immer eine
Lieblingsbeschäftigung 70 a.
Versuche zu singen 70 m.
Das hochgradige Erstaunen tritt seltener ein 134 m.
Nachahmung ceremonieller Bewegungen freiwillig 227 m.
Schelmisches Lachen 234 m.
Verständniss einfacher Taschenspielerei vorhanden 284 e.
Manche Kinder können jetzt erst allein gehen 212 e.
Tanzen tactmässig 218 e.
Selbständiger Gebrauch vorgesagter Wörter 433 m.
Das Aufziehen der Uhr onomatopoëtisch nachgebildet 357 a.
Neue Sylben werden sinnlos gebildet 345.
Echolalie sehr ausgeprägt 398.
Stottern beim Nachsprechen 399.
Nicht-verstehen an der Physiognomie kenntlich 399 m.
Die wenigen erlernten Wörter sind vieldeutig 399 e.
Vereinigung zweier Wörter zu einem Satz 400 m.
Paraphasie und Apraxie 400 m.
Gebrauch der Fragewörter 422.
Der Raumsinn besser als der Zeitsinn entwickelt 422.
Entstellungen erlernter Wörter wechselnd 433. 438 m.
Die Aussprache einzelner Laute richtig, verbundener unrichtig 437.
Der Wortschatz 446 fg.

25. Monat.

Feine Verschiedenheiten menschlicher Physiognomien und kleiner
  Bilder werden sicher erkannt 40.
Farben-Erkennung 8.
Schwarzgekleidete Fremde erregen nicht mehr Angst 46.
Die Berührungs-Empfindlichkeit nimmt ab 83.
Erblassen im Bad 89.
Zerreissen und Zusammenballen von Papier immer noch lust-
  erregend 112.
Die richtige Benennung von Tönen (c, d, e) nicht erlernt 141 m.
Von nun an Hören psychogenetisch wichtiger als Sehen 141 e.
Orientirung im Halbdunkel 16 a.
Die Festigkeit des Schlafes nimmt zu 71 e.
Weinen bezeichnet Traurigkeit 251 m.
Manche Kinder fangen jetzt erst an zu laufen 212 m.
Immer noch mehr neue gut articulirte Verknüpfungen von
  Vocalen mit Vocalen, Vocalen mit Consonanten und Consonanten
  mit Consonanten 345.
Versuche zehn zusammen vorgesprochene Wörter nachzu-
  sprechen 401.
Grössere Empfänglichkeit für Correcturen 401 m.
Das Verstehen, Behalten und Articuliren der Wörter besser 401.
Viele beiläufig erworbene Wörter werden richtig gebraucht 402.
Ein einziges Wort bedeutet vier verschiedene Sätze 402 m.
Bildung von Sätzen aus mehreren Wörtern 403.
Das Missverstehen ähnlich klingender Befehle nicht unlogisch 402 m.
Zählen mit Zahlwörtern noch nicht möglich 402.
Unnütze aber nicht unlogische Anwendung erlernter Bewe-
  gungen 402 e.
Vor 3 Monaten gehörte Reime werden hergesagt 429.

26. Monat.

Farben-Benennung 8 e. 9.
Farben-Verwechslungen 9.
Roth und Grün unterschieden 16 a.
Die Empfindlichkeit für Schall im Schlafe hat abgenommen 71 e.
Bejahendes Kopfneigen bedeutet Zustimmung 246 a.
Erste Versuche zu klettern 257 e.
Aufmerksamkeit, Gedächtniss und Intelligenz verbunden 279 a.

Neue schwierige Consonantenverknüpfungen gut articulirt 345.
Viele neue Wörter werden richtig articulirt und gebraucht 404.
Viele bis zur Unverständlichkeit verstümmelt 404. 432.
In Monologen wird mit Wörtern und Sylben gespielt 405.
In Erzählungen die Zeitwörter nur im Infinitiv 405.
Die Dressirbarkeit nimmt ab, der Verstand zu 405 e.
Beginn des „Sich-schämens" frühere künstlich beigebrachte Geberden bei Scherzfragen auszuführen 405 e.
Die Vorstellung von Zahlen fehlt noch 405 e.
Desgleichen der Sinn des Wortes „danke" 406.
Onomatopoëtik und Echolalie 406 m.
Das Mouilliren sehr unvollkommen 433 e.

27. Monat.

Farben erkannt und benannt 10. 11.
Lautes Geräusch bewirkt meist kein Erwachen 71 e.
Mitleid mit zerschnittenen Papierfiguren 117 e. 407.
Sich fest anklammern in der Angst 130 m.
Bejahendes Kopfneigen mit gesprochenem Ja 246 a.
Klettern gewährt viel Vergnügen 219 a. 257 e.
Springen beginnt 257 e.
Das X wird deutlich ausgesprochen 400 e, das englische th ist vergessen 409 m.
Die schwierigsten Articulationen gelingen schon oft 345. 410.
Selbständiges Beobachten und Vergleichen 406 e.
Selbständige Äusserungen von Wünschen ohne Zeitwörter 407, mit solchen 408 e.
Bildung neuer Zeitwörter 407 e.
Eigenmächtige Anwendung erlernter Wörter 408.
Echosprache stark ausgeprägt 409 a.
Gedächtniss für vorgesagte Antworten schwach 409 e.
Der Sinn der Zahlwörter nicht erkannt 409 e.

28. Monat.

Farben-Benennung unsicher 11.
Schalleindrücke stören den Schlaf nicht mehr 71 e.
Springen mit Überlegung 257 e, und Klettern 219 a.
„Auf allen Vieren gehen" 218 e.
Ehrgeizige Versuche allerlei ohne Hülfe vorzunehmen 411.

Die Selbstbeherrschung beginnt sich sprachlich zu äussern 411 *m*.
Beobachtungs- und Combinationsvermögen desgl. 411.
Die Kinderlogik in der Anwendung gehörter Wörter 411 *m*.
Erste Anwendung des Artikels 412.
Anwendung von Fragewörtern 412.
Das Nachsprechen fremder Wörter sehr genau 412.
Die Phantasie ausserordentlich rege 412 *c*.
Die Articulation macht Fortschritte 413, aber das Mouilliren gelingt nicht 413.
Monologe mit Singsang 413 *m*.
Schreien im Schlaf (beim Träumen) 413.
Die Echolalie höchst ausgeprägt 434 *a*.

29. Monat.

Roth und Gelb sicherer erkannt und benannt als Grün und Blau
11 *e*. 12.
Ballwerfen macht das grösste Vergnügen 36.
Der Schlaf wird nicht mehr leicht durch Lärm unterbrochen 71 *e*.
Der erste Satz bei einzelnen Kindern 214 *m*.
Anwendung des persönlichen Fürworts 413.
Beim Verlangen werden Zeitwörter meistens im Infinitiv, selten
im Imperativ gebraucht 414.
Die Zählthätigkeit mit dem einen Zahlwort *eins* deutlich 414.
Die Fragethätigkeit lebhafter 414.
Sprachliche Bezeichnung von Zeitbestimmungen 414, und Quantitäten sehr ungenau 415.
Acte mit selbständiger Überlegung ohne Worte 415.
Gedächtniss für vorgemachte Thierstimmen gut 415.
Die Articulation macht langsam Fortschritte 415.
Der Gebrauch des persönlichen Fürworts unvollkommen 463 *c*.

30. Monat.

Farben-Verwechslungen 12. 13 *a*.
Versuche zu zeichnen 47 *c*.
Entdeckung, dass der Schall bei Verschluss eines Ohres weniger
laut wird 69 *c*.
Wecken durch lautes Geräusch schwer 71 *e*.
Kalte Waschungen erfreuen 89 *m*.
Das Emporhalten des kleinen Fingers als Mitbewegung selten 164 *e*.

Rasche Armbewegungen noch immer Zeichen der Freude 233e.
Abwendung des Kopfes bezeichnet Abneigung 245m.
Treppensteigen ohne alle Hülfe 219a.
Die selbständige Denkthätigkeit äussert sich mehr in Worten 415, ohne Worte zeigt sie sich auch sehr deutlich 416a.
Bildung von Begriffen mit wenigen Merkmalen 416m.
Versteckspiel mit schelmischem Lachen 416.
Das einzige selbständig gebrauchte Fragewort ist immer noch „Wo?" 416e.
Grosse Fortschritte in der richtigen Anwendung von Wörtern 417, auch des Wortes „Ich" 437e.
Der Unterschied von Links und Rechts 418.

31. Monat.

Farben werden verwechselt 13.
Die Empfindlichkeit für Schalleindrücke im Schlafe äusserst gering 71e.
Grosse Suggestibilität vorhanden 267e.
Die Übereinstimmung der Taschenuhr und Wanduhr erkannt 277m.
Onomatopoëtische Nachbildung des Locomotivpfiffs 357a.
Richtiger Gebrauch von Fragewörtern 418.
Striche mit dem Bleistift ziehen ergötzt 418.
Einzelne Wort-Neubildungen (hocher statt höher) 418.
Die Beschäftigung wechselt sehr oft 418e.
Selbständige Nachahmungen werden seltener 418e.
Singen im Schlafe 419.
Die Aussprache des „sch" unvollkommen 419.
Sonstige Articulationsmängel häufig 439a.
Von jetzt an Gebrauch der Fragewörter 439.
Beim Gebrauch der Possessiven wird der eigene Name hinzugefügt 463e.
Gleichförmig wiederholte Bewegungen, wie Aus- und Eingiessen, befriedigen sehr 457m.
Das eigene Spiegelbild wird immer noch angelacht 462e.

32. Monat.

Farben-Verwechslungen 13.
Farben-Namen erlernt 16m.
Der Schlaf wird durch lautes Geräusch nicht gestört 71e.

Erinnerungen aus der Zeit vor dem Gehenlernen 278 *m*.
Ich" wird statt des Eigennamens gebraucht 419.
Der Einfluss des Dialekts wird merklich 409.
Unverstandene Wörter werden schnell vergessen 420.
Gleichmässig wiederholte einförmige Bewegungen machen Ver-
    gnügen 457*m*.
Die eigene Person wird mit dem Vornamen, mit „ich", mit „er"
    und durch Fortlassung aller Fürwörter bezeichnet 464*m*.

33. Monat.

Richtige Farben-Benennung 13 *c*.
Starke Schalleindrücke unterbrechen den Schlaf nicht 71 *c*.
Unterscheidung des Erlaubten und Verbotenen 287 *a*.
Gedächtniss für gewisse Erfahrungen sehr gut 420.
Längere selbständige Erzählungen 420.
Thiere erregen besonders die Aufmerksamkeit 420.
Maschinen werden aber wie Thiere angeredet 420.
Das Ichgefühl tritt stark hervor 420.
„Zuviel" und „zuwenig" werden verwechselt 420 *e*.
Die auffallendsten Sprachfehler sind die der Conjugation und
    Articulation 420 *e*.
Mit auffallender Consequenz werden einförmige Bewegungen
    wiederholt 457 *m*.
Der Gebrauch des Wortes „ich" häufig 463 *e*.

34. Monat.

Richtige Farben-Benennung 13 *e*. 14.
Die Empfindlichkeit für Schalleindrücke im Schlaf nimmt ab 71 *e*.
Durch einen Kuss wird Dankgefühl geäussert 239 *a*.
Turnen, Werfen, Schleudern erfreut 219 *a*.
Das Fragewort „Warum?" wird selbständig gebraucht 421 *m*.
Die Fragethätigkeit ausserordentlich rege 421.
„Ich" bedeutet noch bei manchen Kindern „Du" 463 *e*.

35. Monat.

Einschlafen in lärmender Umgebung häufig 71 *e*.
Der Blitz erheitert und das Zickzack wird mit der Hand nach-
    geahmt 131 *m*.

Contralaterale Reflexe im Schlafe 173*a*.
Das Lachen nach Kitzeln verschieden vom bewussten Lachen
235*a*.
Erinnerung an das zweite Lebensjahr noch vorhanden 278*a*.

36. Monat.

Die blaue Farbe wird richtig benannt 14*a*. 15*a*.
Die Grundfarben Roth, Gelb, Grün, Blau werden besser als Misch-
farben unterschieden 138.
Singen gewährt grosses Vergnügen 422*m*.
Die richtige Benennung der Töne ($\bar{c}$, *d*, $\bar{e}$) nicht erlernt 70*c*.
Unterscheidung von Tönen und Geräuschen sehr gut ausgebildet
70*e*, von Geschmäcken desgl. 98.
Der Schlaf so fest, dass ein Erwachen durch Schall schwer
herbeizuführen 71*e*.
Herabziehen der Mundwinkel noch immer das sicherste Unlust-
zeichen 116*m*.
Viereckige Mundform beim heftigen Schreien 117.
Distanzenschätzung auffallend mangelhaft 139*e*.
Das Fragewort wann? fehlt noch 421*e*.
Erinnerungen aus dem zweiten Lebensjahre noch frisch 278*a*.

Register.

www.ingramcontent.com/pod-product-compliance
Lightning Source LLC
Chambersburg PA
CBHW022127020426
42334CB00015B/791